2025 COMPACT

공기업
전공필기

기출적중
경영학

KB199815

시대에듀

2025 COMPACT
공기업 전공필기

기출적중
경영학

Always **with you**

사람의 인연은 길에서 우연하게 만나거나 함께 살아가는 것만을 의미하지는 않습니다.
책을 펴내는 출판사와 그 책을 읽는 독자의 만남도 소중한 인연입니다.
시대에듀는 항상 독자의 마음을 헤아리기 위해 노력하고 있습니다. 늘 독자와 함께하겠습니다.

합격의 공식 ▶
시대에듀

머리말

공기업 전공필기 경영학 시험의 최적 대비서

경영학은 우리의 실생활과 아주 밀접하며, 기업 및 조직운영에 있어서 꼭 필요한 학문입니다. 따라서 경영학은 단순한 이론 학습에서 그치는 것이 아니라 기업 현장이나 조직 활동에 직접 적용하며 지식의 깊이가 더해지는 학문이라고 볼 수 있습니다. 이렇게 매력적인 학문인 경영학을 선택하여 시험을 준비하는 수험생 여러분을 만나게 되어 기쁩니다.

경영학은 여러 학문이 결합해 있고 그 내용 또한 많습니다. 덕분에 많은 분야로 식견을 확장할 수 있다는 장점이 있지만, 한편으로는 수험생들이 공부해야 할 범위를 제대로 파악하지 못해 방황하는 경우가 많습니다. 본서는 경영학 자체가 가지고 있는 이러한 특성을 충분히 고려하여 출제 가능성이 높은 이론들을 중심적으로 빠짐없이 정리하였습니다. 여러분이 이 노력의 흔적을 책의 곳곳에서 직접 느낄 수 있을 것이라 생각합니다.

이 책의 특징은 다음과 같습니다.

첫 째 최신복원문제와 기출 키워드 및 중요도를 통해 출제 방향성을 파악함으로써 시험에 유리한 방식으로 학습할 수 있도록 하였습니다.

둘 째 탄탄한 기본이론으로, 경영학 이론을 꼼꼼하게 정리하여 확실한 기본기를 다질 수 있게 하였습니다.

셋 째 개념더하기로 놓치기 쉬운 세부이론을 확인하고 개념체크OX로 주요이론을 다시 한번 복습할 수 있도록 하였습니다.

넷 째 2020년부터 2024년까지 최근 5개년간 출제된 기출을 분석하여 실전과 유사하게 문제를 구성하였습니다.

다섯째 직접 시간을 측정하며 풀 수 있는 하프모의고사로 수험생 여러분들이 실전감각을 익힐 수 있도록 하였습니다.

이렇듯 탄탄한 기본이론들과 틈틈이 채워진 세부이론을 통해 더욱 효율적으로 학습할 수 있으며, 방대하지 않은 양질의 기출분석문제와 하프모의고사를 풀며 수험생 여러분들의 소중한 시간을 적절히 사용할 수 있을 것입니다.

수험생 여러분들이 이 책을 온몸으로 소화하여 공기업 합격의 문을 활짝 열기를 진심으로 기원합니다.

시대전공필기연구소 일동

이 책의 구성

1 최신복원문제와 기출 키워드

- 이론을 학습하기에 앞서 최신복원문제를 통해 기출의 방향성을 먼저 파악하여 이론 습득에 흥미를 느낄 수 있도록 하였습니다.

- 출제빈도가 잦은 기출 키워드를 정리하여, 이론을 공부하기 전 중점적으로 봐야 할 중심주제를 먼저 확인할 수 있게 하였습니다.

2 탄탄한 기본이론

- 경영학 이론을 완벽하게 정리하여 기본기를 탄탄하게 다질 수 있게 하였습니다.

- 심화이론들을 이해하기 용이하게 정리하여 간편하게 학습할 수 있도록 하였습니다.

1   경영의 기초

1 경영의 정의

경영은 개인과 사회를 위해 재화나 서비스를 생산·분배·관리하는 활동이다. 이용 가능한 자원을 활용해 조직의 목표를 효과적이고 효율적으로 달성하도록 하는 일련의 과정이며, 이를 통해 조직을 설립 목적에 부합하도록 계획하고 지휘하는 것이다.

2 효과성과 효율성

(1) 효과성
① 조직 목표의 달성 정도를 말한다.
② 조직 외부에서 평가할 수 있다.
③ 장기적 관점에서 평가한다.
④ Doing the right things(옳은 일을 하는 것).

3 개념더하기와 개념체크OX

- 개념더하기를 통해 놓치기 쉬운 세부이론들을 확인하여 경쟁력을 강화할 수 있도록 하였습니다.

- 개념체크OX를 통해 중요이론을 철저히 복습할 수 있게 하였습니다.

개념더하기

과학적 관리론과 포드시스템의 비교

테일러는 과학적 관리론을 통하여 작업의 과학화와 개별생산관리, 인간노동의 기계화시대를 열었다. 반면, 포드시스템은 공장 전체로 관점을 확대하여 인간에게 기계의 보조역할을 요구했다.

개념체크OX

- 운영적 계획은 중기계획이다.
  [O|X]
- 단기계획 수립은 주로 일선경영자가 한다.
  [O|X]

  X, O

4 기출분석문제

- 최근 5개년 동안 출제된 문제들의 유형을 복원하여 실전과 같은 문제를 풀 수 있도록 하였습니다.
- 출제가 잦은 기출 키워드들을 반영해 문제를 구성하여 효율적으로 문제풀이를 연습할 수 있도록 하였습니다.
- 해당 문제 유형이나 키워드가 출제되었던 기관명을 기재하여 각 기관이 선호하는 출제 경향을 파악할 수 있도록 하였습니다.

5 하프모의고사

- 직접 시간을 재며 풀 수 있는 모의고사를 통해 실전감각을 익힐 수 있도록 하였습니다.
- 다양한 유형의 문제를 통해 이론에 대한 이해도를 스스로 점검할 수 있도록 하였습니다.

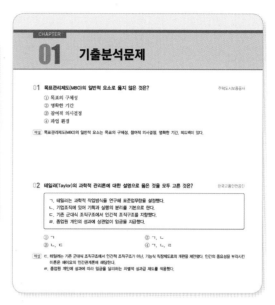

공공기관의 **의미**

공공기관이란 정부의 투자 · 출자 또는 정부의 재정지원 등으로 설립 · 운영되는 기관으로서 일정 요건에 해당하여 기획재정부장관이 매년 지정한 기관을 의미합니다.

공공기관의 운영에 관한 법률 (제4조)

공공기관의 **현황**

2024년 공공기관 지정 327개

공기업 32개
직원정원이 300명, 총 수입액 200억원, 자산규모가 30억원 이상이면서, 총 수입액 중 자체 수입액이 차지하는 비중이 50% 이상인 공공기관

시장형 14개
자산규모가 2조원 이상이고, 총 수입액 중 자체 수입액이 85% 이상인 공기업(한국전력공사, 한국가스공사 등)

준시장형 18개
시장형 공기업이 아닌 공기업(한국조폐공사, 한국방송광고진흥공사 등)

준정부기관 55개
직원정원이 300명, 총 수입액이 200억원, 자산규모가 30억원 이상이면서, 총 수입액 중 자체수입액이 차지하는 비중이 50% 미만인 공공기관

기금관리형 12개
국가재정법에 따라 기금을 관리하거나, 기금의 관리를 위탁받은 준정부기관(국민체육진흥공단, 근로복지공단 등)

위탁집행형 43개
기금관리형 준정부기관이 아닌 준정부기관(한국국제협력단, 한국장학재단 등)

기타공공기관 240개
공기업, 준정부기관이 아닌 공공기관

이 책의 차례

이 책의 차례

PART 1
경영일반

최신복원문제

🔑키워드 경영프로세스

경영프로세스의 순서로 옳은 것은?   경기도 통합채용

> ㄱ. 계획 → 지휘 → 조직 → 통제
> ㄴ. 계획 → 조직 → 통제 → 지휘
> ㄷ. 계획 → 조직 → 지휘 → 통제
> ㄹ. 계획 → 통제 → 지휘 → 조직

① ㄱ   ② ㄴ
③ ㄷ   ④ ㄹ

해설 경영프로세스는 계획 → 조직 → 지휘 → 통제 순서로 이뤄진다.

정답 ③

Chapter 01

경영과 경영학

기출 키워드	중요도
☑ 경영프로세스	★
☑ MBO	★★★
☑ 과학적 관리론	★★★
☑ 포드시스템	★
☑ 일반관리론	★★
☑ 인간관계론(호손실험)	★★★
☑ 지식경영	★★
☑ 구조조정	★

CHAPTER 01 경영과 경영학

1 경영의 기초

1 경영의 정의

경영은 개인과 사회를 위해 재화나 서비스를 생산·분배·관리하는 활동이다. 이용 가능한 자원을 활용해 조직의 목표를 효과적이고 효율적으로 달성하도록 하는 일련의 과정이며, 이를 통해 조직을 설립 목적에 부합하도록 계획하고 지휘하는 것이다.

2 효과성과 효율성

(1) 효과성

① 조직 목표의 달성 정도를 말한다.

② 조직 외부에서 평가할 수 있다.

③ 장기적 관점에서 평가한다.

④ Doing the right things(옳은 일을 하는 것).

(2) 효율성

① 유한자원의 활용도를 말한다.

② 조직 내부에서 평가할 수 있다.

③ 단기적 관점에서 평가한다.

④ Doing things right(일을 옳게 하는 것).

3 경영의 차원

(1) 과정 측면에서 보는 관점

① 계획화

　㉠ 계획화의 정의

　　조직의 목표를 설정하고, 전략을 수립하는 행위이다. 계획 활동은 다시 전략계획, 전술계획, 운영계획으로 분류된다.

　㉡ 계획화의 목적

　　• 불확실성과 변화에 대한 대처

　　• 목표 지향성

　　• 성과의 개선

　　• 통제의 용이성

ⓒ 계층구조에 따른 계획
- 전략계획
  장기적 관점에서 조직의 비전을 설정하는 포괄적인 계획이다.
- 전술계획
  전략적 계획에 근거해 작성하는 중기적 계획이다.
- 운영계획
  전략적 계획을 실행하는데 요구되는 구체적 활동이 담긴 계획이다.

계층구조에 따른 계획

| 조직의 목표 |

전략적 계획 : 장기계획 = 최고경영층
전술적 계획 : 중기계획 = 중간관리층
운영적 계획 : 단기계획 = 하위감독층

(반복적인 업무)   (비반복적인 업무)

표준계획
정 책
절 차

예 산   프로젝트 스케쥴

계획의 구분		시간적 범위	계층별
시계에 따른 구분	범위에 따른 구분		
장기계획	전략적 계획	5년 이상	최고경영자
중기계획	전술적 계획	3~5년	중간경영자
단기계획	운영적 계획	1년 이내	일선경영자

② 조직화
수립한 계획을 달성하기 위해 이용 가능한 모든 자원을 적절히 조정하고 배분하는 행위이다.

③ 지휘화
조직의 목표를 효과적이고 효율적으로 달성하기 위해 조직의 구성원을 독려하거나 감독하는 행위이다.
예 동기부여, 리더십 발휘, 의사소통 활성화

④ 통제화
ⓐ 통제화의 개념
사후에 경영활동이 수립한 계획과 일치하는지 확인하고 평가하여 조정하는 행위이다.
ⓑ 통제화의 종류
- 사전통제
  경영활동 이전에 계획단계에서의 통제에 해당한다.
- 진행통제
  경영활동 진행 중의 통제로, 동시 통제 또는 스크리닝 통제라고도 한다.

• 사후통제

경영활동의 결과를 측정하고 계획과 결과의 편차 원인을 규명하여
수정하는 통제에 해당한다.

개념더하기

페이욜의 경영프로세스
계획 → 조직 → 지휘 → 조정 →
통제

경영프로세스

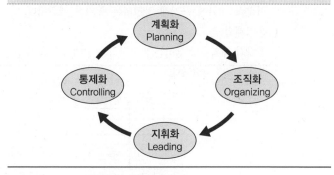

(2) 과업 측면에서 보는 관점(경영의 기능)

① 인 사
② 마케팅
③ 생 산
④ 재 무

(3) 의사결정 측면에서 보는 관점(경영 의사결정)

① 전략적 의사결정

최고경영자가 하는 의사결정으로, 기업의 장기목표 달성을 위한 결정사
항에 수반되는 활동이다.

② 관리적 의사결정

중간경영자가 하는 의사결정으로, 기업의 목표 달성을 위한 자원의 효율
적 이용과 관련된 활동이다.

③ 기능적 의사결정

일선경영자가 하는 의사결정으로, 특정 과업의 효과적이고 효율적인 수
행과 관련된 활동이다.

1 경영학의 정의

경영학은 기업의 경영 현상과 조직 내 구성원 간 상호작용, 그리고 기업 경영에 따른 사회 현상을 연구하는 학문으로, 경영실무가 지향해야 할 이론적 기초와 실천적 방식을 제시한다.

2 경영학의 발전

(1) 분업 개념의 등장(18세기 후반)

아담스미스(Adam smith)가 그의 저서 '국부론'에서 생산성 향상의 방법으로 분업의 개념을 처음 등장시켰다.

(2) 과업 중심의 경영이론(20세기 초)

① 과학적 관리론
  ㉠ 과학적 관리론의 개요
    • 테일러(Taylor)가 작업방식을 과학적으로 연구하여 정립한 이론으로 테일러리즘(Taylorism)이라고도 불린다.
    • 최소한의 시간과 동작으로 최대 효과를 낼 수 있는 하루 표준 업무량을 설정하고 이를 기준으로 개인별 임금을 달리하는 차별적 성과급 제도를 적용했다.
    • 기존의 군대식 조직구조에서 기능식 직장 제도로의 전환을 제안했다.
  ㉡ 과학적 관리론의 특징
    • 과학적 작업방식 연구
    • 표준 업무량 설정
    • 차별적 성과급 제도
    • 기능식 직장 제도
    • 기획과 실행의 분리
    • 높은 임금, 낮은 노무비
② 포드시스템
  ㉠ 포드시스템의 개요
    포드시스템은 유동작업을 기반으로 하는 새로운 생산관리 방식이다. 20세기 초, 포드 기업은 자동차 공장에 컨베이어 시스템을 도입해 작업을 단순화함으로써 대량생산과 원가 절감을 경험했다. 이러한 경험을 바탕으로 포드는 저가격, 고임금을 달성하기 위한 단순화(Simplification), 표준화(Standardization), 전문화(Specialization)의 포드 3S를 제시했다.

개념체크OX
• 과학적 관리론은 테일러리즘(테일러주의)로도 불린다. ○✕
• 과학적 관리론은 높은 임금, 낮은 노무비가 특징이다. ○✕

○, ○

과학적 관리론과 포드시스템의 비교

테일러는 과학적 관리론을 통하여 작업의 과학화와 개별생산관리, 인간노동의 기계화시대를 열었다. 반면, 포드시스템은 공장 전체로 관점을 확대하여 인간에게 기계의 보조역할을 요구했다.

ⓛ 포드시스템의 특징
- 제품의 단순화
- 부품의 표준화
- 작업의 전문화
- 저가격, 고임금
- 컨베이어 시스템

③ 일반관리론
　ⓐ 일반관리론의 개요
　　20세기 초에 등장한 페이욜(Fayol)의 이론으로, 기업 전체 운영에 대한 '경영관리 14가지 원칙'과 '관리 5요소'를 제시했다.
　ⓛ 일반관리론의 특징
- 경영 관리의 5요소
  계획, 조직, 지휘, 조정, 통제
- 경영관리 14가지 원칙
  분업, 권한과 책임, 규율, 명령의 통일, 지휘의 통일, 조직목표 우선, 보상, 집권화, 계층화, 질서, 공정성, 직장의 안정성, 자율권, 협동심

④ 관료제론
　ⓐ 관료제론의 개요
- 막스 베버(Weber)가 주장한 이론으로, 대규모 조직을 효율적으로 운영하기 위한 이상적 원리를 제시했다.
- 권한의 유형을 카리스마적 권한, 전통적 권한, 합리적・법적 권한 세 가지로 구분하고, 이 중 합리적・법적 권한에 기반한 관료제 모형이 근대사회의 대규모 조직을 설명하는 데 가장 적절하다고 보았다.
　ⓛ 관료제론의 특징
- 권한계층
- 공식적 규칙
- 문서화
- 분 업
- 비개인성

(3) 인간중심의 경영이론
① 인간관계론(1930년대)
　ⓐ 인간관계론의 등장 배경
- 기존의 경영이론은 과학적 관리론에 기반한 능률 위주 이론이었다. 노동자는 도구화되곤 했으며 인간의 주체성이나 개성 등에 대한 경영이론은 부재했다.
- 산업이 계속해서 발달하고 기업의 대규모화가 진행됨에 따라 능률 중심적 경영이론에 대한 회의와 불만이 대두되기 시작했다.

- 인간관계론이 등장하면서 인간소외 현상의 해독제로써 선풍적인 인기를 끌게 되었다.
- 인간관계론은 호손실험으로부터 채택된 인간적 접근방식에서 유래했다.
- ⓛ 호손실험
  - 호손실험의 개요
    미국의 벨 방식 전화기 제조회사인 위스트 일렉트릭사의 호손 공장에서 이루어진 실험으로, 심리학자 메이요(Mayo)와 경영학자 뢰슬리스버거(Roethlisberger)에 의해 수행되었다. 테일러의 과학적 관리론을 기반으로 노동자에 대한 물질적 보상 방법의 변화와 생산성 증대 간의 관계를 검증하는 실험을 했다. 실험은 4단계로 나누어 약 8년간 진행되었다.
  - 조명실험
    - 공장 내 조명도와 종업원의 생산능률 간 상관관계를 연구하고자 했던 실험이다.
    - 인간관계론과는 무관한 실험이다.
  - 계전기 조립 작업 실험
    - 근무조건의 변경과 종업원의 생산능률 간 상관관계를 연구하고자 했던 실험이다.
    - 실험 기간에 나타나는 생산성의 향상은 근무조건보다는 인간의 안정감, 책임감, 만족감 등 감정적·심리적 요인에서 기인한 것이라는 결론을 얻었다.
  - 면접 실험
    - 약 2년간 실시된 면접 실험이다.
    - 생산능률 저하는 주변 인간들과 사회적 환경에서 비롯된다는 것을 발견했다.
  - 배전기 권선작업 관찰 실험
    - 배전기 권선작업에 종사하는 남성 집단을 대상으로 관찰 실험을 진행했다.
    - 조직 내에는 집단적 신념과 감정을 기초로 자연 발생하는 비공식 조직이 존재함을 알게 되었다.
    - 조직 가운데 어떤 행동이 발생하고 난 뒤, 비공식 조직의 압력에 의해 구성원의 행동이 규제된다는 사실을 발견했다.
  - 호손실험의 결론
    - 물적 요인보다 인적 요인의 영향력이 크다는 결과를 도출하여 인간에 대한 관심을 높이는 계기가 되었다.
    - 인간의 감정, 배경, 욕구, 태도, 사회적 관계 등이 생산능률에 상당히 중요함을 인지하게 되었다.
    - 구성원들 간에 비공식조직은 공식조직만큼이나 생산성에 영향을 미친다는 것을 발견했다.

ⓒ 인간관계론의 평가
- 인간의 기계화 심화 문제를 저지했다.
- 차후 행동과학이론에 영향을 주었다.
- 인간의 제도적 측면과 경제적 동기를 경시했다.
- 인간의 자아실현 가능성을 비교적 과소평가했다.

② 사회체계론(1930년대)
ⓐ 사회체계론의 개요
뢰슬리스버거(Roethlisberger)가 주장한 이론으로, 기업을 조직의 차원으로 세분화해 비공식 조직의 존재와 기능을 밝혔다. 비공식 조직에서는 감정의 논리, 공식 조직에서는 비용·능률 논리의 적용을 제안했으며 인간행동의 3가지 측면이 있음을 제시했다.

ⓑ 조직의 세분화

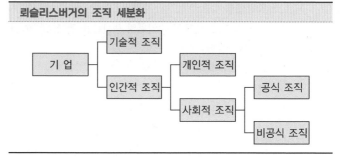

뢰슬리스버거의 조직 세분화

ⓒ 인간행동의 3가지 측면
- 논리적 행동
논리적 행동은 객관적인 지식에 의한 논리적 이해에 따른 행동이다.
- 비논리적 행동
비논리적 행동은 환경에 의해 좌우되는 사회적 감정에 따른 행동이다.
- 비합리적 행동
비합리적 행동은 사회적으로 조성된 감정에 따른 행동이다.

③ 행동과학(1940년대)
인간행동에 대한 종합적인 학문으로, 다방면의 과학적 연구를 활용하여 인간의 행동을 분석한 응용학문이다.

④ 욕구단계이론(1940년대)
ⓐ 욕구단계이론의 개요
욕구단계이론은 매슬로우(Maslow)의 욕구 5단계로 대표되는 이론이다. 욕구단계이론에 따르면 욕구는 인간의 신체적, 심리적 욕망이 결핍되어있는 상태이며, 사람들은 5가지 욕구를 순차적으로 만족시키려고 한다.

- ⓛ 욕구단계이론의 특징
  - 인간의 욕구는 생리적, 안전, 소속, 존경, 자아실현 욕구 5단계로 구분된다.
  - 높은 생산성을 유지하기 위해서 종업원들의 사회적 자아실현의 욕구를 만족시켜야 한다.
- ⑤ XY이론(1940년대)
  - ㉠ XY이론의 개요
    맥그리거(McGregor)의 이론으로 테일러주의 등 과업 중심의 경영이론에 이의를 제기하며 등장했다. 맥그리거는 경영자가 인간에 대해 X이론을 가지고 있는지 Y이론을 가지고 있는지에 따라 종업원을 대하는 방식이 달라진다고 보았으며, 경영자는 X이론과 Y이론을 적절히 조화시켜 적용해야한다고 주장했다.
  - ㉡ X이론
    X이론에 따르면 본래 인간은 게으르고 최대한 일을 하지 않으려 하며, 경제적인 요인이 있어야만 열심히 작업한다. 따라서 X이론을 가진 경영자는 종업원을 강제로 통제하고 명령해야만 기업의 목표를 달성할 수 있다고 생각한다.
  - ㉢ Y이론
    Y이론에 따르면 인간은 외적 강제나 처벌 등의 위협 요인이 없더라도 일정한 환경만 갖추어지면 자아실현의 욕구를 충족시키고자 일을 하게 된다. Y이론을 가진 경영자는 목표만 관리하며 종업원이 스스로 과업을 통제하도록 한다(개인목표와 조직목표의 통합).

(4) 시스템적 접근법(1960년대)

- ① 시스템적 접근법의 개요
  시스템적으로 기업경영에 접근한 방식이다. 시스템적 접근법에 따르면 기업은 독립된 여러 개체가 목표달성을 위해 상호의존적이고 유기적 관계를 유지하는 하나의 집합체이다.
- ② 시스템의 분류
  - ㉠ 폐쇄시스템(Closed system)
    외부환경에 영향받지 않으며, 외부와 상호작용하지 않는 시스템을 뜻한다.
  - ㉡ 개방시스템(Open system)
    외부환경에 영향받으며, 외부와 상호작용하는 시스템을 뜻한다.
- ③ 경영관리에 대한 시스템 접근

  > 투입 → 변환과정 → 산출 → 통제 → 환경

개념더하기

엔트로피(Entropy)
엔트로피는 '무질서의 정도'를 뜻하는 용어로, 엔트로피가 증가하면 시스템이 쇠퇴하고 소멸해가는 경향을 보인다. 따라서 기업은 기업 환경을 주시하고 적응해야 한다. 폐쇄시스템은 환경으로부터의 에너지 유입이 없어 엔트로피가 지속해서 증가하는 반면, 개방시스템은 쇠퇴의 조짐이 보이면 더 많은 자원을 확보하고 통제해 오히려 성장과 발전을 이루며 엔트로피를 감소시킨다.

개념더하기

시너지 효과(Synergy effect)
시너지 효과는 전체적 효과가 모든 부분의 합보다 크게 나타나는 효과를 말한다. 하위 시스템이 상호의존적이므로, 기업의 각 하위 시스템이 각자 작용하는 것보다 함께 작용할 때 더 큰 성과를 달성함을 뜻한다.

(5) 상황론적 접근법(1970년대)

① 상황론적 접근법의 개요

㉠ 기업경영에는 한가지 보편적인 원리(One best way)가 존재하는 것이 아니라, 여러 가지 접근법과 이론이 존재한다는 이론이다.

㉡ 각각의 방법이 모든 상황에서 같은 효과를 보이지 않으므로 경영자가 각각의 상황에 가장 잘 어울리는 적합한 대응책을 선택할 것을 강조한다.

② 상황론적 접근법의 특징

㉠ 객관적 결과의 중시

㉡ 조직의 환경 적응 중시

㉢ 조직을 분석단위로 분석

㉣ 중범위이론 지향

개념더하기

중범위이론

중범위이론은 연구 대상의 범위를 비교적 축소해서 해당 범위를 집중 연구하는 접근 방식이다. 주로 매일의 일상적인 조사 가설과 모든 것을 설명하려는 '거대이론'을 매개한다.

(6) 자원기반관점(1990년대)

① 자원기반관점의 개요

자원기반관점은 기업을 자원의 집합체로 보는 관점이다. 결론적으로 자원의 이질성과 자원의 비이동성을 가정하며 기업의 경쟁력은 기업 외부가 아닌 기업 내부의 핵심역량에 달려있다고 보았다.

② 경쟁력 있는 자원의 특징

㉠ 가치성

㉡ 희소성

㉢ 모방의 불가능

㉣ 대체 불가능

예 혼다의 엔진기술, 캐논의 현미경 기술

(7) 최신경영이론

① 지식경영

㉠ 지식경영의 정의

지식경영은 기업이 조직의 목표를 달성하기 위해 지식을 창조·공유·저장하는 활동을 말한다.

㉡ 지식의 구분

• 형식지

형식지는 언어를 통해 외부로 표출되어 여러 사람이 공유하고 있는 객관적인 지식을 말한다.

• 암묵지

암묵지는 경험을 통해 습득되어 있지만 언어를 통해 외부로 표출되기 어려운 지식을 말한다.

© 지식의 순환과정
  • 공동화
    암묵지를 암묵지로 습득하는 과정이다.
  • 표출화
    암묵지를 형식지로 전환하는 과정이다.
  • 연결화
    형식지를 형식지로 연결하는 과정이다.
  • 내면화
    형식지를 암묵지로 내부화하는 과정이다.
② 구조조정
  ⊙ 구조조정의 정의
    조직의 시스템이나 인력, 관리 등을 바꾸는 것을 말한다.
  ⓒ 구조조정의 종류
    • 다운사이징(Downsizing)
      조직 내 불필요한 조직을 제거해 효율성을 강화하는 방법이다.
    • 리엔지니어링(Reengineering)
      기존의 방식을 무시하고 경영 시스템 전체를 완전히 새롭게 재설계
      하는 방법이다.
    • 아웃소싱(Outsourcing)
      상대적으로 중요성이 낮은 과업을 기업 외부에 위탁하는 방법이다.
    • 벤치마킹(Benchmarking)
      최고 경쟁력을 가진 타사의 경영기법을 비교·분석한 후, 자사보다
      우수한 측면을 모방하여 새로운 경쟁력을 확보하는 방법이다. 이는
      보편론적 관점에 해당한다(One best way).

(8) 균형성과표(BSC ; Balanced Score Card)
  ① 균형성과표의 개념
    균형성과표는 기업 전체의 이윤 극대화 달성을 위해 사용되는 성과관리
    도구로, 기업이 추구하는 비전이나 전략을 성공적으로 달성하는데 요구
    되는 핵심적인 요소들을 4가지 관점으로 나누어 측정한다.
  ② 균형성과표의 관점
    ⊙ 재무적 관점
      기업이 달성한 성과를 정량화된 수치로 표현하는 지표로, 매출액,
      매출액증가율, 원가절감, 이익률 등으로 측정한다.
    ⓒ 고객 관점
      고객 만족의 달성 정도를 나타내는 지표로, 시장점유율, 고객유지율,
      고객만족도, 고객수익성 등으로 측정한다.
    © 내부프로세스 관점
      재무 성과의 달성과 고객 만족의 실현을 위해 필요한 기업의 내부프
      로세스 효율성을 나타내는 지표로, 프로세스 시간·품질·원가, 종
      업원의 능력 등으로 측정한다.

개념더하기

**업무재설계(BPR ; Business
Process Reengineering)**
해머(M. Hammer)가 주장한 경영
혁신기법으로, 기업활동이나
업무 및 작업 흐름을 분석한 뒤,
이를 경영 목표에 맞도록 처음부
터 재설계하여 구성하는 것이다.
그는 업무 재설계의 적용을 위한
기법으로 리스트럭처링(restructuring),
리엔지니어링 등을 제시했다.

개념체크OX

• 다운사이징은 일부 조직을 제
  거함으로써 효율성을 강화하는
  구조조정 방법이다. ☐O☐X
• 리엔지니어링은 타사의 경영시
  스템을 완전히 모방하는 방법
  이다. ☐O☐X

 O, X

ⓔ 학습과 성장 관점

기업의 장기목표 달성을 위해 필요한 조직의 학습능력과 성장역량을 나타내는 지표로, 종업원만족, 종업원유지, 신제품 개발 건수, 교육 프로그램, 정보시스템 가용성 등으로 측정한다.

(9) 목표관리(MBO ; Management By Objectives)

① 목표관리의 개념

목표관리는 피터 드러커(Peter F. Drucker)가 주장한 경영관리 기법으로, 상급자와 하급자가 함께 목표를 설정하고 실행한 후 이를 평가하는 경영시스템을 말한다.

② 목표관리의 일반적 요소

ⓐ 목표의 구체성

비용 감소, 생산시간 단축 등의 모호한 목표가 아닌 비용 10% 절감, 생산시간 20% 단축 등의 구체적이고 명확한 목표를 제시해야 한다.

ⓑ 참여적 의사결정

상급자가 하급자에게 일방적이고 수직적으로 목표를 할당하는 것이 아닌, 목표를 설정하는 과정에 상급자와 하급자가 함께 참여하는 참여적 의사결정에 의해 목표를 설정해야 한다.

ⓒ 명확한 기간

목표를 달성해야 하는 기간을 명확히 해야 하며, 보통 6개월 또는 1년을 목표 달성 주기로 설정한다.

ⓓ 피드백

구성원들의 목표 달성을 위해 지속적으로 피드백을 제시해야 한다.

01 목표관리제도(MBO)의 일반적 요소로 옳지 않은 것은? 주택도시보증공사

① 목표의 구체성
② 명확한 기간
③ 참여적 의사결정
④ 과업 환경

[해설] 목표관리제도(MBO)의 일반적 요소는 목표의 구체성, 참여적 의사결정, 명확한 기간, 피드백이 있다.

02 테일러(Taylor)의 과학적 관리론에 대한 설명으로 옳은 것을 모두 고른 것은? 한국교통안전공단

> ㄱ. 테일러는 과학적 작업방식을 연구해 표준업무량을 설정했다.
> ㄴ. 기업조직에 있어 기획과 실행의 분리를 기본으로 한다.
> ㄷ. 기존 군대식 조직구조에서 인간적 조직구조를 지향했다.
> ㄹ. 종업원 개인의 성과에 상관없이 임금을 지급했다.

① ㄱ   ② ㄱ, ㄴ
③ ㄴ, ㄷ   ④ ㄱ, ㄴ, ㄹ

[해설] ㄷ. 테일러는 기존 군대식 조직구조에서 인간적 조직구조가 아닌, 기능식 직장제도로의 개편을 제안했다. 인간의 중요성을 부각시킨
이론은 메이요의 인간관계론에 해당한다.
　　　ㄹ. 종업원 개인에 성과에 따라 임금을 달리하는 차별적 성과급 제도를 적용했다.

03 페이욜(Fayol)의 일반관리론 5요소로 옳지 않은 것은? 한전KDN

① 지 휘   ② 보 상
③ 조 정   ④ 통 제

[해설] 페이욜의 일반관리론 5요소는 계획, 조직, 지휘, 조정, 통제 5가지이며, 보상은 페이욜의 경영관리 14가지 원칙에 해당한다.

04 메이요(Mayo)의 호손실험에 대한 설명으로 가장 옳은 것은?

① 인간의 기계화가 강화되는 문제를 가속했다.

② 조명실험을 통해 종업원 간 생산능률은 사회적 환경에서 유발됨을 발견했다.

③ 호손실험의 결과는 차후 행동과학이론의 기반이 되었다.

④ 생산성의 향상에 대하여 심리적 요인보다는 근무조건, 경제적 요인이 더 큰 영향을 미친다.

[해설] ① 호손실험은 인간의 기계화 문제가 강화되고 있을 때 등장하여 문제를 가속한 것이 아니라 저지했다.

② 조명실험은 인간관계론과는 무관한 결과를 도출했다.

④ 호손실험은 물적 요인보다는 인적 요인·심리적 요인이 생산성에 더 큰 영향을 미친다는 결론을 도출했다.

05 다음 중 괄호 안에 들어갈 말이 순서대로 짝지어진 것은?   부산교통공사

> (   )는 암묵지를 (   )로 (   )하는 과정이다.

① 공동화 – 형식지 – 내부화

② 표출화 – 형식지 – 전환

③ 연결화 – 암묵지 – 습득

④ 내면화 – 암묵지 – 전환

[해설] ① 공동화는 암묵지를 암묵지로 습득하는 과정이다.

③ 연결화는 형식지를 형식지로 연결하는 과정이다.

④ 내면화는 형식지를 암묵지로 내부화하는 과정이다.

06 다음 중 균형성과표의 관점과 성과 척도가 바르게 짝지어진 것은?   한국관광공사

① 학습과 성장 관점 – 종업원만족

② 고객 관점 – 매출액

③ 재무적 관점 – 시장점유율

④ 내부프로세스 관점 – 정보시스템 가용성

[해설] ② 매출액은 재무적 관점의 성과 척도이다.

③ 시장점유율은 고객 관점의 성과 척도이다.

④ 정보시스템 가용성은 학습과 성장 관점의 성장 척도이다.

지식에 대한 투자가 가장 이윤이 많이 남는 법이다.

– 벤자민 프랭클린 –

최신복원문제

🔑 키워드 기업의 형태

다음 중 기업 형태에 대한 설명으로 틀린 것은?   소상공인시장진흥공단

① 유한회사는 2인 이상 100인 이하의 유한책임사원으로 구성된다.

② 주식회사는 소유와 경영이 분리된 회사를 말한다.

③ 합자회사는 무한책임을 지는 출자자가 기업을 경영한다.

④ 합명회사는 2인 이상의 무한책임사원이 공동으로 출자한다.

해설 유한회사는 2인 이상 50인 이하의 사원이 출자한 금액만큼의 유한책임을 지는 회사이다.

정답 ①

Chapter 02

경영자 · 기업 · 경영환경

기출 키워드	중요도
☑ 경영자의 역할(민츠버그)	★★
☑ 기업의 형태	★★
☑ 주식회사	★★★
☑ 대리인 비용	★
☑ 협동조합	★
☑ 기업집중	★★
☑ 사회적 책임	★★★
☑ 기업윤리	★

CHAPTER 02 경영자 · 기업 · 경영환경

1 경영자

1 경영자의 정의

경영자는 기업의 방향을 결정짓고 경영활동을 직접 계획·조직·지휘·통제하는 주체로, 기업 구성원의 역할 및 행동을 규정하는 사람이다. 경영자는 기업 경영에서 가장 중요한 요소라고 할 수 있다.

2 경영자의 유형

(1) 수직적 위계에 따른 유형

① 최고경영자(Top manager)

최고경영자는 기업의 중장기 목표와 전략을 결정하고, 회사 방침과 비전 등 거시적인 문제에 관여하는 경영자이다.

예 대표이사, 사장, 임원

② 중간경영자(Middle manager)

중간경영자는 일선경영자의 일을 관리하며 설정된 비전이 기업 전체에 전달될 수 있도록 상호작용하는 경영자이다.

예 공장장, 부서담당 임원, 부서장

③ 일선경영자(First-line manager)

일선경영자는 기술적인 능력을 갖추고 있으며, 생산 및 제조에 직접 관여하는 경영자이다.

예 매니저, 작업반장

(2) 수평적 차원의 분류 유형

① 기능경영자

회계, 생산, 마케팅, 재무 등 특정 기능 분야에 한정된 업무를 관리하는 전문성을 가진 경영자이다. 담당한 업무 범위에 따라 부장, 차장, 과장, 대리로 나누어진다.

② 전반경영자

최고경영자, 공장 관리자 등과 같이 여러 전문 분야를 복합적으로 관리하는 경영자이다. 이들은 회사 전체의 비전을 결정하고, 다수의 조직과 기능을 총괄한다.

개념체크OX

• 중간경영자는 일선경영자의 일을 관리한다. ○✕

• 일선경영자는 기술적인 능력을 기반으로 과업에 직접 관여한다. ○✕

○, ○

(3) 조직 발전과정에 따른 유형

① 소유경영자

기업을 소유하고 있는 경영자로, 직접 경영에 참여하는 출자자 또는 대주주를 말한다.

② 고용경영자

기업 규모가 커짐에 따라 소유경영자를 보조해 특정 분야에 대한 지원역할을 하는 경영자로, 경영자의 속성보다 피고용인의 속성을 보인다.

③ 전문경영자

고도의 경영기술을 가지고 경영을 전문적으로 담당하는 경영자이다. 전문경영자는 자본의 대규모화로 인한 소유와 경영의 분리로 필요성이 대두되었다.

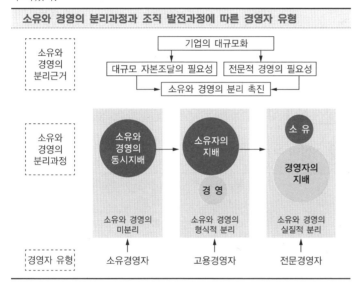

소유와 경영의 분리과정과 조직 발전과정에 따른 경영자 유형

3 경영자의 역량

(1) 경영자에게 요구되는 능력(로버트 카츠)

① 개념화 능력

개념화 능력은 기업의 모든 활동과 이해관계를 조정하고 통합할 수 있는 정신적 능력이다.

② 대인관계 능력

대인관계 능력은 개인 또는 집단으로서 다른 사람들과 함께 일하고 동기부여 하는 등 원활하게 상호작용할 수 있는 능력이다.

③ 현장업무 능력(전문적 기술)

과정이나 절차에 대하여 특수하게 숙달된 기술 또는 전문지식을 사용할 수 있는 능력이다.

개념더하기

소유와 경영의 분리

기업과 자본의 대규모화에 따라 경영지배력이 기업의 소유자로부터 경영전문가에게 옮겨가는 현상이다. 주식회사는 기업에 자본을 출자한 주주와 경영을 담당하는 전문경영자가 따로 존재하므로 소유와 경영이 실질적으로 분리된 상태이다.

개념체크OX

• 소유와 경영이 형식적으로 분리되면서 전문경영자가 대두되었다. ⃞O⃞X

• 로버트 카츠에 의하면 경영자는 대인관계 능력이 필요하다. ⃞O⃞X

⃞X⃞, ⃞O⃞

(2) 민츠버그(Mintzberg)의 경영자의 역할

구 분	역 할
대인적 역할	외형적 대표자, 리더, 연락자
정보적 역할	청취자, 전파자, 대변인
의사결정적 역할	기업가, 분쟁 해결자, 자원배분자, 협상가

민츠버그(Mintzberg)의 경영자의 역할

2 기 업

1 기업의 구분

구 분			기업 형태
사기업	단독기업		개인기업
	공동기업	인적 공동기업	합명회사
			합자회사
		물적 공동기업	유한회사
			유한책임회사
			주식회사
공기업			국영기업, 지방공식 기업, 공사, 공단
			특수회사

2 기업의 형태

(1) 개인기업

개인기업은 1인이 출자하여 경영하는 기업으로, 경영의 모든 책임을 대표자가 지게 된다.

(2) 합명회사

① 합명회사는 2인 이상의 사원이 공동으로 출자해 회사의 경영에 무한책임을 지는 회사로, 사원 전원이 직접 경영에 참여한다.

② 무한책임사원으로만 구성되어 있어서 출자자를 폭넓게 모집할 수 없다.

③ 가족 내에서 친척 간 또는 이해관계가 깊은 사람 간의 회사 설립이 많다.

④ 지분 양도 시에는 사원총회의 승인을 받아야 한다.

개념더하기

대기업의 법적 기준

• 「중소기업기본법」에 포함되지 않는 기업

• 「중견기업 성장촉진 및 경쟁력 강화에 관한 특별법」 시행령에 의거한 중견기업에 포함되지 않는 기업

• 자산 10조원 이상으로 공정거래위원회에서 지정한 상호출자제한기업집단

• 금융 및 보험, 보험서비스업을 하며 「중소기업기본법」에 소속되지 않는 기업

개념체크OX

• 민츠버그는 '연락자'기능을 경영자의 대인적 역할로 보았다. O X

• 민츠버그는 '리더'기능을 의사결정적 역할로 보았다. O X

O, X

(3) 합자회사

① 합자회사는 중세시대의 '코멘다(Commenda)'에서 유래한 것으로, 무한 책임사원과 유한책임사원으로 구성된다.

② 합자회사의 업무 진행은 기본적으로 무한책임사원만이 맡는다.

③ 합명회사의 단점을 보완한 형태이다.

④ 지분 양도 시에는 무한책임사원 전원의 동의가 필요하다.

⑤ 무한책임사원은 회사의 경영 및 채무에 대해서 무한책임을 진다.

⑥ 유한책임사원은 출자한 금액에 대해서만 책임을 지고 경영에는 참여하지 않는다.

(4) 유한회사

① 유한회사는 2인 이상 50명 이하의 유한책임사원으로 구성되어있는 회사로, 출자자를 공모할 수 없다.

② 자본결합이 상당히 폐쇄적이므로 중소규모의 기업형태에 알맞다.

③ 기관으로는 이사, 사원총회, 감사 등이 있으며 감사는 의무기관이 아니다.

④ 사원의 수가 제한되어 있으며, 지분의 증권화가 불가능하다.

(5) 유한책임회사

유한책임회사는 1인 이상의 유한책임사원으로 구성되는 회사로, 유한책임사원은 출자금액만큼의 책임을 진다.

(6) 주식회사

① 주식회사의 정의

㉠ 주식을 발행하여 자본금을 충당하는 회사를 말한다.

㉡ 주주라는 불특정 전문경영자에 의해 운영될 수 있다.

㉢ 대규모 경영에 대한 양산체제로, 다수로부터 거액의 자본조달이 가능하다.

② 주식회사의 특징

㉠ 자본의 증권화 제도

㉡ 유한책임제도

㉢ 소유와 경영의 분리

③ 주식회사의 기관

㉠ 주주총회

• 주식회사의 최고 의사결정 기관으로, 주주들로 구성된다.

• 주주의 결의권은 1주 1결의권을 원칙으로 하고 의결은 다수결에 의한다.

• 주주총회의 주요 결의사항으로는 자본의 증감, 정관의 변경, 이사 · 감사 · 청산인 등의 선임 및 해임에 관한 사항, 영업의 양도 · 양수 및 합병 등에 관한 사항, 주식배당, 신주인수권 및 계산 서류의 승인에 관한 사항 등이 있다.

🔵 **개념더하기**

코멘다(Commenda)

코멘다는 계약을 뜻하는 말로, 10세기 유럽 남부 지중해 연안 무역 과정에서 이뤄진 기업가와 자본가의 상업 대부계약을 뜻한다. 오늘날 합자회사와 익명조합의 기원이 되었다.

ⓛ 감 사
- 이사의 업무집행을 감시하는 필요 상설기관이다.
- 주주총회에서 선임되고, 선임결의는 보통결의의 방법에 따른다.

ⓒ 이사회 및 대표이사
- 이사회는 이사 전원으로 구성되는 합의체로, 회사의 업무 진행에 대해 상의하는 의사결정 기관이다.
- 이사는 주주총회에서 선임되고, 3인 이상이어야 하며 임기는 3년을 초과할 수 없다.
- 대표이사는 이사회의 결의사항을 집행하고 통상적인 업무에 대한 결정 및 집행을 맡으며 회사를 대표한다.
- 이사회의 주요 결의사항으로는 대표이사의 선임, 주주총회의 소집, 이사와 회사 간의 소(訴)에 관한 대표의 선정, 지배인의 선임 및 해임, 신주의 발행, 이사와 회사 간 거래의 승인, 채권의 발행 등이 있다.

④ 대리인 문제
ⓐ 대리인 문제의 정의
전문경영자가 주주 이익에 반하는 행동을 하는 문제를 말한다.
예 회사 자금을 이용한 개인적인 소비 행위, 위험을 수반한 투자 회피 행위, 개인 명예를 위한 수익성 없는 사회적 사업 다각화 행위, 기업의 규모를 키우는 데만 주력하는 행위 등

ⓑ 대리인 비용
- 감시 비용
전문경영자를 감시하기 위해 쓰이는 비용이다.
예 외부회계감사, 사외이사제도, 성과급제도, 주식매입선택권(스톡옵션)
- 확증 비용
전문경영자가 자신의 경영활동 및 의사결정이 주주를 위한 것임을 증명하는 데 쓰이는 비용이다.
- 잔여 손실
전문경영자가 기업을 위한 최적의 의사결정을 선택하지 않아 발생하는 기업의 가치손실이다.
- 해결방안
대리인 문제의 해결방안으로는 전문경영인에게 고정급여 이외에 회사 주식을 살 권리를 주는 주식매입선택권(스톡옵션)이 효과적이다.

(7) 협동조합
① 협동조합의 정의
협동조합은 같은 목적을 가진 조합원들이 모여 구매 · 생산 · 판매 · 소비 등을 협동으로 영위하는 조직단체이다.

② 협동조합의 특징
  ㉠ 사업의 목적이 영리보다는 조합원 간의 상호부조에 있다.
  ㉡ 조합원의 가입이나 탈퇴가 자유롭다.
  ㉢ 출자액과 무관하게 1인 1의결권을 지닌다.
  ㉣ 잉여금 배분 시에 출자액과 무관하게 조합사업의 이용 분량에 따른다.
  ㉤ 운영 주체나 기능에 따라 소비자 협동조합 또는 생산자 협동조합으로 나뉜다.

(8) 공기업

① 공기업의 정의
  공기업은 국가나 지방자치단체, 공공단체가 출자하는 비영리 기업이다. 법률적 구속력으로 인해 창의적 운영에 제한이 있다.

② 공기업의 목적
  ㉠ 재정수입을 조달할 목적
  ㉡ 공익적 독점 사업을 진행할 목적
  ㉢ 필요하지만 민간운영이 불가한 사업을 진행할 목적
  ㉣ 사회정책을 실행하기 위한 목적
  ㉤ 경제정책을 실행하기 위한 목적

③ 공기업 운영 원칙
  ㉠ 공익성을 추구해야 한다.
  ㉡ 독립된 기업으로 운영해야 한다.

3 기업집중

(1) 카르텔(Kartell)

① 동일 업종의 기업이 경쟁을 피하면서 이익을 확보하기 위해 가격·생산량 등에 대한 협정을 맺어 형성되는 독점 형태이다.
② 카르텔을 맺은 각 기업은 일부 활동에 제약이 있지만 법률적 독립성은 유지된다.
③ 카르텔은 국민경제 발전의 저해, 경제의 비효율화 등에 미치는 부정적 영향이 크므로 각국에서는 이를 규제 및 금지하고 있다.

(2) 트러스트(Trust)

① 동일 업종의 기업이 자본적으로 결합한 독점 형태이다.
② 자유 경쟁에 따른 과잉생산 및 가격하락을 피하고, 시장 독점으로 얻을 수 있는 초과 이윤을 목적으로 형성된다.
③ 카르텔에 비해 결합의 정도가 높고 합병된 기업의 독립성이 거의 상실된다.

🔵 개념더하기

지주회사

지주회사는 주식을 소유함으로써 다른 회사의 사업활동을 지배·관리하는 회사를 말한다. 지주회사는 스스로 다른 사업활동을 행하고 있는가에 따라 순수지주회사와 사업지주회사로 나뉜다. 다른 회사의 사업활동과 관련된 의사결정에 간섭하고 영향력을 미치는 것으로 다른 회사를 지배하는 것만을 목적으로 하는 회사를 순수지주회사, 고유의 사업활동을 행하면서 다른 회사를 지배하는 회사를 사업지주회사라고 한다.

개념체크OX

• 잔여 손실은 대리인 비용이다. ○ ✕

• 스톡옵션은 대리인 문제를 심화할 수 있다. ○ ✕

○, ✕

(3) 콘체른(Concern)

① 여러 기업이 법률적으로는 독립성을 유지하면서 실질적으로는 주식 소유, 자금대여와 같은 경제적 방식으로 결합한 독점 형태이다.

② 본래는 거대독점자본인 금융기관의 존재 형태 및 기업소유 형태와 깊은 관련이 있으나 국내 및 일본에서는 기업 형태상 콘체른에 속하는 기업집단을 '재벌'이라고 부른다.

(4) 콘글로머리트(Conglomerates)

① 콘글로머리트는 다각적 합병, 문어발식 합병으로도 불린다.

② 생산 공정 또는 판매과정 등의 분야에서 상호 관련이 없는 다양한 이종 기업을 합병하거나 매수해 하나의 거대한 기업체를 형성하는 기업결합 형태이다.

③ 콘글로머리트를 구성하는 목적으로는 경영의 다각화, 경기변동에 의한 위험 분산, 이윤의 증대, 외형상의 성장, 조직의 개선 등이 있다

(5) 콤비나트(Kombinat, Комбинат)

① 일정 수의 유사 규모 기업들이 원재료 및 신기술의 활용을 목적으로 사실상의 제휴를 하기 위해 근접한 지역에서 대등한 관계로 결성하는 수평적인 기업결합 형태이다.

② 국내의 경우 공업단지가 이와 비슷한 형태이다.

4 기업의 인수 및 합병(M&A)

(1) 기업의 인수 및 합병의 개념

① 기업의 인수(Acquisition)는 매수한 목표기업을 해체하지 않고 경영권을 획득하는 것을 말한다.

② 기업의 합병(Merger)은 매수한 목표기업을 해체하고 자사 조직의 일부분으로 흡수하여 하나의 단일기업으로 만드는 것을 말한다.

(2) 기업의 인수 및 합병의 효과

① 새로운 사업 분야에 필요한 경영자원과 기술을 빠르게 확보하고 조달하는 것이 가능하다.

② 동종업계 기업과의 인수합병을 통해 기업 규모의 대형화를 꾀하여 규모의 경제를 실현하거나, 타 분야 기업과의 인수합병을 통해 사업 범위를 확장하여 범위의 경제를 실현할 수 있다.

③ 동종업계 기업 간의 수평적 결합을 통해서 시장구조를 독점하고 시장점유율과 시장지배력을 강화할 수 있다.

④ 해외 현지 기업과의 인수합병을 통해 외국 시장에 대한 정보를 파악하고 유통망과 생산시설을 확보하는데 걸리는 시간과 비용을 절감할 수 있다.

개념체크OX

• 카르텔은 기업의 자유에 의해 결정되지만, 국가에 의해 결정되기도 한다. ○×

• 콘체른은 경제적 방식으로 결합한 독점 형태이다. ○×

○, ○

(3) 우호적 M&A와 적대적 M&A

① 우호적 인수합병(friendly takeover)

목표기업과의 합의를 통해 인수합병에 대한 동의를 얻어 경영권을 획득하는 것이다.

② 적대적 인수합병(hostile takeover)

목표기업과의 합의 없이 기업 경영권을 빼앗는 것이다. 합병의 대상이 된 회사는 다양한 대응전략으로 이를 막으려고 한다.

(4) 적대적 M&A의 주요 공격전략

① 공개매수(take over bid, TOB)

매수자들이 목표 기업의 주식을 가진 불특정 다수의 주주를 상대로 높은 매수가액을 제시한 뒤, 제안에 응한 주주들의 주식을 장외에서 매수함으로써 해당 기업의 경영권을 장악하는 행위를 말한다.

② 그린 메일(green mail)

매수자들이 대주주의 지분율이 낮은 기업의 주식을 매수한 후 이를 빌미로 대주주를 협박하거나 주식을 장외에서 비싼 값에 되파는 수법을 말한다. 본래 이러한 행위를 하는 매수자들은 재무적 이득을 얻는 것이 주목적이지만, 경우에 따라 경영권을 탈취하기 위해 움직이기도 한다.

③ 곰의 포옹(bear's hug)

사전 경고 없이 매수자가 매수대상 기업의 경영진에게 편지를 보내 매수 제의를 하고 그에 대한 신속한 의사결정을 할 것을 독촉하는 수법이다. 매수자들은 협박성 분위기를 조성한 후 회사의 매수가격과 조건을 제시하여 매수대상 기업의 이사진이 반대하기 어렵게 만든다. 매수자 측에서 매수대상 기업의 경영자를 협박하는 것이 곰이 포옹하려는 듯 공포 분위기를 조성하는 것과 유사한 데에서 유래한 말이다.

(5) 적대적 M&A에 대한 주요 방어전략

① 백기사(white knight)

매수대상 기업이 자신들과 우호적인 관계를 맺고 있는 타 기업에 자사를 인수해줄 것을 요청하여 의도적으로 공개매수 가격을 올리는 전략이다.

② 황금낙하산(golden parachute)

매수대상 기업의 임원들이 퇴직할 때 거액의 특별 퇴직금이나 보너스 등을 주는 것으로 기업 인수 비용을 높여 상대 기업이 인수합병을 하기 어렵게 하는 전략이다.

③ 황금주

보유 수량이나 비율에 상관없이 특정 주주총회 안건에 대해 거부권을 행사할 수 있는 특별한 권리를 가진 주식을 발행하는 전략이다.

④ 독소조항(poison pill plan)
   ㉠ 외부에서 적대적 인수합병 시도가 있을 때 기존 주주들에게 특별한 권리를 부여하고 이를 행사하게 함으로써 상대 기업이 인수합병을 포기하도록 만드는 전략이다.
   ㉡ 독소조항의 구체적인 방법으로는 상환우선주의 상환을 통해 일시적으로 막대한 현금을 유출시켜 매수대상 기업이 자사의 가치를 떨어뜨리는 방법과 주주들에게 시가보다 싼 가격에 지분을 매수할 수 있는 권리를 부여하여 인수기업이 지분을 확보하기 어렵게 만드는 방법이 있다.

5 사회적 책임(CSR ; Corporate Social Responsibility)

(1) 사회적 책임의 정의
   ① 사회적 책임은 기업이 이해관계자들의 수요에 부응하기 위해 규제에 순응하는 것 이상의 노력을 다하는 것을 말한다.
   ② 기업이 이해관계자 반응에 적절히 대응함으로써 사회에 긍정적 영향을 미치는 책임감 있는 활동을 뜻한다.
   ③ 기업들이 자발적으로 사회적, 환경적 관심 등을 영업활동과 그들의 이해관계자들과의 상호작용에 통합시키는 활동이다.

📑 개념더하기

외부불경제
어떤 경제주체의 행위가 다른 경제 주체에게 의도하지 않은 손해를 입히고도 이에 대한 대가를 지급하지 않는 것을 말한다.

(2) 기업에 사회적 책임이 요구되는 이유
   ① 증가하는 상호작용
   ② 시장의 불완전성
   ③ 외부불경제
   ④ 기업의 영향력 증대

(3) 사회적 책임의 2가지 관점
   ① 전통적 관점
      ㉠ 기업은 이윤을 극대화하기 위해 사회적 책임을 다한다.
      ㉡ 사회적 책임으로 기업의 지출이 늘면, 제품의 가격이 상승해 소비자와 주주의 부담이 커진다.
   ② 사회경제적 관점
      ㉠ 기업은 사회와 독립적인 존재가 아니므로 사회복지를 위해 적극적으로 노력해야 한다.
      ㉡ 기업이 유발한 외부경제 · 외부불경제 또는 사회적 영향력에 책임져야 한다.

(4) 사회적 책임의 범위
   사회적 책임은 주주와 경영진에 한정되어 있을 때보다 사회 전체로 확장할 때 더욱 강해진다. 사회적 책임의 이해관계자로는 소비자, 공급원, 채권자, 노조, 시민단체 등이 있다.

사회적 책임의 범위

```
          낮음  ↑   주주, 경영진
                    종업원
       사회적 책임   이해관계자
          높음  ↓   사회전체
```

(5) 사회적 책임의 내용

① 기업의 유지 및 존속에 대한 책임
② 이해자 집단에 대한 이해조정책임
③ 후계자 육성의 책임
④ 정부에 대한 책임
⑤ 지역사회 발전의 책임

(6) 사회적 반응(Social responsiveness)

① 사회적 반응의 정의

사회적 책임이 기업이 사회적 선행 및 사회적 책임을 마땅히 여기고 행동하는 것을 의미하는 반면, 사회적 반응은 사회적으로 관심을 받은 큰 사건이나 이슈에만 반응해 사회적 책임을 다하는 것을 말한다.

② 사회적 책임과 사회적 반응의 비교

구 분	사회적 책임	사회적 반응
관심사	윤리성	실용성
초 점	목 적	수 단
강 조	의 무	반 응
의사결정기간	장 기	중단기

(7) 사회적 책임 투자(SRI ; Socially Responsible Investment)

① 사회적 책임 투자의 정의

사회적 책임 투자는 사회적 책임을 다하는 기업에 투자하는 것을 말하며, 지속가능투자(SRI ; Sustainable & Responsible Investment)라고도 한다.

② 사회적 책임 투자의 구분

㉠ 사회적 선별

기업이 사회와 환경에 미치는 영향을 고려해, 대상을 선별하는 투자행위이다.

㉡ 주주 행동주의

주주의 권리로 경영에 영향을 미치는 투자행위이다.

㉢ 지역사회투자

인류와 사회의 발전에 목적을 둔 투자행위이다.

🔹 **개념더하기**

주주자본주의(Shareholder Capitalism)
주주자본주의는 주주행동주의의 기반이 되는 자본주의의 형태로, 기업의 모든 자본 활동이 주주의 이익을 옹호하는 방향으로 이루어지는 형태의 자본주의를 말한다.

(8) 지속가능경영(Sustainable management)

지속가능경영은 조직과 이해관계자의 의사소통을 증진하고 조직원의 경제적, 사회적, 환경적 지속가능성을 추구하여 조직의 가치를 높이는 경영활동이다.

(9) 사회적 책임론

① 피터드러커(Peter F. Drucker)의 사회적 책임

　㉠ 기업의 목적은 고객 창조이므로 마케팅과 사회적 책임이 중요하다.

　㉡ 사회 전체가 부를 창조할 자원을 기업에 위탁한 것이다.

　㉢ 경제적 책임, 법적 책임, 윤리적 책임, 자발적 책임 순서로 책임에 위계가 있다.

② 캐롤(Carroll)의 사회적 책임

　㉠ 사회적 책임의 구성요소에 위계가 있는 것은 아니다.

　㉡ 성과적 책임은 소극적 책임으로, 법적 책임과 경제적 책임으로 구분된다.

　㉢ 사회적 책임은 적극적 책임으로, 자발적 책임과 윤리적 책임으로 구분된다.

구 분		내 용
성과적 책임 (소극적 책임)	경제적 책임	이윤추구, 이해관계자의 이익 존중, 기업의 생존
	법적 책임	법규범 준수, 조직구성원 도덕성 준수
사회적 책임 (적극적 책임)	윤리적 책임	사회지원활동, 공공질서 준수
	자발적 책임	인류애, 문화적 지원

(10) 사회적 책임에 대한 기업의 대응전략

① 방해전략

기업이윤에만 집착하고 사회적 책임은 신경 쓰지 않는 전략이다. 사회로부터 고발당해도 부정한다.

② 방어전략

소극적으로 법이 요구하는 최소한의 규정만 지키는 전략이다. 잘못이 드러나면 정당화하며 변명한다.

③ 적응전략

도의적 책임까지 인정하고 사회적 압력이 커지면 사회적 책임을 실천하는 전략이다. 압력이 없으면 사회적 책임을 이행하지 않는다.

④ 행동전략

미리 예방적·적극적·자발적으로 사회적 책임을 이행하는 전략이다. 수익성이 높은 대기업의 경우, 행동전략의 이행이 필요하다.

(11) 공유가치창출(CSV ; Creating Shared Value)

① 공유가치창출이란 기업 활동 자체로 사회적 가치를 창출하면서 동시에 경제적인 이익을 추구하는 하나의 경영 방침이다.

② 추가적인 비용을 들여 사회적 책임을 다하려는 것이 아닌, 기업의 비즈니스 모델 하에서 이익을 목적으로 함과 동시에 사회적 가치를 함께 창출하고자 하는 것이다.

(12) ESG 경영

① ESG의 정의

ESG는 기업의 지속가능성과 사회에 미치는 영향을 측정하는 기업의 비재무적 요소인 환경(Environment), 사회(Social), 지배구조(Governance)의 앞글자를 따 만든 용어이다.

② ESG의 구성요소

㉠ 환 경

기업은 환경 오염으로 인한 기후 변화나 자원의 고갈, 공해 등에 책임을 져야 하며, 이를 위해 온실가스 배출량, 에너지 사용량 등을 공시해야 한다.

㉡ 사 회

기업은 인권 침해와 인종 · 성별 등의 차별에 책임을 져야 하며, 이를 위해 임직원 현황, 정보 보안 활동 등을 공시해야 한다.

㉢ 지배구조

기업은 뇌물 및 부정부패에 책임을 져야 하며, 이를 위해 경영진의 역할과 ESG의 위험 및 기회에 대한 평가 등을 공시해야 한다.

③ ESG 경영의 성과

최근 ESG 경영의 공시 지표를 투자 결정의 기준으로 삼는 기업이 늘고 있으며, ESG 경영에 대한 인식이 높아지면서 소비자들의 ESG 우수 기업 제품 선호도가 증가하고 있다.

6 기업윤리

(1) 기업윤리의 정의

기업윤리는 보편적으로 사용되는 사회적 윤리를 기업의 행동 및 의사결정에 적용한 것이다.

(2) 기업윤리의 접근법

① 공리주의 접근법

공리주의 원칙 즉, 최대다수의 최대행복을 기본 원리로 삼는다. 행위의 객관적 결과로만 판단한다.

② 도덕권리적 접근법

언론의 자유와 사생활권 등 인간의 기본권을 기준으로 판단한다.

🔖 **개념더하기**

이해관계자 자본주의
(Stakeholder Capitalism)
주주자본주의에서 더 나아가 기업이 주주뿐만 아니라 협력업체, 소비자, 지역사회 등 모든 이해관계자의 가치를 극대화하는 방향을 추구하는 자본주의를 말한다. 최근 기업들 사이에서 ESG 경영과 함께 중대한 관심사로 떠오른 자본주의 형태이다.

개념체크OX

• 캐롤에 의하면 경제적 책임과 윤리적 책임은 성과적 책임이다. ⭕❌

• 방어전략은 최소한의 법적 책임만을 다하는 전략이다. ⭕❌

❌, ⭕

③ 사회적 정의 접근법

모든 사람은 동등하게 취급되어야 하며, 법규를 공평하게 적용한다.

④ 윤리적 상대주의 접근법

도덕이나 윤리는 사회나 개인에 따라 다른 기준을 가질 수 있기 때문에 무엇이 맞고 틀리는지, 무엇이 더 나은 대안인지 평가할 수 없다.

⑤ 의무론적 접근법

칸트의 접근법으로, 규칙을 따르느냐 따르지 않느냐에 대한 문제로 보며 행위의 결과가 아닌 행위의 의도로 판단한다.

3 경영환경

1 경영환경의 정의

경영환경은 기업의 경영성과에 영향을 미치는 모든 요인을 말한다.

2 경영환경의 구분

(1) 내부환경

기업의 내부환경은 기업의 특성이나 기업문화 등 기업이 보유한 모든 자원을 뜻한다.

(2) 외부환경

기업의 외부환경은 조직의 의사결정에 영향을 미치는 정도에 따라 일반환경과 과업환경으로 구분된다.

(3) 외부환경의 구분

① 일반환경

㉠ 일반환경의 정의

일반환경은 모든 기업에 간접적인 영향을 미치는 환경이다.

㉡ 일반환경의 종류

• 경제적 환경

– 기업 경영활동에 영향을 미치는 국민경제적 환경을 뜻한다.

– 재화 및 서비스의 생산과 분배에 대한 지역·국가·국제적 상태 및 여건이 포함된다.

• 정치적 환경

– 기업의 지위와 생산활동에 직·간접적으로 영향을 미치는 국가 제도와 법적 규범을 뜻한다.

– 정치적 환경에는 납세의무, 소비자 권익 보호제도, 국가 간 경제적 관계 규율, 통화금융정책, 특허법 등이 포함된다.

개념체크OX

• 기업의 기계설비 및 장치는 내부환경에 해당한다. ☐O☐X

• 일반환경은 모든 기업에 영향을 미친다. ☐O☐X

O, O

- 사회문화적 환경
  - 집단, 문화, 가치관, 전통, 관습 등과 같이 개인의 행동에 영향을 미치는 사회제도나 사회적 태도 등을 말한다.
  - 인구특성(성별, 연령, 직업, 결혼 등)과 문화구조(국민성, 민족성, 종교, 가치관), 소득수준, 소비구조, 가계지출, 저축, 통신이나 운수 등이 포함된다.
- 기술적 환경
  과학이나 산업의 발전, 새로운 기술의 등장을 뜻한다.
② 과업환경
  ㉠ 과업환경의 정의
    과업환경은 기업의 의사결정에 직접적인 영향을 미치는 환경으로, 각 기업의 특성에 따라 고유하게 나타난다.
  ㉡ 과업환경의 종류
    소비자, 정부, 공급자, 경쟁자, 사회단체, 지역사회 등

01 민츠버그(Mintzberg)의 경영자의 역할에 대한 분류로 옳게 짝지어진 것은?　　　한국벤처투자

① 대인적 역할 – 대변인　　　　　　　② 정보적 역할 – 연락자
③ 의사결정적 역할 – 리더　　　　　　④ 의사결정적 역할 – 협상가

[해설] 민츠버그의 경영자의 역할에 따르면 대인적 역할으로는 외형적 대표자, 리더, 연락자가 있다. 정보적 역할로는 청취자, 전파자, 대변인이 있으며 의사결정적 역할로는 기업가, 분쟁 해결자, 자원배분자, 협상가가 있다.

02 다음 설명에 해당하는 인수합병 용어는?　　　서울교통공사

> 장내에서 특정 기업의 주식을 다량 매수하여 지분을 확보한 뒤 대주주를 협박하거나 주식을 장외에서 비싼 값에 되파는 것으로 이득을 얻고자 하는 수법이다. 만약 대주주가 자신들의 말을 듣지 않으면 그대로 인수합병을 진행하기도 하며, 이런 수법을 사용하는 이들을 기업사냥꾼(raiders)이라고 부른다.

① 황금낙하산(golden parachute)　　　② 공개매수(take over bid)
③ 독소증권(poison pill)　　　　　　　④ 그린 메일(green mail)

[해설] 그린 메일은 주식을 사들이고 이를 대주주에게 비싼 값에 사들이라고 협박하거나 장외에서 되파는 수법으로, 대주주를 협박할 때 초록색 달러화를 요구하는 편지를 보내던 것에서 유래된 말이다.

03 다음 중 사회적 책임의 내용으로 옳지 않은 것은?　　　서민금융진흥원

① 이해자 집단에 대한 이해조정 책임　② 지역사회 발전의 책임
③ 후계자 육성의 책임　　　　　　　　④ 사회적 사건에 대한 반응

[해설] 사회적 책임의 내용으로는 기업 유지 및 존속에 대한 책임, 이해자 집단에 대한 이해조정 책임, 후계자 육성의 책임, 정부에 대한 책임, 지역사회 발전의 책임이 있다. 사회적 사건에 대한 반응은 사회적 책임이 아닌 사회적 반응의 설명에 해당한다.

04 다음 중 주식회사에 대한 설명으로 옳지 않은 것은?　　　한국철도공사

① 자본의 증권화가 가능하여 투자의 회수가 용이하다.
② 출자한 금액에 따라 보유한 주식에 주주총회 의결권이 차등적으로 부여된다.
③ 전문경영자가 주주의 이익에 반하는 행동을 할 경우 대리인 문제가 발생한다.
④ 경영인에게 주식매입선택권을 부여하는 것으로 대리인 문제를 해결할 수 있다.

[해설] 주주총회에서는 주주 평등의 원칙에 따라 주주에게 1주당 1의결권이 동등하게 주어지는 것을 원칙으로 한다.

PART 2
조직행동이론

최신복원문제

🎼 키워드 강화이론

다음 상황이 의미하는 행동형성 방법은? 서울시복지재단

> 질문을 많이 한 모범적 학생에게 일주일 화장실 청소 면제권을 제공한다.

① 긍정적 강화
② 부정적 강화
③ 소 거
④ 처 벌

───────────────────────────────

[해설] 모범적인 학생에게 화장실 청소면제권을 부여하기로 하는 것은 불쾌한 자극을 제거해주는 것이므로 부정적 강화에 해당한다.

정답 ②

Chapter 01

개인수준의 조직행동

기출 키워드	중요도
☑ 강화이론	★★
☑ Big 5 모델	★
☑ 문화차원이론	★
☑ 의사결정	★
☑ XY이론	★
☑ 2요인이론	★★★
☑ 기대이론	★★
☑ 공정성이론	★
☑ 목표설정이론	★
☑ 직무특성이론	★★★

CHAPTER

01 개인수준의 조직행동

1 조직행동이론의 개요

1 조직행동의 정의

조직행동이론은 조직구성원의 행동과 태도를 체계적으로 분석하여 조직과 조직구성원이 상호 간에 끼치는 영향을 연구하는 학문이다. 조직행동이론은 호손실험으로 시작된 인간관계론과 그 뒤를 이은 행동과학이론에 기반을 두고 있다.

2 조직행동의 연구대상

(1) 성과와 관련이 높은 행동

① 생산성
② 결 근
③ 이 직
④ 조직시민행동

(2) 관심대상인 태도

① 직무만족
② 직무몰입

3 조직행동 분야의 연구모형

구 분	분석 수준과 결과 요인		세부 내용
독립변수 (원인)	미시 조직행위론	개인수준	능력, 학습, 태도, 동기부여, 감정 등
		집단수준	규범, 지위, 역할, 갈등, 의사결정, 리더십 등
	거시 조직행위론	조직수준	조직설계, 조직형태, 조직문화, 조직변화
종속변수 (결과)	조직 성과		• 직무 성과, 맥락적 성과, 윤리적 성과 • 수익성, 이직률, 노사관계, 고객만족, 윤리경영 등

2 ㅣ 개인수준의 조직행동

1 능 력

(1) 능력의 정의

능력은 주어진 과업을 수행할 수 있는 개인의 역량이나 소질을 말한다.

(2) 능력과 성과의 관계

① 능력과 직무 배치가 유사해 적합성이 높을 때 성과가 높다.

② 성과에 직접적인 영향을 미치는 것은 노력에 해당하며, 동기부여가 노력의 정도를 좌우한다. 노력이 동일한 경우 능력에 따라 성과가 나뉜다.

능력과 성과의 관계

동기부여 → 노력 → (능력) → 성과

---

(3) 지적능력

① 지적능력의 정의

지적능력은 사고, 논리, 문제해결과 같은 정신적 활동과 관련된 능력을 말한다.

② 지적능력의 종류

ㄱ 일반지능(IQ ; Intelligence Quotient)

• 서로 다른 지능 요인들 간에 상관관계가 있다고 본다.

• 성과가 전체 지능 점수와 관련되므로 지능 간의 관계 활용을 제안한다.

ㄴ 다중지능(MI ; Multiple Intelligence)

• 지능에 대한 개념을 여러 독립적인 영역으로 본다.

ㄷ 사회지능(SQ ; Social Quotient)

• 손다이크(Thorndike)가 제시한 개념으로, 타인에 대한 인지적 이해와 타인의 행동에 현명하게 대응하는 능력을 뜻한다.

• 인간의 능력을 추상적, 기계적, 사회적 지능으로 구분하고, 사회지능을 독립된 지능으로 본다.

ㄹ 감성지능(EI ; Emotional Intelligence)

자신과 타인의 감성을 인지하고 조절할 수 있는 능력을 뜻한다.

ㅁ 도덕지능(Moral intelligence)

• 도덕적 판단을 할 수 있는 능력에 해당한다.

• 최근 사회적 책임과 기업 내 신뢰와 함께 중요성이 강조되고 있다.

2 학 습

(1) 학습의 정의

학습은 직·간접 경험을 통해서 발생한 행동의 항구적 변화를 의미한다.

> 🍃 **개념더하기**
>
> **지적능력과 직무만족도**
> 지적능력은 직무수행에 있어 큰 영향을 주지만, 직무만족도에는 큰 영향을 미치지 않는다.

(2) 행동주의 학습이론

① 행동주의 학습이론의 개요

학습 발생의 조건을 어떻게 형성하는가를 집중해서 연구한 이론이다. 행동주의적 학습이론의 핵심은 자극에 대한 반응으로 이어지는 조건화 방법에 있으며, 이 방법에 따라 고전적 학습이론과 조작적 학습이론으로 나뉜다.

② 고전적 학습이론

- ㉠ '파블로프의 개'로 대표되는 고전적 학습이론은 심리학자 파블로프 (Pavlov)의 이론으로, 어떠한 조건에 반응이 따라온다는 관점이다.
- ㉡ 조건에 따라 개인의 행동이 반사적으로 정해지므로 조건을 통해 개인의 행동을 유도할 수 있다고 본다.
- ㉢ 무조건 자극과 중립 자극의 인접을 반복함으로써 조건 반응을 발생시킨다.
- ㉣ 인간행동의 지극히 일부만을 설명할 수 있다고 평가된다.

파블로프의 개와 종소리 실험

1. 조건 형성 전	2. 조건 형성 전
무조건 자극 → 무조건 반응	중립 자극 → 반응 없음

3. 조건 형성 중	4. 조건 형성 후
무조건 자극 + 중립 자극 → 무조건 반응	조건 자극 → 무조건 반응

③ 조작적 학습이론

- ㉠ 스키너(Skinner)의 이론으로, 행위는 결과의 함수라고 주장했다. 즉, 어떤 행위의 결과에 따라 다시금 행위가 유발된다고 본다.
- ㉡ 특정 행동에 긍정적 결과가 제공되는 조건을 조성하여 바람직한 행동을 증가시킬 수 있다. 이를 '효과의 법칙'이라고 한다.
- ㉢ 바람직한 행위의 결과로는 보상을, 바람직하지 못한 행위의 결과로는 바람직한 행동을 유도하기 위한 피드백이 주어진다. 이를 '강화의 법칙'이라고 한다.
- ㉣ 인간이 행동 주체가 되어 스스로 학습할 수 있다고 보며, 인간행동 대부분을 설명할 수 있다.
- ㉤ 유기체의 특정 행동을 발생 및 유지시키는 과정을 '조작적 조건화'라고 칭했다.

개념더하기

반응적 행동

자극에 의해 일어나는 반사적 반응을 말한다. 반응적 행동은 유기체의 의사와 무관하게 나타난다.

개념더하기

조작적 행동

자극의 제시 없이 반응이 나타난 것으로, 유기체가 자발적으로 반응한 것을 뜻한다.

개념체크OX

- 행동주의 학습이론은 학습 발생 조건의 형성에 집중한 이론이다. [O|X]
- 효과의 법칙은 고전적 학습이론의 개념이다. [O|X]

O, X

④ 시행착오설(자극반응 연합설)
  ㉠ 손다이크(Thorndike)의 이론으로, 학습은 개인의 시행착오와 보상의 점진적 연합에 의하여 이뤄진다고 보았다.
  ㉡ 효과의 법칙에 근거해 '강화이론'을 발표했다.

(3) 강화이론(행동형성이론)

① 강화이론의 개요
  조작적 조건화와 관련된 이론으로, '행동형성'이라고도 불린다. '강화'는 긍정적인 행동을 발생하게 하거나, 부정적인 행동을 감소시키는 절차를 말한다. 조작적 행동을 유도해내는 요인을 '강화요인'이라고 한다.

② 강화전략
  ㉠ 긍정적 강화(적극적 강화)
    긍정적 결과를 통해 특정 행동을 반복하도록 유도하는 것을 말한다.
  ㉡ 부정적 강화(소극적 강화)
    불쾌한 결과를 제거함으로써 특정 행동을 반복하도록 유도하는 것을 말한다.
  ㉢ 소 거
    긍정적 결과를 제거함으로써 특정 행동의 중단을 유도하는 것을 말한다.
  ㉣ 벌
    불쾌한 결과를 통해 특정 행동을 중지하려는 것을 말한다.

개념더하기

도피학습(Escape learning)
혐오적인 자극을 감소시키거나 제거함으로써 특정 반응을 얻는 학습을 말한다.

개념더하기

회피학습(Avoidance learning)
혐오적 결과를 미리 신호해 이를 회피하게 함으로써 특정 반응을 얻는 학습을 말한다.

구 분	첨 가	제 거
유쾌한 사건	긍정적 강화 (행동 증가)	소 거 (행동 중단)
불쾌한 사건	벌 (행동 중단)	부정적 강화 (행동 증가)

③ 강화주기

구 분	강화주기		강 화	영 향	예 시
연속적 강화	연속적		긍정적인 행동을 할 때마다 보상	신속한 학습, 강화 중단 시 행동 중단	칭 찬
단속적 강화	간격법	고정 간격법	고정된 시간 간격으로 보상	평균적이고 불규칙한 성과, 강화 중단 시 급속히 행동 중단	주 급
		변동 간격법	불규칙한 시간 간격으로 보상	비교적 높고 안정적인 성과, 강화 중단 시 천천히 행동 중단	깜짝퀴즈, 감독방문
	비율법	고정 비율법	일정 비율마다 보상	높고 안정적인 성과, 강화 중단 시 급속히 행동 중단	성과급
		변동 비율법	불규칙한 비율로 보상	매우 높은 성과, 강화 중단 시 행동 천천히 중단	성공 커미션, 카지노

(4) 인지적 학습이론

① 인지적 학습이론의 개요

인지적 학습이론은 행동주의 학습이론을 보완하기 위해 등장한 이론이다. 개인은 외부환경으로부터 필요한 정보를 능동적으로 수집하고 인지해 학습하는 존재이며, 학습에 있어서 인간의 정신적·내적 요인이 중요하다고 주장했다.

② 인지적 학습이론의 종류

㉠ 잠재학습이론

톨만(Tolman)의 이론으로, 강화요인이 없어도 문제 해결에 대한 인지적 단서와 긍정적 결과에 대한 기대로 인해 학습이 이뤄진다고 보았다.

㉡ 통찰학습이론

쾰러(Köhler)의 이론으로, 유기체는 환경을 단지 수동적으로 받아들이지 않고 능동적으로 구조화·조직화하여 형태를 구성하며, 이 과정에서 학습이 발생한다고 주장했다. 즉, 개인은 개인의 기존 경험을 바탕으로 주어진 문제의 조건과 그 해결책에 대한 논리적 인과관계를 새로운 방향에서 인지하는 학습을 이뤄낸다.

(5) 사회적 학습이론

① 사회적 학습이론의 개요

㉠ 사회적 학습이론은 반두라(Bandura)의 이론으로, 학습을 자극에 대한 반응과 결과로만 보지 않고 개인의 성격과 인지가 결합한 복잡한 과정이라고 보았다.

㉡ 조작적 조건 없이도 타인의 경험을 관찰하는 과정에서 모방 학습(대리 학습)이 이뤄지고 직접적 경험 없이도 과거의 유사한 간접 경험을 통해서 인지학습이 이뤄진다고 주장했다.

② 사회적 학습의 과정

㉠ 주목과정

모델을 인식하여 학습하는 과정이다. 이때 특정 사항에 대해 인식하는 측면에서만 학습이 이뤄지며, 자신과 유사한 상황에 놓여있는 모델을 통해 가장 큰 영향을 받는다.

㉡ 유지과정

모델이 없어도 모델의 행동을 스스로 기억하는 과정이다.

㉢ 동작재생과정

모델의 행동을 재연하는 과정이다.

㉣ 강화과정

모델 행동에 대한 긍정적 강화가 주어지면 빠른 학습과 그에 따른 반복행동이 이뤄진다.

3 태 도

(1) 태도의 정의

태도는 개인이 어떤 대상에 대해 취하는 마음가짐 또는 입장을 가리키는 말로, 호의적이거나 비호의적인 태도를 갖는다.

(2) 태도의 특징

① 태도는 비가시적 개념으로, 직접 관찰하기 어렵지만 행동으로 나타난다.

② 태도는 단일차원의 변수 개념으로, 어떤 대상에 대한 개인의 태도가 호의적인 동시에 비호의적일 수 없다.

③ 태도의 기능으로는 적응적 기능, 탐구적 기능, 자기방어적 기능, 가치표현적 기능이 있다.

(3) 태도의 구성요소

① 인지적 요소

개인이 어떤 대상이나 사건에 대해 가지고 있는 아이디어, 사고, 신념을 말한다.

② 정서적 요소

개인이 어떤 대상이나 사건에 대해 느끼는 감정으로, '좋다', '나쁘다'의 진술로 나타난다.

③ 행동적 요소

개인이 어떤 대상이나 사건에 대해 특정한 방식으로 행동하려는 의도를 나타낸다.

(4) 태도변화이론

① 행동주의이론

행동주의이론에 의해 발전한 것으로, 강화이론을 태도변화에 적용한 것이다. 학습의 반복을 통해 새로운 태도가 형성된다고 본다.

② 장이론(Field theory)

㉠ 레빈(Lewin)의 이론으로, 인간의 태도는 고정적인 것이 아니라 '변화하려는 힘'과 '저항하려는 힘'의 균형이라고 주장했다. 따라서 변화하려는 힘이 강하면 태도는 변화할 수 있다.

㉡ 변화하려는 힘을 촉진요인이라 하고, 저항하려는 힘을 억제요인이라 한다.

㉢ 태도변화의 과정은 해빙, 변화, 재동결 순서로 이뤄진다.

> 해빙 → 변화 → 재동결

• 해 빙

해빙은 변화하려는 힘이 저항하려는 힘보다 강해 변화하려는 준비 단계이다.

개념체크OX

• 태도는 가시적이다. ☐O☐X

• 장이론에 의하면 태도변화는 변화, 해빙, 재동결 순서로 이뤄진다. ☐O☐X

☐X, X☐

- 변 화

    해빙 이후 태도변화를 위한 조치 단계이다. 순응, 동일화, 내면화 세 단계로 이뤄진다.
- 재동결

    새롭게 획득한 태도, 지식, 행동이 개인에게 고정되는 단계이다.

③ 균형이론

ⓐ 하이더(Heider)의 이론으로, 특정인(P), 타인(O), 특정대상(X)이 가지고 있는 상호 간의 태도 관계를 삼각관계로 설명했다.

ⓑ 각 관계(PO, OX, PX)를 +와 −로 나누어 그 곱의 값이 +이면 균형, −이면 불균형으로 구분했다.

ⓒ 태도변화를 통해 불균형상태에서 균형상태로 회복한다고 가정했다.

균형이론

균형적 삼각관계

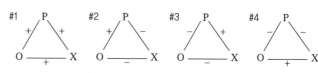

불균형적 삼각관계

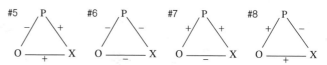

* +는 두 요소들 간에 긍정적 관계, −는 부정적 관계를 나타낸다.

④ 인지부조화이론

ⓐ 인지부조화이론의 개요

페스팅거(Festinger)의 이론으로 '인지부조화'는 태도와 행동의 불일치를 뜻하며, 이는 심리적 균형을 깨트린다. 인지부조화이론에 따르면 개인은 인간본능에 따라 심리적 균형을 위해 인지의 일관성을 유지하고자 한다. 따라서 개인은 인지부조화를 감소시키기 위해 태도를 변화시킨다.

ⓑ 인지부조화 감소 방법
- 행동의 변경
- 합리화
- 태도변화

ⓒ 인지부조화 감소 유발요인
- 부조화 요소의 중요성
- 부조화 요소에 대한 통제 가능성
- 부조화로 인한 보상의 크기

(5) 직무와 관련된 태도

① 직무만족

    ㉠ 직무만족의 정의

        개인이 직무나 직무 경험에 대해 느끼는 호의적이고 긍정적인 감정 상태를 의미한다.

    ㉡ 직무만족의 구성요소

        직무만족은 업무, 급여, 승진, 상사와 동료, 직무 전반에 관련된 요소의 영향을 받는다.

    ㉢ 직무만족의 영향

        개인의 직무만족은 직무성과나 성과관리, 조직시민행동, 근무 태도, 이직률에 영향을 끼친다.

② 직무몰입

    ㉠ 직무몰입의 정의

        조직의 구성원이 직무의 성과 수준과 자신의 가치를 동일시하는 정도이다.

    ㉡ 직무몰입의 특성

        높은 직무몰입은 직무성과, 조직시민행동과 상관관계가 있다.

③ 조직몰입

    ㉠ 조직몰입의 정의

        조직의 구성원이 조직의 목표에 자신을 동일시하고 조직에 남아있기를 원하는 정도이다.

    ㉡ 조직몰입의 종류

      • 정서적 몰입

        조직에 대한 심리적 애착을 뜻한다.

      • 지속적 몰입

        경제적 가치에 근거한 몰입을 뜻한다.

      • 규범적 몰입

        도덕적·윤리적 의무감에 기초한 몰입을 뜻한다.

④ 조직지원인식

    조직이 조직구성원을 위한 복지에 관심이 있다고 믿는 정도를 뜻한다.

⑤ 조직시민행동

    ㉠ 조직시민행동의 정의

        공식업무와는 무관하게 조직구성원의 재량에 의해 행해지는 것으로, 타인이나 조직 전체에 도움이나 이익이 되는 행동을 뜻한다.

    ㉡ 조직시민행동의 구성요소

      • 이타적 행동

      • 성실한 행동

      • 공익적 행동

      • 예의적 행동

      • 신사적 행동

4 감 정

(1) 감정의 정의

감정은 어떤 현상이나 사건, 사람에 대하여 일어나는 느낌이나 기분을 뜻한다.

(2) 감정노동

감정노동은 실제 자신이 느끼는 감정과는 달리, 직무를 행할 때 요구받는 감정적인 노동을 말한다. 이때 조직이 요구하는 감정표현과 자신의 실제 감정 간의 차이를 '감정 부조화'라고 한다.

(3) 감정지능(EI ; Emotional Intelligence)

① 감정지능의 정의
  ㉠ 감정지능은 피터 샐로비(Salovey)와 존 메이어(Mayer)에 의해서 처음 소개된 개념으로, 감정 정보를 처리하고 조절하는 능력이다.
  ㉡ 자신의 감정을 잘 알고, 타인의 감정을 잘 알며 감정 자극과 정보를 적절히 관리하는 능력이다.

② 감정지능의 5가지 요소
  ㉠ 자기인식능력(Self-awareness)
     자신의 정서와 그에 따른 영향력에 대해 객관적이고 냉철하게 이해하고 평가하는 능력이다.
  ㉡ 자기관리능력(Self-regulation)
     자신의 감정과 기분을 스스로 통제할 수 있는 능력이다.
  ㉢ 사회적인식능력(Social awareness)
     타인의 감정과 관점을 폭넓게 이해하고, 관심을 표할 수 있는 능력이다.
  ㉣ 사회적 기술(Social skill)
     타인에게 믿음을 얻으며, 이를 통해 인간관계를 잘 형성할 수 있는 능력이다.
  ㉤ 감정이입능력(Empathy)
     타인의 관점에서 생각하며, 타인의 감정을 자신의 감정으로 느낄 수 있는 공감능력이다.

5 성 격

(1) 성격의 정의

성격은 한 개인이 타인이나 환경과 상호작용할 때, 이에 영향을 미치는 심리학적 특성들의 조합이다.

(2) MBTI(Myers-Briggs Type-Indicator)

① MBTI의 개요
   MBTI는 마이어스(Myers)와 브릭스(Briggs)가 스위스의 정신분석학자인 칼 융(Carl Gustav Jung)의 심리 유형론을 토대로 고안한 자기 보고식 성격 유형 검사 도구이다.

② MBTI의 4가지 차원

    ⊙ 정신적 에너지의 방향성을 나타내는 외향-내향(E-I) 지표

    ⓒ 정보 수집을 포함한 인식기능을 나타내는 감각-직관(S-N) 지표

    ⓒ 수집한 정보를 토대로 판단하고 결정 내리는 사고-감정(T-F) 지표

    ⓔ 인식기능과 판단기능이 실생활에 적용돼 나타나 이행양식을 보여주는 판단-인식(J-P) 지표

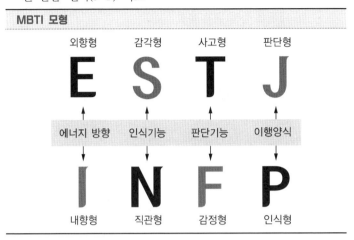

(3) Big 5 모델

① Big 5 모델의 개요

Big 5는 심리학자 폴 코스타 주니어(Paul Costa Jr.)와 로버트 맥크레(R. McCrae)가 개발한 것으로, 인간의 성격을 5가지의 상호 독립적인 요인들로 설명하는 성격심리학적 모형이다. 다섯 가지 요소의 앞글자를 따서 OCEAN 모델이라고 불리기도 한다. 실증적 타당성이 빈약한 MBTI와 달리 풍부한 통계자료와 정교한 체계로 인해 신뢰도가 높다고 평가되며, 직무 성과와도 높은 관련성을 보인다.

② Big 5 모델의 요소

    ⊙ 개방성(Openness to experience)

    새로운 것에 호기심을 갖고, 매료되는 정도이다.

    ⓒ 성실성(Conscientiousness)

    책임감과 목표에 대한 성취 지향 정도이다.

    ⓒ 외향성(Extroversion)

    사회적 관계 속에서 편안함을 느끼는 정도이다.

    ⓔ 우호성(Agreeableness)

    타인과 친밀한 관계를 맺고 유지하는 정도이다.

    ⓜ 신경성(Neuroticism)

    만성적으로 스트레스나 불안 등을 느끼는 정도이다.

개념체크OX

• MBTI는 MBTI 4가지 차원의 앞글자를 딴 것이다. ◯✕

• 신경성은 Big 5 중 하나이다. ◯✕

✕, ◯

(4) 기타 성격적 특성

① 통제의 위치(Locus of control)

    ㉠ 1950년대에 줄리언 로터(Julian B. Rotter)가 소개한 개념이다. 개인이 경험한 사건의 주요 원인을 자신 내부에 있다고 보는지, 외부에 있다고 보는지에 따라 분류된다. 내부적 통제 위치 유형의 사람들이 비교적 성취 지향적이고, 직무에 대한 만족도가 높게 나타난다.

    ㉡ 내부적 통제 위치 유형

        자신의 행동이 자신의 결정이나 노력에 따라서 결정되는 것이라 믿는 유형이다.

    ㉢ 외부적 통제 위치 유형

        자신의 행동이 외부의 환경, 운명, 운에 의해서 결정되는 것이라 믿는 유형이다.

② 마키아벨리즘(Machiavellianism)

    ㉠ 마키아벨리(Machiavelli)의 저서 '군주론'에서 유래되었으며 목적을 위하여 수단을 가리지 않는 성향을 의미한다.

    ㉡ 자신의 이익을 위해 다른 사람의 이익 추구를 저지하고, 다른 사람을 조종하는 개인적 성향이다.

    ㉢ 마키아벨리즘 성향이 높은 사람은 실용적이고, 감정적인 거리를 유지한다.

    ㉣ 마키아벨리즘 성향이 높은 사람은 설득에 능하여 영업 직무에서 성과가 높게 나타나나, 조직 내에 많은 문제를 일으키고 상호협력보다 자신의 이익 극대화를 위하여 파트너를 희생시키거나 조직을 배신하기도 한다.

③ 나르시시즘(Narcissism)

    ㉠ 자신의 모습과 사랑에 빠져버린 그리스 신화의 '나르시스(Narcissus)'에서 유래한 용어로, 특권의식, 우월감, 자만심, 독단, 지속적인 칭송에 대해 열망하는 성향을 뜻한다. 나르시시즘 성향이 강한 사람들을 '나르시시스트(Narcissist)'라고 부른다.

    ㉡ 모든 사람이 자신을 질투한다고 착각하며, 과도하게 포장한 자신의 우수성을 확인받기 위해서 자신에게 위협이 될 만한 타인을 깎아내리는 말을 하는 경우가 많다.

    ㉢ 나르시시스트는 이기적이고 타인을 이용하려 하므로 다른 사람들이 자신의 이익을 위해 존재하는 듯 행동한다.

    ㉣ 나르시시스트의 상사는 나르시시스트의 업무성과를 저평가하는 것으로 나타났다. 특히, 다른 사람과의 협동적인 일에서 더욱 저평가되었다.

④ 자기감시성향(Self-monitoring)
  ㉠ 외부 상황 변화에 잘 적응하기 위해 자신의 행동, 감정과 태도를 감시하는 성향이다.
  ㉡ 자기감시성향이 높은 사람은 외부 자극에 민감하고 타인의 행동에 주의하며, 각 상황에 맞는 방식으로 행동하고자 한다.
  ㉢ 자기감시성향이 낮은 사람은 상황에 맞게 반응하지 못하고 자신의 태도를 고집한다.
  ㉣ 자기감시성향이 높은 사람은 좋은 성과를 받아 이동과 승진을 더 많이 경험하며, 조직 내에서 리더 자리를 차지할 가능성이 높으나 조직 몰입도는 떨어진다.

⑤ 위험감수성향
  ㉠ 위험감수성향은 어떤 일을 할 때 위험을 감수할 수 있는 모험심의 정도이다.
  ㉡ 위험감수성향은 경영자의 의사결정 속도와 의사결정 시에 필요한 정보의 양 등에 영향을 준다.
  ㉢ 높은 위험감수성향의 사람은 의사결정이 빠르고 정보가 부족할 때도 과감하게 의사결정 할 수 있다.
  ㉣ 빠른 의사결정이 필요한 증권거래업무에서는 위험감수성향이 높은 사람이 높은 성과를 보이는 반면, 신속성보다 정확도가 요구되는 회계감사는 위험감수성향이 낮은 사람에게 적합하다.

⑥ A형 성격과 B형 성격
  ㉠ A형 성격
    • 조급하고 성취에 강한 욕구를 가지며, 완벽주의 성향을 보인다.
    • 능률을 중시하므로 신속하며 많은 양의 일 처리에 우수한 성과를 보인다.
    • 인내심이 부족해 화를 잘내며 스트레스에 민감하다. 심장병과 고혈압을 앓는다는 통계가 있다.
  ㉡ B형 성격
    • 매사에 태평하며 비교적 덜 경쟁적이다.
    • 복잡한 판단 또는 정확성이 요구되는 업무, 창의적인 문제해결 등에는 B형 성격이 더 적합하다는 연구 결과가 있다.
    • 최고경영자로서 의사결정은 현명하게 처리하는 게 우선되기 때문에 최고경영자 대부분은 B형 성격이 더 많이 발견된다.

⑦ 적극적 성격
  적극적 성격을 가진 사람들은 환경에서 적극적으로 기회를 발견하고 주도적으로 행동한다. 유의미한 변화를 도출하기까지의 인내심이 있으며, 대체로 유리한 상황을 선택하고 불리한 상황에서도 긍정적인 변화를 창출한다.

⑧ 자기존중감(Self-esteem)
　　㉠ 자기존중감은 외부의 영향과 관계없이 스스로에 대한 존중이 확고한 정도를 말한다.
　　㉡ 자기존중감이 높은 사람은 특정한 가치관과 원칙에 강한 신념을 보이는 동시에 반대 의견을 안정적으로 방어하고 필요에 따라 자신의 원칙을 수정할 수 있다.
　　㉢ 자기존중감이 높은 사람은 목표달성과 직무완성에 있어 책임감과 자발적 노력을 기울이기 때문에 상대적으로 성과가 높다.
　　㉣ 스트레스, 갈등, 모호성, 감독자에 대한 불만, 열악한 직업조건 등에 대해서는 덜 민감하게 반응한다.
⑨ 자기효능감(Self-efficacy)
　　㉠ 반두라(Bandura)가 소개한 개념으로, 자신이 어떤 일을 성공적으로 수행할 수 있는 능력이 있다고 믿는 기대와 신념을 뜻한다.
　　㉡ 자기효능감과 성과는 상호 순환적이다. 자기효능감이 성과를 높이고, 높아진 성과는 다시 자기효능감을 높인다.
　　㉢ 자기 효능감이 높은 사람은 업무 성과에 대한 확신을 가지며, 부정적 피드백도 동기부여로 받아들인다.
　　㉣ 자기 효능감을 증가시키는 요인
　　　• 성공 경험
　　　• 대리 모델링
　　　• 구두 설득
　　　• 각 성

6 가치관

(1) 가치관의 개념

가치관은 개인이 삶이나 어떤 대상에 대해 부여하는 가치, 또는 무엇이 더 낫고 바람직한지를 판단하는 관점과 기준이다.

(2) 가치관의 유형

① 로키치의 가치조사(Value survey)
　　㉠ 로키치의 가치조사 개요
　　　로키치(Rokeach)가 고안한 것으로, 가치체계 측정으로 가장 잘 알려진 측정법이다. 가치 내용을 중요도에 따라 계층화한 것으로, 각각 18항목의 개인적 가치 항목으로 구성된 두 세트의 설문으로 이루어졌으며 궁극적 가치와 도구적 가치로 분류된다.
　　㉡ 궁극적 가치(Terminal values)
　　　개인이 가장 바람직하다고 느끼는 존재 양식으로, 개인이 평생 추구하고자 하는 목표이다.
　　㉢ 도구적 가치(Instrumental values)
　　　개인이 선호하는 행동양식 또는 궁극적 가치를 달성하는 수단이 무엇인가에 대한 가치이다.

② 로키치의 가치조사 목록

궁극적 가치	수단적 가치
1. 안락한 생활	1. 야심적인
2. 신나는 생활	2. 마음이 넓은
3. 성취감	3. 유능한
4. 평화로운 세계	4. 명랑하고 즐거운
5. 아름다운 세계	5. 청결한
6. 평 등	6. 용감한
7. 가족의 안전	7. 관대한
8. 자 유	8. 도움이 되는
9. 행 복	9. 정직한
10. 내적 조화	10. 창의적인
11. 성숙한 사랑	11. 독립적인
12. 국가의 안전	12. 지적인
13. 즐거움	13. 논리적인
14. 구 원	14. 자애로운
15. 자아존중	15. 순종적인
16. 사회적 인정	16. 예의바른
17. 진실한 우정	17. 책임있는
18. 지 혜	18. 자제력 있는

② 올포트(Allport)의 가치 분류

　㉠ 정치적 가치

　　권력과 영향력 획득의 가치이다.

　㉡ 경제적 가치

　　유용성과 실용성의 가치이다.

　㉢ 이론적 가치

　　비판적·합리적 접근으로 진실을 밝히는 가치이다.

　㉣ 사회적 가치

　　원활한 인간관계 또는 이타적·박애적 사랑의 가치이다.

　㉤ 심미적 가치

　　인간의 형식과 아름다운 예술적 조화의 가치이다.

　㉥ 종교적 가치

　　초월적이고 신비적인 경험에 의존한 우주와의 합일, 현세와 내세 통합의 가치이다.

(3) 가치관과 태도의 관계

① 가치관은 비교적 안정적이므로 태도와는 달리 한번 정립되면 지속적인 경향이 있다.

② 가치관은 태도, 지각, 동기부여에 영향을 주어 행동으로 나타난다. 반대로 태도는 가치관에 영향을 주지 못한다.

③ 가치관이 같아도 어떤 대상에 대한 개인의 태도가 다를 수 있다.

④ 태도는 구체적으로 드러나는 데 반하여 가치관은 비교적 포괄적인 개념이다.

개념체크OX

• 올포트는 가치를 5가지로 분류했다. ☐O☐X

• 태도는 가치관에 영향을 주지 못한다. ☐O☐X

　　　　　　　×, O

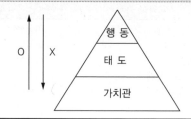

(4) 가치관과 국가문화 분류

① 문화차원이론(Cultural dimensions theory)

ⓐ 문화차원이론의 개요

홉스테드(Hofstede)가 정립한 이론으로, '한 사회의 문화가 그 사회 구성원의 가치관에 미치는 영향'과 '그 가치관과 행동'의 연관성을 요인분석의 구조를 통하여 설명하는 이론이다. 한 사회의 문화를 여섯 가지 차원으로 분류한다.

ⓑ 문화 분류의 차원

• 개인주의와 집단주의

• 남성문화와 여성문화

• 권력거리 지수

• 불확실성 회피지수

• 장기와 단기

• 방종과 절제

홉스테드의 문화차원이론

② 비교문화모형(홀의 모형)

ⓐ 비교문화모형의 개요

비교문화모형은 홀(Hall)이 소개한 모형으로, 각 국가의 문화를 고배경문화(HCC)와 저배경문화(LCC)로 나누어 설명하는 이론이다.

기본적으로 문화인류학적 연구 구조를 취하고 있으며 기술적이고 주관적인 경향을 보인다. '배경'은 개인이 의사소통을 하기 위해 사용하는 여러 가지 상징적 표현인 언어, 표정, 몸짓, 문서 등을 의미한다. 배경은 사상을 보는 방법으로, 각 국가의 문화를 평가하는 데 중요한 역할을 한다고 본다.

ⓒ 고배경문화(HCC ; High-Context Culture)

고배경문화 국가에서는 실제 구두로 표현되는 메세지보다 의사전달자의 배경, 연상, 기본적인 가치관 등에 더 많은 정보가 포함된다. 중국, 일본 및 아랍 등에 해당한다.

ⓒ 저배경문화(LCC ; Low-Context Culture)

저배경문화 국가에서는 메시지가 명백하며 소통에 있어 실제 대화를 통하여 대부분의 정보가 교환된다. 미국 또는 독일 등에 해당한다.

ⓒ 고배경문화와 저배경문화의 비교

고배경문화(HCC)	저배경문화(LCC)
• 직관적 사고	• 사실적 사고
• 관계지향적 인간관계	• 업무지향적 인간관계
• 집단 목적 지향	• 개인 목적 지향
• 간접적 의사소통 선호	• 직접적 의사소통 선호
• 과정 중심	• 결과 중심
• 인맥 중심	• 서류 중심
• 책임의 소재는 주로 상층부	• 책임의 소재는 주로 하층부
• 조건부의 진실 추구	• 절대적인 진실을 추구
• 시간을 충분한 것으로 봄	• 시간을 한정된 것으로 봄
• 효과 지향	• 효율 지향

7 지 각

(1) 지각의 정의

지각은 감각 정보를 선택·조직·해석함으로써 자신의 환경에 의미를 부여하는 과정이다.

(2) 지각에 영향을 미치는 요소

지각주체 관련 요소 (내부적 요인)	지각대상 관련 요소 (외부적 요인)	지각환경 관련 요소 (환경요소)
• 태 도 • 동 기 • 흥 미 • 경 험 • 기 대 • 학 습 • 성 격 • 욕 구	• 참신성 • 동 작 • 소 리 • 크 기 • 배 경 • 근접성 • 유사성 • 친숙함 • 강 도	• 시 간 • 직무여건 • 사회적 여건

개념체크OX

• 저배경문화는 결과를 중시한다.
  ⓞ⊠

• 친숙함은 지각의 내부적 요인
  이다. ⓞ⊠

정답 O, X

(3) 대인지각

① 대인지각의 정의

대인지각은 사람에 대한 인식 활동으로, 다른 사람을 어떻게 인식하는지를 말한다.

② 귀인이론

㉠ 귀인이론의 개요

귀인은 '원인의 귀착'의 줄임말로, 개인이 타인의 행동이나 사건의 원인을 추론하려는 성향을 말한다. 귀인이론은 어떤 행동의 원인을 추론하여 규칙을 발견하고 설명하려는 이론이다.

㉡ 켈리의 귀인이론

켈리(Kelley)는 귀인을 내적 귀인과 외적 귀인으로 분류했다. 내적 귀인은 원인이 상대방의 내부에 있다고 보는 것이고, 외적 귀인은 원인이 상대방의 외부에 있다고 보는 것이다. 내적 귀인과 외적 귀인의 구분에 있어 특이성, 합의성, 일관성이 결정요인으로 작용하며, 구분이 어려울 때는 특이성이 주도적 역할을 한다고 보았다.

구 분	내 용	예 시
특이성 (Distinctiveness)	다른 과업과의 비교	• A의 모든 직무 성과가 낮음 (내적 귀인) • A의 해당 직무 성과만 낮음 (외적 귀인)
합의성 (Consensus)	동료와 비교	• A만 업무 성과가 낮음 (내적 귀인) • 다른 구성원들도 업무 성과가 낮음 (외적 귀인)
일관성 (Consistency)	시간 흐름 속 직무의 일관성	• A의 과거 업무 성과도 낮음 (내적 귀인) • A의 이번 업무 성과만 낮음 (외적 귀인)

③ 귀인오류

㉠ 근원적 귀인오류

타인의 행동을 평가할 때 외적 귀인을 과소평가하고 내적 귀인은 과대평가하는 오류이다.

㉡ 행위자–관찰자 편향(자기보호 오류)

타인의 행동은 내적 귀인하고, 자신의 행동은 외적 귀인하는 오류이다.

㉢ 자존적 편견

자신의 성공에 대해서는 내적 귀인하고, 자신의 실패는 외적 귀인하는 오류이다.

④ 지각오류

㉠ 선택적 지각

정보 가운데 관찰자의 관심, 배경, 가치 태도에 따라 타인의 행동을 선택적으로 지각하는 오류이다.

ⓛ 후광효과

　지각 대상의 지엽적인 특성으로 대상 전체를 평가하는 오류이다.

ⓒ 대비효과

　한 사람에 대한 평가가 다른 사람에 대한 평가에 영향을 주는 오류이다.

ⓔ 주관의 객관화

　타인을 평가할 때 자신의 감정 또는 성향을 투사시키는 오류이다.

ⓜ 상동적 태도(Stereotyping)

　평가자의 개인적인 경험으로 구축된 고정관념으로 타인을 평가하는 오류이다.

ⓗ 관대화・가혹화・중심화 경향

　• 관대화 경향

　　평가 기준을 고려하지 않고 긍정적으로 평가하는 경향이다.

　• 가혹화 경향

　　평가 기준을 고려하지 않고 부정적으로 평가하는 경향이다.

　• 중심화 경향

　　긍정적・부정적 판단을 피하고 중간 정도로 판단하는 경향이다.

ⓢ 최신・초기효과

　• 최신효과(시간적 오류)

　　과거보다 최신 행위에 비중을 두어 인식하는 현상이다.

　• 초기효과(초두효과)

　　추후의 정보보다 초기에 제시된 정보에 의존하게 되는 현상이다.

ⓞ 유사효과

　자신과 유사한 사람을 더 긍정적으로 평가하는 현상이다.

ⓩ 자성적 예언

　특정 대상에 대한 기대로 행동을 규정하게 되는 현상이다.

8 개인 의사결정

(1) 합리적 의사결정모형

① 합리적 의사결정모형의 개요

　합리적 의사결정모형에서는 의사결정자를 인간과 조직에 대해 완전한 정보를 가지고 기대가치를 극대화하는 '경제인'으로 가정한다. 따라서 의사결정자는 합리적・경제적으로 모든 대안을 검토하며, 오류 없이 최적의 대안을 선택하고 실행할 수 있다고 본다.

② 합리적 의사결정의 가정

ⓐ 문제를 명확히 파악한다.

ⓑ 모든 대안에 대해 완전한 정보를 갖는다.

ⓒ 분명한 선호순위를 부여할 수 있다.

ⓓ 정해진 선호도・가치판단은 일관성을 유지한다.

ⓔ 시간과 비용 등의 제약조건을 두지 않는다.

ⓕ 최적의 대안을 선택한다.

③ 합리적 의사결정의 과정

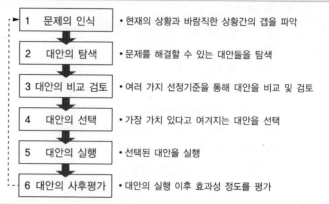

④ 합리적 의사결정모형의 평가

가정 자체가 비현실적이며, 실제 이런 식으로 의사결정이 이뤄지는 경우는 거의 없다고 평가된다. 실제로 합리적인 모델을 사용하기 위해서는 모든 대안에 대한 엄청난 양의 정보를 수집해야 하며, 가중치를 계산하고, 많은 기준을 사용하여 가치를 계산해야 한다.

(2) 제한된 합리성모형

사이먼(Simon)의 이론으로, 인간의 인지적 능력은 제한적이라고 주장했다. 따라서 인간의 의사결정은 전체적인 합리성을 충족시키지는 못하고 최적 대안이 아닌 '만족스러운 대안'을 선택하게 된다. 복잡한 문제들을 공식화 및 해결하고, 많은 대안을 고려할 때, 사람들은 모든 복잡성에 대해 생각하지 않고 문제의 본질적인 특징들만을 추출한 단순한 모델을 만든다.

(3) 직관적 의사결정

직관적 의사결정은 경험, 느낌, 무의식, 축적된 과거 판단에 근거한 의사결정이다. 직관은 신속하며 일반적으로 감정을 수반한다. 직관적 의사결정에서 중요시하는 것은 증거와 적절한 판단을 보완하는 용도로 직관을 활용하는 것이다.

(4) 의사결정의 오류

① 과잉 확신(Overconfidence bias)
사람들이 실제 지식이나 능력보다 자신의 성과나 능력을 과장되게 평가하며, 자신의 결정을 과하게 확신하는 경향을 말한다.

② 고착과 조정 편견(Anchoring and Adjustment bias)
처음의 정보를 시작점으로 고정하는 경향을 말하며, 일단 고정되면 다음에 이어지는 정보를 적절히 조정하지 못하는 것을 말한다.

③ 확증 오류(Confirmation bias)
일종의 선택적 지각으로, 과거 선택들을 재확인시키는 정보를 집중적으로 찾고 과거의 판단과 반대되는 정보는 무시하는 경향을 말한다.

④ 유용성 오류(Availability bias)

자신에게 접근이 유용한 정보에 기초하여 판단하는 경향을 말한다,

⑤ 몰입의 심화(Escalation of commitment)

의사결정이 분명히 잘못되었다는 증거가 있음에도 불구하고 결정을 고수하는 것을 말한다.

⑥ 우연성 오류(Randomness error)

우연으로 발생하는 사건들의 결과를 예측할 수 있다고 믿는 경향이다. 의사결정은 무작위로 발생하는 사건들에서 의미를 찾으려 할 때 손상된다.

⑦ 맹목성 오류(사후설명 편향, Hindsight bias)

어떤 사건의 결과가 밝혀진 후에 전에 알고 있던 사실을 과도하게 확대 및 재구성해, 결과를 정확하게 예측할 수 있다고 믿는 경향을 말한다.

⑧ 위험 회피(Risk aversion)

불확실한 것보다 확실한 것을 더 선호하는 경향이다. 위험 회피적인 직원들은 직무를 수행하는 데 있어 창의적이고 혁신적인 방법보다는 기존 작업 방식을 고수한다.

⑨ 승자의 재앙(Winner's curse)

경쟁에서 이겼지만 오히려 손해를 보는 역설적 현상이다.

9 동기부여

(1) 동기부여의 정의

① 넓은 의미

동기부여는 개인이나 집단의 행동을 유발하고, 행동 방향을 설정하며 이를 유지하게 하는 심리적인 힘이다.

② 동기부여의 경영학적 위치

동기부여는 개인의 행위를 결정하는 많은 요인 중 하나이다.

동기부여 → 노력 → (능력) → 성과

(2) 동기부여의 3가지 요소

① 강도(Intensity)

개인이 얼마나 열심히 노력하는가와 관계된다.

② 방향(Direction)

조직에 이익이 되는 방위이다.

③ 지속성(Persistence)

개인이 노력을 얼마나 오래 유지할 수 있는가에 대한 것이다.

개념체크OX

• 우연성 오류는 자신에게 접근이 유용한 정보에 기초해 판단하는 오류이다. ○ X

• 승자의 재앙은 승자가 의도적으로 패자에게 막대한 손해를 주는 것을 말한다. ○ X

X, X

(3) 동기부여이론의 연구방향

분 류	초 점	해당 이론
내용이론	무엇이 사람들을 동기부여 시키는가?	• 욕구단계이론 • 2요인이론 • ERG이론 • 성취동기이론 • X이론, Y이론
과정이론	사람들은 어떤 과정을 거쳐 동기부여 되는가?	• 기대이론 • 공정성이론 • 목표설정이론

(4) 동기부여 내용이론

① 욕구단계이론

㉠ 개 요

매슬로우(Maslow)의 이론으로, 인간의 욕구를 단계별로 정리했다. 아래 단계의 욕구가 충족되지 않으면 위 단계의 욕구도 충족되지 않으며, 개인은 충족된 욕구가 아닌, 충족되지 못한 욕구로부터 동기부여 된다고 보았다.

㉡ 욕구 5단계

욕구 5단계

• 생리적 욕구
  생명을 유지하려는 육체적 욕구로, 가장 강하며 근본적인 욕구이다.
  예 식욕, 갈증, 의복, 성욕, 수면욕, 휴식 등

• 안전욕구
  육체적 또는 정신적 위협으로부터 자신을 보호하려는 욕구이다.
  예 안전한 거주지, 안정적 직업 선택, 노동조합 등

• 사회적 욕구
  사회적으로 어딘가에 소속되려 하거나 타인의 애정을 얻고자 하는 욕구이다.
  예 가족, 친구, 집단, 동아리 등

• 존경욕구
  타인으로부터 존경받고자 하는 욕구이다.
  예 인정, 지위, 관심 등

• 자아실현욕구
  자신의 역량이나 잠재력을 발휘하고자 하는 욕구이다.
  예 자기계발

ⓒ 욕구단계이론의 평가

실증 연구에 의해 검증되지 않는 부분이 많으며, 인간 욕구의 우선순위는 개개인에 따라 다양성을 보이므로 욕구가 순차적으로 유발된다고 보기 어렵다.

② XY이론

㉠ 맥그리거(McGregor)의 이론으로, 맥그리거는 경영자가 인간에 대해 X이론을 가지고 있는지 Y이론을 가지고 있는지에 따라 종업원을 대하는 방식이 달라진다고 보았다.

㉡ X이론에 따르면 본래 인간은 게으르고 경제적인 요인이 있어야만 열심히 일한다. X이론을 가진 경영자는 강제·명령·위협을 통해 개인을 동기부여한다.

㉢ Y이론에 따르면 인간은 스스로 일을 즐기고 자아실현의 욕구를 충족시키고자 일을 하게 된다. 따라서 Y이론을 가진 경영자는 개인의 자아실현욕구를 자극하여 동기부여한다.

㉣ 맥그리거는 X이론과 Y이론을 잘 종합해야 한다고 주장했다.

③ 2요인이론(동기-위생이론)

㉠ 개 요

허쯔버그(Herzberg)의 이론으로, 불만족요인을 해소하면 만족의 상태가 되는 것이 아니라 무만족(만족 없음)요인을 해소해야만 만족의 상태가 된다고 주장했다. 인간에게는 위생요인과 동기요인의 2가지 욕구가 있으며, 인간이 느끼는 만족과 불만족은 각각 다른 차원에 존재한다고 보았다.

㉡ 2요인

• 위생요인

위생요인은 불만족에 영향을 미치는 요인으로, 고통을 피하려는 욕구이다.

예 급여, 기술적 감독, 조직의 정책과 행정, 대인관계, 작업조건, 복지, 직위, 직장의 안정성 등

• 동기요인

동기요인은 무만족에 영향을 미치는 요인으로, 개인의 내적 성장을 추구하는 요인이다.

예 성취감, 인정, 직무 자체, 책임 증대, 성장 가능성, 승진 등

2요인이론

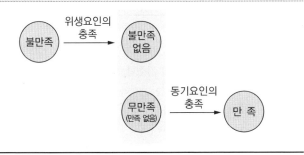

🔵 **개념더하기**

Z이론

Z이론은 오우치(W. Ouchi)가 Y이론을 발전시킨 형태의 이론으로, 미국식 경영방식과 일본식 경영방식의 장점을 골라 혼합한 새로운 경영방식을 제시했다. 그는 근로자들이 조직의 문제를 파악하고 의사결정을 내리는 능력을 갖추어야 하며, 그들의 적극적인 경영 참여를 위해서는 경영진의 신뢰도가 높아야 한다고 주장했다.

개념체크OX

• 2요인이론에 따르면 불만족 상태에서 위생요인이 충족되면 무만족의 상태를 갖는다. ⭕❌
• 2요인이론의 동기요인으로는 급여, 승진 등이 있다. ⭕❌

O, ✕

④ ERG이론
  ㉠ 개 요
    알더퍼(Alderfer)는 매슬로우의 5단계 욕구를 3가지로 재구성했다.
    매슬로우와는 다르게 욕구가 단계적으로 충족된다고 보지는 않았다.
  ㉡ 3가지 욕구
    • 존재욕구(Existence needs)
    • 관계욕구(Relatedness needs)
    • 성장욕구(Growth needs)

ERG이론의 욕구 3단계

  ㉢ 욕구 작동원리
    • 욕구좌절
      높은 단계 욕구가 충족되지 않으면 낮은 단계 욕구를 더욱 충족하
      려 한다.
    • 욕구강도
      낮은 단계 욕구가 충족될수록 높은 단계 욕구를 더욱 갈망한다.
    • 욕구만족
      각 수준의 욕구가 충족되지 않을수록 해당 욕구를 더욱 갈망한다.

ERG이론의 욕구 작동원리

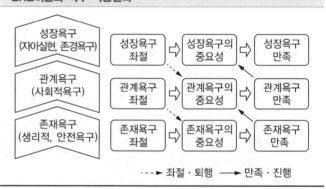

  ㉣ 의 의
    ERG이론에 따르면 관계욕구나 성장욕구가 좌절되었을 때 존재욕구
    에 대한 갈망이 더 커진다. 따라서 관계욕구나 성장욕구를 충족시키
    기 위한 동기부여는 존재욕구에 투입되는 급여 등의 비용 절감 효과
    도 함께 가져온다.

ⓜ 욕구단계이론과 ERG이론의 비교

구 분	욕구단계이론	ERG이론
욕구 작동원리	만족 → 진행	만족 → 진행 + 좌절 → 퇴행
	욕구는 단계적으로 발생	한 가지 이상의 욕구가 동시에 작용

⑤ 미성숙·성숙이론
　ㄱ 개 요
　　아지리스(Argyris)의 이론으로, 인간의 퍼스널리티(Personality)를 미성숙과 성숙상태로 구분했다. 인간의 퍼스널리티는 미성숙상태에서 성숙상태로 발전하며, 성숙과정에서 개인의 목표와 조직의 목표를 달성하려고 하고 조직과의 갈등 문제를 다루게 된다. 조직의 구조 자체가 미성숙한 퍼스널리티를 전제하고 구성되어 있으므로 조직구조를 성숙한 인간 욕구에 맞게 변경해야 한다고 주장했다.
　ㄴ 문제해결방안
　　• 직무 확대
　　• 참여 중심적 리더십
　　• 현실 중심적 리더십
　ㄷ 미성숙과 성숙의 비교

미성숙 퍼스널리티	성숙 퍼스널리티
• 수동성	• 능동성
• 의존성	• 독립성
• 제한 능력	• 다양한 능력
• 낮은 관심도	• 깊은 관심도
• 단기 시안	• 장기 시안
• 하위적 지위	• 상위적 지위
• 자아인식의 결여	• 자아인식과 통제

⑥ 성취동기이론
　ㄱ 개 요
　　맥클리랜드(Meclelland)의 이론으로, 생존 욕구 이외의 모든 욕구들은 선천적인 것이 아닌 후천적으로 학습되는 것이라고 주장했다. 욕구의 정도는 개인에 따라 차이가 있으나 욕구 수준을 높이는 것이 가능하며, 욕구 수준의 위계는 없다. 성취욕구와 기업의 활동량, 경제성장 사이의 상호관계에 집중하였으며, 특히 3가지 욕구 중 성취욕구가 조직의 성과에 가장 큰 영향을 미친다고 보고 중요성을 강조했다.
　ㄴ 개인 퍼스널리티의 구성요소
　　• 성취욕구
　　　목표를 설정하고 이를 달성하려는 욕구이다.
　　• 권력욕구
　　　다른 사람에게 영향력을 미치고 통제하려는 욕구이다.
　　• 친화욕구
　　　대인관계에서 밀접하고 친밀한 관계를 맺고자 하는 욕구이다.

개념체크OX
• 욕구단계이론에서는 두 가지 욕구가 동시 발생할 수 있다. ○×
• 미성숙·성숙이론에 따르면, 조직구조는 미성숙하다. ○×

×, ○

ⓒ 성취욕구 유발 상황
  • 운보다는 노력이나 능력이 우대되는 상황
  • 난이도나 위험이 중간 수준인 상황
  • 혁신이 가능한 미래지향적인 상황

(5) 동기부여 과정 이론

① 기대이론

ㄱ 개 요

기대이론은 브룸(Vroom)의 이론으로, 조직 내 개인의 행동방식은 개인 행동이 가져올 결과에 대한 기대와 결과에 어떤 가치를 부여하는지에 의존한다는 이론이다. 개인의 동기가 유발되기 위해서는 기대감, 수단성, 유인가의 세 가지가 충족되어야 한다.

ㄴ 기대이론의 3요소

  • 기대감(Expectancy, $0 \leq E \leq 1$)

    개인이 노력해 얻을 수 있는 성과 가능성의 주관적인 확률이다.

  • 수단성(Instrumentality, $-1 \leq I \leq 1$)

    일정 수준의 성과를 달성했을 때 결과로 보상을 얻을 것이라는 주관적 믿음이다.

  • 유인가(Valence, $-n \leq V \leq n$)

    성과에 따른 보상에 개인이 느끼는 매력도 또는 보상과 개인 가치가 부합하는 정도이다.

기대이론모형

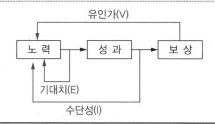

ㄷ 동기부여의 강도 측정

> 동기부여의 강도(M) = 기대감(E) × 수단성(I) × 유인가(V)

ㄹ 시사점

  • 기대감을 높이기 위한 적절한 직무 배치가 고려된다.
  • 수단성을 높이기 위해 경영진은 구성원으로부터 신뢰를 얻어야 한다.
  • 유인가를 높이기 위해 구성원의 가치체계를 파악하고, 보상의 실효성을 평가해야 한다.

② 공정성이론

　㉠ 개 요

　　호만스(Homans)의 교환이론과 페스팅거(Festinger)의 인지부조화 이론의 영향을 받아 아담스(Adams)가 전개한 이론이다. 공정성이론에 따르면 개인은 자신이 투입한 노력과 산출된 보상 사이에 차이를 인지하면 이를 줄이려고 한다. 또한, 조직 내 비슷한 지위의 개인 대 개인 또는, 개인 대 조직의 교환관계에 공정성이 있는가를 판단한다. 이때 비교 대상이 되는 인물을 '준거 인물'이라 한다.

　㉡ 투입과 산출 요소

구 분	투 입	산 출
요 소	시간, 지성, 교육·훈련, 경험, 기술, 창의성, 구속, 출석, 충성심, 소유 도구, 나이, 성, 교육수준, 사회적 지위, 조직 내 지위, 자격, 성격 등	급여, 지위, 승진, 혜택, 도덕적 직무 부여, 직업 안정, 내재적 보상, 단조로움, 안락한 근무환경, 자기계발의 기회, 인정, 상급자의 지원, 의사결정에 참여시키는 정도 등

　㉢ 작동방법

비율 비교	인 지	투입 변화
$\dfrac{O_A}{I_A} < \dfrac{O_B}{I_B}$	과소보상으로 불균형	투입 줄임
$\dfrac{O_A}{I_A} = \dfrac{O_B}{I_B}$	균 형	변화 없음
$\dfrac{O_A}{I_A} > \dfrac{O_B}{I_B}$	과대보상으로 불균형	투입 늘림

　　※ O_A : 본인 산출량, I_A : 본인 투입량, O_B : 준거 인물 산출량, I_B : 준거 인물 투입량

　㉣ 차이를 줄이는 방법

　　• 투입의 변경
　　• 산출의 변경
　　• 투입과 산출의 인지적 왜곡
　　• 장의 이탈(조직 이탈)
　　• 준거인물에 영향을 줌
　　• 준거인물 교체

③ 목표설정이론

　㉠ 개 요

　　목표설정이론은 로크(Locke)에 의하여 개념화된 인지과정이론의 일종으로 목표를 실제 행위나 성과를 결정하는 중요요인이라고 본다.

　㉡ 목표의 특성

　　• 목표의 구체성

　　　추상적이고 불명확한 목표는 개인의 행동요인으로 작용하지 못하며, 구체적이고 기간이 명시된 목표가 성과달성에 긍정적 영향을 미친다.

📖 개념더하기

기대이론과 공정성이론의 비교
두 이론 모두 동기부여의 수준을 계량화할 수 있다고 주장한다. 그러나 기대이론은 개인 내부 양상에 관한 이론이고, 공정성이론은 개인 간 양상에 대한 이론이라는 점이 다르다.

- 목표의 난이도

  쉬운 목표보다는 다소 어려운 목표가 동기를 유발한다. 도전심리가 문제해결에 노력을 쏟도록 자극한다.
- 목표설정의 참여

  구성원들이 목표설정 과정에 참여함으로써 성과가 향상될 수 있다.
- 노력에 대한 피드백

  노력에 대한 피드백이 주어질 때 성과가 향상될 수 있다.
- 목표달성에 대한 동료들 간의 경쟁

  동료들 간의 경쟁이 성과를 높일 수 있다. 그러나 지나친 경쟁은 오히려 해가 될 수도 있다.
- 목표의 수용성

  일방적으로 강요된 목표보다는 구성원이 자발적으로 수용한 목표가 더 큰 동기를 유발할 수 있다.
ⓒ 목표의 종류
- 자기설정 목표
- 지시된 목표
- 참여적 목표
ⓐ 상황요인

피드백, 보상조건, 직무복잡성, 능력, 경쟁상황

목표설정이론의 개념적 체계

```
              ┌─────────┐
              │ 상황요인 │
              └─────────┘
                   │
                   ▼
┌──────────┐              ┌────────┐
│ 목표의 특성 │ ───────────▶ │ 성 과 │
│ 목표의 종류 │              └────────┘
└──────────┘
```

④ 포터와 로울러의 동기모델(수정기대이론)

ㄱ 개 요
- 포터(Porter)와 로울러(Lawler)가 브룸(Vroom)의 기대이론을 기초로 하여 전개한 이론이다.
- 조직구성원의 작업 태도와 성과 간의 관계를 9가지 변수를 통해 설명한다.
- 브룸의 기대이론에서 만족이 성과로 이어지는 구조에 더해 포터와 로울러는 성과가 만족을 다시금 유발함을 제시했다.

ㄴ 9가지 변수

노력, 능력 및 특성, 역할지각, 성과, 보상, 지각된 공정한 보상, 만족, 보상의 가치, 기대되는 노력 → 보상 가능성

ㄷ 내 용
- 노력은 보상의 가치와 기대되는 보상 가능성의 주관적 확률로 결정된다.
- 능력 및 특성, 역할지각이라는 조절변수로 인하여 노력과 성과는 완전한 비례관계가 아니다.

📌 개념더하기

목표설정이론과 MBO

경영자가 목표설정이론을 가장 잘 활용하는 방법은 목표관리제도(MBO)를 실시하는 것이다. MBO는 조직구성원이 경영진과 함께 목표를 설정·실행하고 이에 대한 성과를 함께 평가하는 제도이다.

- 지각된 보상의 공정성이 높아도 실제 보상이 증가하지 않으면 만족하지 않는다.
- 만족은 직무성과에 따른 보상에 대해 개인이 느끼는 욕구의 충족 수준이다.
- 만족은 실제 보상과 지각된 공정한 보상의 차이에 해당한다.
- 만족은 보상의 가치에 영향을 미치며 노력으로 이어진다.
- 보상은 내재적 보상과 외재적 보상으로 나누어지며 내재적 보상은 개인 자신, 외재적 보상은 조직에 의해 관리된다. 내재적 보상이 성과와 비교적 직접적인 연결성을 가진다.
- 구성원이 높은 성과와 보상을 경험하면 노력에 대한 보상 가능성을 높게 평가한다.
- 보상으로 만족을 경험하면 보상의 가치를 더 높이 평가한다.

포터와 로울러의 동기모델

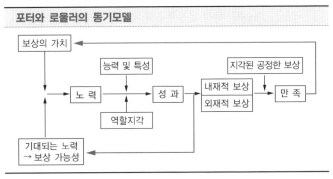

(6) 내재적 동기이론

① 직무특성이론

㉠ 개 요

허쯔버그(Herzberg)의 직무충실화이론을 기초로 핵크만(Hackman)과 올드햄(Oldham)이 전개한 이론이다. 직무특성이론에 따르면 직무의 특성이 개인의 성장 욕구 수준에 부합할 때 동기유발이 일어난다. 사람보다는 직무 자체의 변화를 시도했으며, 직무수행자가 직무의 의미, 책임감, 직무수행 결과에 대한 지식을 경험하지 못한다면 동기부여 효과는 나타나지 않는다고 주장했다.

㉡ 5가지 핵심 직무차원

구 분	내 용
기술다양성	직무를 수행하는 데 있어 요구되는 기술의 종류 수를 뜻한다. 기술의 다양성이 높은 직무의 경우, 한 개인이 수행하는 직무 폭이 넓다.
과업정체성	맡은 직무가 전체 업무 흐름과 연결됨을 확인할 수 있는 정도를 뜻한다. 직무가 완결되는 것을 알 수 없는 직무수행자의 사기는 저하된다.
과업중요성	개인이 수행하는 직무가 다른 사람에 영향을 미치는 정도를 뜻한다.

개념체크OX

- 포터와 로울러는 만족을 경험한 개인은 보상의 가치를 낮게 평가할 거라고 주장했다. ○×

- 직무특성이론에 의하면 '과업정체성'의 경험은 동기부여에 있어 중요하다. ○×

×, ○

자율성	종업원이 직무에 있어서 자유, 독립성, 재량권을 갖는 정도를 뜻한다.
피드백	작업수행 성과에 대한 피드백 여부를 뜻한다.

ⓒ 잠재적 동기지수

직무특성이론은 5가지 직무특성들이 서로 어떠한 작용을 하면서 동기부여효과를 가져오는지에 대해 잠재적 동기지수(MPS ; Motivating Potential Score)로 설명했다.

$$MPS = \frac{기술다양성 + 직무정체성 + 직무중요성}{3} \times 자율성 \times 피드백$$

ⓔ 평 가
- 허쯔버그의 직무충실화이론에 대한 근거를 제시했다. 직무설계 시 개인차, 특히 성장욕구의 차이를 인정한 것으로 높이 평가받는다. 즉, 직무수행자의 심리상태를 동기부여할 수 있는 직무설계가 중요하다는 것을 밝혀냈다.
- 주요 심리상태와 결과변수 간의 인과관계가 불명확하며 주요 심리상태는 핵심 직무특성 이외의 요인에 의해서도 동기부여가 가능하다는 지적을 받는다.

② 인지적 평가이론

㉠ 개 요

데시(Deci)의 이론으로, 내재적으로 동기부여된 행동에 대해 외재적 보상이 주어지면, 내재적 동기가 감소한다는 이론이다. 이것을 과잉정당화 효과(Overjustification effect)라고 한다.

㉡ 평 가

모든 조직구성원이 내재적 동기를 갖는지에 대한 연구, 작업 특성상 내재적 동기 자체를 기대할 수 없는 경우에 대한 연구가 부족하다는 평가를 받는다.

인지적 평가이론

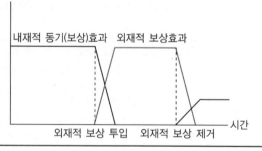

③ 자기결정이론

　　㉠ 개 요

　　　자기결정이론은 인지적 평가이론에서 발전한 이론으로, 내적 통제에
　　　의한 행동의 동기가 가장 높고 외적 통제에 의한 행동의 동기가 제일
　　　낮다고 본다. 따라서 조직 내 구성원에게 외재적 보상 뿐만 아니라
　　　내재적 보상 또한 제공해야 한다고 주장했다. 이론에 따르면 내재적
　　　보상으로는 인간의 기본적인 욕구 3가지가 있다.

　　㉡ 기본적인 3가지 욕구

　　　　• 자율성

　　　　• 유능성

　　　　• 관계성

자기결정이론

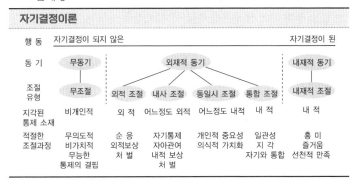

01 기출분석문제

01 고전적 학습이론과 조작적 학습이론의 차이가 옳지 않게 설명된 것은? 서울주택도시공사

① 고전적 학습이론은 파블로프의 이론으로 대표되며, 조작적 학습이론은 스키너의 이론으로 대표된다.

② 조작적 학습이론은 학습이 행동의 결과에 의존한다고 주장하는 반면, 고전적 학습이론은 조건이 개인의 행동을 유발한다고 주장한다.

③ 무조건 자극과 중립자극의 인접을 통해 무조건 반응을 이끌어내는 것을 강화의 법칙이라고 한다.

④ 조작적 학습이론은 바람직한 행동의 결과로 보상을 제공함으로써 학습을 유도한다.

[해설] 조작적 학습이론에서는 바람직한 행위의 결과로는 보상을, 바람직하지 못한 행위의 결과로는 바람직한 행동을 유도하기 위한 피드백을 제공함으로써 학습을 강화하며, 이를 '강화의 법칙'이라고 한다.

02 다음 중 강화주기에 대한 설명으로 옳은 것은? 한국관광공사

① 고정간격법은 긍정적인 행동을 할 때마다 보상하는 강화방법이다.

② 고정비율법은 비교적 높고 안정적인 성과를 가져온다.

③ 변동간격법의 예시로는 성과급이 있다.

④ 변동비율법은 매우 낮은 성과를 가져온다.

[해설] ① 긍정적인 행동을 할 때마다 보상하는 강화방법은 연속적 강화에 해당한다.
③ 변동간격법의 예시로는 감독방문 등이 있으며, 성과급은 고정비율법의 예시이다.
④ 변동비율법은 매우 높은 성과를 가져온다.

03 레빈(K.Lewin)의 태도변화이론에 대한 설명으로 옳은 것은? 부산환경공단

① 강화이론을 태도변화에 적용한 것이다.

② 변화, 해빙, 재동결의 순서로 이뤄진다.

③ 심리적 균형을 위해 인지의 일관성을 유지한다.

④ 촉진요인과 억제요인이 균형을 유지하려 한다.

[해설] ① 강화이론을 태도변화에 적용한 이론은 행동주의이론이다.
② 레빈의 장이론은 해빙, 변화, 재동결의 순서로 이뤄진다.
③ 인지부조화이론에 대한 설명이다.

04 다음 중 인지부조화를 가장 크게 느끼는 인물은?   한국철도공사

① 영우는 변호사 직업에 대해 우호적이지만 변호 업무에 대해 회의감을 느끼곤 한다.

② 준호는 영우에게 호감을 가지고 있으며, 종종 영우가 좋아하는 김밥을 사온다.

③ 민우는 영우에게 적대감을 가지고 있지만, 직장 동료인 영우를 돕는다.

④ 수연은 준호를 매우 좋게 평가하고 있지만, 준호에게 무관심하게 보이려 한다.

[해설] 페스팅거(Leon Festinger)의 인지부조화이론에서 인지부조화는 태도와 행동의 불일치를 뜻한다. 인지부조화를 가장 크게 느끼는 인물은 태도와 행동의 차이가 가장 커야한다. 영우에게 적대적 태도를 갖고 있지만, 우호적 행동을 보이는 민우가 인지부조화를 가장 크게 느낀다고 할 수 있다.

05 다음 설명과 관련이 없는 것은?   부산도시공사

> 조직구성원의 재량에 의해 공식 업무가 아님에도 불구하고 행해지는 것으로, 타인 또는 조직 전체에 이익이 되는 행동이다.

① 이타적 행동   ② 성실한 행동

③ 예외적 행동   ④ 공익적 행동

[해설] 조직시민행동에 대한 설명으로, 조직시민행동의 구성요소는 이타적 행동, 성실한 행동, 공익적 행동, 예의적 행동, 신사적 행동이다.

06 MBTI의 4가지 차원으로 옳지 않은 것은?   서울교통공사

① 외향 – 내향 지표

② 감각 – 직관 지표

③ 사고 – 감정 지표

④ 계획 – 충동 지표

[해설] MBTI의 4가지 차원은 외향–내향(E–I) 지표, 감각–직관(S–N) 지표, 사고–감정(T–F) 지표, 그리고 마지막으로 인식기능과 판단기능이 실생활에 적용돼 나타나 이행양식을 보여주는 판단–인식(J–P) 지표가 있다.

07 다음 중 5대 성격(Big 5)에 해당하지 않는 것은?   한국도로공사

① 효율성   ② 성실성

③ 개방성   ④ 신경성

⑤ 우호성

[해설] Big 5의 성격 유형은 개방성(Openness to experience), 성실성(Conscientiousness), 외향성(Extroversion), 우호성(Agreeableness), 신경성(Neuroticism)이 있다.

08 마키아벨리즘(machiavellianism)에 대한 설명으로 옳은 것은? 전력거래소

① 마키아벨리즘 성향이 높은 사람들은 실용적이며 설득력 있다.
② 그리스 신화에 등장하는 자신과 사랑에 빠진 인물로부터 유래되었다.
③ 자신의 이익을 위해 타인의 이익을 함께 도모하려는 성향이다.
④ 좋은 성과를 받으며 조직몰입도가 높게 나타난다.

[해설] 마키아벨리즘은 목적을 위해 수단과 방법을 가리지 않는 개인적 성향으로, 이들은 실용적이고 설득에 능해 영업 직무에서 높은 성과를 받는다. 다만, 자신의 이익만을 생각하기 때문에 조직 내 많은 문제를 발생시키며, 동료를 희생시키기도 한다.

09 국가 간 문화적 차이에 대해 홉스테드(Hofstede)가 제시한 이론에서 소개된 문화차원과 가장 거리가 먼 것은? 대한무역투자진흥공사

① 개인주의　　　　　　　　　② 여성문화
③ 불확실성　　　　　　　　　④ 과정중심

[해설] 홉스테드의 문화차원이론의 문화 차원으로는 개인주의와 집단주의, 남성문화와 여성문화, 권력거리 지수, 불확실성 회피지수, 장기와 단기, 방종과 절제가 있다.

10 다음 중 설명된 오류에 대해 이름이 옳게 짝지어진 것은? 한국토지주택공사

> ㄱ. 민지는 평소 영국에서 살다온 설아의 영어 시험지 답안이 영어 시험의 정답이라고 판단한다.
> ㄴ. 현아는 올해 승진에 성공한 이유는 자신의 노력이며, 작년 승진에서 떨어졌던 이유는 같은 팀 병호 때문이라고 판단한다.
> ㄷ. 동진이는 자신이 헬스장에 가지 않는 이유는 컨디션이 좋지 않아서 이지만, 같은 날 친구도 운동을 빠졌다는 것을 듣고 게으르다고 판단한다.

① ㄱ : 자존적 편견
② ㄱ : 근원적 귀인오류
③ ㄴ : 행위자 – 관찰자 편향
④ ㄷ : 자존적 편견

[해설] ㄱ. 민지는 영어 시험의 난이도 등 외적 귀인을 과소평가하고 영국에서 살았다는 내적 귀인을 과대평가하여 설아의 영어시험지 답안이 정답이라고 판단하는 근원적 귀인오류를 범했다. 타인의 행동을 평가할 때 외적 귀인을 과소평가하고 내적 귀인은 과대평가하는 오류를 근원적 귀인오류라고 한다.
ㄴ. 현아는 올해 승진의 성공은 내적 귀인하고, 작년 승진의 실패는 외적 귀인 하였으므로 자존적 편견에 해당한다.
ㄷ. 동진이는 친구의 행동은 내적 귀인하고, 자신의 행동은 외적 귀인 하였으므로 행위자 – 관찰자 편향에 해당한다.

11 다음 대화 상황에 가장 가까운 의사결정 오류는? 부산도시공사

> B : 어제 월드컵 축구 경기 봤어?
> A : 응, 그럼. 결국 진 것이 너무 아쉬워.
> B : 그래도 16강까지 올라간 게 어디야.
> A : 사실, 16강 올라간 게 마지막일 줄 알고 있었어.

① 유용성 오류   ② 우연성 오류
③ 맹목성 오류   ④ 승자의 재앙

(해설) 어떤 사건의 결과가 밝혀진 후에 전에 알고 있던 사실을 과도하게 확대 및 재구성해 결과를 정확하게 예측할 수 있다고 믿는 경향을 맹목성 오류라고 한다.

12 매슬로우의 욕구단계이론에 대한 설명으로 옳지 않은 것은? 근로복지공단

① 욕구에는 위계가 있어 순차적으로 충족된다.
② 식욕, 갈증, 의복 등은 생리적 욕구에 해당한다.
③ 타인의 애정을 얻고자 하는 욕구는 사회적 욕구이다.
④ 개인은 충족된 욕구로부터 동기부여된다.

(해설) 매슬로우의 욕구단계이론에 따르면 아래 단계의 욕구가 충족되지 않으면 위 단계의 욕구도 충족될 수 없으며, 따라서 개인은 충족되지 못한 욕구로부터 동기부여가 된다.

13 맥그리거(McGregor)의 XY이론 중 Y이론에 관한 설명으로 옳은 것을 모두 고른 것은? 인천도시공사

> ㄱ. 동기부여는 생리적 욕구나 안전욕구 단계에서만 가능하다.
> ㄴ. 작업조건이 잘 갖추어지면 일은 놀이와 같이 자연스러운 것이다.
> ㄷ. 대부분의 사람들은 엄격하게 통제되어야 하고 조직목표를 달성하기 위해서는 강제되어야 한다.
> ㄹ. 사람은 적절하게 동기부여가 되면 자율적이고 창의적으로 업무를 수행한다.

① ㄱ, ㄴ   ② ㄱ, ㄷ
③ ㄴ, ㄷ   ④ ㄴ, ㄹ

(해설) Y이론에 따르면 인간은 스스로 일을 즐기고 자아실현의 욕구를 충족시키고자 일을 하게 된다. 따라서 Y이론에 대한 설명으로 옳은 것은 ㄴ, ㄹ이다.

14 허쯔버그(Herzberg)의 2요인이론에 대한 설명이다. 괄호 안에 들어갈 말이 옳게 적힌 것은?

한국보훈복지의료공단

> (   )이 충족되면 (   )상태에서 (   )상태로 나아간다.

① 위생요인 – 불만족 – 무만족
② 위생요인 – 무만족 – 만족
③ 동기요인 – 불만족 없음 – 무만족
④ 동기요인 – 불만족 – 만족

해설 위생요인이 충족되면 불만족에서 불만족 없음과 무만족의 상태로 발전된다. 다시, 동기요인이 충족되면 불만족 없음과 무만족의 상태에서 만족상태로 발전된다.

15 허쯔버그(Herzberg)의 2요인이론 중 동기요인에 해당하지 않는 것은?

한국부동산원

① 직무 자체   ② 복 지
③ 인 정   ④ 성취감

해설 복지는 위생요인에 해당한다.

16 ERG이론은 매슬로우의 5단계 욕구를 3가지로 재정리 한 이론이다. 매슬로우의 5단계 욕구와 ERG이론의 3가지 욕구가 옳게 짝지어진 것은?

한전KDN

> ㄱ. 자아실현욕구, 사회적 욕구 – 관계욕구
> ㄴ. 자아실현욕구, 존경욕구 – 성장욕구
> ㄷ. 생리적 욕구, 안전욕구, 사회적 욕구 – 존재욕구
> ㄹ. 안전욕구, 생리적 욕구 – 존재욕구

① ㄱ, ㄴ   ② ㄱ, ㄴ, ㄷ
③ ㄱ, ㄹ   ④ ㄴ, ㄹ

해설 ERG이론의 욕구 3단계에 따르면, 매슬로우의 자아실현욕구와 존경욕구는 성장욕구, 사회적 욕구는 관계욕구, 안전욕구와 생리적 욕구는 존재욕구에 해당한다.

17 브룸(Vroom)의 기대이론에서 종업원이 좋아하는 보상을 제공할 때 변화하는 요소와 변화 방향을 제대로 나열한 것은?

화성도시공사

① 기대감 – 증가   ② 기대감 – 감소
③ 수단성 – 증가   ④ 유인가 – 증가

해설 종업원 스스로가 좋아하는 보상을 제공하면, 유인가가 높아진다. 유인가는 성과에 대한 보상에 느끼는 매력도 또는 보상과 개인가치의 부합 정도이다. 기대감을 높이기 위해서는 노력과 성과가능성을, 수단성을 높이기 위해서는 성과와 보상 간의 연계를 강화해야한다.

18 동기부여이론에 관한 설명으로 가장 적절한 것은?
신용보증기금

① 허쯔버그(Herzberg)의 2요인이론에서 승진, 작업환경의 개선, 회사의 정책, 안전욕구의 충족은 위생요인에 속하고 도전적 과제의 부여, 인정, 급여, 복지, 직위는 동기요인에 해당한다.

② 강화이론에서 처벌과 부정적 강화는 바람직하지 못한 행동의 빈도를 감소시키지만 소거와 긍정적 강화는 바람직한 행동의 빈도를 증가시킨다.

③ 브룸(Vroom)의 기대이론에 따르면 행위자의 자기 효능감이 클수록 과업성취에 대한 기대가 커지고 보상의 유의성과 수단성도 커지게 된다.

④ 아담스(Adams)의 공정성이론에 의하면 개인이 지각하는 투입(input)에는 개인이 직장에서 투여한 시간, 노력, 경험 등이 포함될 수 있고, 개인이 지각하는 산출(output)에는 직장에서 받은 급여와 유무형의 혜택들이 포함될 수 있다.

[해설] ① 2요인이론에서 급여, 복지, 지위는 위생요인에 해당하며, 승진은 동기요인에 해당한다.
② 강화이론에서 벌과 소거는 바람직하지 못한 행동의 빈도를 감소시키지만, 긍정적 강화와 부정적 강화는 바람직한 행동의 빈도를 증가시킨다.
③ 기대이론에 따르면 행위자의 자기 효능감이 클수록 과업성취에 대한 기대가 커진다고 할 수는 있으나, 자기 효능감이 높다고해서 보상의 유인가와 수단성이 커진다고 보기는 어렵다.

19 동기부여이론에 관한 설명으로 가장 적절하지 않은 것은?
기술보증기금

① 목표설정이론에 따르면 일반적인 목표보다 구체적인 목표를 제시하는 것이 구성원들의 동기부여에 더 효과적이다.

② 공정성이론과 기대이론은 모두 동기부여의 수준을 계량화할 수 있다고 주장한다.

③ 교육훈련이나 직무재배치는 기대이론에서 말하는 1차 결과(노력 → 성과 관계)에 대한 유인가를 높여주는 방법이다.

④ 앨더퍼(Alderfer)가 제시한 ERG이론에 따르면 한 욕구의 충족을 위해 계속 시도함에도 불구하고 좌절되는 경우 개인은 이보다 하위욕구를 달성하기 위해 노력한다.

[해설] 브룸의 기대이론에 따르면 교육훈련 또는 직무재배치는 유인가를 높이는 방법이 아닌, 기대감을 높이는 방법이다.

20 직무특성이론의 핵심 직무차원에 해당하지 않는 것은?
한국해양교통안전공단

① 성장욕구강도　　　　　　　　② 과업정체성
③ 과업중요성　　　　　　　　　④ 자율성

[해설] 직무특성이론의 핵심 직무차원으로는 기술다양성, 과업정체성, 과업중요성, 자율성, 피드백이 있다.

최신복원문제

🔑 **키워드** 집단발달의 단계

다음 중 터크만(Tuckman)이 제시한 집단발달의 단계의 순서로 옳은 것은?   한국도로공사

① 격동기 → 규범화기 → 형성기 → 해체기 → 성과달성기

② 격동기 → 형성기 → 규범화기 → 해체기 → 성과달성기

③ 규범화기 → 격동기 → 형성기 → 성과달성기 → 해체기

④ 형성기 → 격동기 → 규범화기 → 성과달성기 → 해체기

해설 터크만(Tuckman)은 집단이 형성기 → 격동기 → 규범화기 → 성과달성기 → 해체기 순서로 발달한다고 주장했다.

정답 ④

Chapter 02

집단 · 조직차원의 조직행동

기출 키워드	중요도	기출 키워드	중요도
☑ 집단발달의 단계	★	☑ 경로–목표 이론	★
☑ 집단 의사결정	★★★	☑ 변혁적 리더십	★★★
☑ 집단이동적 사고	★	☑ 권력	★
☑ 델파이 기법	★★★	☑ 권력 기반	★★★
☑ 의사소통 과정	★	☑ 갈등	★★
☑ 공식소집단 네트워크	★★	☑ 협상	★
☑ 피들러의 상황이론	★	☑ 조직문화	★
☑ 상황적 리더십이론	★★	☑ 조직변화	★★

CHAPTER

02 집단·조직차원의 조직행동

1 집단행동의 기초

1 집단의 정의

집단은 특정 목적을 달성하기 위해 함께 모여서 상호작용 및 상호의존하는 2명 이상의 개인을 뜻한다.

2 집단 연구의 중요성

(1) 집단역학은 사회 집단 내 또는 사회 집단 간에 발생하는 행동 및 심리 과정의 체계를 연구하는 분야이다.

(2) 개인의 태도·가치·행동은 다른 집단구성원과의 상호작용에 의해 크고 중요한 영향을 받는다.

(3) 조직에서 수행되는 많은 일은 여러 집단에 의해서 수행되며, 조직의 성공은 여러 집단의 효율성에 달려있다.

(4) 개인으로 구성된 집단의 행동은 개인들의 개별적 행동의 총합계보다 훨씬 강하다.

(5) 집단구성원은 집단 내에서 발견되는 여러 가지 역할과 규범을 이해함으로써 특수한 기능을 잘 수행할 수 있다.

3 집단의 분류

(1) 1차집단과 2차집단

① 1차집단

오랜 기간 접촉하며 친밀한 관계를 유지해온 가족이나 이웃집단 등에 해당한다.

② 2차집단

공식적이고 합리적인 계약에 의한 집단으로 회사, 사교모임 등에 해당한다.

(2) 공식집단과 비공식집단

① 공식집단

계획적이면서 의도적으로 구성요소 간 합리적 관계 패턴을 공식적으로 확립시키기 위해 만든 집단을 뜻한다.

개념체크OX

• 자전거 동호회는 1차집단에 해당한다. ☐☒

• 학교는 공식집단이다. ☐☒

☒, ☐

② 비공식집단

자연적으로 생겨나 집단구성원 간에 밀접한 관계를 형성한 집단을 뜻한다.

(3) 명령집단과 과업집단

① 명령집단

정해진 관리자에게 직접 보고하는 개인과 관리자로 이루어진 집단을 뜻한다.

② 과업집단

조직 내 공식적인 과업수행을 위해 위계집단의 범위를 넘어 협동적으로 작업하는 사람들로 구성된 집단을 뜻한다.

(4) 이익집단과 우호집단

① 이익집단

조직구성원 간의 명령계통이나 과업 관련성에 관계없이, 각자가 관심 있는 특정 목적을 달성하기 위해 모인 집단을 뜻한다.

② 우호집단

서로 유사한 성격을 갖는 사람들이 형성하는 집단을 뜻한다.

例 동창, 동향, 취미, 정치적 견해가 같기 때문에 모인 집단

(5) 소속집단과 준거집단

① 소속집단

소속집단은 개인이 실제로 소속되어 있는 집단이다.

② 준거집단

준거집단은 개인 의사결정의 기준이 되는 집단이다.

4 터크만(Tuckman)의 집단발달의 단계

(1) 형성기(Forming)

형성기는 집단의 목적, 구조, 리더십 등에 대한 불확실성이 높은 상황으로, 리더가 목표를 설정하거나 관계를 형성하며 집단과 과업에 대한 지식을 구성원에게 전달하는 단계이다.

(2) 격동기(Storming)

격동기는 집단 내부 갈등이 높은 단계로, 리더의 능력과 집단의 통제권에 대해 회의를 느끼는 단계이다. 중요한 의사결정에 있어 어려움을 겪으나 집단 규범과 기준이 생겨나는 단계이기도 하다.

(3) 규범화기(Norming)

상호 정보를 공유하고, 서로 다른 조건들을 수용하는 단계이다. 집단 내의 규범이나 규칙이 정해지면서 집단에 대한 정체성을 갖고 강한 응집력을 갖게 된다. 그러나 집단사고에 빠질 위험이 증가한다.

개념더하기

집단사고
조직구성원들의 의견 일치를 유도하는 경향이 지나쳐 비판적인 생각을 하지 않는 상태를 말한다.

(4) 성과달성기(Performing)

집단이 기능화되는 단계로, 집단의 에너지가 과업을 수행하는 데 직접 활용된다. 의사소통이 원활하게 이루어지며 목표를 달성해 나가는 시기이다.

(5) 해체기(Adjourning, 휴식기)

목표를 달성한 후에 해산하는 단계로, 과업활동의 최종 성과에 대해 평가하며 만족감을 갖는 단계이다.

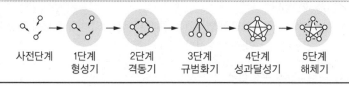

터크만의 집단발달 단계

사전단계 → 1단계 형성기 → 2단계 격동기 → 3단계 규범화기 → 4단계 성과달성기 → 5단계 해체기

5 집단의 속성

(1) 역 할

① 역할의 정의

역할은 조직체에서 특정 지위를 보존하기 위해 해야 하는 일이다.

② 역할지각

역할지각은 특정한 상황이 요구하는 개인 특정 행동에 대한 지각이다.

③ 역할기대

역할기대는 특정 상황에서 특정 역할을 맡은 개인에 대한 타인의 기대이다.

④ 역할갈등

역할갈등은 양립할 수 없는 두 개 이상의 역할이 상충하는 상태이다.

⑤ 역할모호성

역할모호성은 역할에 대한 정보가 결핍되어있는 상태이다.

⑥ 역할정체성

역할정체성은 역할에 따른 태도와 행동이 일치하는 상태이다.

(2) 규 범

① 규범의 정의

규범은 집단구성원이 공유하고 있는 행동 기준이다.

② 호손연구

작업자의 행동과 감정은 밀접하게 관련되어 있으며, 집단이 개인의 행동에 강한 영향을 미친다는 연구결과를 도출했다.

③ 순응(애시효과)

집단의 구성원이 되고 싶은 사람은 태도와 행동을 바꾸어 규범에 쉽게 순응한다. 애시(Solomon Asch)의 연구에 의하면 집단 내 다수가 공유하는 틀린 생각이 개인의 옳은 생각에 영향을 주는 애시효과가 나타난다. 순응은 개인주의보다는 집단주의가 만연한 집단에서 발견된다.

(3) 지위

① 지위의 정의

지위는 다른 사람들에 의해 집단이나 구성원에게 주어진 사회적 직위나 서열이다.

② 지위와 규범

높은 지위를 가진 구성원일수록 규범에 순응하지 않을 자유를 갖는다.

③ 지위와 집단 상호작용

낮은 지위를 가진 구성원일수록 상호작용에 소극적이며, 높은 지위를 가진 구성원일수록 더 적극적·공격적인 성향을 갖는다.

④ 지위 불공정성

집단구성원이 지위 구조가 공정하다고 믿는 정도로, 조직구성원이 지위 구조가 불공정하다고 지각하는 경우 이것을 수정하려 하며, 이 과정에서 여러 행동이 나타난다.

(4) 규모

① 집단의 규모가 커질수록 참여도와 만족도가 줄어들고 사회적 태만이 늘어난다. 집단의 규모가 작을수록 의사결정 속도가 빨라진다.

② 사회적 태만

조직구성원인 개인이 혼자 일할 때 보다 집단에서 공동으로 다른 사람들과 업무를 수행할 때 상대적으로 적게 노력하는 경향이다. 집단 크기가 증가함에 따라서 집단의 비효율성이 높아지는 경향을 '링겔만 효과'라고 한다.

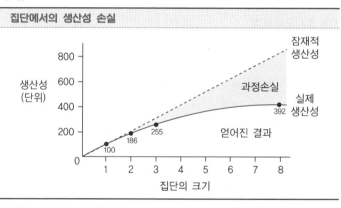

③ 사회적 태만의 해결방안

㉠ 소규모 인원으로 집단 구성

㉡ 집단 응집력 강화

㉢ 개인별 업무할당 및 의미와 가치 부여

㉣ 목표의 구체화

㉤ 구성원의 역할 및 기여의 가시화

㉥ 성과배분 의사결정의 자율화

개념체크OX

• 집단의 규모가 작을수록 사회적 태만이 늘어난다. ○ ✕

• 목표의 추상화를 통해 사회적 태만을 줄일 수 있다. ○ ✕

✕, ✕

(5) 응집성

① 응집성의 증감요소

증가요소	감소요소
• 집단의 규모 축소 • 목표에 대한 합의 • 많은 시간을 함께한 정도 • 집단 지위를 높이며 집단 진입 장벽을 높임 • 다른 집단과의 경쟁 • 집단별 보상 • 집단의 격리	• 집단의 크기 확대 • 목표 불일치 • 집단 내부의 경쟁 • 불만족 경험

② 응집성과 성과의 관계

응집성이 높다고 반드시 성과가 높은 것은 아니다. 집단목표와 조직목표의 일치가 동반되어야 응집성과 성과는 긍정적 관계를 갖는다.

구 분		집단과 조직목표 일치 정도	
		낮 음	높 음
집단응집성	낮 음	성과 낮음	성과 중간
	높 음	성과 아주 낮음	성과 높음

(6) 이질성(동질성)

이질성이 높은 집단이 동질적인 집단보다 창의성이 높은 경향이 있으나, 관리가 어렵다.

6 집단 분석

(1) 소시오메트리

① 소시오메트리의 개요

소시오메트리는 심리치료사 모레노(Moreno)에 의해 고안된 것으로, 인간관계를 그래프나 조직망을 이용해 추적하는 모형이다. 응답자들에게 좋아하는 사람과 좋아하지 않는 사람을 지명하게 하여 사람들을 서열화하게 하고, 이를 소시오그램으로 표시한다. 집단 내 구성원들 간의 거리를 알 수 있다.

② 소시오그램

소시오그램은 소규모 집단에 적합한 방법으로, 간접적 질문을 이용하여 집단 내 구성원들 간 거리를 선으로 연결한 도표이다. 집단구성원의 전체적인 관계와 서열 관계를 보여주며 수치로 나타내지는 못한다.

소시오그램

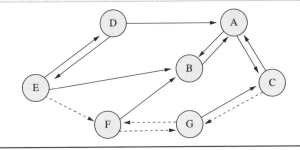

③ 소시오매트릭스

대규모 집단에 적합한 방법으로, 구성원 각자와 다른 구성원들 간의 선
호, 무관심, 거부의 점수를 부여해 이를 종합하면 서열구조와 선호인물
을 볼 수 있다.

소시오매트릭스

선택자 \ 피선택자	A	B	C	D	E
A		○		○	
B	○				
C					○
D					○
E		○			

※ ○는 선택관계에 있음을 나타낸다.

(2) 사기조사

① 통계조사

예 결근율

② 태도조사

예 의견, 희망 사항, 불만요인

2 집단 의사결정

1 의사결정의 정의

(1) 의사결정은 개별 행동 주체들이 각자가 처한 상황에서 주어진 문제에 대한
해결방법을 탐색하는 과정이다.

(2) 의사결정은 조직의 전반적 활동을 결정하는 기준이 된다.

2 의사결정의 종류

(1) 개인 의사결정

개인적으로 문제를 분석하고 판단한다. 의사결정 영역에 있어서 한계가 있다.

(2) 집단 의사결정

다수의 사람이 많은 자료와 정보를 가지고 문제를 해결한다. 전문가가 개입되는 경우가 많으며, 책임 공유로 인해 부작용이 발생할 수 있다.

(3) 조직적 의사결정

위계질서를 중시하며, 규칙과 절차에 의해 의사결정이 진행된다. 집권조직의 의사결정은 조직 상부에서 권한을 행사하는 방식으로 진행되며, 분권조직의 의사결정은 조직 하부에서 권한을 행사하는 방식으로 진행된다.

3 집단 의사결정의 장단점

장 점	단 점
• 많은 정보와 지식, 관점을 활용할 수 있다. • 독단성의 위험을 극복할 수 있다. • 다양한 의견을 수렴할 수 있다. • 수용도와 응집성이 높아진다. • 비교적 오류가 적게 발생한다. • 효율적인 문제해결이 가능하다. • 책임 및 위험부담을 분산할 수 있다.	• 책임 공유로 인한 혼란이 있다. • 의사결정을 왜곡할 가능성이 있다. • 시간이 낭비될 수 있다. • 집단사고 및 동조압력이 발생할 수 있다. • 소수가 지배할 수 있다. • 의견 불일치, 갈등이 유발될 수 있다. • 신속한 결정이나 행동이 방해된다.

4 집단 의사결정의 문제점

(1) 집단사고

① 집단사고의 정의

집단사고는 조직구성원들의 의견 일치를 유도하는 경향이 지나쳐 비판적인 생각을 하지 않는 상태로, 집단사고가 형성되면 집단의 대표자나 구성원 다수의 생각과 행동을 무비판적으로 받아들이게 된다. 따라서 비윤리적이거나 비합리적인 결정도 집단의 이름으로 정당화된다.

② 집단사고 발생 징후
ㄱ 지나친 자신감
ㄴ 도덕적 환상
ㄷ 적에 대한 고정관념
ㄹ 동조의 압력
ㅁ 자기억압
ㅂ 만장일치의 환상
ㅅ 집단 과보호

③ 집단이동적 사고
   ㉠ 집단이동적 사고의 정의
      집단이동적 사고는 집단사고의 특별한 경우로, 집단구성원의 의견이
      의사소통 후에 극단적인 수준으로 과장되는 현상이다. 개인에 비해
      집단은 많은 정보를 가지고 다양한 관점을 수용할 수 있기 때문에
      비교적 신중한 의사결정을 내릴 것으로 기대되지만, 연구결과에 의
      하면 집단은 개인보다 위험부담이 큰 의사결정을 내리거나(모험이행
      현상), 보수적인 방향으로 의견을 모으거나, 양극단으로 의견이 분화
      되는 현상(집단 양극화 현상)을 보인다.

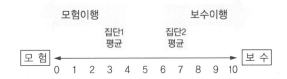

집단이동적 사고

   ㉡ 집단이동적 사고의 원인
      • 책임의 분산
        집단 의사결정에서는 한 개인이 책임을 지지 않으므로 무책임한
        견해가 채택되는 경향이 있다.
      • 견해의 과신
        다른 구성원이 자신과 같은 견해를 가지고 있다는 것이 집단 의사
        소통에서 확인되면 개인들은 자신의 견해를 더욱 과신하게 되고,
        이러한 과신으로 극단적인 결정이 유도된다.
      • 정보교환
        의사소통 과정에서 구성원은 몰랐던 사항에 대한 정보교환을 통해
        본래 지니고 있던 태도를 더욱 강화할 수 있다.
      • 사회적 비교
        집단에 소속된 개인은 타인보다 나은 견해를 과시하기 위해 일반적
        으로 안정된 가치에 동조하는 경향을 보인다.
④ 극복방안
   ㉠ 반대를 위한 반대(Devil's advocate)
      자신의 신념이나 의견과 부합하지 않더라도 오직 반대의 목적으로
      반대의견을 보이는 것을 말한다.
   ㉡ 복수지지(Multiple advocacy)
      여러 의견에 대한 복수의 지지를 인정함으로써 자유롭고 다양한 의
      견을 유도하는 것을 말한다.
   ㉢ 변증법적 토의
      각각 찬성과 반대편으로 나누어 토론 후 장점만 취하는 것을 말한다.

ⓔ 지명반론자법

집단의 2~3명 또는 절반에 해당하는 인원을 지명하여 대안에 대한 반론자 역할을 맡아 의도적으로 단점과 약점을 지적하고, 다른 의견을 내는 것을 말한다.

5 합리적인 집단 의사결정의 방법

(1) 브레인스토밍

① 브레인스토밍의 정의

여러 사람이 한 가지 문제를 놓고 무작위로 가능한 아이디어를 자유롭게 제시하고 그 중 최선의 아이디어를 구체화하는 방법이다.

② 브레인스토밍의 규칙

브레인스토밍에서는 모든 구성원이 자유롭게 대량으로 발언하고, 타인의 의견에 대해서는 비판을 금지하되, 수정발언을 허용한다.

(2) 명목집단 기법

① 명목집단 기법의 개요

구성원들 상호 간의 대화나 토론 없이 의사결정이 이루어지는 기법으로, 구성원들 간의 감정, 직위와 성격 등의 영향을 배제할 수 있다는 장점이 있다. 자유로운 아이디어를 서면으로 받되, 익명성을 보장하는 방식으로 문제해결을 시도한다.

② 명목집단 기법의 절차

1단계	리더가 문제 사항이나 주제를 제시하고, 익명이 보장된 서면으로 아이디어를 작성·제출하게 한다.
2단계	모두가 아이디어를 볼 수 있으며, 토의 없이 서로의 아이디어에 대한 추가 아이디어를 밑에 적는다.
3단계	집단 전체가 모든 익명의 아이디어에 대해 토론하고 장단점을 평가한다.
4단계	각각 아이디어에 대한 순위를 비밀투표하여 서면으로 제출한다. 리더는 이를 종합하여 가장 높은 순위로 선정된 아이디어를 최종 선택하고 통보한다.

(3) 델파이 기법

① 델파이 기법의 개요

세밀하게 계획된 질문지를 전문가들에게 반복적으로 제공하여 의사소통 없이도 집단구성원의 합의를 유도할 수 있는 기법이다. 전문가들이 직접 모이지 않고 반복적으로 서면을 통해 의견을 제시한다. 주로 불확실한 미래를 예측할 때에 사용되는 기법이다.

② 델파이 기법의 기본원칙

익명을 원칙으로 하며, 전문가의 합의와 절차의 반복을 통해 통제된 의견을 도출한다. 또한 응답에 대해서는 통계처리한다.

③ 델파이 기법의 한계
  ㉠ 합의된 최종 의사결정까지 많은 시간이 소요되어 빠른 의사결정을 내려야 하는 사항에는 적합하지 않다.
  ㉡ 현실은 예측과 다를 수 있으므로 실용성이 없는 결론이 나오기가 쉽다.

(4) 지명반론자법

집단의 2~3명 또는 절반에 해당하는 인원을 지명하여 대안에 대한 반론자 역할을 부여한다. 반론자 역할을 맡은 이들은 본래 안에 대해 의도적으로 단점과 약점을 지적하고 다른 의견을 낸다. 의사결정 집단이 최선의 의사결정을 할 때까지 토론한다.

(5) 변증법적 토의법

전체 구성원을 대안에 대해 찬성과 반대 두 집단으로 나눈다. 이들 두 집단이 대안에 대해 토의하는 과정에서 합의를 형성하도록 하는 기법이다. 특정 대안에 대한 장단점을 확연히 알 수 있으나, 반대집단 형성에 있어 지명반론자법에 비해 시간과 노력 등의 비용이 든다.

(6) 전자회의

명목집단 기법을 서면에서 컴퓨터로 전환시킨 기법으로, 많은 참여자가 동시에 말할 수 있어 토론과정에서 타인의 영향을 덜 받으며 신속한 의사결정이 가능하다는 장점이 있다.

(7) 시나리오 기법

미래에 나타날 가능성이 있는 여러 가지 시나리오를 구상해 각각의 전개과정을 추정하는 기법이다.

(8) 선형계획법

어떤 상황에서 여러 가지 가능성이 있을 때, 그중에서 가장 적절한 것을 찾아내는 방법을 최적화이론이라고 한다.

6 비합리적인 집단 의사결정의 방법

(1) 쓰레기통모형(무정부적 의사결정론)

① 쓰레기통모형의 개요
코헨(Cohen), 마치(March), 올슨(Olsen)이 고안한 모형으로, 의사결정이론의 주류인 합리적 전통에서 탈피해 조직이 수행하는 의사결정의 특성을 규명하고자 했다. 조직의 상황을 조직화된 무정부상태, 조직화된 혼돈상태로 인식하고 조직의 의사결정 패턴을 다룬다. 이들 모형에 따르면 의사결정의 4가지 변수가 '쓰레기통'이라는 의사결정 구조 속에 들어가 의사결정이 성립하게 된다.

② 쓰레기통모형의 내용
ㄱ 표준적이고 일관적인 선호보다 불일치하고 모순된 선호가 존재하는 것이 일반적이다.
ㄴ 기술은 명확하다기보다는 시행착오와 과거 사건으로부터 창출된 학습에 기초하고 있다.
ㄷ 의사결정에 참여하는 사람들은 매우 유동적이고 제각각이다.
ㄹ 일치하는 목표가 없거나 모호해도 의사결정이 빈번하게 이루어진다.
ㅁ 참여자들의 참여 의욕이나 많은 주의력이 없어도 문제가 해결된다.
③ 의사결정의 4가지 변수
ㄱ 문제의 흐름
조직 내·외부 사람들에게 관심을 불러일으키는 것이며, 해결해야 하는 문제이다.
ㄴ 해결책의 흐름
문제를 찾아다니는 활동이다. 해결책은 이미 존재하며, 어떤 시간에 발견만 된다면 문제 해결에 활용될 수 있다.
ㄷ 참여자의 흐름
의사결정 과정에 진입할 수 있는 사람으로, 출입이 빈번하며 매시간 정기적으로 발생한다.
ㄹ 의사결정 기회의 흐름
활동 전반에 걸쳐 의사결정을 필요로 하는 사건들을 의미한다.

(2) 암묵적 선호모형

의사결정 초기에 의사결정자가 암묵적으로 어떤 대안을 선호하면 해당 대안이 최적의 대안이라고 정당화하게 된다.

---

3) 작업팀

1 집단과 팀의 비교

(1) 일반적으로 우리는 팀과 집단을 구별하는데, 이는 개념에 관련된 본래적 의미의 차이라기보다는 역사적 과정을 통해 구성된 경험적 결과물로 인식하는 것이 옳다.

(2) 이러한 개념화의 방법론에 기초해서 이해하자면 집단은 팀에 비해 느슨하게 정의된 조직으로 간주할 수 있다(Loosely defined).

(3) 작업집단(Work group)은 공동 작업에 참여할 필요나 기회가 없다. 따라서 공동의 노력, 집단의 성과는 각 구성원 성과의 합에 불과하다.

(4) 작업팀(work team)은 정보를 공유하는 것에서 나아가 상호작용하며 서로를 협력하는데 책임을 다한다.

작업집단   작업팀

정보공유	← 목표 →	집단성과
중립(때때로 부정적)	← 시너지 →	긍정적
개인	← 책임소재 →	개인과 집단
무작위적이고 다양	← 기술 →	보완적

2 팀의 유형

(1) 기능에 따른 분류

① 제안팀

조직 내 문제들을 탐색하고 해결책을 제안하기 위해 구성된 팀으로, 목표가 설정되면 한시적으로 활동하고 목표 달성 시 해산한다.

② 경영팀

팀이나 집단들을 관리할 공식적 책임이 있는 사람들로 구성된다. 이들은 개별작업 조직에서 고위관리 조직까지 다양한 단위에서 구성된다. 조직의 목표, 가치를 제시하거나 이것에 기초해 전략을 마련하며 추상적 내용을 구성원들에게 설득하는 역할을 한다.

③ 개발팀

마케팅 상품 제조 등과 같은 업무를 맡는 기능 팀이다. 이 팀의 구성원들에게는 지속적인 효과성과 높은 성과를 유지하기 위한 적절한 운영관리와 실험정신이 요구된다.

(2) 목적에 따른 분류

① 문제해결팀

㉠ 제품이나 서비스의 품질, 작업의 효율성, 작업 환경 등의 개선 방법을 토의하기 위해 구성된 팀을 의미한다.

㉡ 전형적으로 동일 부서의 5~12명 정도로 구성되며, 구성원들은 작업 공정과 여러 가지 개선방법에 대한 적절한 아이디어를 토론하거나 제안할 수 있다.

㉢ 제안한 내용을 실행할 수 있는 권한은 거의 갖지 못한다.

② 자기관리팀

㉠ 상호 관련성이 높은 직무나 상호 의존적인 직무를 수행하는 구성원들로 이루어진 팀이다.

㉡ 보통 10~15명으로 구성되며, 전통적인 조직에서 감독자가 수행하던 역할의 대부분을 자체적으로 수행한다.

개념체크OX

• 작업집단의 책임소재는 개인에게 있다. ○⨯

• 자기관리팀은 자율적이나 직무 자체는 개별적이다. ○⨯

○, ⨯

개념더하기

가상팀과 오프라인을 구별하는 요인

- 유사언어와 비언어 소통의 한계
- 직접적인 유대감 형성의 한계
- 시공간의 제약이 없음

개념더하기

멀티팀 시스템

작업이 더 복잡해지고 팀 규모가 커지는 경우 '팀의 팀'이 발생한다. 멀티팀 시스템을 통해 둘 이상의 팀을 혼합해 구성하며, 이들은 상위 목표를 공유한다.

ⓒ 자기관리팀은 작업의 기획부터 공급자 및 고객 상대 등의 업무에 이르기까지 매우 광범위한 과업을 수행한다.

ⓔ 완전한 자기관리팀은 팀 구성원을 자율적으로 선발하고 구성원들이 서로 성과를 평가하기도 한다. 권한 부여의 정도가 가장 높다.

③ 기능횡단팀

ⓐ 다른 업무 영역의 비슷한 직위인 구성원들이 어떠한 과업을 이루기 위해 모인 팀이다.

ⓑ 조직 내 다양한 영역의 구성원들이 정보를 공유하고, 새로운 아이디어를 개발하며 문제를 해결하므로 복잡한 프로젝트에 효과적이다.

ⓒ 구성원들이 복잡성에 익숙해지고 팀워크가 구축되는데 시간이 걸린다.

④ 가상팀

가상팀에서는 과업 수행에 상호 협력할 수 있도록 컴퓨터 기술을 활용해 물리적으로 떨어져 있는 구성원들을 서로 연결한 팀이다.

목적에 따른 팀의 유형

문제해결팀   자율적 관리팀   기능횡단팀   가상팀

3 팀의 효과성

(1) 효과적인 팀의 가정

① 효과적인 팀은 모든 상황에 적용이 가능한 정형화된 형태로 존재하지 않으며, 여러 가지 다양한 모습으로 존재한다.

② 팀 전체 작업의 성과가 개별 구성원들의 작업성과에 비해 높아야 한다.

(2) 효과적인 팀 구성을 위한 요인

상황요인	구 성	직무설계	프로세스
• 충분한 자원 • 리더십 및 구조 • 신뢰하는 분위기 • 성과평가 및 보상 체계	• 팀원의 능력 • 성 격 • 역할 분담 • 다양성 • 팀의 규모 • 구성원의 유연성 • 구성원의 선호도	직무설계	• 공동의 목표 • 구체적 목표 • 팀 효능감 • 낮은 갈등수준 • 낮은 사회적 태만

(3) 개인을 팀원으로 만드는 과정

① 선 택

② 훈 련

③ 보 상

4 의사소통

1 의사소통의 기능

의사소통은 통제, 피드백, 감정의 공유, 설득, 정보의 교환 기능을 수행한다.

2 의사소통의 과정

(1) 송신자가 메시지를 부호화하여 수신자에게 전달하면, 수신자는 이를 해독하는 과정을 거친다.

(2) 채널은 메시지를 매개하는 중간 역할을 한다. 채널은 공식 채널과 비공식 채널로 나뉜다.

공식 채널	공식 채널은 조직이 설립하는 것으로, 구성원들의 전문적인 활동에 대한 메시지를 전달한다.
비공식 채널	비공식 채널은 개인적 또는 사회적인 메시지를 전달하는 데 활용된다. 자발적이고 개인의 선택에 달려있다.

(3) 피드백은 송신된 메시지가 수신자에게 얼마나 잘 전달되었는가를 확인하는 활동이다.

의사소통의 과정

3 의사소통의 방향

(1) **하향적 의사소통**

하향적 의사소통은 집단 내 상위 계층에서 하위 계층으로 전달되는 의사소통이다. 집단의 리더나 관리자가 목표를 할당하거나 과업·정책·절차 설명, 주의 집중, 피드백 제공 등을 하는 목적으로 사용된다.

(2) **상향적 의사소통**

상향적 의사소통은 집단 내 하위 계층에서 상위 계층으로 전달되는 의사소통이다. 상위계층에 피드백 제공, 목표의 달성도 전달, 문제 보고 등을 하는 목적으로 사용된다.

(3) **수평적 의사소통**

수평적 의사소통은 같은 작업집단의 구성원들끼리 또는, 다른 작업집단이지만 동일한 직위인 구성원들끼리 즉, 어떤 동등한 구성원들 사이에 수평적으로 일어나는 의사소통을 말한다.

🍩 **개념더하기**

소 음

의사소통 과정에서 송신자의 본래 생각이나 아이디어가 정확하게 전달되는데 방해를 하는 것을 뜻한다. 의사소통 과정에서 소음은 반드시 발생하게 된다.

예 송신자나 수신자의 지각방어나 방어적 태도, 후광효과 및 주변의 불리한 환경 등

(4) 대각선 의사소통

대각선 의사소통은 집단이나 계층을 달리하는 구성원들 간에 발생하는 의사소통을 말한다.

4 의사소통 네트워크(공식소집단 네트워크)

(1) 사슬형

사슬형 네트워크에서는 구성원들이 일렬로 개별적인 의사소통을 한다. 전형적인 조직도의 형태를 띄고 있어 공식적인 명령을 따르며, 엄격하다. 구조의 특성상 내용의 전달 속도가 느리다.

(2) 바퀴형

바퀴형 네트워크에서는 리더가 의사소통의 통로 역할을 하는 중심인물로 기능하며, 다른 구성원들은 리더에 의존한다. 리더에 의해 메시지가 여과되거나 왜곡될 수 있다.

(3) 원 형

원형 네트워크에서는 구성원 간에 위계가 형성되지 않은 경우로, 리더가 없는 상태에서 구성원들이 양옆으로만 의사소통한다.

(4) 완전연결형

완전연결형 네트워크에서는 구성원들이 서로 활발하게 의사소통한다. 자기관리팀에 특화되어 있으며, 누구도 리더의 역할을 맡지 않는다. 모든 방향으로 의사소통하여 혼란을 일으킬 수 있다.

(5) Y형

Y형 네트워크는 리더는 없지만, 집단을 대표하는 인물이 있는 조직에서 발생한다. 단순한 문제해결의 정확도는 비교적 높다.

사슬형	바퀴형	원 형	완전연결형	Y형

구 분	사슬형	바퀴형	원 형	완전연결형	Y형
권한 집중 정도	높 음	중 간	낮 음	매우 낮음	중 간
소통 속도	중 간	단순 : 높음 복잡 : 낮음	집단 : 높음 개별 : 낮음	높 음	중 간
소통 정확도	서면 : 높음 언어 : 낮음	단순 : 높음 복잡 : 낮음	집단 : 높음 개별 : 낮음	낮 음	단순 : 높음 복잡 : 낮음
구성원 만족도	낮 음	낮 음	높 음	높 음	중 간

의사결정 속도	낮 음	중 간	낮 음	높 음	중 간
의사결정 수용도	낮 음	중 간	높 음	높 음	중 간
조직구조 형태	긴 선형구조	평면적 구조	평면적 구조	평면적 구조	긴 선형구조

5 그레이프 바인(비공식 의사소통)

조직이나 집단 내 비공식적 의사소통 네트워크를 '그레이프 바인'(Grapevine)이라고 한다. 그레이프 바인에서 전달되는 대부분의 가십이나 루머는 비공식적이지만, 구성원들의 문제사항이나 중요한 정보를 내포하고 있다. 또한, 새로운 조직구성원을 섭렵하는 데에도 큰 영향을 미친다.

6 의사소통의 방식

(1) 구두 의사소통

예 연설, 토론, 비공식적 대화, 그레이프 바인 등

(2) 서면 의사소통

예 조직의 문서, 메모, 편지, 이메일, 채팅, 조직의 간행물 등

(3) 비언어적 의사소통

예 표정, 몸짓, 손짓, 억양, 물리적 거리

7 문화권과 의사소통

(1) 문화적 방해요소

① 의미 차이

② 어감 차이

③ 어조 차이

④ 갈등 해결방법의 차이

(2) 문화적 정황

① 높은 정황 문화

의사소통에서 비언어를 많이 사용하고, 상황적 단서에 크게 의존한다.

② 낮은 정황 문화

의사소통에서 의미전달을 위해 언어적 요소를 많이 사용하고 이에 의존한다.

개념더하기

가십과 루머를 다루는 방법
• 가지고 있는 정보를 공유한다.
• 결정사항에 대해 충분히 설명한다.
• 루머에 소극적으로 대응한다.
• 구성원을 문제사항 토의에 참여시킨다.

개념더하기

효과적 의사소통의 방해요소
• 여 과
• 선택적 지각
• 정보 과잉
• 감정상태
• 언 어
• 침 묵
• 의사소통 불안
• 거짓말

8 조하리의 창

(1) 조하리의 창 개요

조셉 루프트(Joseph Luft)와 해리 잉햄(Harry Ingham)의 이론으로, 두 사람의 이름을 합쳐 조하리의 창(Johari's window)이라는 용어로 불린다. 조하리의 창은 자신과 타인 간의 의사소통 상태를 진단할 수 있는 도구이다.

(2) 4가지 창

① 열린 창

자신이 자신에 대해 알고 있으면서 동시에 타인도 알고 있는 정보로, 자신과 타인 모두에게 개방된 영역이다.

② 숨겨진 창

자신은 자신에 대하여 알고 있지만, 타인은 알지 못하는 정보로, 자신에게만 열려있고 타인에게는 숨겨진 영역이다.

③ 보이지 않는 창

자신은 자신에 대하여 모르지만, 타인은 알고 있는 정보로, 주로 자신에 대해 타인이 느끼는 감정에 해당한다.

④ 미지의 창

자신도 자신에 대하여 모르고 동시에 타인도 모르는 정보로, 알려지지 않은 미지의 영역이다. 다른 영역에 영향을 미칠 잠재성이 있다.

조하리의 창		
	자신이 아는 부분	자신이 모르는 부분
다른 사람이 아는 부분	열린 창	보이지 않는 창
다른 사람이 모르는 부분	숨겨진 창	미지의 창

(3) 4가지 창 모양

① 개방형

열린 창이 가장 넓은 사람들로, 대체로 인간관계가 원만하다. 이들은 적절히 자기표현을 잘 할 뿐만 아니라 다른 사람의 말도 경청하는 사람이다. 타인에게 호감과 친밀감을 주게 되며 인기가 많다. 4가지 창 모양 중에 가장 좋은 대인관계를 나타낸다.

② 신중형

숨겨진 창이 가장 넓은 사람들로, 타인에 대해 수용적이지만, 자신의 이야기에는 신중하다.

③ 자기주장형

보이지 않는 창이 가장 넓은 사람들로, 자신의 기분이나 의견을 잘 표현한다. 그러나 이들은 타인의 반응을 고려하지 않거나 독단적인 모습으로 보인다.

④ 고립형

미지의 창이 가장 넓은 사람들로, 인간관계에 소극적이다. 타인과의 접촉을 불편해하고 쉽게 적응하지 못한다.

조하리의 창 4가지 모양

개방형	주장형
신중형	고립형

(4) 조하리의 창의 궁극적 목표

조하리의 창의 궁극적인 목표는 열린 창 영역을 넓히는 데 있다. 열린 창 영역을 넓히기 위해서는 자기표현 능력과 피드백 수용능력이 요구된다. 즉, 상대방에게 자신을 알려줘야 하며, 이에 대한 반응을 수용하고 성찰할 줄 알아야 한다.

열린 창 영역을 넓히는 방법

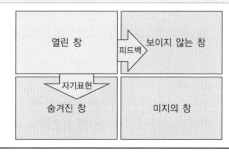

---

5 리더십

1 리더십의 개요

(1) 리더십의 정의

리더십은 주어진 상황 속에서 공동의 목표를 위해 집단에 적합한 변화를 촉발하는 영향력이다.

개념체크OX

• 리더는 현상을 유지한다.
　　　　　　　　　　　　○⊠

• 관리자는 올바르게 일한다.
　　　　　　　　　　　　○⊠

　　　　　　　　　　✕, ○

(2) 리더와 관리자의 비교

리 더	관리자
• 현실에 도전한다. • 장기적으로 본다. • '무엇을', '왜'를 중시한다. • 새로운 것을 창조하고 개혁한다. • 현상을 타파한다. • 올바른 일을 한다.	• 현실을 받아들인다. • 근시안적으로 본다. • '언제', '어떻게'를 중시한다. • 모방하고 활용한다. • 관리한다. • 현상을 유지한다. • 올바르게 일을 처리한다.

(3) 리더십과 관리능력의 비교

구 분	리더십	관리능력
초 점	부하에 대한 감화와 동기부여	제반 자원의 효율적 사용과 주어진 기능의 성공적 수행
관 점	인간을 감정을 지닌 존재로 본다.	인간을 관리 대상인 인적자원으로 본다.
중 점	인간의 심리적 측면	인간의 관리 가능한 과학적 측면

2 리더십 이론

(1) 리더십 이론의 구분

리더에 대한 관점	리더십 이론	리더십 성향
리더는 타고난다는 관점	특성이론	거래적 리더십
리더는 학습된다는 관점	역량이론	
	행동이론	
	상황이론	
	리더-부하이론	
	카리스마 리더십	
	변혁적 리더십	변혁적 리더십

(2) 특성이론

① 특성이론의 개요

특성이론의 리더십은 리더와 리더가 아닌 사람 간의 차이를 보여주는 성격과 사회적·물리적·지적 특성에 집중한다. 리더의 출현이나 리더의 효과성을 예측하는 데 적합한 이론이다.

② 리더의 특성

㉠ 외향성

㉡ 성실성

㉢ 개방성

(3) 행동이론

① 행동이론의 개요

행동이론은 효과적인 리더십과 비효과적인 리더십의 행동 방식 차이에 집중한다. 즉 리더가 부하 직원에게 하는 행동이 곧 리더십의 유효성과 연결된다는 이론이다.

② 행동이론의 종류
　㉠ 아이오와 대학의 리더십 연구
　　• 아이오와 대학의 리더십 연구 개요
　　　아이오와 대학에서 리피트(R. Lippitt)와 화이트(R. White)가 진
　　　행한 연구로, 리더들을 권위형·민주형·방임형으로 각각 훈련한
　　　다음 소년집단을 지도하도록 하여 각 유형이 생산성에 미치는 영향
　　　을 분석했다.
　　• 리더의 행동 유형
　　　– 권위형 리더는 모든 정책과 목표를 결정하고 위협과 강제력을
　　　　행사하며 부하 직원에게 일방적으로 지시했다.
　　　– 민주형 리더는 모든 정책을 집단과 함께 결정하고 집단구성원의
　　　　목표 달성을 위해 그들을 격려하고 칭찬했다.
　　　– 방임형 리더는 모든 정책을 전적으로 개인에게 맡기고 어떠한 지
　　　　시도 하지 않으며 집단구성원의 행동에는 최소한으로 개입했다.
　　• 연구 결과
　　　민주형 리더가 집단구성원들의 가장 높은 만족감을 이끌어냈으며
　　　구성원들 사이의 협력과 집단 통합에 가장 긍정적으로 기여한 것으
　　　로 나타났다.
　㉡ 오하이오 대학의 리더십 연구
　　• 오하이오 대학의 리더십 연구 개요
　　　오하이오 주립대학에서 스톡딜(R. Stogdill)을 중심으로 진행된 리
　　　더십 스타일에 관한 연구로, 리더십을 구조주도와 배려의 두 차원
　　　으로 나누어 연구했다.
　　• 구조주도
　　　구조주도(initiating structure)는 리더가 목표 달성을 위해 집단
　　　구성원들 간의 관계를 규정하거나 집단의 과업 달성 방법 또는 성
　　　과 기준을 제시하는 행위의 정도를 나타낸다.
　　• 배 려
　　　배려(consideration)는 리더가 부하 직원과의 쌍방의사소통, 의견
　　　수렴, 상호 신뢰와 존중 등이 이루어지는 정도를 나타낸다.
　　• 연구 결과
　　　리더의 구조주도 정도가 높을수록 조직 생산성, 긍정적인 성과 평
　　　가와 강한 연관성이 나타났으며, 반면 배려 정도가 높을수록 부하
　　　직원들의 직무 만족과 동기부여 정도와 강한 연관성이 나타났다.
　㉢ 미시간 대학의 리더십 연구
　　• 미시간 대학의 리더십 연구 개요
　　　미시간 대학에서 리커트(R. Likert)를 필두로 한 미시간 대학 서베
　　　이 연구센터에서 진행한 연구로, 리더를 생산지향적 리더와 직원지
　　　향적 리더로 분류하고 효과적인 리더십 스타일을 연구했다.

- 생산지향적 리더

  생산지향적 리더(production-oriented leader)는 직무의 기술적 · 과업적 측면을 강조하며, 집단의 목표 달성에 가장 큰 관심을 두고 집단구성원을 목적 달성을 위한 수단으로 본다.

- 직원지향적 리더

  직원지향적 리더(employee-oriented leader)는 대인관계를 강조하며 부하 직원의 욕구에 관심을 가지고 집단구성원 간의 개인적 차이를 인정한다.

- 연구 결과

  직원지향적 리더 하의 직원들에게서는 높은 집단 생산성과 직무만족이 나타나지만, 생산지향적 리더 하의 직원들에게서는 낮은 집단 생산성과 직무만족이 나타났다.

ⓔ 관리격자이론

- 관리격자이론의 개요

  블레이크(R. R. Blake)와 머튼(J. S. Mouton)이 오하이오 대학의 연구를 기초로 개발한 이론으로, 인간과 생산에 대한 관심을 기준으로 하여 리더십 스타일을 5가지로 분류했다. 이 중 팀형(9, 9) 리더십 스타일을 가장 좋은 리더십으로 평가했다.

관리격자이론 모형

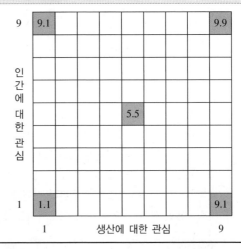

- 무관심형(1, 1) : 일과 인간 관계 모두에 관심 없음
- 컨트리클럽형(1, 9) : 일보다는 인간 관계에만 관심 가짐
- 중간형(5, 5) : 일과 인간 관계에 적당히 관심 가짐
- 과업형(9, 1) : 일 중심적 스타일
- 팀형(9, 9) : 일과 인간 관계 모두에 관심을 가짐

ⓜ PM이론
  • PM이론의 개요
    오하이오 대학의 연구에서의 구조주도와 배려의 개념이 일본에서
    각각 성과지향(P ; performance orientation)과 유지지향(M ;
    maintenance orientation)으로 치환되어 나타난 이론이다. 미스
    미(J. Misumi)는 PM형 리더가 집단의 사기 증진과 성과관리 측면
    에서 가장 우수하다고 주장했다.

    PM이론 모형

    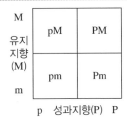

    – PM형 리더 : 높은 성과지향, 높은 유지지향
    – Pm형 리더 : 높은 성과지향, 낮은 유지지향
    – pM형 리더 : 낮은 성과지향, 높은 유지지향
    – pm형 리더 : 낮은 성과지향, 낮은 유지지향

(4) 상황이론

① 상황이론의 개요
  리더의 행동이 상황에 적합해야 한다는 이론으로, 상황에 따라 지시형과
  관계형을 유연하게 오가며 리더십이 발휘된다고 주장한다. 구성원이 관료적
  이면 지시형 리더십을 사용하고, 반대이면 관계지향적 리더십을 사용한다.

② 상황이론의 종류
  ㉠ 피들러의 상황이론
    • 개 요
      피들러의 상황이론은 효과적인 집단 성과는 '리더의 스타일(style)
      과 상황의 호의성이 부합하는지'에 의존한다고 주장한다. 단, 피들
      러모형에서 개인의 리더십 스타일은 고정적이다. 피들러모형에서
      특징적인 것은 같이 일하고 싶지 않은 동료에 관해 묻는 LPC설문
      이다. LPC설문에서 높은 점수를 받은 응답자는 관계지향적이며,
      낮은 점수를 받은 응답자는 과업지향적이다.
    • 상황변수
      – 리더-구성원 관계
      – 과업 구조
      – 리더의 지휘권력

- 피들러모형

  상황요인이 중간인 4, 5, 6 단계에서는 관계지향적 리더십이 효과적인 결과를 보인다. 반면 상황이 아주 호의적이거나 아주 비호의적인 1, 2, 3, 7, 8 단계에서는 과업지향적 리더십이 효과적이다.

피들러모형

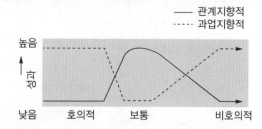

상황요인	1	2	3	4	5	6	7	8
리더-구성원 관계	좋음	좋음	좋음	좋음	나쁨	나쁨	나쁨	나쁨
과업구조	높음	높음	낮음	낮음	높음	높음	낮음	낮음
직위권력	강함	약함	강함	약함	강함	약함	강함	약함

- 시사점

  피들러의 상황이론에서는 리더십 스타일을 고정된 것으로 가정하였으므로 리더의 효과성을 개선할 수 있는 방법이 존재한다. 리더의 교체 방법과 상황의 변화 방법이 이에 해당한다.

ⓛ 상황적 리더십이론(SLT ; Situational Leadership Theory)

  구성원들에게 초점을 맞춘 허쉬(Hersey)와 블랜차드(Blanchard)의 이론으로, 구성원들이 어떤 과업에 대한 수행의지 정도에 적합한 리더십 스타일을 선택해야 성공적인 리더십을 달성할 수 있다고 보았다.

구성원의 상황	리더십 스타일
능력이 없고 의지가 없다.	• 구성원에게 명백하고 구체적인 명령을 내린다. • 지시형 리더십 스타일을 선택한다.
능력이 없고 의지가 있다.	• 높은 과제 지향성을 제시한다. • 과업지향적 리더십, 관계지향적 리더십을 선택한다.
능력이 있고 의지가 없다.	• 구성원을 지지하고 칭찬한다. • 관계지향적 리더십을 선택한다.
능력이 있고 의지가 있다.	• 구성원의 자율에 맡긴다.

ⓒ 경로-목표 이론

- 개 요

  경로-목표이론은 로버트 하우스(Robert House)의 이론으로, 구성원들에게 정보, 지원, 필요한 자원을 제공하는 역할을 리더에 요구한다. 리더는 구성원들이 목표를 쉽게 달성할 수 있도록 경로를 터주고, 장애물을 제거해주어야 한다. 2가지 상황변수와 4가지 리더십 스타일을 제시했다.

- 상황변수
  - 부하의 특성(부하의 욕구, 과업 수행능력, 성격의 특성)
  - 과업의 특성(과업의 구조, 공식적인 권한관계, 작업절차)
- 리더십 스타일

리더십 스타일	적합 상황
지시적 리더십	부하의 과업을 계획, 통제, 지시하는 행동으로, 구조주도적 측면을 강조한다.
지원적 리더십	부하의 욕구충족에 대해 배려하고 부하의 복지에 대한 관심을 표명하며 온정적이고 친밀한 집단 분위기 조성을 강조한다.
참여적 리더십	부하와 정보자료를 상호 교환하고 활용하며 부하의 의견이나 제안을 의사결정과정에 반영한다.
성취지향적 리더십	부하에게 도전적인 목표를 설정하고 최대 성과를 달성할 것을 강조한다.

ⓒ 리더참여모형

동기부여의 기대이론을 정립한 브룸(Vroom)과 예튼(Yetton)이 제안한 모형으로, 구성원들의 참여를 적극 유도한다. 결정 사항에 있어서는 리더가 개입하며, 업무구조에 따라 리더가 의사 결정에 참여하는 정도가 달라져야 한다. 12가지 상황변수를 이용해서 상황을 구분한 다음 각 상황에 맞는 5가지의 리더십 스타일을 제안한다.

구 분	의사결정 참여자	리더십 스타일	결정권자
AI	리 더	리더가 갖고 있는 정보를 바탕으로 혼자 의사결정을 한다.	리 더
AII	리더와 구성원	구성원에게 필요 정보에 대한 구체적 질문에 응답하도록 하고 리더가 의사결정을 한다.	리 더
CI	리더와 구성원	리더와 구성원이 1:1로 데이터를 분석하고 아이디어와 대안을 내면 리더가 의사결정 한다.	리 더
CII	리더와 구성원	구성원과 리더가 모두 의견을 나누며 조언을 구하고 의사결정은 리더가 한다.	리 더
GII	리더와 구성원	구성원과 리더들이 모두 의논한다. 리더는 의사결정을 돕는 역할에 국한되며, 구성원들이 최종 결정한다.	구성원 집단

※ A : Autocratic(독재형), C : Consultative(자문형), G : Group(집단형)

개념더하기

리더참여모형의 12가지 상황변수
- QR(Quality Requirement) : 의사결정의 기술적인 질은 얼마나 중요한가
- CR(Commitment Requirement) : 직원들의 몰입이 이 의사결정에 얼마나 중요한가
- LI(Leader Information) : 좋은 의사결정을 내릴 수 있을 정도의 정보를 리더가 갖고 있는가
- ST(Structure of problem) : 문제점의 구조가 제대로 갖춰진 것인가
- CP(Commitment Probability) : 리더가 혼자서 의사결정을 한 경우에도 직원들이 그 결정에 잘 따라올 것 같은가
- GC(Goal Congruence) : 문제를 해결함으로써 얻을 수 있는 조직목표를 직원들이 공유하고 있는가
- CO(Subordinate Conflict) : 해결책이 직원들 사이의 충돌을 불러 올 가능성이 있는가
- SI(Subordinate Information) : 좋은 의사결정을 내릴 수 있는 충분한 정보를 직원들이 갖고 있는가
- TC(Time Constraint) : 직원들을 의사결정 과정에 참여시킬 정도의 시간적 여유가 있는가
- GD(Geographical Dispersion) : 직원들을 모이게 하는데 얼마나 비용이 소요되는가
- MT(Motivation-Time) : 의사결정을 내리는데 소요되는 시간을 줄이는 것이 리더에게 얼마나 중요한가
- MD(Motivation-Development) : 직원들을 발전시킬 기회가 될 수도 있다는 점이 얼마나 중요한가

3 현대의 리더십 이론

(1) 리더-구성원 교환이론(LMX ; Leader-member exchange theory)

① 리더-구성원 교환이론에서는 리더가 소집단구성원들과 특별한 관계를 맺는다고 주장한다. 리더는 막연하게 내집단구성원을 선택함으로써 내집단과 외집단을 구분 짓는다.

② 내집단과 친밀한 신뢰의 관계를 꾸리는 반면, 외집단은 공식적인 관계에만 해당한다. 외집단구성원에 비해 내집단에 속한 구성원들은 주로 리더와 유사한 성격을 가지고 있거나 높은 성과를 가졌으며, 같은 성별인 경우가 많았다.

③ 외집단구성원은 내집단에 들어가고자 능동적으로 노력하고 실패한 외집단구성원은 조직에서 떠나고, 오직 내집단만이 조직에 남는다.

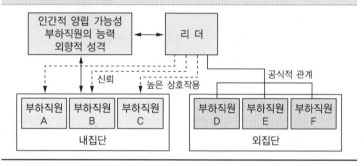

리더-구성원 교환이론

(2) 카리스마 리더십

① 막스베버의 카리스마 리더십

카리스마 리더십은 본래 막스 베버(Max Weber)가 제시한 개념으로, 리더는 우수한 특성을 부여받아 보통사람과 구별된 채로 태어난다고 보았다.

② 로버트 하우스의 카리스마 리더십

로버트 하우스(Robert House)는 구성원들이 리더의 특정 행동을 관찰하거나 리더에게 힘을 주려고 할 때, 카리스마 리더십이 발현된다고 보았다. 즉, 구성원들로 인하여 리더의 비범한 능력이 관찰되고, 발현된다는 주장이다.

③ 카리스마 리더십의 단점

㉠ 나르시시스트 성향이 높은 사람들이 카리스마 리더십과 연관된 행동을 보인다.

㉡ 조직의 목표보다 개인적인 이윤을 더 중요시할 수 있다.

㉢ 카리스마 리더십으로 구성원들을 동기부여 하는 데 성공하더라도 이롭지 못한 비전일 수 있다.

개념더하기

카리스마 리더의 중요 특징
- 비전과 명확성
- 개인적 모험성
- 구성원의 필요성에 대한 섬세함
- 비관습적 행동

(3) 변혁적 리더십

① 거래적 리더
구성원의 목표달성을 위해 역할과 업무 사항을 명확하게 지시하는 리더이다.

② 변혁적 리더
구성원들로 하여금 개인적 이익을 위해 행동하는 것을 넘어서 조직을 위해 행동하길 유도하는, 높은 신임을 가진 리더이다.

거래적 리더	변혁적 리더
• 상황에 따른 보상 • 벗어난 것에 대한 관리(적극적) • 벗어난 것에 대한 관리(수동적) • 자유방임	• 이상화된 영향 • 영감을 주는 동기부여 • 지적 자극 • 개인적 배려

③ 거래적 리더십과 변혁적 리더십
거래적 리더십과 변혁적 리더십은 상호 보완관계이다. 최고의 리더는 거래적이면서 변혁적이다. 변혁적 리더십이 거래적 리더십을 유발하고, 거래적 리더십이 단일하게 작용할 때보다 구성원들의 성과를 높일 수 있다. 그러나 반대의 경우는 적용되지 않는다. 즉, 변혁적 리더십이 거래적 리더십보다 상위 리더십이라고 볼 수 있다.

④ 변혁적 리더십의 작동
㉠ 창의적이고 변혁적인 구성원들과 리더
㉡ 업무 책임의 분산
㉢ 위험을 감수하려는 성향
㉣ 장기적 결과에 대한 보상
㉤ 최고경영자들 간 조직목표에 대한 의견 일치

⑤ 변혁적 리더십의 평가
㉠ GLOBE연구에 따르면 서로 다른 국가적 배경에서도 효과적으로 작용한다.
㉡ 변혁적 리더십이 거래적 리더십보다 항상 효과적인 것은 아니다.
㉢ 카리스마 리더십과 구성원을 동기부여 하는 데 집중하는 점에서 유사성이 많다.

(4) 윤리적 리더십

① 윤리적 리더십의 개요
윤리적 리더 아래 구성원들은 조직시민행동 의식을 가지며, 리더와 함께 문제를 주목하는 경향이 있다. 윤리적 리더는 대인관계의 갈등을 감소시킨다. 윤리적 리더십은 문화나 산업, 시간이나 조직에 따라 다양하게 적용될 수 있다.

② 사회화된 카리스마 리더십
윤리적 리더십과 카리스마 리더십 능력을 모두 갖춘 리더십을 사회화된 카리스마 리더십이라 한다. 즉, 윤리적 모습을 모범으로 보이는 리더에 의해 중요한 가치가 전달되는 리더십이다.

개념체크OX
• 거래적 리더는 상황에 따라 보상한다. ☐O☐X
• 거래적 리더십 이후에 변혁적 리더십이 발생한다. ☐O☐X

O, X

(5) 서번트 리더십

① 서번트 리더

서번트 리더는 자신의 이해관계를 넘어서 구성원들이 성장할 기회에 집중한다. 주요 특성으로는 경청, 공감, 설득, 관리자로의 책임감 수용, 구성원의 잠재능력 적극 개발 등이 포함된다.

② 서번트 리더십의 효과

㉠ 서번트 리더십 아래의 구성원들은 조직시민행동과 관련하여 감독자에 대한 헌신, 자기 효능감, 정의에 대한 인식이 더 높다.

㉡ 서번트 리더십과 관련하여 구성원들이 의무적이고 책임감에 집중하도록 했을 때 조직시민행동이 강해진다.

㉢ 서번트 리더십은 시민행동을 더욱 발생시켜 더 창조적인 성과를 달성하게 하고, 이직 경향을 줄인다.

(6) 슈퍼리더십

슈퍼리더십은 집단구성원들이 자기 자신을 리더로 삼을 수 있는 역량과 기술을 가질 수 있도록 하는 것을 말한다. 즉 슈퍼리더십이란 구성원이 스스로 판단하고 행동에 옮기며 그러한 행동의 결과에 책임을 질 수 있도록 임파워먼트하여 그들을 셀프리더로 키우는 것이다.

4 신뢰와 리더십

(1) 신뢰의 정의

신뢰는 리더십과 관련된 중요한 요소로, 타인이 기회주의적 행동을 하지 않을 것이라는 긍정적 기대감을 뜻한다. 즉, 신뢰는 미래에 발생할 일에 대한 긍정적 기대로 인해 자신을 상대방보다 취약한 상태로 만듦에 동의하는 심리적 상태이다. 신뢰를 깨는 것은 집단의 업무 성취에 매우 부정적이다.

(2) 신뢰할만한 리더의 특성

① 진실성

② 자비심(인정)

③ 능 력

(3) 신뢰 성향

구성원이 리더를 신뢰할 수 있는 정도를 나타내는 지표이다. 일정 기간 사람의 행동을 지켜보며 신뢰하므로, 신뢰를 얻는 데는 시간이 필요하며, 리더가 자신의 유능함을 보여줌으로써 얻을 수 있다.

개념체크OX

• 서번트 리더는 구성원들의 발전을 도모한다. ⃞O⃞X

• 신뢰할만한 리더는 진실해야 하고, 자비로워야 하며, 능력있어야 한다. ⃞O⃞X

O, O

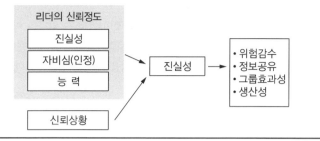

신뢰할만한 리더의 특성

| 리더의 신뢰정도 |
| 진실성 |
| 자비심(인정) |
| 능 력 |
| 신뢰상황 |

→ 진실성 →
- 위험감수
- 정보공유
- 그룹효과성
- 생산성

(4) 신뢰의 결과

① 위험을 감수할 수 있도록 격려한다.

② 정보공유를 쉽게 한다.

③ 신뢰하는 집단은 더욱 효과적이다.

④ 생산성을 높인다.

5 멘토링

(1) 멘토의 정의

멘토는 경험이 적은 부하 직원을 돕는 고참 직원을 말한다.

(2) 멘토링 관계의 경력적 기능과 심리적 기능

경력적 기능	심리적 기능
• 부하직원이 도전적이며 과업을 취할 수 있도록 로비 활동을 한다. • 부하직원이 기술 개발과 과업의 목표를 달성할 수 있도록 조언한다. • 조직 내 영향력 있는 사람들에게 소개한다. • 부하직원의 명성에 해가 되지 않도록 돕는다. • 부하직원이 직속 상관에게 말하기 어려워 하는 것을 전달한다.	• 부하직원의 자신감을 북돋아 준다. • 부하직원과 개인적인 경험을 나눈다. • 친근감과 인정을 제공한다. • 롤모델로 행동한다.

6 효과적인 리더십을 위한 도전과제

(1) 리더십 귀인이론

① 구성원들의 리더에 대한 인식은 리더의 효과적인 능력에 강한 영향을 준다.

② 리더십 귀인이론에 따르면 리더십이 조직성과에 영향을 미치는 것이 아니라, 조직의 성과가 리더십을 만든다고 본다.

③ 리더십 귀인이론에서 중요한 것은 직접적인 성취라기보다는 리더가 어떻게 비춰지는가에 있다.

개념체크OX

• 리더십 귀인이론에서는 리더십이 조직성과에 중요하게 작용한다.

• 리더십 대체이론에 의하면 리더십이 대체 가능한 개념이다.

X, O

(2) 리더십 대체이론

① **리더십의 대체와 중화**

리더의 특성, 행동, 상황이 중요한 것이 아닐 수 있다는 이론으로, 리더가 발휘하는 리더십을 대체하거나 무력화할 방안에 집중한다. 과업 자체혹은 개인과 조직의 특성이 리더십을 대체하거나 무력화할 수 있다고본다.

② **리더십 대체요인**

㉠ 대체요인

리더십 발휘를 불필요하게 만드는 요인이다.

㉡ 중화요인

리더십 발휘 자체를 무력화시키는 요인이다.

㉢ 촉진요인

리더십 효과를 상승시켜주는 요인이다.

㉣ 보완요인

리더십 발휘에 도움을 줄 수 있는 수단적, 도구적 요인이다.

특 성		관계지향적 리더십	과업지향적 리더십
개 인	경험 및 훈련	해당 없음	대체 요인
	전문성	대체 요인	대체 요인
	보상의 동일성	중화 요인	중화 요인
직 무	고도하게 구조화된 과업	해당 없음	대체 요인
	피드백	해당 없음	대체 요인
	내재적 만족감	대체 요인	해당 없음
조 직	명시적으로 형식화된 목표	해당 없음	대체 요인
	엄격한 규칙과 절차	해당 없음	대체 요인
	집단응집성	대체 요인	대체 요인

(3) 온라인 리더십

리더와 구성원들은 갈수록 대면 접근성보다 네트워크를 통해 연결되고 있으므로 온라인 리더십은 필요성이 대두되는 리더십이다. 온라인의 특성상대면에 비해 신원에 기반한 신뢰를 얻기가 어려우므로 온라인상의 의사소통, 글쓰기 기술 등이 리더의 대인관계 기술로 요구된다.

(4) 리더의 선발

① 퍼스널리티 테스트(Personality test)를 통해 외향성, 성실성, 개방성등 리더와 관련된 특성을 규명할 수 있다.

② 높은 자기 모니터링의 정도를 통해 적절한 상황 판단과 행동 조절 능력을 알 수 있다.

③ 높은 감성지능은 변혁적 리더십의 가능성을 높인다.

(5) 리더의 훈련

① 높은 자기 모니터링 수준의 개인을 대상으로 시행할 때 더욱 성공적이다.

② 리더십을 구현하는 기술을 체화하도록 훈련한다.

③ 신뢰 구축이나 멘토링, 상황 분석 등의 기술을 가르친다.

④ 모의 행동 훈련을 통해 카리스마 리더십의 능력을 키울 수 있다.

⑤ 조직의 주요 변화가 생긴 후에 리더십을 점검한다.

⑥ 최종적으로 리더들이 변혁적 리더십 기술을 가질 수 있도록 훈련한다.

---

6 권 력

1 권력의 정의

조직행동에서 권력은 개인 또는 집단을 바람대로 움직이도록 하는 능력을 말한다.

2 권력의 특징

(1) 권력은 능력이자 잠재력이므로 존재하지만 사용되지 않을 수도 있다.

(2) 개인 또는 집단이 권력자에 대한 의존도가 높을수록 관계 내 권력이 커진다.

(3) 개인 또는 집단이 욕망하는 어떤 것을 통제할 수 있을 때만 권력을 가질 수 있다.

개념더하기

의존성을 만드는 요인
- 중요성
- 희소성
- 비대체성

3 권력과 리더십의 비교

(1) 리더는 집단목표를 달성하기 위한 수단으로 권력을 사용한다.

(2) 권력은 목표적합성을 요구하지 않고 단지 의존성만 있으면 된다.

(3) 리더십은 구성원들에 대한 리더의 하향적 영향력에 집중한다.

4 권력의 원천(프렌치와 레이븐)

(1) 공식적 권력

① 공식적 권력의 정의

개인의 직위에 기반한 권력이다. 공식적 권력은 오히려 역효과를 가져오거나 긍정적인 업무수행과 무관한 결과를 보이기도 한다.

② 공식적 권력의 종류

㉠ 강제적 권력

명령 등에 준수하지 못해 발생할 부정적 결과에 대한 두려움에 기반한 권력이다. 강제적 권력은 오히려 역효과를 가져올 수 있다.

개념체크OX

- 권력은 목표적합성을 요구하지 않는다. ⃞O⃞X
- 압력에 의해 영향력을 행사하는 것은 강제적 권력이다. ⃞O⃞X

O, O

       ⓛ 보상적 권력

         강제적 권력과 반대로, 명령 등에 준수해 발생할 긍정적 이익에 대한 기대감에 기반한 권력이다.

       ⓒ 합법적 권력

         가장 널리 알려진 권력으로, 조직차원에서 부여한 보직, 직위에 기반한 권력이다. 영향력 행사 전술이라고도 불리며, 상사와 부하 관계 유지의 기초가 된다.

(2) 개인적 권력

  ① 개인적 권력의 정의

    개인이 가진 특성에 기반한 권력으로, 가장 효과적인 권력에 해당한다.

  ② 개인적 권력의 종류

    ㉠ 전문적 권력

      전문가, 전문적 기술이나 지식의 결과로 행사되는 영향에 기반한 권력이다.

    ⓛ 준거적 권력

      매혹적인 자원이나 특성을 가진 개인에 대한 동일시에 기반한 권력이다.

5 임파워먼트

(1) 임파워먼트는 조직구성원들에게 조직과 업무 수행에 필요한 권력과 힘, 그리고 능력 등이 있다는 확신을 심어주기 위해 권한을 부여하는 행위를 말한다.

(2) 임파워먼트 과정에서는 주로 공식적 권력의 위임 즉, 권력의 증대 혹은 창조를 이끌어낸다.

7　조직정치

1 조직정치의 정의

(1) 권력을 행동으로 전환할 때 이를 '정치'라고 하며, 이는 불가피하면서도 중요하다.

(2) 조직정치는 권력을 행사하여 조직의 결정사항이나 행동에 영향을 미치기 위한 승인되지 않은 행동이다.

2 조직정치의 특성

(1) 어떤 사람의 특정 직무와는 무관하다.

(2) 의사결정의 목표, 기준, 과정에 영향을 미치는 것을 포함한다.

(3) 의사결정자에게 주요 정보를 제공하지 않는 것, 고발하는 것, 소문 퍼뜨리는 것, 언론에 조직의 비밀정보를 제공하는 것 등을 포함한다.

3 조직정치의 원인

(1) 자 원
조직정치의 가장 큰 원인은 자원의 희소성이다. 시장진출의 기회와 내부적으로 보유한 자원이 부족할 때, 적극적인 정치 동기가 형성된다.

(2) 불명확한 의사결정
장기적인 전략에 대한 의사결정이 명확하지 않고 규정이나 경계가 애매하면 불신적인 조직분위기가 형성될 수 있고, 이때 조직정치가 나타난다.

(3) 목표의 불확실성
관료적 조직에서 목표가 수립되었으나, 달성하기 어려운 목표일 때, 조직내부에 조직정치가 형성된다.

(4) 기술과 외부환경의 변화
기술 등 외부환경이 급변하거나 조직구조 개편으로 전면적인 고용조정이 시행될 경우, 조직정치를 형성하게 된다.

4 조직정치의 관리
조직정치를 해소하는 방법에는 불확실성의 감소, 상위목표 도입, 경쟁요소 감소, 파벌 해체, 임파워먼트, 정치적 태도의 저평가 등이 있다.

8 갈 등

1 갈등의 정의

(1) 갈등은 한 당사자가 다른 당사자로부터 부정적인 영향을 받았다고 지각할 때 시작되는 과정으로, 광범위하게 정의한다.

(2) 갈등은 상호작용과정에서 의견 불일치가 될 때의 지점을 나타낸다.

2 갈등에 대한 관점

(1) 과거와 현대 관점의 변화
① 과거의 관점
과거에는 갈등을 나쁜 것으로만 판단했다. 따라서 모든 갈등이 같지 않고 다른 유형의 갈등은 다른 영향을 미친다는 인식에 접근할 기회를 앗아갔다.

② 현대의 관점

갈등의 영향에 따라서 기능적 갈등, 역기능적 갈등, 기능 부전의 갈등으로 구별한다. 기능적 갈등은 집단의 목표를 지지하고 성과를 증대시키므로 건설적 형태의 갈등이다. 집단 수행에 방해가 되는 갈등은 역기능적 갈등으로 분류한다. 담당한 업무에서 주의를 돌리기 위한 매우 개인적인 투쟁은 기능 부전의 갈등이다.

(2) 전통적 관점

갈등은 모두 부정적인 것이므로 예방하고 회피하여야 한다.

(3) 인간관계 관점

갈등은 모든 인간관계에서 자연스럽게 발생하는 것으로 보고 갈등의 존재를 합리화 했다.

(4) 상호작용 관점

가장 현대적 관점으로 갈등을 유발해서 집단을 활력 있고, 자기 비판적이며 창조적으로 유지할 수 있다고 본다.

3 집단갈등의 유형

(1) 갈등 대상에 따른 분류

① 과업 갈등

업무 목표에 관한 갈등이다.

② 관계 갈등

대인관계에 대한 갈등이다.

③ 과정 갈등

업무를 어떻게 수행할 것인가에 대한 갈등이다.

(2) 갈등 발생에 따른 분류

① 개인 간 갈등

두 개인 간의 갈등이다.

② 집단 내 갈등

집단 내에서 발생하는 갈등이다.

③ 집단 간 갈등

부서나 팀 사이에서 발생하는 갈등이다.

4 집단갈등의 원인

(1) 개인적 요인과 구조적 요인

개인적 요인	구조적 요인
• 기술과 능력 • 퍼스널리티 • 지각, 가치관과 윤리 • 감정상태 • 커뮤니케이션 장애 • 문화적 차이	• 전문화 • 한정된 자원 • 목표에 대한 지각 차이 • 지위 불균형 • 책임의 불명확성 • 상호의존성 • 파워관계

(2) 파워 관계

구 분	행동적 경향과 문제점
동등한 관계	부분최적화
상하 관계	통제와 자율의 갈등
상중하 관계	• 역할 갈등 • 역할 모호성 • 스트레스

개념더하기

부분최적화

광범위한 목적의 통합 부분 중에서 일부분을 최적화하는 과정으로, 주어진 목적을 가능한 최대 또는 최소로 하는 일을 이르는 말이다.

5 집단갈등의 결과

(1) 갈등의 순기능과 역기능

순기능	역기능
• 문제의 발견 • 활동력의 증가 • 충성심 증가 • 혁신풍토의 조성 • 도전적 분위기 촉진 • 다양성과 창의성 유발	• 커뮤니케이션 감소 • 심리적 안정상태 위협 • 자원낭비 • 독재자 출현 • 편견의 증가와 파벌의식 고조 • 적대감과 공격적 행동 • 집단응집력 저하 • 융통성 없는 정형화

6 집단갈등의 해소방법

직접대면, 공동목표설정, 자원의 확충, 갈등의 회피, 공동 관심사의 강조, 협상, 권력을 이용한 갈등해결, 행동변화 유도, 외부인력의 영입, 외부압력에 대한 연합 방어, 조직구조의 개편 등이 있다.

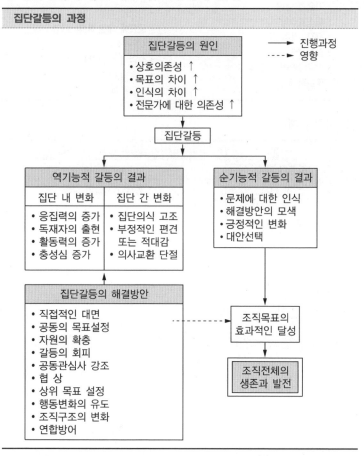

집단갈등의 과정

7 집단갈등과 조직성과의 관계성

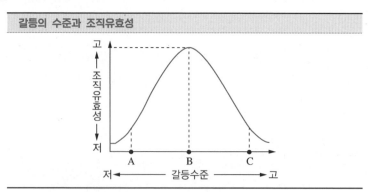

갈등의 수준과 조직유효성

구 분	갈등 정도	갈등 유형	부서 내부 특성	부서의 성과
A	적거나 없음	역기능적	• 진전 없음 • 변화에 무반응 • 새로운 아이디어의 부재	낮 음
B	보 통	기능적	• 활력 있음 • 자기 비판적 • 혁신적	높 음
C	높 음	역기능적	• 방 해 • 혼 란 • 비협조적	낮 음

8 집단갈등의 과정

잠재적 반대와 비호환성 → 인식과 개인화 → 관리 → 행동 → 결과

9 갈등관리 기법

(1) 경 쟁

자신의 목적과 이익을 쟁취하기 위해 상대편을 희생시키는 방법이다.

(2) 협 력

주장을 공유하면서 서로 양보하는 문제해결 접근방법이다.

(3) 회 피

갈등의 존재 자체를 부인하고 갈등의 원인을 이해하거나 해결하려는 시도를 전혀 하지 않는 방법이다.

(4) 순 응

상대방의 이익과 관심을 자신의 것보다 더 우위에 둠으로써 상대방의 만족을 부각하는 방법이다.

(5) 타 협

갈등의 해결을 위해 각 편이 무엇을 얼마간 포기하는 방법이다.

갈등관리모형

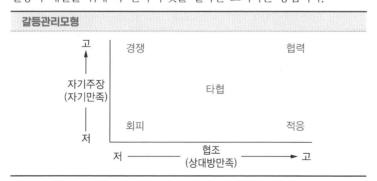

1 협상의 정의

협상은 두 명 이상의 당사자가 희소한 자원을 어떻게 분배할지 결정하는 과정이다.

2 협상의 전략

(1) 분배적 협상

① 분배적 협상의 개요

이해관계가 상반되는 양 당사자가 고정된 양의 자원을 나누어 가지려고 하는 제로섬 게임 형태의 협상이다.

② 분배적 협상의 영역

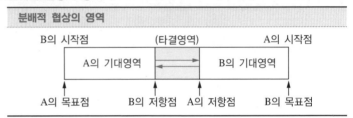

(2) 통합적 협상

서로에게 이득이 되는 타협점을 찾으려는 협상이다.

구 분	분배적 협상	통합적 협상
목 표	가능한 한 많은 파이를 차지한다.	양쪽 당사자 모두 만족할 만큼 파이 자체를 키운다.
동 기	내가 이기고, 상대는 진다.	나도 이기고, 상대도 이긴다.
초 점	입장, 주장	이해관계
주요 관심사	상반된다.	조화된다.
관계의 지속 기간	단기간	장기간
정보공유	적다.	많다.
사 례	임금 협상, 판매자-구매자 관계	성과급, 능력에 따른 역할 분담 등

3 협상의 과정

> 준비와 계획 → 기본 규칙의 결정 → 해명과 정당화 → 교섭과 문제해결 → 종료와 실행

10 조직차원의 조직행동

1 조직의 유형

(1) 공식조직
① 공식조직은 뚜렷한 목표 달성을 위해 의도적으로 형성한 조직이다.
② 구성원의 지위와 역할이 명확하게 구분되고 전문화된다.
③ 효율적인 과업 수행을 위해 구성원들의 활동이 제한된다.

(2) 비공식 조직
① 비공식 조직은 공식 조직 내에서 개인적인 관심과 취미 등에 따라 형성된 조직이다.
② 친밀한 인간관계를 맺는 것이 특징이다.
③ 구성원의 만족감과 사기를 높여 조직의 효율성을 높인다.

2 조직문화

(1) 조직문화의 정의
① 조직문화는 조직구성원들로 하여금 다양한 상황에 대한 해석과 행위를 불러일으키는 조직 내에 공유된 정신적인 가치이다.
② 조직구성원들이 공유하고 있는 신념, 가치관, 이념, 관습, 지식 및 기술 등 다른 조직과 구별되는 해당 조직만의 체계를 말한다.

(2) 조직문화의 특징
① 혁신과 위험에 대한 태도
② 세부사항에 대한 관심
③ 성과 지향성
④ 인간 지향성
⑤ 팀 지향성
⑥ 공격성
⑦ 안정성

(3) 조직문화의 중요성
① 조직의 공식·비공식 운영과정에 광범위한 영향을 미친다.
② 조직의 전략과정에 영향을 미친다.
③ 경쟁력의 원천이다.
④ 조직 내 갈등, 집단 간 갈등에 영향을 미친다.
⑤ 조직 및 기업의 합병에 영향을 미친다.
⑥ 사회화에 영향을 미친다.
⑦ 생산성에 영향을 미친다.

(4) 조직문화의 구성요소(파스칼과 피터스의 7S 모형)

하드웨어 영역	전략(Strategy), 구조(Structure), 제도 및 절차(System)
소프트웨어 영역	공유 가치(Shared Value), 구성원(Staff), 관리기술(Skill), 행동·관리스타일(Style)

파스칼과 피터스의 7S 모형

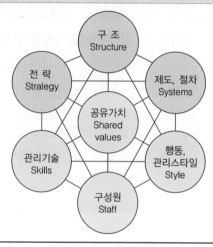

(5) 딜과 케네디의 조직문화 분류

딜(Deal)과 케네디(Kennedy)는 뚜렷한 신념과 공유가치, 일상생활에서의 가치구현 및 이를 뒷받침해주는 제도의 완비에서 강한 문화의 특성을 찾았다. 이를 바탕으로 모험성의 정도와 피드백 기간에 따라 조직문화를 4가지로 분류했다.

위 험 \ 피드백	느 림	빠 름
많 음	사운을 거는 문화	거친 남성 문화
적 음	과정 문화	일 잘하고 잘 노는 문화

(6) 샤인의 조직문화모형

① 샤인의 조직문화모형 개요

샤인(Schein)은 조직문화를 한 조직이 외부 환경에 적응하고 내부를 통합하며 문제를 해결하는 과정을 통해 익히고 공유한 기본 가정으로 정의했다. 또한, 조직문화를 기본적 가설, 표방하는 가치, 인공물 3가지 차원으로 나누어 구조화했다.

② 샤인의 조직문화모형 구조

ⓐ 기본적 가설

리더 및 구성원들의 무의식에 깊게 자리한 당연한 믿음이다. 외부로 드러나지 않아 관찰이나 변화가 불가능하며 잠재적 단계에서 작용한다. 조직문화 변혁을 위해 반드시 바뀌어야 하는 부분이다.

ⓛ 표방하는 가치

조직 가치나 행동양식 등의 기본적인 믿음에 대한 인식 수준이 높아
져 표출된 것이다. 미래에 대한 지향이나 열망 등이 담겨 있고, 구성
원의 말과 행동을 지배한다. 구성원들의 합의에 따라 옳고 그름을
가려낼 수 있는 것을 의미한다.

ⓒ 인공물 및 창작물

조직이 제작한 제품이나 서비스, 기술이나 예술, 행동 양식, 로고 등
조직이 문화적으로 표출한 모든 것을 뜻하며 조직 내 쉽게 관찰이
가능하다.

샤인의 조직문화모형

(7) 조직문화의 기능

① 순기능
  ㉠ 조직 간 경계, 역할 경계를 정의한다.
  ㉡ 구성원들에게 정체성을 제공한다.
  ㉢ 집단의 몰입을 가져온다.
  ㉣ 규범이나 통제로 안정성을 높인다.
  ㉤ 구성원의 태도나 행동에 대해 학습적 기능으로 작용한다.

② 역기능
  ㉠ 조직의 변화에 대한 구성원들의 저항이 강하다.
  ㉡ 신입 구성원의 창의성에 제약을 준다.
  ㉢ M&A 실패의 원인으로 작용한다.

(8) 조직문화의 형성과 유지

① 창업자
  ㉠ 창업자는 조직이 무엇을 해야 하는지에 대한 비전이 있고, 초기 소규
     모의 모든 구성원으로 하여금 비전의 수용을 쉽게 만든다.
  ㉡ 자신과 같은 방식으로 생각하고 느끼는 구성원들을 채용하고 유지
     한다.
  ㉢ 역할 모델로 기능함으로써 자신의 사고방식과 행동양식을 구성원들
     이 갖도록 사회화하고 가치를 내부화할 수 있다.

② 선 발
 ㉠ 성공적 성과로 이어지는 지식, 기술 능력을 갖춘 개인을 고용하는 것이 명백한 목표이다.
 ㉡ 마지막 선발 과정에서는 조직의 가치에 많은 부분 동의하는 사람을 선발한다.
 ㉢ 선발 과정에서 지원자들에게 조직 가치에 대한 정보를 제공함으로써 조직 핵심 가치에 대한 공격이나 훼손을 제거한다.
③ 최고경영자
 최고경영자의 말과 행동은 조직문화에 주요한 영향을 미친다.
④ 조직 사회화
 ㉠ 조직 생활에 필요한 요령을 익히고, 조직에서 중요하다고 여기는 것들을 실제로 중요하다고 인식하게끔 학습시키고 훈련하는 과정이다.
 ㉡ 신입이 만연한 문화에 적응하도록 돕는 과정이 사회화이며, 새로운 조직에서의 업무와 기대 간 차이의 문제를 경감시킨다.
 ㉢ 조직 사회화의 단계
  • 사전 단계
   해당 조직에 들어오기 전에 거치는 과정으로, 입사 지원자가 조직의 정보를 수집하는 단계이다.
  • 직접대면 관계
   새로운 조직구성원이 현실적인 직무와 조직의 모습을 접하는 시기로, 다양한 적응이 필요하다.
  • 변형 단계
   여러 과업을 수행하고 조직문화에 적응하며, 새로운 역할에 익숙해지고 자신의 역량을 충분히 발휘하는 단계로, 일과 개인 생활의 균형을 잡는다.
  • 결 과
   – 행동적 결과
    조직 사회화의 완성 과정으로 자발적 혁신, 협력, 조직에 근속하는 단계이다.
   – 정서적 결과
    성공적으로 사회화가 높은 수준의 직무만족, 내적 작업 동기 등의 직무 관여를 보인다.

조직 사회화의 과정

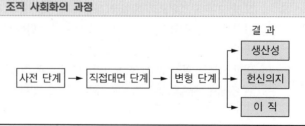

---

(9) 조직문화의 구축수단

① 스토리

조직문화 형성에 큰 영향을 주는 것 중 하나는 스토리이다. 어느 조직이나 그 조직을 처음 만든 사람을 주인공으로 한 다소 과장 섞인 스토리가 있으며, 보통 사람으로는 상상하기 힘든 파격을 담고 있거나 난관을 극복했던 전설적 이야기들이 있다.

② 의 식

조직 특유의 의식이나 의례로, 조직의 가치를 상징하는 이벤트나 행사들을 통해서 구성원들에게 조직의 의미체계를 전달한다. 이달의 영업왕, 체육대회, 축제 등이 여기에 해당한다. 의식은 조직이 중요하게 생각하는 핵심 가치와 조직이 높게 평가하는 측면을 반영한다.

③ 상징물

조직의 가치를 가시화해 제시함으로써 구성원들이 이미지적 상징물로 조직문화를 받아들이도록 하는 것이다. 예를 들어 직급별로 책상, 방의 크기 등이 다르다면 권위주의적 문화를 전달하는 것이고 구성원들은 즉각적으로 이러한 문화를 인식할 수 있다.

④ 언 어

어떠한 조직 내에서만 쓰이는 약어나 은어가 있으며, 조직문화에 적응하기 위해서는 이러한 언어들을 배워야 한다. 이를 통해 외부인과 구별이 되면서 조직 내부의 응집성이 강해질 수 있다.

(10) 강한 문화와 약한 문화

① 강한 문화

ㄱ 대부분의 구성원이 조직목표와 가치에 대해서 같은 의견을 갖고 있다.

ㄴ 조직의 핵심가치가 강하고 광범위하게 공유되고 있다.

ㄷ 강한 문화가 저절로 구조가 되고 규정이 되어 구성원을 관리하므로 별다른 통제가 필요 없다.

ㄹ 조직이 대표하는 것에 대한 강한 동의와 응집력, 충성심, 조직몰입 등으로 이직률의 감소로 이어진다.

ㅁ 강한 조직문화는 조직 전체의 성과를 장기적으로 높인다.

② 약한 문화

ㄱ 조직구성원들이 조직목표와 가치에 대해서 다양하고 폭넓은 의견을 갖고 있다.

ㄴ 확실한 조직문화가 없고, 응집력이나 충성심이 약하다.

개념체크OX

• 조직 사회화가 실패하면 이직을 할 수도 있다. ☐O☐X

• 조직 사회화의 정서적 결과로는 직무만족이 있다. ☐O☐X

O, O

3 조직변화와 조직개발

(1) 조직변화

① 레빈의 변화 3단계

㉠ 레빈(Lewin)의 장이론에 따르면 인간의 태도는 고정적인 것이 아니라 '변화하려는 힘'과 '저항하려는 힘'의 균형이다. 따라서 변화하려는 힘이 강하면 태도는 변화할 수 있다고 본다. 변화하려는 힘을 촉진요인이라 하고, 저항하려는 힘을 억제요인이라 한다.

㉡ 태도변화의 과정

> 해빙 → 변화 → 재동결

• 해 빙
해빙은 변화하려는 힘이 저항하려는 힘보다 강하여, 변화하려는 준비단계를 말한다.

• 변 화
해빙 이후 태도변화를 위한 조치를 하는 단계이다. 순응, 동일화, 내면화의 세 단계로 이뤄진다.

• 재동결
새롭게 획득한 태도나 지식, 행동이 개인에게 고정되는 과정을 말한다.

(2) 학습조직

① 학습조직의 정의

학습조직은 급변하는 시대에 맞추어 변화에 능숙한 조직으로, 끊임없이 학습하는 조직을 뜻한다. 학습조직은 조직원이 학습할 수 있도록 기업이 모든 기회와 자원을 제공하고 학습 결과에 따라 지속적 변화를 이룬다.

② 피터 센게의 학습조직의 특징(Peter Michael Senge)

㉠ 개인적 숙련

㉡ 정신모델

㉢ 공유 비전

㉣ 팀 학습

㉤ 시스템 사고

(3) 조직개발 기법

① 감수성 훈련

감수성 훈련은 레빈의 T-Group 활동에서 발달한 조직개발 기법으로, 개인의 자각을 높이고 다른 사람과 환경에 대한 감수성을 개발하도록 설계된 학습 과정이다. 각각의 구성원이 다른 사람한테 자신의 감정을 이야기하고 표현하며, 이해하는 과정에서 자신에 대한 인식을 높이고 구성원들 간의 의사소통을 원활히 할 수 있다.

② 팀빌딩(Team building)

　㉠ 팀빌딩의 정의

　　팀빌딩은 사회적 관계를 강화하고 팀 내 역할을 정의하는 데 사용되는 다양한 유형의 활동을 총칭하는 용어로, 종종 협업 작업을 포함한다.

　㉡ 팀빌딩의 가정

　　• 작업집단은 기술적 구조인 동시에 사회적 시스템이다.
　　• 집단구성원들이 공동의 목표를 달성하기 위해 협력할 때 작업집단의 효율이 증가한다.
　　• 작업집단구성원들의 정서적 욕구가 충족되고 복지가 형성돼야 작업집단이 유지되고 효율성이 증가한다.

　㉢ 팀빌딩의 내용과 절차

단 계	내 용
1단계 팀기술 연수	변화를 수용할 수 있도록 한다.
2단계 자료수집	설문지를 통해 만족도 등 자료를 수집한다.
3단계 자료처리	변화 담당자는 자료를 팀에 제시하고 제시된 문제를 공개토론 시킨다. 공개토론으로 문제의 우선순위를 정하고 사전권고한다.
4단계 행동계획	토론 내용을 중심으로 실제 변화 계획을 정한다.
5단계 팀빌딩	팀의 유효성을 저해하는 요소들을 규명하고, 이에 해결책을 개발한다.
6단계 집단 간 팀빌딩	조직 전체에 있어 팀들 간의 문제를 나누고 협조하여 조직의 변화를 일으킨다.

02 기출분석문제

01 다음 중 집단이동적 사고의 해결방안으로 옳지 않은 것은?

부산환경공단

① 반대를 위한 반대
② 승자의 재앙
③ 변증법적 토의
④ 지명반론자법

[해설] 집단이동적 사고의 해결방안으로는 반대를 위한 반대, 복수지지, 변증법적 토의, 지명반론자법이 있으며, 승자의 재앙은 경쟁에서 이겼지만 오히려 손해를 보는 역설적 현상이다.

02 다음 설명에 해당하는 의사결정기법은?

전북신용보증재단

> • 불확실한 미래를 예측할 때 주로 사용한다.
> • 전문가들의 의견을 구한 뒤 이를 통계처리한다.
> • 대면 의사소통 없이도 구성원들의 합의를 유도할 수 있다.
> • 최종 의사결정까지 많은 시간이 소요된다.

① 브레인스토밍(Brainstorming)
② 델파이 기법(Delphi technique)
③ 프리모텀법(Premortem)
④ 지명반론자법(Devil's advocacy)

[해설] 델파이 기법은 미래 상황을 예측하기 위해 세밀하게 구성된 질문지를 전문가들에게 반복적으로 제공하여 통제된 의견을 도출하는 의사결정기법이다.
③ 프리모텀법은 심리학자 클라인이 제안한 의사결정기법으로, 미리 사업 등이 실패한 상황을 가정하고 그 원인을 예측하여 미리 제거함으로써 성공가능성을 높이려는 방법이다.

➕ **더알아보기** 프리모텀법(Premortem)

어떠한 결정이 이미 잘못되었다는 가정하에 그 원인을 분석하고 수정 · 보완함으로써 의사결정의 성공률을 높이는 기법이다.

03 코헨(Cohen), 마치(March), 올슨(Olsen)의 쓰레기통모형에 대한 설명으로 옳은 것을 모두 고르면?

중소벤처기업진흥공단

> ㄱ. 의사결정의 5가지 변수가 '쓰레기통' 속에서 의사결정을 성립한다.
> ㄴ. 합리적 의사결정모형에서 이탈했다.
> ㄷ. 일치하는 목표가 없거나 추상적이어도 의사결정과는 무관하다.
> ㄹ. 의사결정 사항에 대한 정보보다 참여자들의 의욕이나 주의력이 필요하다.

① ㄱ   ② ㄱ, ㄴ

③ ㄴ, ㄷ   ④ ㄴ, ㄹ

해설) ㄱ. 쓰레기통모형에서 가정하는 의사결정의 변수는 문제의 흐름, 해결책의 흐름, 참여자의 흐름, 의사결정 기회의 흐름으로 4가지이다.
ㄹ. 참여자들의 참여 의욕이나 많은 주의력이 없어도 문제가 해결된다.

04 작업집단과 작업팀에 대한 비교로 옳지 않은 것은?

부산도시공사

① 작업집단은 개인의 책임이 강한 반면, 작업팀은 개인과 집단 모두에게 책임이 있다.
② 작업집단의 목표는 집단성과인 반면, 작업팀의 목표는 정보공유이다.
③ 작업집단의 기술은 임의적이고 다양하다.
④ 작업팀은 긍정적 시너지를 강조한다.

해설) 작업집단의 목표는 정보공유, 작업팀의 목표가 집단성과이다.

05 자기관리팀에 대한 설명으로 옳지 않은 것은?

한국법무보호복지공단

① 대개 10~15명으로 구성되며 감독관리자의 업무를 자체 수행한다.
② 팀 구성원이 거의 모든 권한을 갖는다.
③ 자율적 관리팀의 업무는 상호의존적인 경우가 많다.
④ 각 구성원이 자율적으로 총괄하는 업무는 협소하다.

해설) 자기관리팀은 작업의 기획부터 공급자 및 고객 상대 등의 업무에 이르기까지 매우 광범위한 과업을 수행한다.

06 다음 설명에 대한 의사소통 네트워크로 옳은 것은?

새마을금고

> • 구성원 간 소통 속도는 빠르지만, 소통의 정확도가 떨어져 혼란의 여지가 있다.
> • 의사결정이 이루어지는 속도와 결정에 대한 수용도가 높다.
> • 권한이 집중되어 있지 않고 분산된 평면적 구조이다.

①

②

③

④

[해설] 완전연결형 네트워크에 대한 설명이다. 완전연결형 네트워크에서는 구성원들이 서로 활발하게 의사소통해 자기관리팀에서 자주 보인다. 다만, 모든 방향으로 의사소통하여 혼란을 일으킬 수 있다.

07 다음 중 리더십 행동이론에 대한 설명으로 옳지 않은 것은?

한국산업단지공단

① PM이론에 따르면 성과지향과 유지지향이 모두 높은 리더가 가장 우수한 리더이다.
② 아이오와 대학의 연구에서는 민주형 리더가 가장 효과적인 리더십을 발휘하는 것으로 밝혀졌다.
③ 관리격자이론에 따르면 생산성과 구성원에 대한 관심이 모두 중립인 중간형 리더가 가장 효과적인 리더이다.
④ 오하이오 대학의 연구에서 리더십의 두 차원 중 구조주도가 강할수록 조직의 생산성이 높아지는 것으로 밝혀졌다.

[해설] 관리격자이론에 따르면 생산에 대한 관심과 인간에 대한 관심이 모두 높은 팀형 리더가 가장 좋은 리더이다.

08 리더십 이론에 관한 설명으로 가장 적절하지 않은 것은?

한국소비자원

① 허쉬(Hersey)와 블랜차드(Blanchard)의 상황적 리더십이론은 과업특성에 따라 리더십 스타일의 유효성이 달라진다고 주장한다.
② 피들러(Fiedler)의 리더십 상황모형에서 높은 LPC(Least Preferred Co-worker)설문 점수는 관계지향적 리더십 스타일을 보여준다.
③ 리더십 대체이론에 따르면 집단의 높은 응집력은 리더의 관계지향적 행위를 대체할 수 있다.
④ '부하가 상사를 카리스마 리더로 인식할 때 조직 성과가 높아지는 것이 아니라, 조직 성과가 높은 경우 상사를 카리스마 리더로 인식하는 정도가 강해진다'는 연구결과는 리더십 귀인이론의 예이다.

[해설] 허쉬(Hersey)와 블랜차드(Blanchard)의 상황적 리더십이론은 과업특성이 아닌 구성원의 상황에 따라 리더십 스타일 유효성이 달라진다고 보았다.

09 하우스(R. House)가 제시한 경로-목표이론의 리더십 유형에 해당하지 않는 것은?　　한국우편사업진흥원

① 권한위임적 리더십
② 지시적 리더십
③ 지원적 리더십
④ 성취지향적 리더십

[해설] 권한위임적 리더십은 경로-목표이론의 리더십 유형에 해당하지 않는다. 하우스의 경로-목표이론에서 제시된 리더십 유형으로는 지시적 리더십, 지원적 리더십, 참여적 리더십, 성취지향적 리더십이 있다.

10 다음 중 파스칼과 피터스의 7S 모형에 포함된 조직문화의 구성요소가 아닌 것은?　　서울주택도시공사

① 전략(strategy)
② 관리기술(skill)
③ 전문화(specialization)
④ 공유 가치(shared value)

[해설] 조직문화의 구성요소를 설명하는 파스칼과 피터스의 7S 모형은 전략(strategy), 구조(structure), 제도(system), 구성원(staff), 관리기술(skill), 관리스타일(style), 공유 가치(shared value)로 구성되어 있다.

11 합법적 권력에 대한 설명으로 옳지 않은 것은?　　근로복지공단

① 조직차원에서 조직내 구조상 위치에 기반한다.
② 압력을 통한 영향력 행사 전술이라고 불린다.
③ 합법적 권력은 상사와 부하관계 유지의 기초가 된다.
④ 합법적 권력을 가진 사람은 공식적으로 구체적 행동을 명령할 수 있다.

[해설] 합법적 권력은 영향력 행사 전술이라고 불리며, 압력을 통한 영향력 행사 전술은 강제적 권력에 해당하는 개념이다.

12 다음 중 괄호 안에 들어갈 말로 옳은 것은?　　서울교통공사

> A기업은 구성원에게 업무 재량을 위임하고 자주적·주체적 체제속에서 구성원의 의욕과 성과를 이끌어내기 위해 권한을 부여하는 (　　)의 일종으로, '자율좌석제'를 실시하기로 했다.

① 조직정치　　　　　　　　　② 커뮤니케이션
③ 임파워먼트　　　　　　　　④ 멘토링

[해설] 임파워먼트는 조직구성원들에게 조직을 위한 업무 수행에 필요한 권력과 힘, 그리고 능력 등이 있다는 확신을 심어주기 위해 권한을 부여하는 행위를 말한다.

13 다음 중 갈등의 순기능을 모두 고르면? 소상공인시장진흥공사

> ㄱ. 문제의 발견
> ㄴ. 창의성 유발
> ㄷ. 활동력 증가
> ㄹ. 상호의존성

① ㄱ, ㄴ   ② ㄱ, ㄴ, ㄷ
③ ㄴ, ㄷ   ④ ㄱ, ㄴ, ㄷ, ㄹ

[해설] 갈등의 순기능은 문제의 발견, 활동력의 증가, 충성심 증가, 혁신풍토의 조성, 도전적 분위기 촉진, 다양성과 창의성 유발 등이 있으며, 상호의존성은 갈등의 원인 중 구조적 요인에 해당한다.

14 다음은 리더십에 대한 설명이다. 빈칸에 들어갈 말을 순서대로 바르게 나열한 것은? 공무원연금공단

> (㉠)을 발휘하는 리더는 성과에 따른 보상을 약속하는 것으로 구성원들의 목표 달성을 유도하고, 이를 위해 구성원 개인의 역할과 업무 사항을 명확하게 지시한다. (㉡)을 발휘하는 리더는 구성원들이 개인의 이익보다 조직의 이익을 우선시하여 행동하도록 유도하고 기대보다 훨씬 높은 성과를 달성할 수 있도록 영감을 불어넣는다.

	㉠	㉡
①	변혁적 리더십	지시적 리더십
②	거래적 리더십	지시적 리더십
③	변혁적 리더십	거래적 리더십
④	거래적 리더십	변혁적 리더십

[해설] 거래적 리더는 목표를 제시하고 그 성과를 달성했을 때의 성취를 인정하는 데에 그치지만, 변혁적 리더는 거래적 리더보다 좀 더 높고 이상적인 목표를 제시한 후 구성원들이 그 목표를 위해 노력할 수 있도록 동기를 부여한다.

15 다음은 협상의 과정을 순서대로 나열한 것이다. 괄호 안에 들어갈 말로 옳은 것은? 한국특허전략개발원

> 준비와 계획 → (   ) → (   ) → (   ) → 종료와 실행

① 해명과 정당화 → 교섭과 문제 해결 → 기본규칙의 결정
② 해명과 정당화 → 기본규칙의 결정 → 교섭과 문제해결
③ 기본규칙의 결정 → 교섭과 문제해결 → 해명과 정당화
④ 기본규칙의 결정 → 해명과 정당화 → 교섭과 문제해결

[해설] 협상은 준비와 계획 → 기본규칙의 결정 → 해명과 정당화 → 교섭과 문제해결 → 종료와 실행 순서로 진행된다.

16 다음 중 갈등관리기법으로 옳은 것은? 서울교통공사

① 경 쟁

② 희 생

③ 약 화

④ 합리화

해설 갈등관리 기법으로는 타협, 순응, 회피, 협력, 경쟁이 있다.

17 자원의 크기가 고정되어 있을 때, 이해관계가 상반되는 양 당사자가 자신의 이익을 극대화하려는 협상전략을 부르는 이름과 특징으로 옳게 짝지어진 것은? 서울주택도시공사

① 통합적 협상 : 단기간 지속된다.

② 분배적 협상 : 주요 관심사는 상반된다.

③ 통합적 협상 : 정보공유가 적다

④ 분배적 협상 : 양쪽 당사자가 만족한다.

해설 주어진 지문은 이해관계자가 상반되는 양 당사자가 고정된 양의 자원을 나누어 가지려고 하는 제로섬 게임 형태의 협상인 분배적 협상에 대한 설명이다. 분배적 협상은 양 당사자의 주요관심사가 상반된다.

18 피터센게(Peter Michael Seng)의 학습조직 특징으로 옳지 않은 것은? 전력거래소

① 개인적 숙련

② 정신모델

③ 공유 비전

④ 팀빌딩

해설 학습조직의 특징은 개인적 숙련, 정신모델, 공유 비전, 팀 학습, 시스템 사고가 있다. 팀빌딩은 사회적 관계를 강화하고 팀 내 역할을 정의하는 데 사용되는 다양한 유형의 활동을 총칭하는 용어이다.

19 레빈(K. Lewin)의 3단계 변화모형의 과정을 순서대로 나열한 것은? 강원랜드

① 각성 → 해빙 → 변화

② 각성 → 실행 → 재동결

③ 해빙 → 변화 → 재동결

④ 해빙 → 실행 → 수용

해설 레빈의 3단계 변화모형은 해빙 → 변화 → 재동결의 순서이다.

최신복원문제

🎼키워드 집단발달의 단계

퀸과 카메론(Quinn & Cameron)의 조직수명주기 모형의 순서로 옳은 것은? 지역난방공사

> ㄱ. 공식화 단계
> ㄴ. 집단 공동체
> ㄷ. 정교화 단계
> ㄹ. 창업 단계

① ㄴ → ㄹ → ㄷ → ㄱ
② ㄷ → ㄴ → ㄱ → ㄹ
③ ㄹ → ㄱ → ㄴ → ㄷ
④ ㄹ → ㄴ → ㄱ → ㄷ

────────────────────────────────

해설 조직수명주기 모형에 따르면 조직은 창업 단계 → 집단 공동체 단계 → 공식화 단계 → 정교화 단계의 순서를 따른다.

정답 ④

Chapter 03

조직이론

기출 키워드	중요도
☑ 자원의존이론	★
☑ 제도화이론	★
☑ 조직수명주기	★
☑ 기능 조직	★★
☑ 사업부 조직	★★
☑ 매트릭스 조직	★★★
☑ 네트워크 조직	★
☑ 기계적 조직, 유기적 조직	★★★
☑ 조직구조 결정요인	★
☑ 조직의 구조적 차원	★★
☑ 챈들러의 전략구조 간 연구	★★
☑ 마일즈와 스노우의 전략유형	★
☑ 페로의 기술분류와 조직구조	★
☑ 민츠버그의 효과적 조직설계 방식	★

CHAPTER

03 조직이론

1 조직이론의 개요

1 조직이론의 정의

조직이론은 조직 내 개인이나 소집단, 조직내부의 행동을 연구하는 조직행동론과 달리, 조직차원과 환경차원에서 조직이 환경과 어떠한 관계를 맺고 있으며 그 관련성이 조직에 미치는 영향에 초점을 두고 전개된다. 거시조직이론으로도 불린다.

구 분	조직행동론 (미시적이론)	중범위이론 (상황이론)	조직이론 (거시적이론)
연구 대상	조직내부의 과정	조직내부와 환경 사이의 관계	조직과 환경사이의 관계
환경적 변수	고려하지 않는다.	고려한다.	고려한다.
관련이론	과학적관리론, 관료제론, 조직원리론, 인간관계론, 형태론	리더십이론, 구조적 상황이론	조직군생태론, 자원의존이론, 개방체제이론
연구의 초점	조직의 능률성, 효과성, 생산성	상황별 효과적 리더십, 상황별 적합한 구조	조직의 생존, 소멸
연구방법	조직내부과정에 대한 상세하게 분석한다.	환경과 조직내부 과정 의 관계에 대해 상세 하게 분석한다.	환경과 조직군 또는 조 직 그 자체 사이의 관 계에 대해 분석한다.
체제관	폐쇄체제모형	개방체제모형	

2 조직이론의 분류

(1) 분류 기준

① 시스템적 관점
  ㉠ 개방시스템
  ㉡ 폐쇄시스템

② 목적의 관점
  ㉠ 합리적 관점
    조직구조를 목표달성을 위한 수단으로 보는 관점이다.
  ㉡ 사회적 관점
    조직구조를 조직구성원들 사이 갈등의 결과물로 보는 관점이다.

(2) 4가지 조직이론

① 유형 1(폐쇄 - 합리적 조직이론)
  ㉠ 1900년대에서 1930년대를 지배했던 이론으로, 조직은 외부환경과는 상관이 없는 폐쇄적 체계이며, 조직을 구성하는 인간은 합리적으로 사고하고 행동한다고 보았다.
  ㉡ 조직 내의 구성원들에게 합리성과 능률을 강조하고 인간에 대한 강력한 통제와 명령적 지도체제, 직무중심의 반복적이고 일상적 업무 수행방법을 가장 효율적이라고 주장했다.

② 유형 2(폐쇄 - 사회적 조직이론)
  ㉠ 1930년에서 1960년 사이에 소개된 이론으로, 과업수행의 동기화를 위한 조직 내부 구성원의 욕구문제를 중점적으로 다뤘다.
  ㉡ 조직의 내부 문제에 주된 관심이 있었기 때문에 외부환경의 문제에는 소홀했다.

③ 유형 3(개방 - 합리적 조직이론)
  ㉠ 1960년에서 1970년 사이에 유행한 이론들로, 조직에 관한 '시스템적 접근'(Systems approach)을 근간으로 하고 있다. 시스템적 접근법은 조직을 유기체와 같이 그들의 환경에 대해 '개방적'인 존재로 보는 접근법이다.
  ㉡ 조직의 생존을 위해서는 항상 환경과의 적절한 관계를 유지해야만 한다는 원칙에 입각하고 있으므로 조직을 둘러싼 환경을 강조한다.
  ㉢ 조직을 상호연결된 하위체계로 보았다. 즉, 조직은 하나의 시스템인 개인을 포함하며 또 그 개인은 집단이나 부서에 소속되며 다시 이 집단이나 부서들은 더 큰 조직에 소속되어진다는 것이다.
  ㉣ 여러 종류의 하위체계들을 어떻게 조화시키는가를 중요시했다. 따라서 필요 다양성, 차별화와 통합의 원칙들이 이 유형에 와서야 구체적으로 등장하게 되고 그 결과로 통제체계의 설계나 조직의 내적·외적 경계관리와 조직 내 다른 종류의 직무를 조직화하는 것의 중요성이 대두되었다.

④ 유형 4(개방 - 사회적 조직이론)
  ㉠ 1970년 이후 각광 받고 있으며 비교적 최근의 이론들이 여기에 속한다고 볼 수 있다.
  ㉡ 이들이 제시한 모형들은 환경의 중요성을 강조하면서 조직의 목표달성보다는 생존을 중시하고, 조직 속에 흐르고 있는 비공식성, 비합리성에 초점을 맞춘다.

ⓒ 규칙만으로는 설명하기 어려운 조직과 인간의 비합리적인 동기적 측면을 중점적으로 다루고 있다.

구 분	유형 1	유형 2	유형 3	유형 4
조직시스템 관점	폐쇄시스템	폐쇄시스템	개방시스템	개방시스템
조직구조의 목적	합리적 관점	사회적 관점	합리적 관점	사회적 관점
기 간	1900~1930	1930~1960	1960~1970	1970~
대표 이론	과학적 관리법과 관료제	인간관계론	상황적합이론	자원의존이론
대표 학자	테일러(Taylor), 막스 베버 (Weber), 페이욜(Fayol)	메이요(Mayo), 맥그리거 (McGregor), 뢰슬리스 버거 (F. J. Roethlis-berger), 셀즈닉(Selznick)	챈들러(Chandler), 로렌스와 로쉬 (Lawrence & Lorsch), 톰슨(Thompson)	웨익(Weick), 마치(March), 셍게(Senge)

3 조직간 관계 이론

(1) 자원의존이론(Resource dependence theory)

조직이 중요한 자원을 공급받기 위해 환경 즉, 자원에 의존할 수 밖에 없음을 강조하는 이론이다. 따라서 조직들은 환경에 지나친 의존을 피하고 환경의 불확실성을 감소시키기 위해 자원 획득에 대한 적절한 의사결정을 해야 한다.

(2) 제도화이론(Institutionalism)

환경으로부터 조직의 존재가 정당하다고 인정될 때 조직이 생존할 수 있다는 이론이다. 이러한 정당성을 획득하기 위해서 조직은 여타 유사한 다른 조직들과 닮은 방향으로 움직인다. 이때 모방적·강압적·규범적 동형화의 메커니즘에 의해 유사성이 증가한다.

(3) 조직군 생태학이론(Population ecology theory)

조직군 생태학이론은 페퍼(Pfeffer), 하난(Hannan) 등에 의해 소개된 이론이다. 환경 적응에 대한 조직의 노력과 무관하게 환경에 의해 선택받은 조직만이 생존하게 된다는 주장이다. 조직이 환경의 영향을 완전히 벗어나기는 불가능하며, 환경의 불확실성에 대처하기에도 어려운 구조적 관성을 지니고 있으므로 환경에 의해 조직이 선택당하는 입장임을 주장했다.

🖐 개념더하기

동형화
개체군 안에 있는 한 단위 개체가 유사한 환경 조건에 처해 있는 다른 개체를 닮아가는 과정이다.
예 회사 홈페이지가 필요 없는 회사가 회사 홈페이지를 개설한다.

🖐 개념더하기

구조적 관성
조직들이 환경의 변화에 맞추어 변화하기 어려운 내적 속성을 지니고 있으며 설령 변화를 시도하더라도 결과가 부정적이라는 것을 의미한다.

4 조직수명주기 모형(퀸과 카메론)

(1) 창업 단계

창의력을 가지고 성장하는 단계로, 조직이 창업되면 창업주를 중심으로 비공식적으로 운영된다. 점차 조직 성장에 비례해 구성원의 증가로 관리문제가 발생하므로 적절한 관리기법이나 강한 지도자가 필요하다.

(2) 집단 공동체 단계

창업주나 외부 지도자 등의 리더가 강한 리더십을 발휘해 조직의 목표, 권한체계, 직무 할당, 부서 정비, 공식 절차 등 조직구조가 체계화되는 단계이다. 구성원이 조직의 목표에 몰입하여 급속도로 성장하므로 리더는 직접통제에 한계를 느낀다. 또한, 구성원의 재량권 요구 등으로 조직이 위기에 처한다. 문제 해결을 위해 의사결정 권한을 분산시키거나 통제 메커니즘을 확보하는 것이 중요하다.

(3) 공식화 단계

최고경영층은 전사적 관리문제만을 다루고 기업 제반 활동의 의사결정은 하부 관리층에게 위임한다. 통제와 효율을 강조하기 시작하며 의사결정의 공식화 필요성을 느끼게 된다. 이때 공식화를 과도하게 진행할 경우 관료제로 변모할 수 있다. 경영자는 공식적 프로그램과 복잡한 조직과의 괴리감을 인식한다.

(4) 정교화 단계

공식화로 야기된 지나친 경직성을 수평적 조정을 통해 해결하려는 단계이다. 소규모의 조직, 정교한 구조의 조직을 재설계하여 문제를 해결할 수 있다. 팀제, 분권화를 강조하고 공식적 시스템이 관리자 회의 태스크포스(Task force)로 대체된다. 그러나 일정시점 후에는 팀워크도 관료적 속성으로 변모하여 조직이 더 성장하지 못하는 경우 쇠퇴기를 맞이한다. 이를 해결하기 위해 조직은 신제품의 수나 직원의 수를 축소하는 등 관료적 특성을 줄이고 새로운 조직 혁신을 이뤄야 한다.

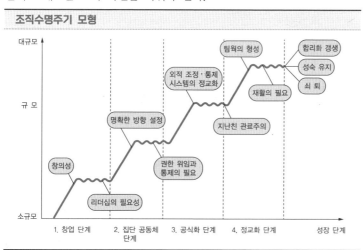

조직수명주기 모형

개념더하기

태스크포스(Task force)
어떤 조직에서 계층적 조직구조에 의하여 수행하기 어려운 문제를 효율적으로 해결하기 위해 그 문제와 관련이 있는 능력있는 사람을 선발하여 조직한 특수한 작업집단을 의미한다. 이 집단의 조직은 일시적이며, 따로 임무를 수행할 때에 활용된다. 프로젝트팀과 유사하나, 프로젝트팀이 장기간에 걸쳐 일을 진행하는 것에 비해 태스크포스는 단기간에 긴급히 처리해야 할 과제를 효율적으로 수행하는 것을 임무로 한다.

1 조직구조의 구분 기준

(1) 조직구조의 기본변수

① 공식화

공식화는 직무가 표준화·정형화되어 있는 정도를 말한다. 공식화 수준이 높은 조직은 직무를 예측하거나 통제하기 쉽고 직무의 효율성을 제고할 수 있다. 그러나 너무 높은 공식화 수준은 구성원들의 자율성이나 창의성을 제약한다. 일반적으로 집권화 수준이 높은 조직일수록 공식화 수준 또한 높다.

② 집권화와 분권화

집권화는 조직 내의 의사결정 권한이 상위층에 집중된 것을, 분권화는 의사결정 권한이 하위층에 분산된 것을 말한다. 조직활동의 통일성이 필요한 조직은 집권화를 선호하고, 대규모로 확대된 조직이나 조직구성원의 창의성 독려가 필요한 조직은 분권화를 선호한다.

③ 복잡성

복잡성은 조직 내부의 부서나 조직 자체의 분화 정도를 말한다. 분화의 유형에 따라 전문화 또는 부문화의 정도를 나타내는 수평적 분화, 통제의 범위가 분화된 정도를 나타내는 수직적 분화, 조직의 시설이나 지점 등이 물리적 공간을 두고 분산된 정도를 나타내는 공간적 분화로 분류한다.

(2) 조직구조 설계의 6요소

① 전문화

전문화는 조직구성원들이 수행하는 과업이 세부적으로 나누어진 정도를 말한다.

② 부문화

부문화는 유사하거나 관련성 있는 과업을 집단화한 정도를 말한다. 집단화 기준에 따라 기능별·제품별·지역별·프로세스별·고객별 부문화로 구분된다.

③ 명령체계

명령체계는 상위층에서 하위층으로 연장되는 권한이나 명령의 연속선을 말한다.

④ 통제의 범위

통제의 범위는 한 명의 경영자가 직접 관리할 수 있는 구성원의 수를 말한다.

⑤ 집권화와 분권화

⑥ 공식화

개념체크OX

• 통제의 범위는 한 구성원이 맡을 수 있는 업무량을 말한다.
  ☐☒

• 개인별 직무의 형태가 제각각이면 공식화 정도가 높음을 뜻한다.
  ☐☒

 ✕, ✕

2 조직구조의 종류

(1) 단순 구조

① 단순 구조는 낮은 부문화 정도와 광범위한 통제 범위를 갖추고 권위가 한사람에게 집중된, 공식화 정도가 낮은 조직을 말한다.

② 수직적 계층은 주로 2~3개로 이루어져 있으며, 구성원 간의 관계가 느슨하고, 한 사람이 결정 권한을 갖는다.

③ 소규모 기업이 대부분 단순 구조로 시작하며, 빠르고 유연해 비용이 적은 장점이 있어 위기 상황에서 선호된다.

단순 구조

(2) 기능 구조

① 유사한 전문성, 역할, 과업의 구성원 단위로 묶는 조직구조를 말한다.

② 대개 생산, 회계, 인사, 영업, 총무 등의 기능으로 나뉜다.

③ 간단한 기술, 안정적 환경, 동질적 시장 상황에 효과적이다.

④ 각 기능 부서 내에서의 전문화가 가능하다.

⑤ 제품이나 서비스가 하나인 경우 잘 작동한다.

⑥ 경직되고 공식적인 의사소통을 유발한다.

기능 구조

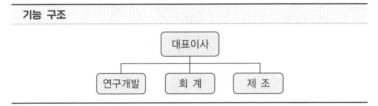

(3) 사업부 구조

① 여러 제품, 서비스 또는 여러 고객, 지역시장을 대상으로 생산함에 따라 나눠진 조직구조를 말한다.

② 다국적 기업이나 대기업의 보편적 조직구조이다.

③ 사업부의 책임자는 대부분의 권한을 보유하고 행사하게 되고 책임소재 파악이 빠르다.

④ 각 사업부 간의 지나친 경쟁을 유발할 수 있다.

사업부 구조

개념체크OX

• 단순 구조는 낮은 부문화 정도와 협소한 통제범위를 갖추고 있다. ○ⓧ
• 기능 구조의 경우 공식적 의사소통이 이뤄진다. ○ⓧ

ⓧ, ○

CHAPTER 03 조직이론 · **133**

(4) 매트릭스 구조
① 매트릭스 구조는 기능적 구조와 사업부 구조를 결합한 조직구조이다.
② 매트릭스 구조의 조직구성원들은 최소한 두 개의 부서에 속하게 된다.
③ 한 구성원이 두 명의 상사로부터 다른 지시를 받을 수 있고 이로 인해 구성원들은 혼란스러울 수 있다. 즉, 명령 일원화 원칙의 위배이다.

매트릭스 구조

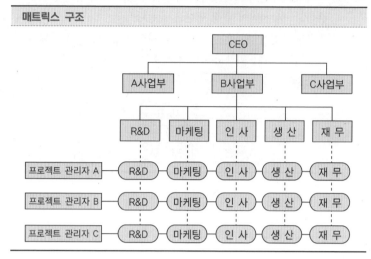

(5) 수평적 구조
① 가치 창출을 위한 핵심 프로세스를 중심으로 조직화하는 구조이다.
② '프로세스'는 공동 작업하는 과업이나 활동으로 조직화된 집단을 뜻한다.
예 기능횡단팀, 태스크포스팀

수평적 구조

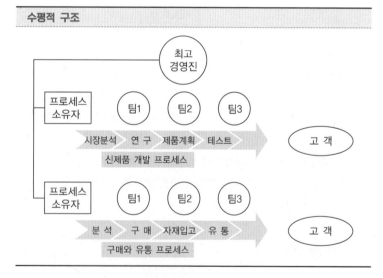

(6) 네트워크 구조

① 높은 집중도와 낮은 부문화 정도를 갖고 있다.

② 내부의 제작, 유통 등의 주요기능을 아웃소싱한다.

③ 작은 조직도 시설에 대한 투자 없이 전 세계적으로 인력 및 자원을 가져올 수 있다.

④ 비교적 상황에 매우 유연하게 대응할 수 있으며 개인의 혁신적인 아이디어를 이끌고, 비용이 적다는 장점이 있다.

3 조직구조의 비교

조직은 수직적 통제와 수평적 조정이 균형을 이룰 때 가장 효과적이다. 수직적 통제는 효율, 안전성 목표를 지향하며, 수평적 조정은 유연성, 학습, 혁신 목표를 지향한다.

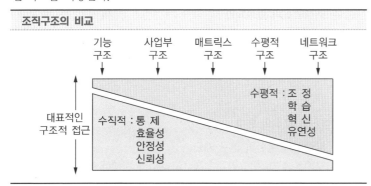

🔵 개념더하기

조직구조별 정보공유 방법
• 수직적 정보공유 체제
  − 계층상의 상사
  − 규칙과 계획
  − 수직적 정보시스템
• 수평적 정보공유 체제
  − 수평적 정보 시스템
  − 직접 접촉
  − 태스크포스
  − 전임 통합자
  − 프로젝트팀

4 환경에 따른 조직구조

(1) 조직구조 모형

① 조직구조 모형의 개요

번스(Burns)와 스토커(Stalker)의 모형으로, 환경 변화 정도에 따라 각각 다른 조직구조가 존재한다는 이론에서 나온 두 가지 모형이다. 기계적 모형과 유기적 모형으로 구분하여 전개한다.

② 기계적 모형

㉠ 안정적 환경에 처한 기업에서 공통으로 나타난다.

㉡ 일반적으로 정보가 상향으로 공유되며, 중앙집권적 의사결정 방식이 채택되어 경직적 속성을 가진다.

㉢ 조직을 효율적으로 기계화하며 명확한 규범, 과업의 표준화, 통제 등을 시행한다.

③ 유기적 모형

㉠ 역동적 환경에 처한 기업에서 공통으로 나타난다.

㉡ 훨씬 개방적이며 의사결정을 위한 계층의 수가 적어 보다 수평적으로 이루어지므로 유연성이 높다.

㉢ 구성원들은 고도로 훈련되고, 다양한 작업을 수행하도록 임파워먼트된 상태에 있다.

② 업무 수행에 있어 개인보다는 팀으로 진행된다.

구 분	기계적 모형	유기적 모형
특 징	• 높은 전문화 • 엄격한 부서화 • 명확한 명령계통 • 좁은 통제 범위 • 집권화 • 높은 공식화	• 기능횡단팀 • 계층횡단팀 • 정보 흐름의 자유로움 • 넓은 통제 범위 • 분권화 • 낮은 공식화
구조도		

④ 조직구조의 결정요인

　㉠ 전 략

　㉡ 규 모

　㉢ 기 술

　㉣ 환 경

(2) 로렌스와 로쉬의 연구

① 로렌스와 로쉬의 연구 개요

로렌스와 로쉬(Lawrence & Lorsch)가 진행한 연구로, 조직이 접하는 환경의 불확실성 정도에 따라 조직은 그 환경에 적응하는 구조를 지니게 된다고 주장했다. 시장환경에 효율적으로 대처하는 조직설계의 유형을 위해 환경 불확실성 정도가 다른 플라스틱, 식품, 컨테이너 산업을 대상으로 현장연구를 실시했다. 연구를 통해 모든 상황에 들어맞는 유일한 조직구조는 없음을 밝혔다. 조직구조는 조직설계의 패턴 즉, 분화와 통합은 환경의 불확실성에 따라 변화함을 입증했다.

② 환경 불확실성과 조직구조

㉠ 분 화

분화는 연구개발, 마케팅, 생산 등 공식적 기능 간의 구조가 차별화 돼 있는 정도를 말한다. 불확실성이 높은 환경의 분화 정도가 더욱 높았다. 각각의 부서가 처한 환경이 다르기 때문에 효과적으로 대처하기 위하여 차별화를 추구한다.

㉡ 통 합

효과적인 성과달성을 위해서는 높은 통합성이 요구된다. 환경 불확실성이 높은 기업일수록 분화의 정도가 심하므로 이를 보완하기 위한 통합의 메커니즘이 정교해진다.

5 전략과 조직구조

(1) 챈들러의 전략구조 간 연구

① 챈들러의 전략구조 간 연구의 개요

챈들러(Chandler)는 조직의 구조는 목표를 달성하기 위한 수단으로, 각 조직의 전략에 따라 결정된다고 주장했다.

② 챈들러의 전략구조 간 연구 내용

㉠ 제품 다각화 정도가 낮을 때는 단순 조직이나 기능 조직이 적합하다.

㉡ 제품 다각화 정도가 높을 때는 사업부 조직이 적합하다.

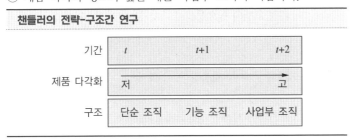

(2) 마일즈와 스노우의 전략유형

① 마일즈와 스노우의 전략유형 개요

마일즈와 스노우(Miles & Snow)는 시장 환경에 대한 기업의 대응 방식을 이용하여 공격형, 방어형, 분석형으로 전략을 분류했다.

② 전략 유형

㉠ 방어형

제한적 제품과 서비스 생산에 집중하는 전략으로, 이들은 기존 제품에 대하여 고품질이나 저가로 고객 욕구를 충족시킨다. 따라서 제한 분야에 고도로 숙련되어 있고 효율적이다. 주로 작은 니치마켓에서 활동하며, 트렌드 연구나 신제품 개발보다는 비용 감축 문제에 집중한다.

㉡ 공격형

지속적으로 새로운 시장기회를 탐색하며, 새로운 제품과 서비스를 통해 새로운 고객의 욕구를 충족한다. 신제품과 신기술의 혁신을 주요 경쟁 수단으로 삼는다. 높은 수익성보다는 혁신을 더욱 중요하게 여긴다. 외부 환경의 기회와 변화를 탐색하는 능력을 유지하고 개발하는 것이 중요하므로 유연성이 강조되며 분권화돼 있다.

㉢ 분석형

진입하지 않고 공격형을 관찰하다가 성공가능성이 보이면 모방하여 진입하는 유형이다. 방어형의 효율성과 탐색형의 혁신이 결합한 형태로, 위험을 최소화하고 기회를 최대화한다.

㉣ 위 3가지 전략에 속하지 않는 유형

6 기술과 조직구조

(1) 우드워드의 기술분류와 조직구조

① 우드워드의 기술분류와 조직구조 개요

우드워드(Woodward)는 제조기업을 대상으로 생산기술과 조직구조 성과 사이의 관계를 연구했다. 기술복잡성을 기준으로 단위 소량생산, 대량생산, 연속생산으로 나누고 기술에 따라 조직구조가 결정된다고 보았다.

② 기술의 분류

⊙ 단위소량생산 기술

특정 고객의 필요성을 충족시키는 기술로, 기계화 정도가 매우 낮아 결과 예측 가능성도 낮다. 비반복성을 갖고 기술의 복잡성은 매우 낮다.

예 주문제작, 맞춤양복, 선박 등

⊙ 대량생산 기술

표준화된 제품을 생산하기 위해 여러 가지 공정으로 이루어진 긴 제조과정을 말한다. 일상적이고 반복적이며, 생산 과정 및 최종 상태를 예측할 수 있다. 기술복잡성은 중간 정도이다.

예 자동차 조립 등

⊙ 연속생산 기술

전 과정이 기계화되며, 최종 상태에 대한 예측 가능성이 매우 높다. 생산방식이 연속적, 기계적인 변환과정을 거친다. 기술복잡성은 매우 높다.

예 화학제품, 정유, 섬유 등

③ 기술복잡성과 조직구조

⊙ 기술복잡성이 증가할수록 관리 계층의 수가 많아지고, 관리자 비율이 증가한다.

⊙ 대량생산 기술의 조직구조는 기계적 구조를 적용했을 때 높은 성과를 보인다.

⊙ 단위소량생산 기술과 연속생산 기술의 조직구조는 유기적 구조를 적용했을 때 높은 성과를 보인다.

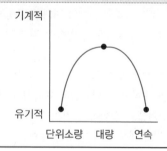

우드워드의 기술분류와 조직구조 간의 관계

(2) 페로의 기술분류와 조직구조

① 페로의 기술분류와 조직구조 개요

페로(Perrow)는 '과업의 다양성'과 '문제의 분석가능성'이라는 2가지 기준을 가지고 기술을 4가지로 분류하였으며, 기술에 따라서 조직구조와 조직목표가 달라진다고 설명한다.

② 기술의 분류 기준 2가지

ㄱ) 과업의 다양성

과업이 수행되는 과정에서 발생하는 예외의 정도로, 일상적인 과업의 경우 예외가 거의 발생하지 않는다.

ㄴ) 문제의 분석가능성

과업 수행 중에 발생한 문제에 대해서 해결책을 찾아가는 과정의 수월한 정도를 말한다. 높은 분석가능성을 가진 경우, 발생한 문제가 잘 구조화 되고 해결책을 찾기가 쉽다.

③ 기술의 분류

ㄱ) 장인 기술

과업 다양성이 낮고, 문제의 분석 가능성도 낮다. 따라서 문제해결의 의사결정권은 완전히 분권화되어있다. 전문적인 훈련과 경험이 필요하다.

예 공예업, 제화업, 가구 수선 등

ㄴ) 일상적 기술

과업 다양성이 낮고, 문제의 분석 가능성은 높다. 따라서 문제해결의 의사결정권이 집권화되어있다. 과업이 일관적이고 업무 수행의 공식화 정도와 통제의 표준화 정도가 높아 규정과 절차가 정해져 있다.

ㄷ) 비일상적 기술

과업의 다양성이 높고, 문제의 분석 가능성이 낮다. 해결 방법을 탐색하는 절차가 복잡하며 많은 대안, 경험, 기술적 지식이 요구된다. 공식화 정도가 매우 낮고, 의사결정의 분권화 정도가 매우 높다.

ㄹ) 공학적 기술

과업의 다양성이 높고, 문제의 분석 가능성도 높다. 기술복잡성이 높으나 문제 해결이 용이하다. 과업 수행자들은 문제 해결에 대한 상당한 지식을 가지고 있다. 의사결정이 집권화돼 있으며, 공식화 정도는 낮아 조직 유연성이 유지된다.

④ 기술과 조직구조

기 술	조직구조
장인 기술	대체로 유기적
일상적 기술	기계적
비일상적 기술	유기적
공학적 기술	대체로 기계적

개념체크OX

• 기술복잡성이 증가할수록 관리 계층의 수가 많아진다. ○ ×

• 단위소량생산 기술과 연속생산 기술의 조직구조는 유기적 구조를 적용했을 때 높은 성과를 보인다. ○ ×

○, ○

상호의존성
과업 수행을 위해서 다른 부서와
의존적 관계를 유지하는 정도

(3) 톰슨의 기술분류와 조직구조

① 톰슨의 기술분류와 조직구조 개요

우드워드나 페로의 연구와 달리 톰슨(Thompson)은 조직구조의 상호의
존성에 대해 연구했다. 톰슨은 조직구조에 영향을 미치는 상호의존성과
그에 따른 3가지 기술을 제시했다.

② 상호의존성의 종류

㉠ 집합적 상호의존성

부서 간의 상호의존성이 거의 없는 상태를 말한다.

㉡ 순차적 상호의존성

한 부서의 활동이 다른 부서의 활동에 직접 관련되는 상태를 말한다.

㉢ 교호적 상호의존성

가장 높은 수준의 상호의존성으로, 하나의 과업을 위해 여러 부서가
동시에 활동해야 하는 상태를 말한다.

③ 기술의 분류

㉠ 중개적 기술

• 고객들을 연결하는 활동에 쓰이는 기술이다.

• 부서들 사이의 과업에는 무관한 집합적 상호의존성이 나타난다.

• 부서 간 업무의 표준화를 위해서 규정과 절차를 사용한다.

예 은행, 부동산, 보험회사 등

㉡ 연계형 기술

• 제품을 연속적으로 생산하는 과정에서 쓰이는 기술이다.

• 한 부서의 산출이 다른 부서의 투입이 되는 순차적 상호의존성이
나타난다.

• 각 활동의 순서를 조정하기 위해 각종 계획, 피드백 등을 필요로
한다.

예 대규모 공장의 조립라인, 구내식당 등

㉢ 집약적 기술

• 고객에게 여러 제품 또는 서비스를 제공할 때 다양한 전문성이 복
합되는 기술이다.

• 모든 업무담당자가 협력하여 동시에 제공하는 교호적 상호의존성
이 나타난다.

• 높은 수준의 수평적 의사소통이 매우 중요하게 작용한다.

예 종합병원 수술 등

기 술	상호의존성		조정형태	인접부서의 우선순위
중개적 기술	집합적 상호의존성		• 표준화 • 규 칙 • 절 차	낮 음
연계형 기술	순차적 상호의존성		• 계 획 • 피드백	중 간
집약적 기술	교호적 상호의존성		• 상호조정 • 부서간 회의 • 팀워크	높 음

(4) 새로운 생산기술과 서비스업

① 컴퓨터통합생산(CIM ; Computer Integrated Manfacturing)

㉠ CIM의 정의

우드워드의 연구 이후 연구 생산기술은 비약적으로 발달했다. 이후 컴퓨터 통합생산(CIM) 혹은 유연 생산 시스템(FMS ; Flexible Manufacturing System)이라고 하는 로봇이나 컴퓨터를 공작기계 혹은 제품설계에 활용하는 기술이 나타났다. 이로 인해 대량생산만큼의 비용으로 다품종 고객 맞춤형 제품을 공급할 수 있게 되었다.

㉡ CIM과 대량생산의 조직구조 비교

구 분		대량생산	CIM
조직구조의 특징	통제의 범위	넓 다	좁 다
	계층의 수	많 다	적 다
	과 업	일상적, 반복적	비일상적, 비반복적
	전문화 정도	높 다	낮 다
	의사결정	집권화	분권화
	구 조	관료제, 기계적 구조	자기통제적 구조, 유기적 구조
조직 환경	고객의 요구	안정적	유동적
	공급자	다 수	소 수

② 서비스업
　　㉠ 서비스업의 특징
　　　• 생산과 소비가 동시에 일어난다.
　　　• 고객화된 산출물이 제공된다.
　　　• 서비스 생산에 고객이 참여한다.
　　　• 무형의 산출물을 제공한다.
　　　• 노동집약적이다.
　　㉡ 서비스업과 제조업의 조직구조 비교

구 분		서비스업	제조업
조직구조	경제활동	낮 다	높 다
	지리적 분산	높 다	낮 다
	의사결정	분권화	집권화
	공식화 정도	낮 다	높 다

7 민츠버그(Mintzberg)의 효과적 조직설계 방식

(1) 조직의 기본 5요소

① 최고경영 부문

이들은 조직의 전반적인 책임을 맡는 구성원들이다. 최고경영자, 이사회 등이 이에 해당하며, 조직에게 명령하거나 임무를 주고 관리할 책임이 있다.

② 중간라인 부문

최고경영 부문과 핵심운영 부문을 중간에서 연결하는 역할을 하고, 뿐만 아니라 기술전문가 부문과 지원스탭 부문의 연결도 맡는다.

③ 기술전문가 부문

작업연구, 기획, 평가, 인사 정책 등 전문적 분석을 통해 조직의 업무 표준화에 기여하거나 조직을 환경에 적용하기 위한 업무를 맡는다.

④ 지원스탭 부문

핵심운영 부문이 기능하는 것을 간접적으로 지원하면서 기본적으로 작업 활동 흐름 외부에 위치한다. 조직의 물리적, 인적 요소를 원활하게 운영하고 유지하기 위해 노력한다. 기계 서비스 수리, 구내식당, 복리후생관리, 직원교육 등 유지 활동 및 인적자원관리 활동, 법무관련 기관 등이 이에 속한다.

⑤ 핵심운영 부문

제품과 서비스를 직접 생산하는 것과 관련된 기본적인 업무를 담당하는 구성원들을 말한다. 표준화를 통해 외부 환경의 영향을 최소화하는 조직의 핵심업무를 담당하고 있다.

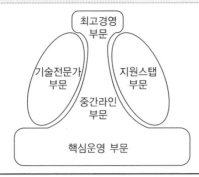

민츠버그의 조직 기본 5요소

(2) 조직구조 5가지

① 단순 구조

　㉠ 최고경영 부문이 강력한 구조로, 최고경영 부문과 핵심운영 부문만
　　이 기능해 모든 조정활동이 최고경영 부문의 직접적 감독체계로 이
　　루어진다.

　㉡ 단순하고 동태적이며, 소규모 초창기 조직이나 기업환경이 악화된
　　경우 발견된다.

　㉢ 분화, 공식화, 전문화 정도가 낮고, 집권화가 높으며 높은 융통성을
　　가지고 있다.

단순 구조

② 기계적 관료제

　㉠ 기술전문가 부문이 강력한 구조로, 대규모 조직에서 작업과정 표준
　　화가 이루어진 형태이다.

　㉡ 단순하고 안정적인 환경을 가지고, 공식 체계에 따라 의사소통과 의
　　사결정이 이루어진다.

　㉢ 분화, 집권화, 공식화, 경직성 측면이 모두 높아 환경 변화에 유연하
　　지 못하다는 단점이 있다.

　㉣ 막스 베버가 주장한 관료제와 거의 동일한 형태이다.

기계적 관료제

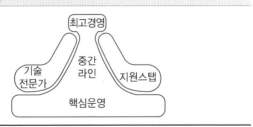

개념체크OX

- 핵심운영 부문을 간접적으로 지원하는 부문은 지원스탭 부문이다. ☐O☐X
- 핵심운영 부문은 조직의 전반적인 책임을 맡는다. ☐O☐X

O, X

③ 전문적 관료제
  ㉠ 핵심운영 부문의 힘이 강력한 구조로, 기술의 표준화와 고객 중심의
     서비스 활동이 중요하게 여겨진다.
  ㉡ 작업기술 표준화에 의한 조정을 통해 과업을 조정하나, 많은 학습과
     경험으로 숙지할 수 있는 과업을 담당하는 숙련공이나 전문인력에
     의해 주도된다.
  ㉢ 복잡하고 안정적인 환경, 높은 분화 수준과 분권화, 낮은 공식화 수
     준을 갖고 있다.
  ㉣ 핵심 목표는 품질과 효과성으로 병원이나 대학, 법률회사 등에서 찾
     아볼 수 있는 조직구조이다.

전문적 관료제

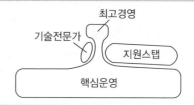

④ 사업부 구조
  ㉠ 중간라인 부문이 강력한 구조로, 민간기업에서 가장 많이 사용되고
     있는 조직구조이다.
  ㉡ 사업부별로 독자적 조직구조를 갖추고 있으며, 이들은 경제적 성과
     에 치중된 목표관리를 중요하게 여기므로 사회적 책임을 지지 않는
     다는 비판을 받는다.
  ㉢ 사업부별 내부 조직의 형태는 기계적 관료제일 때 제일 효과적이다.

사업부 구조

⑤ 애드호크래시(Adhocracy)
  ㉠ 지원스탭 부문이 강력한 구조로, 구성원 간 상호 조정은 개인적 의사
     전달 또는 수평적 통합방식을 통해서 이루어진다.
  ㉡ 분권화된 유기적 구조로 인한 높은 횡적 분화, 낮은 공식화, 높은
     융통성 등의 특징을 가지며 이로 인해 책임소재 불분명이라는 단점
     이 있다.
  ㉢ 복잡하며 동태적인 환경의 경우 매트릭스 조직, 프로젝트팀, 태스크
     포스팀 등의 형태를 띤다.

개념체크OX

• 기계적 관료제는 분화 정도가
  낮다.   ⃞O⃞X
• 전문적 관료제는 공식화 수준
  이 높다.   ⃞O⃞X

                          X, X

애드호크래시

혁신을 위한 조직설계
- 아이디어 창출 시
  유기적 조직처럼 행동한다.
- 아이디어 실행 시
  기계적 조직처럼 행동한다.

03 기출분석문제

01 사업부 조직에 대한 설명으로 옳지 않은 것은?   킨텍스

① 각 사업부 간의 지나친 경쟁을 유발할 수 있다.
② 대기업보다는 중소기업에서 쉽게 찾아볼 수 있다.
③ 사업부의 책임자는 대부분의 권한을 보유한다.
④ 지역시장을 대상으로 분류된 경우에 해당한다.

해설 사업부 구조는 다국적 기업이나 대기업의 보편적 조직구조이다.

02 매트릭스 조직의 장점에 해당하지 않는 것은?   대구도시개발공사

① 구성원들 간 갈등해결 용이
② 환경 불확실성에 신속한 대응
③ 인적자원의 유연한 활용
④ 제품다양성 확보

해설 매트릭스 조직은 기능부서와 사업부서 간에 갈등이 발생할 가능성이 높다.

03 다음 중 조직구조에 대한 설명으로 옳은 것은?   부산시 통합채용

① 주요기능을 아웃소싱하는 조직구조는 매트릭스 구조이다.
② 유사한 전문성 단위로 묶은 조직구조는 사업부 구조에 해당한다.
③ 태스크포스는 간단한 기술에 효과적이다.
④ 수평적 조직보다 기능 조직의 갈등의 조정이 더 복잡하다.

해설 기능 조직은 비교적 수직적 조직에 해당하며, 통제를 기반으로 한다. 수평적 조직은 비교적 수평적이므로 유연하다. 따라서 조직 내 갈등에 있어서 수평적 조직 갈등이 조정하기 유리하다고 볼 수 있다.

04 다음 중 기계적 모형의 특징으로 옳지 않은 것은?   국민체육진흥공단

① 높은 전문화   ② 좁은 통제 범위
③ 분권화   ④ 높은 공식화

해설 분권화는 유기적 모형의 특징으로, 기계적 모형은 집권화 조직에 가깝다.

05 다음 중 괄호에 들어갈 전략 유형으로 옳은 것은?   한국가스공사

> 마일즈와 스노우(Miles and Snow)의 전략 유형에서 (   ) 전략을 구사하는 조직은 생산 효율성보다는 창의성
> 과 유연성을 강조하고 분권화되어 있다.

① 방어형   ② 공격형
③ 분석형   ④ 해당없음

해설 마일즈와 스노우의 전략 유형에서 공격형 전략에 해당한다. 시장 내 기회를 탐색하고, 새로운 제품 및 서비스 개발을 통해 경쟁력을
키우는 전략이다. 또한, 수익성보다 혁신을 중요시 여겨 창의력과 유연성이 강조되고 분권화되어있다.

06 다음은 우드워드의 기술분류와 조직구조에 대한 설명이다. 해당 기술분류를 사용하는 예시로 옳지 않은 것은?
                                                                                한국수자원공사

> 하나 또는 소수 고객의 필요성을 충족시키는 기술로, 기술의 복잡성이 매우 낮다.

① 주문제작
② 맞춤 한복
③ 선박 조립
④ 자동차 조립

해설 자동차 조립은 대량생산 기술의 예시이다. 대량생산 기술은 표준화된 제품을 생산하기 위해 여러 가지 공정으로 이루어진 긴 제조과정을
말한다. 일상적이고 반복적이며, 생산 과정 및 최종 상태를 예측할 수 있다. 기술복잡성은 중간 정도이다.

07 페로(Perrow)가 제시한 기술분류기준으로 옳은 것을 모두 고른 것은?   한전KPS

> ㄱ. 기술복잡성
> ㄴ. 과업다양성
> ㄷ. 상호의존성
> ㄹ. 과업정체성
> ㅁ. 문제분석가능성

① ㄱ, ㄴ   ② ㄴ, ㄹ
③ ㄴ, ㅁ   ④ ㄱ, ㄷ, ㄹ

해설 페로는 과업다양성과 문제분석가능성이라는 2가지 차원을 기준으로 기술을 분류하였는데, 이는 장인기술과 공학기술, 일상기술과
비일상기술 등 4가지로 나뉜다.

08 다음은 민츠버그(Mintzberg)의 조직 기본 5요소에 해당하지 않는 것은? 한국관광공사

① 중간라인 부문
② 기술전문가 부문
③ 전문경영 부문
④ 지원스탭 부문

[해설] 민츠버그의 조직 기본 5요소로는 최고경영 부문, 중간라인 부문, 기술전문가 부문, 지원스탭 부문, 핵심운영 부문이 있다.

09 다음은 민츠버그(Mintzberg)의 조직구조이다. 다음 조직구조에 대한 설명으로 옳은 것은? 국민연금공단

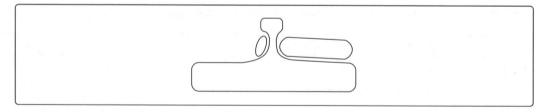

① 중간라인 부문이 강력하다.
② 민간기업에서 가장 많이 사용되고 있는 조직구조이다.
③ 막스 베버(Max Weber)가 주장한 조직구조와 거의 동일한 형태이다.
④ 병원에서 많이 찾아볼 수 있는 조직구조이다.

[해설] 주어진 민츠버그의 조직구조 그림은 전문적 관료제이다. 전문적 관료제의 핵심은 품질과 효과성으로 병원이나 대학, 법률회사 등에서 자주 찾아볼 수 있다.

PART 3

인적자원관리

🔑키워드 직무분석의 방법

다음 설명에 알맞은 직무분석 방법이 각각 짝지어진 것은?   부산도시공사

> ㄱ. 직무분석자가 직무담당자의 직무수행을 관찰해 정보를 수집하는 방법이다.
> ㄴ. 여러 직무수행 중 과거 결정적이면서 가치가 있는 정보를 수집하는 방법이다.

	(ㄱ)	(ㄴ)		(ㄱ)	(ㄴ)
①	관찰법	기록법	②	관찰법	경험법
③	관찰법	중요사건법	④	기록법	워크샘플링법

해설 ㄱ은 관찰법에 대한 설명으로, 직무분석자가 직무담당자의 직무수행 행동을 관찰하고 이에 대한 관찰결과를 토대로 직무정보를 얻는 방법이다.
ㄴ은 중요사건법에 대한 설명으로, 여러 직무수행 중 중요하면서도 가치가 있는 것에 대한 정보를 집중적으로 수집하는 방법이다.

정답 ③

Chapter 01

직무관리

기출 키워드	중요도
☑ 직무분석의 방법	★★★
☑ 직무기술서와 직무명세서	★
☑ 직무평가 방법	★★
☑ 직무설계 방법	★

CHAPTER

01 직무관리

1 인적자원관리의 개요

1 인적자원관리의 정의

인적자원관리(HRM ; Human Resource Mangement)는 조직에 필요한 인력을 조달하고 유지 및 개발하며, 유입된 인력을 효율적으로 관리·활용하는 일련의 과정을 말한다.

2 인적자원관리의 의의

인적자원관리에서는 기본적으로 상황론적 접근법을 취한다. 다시 말해 직무수행자와 직무 간의 적합성을 높이고자 한다. 생산성 향상뿐만 아니라 노동 생활의 질도 만족시키는 것이 인적자원관리의 목표이다.

3 인적자원관리 프로세스

> 조직의 전략 및 목표 → 직무분석 및 설계 → 인적자원 계획 → 모집 (or 인원감축) → 선발 → 교육훈련 경력개발 → 인사평가 → 보상 → 유지관리

2 직무관리

1 직무분석

(1) 직무분석의 정의

직무분석은 직무의 성격을 알아보고자 직무 내용에 연관되는 각종 정보를 수집·분석·종합하는 활동으로, 기업 조직이 요구하는 일의 내용들을 정리·분석하는 과정이다. 높은 성과를 달성하기 위해서는 직무의 성격과 직무수행자의 성격이 적합한지 확인하고 조정해야 한다.

(2) 직무분석의 절차

① 직무분석의 목적 결정
② 배경정보의 수집
③ 직무정보의 수집
④ 직무정보의 검토
⑤ 직무기술서 및 직무명세서의 작성

개념체크OX

• 직무분석은 직무수행자의 성격을 분석하는 활동이다. ⓞⓧ
• 직무분석에서 직무기술서 및 직무명세서 작성 이후에 직무분석의 목적을 결정한다. ⓞⓧ

ⓧ, ⓧ

(3) 직무분석의 방법

① 관찰법
- ㉠ 직무분석자가 직무담당자의 직무수행 행동을 관찰하고 이에 대한 관찰결과를 토대로 직무정보를 얻는 방법이다.
- ㉡ 간단하게 실시할 수 있지만, 정신적 집중이 요구되는 업무에는 적용이 다소 어려우며 관찰 대상자가 관찰을 의식한 뒤 직무수행을 왜곡할 경우 분석 자체의 신뢰가 떨어질 수 있다.

② 면접법
- ㉠ 해당 직무를 수행하는 직무담당자와 직무분석자의 직접 면접을 통해 직무정보를 취득하는 방법이다.
- ㉡ 완전하고 정확하며 일관성 있는 직무자료를 획득할 수 있다.
- ㉢ 적용 직무에 대한 제한은 없으나 이에 따른 많은 시간과 비용 및 면접자의 능력이 요구되며, 직무담당자가 정보제공을 회피할 수 있다는 단점이 있다.

③ 설문법
- ㉠ 질문지를 통해 종업원에 대한 직무정보를 취득하는 방법으로, 직무분석자는 질문 내용에 대한 답변을 자유롭게 기술할 수 있는 개방식 질문지를 개발한다.
- ㉡ 질문지법의 적용에는 제한이 없고 신속하며 가장 많은 인원을 대상으로 조사할 수 있으므로 시간 및 비용의 절감효과가 있다.
- ㉢ 직무수행자들이 가장 잘 알고 있는 직무환경에 대한 정확한 자료의 수집이 가능하다.
- ㉣ 질문지 작성이 어렵고, 종업원들이 비일관적이고 무성의한 답변을 할 여지가 있다.

④ 기록법
- ㉠ 각 직위의 직무수행자가 매일 실제로 수행하는 업무 내용을 일정한 항목에 직접 기입하는 방법이다.
- ㉡ 관찰법과 면접법을 병행한 방법으로 정보의 정확성을 증가시킬 수 있다.
- ㉢ 설문법의 단점이 그대로 나타나며, 감독 관계와 작업환경 요건 등의 필요정보가 누락되기 쉽다.

⑤ 중요사건법(CIM ; Critical Incident Method)
- ㉠ 여러 직무수행 중 중요하면서도 가치가 있는 것에 대한 정보를 집중적으로 수집하는 방법이다.
- ㉡ 매우 성공적인 직무수행 사례와 실패한 직무수행 사례들을 모아 분석함으로써 직무수행에 대한 자료를 획득한다.
- ㉢ 상대평가와 비교하여 평가 기준이 명확하고, 결과에 오차가 적으며, 평가결과에 준한 피고과자의 능력개발, 자기계발을 위한 동기부여, 목표부여가 가능하다.

개념체크OX
- 설문법은 직무환경에 대한 비교적 정확한 자료수집이 가능하다. ○ ×
- 중요사건법은 과거 직무수행중 가치가 있는 정보를 집중 파악한다. ○ ×

○, ○

② 일상적 수행과 관련된 지식, 기술, 능력이 배제될 수 있으며, 과거의 결정적 사건들에 대한 왜곡의 여지가 있다. 또한, 추론과정에서 직무분석자의 주관이 개입될 수 있다.

⑥ 워크샘플링법

　㉠ 관찰법의 방식을 세련되게 만든 것으로, 종업원의 전체 작업과정이 진행되는 동안에 무작위로 많은 관찰을 함으로써 직무수행에 대한 정보를 취득한다.

　㉡ 종업원의 직무성과가 외형적일 때 잘 적용될 수 있는 방법이다.

⑦ 경험법

　㉠ 직무분석자 자신이 직무수행을 직접 경험하여 이를 바탕으로 직무정보를 수집하는 방법이다.

　㉡ 정확한 정보 획득이 가능하며, 복수의 정보원에 의해 미세한 정보도 얻을 수 있다.

　㉢ 실제 직무에 종사하는 직무수행자의 심리상태에 도달하기 어렵다는 단점이 있다.

⑧ 결합법

　㉠ 여러 가지 방법 중 두 가지 이상의 방법을 병행하는 방법이다.

　㉡ 각 방법의 단점을 보완할 수 있는 장점이 있다.

　㉢ 시간과 비용이 많이 소요된다.

(4) 직무분석 결과

① 직무기술서

직무기술서는 종업원의 직무분석 결과를 토대로 과업의 수행 및 직무행동 등을 일정한 양식에 따라 기술한 문서이다. 주로 직무수행에 초점을 두고 직무의 형태와 책임사항 등을 명시한다.

② 직무명세서

직무명세서는 종업원의 직무분석 결과를 토대로 특정한 목적의 관리절차를 구체화하기 위해 정리한 문서이다. 주로 인적요건에 초점을 두고 직무에 요구되는 기술이나 지식, 능력 등을 명시한다.

직무기술서	직무명세서
• 직무명칭 • 직무의 소속직군, 직종 • 직무내용의 요약 • 수행되는 과업 • 직무수행의 방법 • 직무수행의 절차 • 사용되는 원재료, 장비, 도구 • 관련되는 타직무와의 관계 • 작업조건	• 직무명칭 • 직무의 소속직군, 직종 • 요구되는 교육수준 • 요구되는 기술, 기술 수준 • 요구되는 지식 • 요구되는 정신적 특성(창의력, 판단력) • 요구되는 육체적 능력 • 요구되는 작업경험

2 직무평가

(1) 직무평가의 정의

직무평가는 기업조직에서 각 직무의 숙련·노력·책임·작업조건 등을 분석 및 평가하고, 다른 직무와 비교해 직무의 상대적 가치를 정하는 체계적인 방법을 말한다. 동일노동 동일임금을 기본원리로 하는 '직무급 제도'의 기초가 된다.

(2) 직무평가의 방법

① 서열법

직무의 복잡성이나 직무의 중요도 등 조직의 일반적 가치를 기준으로 주관적 서열을 매겨서 평가하는 방법이다.

② 분류법

어떤 기준에 따라 사전에 만들어놓은 등급에 각 직무를 적절히 판정하여 맞춰 넣는 평가방법이다.

③ 점수법

직무평가 요소를 선정하고 각 평가 요소별로 직무 등급을 부여한 후 평가 요소별 가중치를 적용한 총점을 산출해 평가하는 방법이다.

④ 요소비교법

조직 내 핵심이 되는 몇 개의 직무를 선정하고, 직무에 지급되는 임금액을 평가요소에 배분해 기준 평가요소와 각 직무의 평가요소를 수량적으로 비교함으로써 서열을 정하는 방법이다.

비교 기준 비교 대상	직무 전반	구체적 직무요소
직무와 직무 비교	서열법	요소비교법
직무와 기준 비교	분류법	점수법

3 직무설계

(1) 직무설계의 정의

직무설계는 조직목표 달성과 직무수행자의 만족을 위해 조직 구성원의 직무 내용, 방법, 관계 등을 설계하는 활동이다.

(2) 직무설계 목표

① 효율성을 위한 직무설계

② 동기부여를 위한 직무설계

③ 안전과 건강을 위한 직무설계

④ 직무의 정신적 요구를 충족시키기 위한 직무설계

개념더하기

직무급 제도
조직 내에서의 직무들의 상대적 가치에 따라 보상을 차등 지급하는 제도이다.

다양한 직무설계 방법
- 유연시간 근무제
  노동자에게 출퇴근 시간대를 선택할 수 있도록 재량권을 부여하는 방법이다.
- 직무공유
  2명의 노동자가 과업·책임·근무 시간(주당 40시간)을 나누어 일하는 방법이다.
- 재택근무
  노동자가 사업장이 아닌 본인의 집이나 기타 장소에서 PC 등의 정보 통신 기기를 이용해 공간의 제약 없이 과업을 수행하도록 하는 방법이다.
- 압축근무제
  주에 정해진 시간을 노동자가 자율적으로 분배하여 출근하는 방법이다.

(3) 직무설계 방법

① **직무확대**

직무확대는 직무의 구성요소인 과업의 수를 늘려 업무의 범위를 확대하는 방법을 말한다. 한 사람에게 세분화된 특정 직무를 맡기는 것이 아닌 중심 과업과 함께 다른 관련 직무도 수행하게 하여 직무의 범위를 늘리는 수평적인 직무확대이다.

② **직무충실화**

직무충실화는 노동자에게 자율성·책임·의사결정 권한 등을 부여하는 것으로 직무를 통한 성취감, 책임감, 성장의 기회 등의 충족감을 확대하는 수직적인 직무확대 방법이다.

③ **직무교차**

직무교차는 집단 내 노동자들의 직무 일부분을 다른 노동자들의 직무와 중복되게 편성하여 중복된 과업 부분을 공동으로 수행하게 만드는 집단수준의 수평적 직무확대 방법이다.

④ **직무순환**

직무순환은 노동자들이 주기적으로 서로의 직무를 바꾸도록 하는 방법으로, 조직의 유연성을 높이고 다방면의 업무 경험과 지식을 쌓게 하는 집단수준의 수평적 직무확대 방법이다.

⑤ **준자율적 작업집단**

준자율적 작업집단은 작업집단에 제한된 자율성을 부여하고 이에 따라 업무를 수행하게 하는 수직적인 직무확대 방법으로, 상호의존성이 높고 직무가 복잡하여 심리적 스트레스가 많은 집단에서 이루어질 때 효과적이다.

구 분	개인수준 직무설계	집단수준 직무설계
수평적 직무확대	직무확대	직무교차
		직무순환
수직적 직무확대	직무충실화	준자율적 작업집단

⑥ **직무특성이론에 근거한 방법**

㉠ 과업의 결합

㉡ 권한의 위임

㉢ 자연적인 업무단위 형성

㉣ 고객과 접촉할 수 있는 관계 형성

㉤ 피드백 경로의 개방

(4) 업무재설계(BPR ; Business Process Reengineering)

① **업무재설계의 정의**

업무재설계(BPR)는 1990년대 해머(Hammer)가 제안한 경영혁신기법의 하나로, 기업의 활동이나 업무의 전반적인 흐름을 분석하고 경영 목표에 맞도록 업무처리 방식과 비즈니스 프로세스를 근본적으로 개선하고 파괴적으로 바꿔 경영효율을 높이는 재창조 활동이다.

② 업무재설계의 절차

대상 프로세스 선정 → 대상 프로세스 조사 및 분석 → 프로세스 재설계
→ 부족한 부분 보완 및 지속적 개선

01 기출분석문제

01 직무의 성격, 특성을 알아보기 위해 직무와 관련된 정보를 수집해 분석 및 종합하는 과정을 부르는 말로 옳은 것은?

한국중부발전

① 직무관리　　　　　　　　　　　② 직무분석
③ 직무설계　　　　　　　　　　　④ 직무평가

[해설] 직무분석은 직무의 성격을 알아보고자 직무 내용에 연관되는 각종 정보를 수집, 분석, 종합하는 활동으로, 기업 조직이 요구하는 일의 내용 들을 정리·분석하는 과정이다. 높은 성과를 달성하기 위해서는 직무의 성격과 직무수행자의 성격이 적합한지 확인하고 조정해야 한다.

02 직무분석자가 직무담당자에게 직접 질문하는 방법의 직무분석 방법은 무엇인가?

인천교통공사

① 관찰법　　　　　　　　　　　② 기록법
③ 면접법　　　　　　　　　　　④ 경험법

[해설] 면접법은 해당 직무를 수행하는 직무담당자와 직무분석자의 직접 면접을 통해 직무정보를 취득하는 방법이다.

03 직무분석의 결과물 중 직무명세서의 요소로 옳은 것은?

한국농어촌공사

① 직무수행의 절차
② 작업조건
③ 직무의 기술수준
④ 관련 타직무와의 관계

[해설] 직무명세서에는 직무명칭, 직무의 소속직군이나 직종, 직무에 요구되는 교육수준, 기술수준, 지식, 정신적 특성, 육체적 능력, 작업경험 등이 포함된다.

04 다음 괄호에 들어갈 직무평가 방법으로 옳게 짝지어진 것은?

비교 기준 비교 대상	직무 전반	구체적 직무요소
직무와 직무 비교	서열법	요소비교법
직무와 기준 비교	(ㄱ)	(ㄴ)

      (ㄱ)   (ㄴ)
① 서열법   요소비교법
② 서열법   분류법
③ 점수법   요소비교법
④ 분류법   점수법

해설 분류법은 직무 전반에 대해서 직무 대 기준으로 비교한다. 점수법은 구체적 직무요소에 대해서 직무 대 기준으로 비교한다.

05 다음 중 직무설계 방법에 대한 설명으로 옳지 않은 것은?   한국보훈복지의료공단

① 직무확대는 직무의 수평적 확대, 직무충실화는 직무의 수직적 확대이다.
② 직무교차는 노동자들이 주기적으로 서로의 직무를 바꿔서 과업을 수행하도록 하는 직무설계 방법이다.
③ 직무충실화는 개인의 자율성이나 책임을 확대하여 노동자가 성취감을 얻을 수 있도록 유도하는 직무설계 방법이다.
④ 준자율적 작업집단은 복잡하고 어려운 직무를 수행하며 구성원 간 연관성이 높은 작업집단에 효과적으로 적용할 수 있다.

해설 노동자들이 서로의 직무를 주기적으로 바꾸도록 하는 방법은 직무순환이다. 직무교차란 노동자들의 직무를 서로 중복되도록 편성하여 해당 과업을 공동으로 수행하게 만드는 직무설계 방법이다.

최신복원문제

🔑 키워드 수요예측 기법

인적자원의 수요예측에 대한 설명으로 옳지 않은 것은?   한국토지주택공사

① 매출액, 생산량 예산 등을 이용한 인적자원 수요예측기법은 회귀분석이다.
② 1인당 매출증가율을 이용한 인적자원 수요예측기법은 생산성비율분석이다.
③ 영(0)기준 예측방법은 과거의 자료는 무시한다.
④ 작업연구기법은 작업내용을 측정해 수요를 예측하는 기법이다.

해설 작업연구기법은 작업시간과 작업량 측정하여 수요를 예측하는 기법이다.

정답 ④

Chapter 02

계획 · 모집 · 선발

기출 키워드	중요도
☑ 수요예측기법	★★★
☑ 내부모집	★
☑ 선발도구의 신뢰성	★
☑ 선발도구의 타당성	★
☑ 선발오류	★

CHAPTER
02 계획 · 모집 · 선발

1 인적자원계획

1 인적자원계획의 개요

(1) 인적자원계획의 정의

① 인적자원계획(HRP)은 일정 기간 동안 인적자원의 수요와 공급을 예측하여 조직 내 인적자원의 수급을 조절하는 과정이다.

② 인적자원계획은 조직 내 인력 소요와 가용성을 예측하고 둘 간의 적합을 모색해야 한다.

(2) 인적자원계획의 과정

① 인력과잉이 예상되면 구성원 수를 줄여야 한다.

② 인력부족이 예상되면 조직 외부로부터 구성원을 획득해야 한다.

인적자원계획의 과정

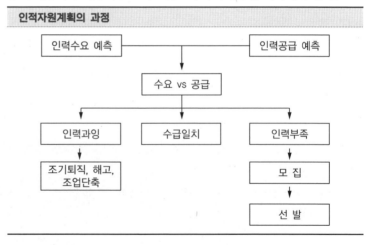

2 인적자원의 수요예측

(1) 질적 예측기법

① 전문가예측기법
인적자원관리 전문가에게 개별적으로 질문지를 보내 그들의 답변에 근거하여 수요를 예측하는 기법이다.

② 시나리오기법
경영환경에 대한 여러 변수를 이용해 여러 인력수요 가능성을 살펴보는 기법이다.

개념체크OX

• 인적자원계획에서는 인력의 수요를 예측해야 한다. ☐O☐X

• 인적자원 수요의 질적예측 기법으로는 전문가예측기법이 있다. ☐O☐X

O, O

(2) 양적 예측기법

① 시계열분석

과거 자료의 변화패턴을 기반으로 미래를 예측하는 기법이다.

② 회귀분석

인과형 예측기법으로, 인적자원 수요에 영향을 미친다고 밝혀진 매출액, 생산량, 예산 등과 같은 원인변수를 이용해 인력수요를 예측하는 기법이다.

③ 추세투영분석

인력수요와 밀접관계를 가진 변수를 사용해 그들 간 과거 관계를 중심으로 미래의 인력수요를 예측하는 기법이다.

④ 생산성비율분석

1인당 부가가치 증가율, 1인당 매출 증가율 등을 이용하여 인력수요를 예측하는 기법이다.

⑤ 작업연구기법

작업시간과 작업량을 측정하여 수요를 예측하는 기법이다.

(3) 기타 예측방법

① 영(0)기준예측

과거의 자료를 참고하지 않고 현재의 시점에서만 인력수요를 예측하는 기법이다.

② 화폐적 접근법

기업의 지급능력에 집중해 인력수요를 예측하는 기법이다.

③ 자격요건분석

직무수행에 필요한 요건을 파악해 수요를 예측하는 기법이다.

3 인적자원의 공급예측

(1) 내부공급 예측

① 기능목록

현재 구성원의 기능을 포함한 데이터베이스를 제작하여 인력공급을 예측하는 기법이다.

② 대체도

중요한 직위를 대상으로 후보자들의 나이, 승진 가능성, 업적, 승진계획 등의 시각적 정보로 인력공급을 예측하는 기법이다.

③ 마코프분석

구성원들을 대상으로 일정 기간 동안의 이동 확률을 구해 미래 인적자원 흐름을 예측하는 확률적 모형이다.

(2) 외부공급 예측

① 고용과 관련된 데이터베이스

정부에서 발표하는 '경제활동인구', '취업자 수', '실업률' 등의 통계를 분석해 인력공급을 예측하는 기법이다.

기업에서 부족한 인력을 기업 외부에서 모집하지 않고 기존 인력 중에서 충원하는 방법을 말한다.

② 노동시장분석

특별 직군과 관련된 노동시장의 지역별 인력공급 현황을 분석하여 인력 공급을 예측하는 기법이다.

4 인력조정 프로그램

(1) 인력과잉 해소방안

방 안	해소 속도	위험 정도
다운사이징	빠 름	높 음
급여삭감	빠 름	높 음
강 등	빠 름	높 음
전 직	빠 름	중 간
일자리 나누기	빠 름	중 간
채용동결	느 림	낮 음
자연감소	느 림	낮 음
재교육	느 림	낮 음

(2) 인력부족 해소방안

방 안	해소 속도	원상회복
초과근무	빠 름	빠 름
임시직 노동자	빠 름	빠 름
아웃소싱	빠 름	빠 름
전직자 재교육	느 림	빠 름
이직률 감소	느 림	보 통
신규채용	느 림	느 림
기술혁신	느 림	느 림

5 인력예측의 접근법

(1) 하향적 접근법

인력수요 예측이 조직 상위계층에 의해 이뤄지며, 양적 예측기법을 집중적으로 사용한다. 인력수요를 과소 예측할 가능성이 높다.

(2) 상향적 접근법

각 부서가 중심이 되어 부서의 목적을 달성하기 위한 인력수요를 예측하고, 이를 상부 경영층에서 종합하는 방법이다. 각 부서가 부분적이고 단기적 관점에서 인력을 예측하므로 과대 예측할 가능성이 높다.

2 모 집

1 모집의 정의

모집은 기업의 공석인 직무에 관심이 있으며 능력이 있는 사람들을 구별해 조직으로 유인하는 일련의 과정이다.

2 모집의 구분

(1) 내부모집

① 내부모집의 정의

내부모집은 기업에서 부족한 인력을 기업 외부에서 모집하지 않고 기존 인력 중에서 충원하는 방법을 말한다.

② 내부모집의 장단점

장 점	단 점
• 검증된 인재 채용 • 내부 승진의 동기유발 • 훈련 시간 감소 • 신속한 충원 • 충원비용 감소 • 재직자 직장 안정 제공 • 조직에 대한 소속감 상승	• 과잉 경쟁으로 인한 갈등 • 탈락자의 사기 저하 • 조직의 창의성 저하 • 파벌 형성

③ 내부모집의 방법

㉠ 사내게시 및 사내공모제도

㉡ 인사기록 및 기능목록

㉢ 승계계획

(2) 외부모집

① 외부모집의 정의

외부모집은 조직 외부에서 지원자를 선발하는 활동을 말한다.

예 공개경쟁 채용, 특별채용

② 외부모집의 장단점

장 점	단 점
• 많은 선택 가능성 • 조직 창의성 증대 • 새로운 아이디어와 견해 유입 • 자격을 갖춘 지원자의 경우 훈련비 절감	• 부적격자 채용 위험 • 내부인력의 사기 저하 • 적응 기간 소요 • 충원비용 증가 • 내부인과의 마찰 가능성

③ 외부모집의 방법

㉠ 사원추천제도

㉡ 온라인 모집

㉢ 인턴사원제도

3 선 발

1 선발의 개요

(1) 선발의 정의

선발은 모집을 통해 모은 다수의 지원자 중에 조직과 직무에 적합한 사람을 결정하는 활동을 말한다.

(2) 선발 원칙

① 효율성의 원칙

조직이 제공한 보상보다 공헌이 클 사람을 선발한다.

② 형평성의 원칙

모든 지원자에게 동등한 기회를 부여한다.

③ 적합성의 원칙

조직의 목표나 분위기에 적합한 사람을 선발해야 한다.

(3) 선발 과정

① 응모서류와 이력서 검토

② 시험과 작업 샘플 검토

③ 후보자 면접

④ 추천과 인사 정보 확인

⑤ 선발 결정

2 선발 도구

(1) 선발시험

① 필기시험

② 인지능력검사

　　㉠ 적성검사

　　㉡ 지능검사

③ 인성검사

④ 흥미검사

(2) 면 접

① 비구조적 면접

일정한 지침이나 기준 없이 면접 현장에서 즉흥적으로 진행되는 면접이다.

② 구조적 면접

일련의 표준화된 질문들이 모든 지원자에게 동일한 순서로 적용되는 면접이다.

③ 패널면접

한 명의 지원자에게 두 명 이상의 사람이 질문하여 평가하는 면접이다.

개념체크OX

• 비구조적 면접은 표준화된 형식의 면접이다.　　ⓄⓍ

• 패널면접의 면접자는 두 명 이상이다.　　ⓄⓍ

Ⓧ, Ⓞ

④ 집단면접

　　피면접자가 2인 이상인 면접이다.

⑤ 스트레스면접

　　스트레스에 대한 생리적, 정신적 반응을 관찰하기 위해 시행하는 면접이다.

⑥ 위원회면접

　　한 명의 지원자에게 세 명 이상의 사람이 질문하여 평가하는 면접이다.

(3) 추천서 및 인사 정보

① 추천서

② 전기자료

(4) 신체능력검사

지원자의 신체능력을 시험하는 신체능력검사를 선발도구로 사용하기도 한다.

(5) 작업표본

지원자의 작업표본을 선발도구로 사용하기도 한다.

3　선발 도구의 신뢰성과 타당성

(1) 신뢰성(Reliability)

① 신뢰성의 정의

　　신뢰성은 성과 측정이 가져오는 결과의 일관된 정도를 말한다.

② 신뢰성의 종류

　　㉠ 검사–재검사 신뢰성

　　　　동일한 시험을 동일한 대상에게 시간차를 두고 재실시한 후 두 결과가 얼마나 일관적인지 비교하는 검증 방법이다.

　　㉡ 대안항목 신뢰성

　　　　검사–재검사가 곤란한 경우, 또는 주시험효과를 방지하기 위해서 두 번째 측정할 때는 첫 번째 시험과 유사하지만 다른 시험을 진행하는 것이다.

　　㉢ 내적 일관성

　　　　측정 결과나 설문지에서 평가항목 간의 일관성을 산출한 신뢰성이다. 설문 항목에 대한 신뢰성을 저해하는 항목을 제거하기 위해 사용된다.

(2) 타당성(Validity)

① 타당성의 정의

　　타당성은 측정 도구가 실제로 측정하고자 하는 것을 정확하게 측정하는 정도를 말한다. 선발 도구의 타당성은 측정결과와 선발된 지원자의 근무성적 간의 관계 적합성을 검증한다. 적용 시점에 따라 동시 타당성과 예측 타당성으로 구분된다.

개념더하기

주시험효과

첫 번째 시험에 대한 학습효과가 두 번째 시험에 영향을 주는 것이다.

예 처음 본 시험보다 두 번째 본 시험 점수가 더 높다.

② 타당성의 종류
　　㉠ 기준관련 타당성
　　　• 동시 타당성
　　　　선발도구의 측정치가 지원자의 현재 달성할 수 있는 직무 행위의 측정치와 연관된 정도를 말한다.
　　　• 예측 타당성
　　　　선발도구의 측정치가 지원자의 미래 직무성과와 얼마나 연관되어 있는가를 나타내는 정도이다.
　　㉡ 내용 타당성
　　　선발도구의 측정내용이 실제로 근무하는 작업상황과 얼마나 유사한 내용을 담고 있는지를 나타내는 정도이다.
　　㉢ 구성 타당성
　　　선발도구의 측정항목이 얼마나 이론에 부합하고 논리적인지를 표시하는 지표이다.

4 선발 오류

(1) 1종 오류

선발의 1종 오류는 시험성적이 합격선에 미달했지만 선발했더라면 만족스러운 직무성과를 낼 수 있었던 지원자를 탈락시키는 오류를 말한다.

(2) 2종 오류

선발의 2종 오류는 시험성적이 합격선을 초과하였지만 직무성과가 만족스럽지 않은 지원자를 선발하는 오류이다.

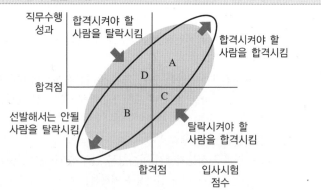

선발의 유형과 선발 오류

※ 회색 원 : 상관관계 0.50수준, 검정 원 : 상관관계 0.75수준

D : 1종 오류　　　　　　　　　C : 2종 오류
A : 옳은 선발　　　　　　　　　B : 옳은 탈락

5 선발 의사결정

(1) 복수장애물 모델

각 단계에 합격한 지원자만이 다음 단계로 넘어가도록 해 최후의 지원자를 선발하는 방식이다.

(2) 보완적 모델

모든 지원자를 대상으로 모든 과정을 거치게 한 후 최적의 지원자를 선발하는 방식이다.

개념더하기

현실적 직무소개
(RJP ; Realistic Job Preview)
모집과 선발 과정에서 지원자에게 조직과 맡을 직무에 대한 현실적인 자료를 보여주거나 장단점을 소개하는 행위이다.

02 기출분석문제

01 인적자원계획에 대한 설명으로 옳은 것은?　부산도시공사

① 인적자원에 대한 수요가 공급보다 많으면 구조조정이 일어날 수 있다.
② 내부모집은 내부 기존 인력에서 인원을 충원하는 공급방식이다.
③ 리엔지니어링은 인력부족의 해소방안이며 위험 정도는 낮다.
④ 아웃소싱은 인력부족의 해소방안으로 해소속도가 느리다.

[해설] ① 인적자원에 대한 수요가 공급보다 많으면 인력부족 상태이므로 모집과 선발이 일어난다.
③ 리엔지니어링은 기존의 방식을 무시하고 경영 시스템 전체를 완전히 새롭게 재설계 하는 구조조정 방법으로, 인력과잉의 해소방안이며, 위험 정도가 높다고 할 수 있다.
④ 아웃소싱은 인력부족에 대한 해소방안으로, 해소속도가 빠르다.

02 모집방법 중 사내공모제(Job posting system)의 특징에 관한 설명으로 옳지 않은 것은?　한국산업단지공단

① 종업원의 상위직급 승진기회가 제한된다.
② 외부인력의 영입이 차단되어 조직이 정체될 가능성이 있다.
③ 지원자의 소속 부서 상사와의 인간관계가 훼손될 수 있다.
④ 특정 부서의 선발 시 연고주의를 고집할 경우 조직 내 파벌이 조성될 수 있다.

[해설] 내부모집 방법인 사내공모제에서 상위직급에 공석이 발생하는 경우, 기존 종업원의 지원을 유도함으로써 승진기회를 제공할 수 있다.

03 다음 상황을 방지하기 위한 선발도구로 가장 적절한 것은?　한국도로공사

> 수지는 수학 재시험에서 더 좋은 성적을 얻었다.

① 검사-재검사 신뢰성
② 대안항목 신뢰성
③ 동시 타당성
④ 예측 타당성

[해설] 주어진 상황은 주시험 효과가 작용한 상황이라고 할 수 있다. 대안항목 신뢰성은 주시험효과를 방지하기 위해서 두 번째 측정할 때는 첫 번째 시험과 유사하지만 다른 시험을 진행하는 것이다.

04 종업원 선발을 위한 면접에 관한 설명으로 옳은 것은? 한국산업단지공단

① 구조적 면접은 자유로운 질문지를 사용한다.

② 면접내용 개발 단계에서 면접관이나 경영진을 참여시키면 면접의 신뢰성과 타당성을 높일 수 있다.

③ 위원회 면접은 한 명의 면접자가 여러 명의 피면접자를 평가하는 방식이다.

④ 스트레스면접은 여러 시기에 걸쳐 여러 사람이 면접하는 방식이다.

[해설] 면접내용 개발 단계에서 면접관이나 경영진을 참여시켜 조직에 필요한 역량 등을 질문에 반영함으로써 면접의 신뢰성과 타당성을 높일 수 있다.

05 다음 상황의 선발에 대한 설명이 옳게 짝지어진 것은? 수협회원조합

> ㄱ. 시영이는 영지의 성적이 높아 영지를 조별과제 발표 담당자로 선택했고, 시영과 영지 팀의 발표 점수가 제일 높았다.
>
> ㄴ. 미정이는 자경이의 디자인 성적이 낮아 떨어트렸지만, 자경이는 외부 디자인 대회에서 1등을 거두었다.

	(ㄱ)	(ㄴ)
①	1종 오류	2종 오류
②	옳은 선발	1종 오류
③	옳은 선발	2종 오류
④	옳은 선발	옳은 탈락

[해설] ㄱ. 합격시켜야 할 사람을 합격시켰으므로 옳은 선발에 해당한다.
ㄴ. 합격시켜야 할 사람을 탈락시켰으므로 1종 오류에 해당한다.

최신복원문제

🔑 키워드 직무현장훈련(OJT)

다음 중 〈보기〉에서 설명하고 있는 교육훈련방법은?　　　　　　　　　정부출연연구기관

┌─ 보기 ├─
- 종업원이 직무에 종사하면서 지도교육을 받는 훈련이다.
- 직무 시간 또는 직무 장소에서 이뤄진다.

① 액션러닝(Action learning)
② 직무현장훈련(OJT ; On-the-Job Training)
③ 감수성 훈련(Sensitivity training)
④ 인바스켓 훈련(In-basket training)

해설　훈련 대상자가 실제 직무를 수행하면서 직무수행에 관한 지식과 기술을 배우는 방법은 직무현장훈련(OJT)에 대한 설명이다. 직무 시간 또는 직무 장소에서 이루어지기 때문에 업무 수행이 중단되지 않는다는 특징이 있다.

정답 ②

Chapter 03

교육 · 경력 · 평가 · 보상 · 노사관리

기출 키워드	중요도
☑ 직무현장훈련(OJT)	★★★
☑ 커크패트릭의 4단계 모형	★
☑ 경력닻 모형	★
☑ 승진의 유형	★★
☑ 인사평가	★★
☑ 인사평가 오류	★★
☑ 중심화경향	★
☑ 임금수준의 관리	★★
☑ 임금체계의 관리	★★
☑ 성과분배제도	★★★
☑ 임금피크제	★
☑ 복리후생	★★
☑ 노동조합	★
☑ 숍제도	★★
☑ 쟁 의	★

CHAPTER

03 교육 · 경력 · 평가 · 보상 · 노사관리

1 교육훈련

1 훈련의 정의

훈련은 종업원들이 직무와 관련된 지식, 기술 및 능력을 습득하고 이를 직무에 적용하도록 하는 기업의 계획된 노력이다.

2 교육훈련의 절차

(1) 필요성 분석
① 개인분석(훈련대상)
② 직무와 과업분석(훈련내용)
③ 조직분석(훈련배경)

(2) 프로그램 설계와 개발
① 방법 결정
② 내용 개발
③ 교재 개발
④ 시험 교육

(3) 프로그램 실시

(4) 평 가
① 반응 평가
② 학습 평가
③ 행동 평가
④ 결과 평가

3 교육훈련의 방법

(1) 기법별 분류
① 프레젠테이션기법
사실 또는 정보를 전달하거나 각종 대안을 비교하기에 적절한 방법이다. 훈련자들이 제공하는 정보를 직접 전달받거나, 컴퓨터 혹은 다른 매체를 통해 받는다.

② 참여기법

특정 능력을 훈련 시켜야 하거나, 어떤 능력과 행동이 각 직무에 응용되는지 이해할 때 적절하다. 배우게 되는 행동을 직접 시험하는 것으로, 학습 과정에 적극적으로 참여하게 된다.

③ 집단구축기법

아이디어와 경험을 공유하고, 집단 또는 팀 정체성을 구축하는 데 유용하다. 대인관계의 이해, 자기자신과 동료들의 강·약점을 파악할 수 있다. 훈련을 통해 배운 것을 작업현장에서 어떻게 적용할지 토의한다.

(2) 교육장소별 분류

① 직무현장훈련(OJT ; On-the-Job Training)

㉠ 직무현장훈련의 정의

종업원이 실제 직무를 수행하면서 직무수행에 관한 지식과 기술을 배우는 방법이다. 직무 현장에서 훈련이 이루어지므로 업무를 중단하지 않고도 훈련이 가능하다.

㉡ 직무현장훈련의 종류

• 도제(Apprenticeship)

한 분야를 전문적으로 훈련하는 것을 말하며, 숙련공 양성에 적합하다.

• 인턴십(Internship)

교육기관에 의해 지원받는 직무교육훈련을 말한다.

② 직무외훈련(OFF-JT ; Off the Job Training)

직무외훈련은 직무 이외의 시간 또는 장소에서 이루어지는 모든 훈련이다.

(3) 세부 훈련기법

① 행동모델링(Modeling)

바람직한 행동을 관찰한 후 그것을 모델화하여 훈련하는 방식이다.

② 역할연기법(RP ; Role Playing)

현실에 근접한 상황을 설정하여 참가자에게 특정 역할을 연기하게 하는 체험 방식의 훈련이다.

③ 액션러닝(Action learning)

팀을 구성하여 실무 문제를 정해진 시점까지 해결하도록 하는 훈련이다.

④ 비지니스 게임(Business game)

경쟁적 상황을 주고 승패를 가리는 방식의 훈련이다.

⑤ 인바스켓 훈련(In-basket training)

미결재함에 있는 미처리 안건을 처리하는 훈련이다.

⑥ 감수성 훈련(Sensitivity training)

사람들과 서로 집단 토론을 통해 소통하며 자신과 상대방에 대한 인식을 높이는 훈련이다.

개념체크OX

• 도제 제도는 OJT에 해당한다.
ОХ

• 역할연기법은 OJT에 해당한다.
ОХ

О, Х

⑦ 강의실 교육

⑧ 시청각 교육

⑨ e-러닝

4 교육훈련 평가

(1) 훈련 평가 지표

① 피훈련자의 만족도

② 새로운 지식과 기술

③ 훈련 전이

④ 성과 향상

⑤ 기업 성과 측정

(2) 커크패트릭의 4단계 모형

① 1단계 : 반응평가

만족도 평가로, 교육현장이 만족스러웠는지에 대한 평가이다.

② 2단계 : 학습평가

교육 전과 비교해 교육 후에 기술이나 지식이 증가했는지에 대한 평가이다.

③ 3단계 : 행동평가

실제 교육훈련이 실무현장, 업무에 얼마나 활용되고 있는지에 대한 평가이다.

④ 4단계 : 결과평가

교육 이후 조직이나 부서의 성과 결과에 대한 것으로, 실무현장에서의 조직기여도 평가이다.

5 교육훈련의 전이

(1) 교육훈련의 전이 개념

교육훈련의 전이는 교육받은 지식, 기술 행동을 실무에 적용하는 것을 말한다. 교육훈련의 전이 정도가 가장 높은 교육훈련 방법은 직무현장훈련(OJT)과 행동학습이다.

(2) 교육훈련의 전이 향상 방안

① 교육훈련의 설계

㉠ 훈련 현장과 직무 현장 간 그리고 훈련 내용과 직무 내용 간 유사성을 제고한다.

㉡ 획득한 내용 실습하거나 적용할 기회를 제공한다.

㉢ 반복 학습을 유도한다.

㉣ 일반원리를 숙지하도록 하되 다양한 상황 설정해 적용해보도록 훈련한다.

개념체크OX

• 커크패트릭의 4단계 모형에서 결과평가는 교육 이후 실무현장에서의 성과를 평가하는 것이다. ☐O☐X☐

• 교육훈의 전이가 높게 나타나는 것은 OJT이다. ☐O☐X☐

O, O

② 직무환경

　㉠ 새로 습득한 내용 현장 적용 기회를 부여한다.

　㉡ 적용하는 데 있어 장애 요인을 제거한다.

　㉢ 적용하고 활용하는 데 필요한 자원을 제공한다.

③ 기 타

　㉠ 상사나 동료가 긍정적인 피드백을 제공한다.

　㉡ 임금인상과 같은 외재적 보상이 주어진다.

개념더하기

훈련의 응용

• 신입사원 오리엔테이션
　신입사원의 효과적 직무수행, 조직 파악 및 작업 관계성 형성을 도와주도록 설계된 프로그램이다.

• 다양성 훈련
　다양성에 대한 종업원들의 태도를 변화시키고 다양한 구성원들과 함께 일하는 데 필요한 기술을 개발하도록 설계된 프로그램이다.

2　경력관리

1　경력관리의 개요

(1) 경력관리 개념의 변화

① 경력의 목표가 단순 승진과 급여인상에서 최근에는 심리적 성공으로 변화하고 있다.

② 경력관리의 책임과 방향이 조직에서 개인으로 변화하고 있다.

③ 핵심가치가 개인적 성장 및 자기계발로 변화하고 있다.

(2) 경력개발의 본질

① 경력개발의 의의

경력개발은 조직이 구성원 개개인의 경력을 조직 내에서 개발하도록 격려하며, 그 과정에서 목표달성에 필요한 기회를 제공하는 것이다.

② 경력개발의 목적

　㉠ 개인 입장에서의 경력개발 목적은 개인의 능력을 최대한 개발시켜 조직의 경력기회에 적용함으로써 개인의 경력 욕구를 충족시키는 것이다.

　㉡ 경력 기회를 제공하는 조직 측에서는 적시 적소에 종업원의 능력을 활용함으로써 조직의 유효성을 높이고자 하는 것이다.

③ 경력개발의 필요성

　㉠ 조직은 변화하는 환경 속에서 성장하기 때문이다.

　㉡ 종업원들의 경력개발에 대하여 조직이 관심을 기울이지 않으면 많은 종업원은 그 직무를 중단하기 때문이다.

　㉢ 일이 종업원들의 일생을 통해 추구할 수 있는 유일한 가치가 아니기 때문이다.

2　경력개발제도(CDP ; Career Development Program)

경력개발제도는 능력주의, 성과주의, 육성주의 관점에서 역량 및 성과의 관리를 통한 직원 경력개발을 추진함으로써 조직성과를 극대화하고 핵심인재를 육성하는 제도이다.

3 **경력개발모형**

(1) 경력 닻 모형(Career anchors)

① 경력 닻 모형의 개요

샤인(Schein)은 개인이 추구하는 경력 욕구를 경력 닻으로 표현했다. 배가 닻을 내리듯 개인도 인생의 지향점을 지닌다는 의미로, 삶의 무게 중심이 되는 각 개인의 특성을 의미한다.

② 경력 닻의 종류

㉠ 전문역량 닻

일 자체에 흥미가 있고 일반적 관리와 조직정치를 싫어하며, 전문분야에 종사하기를 원한다.

㉡ 관리역량 닻

복잡한 경영문제를 분석, 해결하기를 선호하며 영향력과 권력의 행사를 즐긴다. 책임수준, 리더십 발휘와 조직에의 공헌, 높은 수입, 승진 등을 중요하게 생각한다.

㉢ 자율성 닻

조직의 제약에서 벗어나 일을 스스로 하고자 한다.

㉣ 안정성 닻

직무안정성과 장기적 경력에 의해 동기부여 받는다. 조직가치와 규범에 순응하며 안정적이고 예측 가능한 직무와 연공급 급여체제를 선호한다.

㉤ 기업가정신 닻

자기사업, 스타트업 등 소규모 유망기업을 선호하는 유형이다. 타인의 삶을 더 나은 방향으로 돕고자 한다.

㉥ 라이프스타일 닻

인생의 모든 영역의 균형과 워라밸을 추구한다.

㉦ 도전 닻

해결하기 어려운 문제를 극복하는 데 호기심이 있으며 다양성, 도전 등을 추구한다.

㉧ 봉사 닻

타인을 돕고 타인의 삶을 이롭게 하는 데 자신 삶의 가치를 둔다.

③ 경력 닻 모형의 평가

경력 닻 모형은 모든 사람에게 적용하기 어렵다는 평가를 받는다. 향후 계속해서 추가 및 수정의 여지가 있다.

(2) 경력단계 모형(Career stage model)

① 경력단계 모형의 개요

레빈슨(Levinson)이 성격발달이론에 바탕을 두고 수립한 인생단계이론을 홀(Hall)이 경영 분야로 가져와 경력을 구분한 모형이다.

개념체크OX

• 인생과 관련하여 균형을 중시하는 것은 안정성 닻이다.
○|×

• 경력단계 모형은 홀의 이론이다.
○|×

X, O

② 경력단계

　ⓐ 1단계(탐색단계)

　　자아개념을 정립하고 경력지향을 결정하는 단계이다. 입사 후 1~2
　　년 시기로, 이직률이 가장 높게 나타난다.

　ⓑ 2단계(확립단계)

　　특정 직무 영역에 정착하는 시기로, 동료 및 경쟁자 간 경쟁 상황과
　　갈등에 대한 감정처리가 중요한 과제이다.

　ⓒ 3단계(유지단계)

　　의미 있는 결과의 성취를 지향해 생산적인 시기이다. 개인과 조직을
　　동일시하고 전체의 조직 목표와 관련해서 자신의 직무를 파악한다.

　ⓓ 4단계(쇠퇴단계)

　　은퇴를 준비하는 시기로, 조직 생활을 정리하면서 퇴직 이후의 계획
　　을 세우는 단계이다.

4 승진의 유형

(1) 연공승진

연공승진은 종업원의 나이, 근속연수, 학력, 경력 등 개인적인 연공과 신분
에 따라 자동으로 승진시키는 방법이다. 상사의 리더십이 중시되는 경우나
각 부서 간의 원활한 조정이 중시되는 기업에 적합한 승진이다.

(2) 대용승진

대용승진은 직무의 변화 없이 직위만 승진시키는 방법이다. 형식적 승진만
이 이루어지는 것으로 보수나 지위는 변하지 않는다. 조직에서의 인사 체증
이나 종업원의 사기 저하를 방지하기 위한 승진형식이다.

(3) OC승진(조직변화승진)

OC승진은 경영조직 자체를 변화시켜, 승진기회를 마련하는 동태적 승진제
도이다. 새로운 직위나 직무를 만들어 승진하는 방식이다.

(4) 직책승진(역직승진)

가장 일반적인 승진 형태로, 구성원이 상위의 직책으로 이동하는 것을 말한
다. 사원, 대리, 과장, 차장, 부장, 이사 등 직책 계층이 상향 이동하는 것을
말한다.

(5) 자격승진제도

① 자격승진제도의 정의

　자격승진제도는 직무주의와 연공주의를 합한 것으로, 승진에 일정한 자
　격을 설정해 놓고 그 자격을 취득한 자를 승진시키는 것이다.

② 자격승진제도의 종류

　ⓐ 신분자격승진

　　연공주의에 입각한 제도로써 직무 내용이나 직무 수행능력과 무관하
　　게 개인의 인적자격요건이 성립함에 따라 승진시키는 방법이다.

개념더하기

피터의 법칙(Peter Principle)
조직에서 종업원들은 자신의 무
능력이 드러날 때까지 승진하려
는 경향을 보인다는 법칙이다. 결
과적으로 모든 종업원이 무능력
이 드러나는 단계까지 승진하게
되면 모든 직위는 해당 업무를 수
행하는 데에 필요한 능력이 갖춰
지지 않은 종업원들로 구성된다.
이러한 관료제의 단점을 해결하
기 위해 피터는 종업원들이 승진
과는 거리가 먼 '창조적 무능력'
을 발휘하여 유능한 구성원으로
남는 편이 바람직하다고 주장했다.

개념체크OX

• 경력단계 모형에서 성과, 승진
　에 관심있는 단계는 3단계이다.
　　　　　　　　　　　　　O | X

• 연공승진에서는 종업원의 나이
　가 중요하게 작용한다. O | X

　　　　　　　　　　　　O, O

ⓛ 직능자격승진

종업원이 갖추고 있는 직무수행능력을 기준으로 자격화해 승진시키는 방법이다.

(6) 직무승진(직급승진)

① 종업원의 학력, 근속연수, 나이 등의 연공요소를 전혀 고려하지 않고 일정 기간 동안의 직무수행능력 및 업적만의 평가를 거쳐 특별히 유능한 사람에게 승진의 기회를 제공하는 제도이다.

② 능력에 따라 직급에 상관없이 승진시킴으로써 조기승진의 가능성을 제시하며 종업원의 사기 향상과 능력개발을 유도할 수 있고, 유능한 인재 확보가 가능하다.

③ 지나친 능력주의는 과도한 경쟁을 유발하고 개인주의를 기업에 확산시킬 수 있다.

---

3) 인사평가

1 인사평가의 개요

(1) 인사평가의 정의

인사평가는 조직 내부의 인력을 대상으로 조직 기여도 및 향후 기여 정도를 객관적인 기준으로 평가하는 것이다.

(2) 인사평가의 목적

① 적정배치

② 능력개발

③ 인력계획 및 인사 기능의 타당성 측정

④ 성과 측정 및 보상

⑤ 조직개발 및 노동 의욕 증진

(3) 효과적인 인사평가의 기준

① 전략과의 적합성

성과 측정이 전략과 적합한 정도이다.

② 타당성

타당성은 측정 도구가 실제로 측정하고자 하는 것을 정확하게 측정하는 정도를 뜻한다.

③ 신뢰성

신뢰성은 성과 측정이 가져오는 결과의 일관된 정도를 뜻한다.

④ 수용가능성

수용가능성은 측정 결과가 수용할 수 있는 정도의 실질적 기준을 제공하는 정도를 뜻한다.

⑤ 구체적 피드백

구체적 피드백은 인사평가 결과가 종업원에게 요구되는 사항을 구체적으로 제공하는 정도이다.

2 인사평가 방법

(1) 특성평가

① 특성평가의 정의

조직 구성원의 개인적 특성을 평가하는 방법이다.

② 평가척도법(평정척도법)

㉠ 평가척도법의 정의

피고과자의 능력, 개인적 특성 및 성과를 평가하기 위해 평가요소들을 제시하고 이에 대해 단계적 차등을 두어 평가하는 방법이다. 도식평가척도와 혼합표준척도로 나뉜다.

㉡ 도식평가척도

• 특성을 목록화하고 각 특성에 대한 평가척도를 제시하는 방법으로, 특성평가에서 가장 오래되고 일반적으로 사용된 척도이다.

• 평가척도는 5점 척도 혹은 점수의 범위를 이용한 방식이 사용된다.

• 평가 대상의 상태를 관리자가 전적으로 판단하기 때문에 신뢰성이 낮다.

㉢ 혼합표준척도

각 특성이 기술된 몇 개의 문장을 사용해 종업원의 특성을 점수화하는 방법이다.

③ 특성평가의 장점

개발이 쉽고, 다양한 직무와 조직에 적용할 수 있다.

④ 특성평가의 단점

㉠ 측정자마다 다르게 평가하므로 신뢰성이 낮다.

㉡ 특성과 성과를 연결하기 어렵다는 점에서 타당성이 떨어진다.

㉢ 조직 전략과 연관 짓기가 어렵다.

㉣ 개선이나 개발 등 향상 방법 강구가 어렵다.

(2) 행동평가

① 행동평가의 정의

직무성과와 관련된 행동들을 정의하고, 실제 구성원들의 행동에 근거해 평가하는 방법이다.

② 행동평가의 종류

㉠ 중요사건법(CIM ; Critical Incident Method)

• 구성원들이 효과적·비효과적으로 행동한 구체적 사례를 기록해 평가하는 방법이다.

• 구체적인 방식으로 평가하므로 구체적 피드백 전달이 가능하다.

• 중요사건을 기록하는 데는 상당한 노력이 필요하므로 관리자들이 선호하지 않으며, 주요사건이 유일할 경우 평가에 적절하지 않다.

개념더하기

타당·오염·결핍의 정의

• 타 당
제대로 수집되고 평가된 정보를 말한다.

• 오 염
수집되었지만 성과에 부적절한 정보를 말한다.

• 결 핍
성과와 관련된 수집되지 못한 정보를 말한다.

ⓛ 행위기준고과법(BARS ; Behaviorally Anchored Rating Scale)
- 성과의 기준을 구체화하여 기준별로 구체적 행동을 기술한 문장을 사용해 평가하는 방법이다.
- 중요사건법에 기초하며, 다양한 성과 수준을 명시해두고 있다.
- 내적 신뢰도를 증가시키는 방법이지만, 관리자의 편견이 반영될 수 있다.

행위기준고과법의 예시

순찰 경관의 근무에 대한 준비	
5단계	순찰에 필요한 모든 장비와 복장을 갖추고 있으며 일찍 출근하여 전임자 근무를 확인했다.
4단계	순찰에 필요한 모든 장비와 복장을 갖추고 있으며 일찍 출근했다.
3단계	순찰에 필요한 모든 장비와 복장을 갖추고 있으며 시간을 잘 지킨다.
2단계	순찰에 필요한 장비와 복장을 구비하지 못했다.
1단계	점호에 늦고, 장비와 차량을 간수하지 않으며 필요장비를 갖추지 않았다.

ⓒ 행위빈도고과법(BOS ; Behavioral Observation Scale)
- 효과적인 성과에 필요한 다양한 행동을 기술하고, 그것의 빈도를 측정하는 평가방법이다.
- 중요사건법에 기초하며, 성과 기여 행동을 얼마나 자주 하는지를 나타낸다.
- 행동변화에 대한 결과를 직접 보여주고, 조직 목표와의 연결이 쉬워 피드백 제공이 가능하다.
- 어떤 행동이 성과에 기여되는지 설정하기 어렵고, 복잡한 내용의 경우 적용이 불가능할 수 있다.

행위빈도고과법의 예시

근무에 대한 준비						
1. 순찰에 필요한 모든 장비를 잘 갖춘다.						
그렇지 않다.	1	2	3	4	5	그렇다.
2. 순찰에 필요한 모든 장비를 잘 갖춘다.						
그렇지 않다.	1	2	3	4	5	그렇다.
3. 항상 일찍 출근한다.						
그렇지 않다.	1	2	3	4	5	그렇다.
4. 출석 점호 이전에 전임자 근무 상황을 검토한다.						
그렇지 않다.	1	2	3	4	5	그렇다.
5. 출석 점호 이전에 특이사항을 기록한다.						
그렇지 않다.	1	2	3	4	5	그렇다.
6. 필요한 경우, 출석 점호시 후속 미팅을 잡는다.						
그렇지 않다.	1	2	3	4	5	그렇다.
총점 :						

개념체크OX
- BARS는 중요사건법에 기초한다. ☐O ☐X
- 행위빈도고과법은 조직 목표와의 연결이 어렵다. ☐O ☐X

O, X

(3) 체크리스트법

① 체크리스트법의 개념

인사평가 내용이 되는 능력, 태도, 작업행동, 성과 등에 관련되는 표준행동을 기술한 후 고과자가 직접 체크하는 기법이다.

② 체크리스트법의 장점

㉠ 인사평가 목적에 맞는 표준행동을 포함할 수 있기 때문에 타당성 측면에서 양호하다.

㉡ 관대화, 중심화, 가혹화 경향이 최소화될 수 있어 신뢰성 역시 매우 우수하다.

③ 체크리스트법의 단점

행동표준 선정과 가중치 부여에 대한 과학적 검토에 많은 시간과 비용이 든다.

(4) 비교법

① 비교법의 개념

비교법은 개인의 성과를 타인의 성과와 비교하는 방법이다.

② 비교법의 종류

㉠ 서열법

근무성적이나 능력의 정도를 평가요소별로 서열을 매긴 후 이를 종합하여 최종 순위를 정하는 방법이다.

㉡ 강제배분법

구성원을 전체 범주 중 특정 백분율 범주로 강제 할당하는 방법이다. 강제배분법은 조직원의 수행이 정규분포를 따른다는 가정을 바탕으로 한다. 정해진 비율에 맞게 피평가자를 배분해야 하므로 평가가 한쪽으로 치우치는 것을 방지한다.

㉢ 쌍대비교법(대인비교법)

순위를 매기기 위해 개별 구성원들을 일대일로 비교하는 방법이다.

③ 비교법의 장점

㉠ 모든 사람이 관대하게 평가되므로 분쟁의 소지를 줄일 수 있다.

㉡ 소수 평가자의 편견이나 특성으로 인한 성과 차이를 줄일 수 있다.

㉢ 연봉 증가나 승진, 해고 등의 결정에 유리하게 활용할 수 있다.

④ 비교법의 단점

㉠ 조직 목표와 연결하기가 어렵다.

㉡ 구성원의 행위변화나 개발을 하기 어렵다.

㉢ 순위를 매기는 근거에 대한 해석의 문제가 발생할 수 있다.

㉣ 쌍대비교법의 경우, 시간이 오래 걸린다.

㉤ 피평가자의 강·약점이나 절대적인 성과 수준을 파악할 수 없다.

개념체크OX

• 체크리스트법의 단점으로는 신뢰성이 있다. ☐O☐X

• 강제배분법은 평가의 편향을 예방할 수 있다. ☐O☐X

X, O

CHAPTER 03 교육·경력·평가·보상·노사관리 • **183**

(5) 360도 다면평가

① 360도 다면평가 개념

360도 다면평가는 어느 한 방향에서 평가하는 것이 아니라 최대한 정확한 측정을 위해 관리자, 동료, 부하, 종업원자신, 고객 등 종업원을 둘러싼 모든 출처로부터 정보를 얻어 평가하는 방법이다.

② 360도 다면평가의 장점

㉠ 성과를 대상으로 다양한 관점을 얻을 수 있다.

㉡ 구성원들의 의사소통 수단이 될 수 있다.

③ 360도 다면평가의 단점

㉠ 평가자들이 부하이거나 동료, 자기 자신일 경우 신분 노출에 따른 불이익 문제가 있다.

㉡ 조사하는 데 시간과 비용이 많이 소요된다.

(6) 결과평가법

① 결과평가법의 정의

결과평가법은 매출, 비용 등과 같이 관찰할 수 있으며 객관적인 결과를 가지고 평가하는 방법을 말한다. 자주 사용되는 방법으로는 생산성 평가법과 목표관리법이 있다.

② 생산성 평가법

단 계	내 용
1단계	집단이나 개인이 달성해야 할 산출물에 대해 규정한다.
2단계	산출물의 생산성을 측정할 방법을 설정한다.
3단계	각 성과 수준에서 요구되는 성과의 정도를 설정한다.
4단계	측정 결과를 기록하고, 그것에 대해 피드백을 제공한다.

③ 목표관리법(MBO ; Management By Objectives)

㉠ 목표관리법(MBO)의 정의

목표관리제도(MBO)는 상급자와 하급자가 함께 목표를 설정하고 실행한 후 이를 평가하는 경영과정을 말한다. 과업이 진행되는 과정에서 각 단계에 있는 구성원들이 조직의 전체목표 달성에 기여할 수 있도록 개별 목표를 세우는 시스템이다.

㉡ 목표관리의 3요소

- 목표는 구체적이며, 달성하기 어렵고 객관적이다.
- 경영자와 구성원은 목표 수립을 위해서 함께 노력한다.
- 경영자는 목표 추진 상황을 평가 기간을 통해 객관적인 피드백을 제공한다.

(7) 전사적 품질관리(TQM ; Total Quality Management)

① 기업활동의 전반적 품질을 높여 고객 만족을 달성하기 위한 경영 방법이다.

② 개인성과와 개인 업무 범위 내에 있는 시스템 모두를 평가하므로 전통적인 성과 측정과는 차이가 있다.

③ 표준을 세우고 성과를 측정할 때 구성원들과 고객 모두를 동시에 고려한다는 특징이 있다.

④ 구성원들이 지속해서 고객 만족을 향상하는 것이 피드백의 목표이다.

3 인사평가 오류

(1) 유사성 오류

유사성 오류는 자신과 비슷하다고 여기는 사람들을 더 좋게 평가하는 경향을 말한다.

(2) 대비 오류

대비 오류는 객관적인 기준이 아닌 다른 사람들 혹은 다른 사람들의 성과와 비교하려는 경향을 말한다.

(3) 분포 오류

① 분포 오류의 정의

분포 오류는 평가척도의 한 부분만을 사용하여 평가하는 경향을 말한다. 평가자에 의해 분포 오류가 발생할 경우 종업원들 간의 비교가 어렵다.

② 분포 오류의 종류

㉠ 관대화 경향

모든 사람에게 거의 최고의 점수를 주는 경향이다.

㉡ 중심화 경향

모든 사람에게 평균에 가까운 점수를 주는 경향이다.

㉢ 가혹화 경향

모든 사람에게 거의 최하의 점수를 주는 경향이다.

(4) 논리 오류

논리 오류는 평가자가 평소 하던 판단을 논리적이라고 착각해, 이를 기반으로 하여 임의로 평가하는 경향을 말한다.

(5) 후광효과

후광효과는 한 가지 긍정적인 측면만 가지고 나머지를 과대평가하는 경향이다.

(6) 뿔효과

뿔효과는 한 가지 부정적인 측면만 가지고 나머지를 과소평가하는 경향이다.

(7) 상동적 태도(stereotyping)

상동적 태도는 평가자가 자신의 선입견을 근거로 피평가자의 소속집단을 기준으로 평가하는 경향을 말한다.

> **개념더하기**
>
> **평가오류를 줄이는 방법**
> • 평가자 훈련
> • 평가 기준의 객관화
> • 공정한 평가시스템 설계

1 보상의 개요

(1) 보상의 개념

보상은 직원이 노동력을 투입해 조직의 성과를 냈을 때, 조직이 이에 상응하는 임금과 복지후생을 제공하는 행위를 의미한다. 보상은 큰 범위에서 경제적 보상과 비경제적 보상으로 나뉘며, 경제적 보상은 직접임금과 간접임금으로 나뉜다.

(2) 보상의 종류

① 경제적 보상

ㄱ 직접임금

금전적 형태로 주어지는 보상이다.

예 기본급, 고과급, 인센티브, 이연급 등

ㄴ 간접임금

서비스와 복지 후생 등에 해당한다. 제공되는 부대시설도 간접임금에 속한다.

예 복지후생, 연금, 보험, 유급휴일, 주차장, 체력단련실 등

② 비경제적 보상

조직 내에서 직무를 수행하면서 형성되거나 필요로 여겨지는 심리적 요소에 해당한다.

예 업무의 성취감, 직무 유연성, 상사·동료와의 관계, 리더십 등

> **개념더하기**
>
> **고과급**
> 조직구성원의 근무실적을 정성적으로 평가한 후 기본급 인상이나 성과상여금에 차등을 두는 제도이다.

> **개념더하기**
>
> **이연급**
> 종업원 자신의 임금액 중 일부를 저축이나 자사주, 연금에 투자했다가 종업원의 퇴직, 해고, 사망 시에 현금으로 지급하는 제도를 말한다.

2 임금관리

(1) 임금관리의 3요소

① 임금수준

임금수준은 임금액의 크기로, 정확히는 종업원에게 지급하는 평균임금의 크기를 의미한다.

② 임금체계

임금체계는 총액 임금의 배분 기준을 말한다.

③ 임금형태

임금형태는 임금의 지급방법 및 산정방법을 말한다.

(2) 임금의 외적 공정성과 내적 공정성

구 분	해당 임금관리	내 용	목 적
외적 공정성	임금수준관리	대외 비교	공정성을 통한 경쟁력 확보
내적 공정성	임금체계관리	직무 및 직능가치 비교	공정성을 통한 효율성 확보
	임금형태관리	구성원 업적 비교	공정성을 통한 만족성 확보

(3) 임금수준의 관리

① 상한선
기업의 지급 능력 범위에 해당한다. 생산성 기준에서는 매출액, 부가가치로 판단하고, 수익성 기준으로는 손익분기점, 원가구성, 매출총이익 분석으로 판단할 수 있다.

② 평균(사회적 균형)
종업원의 생계를 보장하면서 타사와도 경쟁할 수 있는 임금수준에 해당한다. 임금수준이 너무 낮으면 유능한 인재가 이탈하고, 임금수준이 너무 높으면 가격경쟁에 불리해진다.

③ 하한선
종업원의 생계비 범위에 해당한다. 하한선은 최저임금, 단체협약 등으로 보장된다.

(4) 임금체계의 관리

구 분	연공급	직무급	직능급
배분 기준	나이, 근속연수 등 인적요소에 따라 산정한다.	직무의 상대적 가치에 따라 산정한다.	직무수행능력 중심으로 산정한다.
특 징	평생 근속 혹은 장기 근속 시에 적합하다.	동일직무, 동일임금을 기본으로, 철저한 직무분석과 직무평가를 전제한다.	연공급과 직무급을 합친 제도이다.
장 점	• 고용 안정화 • 종업원의 소속감, 애사심 고양 • 질서유지와 사기 유지	• 공정성 보장 • 개인별 임금 격차에 대한 불만 해소	• 능력에 따른 임금 결정 • 완전 직무급 도입이 어려운 경우 적합
단 점	• 공정성 저하 • 소극적, 무사안일주의 유발 • 전문기술인력 확보의 어려움	• 철저한 직무분석과 직무평가 어려움 • 저항심 우려	직무수행능력 개발에 집중하여 일상업무를 소홀히 할 수 있음

(5) 임금형태의 관리
임금형태는 임금의 지급방법 및 산정방법이다. 임금을 지급할 때, 무엇을 기준으로 하여 무엇을 단위로 제공할 것인지에 대한 관리이다.

구 분	시간급제	성과급제(인센티브)
지급방법 및 산정방법	임금 = 근무시간 × 시간당 임금률	임금 = 성과 × 성과당 임금률
장 점	• 임금 안정성 • 품질관리 가능	노동 생산성 향상

3 개인 성과급제도

(1) 개인 성과급제도의 개요

개인 성과급제도는 개인별로 성과급을 적용하는 제도이다. 종업원들 개개인의 임금이 각자의 성과나 작업능률에 따라 결정된다. 생산량·소요시간 및 고정·변동 임금률 여부에 따라 단순성과급, 복률성과급, 표준시간급, 할증성과급으로 분류된다.

구 분	일정시간당 생산량	제품단위당 소요시간
고정 임금률	단순성과급제도	표준시간급제도
변동 임금률	복률성과급제도	할증성과급제도

(2) 생산량기준 성과급제도

① 단순성과급제도

제품단위당 임금률에 생산량을 곱해 지급하는 방법이다. 이해하기 쉽고 시행이 쉬우나, 단위당 임금률을 결정하는 것이 복잡하다.

② 복률성과급제도

㉠ 테일러식 복률성과급제도

표준실적 기준을 설정한 다음, 표준 이상의 실적을 달성하면 정상 임금률보다 높은 임금률을 적용하고, 표준 이하의 실적을 달성하면 정상 임금률보다 낮은 임금률을 적용하는 방법이다.

㉡ 메리식 복률성과급제도

표준실적 대비 100% 이상, 83% 이상 100% 이하, 83% 미만의 3단계의 임금률을 적용하는 방법이다.

㉢ 일급보장 성과급제도

표준실적에 미달하더라도 일급을 보장하고, 그 이상의 경우에만 성과급을 지급하는 방법이다.

(3) 시간기준 성과급제도

① 단순시간급제도(표준시간급제도)

시간당 임금률을 정하고, 이를 실제 노동시간에 곱해 임금을 산정하는 제도이다. 작업 내용이나 성과에 관계없이 노동시간에 따라 지급하므로 고정급, 정액급이라고도 불린다. 능률증진에 따라 제품 단위당 노무비가 감소한다.

② 할증성과급제도

㉠ 할시식 할증급제도

정해진 표준작업시간보다 단축된 시간 안에 작업을 완수한 경우, 절약한 시간에 대해 시간당 임금률의 1/2 또는 1/3을 적용해 추가로 지급하는 방법이다.

㉡ 비도우식 할증급제도

정해진 표준작업시간보다 단축된 시간 안에 작업을 완수한 경우, 절약한 시간의 75%를 추가로 지급하는 방법이다.

ⓒ 르완식 할증급제도

할시식 할증급제도와 유사하게 적용되나, 능률이 증가함에 따라 추가로 지급되는 시간당 임금률이 감소한다.

ⓔ 간트식 할증급제도

달성하기 매우 어려운 표준작업시간을 설정하고, 표준작업 시간 내에 완수한 경우 120%의 임금률을 적용해 지급한다.

4 집단 성과급제

(1) 집단 성과급제의 개요

① 집단 성과급제는 일정한 집단 단위 성과에 따라 성과급을 배분하는 제도이다.

② 조직구성원 개인의 업적을 평가하기가 힘들거나 구성원의 협조 및 공동의 노력이 중시되는 경우 적용될 수 있다.

③ 협동심과 집단 성과에 긍정적 영향을 주나, 분배방식이 복잡하고 이에 따른 마찰이나 무임승차 현상이 발생할 수 있다.

④ 크게 성과배분제도와 이윤분배제도로 나뉜다.

(2) 성과배분제도(Gain sharing)

① 스캔론플랜(Scanlon plan)

ㄱ 스캔론플랜의 정의

종업원의 생산성 향상에 따라 판매금액이 증가하거나 인건비가 절약되었을 때의 차액을 상여금의 형태로 지급하는 성과배분법이다. 종업원의 참여의식을 높이고, 노사협력 및 인건비 절약을 통한 생산성 향상을 목적으로 한다. 위원회를 통한 집단적 제안제도와 판매가치를 기준으로 한 성과배분방식 두 가지를 기반으로 한다.

ㄴ 집단적 제안제도

• 제안제도는 구성원으로 하여금 조직의 운영이나 작업수행에 필요한 개선안을 제안하도록 하고 이를 심사하여 우수한 제안에 대해서는 적당한 보상을 하는 제도이다.

• 집단적 제안제도는 개인 중심의 전통적 제안제도와 달리 위원회 중심, 집단 중심으로 형성된다.

ㄷ 성과배분방식

• 과거 2~5년 동안의 실제 노무비를 조사한 다음, 생산의 판매가치에 대한 실제 노무비의 비율을 기준노무비율로 설정한다.

• 이를 기초로 하여 매달 생산의 판매가치에 기준노무비율을 곱해 기준노무비를 계산하고 실제 노무비를 차감한 잔액이 성과배분의 재원이 된다.

• 재원의 25%는 사내유보하고 나머지 75%를 75:25로 종업원과 회사가 각각 배분한다.

개념체크OX

• 스캔론플랜은 판매금액 증가 또는 인건비 절약 등의 차액을 상여금으로 제공하는 제도이다. ○⨯

• 집단적 제안제도는 위원회 중심으로 형성된다. ○⨯

○, ○

② 럭커플랜(Rucker plan)
　　㉠ 럭커플랜의 정의
　　　초과된 부가가치를 노사협동의 산물로 보아 부가가치에서 인건비가
　　　차지하는 비율을 기준으로 배분액을 결정하는 제도이다.
　　㉡ 럭커플랜의 성과배분
　　　부가가치를 기준으로 임금액의 비율에 대해 표준노동분배율을 정해
　　　두고 이를 실제 부가가치에 곱해 배분액을 산정한다. 재원의 1/3은
　　　사내유보하고 나머지를 1/2로 종업원과 회사가 각각 배분한다.
　　㉢ 럭커플랜의 평가
　　　부가가치가 기준이기 때문에 생산제품의 시장 상황을 반영하는 합리
　　　적인 제도로 평가받는다. 해당 산업의 부가가치 노동분배율의 변동
　　　에 따라 표준노동분배율 또한 계속해서 수정해야 한다.

③ 임프로쉐어플랜(Improshare plan)
　　㉠ 임프로쉐어플랜의 개요
　　　단위당 소요되는 표준노동시간과 실제 노동시간을 비교해 절약된 노
　　　동시간을 노사가 1/2씩 배분하는 제도이다. 화폐단위가 아니라 물량
　　　단위로 계산하여 성과를 분배한다.
　　㉡ 임프로쉐어플랜의 평가
　　　스캔론플랜, 럭커플랜과는 달리 기업의 회계처리방식에 의존하지 않
　　　고 산업공학기법을 사용해 조직의 효율성을 측정하므로 새로운 기계
　　　도입 등에도 적용이 빨라 정확한 조직 성과를 측정할 수 있다. 다만,
　　　상여금 산정방법이 복잡해 종업원들의 이해가 쉽지 않다.

(3) 이윤배분제도

① 이윤배분제도의 정의
　　일정 수준 이상의 이윤이 발생했을 경우, 매영업기마다 결산 이익의 일
　　부를 종업원에게 추가로 지급하는 제도이다.

$$이윤분배액 = (실제이윤 - 목표이윤) \times 배분율$$

② 이윤배분제도의 장점
　　비용의 절감 측면보다 기업의 성과·능률의 전체적 측정에 집중하기 때
　　문에 생산성이 향상하고 노사 간 협조적 분위기가 조성되며, 분배율을
　　근속연수와 관련시킬 경우 장기근속이 고려된다.

③ 이윤배분제도의 단점
　　구성원들의 경영 참여가 거의 없을 수 있고 동기부여 효과가 낮다. 회계
　　적 이익 조작 가능성이 있다.

🔖 개념더하기

**커스터마이즈드 플랜
(Customized Plan)**
집단성과배분제도를 각 기업의
환경과 상황에 맞게 수정하여 적
용하는 제도로, 맞춤형 성과배분
제도라고도 한다. 커스터마이즈
드 플랜은 성과측정의 기준으로
노동비용이나 생산비용 등의 전
통적 기준 외에도 품질, 소비자
만족도 등 각 기업이 중요성을 강
조하고자 하는 새로운 기준을 사
용한다. 품질 개선, 생산비용 절
감 등의 성과가 목표를 초과하는
경우 해당 부서의 모든 사원들이
보너스를 지급받는 방식이다.

🔖 개념더하기

임금피크제
노동자가 일정 연령에 도달한 시
점부터 임금을 삭감하는 대신 노
동자의 고용을 보장하는 제도로,
기본적으로는 정년보장 또는 정
년연장과 임금삭감을 맞교환하
는 제도라 할 수 있다.

5 복리후생제도

(1) 법정 복리후생제도

　① 보험료 지원

　　㉠ 국민건강보험

　　㉡ 국민연금

　　㉢ 산업재해보상보험

　　㉣ 고용보험

　② 퇴직금제도

　③ 유급휴가제도

(2) 선택적 복리후생제도(카페테리아식 복리후생제도)

　① 종업원의 자율적 선택권을 보장한다.

　② 종업원의 선호 반영으로 동기부여에 효과적이다.

　③ 관리와 운영이 복잡하다.

　④ 특정 복리후생 선호 시, 비용문제가 발생한다.

(3) 복리후생제도와 임금제도의 비교

복리후생제도	임금제도
• 노동의 질이나 양에 무관하게 보상한다. • 집단적 보상 성격을 갖는다. • 다양한 형태로 지급한다. • 필요성에 입각하여 지급한다. • 창출적 효과를 갖는다.	• 노동의 질이나 양에 따라 차이가 발생한다. • 개별적 보상 성격을 갖는다. • 현금으로 지급한다. • 당위성에 입각하여 지급한다. • 이전적 효과를 갖는다.

5　노사관계관리

1 노동조합

(1) 노동조합의 개요

　① 노동조합의 정의

　　노동조합은 노동자가 주체가 되어 자주적으로 단결하여 근로조건의 유지, 개선 기타 노동자의 경제적, 사회적 지위의 향상의 도모를 목적으로 조직하는 단체 또는 그 연합단체를 말한다.

　② 노동조합의 기능

　　㉠ 기본기능

　　　노동조합을 유지하고 확장하는 기능이다.

　　㉡ 집행기능

　　　노동조합 결성 이후에 활동하는 기능으로 경제적 기능, 공개적 기능, 정치적 기능 등이 있다.

개념더하기

노사관계

노동자와 사용자의 관계를 뜻한다. 즉, 노동조합과 경영자의 관계를 말한다.

ⓒ 참모기능

교육, 선전, 조사연구, 사회봉사활동 등의 보조기능이다.

③ 노동 3권

㉠ 단결권

단결권은 노동자들이 단결할 수 있는 권리이다. 즉, 노동조합을 결성할 수 있는 권리이다.

㉡ 단체교섭권

노동조합이 노동자들을 대표하여 사용자 또는 사용자 단체와 교섭할 수 있는 권리이다.

㉢ 단체행동권

노동자가 사용자에 대항하여 단체로 행동할 수 있는 권리이다.

(2) 노동조합의 형태

① 직종별 노동조합(Craft union)

동일한 직종에 속하는 노동자들이 자신이 소속된 기업 또는 산업과 상관없이 직종을 중심으로 결합한 조직형태로, 노동조합의 형태 중 가장 일찍 발달한 형태이며 주로 숙련 노동자들이 조직한다.

② 산업별 노동조합

동종의 산업에 종사하는 노동자들이 자신의 직종과 소속된 기업과는 상관없이 산업을 중심으로 조직된 노동조합 형태로, 산업혁명이 진행됨에 따라 대량의 미숙련 노동자들이 노동시장에 진출하면서 이들의 권익을 보호하기 위해 발달했다.

③ 기업별 노동조합

하나의 기업에 종사하는 노동자가 직종 또는 산업과 상관없이 자신이 소속된 기업을 단위로 조직된 노동조합 형태로, 우리나라 노동조합의 대부분을 차지하는 노동조합이다.

④ 일반 노동조합

직종, 산업과 무관하게 하나의 산업이나 수 개의 산업에 걸쳐 있는 일반 노동자, 특히 미숙련 노동자들의 권익을 보호하기 위해 발달했다.

⑤ 연합단체 노동조합

여러 개의 단위 노동조합이 독립된 노동조합의 자격을 가지면서 산업별로 조직한 노동조합의 연합조직이다.

(3) 숍제도(Shop system)

① 숍제도의 정의

노동조합이 사용주와 체결하는 노동 협약에 종업원 자격과 조합원 자격의 관계를 규정한 조항을 넣어 조합의 유지와 발전을 도모하려는 제도이다.

② 숍제도의 종류

    ㉠ 오픈숍(Open shop)

        사용자가 조합원 또는 비조합원의 여부에 상관없이 아무나 채용할 수 있으며, 노동자 또한 노동조합에 대한 가입이나 탈퇴가 자유로운 제도이다.

    ㉡ 유니언숍(Union shop)

        사용자와의 단체협약으로 노동자가 고용되면 일정 기간 내에 노동조합에 가입하여 조합원 자격을 가져야 하고 노동조합에 가입하지 않거나 탈퇴 또는 제명된 경우에는 해고하도록 하는 조직 강제방법을 말한다.

    ㉢ 클로즈드숍(Closed shop)

        사용자가 노동자를 고용할 때 노동자가 노동조합에 가입되어있는 것을 고용조건으로 하는 협정을 말한다.

    ㉣ 에이전시숍(Agency shop)

        종업원 중에서 조합가입의 의사가 없는 자에게는 조합가입이 강제되지 아니하나 조합가입 대신에 조합비를 조합에 지급해야 하는 제도이다.

    ㉤ 프리퍼렌셜숍(Preferential shop)

        채용에 있어 노동조합원에게 우선순위를 부여하는 숍제도를 의미한다.

    ㉥ 메인터넌스숍(Maintenance shop)

        일단 단체협약이 체결되면 협약체결일 현재 조합원인 노동자는 조합에서 자유롭게 탈퇴할 수 있으나 협약이 유효한 일정 기간 동안은 조합원의 자격을 유지하여야 하는 조합원자격 유지 제도이다.

2 단체교섭

(1) 기업별 교섭

기업별 교섭은 특정 사업장에 조직된 기업별 노조와 해당 사업주 간의 교섭이다. 따라서 기업의 재무구조나 경영 사정을 반영한 교섭이 가능하다. 기업이 교섭의 장이 되면서 노사갈등과 분규 등 교섭비용이 과다하게 발생할 수도 있다.

(2) 통일 교섭

통일 교섭은 산업별·직종별 노조와 이에 대응하는 사용자 단체 간의 교섭이다. 개별 기업 단위 밖에서 노사 상급단체 간에 교섭이 이루어져 기업 단위 노사갈등을 최소화하고 통일적인 근로조건을 형성할 수 있으나, 개별 기업의 특성을 반영하기 어렵다.

(3) 대각선 교섭

대각선 교섭은 산업별 노동조합이나 기업별 노조의 상급단체와 개별 사용자 간에 이루어지는 교섭을 말한다.

개념더하기

체크오프 제도

사용자가 조합원의 임금에서 일괄 공제하여 조합비를 노동조합에 건네는 제도이다.

(4) 공동 교섭

공동 교섭은 산업별 노조와 그 지부(분회)가 공동으로 개별기업 사용자와 교섭하는 방식을 말한다.

(5) 집단 교섭

집단 교섭은 다수의 노조와 그에 대응하는 다수의 사용자가 서로 집단을 이루어 교섭에 응하는 형태를 말한다.

3 노동쟁의

(1) 노동쟁의의 정의

노동쟁의는 노동관계 당사자인 노동조합, 사용자 또는 사용자 단체 간에 임금, 근로시간, 복지, 해고 기타 대우 등 근로조건의 결정에 관한 주장의 불일치로 인하여 발생한 분쟁상태를 말한다.

※ 노조법 제2조 제5호

(2) 노동쟁의 조정 방법

① 조 정

조정은 중립적이고 공정한 제3자가 조정위원이 되어 노사 당사자 간의 타협이 이루어지도록 설득하고, 필요시 조정안을 제시하여 조속한 타결이 이루어지도록 지원하는 방법이다.

② 중 재

중재는 조정과 달리 관계 당사자를 구속하는 법률상 효력이 있는 처분이다.

③ 긴급조정

긴급조정은 쟁의 행위가 공익사업에 관한 것이거나 그 규모가 크거나 성질이 특별한 것으로, 국민경제를 현저히 해할 우려가 있거나, 국민의 일상생활을 위태롭게 할 위험이 현존하여 통상의 조정제도만으로는 그 해결이 부적절한 경우 행해진다.

개념더하기

전략적 인적자원관리
(SHRM ; Strategic Human Resource Management)
전략적 인적자원관리는 인적자원관리(HRM)가 조직의 목표 및 전략과 연계되고, 인적자원관리 활동 간에도 조화를 이루도록 하여 조직의 전략적 목표를 달성해가는 과정을 말한다.

01 교육훈련의 종류를 OJT(On-the-Job-Training)와 OFF-JT(Off-the-Job-Training)로 구분할 때, OJT의 주요 프로그램에 해당하는 것은?
경기환경에너지진흥원

① e-러닝
② 역할연기법(RP ; Role Playing)
③ 감수성 훈련(Sensitivity training)
④ 인바스켓 훈련(In-basket training)

[해설] 인바스켓 훈련은 실제 업무 중 미결재함에 있는 미처리된 작업을 처리하는 훈련으로, OJT훈련에 해당한다.

02 커크패트릭(Kirkpatrick)의 4단계 모형 중 교육 전에 비해 기술이나 지식이 증가했는지를 평가하는 단계는?
한국농어촌공사

① 반응평가
② 학습평가
③ 행동평가
④ 결과평가

[해설] 커크패트릭의 4단계 모형에서 2단계에 해당하는 학습평가는 교육 전보다 후에 기술이나 지식 등이 증가했는지에 대한 평가 단계이다.

03 다음 중 경력관리에 대한 설명으로 옳지 않은 것은?
한국산업단지공단

① 최근 들어 경력관리의 책임이 조직보다는 개인에 가까워지고 있다.
② 경력개발제도(CDP)는 능력주의, 성과주의 관점에서 경력개발을 추진하는 것이다.
③ 경력 닻 모형(Career Anchors)은 생활방식을 8개로 구분했다.
④ 경력 닻 모형(Career Anchors)에서 조직의 제약에서 벗어나 일을 스스로하고자 하는 닻은 기업가정신 닻에 해당한다.

[해설] 샤인(Schein)의 경력 닻 모형(Career Anchors)에서 조직의 제약에서 벗어나 일을 스스로하고자 하는 닻은 기업가정신 닻이 아닌 자율성 닻에 해당한다.

04 홀(Hall)의 경력단계 모형(Career stage model)에서 개인이 승진에 관심을 갖게되는 단계로 옳은 것은?

서울교통공사

① 1단계   ② 2단계
③ 3단계   ④ 4단계

[해설] 경력단계 모형에서 3단계에 해당한다. 3단계에는 의미 있는 결과의 성취를 지향하며, 따라서 생산성이 높아진다. 개인과 조직을 동일시하고 전체의 조직 목표와 관련해서 자신의 직무를 파악한다.

05 다음 중 임금체계에 대한 설명으로 옳지 않은 것은?

한국철도공사

① 연공급은 근속연수에 따라 임금이 결정되기 때문에 장기근속 시에 적합하다.
② 직무급은 연공급과 달리 동일한 노동에 대한 동일한 임금 지급을 원칙으로 한다.
③ 직능급은 직무분석과 직무평가제도가 제대로 정비되어 있지 않은 기업에도 도입이 가능한 임금체계이다.
④ 직무급은 직무수행능력에 초점을, 직능급은 직무의 상대적 가치에 초점을 두고 임금을 산정하는 방식이다.

[해설] 직무급은 직무의 가치에 따라 임금을 결정하는 임금체계이고, 직능급은 직무수행능력에 따라 임금을 결정하는 임금체계이다.

06 다음 승진의 유형 중 직위의 직무능력과 적합하지 않지만 승진하는 경우에 가장 적절한 것은?

주택도시보증공사

① 신분자격승진   ② 직능자격승진
③ 직무승진   ④ 직책승진

[해설] 신분자격승진은 연공주의에 입각한 제도로 직무 내용이나 직무 수행능력과 무관하게 개인의 인적자격요건이 성립함에 따라 승진시키는 방법이다.

07 다음 설명에 해당하는 인사평가기법은?

한국도로공사

> 피평가자들의 근무성적을 서로 비교하여 순위를 매기는 인사평가 방법

① 서열법
② 평정척도법
③ 중요사건기술법
④ 강제선택서술법

[해설] 근무성적이나 능력의 정도를 평가요소별로 서열을 매긴 후 이를 종합하여 최종 순위를 정하는 방법은 서열법에 해당한다.

08 다음 평정표에 해당하는 인사평가기법은?

미용실 오픈 준비	
5단계	오픈 청소를 완료하고, 복장을 갖추고 있으며 일찍 출근하여 전임자 근무를 확인했다.
4단계	오픈 청소를 완료하고, 복장을 갖추고 있으며 일찍 출근했다.
3단계	오픈 청소를 완료하고, 복장을 갖추고 있으며 시간을 잘 지킨다.
2단계	오픈청소를 완료하지 못했으며, 복장을 갖추지 못했다.
1단계	오픈 점호에 늦고, 오픈청소를 하지 못했으며, 복장을 갖추지 않았다.

① 전사적품질관리(TQM)
② 행위기준고과법(BARS)
③ 행위빈도고과법(BOS)
④ 체크리스트법

[해설] 주어진 평가표는 기준별로 구체적 행동을 기술한 문장을 사용해 평가하는 방법인 행위기준고과법에 해당한다.

09 다음 중 비교법에 대한 설명으로 옳지 않은 것은?

① 서열법은 피평가자의 강·약점이나 절대적인 성과 수준을 파악할 수 없다.
② 강제배분법은 평가가 한쪽으로 치우치는 것을 방지한다.
③ 비교법은 비교적 조직 목표와 연결하기가 어렵다.
④ 비교법은 구성원의 행위변화나 개발에 효과적이다.

[해설] 비교법은 조직목표와 연결하기가 어려워 구성원의 행위 변화나 개발을 기대하기 어렵다.

10 다음 중 평정척도법에 대한 설명으로 옳지 않은 것은?

① 조직구성원의 직무성과가 아닌 개인적 특성을 평가하는 방법이다.
② 평가요소들에 단계적 차등을 두어 평가하는 방법이다.
③ 평가 대상을 보다 객관적으로 평가할 수 있어 신뢰성이 높다.
④ 사전에 준비된 평가요소를 두고 해당 요소에 포함된 구성원의 능력만을 평가한다.

[해설] 평정척도법은 평가 대상을 관리자가 주관적으로 판단하기 때문에 신뢰성이 낮다는 단점이 있다.

11 다음 중 인사평가 분포 오류에 대한 설명으로 옳은 것은? 동남권원자력의학원

① 분포 오류는 평가척도의 여러 부분을 모두 사용하여 평가하여 평가에 오류가 생기는 것을 말한다.

② 관대화 경향은 모든 사람에게 평균에 가까운 점수를 주는 경향이다.

③ 중심화 경향은 말 그대로 평가가 중심으로 모이는 경향을 말한다.

④ 가혹화 경향은 평가가 극과 극을 오가는 경향을 말한다.

해설 분포 오류는 평가척도의 한 부분만을 사용하여 평가하는 경향을 말한다. 그 중 관대화 경향은 모든 사람에게 거의 최고의 점수를 주는 경향이다. 중심화 경향은 모든 사람에게 평균에 가까운 점수 즉, 중심에 가까운 점수를 주는 경향이다. 가혹화 경향은 모든 사람에게 거의 최하의 점수를 주는 경향이다.

12 다음 대화에서 A가 범한 오류로 가장 옳은 것은? 근로복지공단

> A : 이번 시험 결과 나온 것 봤어?
> B : 응 봤어. 잘 봤니?
> A : 나 이번에 처음으로 A를 받았어. 나는 너무 완벽한 것 같아.

① 후광효과

② 논리오류

③ 뿔효과

④ 초두효과

해설 한 가지 긍정적인 측면만 가지고 나머지를 과대평가하는 경향을 후광효과라고 한다.

13 다음 중 (ㄱ) 임금액의 크기를 나타내는 말과 (ㄴ) 총액임금의 배분 기준을 나타내는 말이 옳게 짝지어진 것은? 서울주택도시공사

	(ㄱ)	(ㄴ)
①	총임금액	임금형태
②	임금체계	임금수준
③	임금형태	임금수준
④	임금수준	임금체계

해설 임금수준은 임금액의 크기를 의미하는 말로, 종업원에게 지급하는 평균임금의 크기를 말한다. 임금체계는 총액임금의 배분 기준을 의미한다.

14 다음에서 설명하는 것은? 한국장학재단

> • 기업이 주어진 인건비로 평상시보다 더 많은 부가가치를 창출하였을 경우, 이 초과된 부가가치를 노사협동의 산물로 보고 기업과 종업원 간에 배분하는 제도이다.
> • 노무비 외 원재료비 및 기타 비용의 절감액도 인센티브 산정에 반영한다.

① 연봉제   ② 개인성과급제
③ 임금피크제   ④ 럭커플랜

[해설] 럭커플랜은 초과된 부가가치를 노사협동의 산물로 보아 부가가치에서 인건비가 차지하는 비율을 기준으로 배분액을 결정하는 제도이다.

15 다음 중 스캔론플랜(Scanlon plan)에 대한 설명으로 옳은 것은? 한국수자원공사

① 스캔론플랜은 개인별 성과급에 속한다.
② 판매금액 증가 또는 인건비 절약에 대해 차액을 상여배분한다.
③ 위원회를 통한 집단적 제안제도와 성과배분의 기준으로 부가가치를 사용한다.
④ 성과표준을 초과달성한 부분에 대해 부가가치를 기준으로 상여를 배분하는 방법이다.

[해설] 스캔론플랜(Scanlon plan)은 집단별 성과급제로, 종업원의 생산성 향상에 따라 판매금액이 증가하거나 인건비가 절약되었을 때의 차액을 상여금의 형태로 지급하는 성과배분법이다. 위원회를 통한 집단적 제안제도와 판매가치를 기준으로 한 성과배분방식 두 가지를 기반으로 한다.

16 다음 그래프에 해당하는 임금 제도로 옳은 것은? 부산항만공사

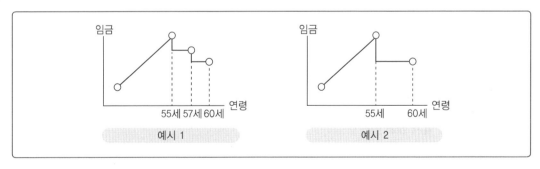

① 고정연봉제   ② 임프로쉐어플랜
③ 임금피크제   ④ 이윤배분제도

[해설] 주어진 그래프는 노동자가 일정 연령에 도달한 시점부터 임금을 삭감하는 대신 노동자의 고용을 보장하는 제도로, 임금피크제에 해당한다.

17 노동조합에 대한 설명으로 틀린 것은? 한국법무보호복지공단

① 일반 노동조합은 숙련근로자들의 최저생활조건을 확보하기 위한 조직이다.
② 산업별 노동조합은 정책활동 등에 의해 압력단체로서의 지위를 가진다.
③ 직종별 노동조합은 단결이 강화되고 단체교섭과 임금협상이 용이하다.
④ 우리나라 노동조합의 조직형태는 기업별 노조가 대부분이다.

해설 숙련근로자들의 최저생활조건을 확보하기 위한 조직으로 초기에 발달한 형태인 것은 직종별 노동조합이다. 일반 노동조합은 직종, 산업에 관계없이 하나의 산업이나 수개의 산업에 걸쳐 있는 일반근로자, 특히 미숙련근로자들이 조직한 노동조합의 조직형태이다.

18 다음 설명에 해당하는 것은? 한국자산관리공사

> 근로자가 노동조합에 가입하지 않거나 탈퇴하였을 경우 노동조합이 당해 조합원의 해고를 사용자에게 요구하고, 사용자는 당해 근로자를 해고하는 것을 본질적 내용으로 하는 노사 간 협정이다.

① 오픈숍(Open shop)
② 유니언숍(Union shop)
③ 에이전시숍(Agency shop)
④ 메인터넌스숍(Maintenance shop)

해설 사용자와의 단체협약으로 노동자가 고용되면 일정 기간 내에 노동조합에 가입하여 조합원 자격을 가져야 하고, 노동조합에 가입하지 않거나 탈퇴 또는 제명된 경우에는 해고하도록 하는 조직 강제방법의 숍제도는 유니언숍(Union shop)에 해당한다.

19 다음 설명 중 옳지 않은 것은? 한국가스공사

① 공동 교섭은 산업별 노동조합과 지부가 공동으로 개별기업 사용자와 교섭하는 방식이다.
② 중재는 조정과 달리 관계 당사자를 구속할 수 있는 법률상 효력의 처분이다.
③ 중재는 통상의 조정제도만으로 그 해결이 불가능할 경우 행해진다.
④ 긴급조정은 쟁의 행위가 공익사업에 관한 것일 때 행해진다.

해설 조정·중재와 같은 통상의 조정제도만으로 해결이 불가능한 경우 행해지는 것은 긴급조정에 해당한다.

PART 4

전략경영

최신복원문제

🔑키워드 수직적 통합

다음 설명 중 옳지 않은 것은?   서울대학교병원

① 후방통합은 원자재 공급 협력업체들의 영향력을 높여 통합하는 전략이다.
② 전방통합은 최종 구매자에 가까운 협력업체들의 영향력을 높여 통합하는 전략이다.
③ 후방통합은 수직적 통합, 전방통합은 수평적 통합에 해당한다.
④ 코즈(Coase)는 외부화 비용이 내부화 비용보다 크면 시장실패가 이뤄진다고 보았다.

해설 후방통합과 전방통합은 모두 수직적 통합에 해당한다.

정답 ③

Chapter 01

전략경영의 기초

기출 키워드	중요도
☑ 전략경영의 과정	★
☑ 전략의 수준	★★
☑ 수직적 통합	★★★
☑ 다각화	★
☑ 전략적 제휴	★

CHAPTER

01 전략경영의 기초

1 전략경영의 개요

1 전략경영의 정의

(1) 전략경영은 기업이 설정한 목표를 달성하기 위해서 경영환경의 위험이나 기회에 대응하고, 환경을 창조하는 지속적인 과정이다.

(2) 기업이 자원을 전략적으로 배분해 경쟁기업에 비해 경쟁우위를 획득할 수 있는 방법을 탐색하는 경영활동이다.

(3) 장기적이며 미래지향적인 관점에서 기업의 활동을 다룬다.

2 전략경영의 과정

(1) **전략수립(Plan)**

① 현재의 비전, 미션, 목표의 규명

② 환경분석(SWOT분석)

③ 전략선택

(2) **전략실행(Do)**

(3) **전략평가(See)**

전략경영의 과정

3 전략의 수준

(1) **전사적 수준**

기업의 본부에서 수립하는 것으로, 사업 방향성에 대한 전략에 해당한다.

(2) **사업부 수준**

기업이 각 사업의 제품시장에서 경쟁하기 위한 전략이다.

📌 **개념더하기**

전략경영의 필요성
• 기업의 규모 확대
• 불확실성의 증가
• 복잡성

개념체크OX

• 기업은 전략경영을 통해 경쟁우위를 얻을 수 있다. ⃞O ⃞X

• 전략경영의 과정은 전략수립, 전략실행, 전략평가 순서이다. ⃞O ⃞X

O, O

---

(3) 기능 수준

사업부에 속한 각 기능 부서들의 전략이다.

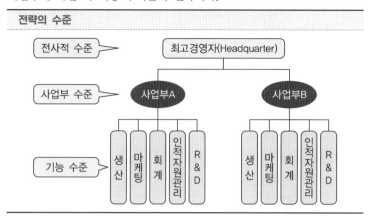

전략의 수준

2 전사적 수준 전략

1 수직적 통합(Vertical combination)

(1) 수직적 통합의 정의

수직적 통합은 원자재나 부품 공급원, 유통망 등 제품의 전체 공급과정을 수직적으로 통합함으로써 사업을 다각화하고 확대하는 것을 말한다. 기업은 수직적 통합을 통해 원가를 낮출 수 있고, 원자재나 부품 공급원, 유통망을 통합함으로써 시장 지배력을 강화할 수 있으며, 부품업체나 유통업체 등을 통제하기가 쉬워 외부환경에 조직적으로 대응할 수 있다.

(2) 수직적 통합의 종류

① 후방통합(Backward integration)

가치사슬의 근원지인, 원자재 공급 협력업체들에 대한 소유지분이나 영향력을 높여 활동을 통합하는 전략이다.

② 전방통합(Forward integration)

최종구매자에 가까운 가치사슬의 협력업체들의 소유지분이나 영향력을 높여 기업 활동을 통합하는 전략이다.

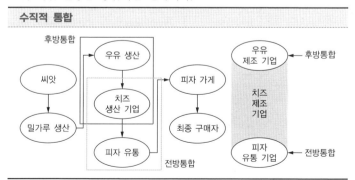

수직적 통합

개념체크OX

• 기능 수준으로는 생산, 마케팅 등이 있다.   O X
• 수직적 통합은 제품 생산 원가를 높인다.   O X

O, X

(3) 수직적 통합의 거래비용이론

① 거래비용이론의 개요
  ㉠ 코즈(Coase)는 경제적 거래의 관리를 위해 시장거래를 이용하는 외부화 전략과 수직적 통합의 내부화 전략의 비용을 비교하여 선택해야 한다고 주장했다.
  ㉡ 내부화 비용이 외부화 비용보다 크면 외부화를 선택하고, 외부화 비용이 내부화 비용보다 크면 내부화를 선택하지만 후자의 경우 시장실패가 이뤄진다고 보았다.

② 거래비용의 종류
  ㉠ 탐색비용
  ㉡ 모니터링비용
  ㉢ 협상비용
  ㉣ 계약비용
  ㉤ 이행비용

③ 외부화 비용을 증가시키는 요인들
  ㉠ 제한된 합리성
  ㉡ 기회주의
  ㉢ 불확실성
  ㉣ 소수의 교환관계
  ㉤ 정보밀집성

개념더하기

시장실패
경제학에서 시장기구가 그 기능을 제대로 발휘하지 못하여 자원이 효율적으로 배분되지 못하는 상태를 지칭한다.

2 수평적 통합(Horizontal combination)

수평적 통합은 동일 업종의 기업이 동등한 조건에서 합병이나 제휴를 이루고 제품과 서비스의 생산을 증가시키는 것을 말한다.

예 현대차가 기아차를 인수·합병하여 현대기아차 그룹이 되었다.

수직적 통합과 수평적 통합

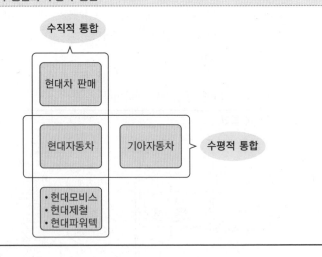

개념체크OX

• 수평적 통합은 상이한 업종의 기업 간에 일어난다. ☐☒

• 다각화는 범위의 경제를 가능하게 한다. ☐☒

X, O

3 다각화

(1) 다각화의 정의

다각화는 기업이 새로운 사업 영역으로 진출하는 전략을 말한다.

(2) 다각화의 목적

① 성장추구
② 위험분산
③ 범위의 경제
④ 시장 지배력
⑤ 내부시장의 활용

(3) 다각화의 종류

① 관련형 다각화

기존의 기업 활동과 진출하려는 새로운 사업 사이에 공통적인 가치사슬
이 구성되어있는 경우의 다각화를 말한다.

② 비관련형 다각화

기존의 기업 활동과 무관한 새로운 분야로 진출하는 경우의 다각화를
말한다.

4 전략적 제휴

(1) 전략적 제휴의 정의

전략적 제휴는 둘 이상의 기업이 서로 협력하는 것을 말한다.

(2) 전략적 제휴의 목적

① 자원 위험의 공유
② 신제품 개발과 시장 진입의 속도 단축
③ 산업표준의 선택
④ 기업의 유연성 확보

(3) 전략적 제휴의 주요 유형

① 기능별 제휴

지분의 참여 없이 여러 업무 분야에서 일부 협력관계를 맺는 것을 말
한다.

예 연구개발 컨소시엄, 기술제휴, 생산라이센스, 제품스왑

② 합작투자

공동출자회사로, 각 기업이 기술·노동 및 자본을 공동출자하여 회사를
설립하는 제휴를 말한다.

개념체크OX

• 전략적 제휴를 통해 기업들은
자원의 위험을 공유한다.

O X

• 집중화 전략은 비교적 협소한
시장을 공략하는 전략이다.

O X

O, O

3 | 사업부 수준 전략

1 사업부 수준 전략

마이클 포터(M. Porter)는 기업이 사업부 수준에서 활용할 본원적 경쟁전략으로 원가우위 전략, 차별화 전략, 집중화 전략을 제시했다.

원가우위 전략	경쟁기업보다 더 낮은 원가로 재화나 서비스를 이용해 원가우위를 점하는 전략
차별화 전략	차별화된 제품이나 서비스를 제공함으로써 산업 내 경쟁우위를 달성하려는 전략
집중화 전략	특정 시장·지역·소비자나 일부 제품을 집중적으로 공략하는 전략

04 | 플랫폼 전략

1 플랫폼 전략의 개념

(1) 플랫폼의 정의

플랫폼(Platform)이란 교통수단의 승강장과 같이 용도에 따라 다양하게 활용될 수 있는 공간을 말한다. 경영학적 의미에서의 플랫폼은 공급자와 수요자가 직접 참여하여 각자가 얻고자 하는 가치를 거래하는 환경이라고 정의할 수 있다.

(2) 플랫폼 전략

플랫폼 전략이란 일종의 장(場) 역할을 하는 플랫폼을 이용한 전략으로, 여러 그룹을 대화의 장 또는 거래의 장 역할을 하는 플랫폼으로 불러모아 각 그룹이 단독으로는 창출할 수 없는 가치를 만들어내는 것을 말한다.

2 플랫폼의 특징

(1) 비즈니스 간 융합 및 확장

플랫폼에서는 산업 간 경계가 모호해지며 여러 비즈니스가 융합·확장·다변화한다.

(2) 플랫폼 생태계

플랫폼은 공급자와 수요자를 포함한 플랫폼 생태계에 기반을 두며, 참여자 간의 상호작용과 그들이 창출하는 가치가 곧 플랫폼 생태계를 구성하고 유지하는 요소이다.

(3) 다면 시장 구조

대다수의 플랫폼은 양면 또는 다면 형태의 시장 구조를 띠며, 이러한 구조는 간접적·직접적 네트워크 효과를 불러온다.

(4) 승자독식 수익구조

플랫폼에서는 경쟁에서 살아남은 소수가 수익 대부분을 가져가는 승자독식 수익 구조가 나타난다.

3 플랫폼의 기능

(1) 연결 기능

다수의 그룹이 서로 교류할 수 있도록 장소를 제공하고 그들을 서로 연결하는 기능이다.

(2) 비용 감소 기능

각 그룹이 독자적으로 일을 처리할 때 발생하는 시간과 비용을 플랫폼이 대신 제공한다.

(3) 브랜드 신뢰 기능

플랫폼의 브랜드는 제품 및 서비스의 질을 일정 수준 보장하여 이용자에게 신뢰를 주고 고객의 검색 비용을 절감하는 효과를 불러온다.

(4) 네트워크 효과

플랫폼 참여 그룹 간의 신뢰가 쌓이고 그들의 상호작용을 통해 커뮤니티가 형성되어 플랫폼에 대한 애착이 만들어지는 효과를 말한다.

(5) 이질적 그룹 간 교류 기능

서로 전혀 연관이 없을 것 같은 여러 그룹을 한데 모아 연결하는 기능을 말하며, 삼각 프리즘 효과라고도 한다.

4 플랫폼 비즈니스

제품 및 서비스를 제공하는 생산자 그룹과 이를 소비하는 소비자 그룹을 플랫폼에서 서로 연결하고 그들의 거래 과정에서 새로운 가치를 창출하여 시장의 경제권을 형성하는 비즈니스 모델을 말한다.

01 다음 중 전략경영의 순서가 가장 옳지 않게 나열된 것은?

① 비전규명 → 전략선택 → 전략실행
② 전략선택 → 전략실행 → 전략평가
③ 전략수립 → 전략실행 → 전략평가
④ 전략평가 → 전략선택 → 전략실행

[해설] 전략경영의 과정은 크게 전략수립 → 전략실행 → 전략평가의 순서대로 진행된다. 그 중 전략수립은 다시 세분화하여 현재의 비전, 미션이나 목표 등의 규명, 환경분석, 전략선택의 순서로 이뤄진다.

02 다음과 같은 전략에 해당하는 것은? 경기도 통합채용

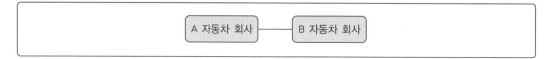

① 전방통합
② 후방통합
③ 수평적 통합
④ 비관련형 다각화

[해설] 동일한 산업 내 기업을 합병하여 제품과 서비스의 생산을 증가하는 것은 수평적 통합에 해당한다.

03 다음 중 다각화에 대한 설명으로 옳지 않은 것은? 대구도시개발공사

① 다각화는 기업의 위험을 분산시키는 역할을 한다.
② 다각화는 범위의 경제와 시장 지배력을 목적으로 한다.
③ 공통된 가치사슬을 기반으로 새로운 사업에 진출하는 것을 후방 다각화라고 한다.
④ 기존의 기업 활동과 무관한 새로운 분야로 진출하는 경우도 다각화에 해당한다.

[해설] 공통된 가치사슬을 기반으로 새로운 사업에 진출하는 다각화 전략은 관련형 다각화에 해당한다.

04 다음 중 전략적 제휴에 관한 설명으로 옳지 않은 것은? 한국자산관리공사

① 전략적 제휴는 자원과 위험 공유, 신제품 개발과 시장 진입에 필요한 소요시간 단축 등을 목적으로 한다.

② 기능별 제휴는 다양한 업무 분야에서 다른 기업과 협조 관계를 맺는 것으로, 지분 참여가 수반된다.

③ 기능별 제휴의 형태로는 기술제휴, 생산라이센스협정, 제품스왑 등이 있다.

④ 합작투자는 조인트벤처라고도 불리며, 두 기업으로부터 독립된 하나의 회사를 설립하는 제휴를 말한다.

[해설] 기능적 제휴는 전략적 제휴의 느슨한 형태로도 불리며, 지분의 참여 없이 다른 기업과 업무적인 부분에서만 일부 협조하는 관계를 맺는 것이다.

05 다음 중 수직적 통합의 거래비용으로 옳지 않은 것은?

① 탐색비용

② 협상비용

③ 예측비용

④ 계약비용

[해설] 수직적 통합의 거래비용으로는 탐색비용, 모니터링비용, 협상비용, 계약비용, 이행비용이 있다.

06 A기업이 선택한 사업부 수준의 전략은?

> A기업은 다른 비누회사들 보다 더 낮은 원가로 비누를 생산해 경쟁력을 차지했다.

① 원가우위 전략

② 가격주의 전략

③ 차별화 전략

④ 집중화 전략

[해설] A기업은 산업 내 경쟁기업보다 더 낮은 원가로 재화를 생산하였으므로 원가우위 전략을 취했다고 볼 수 있다.

최신복원문제

🔑 키워드 SWOT분석

다음 중 SWOT분석의 각 전략별 특성으로 옳게 짝지어진 것은?　　　　　한국기술교육대학교

① SO전략 : 내부약점으로 외부위험에 대응한다.

② WT전략 : 내부강점을 이용해 외부위험에 대응한다.

③ ST전략 : 내부강점을 이용해 외부기회를 포착한다.

④ WO전략 : 외부기회를 포착하여 내부약점을 극복한다.

해설) SWOT는 Strength(강점), Weakness(약점), Opportunity(기회), Threat(위협)의 앞글자이다. 따라서 WO전략은 외부
　　　기회를 포착하여 내부약점을 극복하는 전략에 해당한다.

정답 ④

Chapter 02

기업의 환경분석

기출 키워드	중요도
☑ SWOT분석	★★★
☑ 산업구조분석	★★★
☑ 가치사슬모형	★★
☑ BCG 매트릭스 모형	★★★
☑ 맥킨지 매트릭스 모형	★★

CHAPTER

02 기업의 환경분석

1 기업의 내부분석

1 SWOT분석

(1) SWOT분석의 개요

SWOT는 Strength(강점), Weakness(약점), Opportunity(기회), Threat (위협)의 앞글자를 딴 것으로, 기업의 강점과 약점, 환경의 기회와 위기를 식별하여 이를 토대로 효과적인 전략을 수립하는 기법이다.

(2) SWOT분석의 구성요소

① 강점(Strength)

경쟁기업과 비교하여 소비자로부터 강점으로 인식되는 요인이다.

② 약점(Weakness)

경쟁기업과 비교하여 소비자로부터 약점으로 인식되는 요인이다.

③ 기회(Opportunity)

외부환경에서 유리한 기회요인이다.

④ 위협(Threat)

외부환경에서 불리한 위협요인이다.

(3) SWOT전략의 종류

① SO전략

내부강점을 이용하여 외부기회를 포착하는 전략이다.

예 인수합병, 시장·제품 다각화, 성장, 시장기회 선점, 내부개발

② WT전략

외부위험과 내부약점이 결합한 경우의 대응 전략이다.

예 철수, 방어적 전략, 삭감전략, 합작투자, 벤치마킹, 핵심역량개발, 전략적 제휴, 구조조정

③ ST전략

내부강점을 활용해 외부위험에 대응하는 전략이다.

예 제품 다각화, 안정적 성장

④ WO전략

외부기회를 포착하여 내부약점을 극복하는 전략이다.

예 약점 극복, 턴어라운드, 핵심역량 강화, 합작투자, 전략적 제휴, 외부 기술 도입

개념체크OX

• SO전략으로는 인수합병이 있다.
　　　　　　　　　　　OX

• WO전략의 예시로 구조조정이 있다.　　　　　OX

　　　　　　　　O, X

SWOT분석

	긍정적 측면	부정적 측면
내부환경	강점 (Strength) S	약점 (Weakness) W
외부환경	기회 (Opportunity) O	위협 (Threat) T

개념더하기

합작투자(Joint venture)
공동출자회사라고 하는 것으로, 관계회사가 기술·노동 및 자본을 공동출자하여 회사를 설립하는 것을 말한다.

2 VRIO 분석

(1) VRIN 프레임워크

VRIN 프레임워크는 바니(J. B. Barney)가 제시한 평가 도구로, 기업이 보유한 자원의 4가지 속성이 시장에서의 지속적인 경쟁 우위의 원천이 된다고 보았다. 그는 기업이 보유한 자원이 경제적 가치가 있고(Valuable), 얻기 어려우며(Rare), 모방하기 어려우면서(Inimitable), 대체불가능(Non-substitutable)해야 한다고 주장했다.

(2) VRIO 분석

① VRIO 분석 모형의 개념

VRIO 분석 모형은 VRIN 프레임워크를 발전시킨 비즈니스 분석 도구로, 기업의 경쟁력과 잠재력을 평가하기 위한 4가지의 기준을 제시한다.

② 구성요소

㉠ 가치(Value)

기업이 직면하는 기회 또는 위협에서 기업이 보유한 자원이나 내부 역량이 가진 경제적 가치를 결정하는 기준이다.

㉡ 희소성(Rarity)

기업이 시장에서 경쟁우위를 점할 수 있도록 하는 자원의 희귀성을 평가하는 기준이다.

㉢ 모방가능성(Inimitability)

기업의 보유 자원을 다른 기업이 모방할 때 드는 비용은 어느 정도인지 측정하는 기준이다. 모방의 비용이 크다면 그만큼 모방가능성이 낮다는 것을 의미한다.

㉣ 조직화(Organization)

기업이 보유한 자원과 역량의 경쟁력과 잠재력을 완전히 실현할 수 있도록 하는 기업의 관리시스템, 내부프로세스, 조직구조, 조직문화 등을 평가하는 기준이다.

③ VRIO 분석 활용

가치 존재 여부	희소성 여부	모방가능성 여부	조직 활용성 여부	시장 경쟁 우위 정도
X				경쟁적 불이익
O	X			경쟁적 동등성
O	O	X		일시적인 경쟁적 이익
O	O	O	X	활용되지 않는 경쟁적 이익
O	O	O	O	일관된 경쟁적 이익

2 거시적 환경분석

1 PEST 분석의 개요

PEST 분석은 거시적인 외부환경을 분석하기 위해 정치적(Political), 경제적(Economic), 사회적(Social), 기술적(Technological) 요인을 이용하는 분석 도구이다.

2 PEST 분석의 확장

PEST 분석의 4가지 요인 외에 법적(Legal) 요인과 환경적(Environmental) 요인 또한 기업 외부환경 분석에 필요함을 주장하며 등장한 것이 PESTEL 또는 PESTLE 분석이다.

3 구성요소

(1) 정치적 요인

정치적(Political) 요인은 정부가 경제에 관여하는 정도를 나타내며, 국가적 차원에서 정부가 교육, 보건 등에 끼치는 영향까지 고려한다. 정치적 요인으로는 세금, 노동법, 무역정책, 관세정책 등이 있다.

(2) 경제적 요인

경제적(Economic) 요인은 기업이 의사결정을 하는 데에 큰 영향을 끼친다. 경제적 요인으로는 시장금리, 인플레이션율, 경제성장률 등과 수출입 등에 영향을 주는 환율이 있다.

(3) 사회적 요인

사회적(Social) 요인은 기업의 경영방식과 제품 및 서비스의 공급 방식에 영향을 줄 수 있다. 예를 들어 청년층의 실업률이 증가하여 노동 수요가 충족되지 않으면 기업은 경영방침을 변경해야 하는 상황에 놓인다. 사회적 요인으로는 문화적 요소, 인구성장률, 연령대 분포, 직업 태도 등이 있다.

(4) 기술적 요인

기술적(Technological) 요인은 제품 및 서비스의 품질, 비용 등에 영향을 끼칠 수 있으며, 기업의 기술 투자 및 기술 혁신과도 연관이 깊은 요인이다. 기술적 요인으로는 연구개발 활동, 자동화 기술, 기술 혁신 등이 있다.

(5) 법적 요인

법적(Legal) 요인은 정부의 기업에 대한 법적제재 등을 고려하며, 이는 기업의 내부정책 변화에 영향을 끼칠 수 있다. 법적 요인으로는 소비자법, 고용법, 독점금지법 등이 있다.

(6) 환경적 요인

환경적(Environmental) 요인은 최근 기후변화로 인한 문제점과 함께 대두된 요인으로, 관광업이나 농업 등의 산업에 직접적인 타격을 줄 뿐만 아니라 기업의 신시장 개척이나 제품의 축소·소멸 등에도 영향을 끼칠 수 있다. 환경적 요인으로는 기후변화, 환경오염 등이 있다.

3 산업구조분석

1 산업구조분석의 개요

산업구조분석(5 forces model)은 마이클 포터(M. Porter)가 제시한 분석모형으로, 기업이 직면하는 다섯 가지의 위험 요인을 찾아내 그 크기를 결정하는 모형이다.

2 다섯 가지 위험요인

(1) 기존기업 간 경쟁(현재 산업 내 경쟁)

산업 내 기존기업들 사이 나타나는 경쟁 강도에 따른 위협을 말한다.

예 시장성장률, 전략군, 경쟁자 수, 고정비용, 재고비용, 철수장벽, 전환비용, 차별화

(2) 잠재적 진입자의 위협

잠재적 진입자는 현재는 경쟁하고 있지는 않지만, 향후 경쟁에 뛰어들 의지 및 능력이 있는 잠재적 진입기업을 의미한다.

예 규모의 경제, 소요자본, 유통경로 접근성, 브랜드로열티, 원가 우위, 법적 규제, 기존기업 보복

(3) 대체재의 위협

기업 제품의 대체재로 발생하는 위협을 말한다.

예 대체재에 대한 구매자의 욕구, 가격경쟁력, 품질경쟁력, 전환비용

개념더하기

턴어라운드

적자 기업이 흑자 상태로 전환되는 것을 말한다. 강도 높은 구조조정으로 부실 사업을 정리하거나 성장성과 수익성 높은 사업 위주로 재편하여 재무제표가 좋아지면서 실적을 높이는 방법이 대표적이다.

(4) 공급자의 교섭력

공급자의 원재료 가격 인상, 공급물량의 감축 등을 이용하여 기업의 위협요인이 될 수 있다.

> 예 공급자 수, 공급 규모, 공급상품중요도, 차별화, 대체재 수, 전환비용, 전방통합능력

(5) 구매자의 교섭력

구매자의 가격 인하 요구 또는 품질과 서비스 향상 요구 등은 기업들을 대립시킴으로써 기업에 위협요인이 될 수 있다. 반대의 경우 기업은 판매수익 상승의 기회를 얻는다.

> 예 구매자 수, 구매 규모, 구매상품중요도, 차별화 요구, 대체재 수, 전환비용, 후방통합능력

🍩 개념더하기

전략군
어떠한 산업에서 비슷한 전략을 취하는 기업 집단을 말한다.

🍩 개념더하기

대체품
객관적으로 다른 제품이지만, 고객 욕구의 충족 면에서 유사성을 지니는 제품이다.

4 가치사슬모형

1 가치사슬모형의 개요

가치사슬모형(Value chain)은 마이클 포터(M. Porter)가 제시한 모형으로, 기업이 자신의 경쟁적 지위를 파악하고 이를 향상할 수 있는 지점을 찾아 경쟁전략을 세우는 데 사용하는 모형이다.

2 가치사슬모형의 구성

(1) 본원적 활동(Primary activities)

기업의 제품 및 서비스 생산과 분배에 직접 연관되어있는 활동이다. 구매, 제조, 내부 물류, 제조・생산, 외부 물류, 판매, 마케팅・영업, 서비스 등으로 구성된다. 주요 활동으로도 불린다.

(2) 지원 활동(Support activities)

본원적 활동을 지원하는 활동으로 기업 하부구조, 인적자원관리, 기술개발, 조달 활동으로 구성된다. '보조 활동'으로도 불린다.

구 분		내 용
본원적 활동	물류투입	원재료나 부품의 구입과 배송 등
	생산운영	구매한 재료의 조립과 가공 등
	물류산출	제조한 제품의 창고 또는 소매점 배송 등
	마케팅과 판매	제품의 영업 선전이나 점포에서의 판매활동 등
	서비스	판매 후의 문의 대응이나 사후 a/s 등
지원 활동	기업전반관리	기획, 재무, 경리, 법무, 정보시스템 업무 등
	인적자원관리	인재채용, 교육, 급여업무 등
	연구개발	주활동과 관련된 신제품, 서비스 개발, 각종 테스트 등
	구매조달	주활동을 지원하는 물건이나 서비스의 구입 등

가치사슬모형

---

5 사업 포트폴리오 관리

1 BCG 매트릭스 모형

(1) BCG 매트릭스 모형의 개요

BCG 매트릭스 모형은 보스턴 컨설팅 그룹(BCG ; Boston Consulting Group)에서 제시한 것으로, '시장성장률'과 '상대적 시장점유율'을 기초로 사업 포트폴리오를 분석하는 모형이다.

(2) BCG 매트릭스의 구성

① 스타(Star) 사업부

ㄱ 시장성장률도 높고 상대적 시장점유율도 높은 경우의 사업이다.

ㄴ 이 사업부의 제품들은 제품수명주기에서 성장기에 속한다.

ㄷ 이에 속한 사업부를 가진 기업은 시장 내 선도기업의 지위를 유지하기 위해 많은 자금을 투입해야 한다.

ㄹ 스타 사업부에 속한 기업들이 효율적으로 잘 운영된다면 이들은 캐시카우 사업부가 된다.

② 캐시카우(Cash cow) 사업부

ㄱ 시장성장률은 낮지만 높은 상대적 시장점유율을 유지하는 사업이다.

ㄴ 제품수명주기에서 성숙기에 속하는 사업부이다.

ㄷ 새로운 설비투자 등과 같은 신규 자금의 투입이 필요 없으면서 시장 내 선도 기업에 속하므로 규모의 경제와 높은 생산성을 누리며, 많은 이익을 시장으로부터 창출해낸다.

ㄹ 캐시카우 사업부의 이익은 전체 기업의 차원에서 상대적으로 많은 현금이 필요한 다른 사업부로 배분된다.

③ 물음표(Question mark) 사업부

ㄱ '문제아 사업부'라고도 불린다.

ㄴ 시장성장률은 높으나 상대적 시장점유율이 낮다.

ㄷ 이 사업부의 제품들은 제품수명주기에서 도입기에 속하는 사업부이다.

ㄹ 시장에 처음으로 제품을 출시한 기업 대부분의 사업부가 출발하는 지점이다.

🔖 개념더하기

상대적 시장점유율

$$= \frac{(자사의\ 시장점유율)}{\left(\begin{array}{c}시장\ 내\ 1위\ 기업의 \\ 시장점유율(자사\ 제외)\end{array}\right)} \times 100(\%)$$

🔖 개념더하기

시장성장률

전략사업단위가 속한 시장의 연간 성장률을 의미하며, 균형 포트폴리오를 수립할 때 외부환경으로부터의 기회와 위협을 반영한다. 주로 10%를 기준으로 높고 낮음을 평가한다.

㉤ 많은 자금 투입이 필요하다.
　　　㉥ 기업이 자금을 투입할 것인가 또는 사업부를 철수해야 할 것인가를 결정해야 한다.
　　　㉦ 한 기업에 물음표에 해당하는 사업부가 여러 개이면, 전략적으로 소수의 사업부에 집중 투자하는 것이 효과적이라 할 수 있다.
　④ 개(Dog) 사업부
　　　㉠ 시장성장률도 낮고 상대적 시장점유율도 낮은 사업부이다.
　　　㉡ 제품수명주기에서 쇠퇴기에 속하는 사업이다.
　　　㉢ 낮은 시장성장률 때문에 비교적 많은 자금의 소요가 필요하진 않지만, 사업 활동에 있어서 얻는 이익도 매우 적은 사업이다.
　　　㉣ 적절한 사업 철수 전략이 요구된다.

BCG 매트릭스

별(Star)		물음표(Question Mark)	
• 수익성 : 높고 안정적 • 현금흐름 : 중립적 • 전략 : 확대, 수확		• 수익성 : 낮고 불안정적 • 현금흐름 : 마이너스 • 전략 : 확대, 철수	
캐시카우(Cash Cow)		개(Dog)	
• 수익성 : 높고 안정적 • 현금흐름 : 높고 안정적 • 전략 : 유지		• 수익성 : 낮고 불안정적 • 현금흐름 : 중립적, 마이너스 • 전략 : 철수	

(3) BCG 매트릭스의 선순환

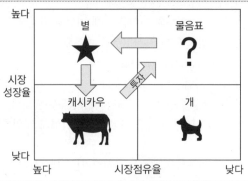

BSG 매트릭스의 선순환

2 맥킨지 매트릭스 모형(GE/McKinsey Matrix)

(1) 맥킨지 매트릭스 모형의 개요

제너럴 일렉트릭사(GE ; General Electric)가 컨설팅업체 맥킨지(McKinsey)의 도움으로 완성한 경영평가 도구이다. '산업의 장기매력도'와 '사업단위의 경쟁력'을 기초로 사업 포트폴리오를 분석하는 모형이다. 승자, 유지, 패자 세 가지 영역으로 표시된다.

(2) 맥킨지 매트릭스 모형의 내용

① 분석기준

　㉠ 산업의 장기매력도

　　시장규모, 시장성장률, 시장수익성, 자본집약도, 기술의 안정성, 경쟁도 등 외부요인으로 평가한다. 매트릭스 내부에 있는 원의 크기는 시장의 규모를 나타낸다.

　㉡ 사업단위의 경쟁력(위치)

　　전략사업단위, 사업의 전체규모, 시장점유율, 가격우위, 품질, 기술력 등 내부요인으로 평가한다. 매트릭스 내부에 있는 원의 비율은 시장점유율을 나타낸다.

② 물음표 사업단위

승리자 사업단위와 패배자 사업단위 모두 될 수 있는 사업단위에 해당한다.

③ 이익창출자 사업단위

승리자 사업과 물음표 사업단위의 자금 원천이 되는 사업단위에 해당한다.

④ 평균사업 사업단위

강점도 약점도 없는 평균적인 사업단위에 해당한다.

맥킨지 매트릭스 모형

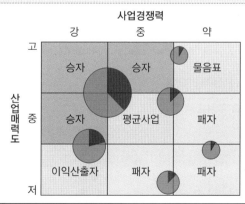

맥킨지 매트릭스에 따른 전략

사업경쟁력

	고		저
고 산업매력도	우위사수	성장투자 (Risk 감수)	선택적 성장
	이익극대화 (Risk 최소화)	현상유지	선택투자 선택철수
저	이익창출	선택적 수확 (Risk배제)	철수 (손실최소)

3 BCG 매트릭스와 맥킨지 매트릭스의 비교

구 분	BCG 매트릭스	맥킨지 매트릭스(GE Matrix)
기 준	• 시장점유율 • 시장성장률	• 산업 매력도 • 사업 경쟁력
바람직한 사업부 배치	모든 영역에 골고루 배치	승자 구역
강조점	자금의 흐름	투자수익률(ROI)
장·단점	객관적이나 변수가 단순하여 복잡한 경우에 분석이 어렵다.	각종 요인을 포괄적으로 고려하지만 분석이 주관적일 수 있다.

4 블루오션 전략

(1) 블루오션

블루오션은 경쟁자가 없는 새 시장 공간을 뜻하는 말로, 새로운 수요창출 및 수요 장악이 가능하다. 차별화와 저비용 전략을 동시에 추구할 수 있으며, 새로운 가치를 창출할 수 있다.

(2) 레드오션

레드오션은 경쟁이 치열한 기존 시장 공간을 뜻하는 말로, 기존 수요시장을 공략해야 하며, 차별화나 저비용 전략을 동시에 추구할 수 없다.

(3) 블루오션 전략(ERRC)

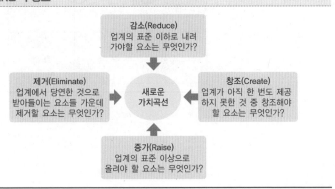

ERRC 구성표

개념더하기

퍼플오션
레드오션 시장에서 새로운 기술을 적용하거나, 아이디어를 이용하여 새로운 시장으로 확장해가는 것을 의미한다.

01 다음 중 SWOT분석에 대한 설명으로 옳지 않은 것은?　　　　　　　　　　서울주택도시공사

① SWOT분석의 척도는 강점, 약점, 기회, 위협으로 구성되어 있다.
② SWOT분석은 조직 내부, 외부환경을 계량적인 관점에서 분석한 것이다
③ ST전략의 예시로는 제품 다각화, 안정적 성장 등이 있다.
④ WO전략은 외부기회를 포착하여 내부약점을 극복하는 전략이다.

해설 SWOT분석은 기업의 강점과 약점, 환경의 기회와 위기를 식별하여 이를 토대로 효과적인 전략을 수립하는 기법으로, 조직 내부와 외부환경을 계량적으로 분석하는 기법이 아니다.

02 다음 중 WT전략으로 옳은 것은?　　　　　　　　　　경기테크노파크

① 인수합병　　　　　　　　　② 내부개발
③ 구조조정　　　　　　　　　④ 약점극복

해설 WT전략은 외부위험과 내부약점이 결합한 경우 전략이다. 구체적인 방법으로는 철수, 방어적 전략, 삭감전략, 합작투자, 벤치마킹, 핵심역량개발, 전략적 제휴, 구조조정 등이 있다. 인수합병과 내부개발은 SO전략의 기법이고, 약점 극복은 WO전략의 기법이다.

03 다음 설명에 해당하는 것은?　　　　　　　　　　한국특허전략개발원

- 강도 높은 구조조정으로 적자 기업이 흑자 상태로 전환되는 것을 말한다.
- SWOT분석 중 WO전략의 일종이다.

① 조인트 벤처(Joint venture)
② 턴어라운드(Turn-around)
③ 벤치마킹(Benchmarking)
④ 다운사이징(Downsizing)

해설 적자 기업이 흑자 상태로 전환되는 것을 턴어라운드라고 하며, 주로 강도 높은 구조조정으로 실적을 향상한다.

04 포터(Porter)의 산업구조분석 모형의 5가지 요소로 가장 적절하지 <u>않은</u> 것은? 경기도통합채용

① 기업지배구조의 변동성
② 잠재적 진입자의 위협
③ 대체재의 위협
④ 구매자의 교섭력

[해설] 포터의 산업구조분석 모형 5가지 요소는 기존기업 간 경쟁, 잠재적 진입자의 위협, 대체재의 위협, 공급자의 교섭력, 구매자의 교섭력이다.

05 포터(Porter)의 가치사슬모형(Value Chain)에서 본원적 활동(Primary Activities)에 해당하는 것은? 한국산업단지공단

① 인적자원관리
② 서비스
③ 기술개발
④ 기획·재무

[해설] 포터의 가치사슬모형에서 본원적 활동(Primary activities)으로는 내부 물류, 제조·생산, 외부 물류, 마케팅·영업, 서비스 등이 있다.

06 다음 중 포터(Porter)의 이론에 대한 설명으로 옳지 <u>않은</u> 것은? 소상공인시장진흥공단

① 산업구조분석 모형에 따르면 잠재적 진입자는 현재 경쟁하고 있지 않지만 기업의 위협요인에 해당한다.
② 산업구조분석 모형에 따르면 고정비용, 재고비용 등은 기존기업 간 경쟁 위험 요인의 예시이다.
③ 가치사슬모형에 따르면 기업활동은 본원적 활동과 지원 활동으로 구분되는데, 기술개발은 보조활동에 해당한다.
④ 가치사슬모형에 따르면 본원적 활동(Primary activities)에는 기획, 재무, 구매, 생산, 유통, 사후관리가 포함된다.

[해설] 가치사슬모형에서 기획과 재무는 본원적 활동(Primary activities)이 아닌, 지원 활동(Support activities)에 해당한다.

07 보스톤컨설팅그룹(BCG)의 사업포트폴리오 매트릭스에 관한 설명으로 옳은 것은? 국민연금공단

① 산업의 매력도와 사업의 강점을 기준으로 분류한다.
② 물음표(Question mark)에 속해 있는 사업단위는 투자가 필요하나 성장가능성은 낮다.
③ 개(Dog)에 속해 있는 사업단위는 확대전략이 필수적이다.
④ 캐시카우(Cash cow)에 속해 있는 사업단위는 수익이 높고 안정적이다.

[해설] 캐시카우(Cash cow) 사업단위는 시장성장율은 낮으나, 상대적으로 시장점유율이 높다. 시장 내 선도기업에 속해 많은 이익을 시장으로부터 창출한다. 또한, 현금을 확보하기에 좋다.

08 GE/맥킨지 매트릭스(GE/McKinsey Matrix)에서 전략적 사업부를 분류하기 위한 두 기준은? 경기신용보증재단

① 산업매력도 – 사업단위 경쟁력(위치)
② 시장성장률 – 시장점유율
③ 산업매력도 – 시장성장률
④ 사업단위 위치(경쟁력) – 시장점유율

[해설] 맥킨지모형에서 분석기준으로 사용하는 것은 산업의 장기 매력도와 사업단위의 경쟁력이다.

09 다음 중 블루오션 전략으로 옳지 않은 것은? 인천글로벌캠퍼스운영재단

① 제거(Eliminate)
② 증가(Raise)
③ 합의(Consent)
④ 감소(Reduce)

[해설] 블루오션의 전략 ERRC전략으로는 제거(Eliminate), 증가(Raise), 감소(Reduce), 창조(Create)가 있다.

최신복원문제

🔑키워드 기업의 글로벌화 과정

기업의 글로벌화 과정이 순서대로 나열된 것은?   서울대병원

> ㄱ. 현지시장지향 마케팅
> ㄴ. 내수지향
> ㄷ. 세계시장지향
> ㄹ. 현지시장지향 생산
> ㅁ. 수출지향

① ㄱ → ㄹ → ㅁ → ㄷ → ㄴ
② ㄴ → ㅁ → ㄱ → ㄹ → ㄷ
③ ㄴ → ㅁ → ㄹ → ㄱ → ㄷ
④ ㄴ → ㄱ → ㅁ → ㄹ → ㄷ

해설 기업의 글로벌화는 내수지향, 수출지향, 현지시장지향 마케팅, 현지시장지향 생산, 세계시장지향의 단계를 걸쳐
이뤄진다.

정답 ②

Chapter 03

국제경영

기출 키워드	중요도
☑ 해외직접투자	★★★
☑ 기업의 글로벌화 과정	★
☑ 라이선싱	★
☑ 프랜차이징	★
☑ 계약생산	★
☑ 관리계약	★
☑ 턴키계약	★
☑ 초국적 기업	★★

CHAPTER

03 국제경영

1 국제경영의 개요

1 국제경영의 의의

(1) 전략경영은 1960년대 이후 세계적 차원으로 경제교류가 확대되면서 국제경영 연구의 필요성이 대두되었다.

(2) 2국 이상에서 동시에 이루어지는 기업의 국제적 경영활동을 연구대상으로 한다.

(3) 국가 간 차이에서 비롯된 수많은 의사결정 문제들에 대한 다국적 기업의 반응을 연구하여 국제적 경영전략을 도출할 수 있다.

2 연구분야

(1) 재화, 용역 생산요소 및 기업 자체의 국제적 이동과 관련된 기업의 경영활동

(2) 국제경영의 정치, 경제, 사회, 문화, 기술적 환경에 대한 분석과 경영전략

(3) 국제경영활동을 수행하는 다국적 기업의 제반관리 문제

(4) 지역연구와 이에 따른 경영문제

(5) 비교경영

2 기업의 글로벌화

1 기업의 글로벌화 동기

(1) 수출 동기
  ① 유휴시설 활용
  ② 원가절감
  ③ 제품수명주기의 연장
  ④ 위험분산

(2) 해외직접투자 동기
  ① 시장관련 동기
  ② 생산관련 동기

③ 경쟁관련 동기

④ 경영환경관련 동기

⑤ 피투자국 정부정책관련 동기

⑥ 기업 특유의 동기

⑦ 경쟁우위확보 동기

2 기업의 글로벌화 과정

(1) 내수지향 단계

내수지향 단계는 대부분의 생산과 마케팅 활동을 국내시장을 목표로 전개하는 단계이다.

(2) 수출지향 단계

① 해외시장의 상대적 중요성이 증가한다.

② 국내생산 후 수출한다.

③ 해외 마케팅에 있어 바이어에 의존한다.

(3) 현지시장지향 마케팅 단계

① 국내 생산 후 수출한다.

② 현지마케팅을 강화한다.

③ 독자 판매망, 브랜드관리 등에 집중한다.

(4) 현지시장지향 생산 단계

① 현지생산 후 현지마케팅한다.

② 현지시장에 대한 적극적 공략, 수입규제 회피, 현지소비자의 욕구에 신속 대응 등이 가능하다.

(5) 세계시장지향 단계

① 복수의 생산입지를 가지며, 복수의 시장국가가 유기적으로 연결돼있다.

② 글로벌 통합 및 조정, 세계적 관점에서 생산 및 마케팅의 최적화가 가능하다.

> **기업의 글로벌화 과정**
> 내수지향 단계 → 수출지향 단계 → 현지시장지향 마케팅 단계 → 현지시장지향 생산 단계 → 세계시장지향 단계

3 기업 글로벌화의 장점과 위험요소

(1) 기업 글로벌화의 장점

① 외국시장의 침투

② 무역장벽의 완화

③ 저렴한 노동력 이용

④ 적시 제조시스템의 적용 가능

(2) 기업 글로벌화의 위험요소

① 상이한 문화의 영향

② 언어의 장벽

③ 국가 간 법과 규정의 차이

④ 정치적 위험

⑤ 제반 인프라

4 기업의 글로벌화 방법

(1) 시장진입 전략

① 글로벌 아웃소싱

국외에서 부품이나 완제품을 조달하고 국내에서 생산하는 형태의 전략을 말한다.

② 수 출

가장 단순한 방법으로, 수출업무 의존도에 따라 직접수출과 간접수출로 분류된다. 수출의 장점으로는 해외고객과의 접촉 증가로 독자적 해외시장 구축 가능, 직접적 이윤극대화 등이 있다.

③ 계약방식

㉠ 라이선싱(Licensing)

특정 기업이 보유하고 있는 지적재산권과 노하우 등이 활용될 수 있도록 기술지원 및 정보를 제공하고 이에 부수되는 권리를 부여하는 대가로 로열티(사용료)를 받는 것이다.

㉡ 프랜차이징(Franchising)

상표나 상호의 사용권을 다른 기업에 부여하고, 추가로 원료, 부분품, 또는 서비스 등 최종제품의 중요한 성분을 계속해서 일괄공급, 판매하는 권리를 확보하는 방법이다.

㉢ 계약생산(CM ; Contract Manufacturing)

진출대상국의 업체가 일정한 계약조건하에 제품을 생산하고 주문자의 상표를 붙여 현지 또는 제3국에 판매하게 하는 방법이다.

㉣ 관리계약(Contract management)

경영서비스를 제공하는 방법으로 특히 전문서비스 즉, 금융, 호텔업 등에 해당한다.

㉤ 턴키계약(Turn-key contract)

열쇠를 돌리기만 하면 사용할 수 있다는 뜻에서 유래한 것으로, 시공자가 대상 프로젝트의 금융, 토지조달, 설계, 시공, 기계 기구 설치, 시운전, 조업지도까지 발주자가 요구하는 모든 것을 조달 발주처에게 인도하는 방식이다.

(2) 직접투자 전략

① 전략적 제휴

두 개 이상의 기업이 상호이익을 위해 일부 사업 또는 기능별 활동부문에서 일시적인 협조 관계를 갖는 것이다.

② 자회사 설립

보통 글로벌화의 마지막 단계에서 선택되는 전략으로, 해외 현지에 자회사를 설립하는 방식을 취할 수 있다.

5 글로벌 조직구조

(1) 글로벌 조직구조의 개요

글로벌 통합에 대한 강도와 국가별 대응에 대한 강도에 따라 조직 설계를 구분한다.

(2) 글로벌 조직구조

① 국제 사업부제

회사 내 다른 부서 수준의 국제사업부를 두고, 지리적으로 구분하는 단계로, 초기 단계에서 많이 볼 수 있다. 다만 글로벌시장이 확장되면 계층 수가 불어나는 한계에 직면한다.

② 글로벌 제품 사업부제

가장 흔한 구조로, 세계 전역 다양한 사업·제품 관리에 효과적이다. 제품 표준화가 가능하지만 사업부 간 경쟁 심화로 조정자가 필요하다는 단점이 있다.

③ 글로벌 지역 사업부제

지리적 권역에 따라 구분해 지역 사업부를 두는 형태로 제품이 성숙기에 이르고 안정적 기술로 맞춤식 생산능력을 갖추었을 때 적합하다.

④ 글로벌 매트릭스 구조

통상 매트릭스 구조의 수평적 조정과 수직적 조정 달성을 위한 구조로 제품의 표준화와 현지화를 동시에 고려한다. 자원의 공유·조정이 핵심 사안이 될 때 효과적이다.

3 다국적 기업

1 다국적 기업의 정의

다국적 기업(MNE ; Multi-National Enterprise)은 2개국 이상에서 법인을 등록하고 여러 지사를 거느리고 경영활동을 하는 기업을 말한다.

2 다국적 기업의 유형

(1) 자국시장 지향형(Ethnocentric)

자국시장 지향형은 본사 중심으로 자회사에 명령 또는 조언하는 형태이다.

(2) 현지국시장 지향형(Polycentric)

현지국시장 지향형은 본사로부터 간섭이 없으며, 자회사 간의 정보교환도 거의 없는 형태로 철저한 현지화가 이루어진다.

(3) 지역시장 지향형(Regiocentric)

지역시장 지향형은 지역사업본부의 의사결정이 중요하며 지역 내 자회사 간 긴밀히 연결된다.

(4) 세계시장 지향형(Geocentric)

세계시장 지향형은 본사 및 자회사 간의 활발한 정보교환이 이뤄진다.

3 다국적 기업의 경쟁적 우위 요소

(1) 기술적 우위

다국적 기업은 기술혁신과 연구개발에 많은 투자를 요구하는 산업에서 선도적 위치를 점하고 있다.

(2) 통합전략

해외 자회사와의 수직적·수평적 통합을 통해 경쟁우위를 확보하거나, 수직적 통합으로 원자재와 중간재의 안정적인 공급원을 확보한다.

(3) 규모의 경제

생산, 금융, 연구개발 및 시장정보의 수집과 분석에 있어 규모의 경제를 활용한다.

(4) 환경의 통제능력

제반 경영환경을 기업이 원하는 방향으로 변화시키고 통제한다.

4 국제경영 기업의 구분

(1) 국제기업

본국, 본사 중심의 회사로 외국의 회사는 본국, 본사의 보조 역할을 담당하며, 생산 이후의 활동은 현지 중심으로 진행된다.

(2) 다국적 기업

자회사는 현지에 맞는 전략을 가지고 사업을 수행한다.

(3) 글로벌 기업

본국 중심주의로 제품을 표준화시켜 일괄 적용. 생산, 판매, 마케팅한다.

(4) 초국적 기업

범국가적으로 규모의 경제효과와 현지화를 동시에 누리려는 기업으로 네트워킹을 중요시하며, 전 세계적 경쟁우위를 확보하고자 한다.

🔵 **개념더하기**

다국적 기업이 현지국에 미치는 영향
- 국제자원(자본, 기술, 경영 노하우 등) 이전 효과
- 국제수지효과(다국적 기업의 직접투자)
- 현지 국내 기업들의 경영합리화 촉진

01 기업이 수출을 하게되는 동기로 옳은 것을 모두 고르면?

> ㄱ. 유휴시설 활용
> ㄴ. 위험 분산
> ㄷ. 제품수명주기의 연장
> ㄹ. 비관세 장벽

① ㄱ, ㄷ   ② ㄱ, ㄴ, ㄷ
③ ㄴ, ㄷ   ④ ㄴ, ㄹ

해설 기업의 수출 동기로는 유휴시설 활용, 원가절감, 제품수명주기의 연장, 위험분산 등이 있다.

02 다음 설명에 해당하는 것은?   대한무역투자진흥공사

> 국제적으로 등록된 특허권, 상표권, 기술 등에 대하여 그 재산권을 사용할 수 있도록 상업적 권리를 부여하고
> 사용료를 받는 계약

① 관리계약   ② 턴키계약
③ 라이선싱   ④ 프랜차이징

해설 특정기업이 보유하고 있는 지적재산권과 노하우 등이 활용될 수 있도록 기술지원 및 정보를 제공하고 이에 부수되는 권리를 부여하는 대가로 로열티를 받는 계약방식은 라이선싱에 해당한다.

03 국외에서 부품이나 완제품을 조달하는 형태의 글로벌화 방법으로 옳은 것은?

① 수 출
② 라이선싱
③ 프랜차이징
④ 글로벌 아웃소싱

해설 글로벌 아웃소싱은 국외에서 부품이나 완제품을 조달해 국내에서 생산하는 방식이다.

04 다음 중 글로벌 지역 사업부제에 대한 설명으로 옳은 것은?

① 글로벌 조직구조 중에 가장 흔한 구조이다.

② 제품이 성숙기에 이르렀으며, 안정적인 기술능력을 갖추었을 때 적합하다.

③ 지리적으로 구분하는 단계로 초기 단계에 빈번하게 적용된다.

④ 자원의 공유·조정이 핵심 사안이 될 경우에 매우 효과적이다.

해설 글로벌 지역 사업부제는 지리적 권역에 따라 구분해 지역 사업부를 두는 형태로 제품이 성숙기에 이르고 안정적 기술로 맞춤식 생산능력을 갖추었을 때 적합하다.

05 다음 중 전 세계적 경쟁우위 확보에 목적이 있으며, 규모의 경제효과와 현지화를 동시에 누리려는 기업으로 옳은 것은?

① 국제기업

② 다국적 기업

③ 글로벌 기업

④ 초국적 기업

해설 초국적 기업은 범국가적으로 규모의 경제효과와 현지화를 모두 누리려는 기업으로, 네트워크를 중요시하며 전세계 경쟁우위를 확보하고자 한다.

PART 5

마케팅

최신복원문제

🔑 키워드 카운터마케팅

마약퇴치운동과 같이 불건전한 수요를 막는 데 활용되는 마케팅은?　　　　　　　한국관광공사

① 동시화 마케팅(Synchro Marketing)

② 디마케팅(Demarketing)

③ 카운터마케팅(Counter Marketing)

④ 터보마케팅(Turbo Marketing)

해설 카운터마케팅은 유해 식품이나 유해 제품의 판매를 억제하는 마케팅 기법으로, 불건전한 수요를 줄이거나 없애는 과제를 지닌 마케팅을 말한다.

정답 ③

Chapter 01

마케팅 기초

기출 키워드	중요도
☑ 마케팅 개념변화	★★★
☑ 마케팅 조사	★
☑ 실험설계	★
☑ 표본추출	★★
☑ 평균분석(T검정)	★
☑ 다차원척도법(MDS)	★
☑ 시장세분화	★★★
☑ 포지셔닝	★
☑ 앤소프 성장 매트릭스	★★★

CHAPTER

01 마케팅 기초

1 마케팅의 개요

1 마케팅의 정의

(1) 마케팅은 소비자의 수요를 만족시키기 위해 상품 또는 서비스를 효율적으로 소비자에게 제공하려는 활동이다.

(2) 수익을 올리기 위해 고객을 대상으로 한 기업의 모든 통합적 활동이다.

(3) 고객을 끌어들이고, 고객과 강한 유대를 쌓아 고객의 욕구를 만족시키고, 고객으로부터 가치를 얻기 위해 고객가치를 창조하는 일련의 과정이다.

2 마케팅 개념변화

(1) 판매와 마케팅의 비교

판매 활동은 제품과 서비스가 우선하는 기업의 관점에 집중되지만, 마케팅 활동은 고객의 사고와 욕구를 먼저 생각하는 고객지향적 관점에서 시작한다.

(2) 마케팅 개념변화 과정

① 수요가 많고 공급이 부족했던 과거에는 제품 판매가 수월했기 때문에 생산 위주로 마케팅의 개념이 시작되었다.

② 대량생산의 가능으로 수요와 공급이 균형을 이루게 되고, 이에 따라 마케팅 개념은 생산에 더불어 판매지향으로 변화했다.

③ 점점 공급이 늘어남에 따라 경쟁이 치열해지면서 유통의 개념이 발달하게 되었고, 이때부터 고객지향 마케팅이 발전했다.

④ 주로 제품, 생산, 유통, 판매, 가격 등 기능적인 활동에 집중해 발전하던 마케팅이 고객 중심으로 바뀜에 따라 기업 활동 및 기업의 사고와 관행도 크게 변하게 되었다.

(3) 관계마케팅(Relationship maketing)

① 관계마케팅은 고객 충성도와 유지율을 높이기 위해 고객과 더 밀접하고 의미 있는 관계를 구축해가는 마케팅 전략이다.

② 기존 고객과의 우호적 관계를 지속적으로 유지하여 그들을 평생 고객으로 만들고, 그들로부터 이윤을 창출해내는 마케팅을 말한다.

개념체크OX

• 마케팅은 기업의 관점에 집중한다. ◯ ✕

• 디마케팅은 고객의 구매를 억제한다. ◯ ✕

✕, ◯

(4) 디마케팅(Demarketing)

① 디마케팅은 기업이 고객의 수요를 의도적으로 억제하는 마케팅기법으로 필립 코틀러(Philip Kotler)가 처음 사용했다.

② 정기적으로 고객과 건실한 관계를 유지하고 브랜드 가치를 높이기 위한 마케팅 활동의 일환이다.

③ 수요가 공급보다 많은 경우나 기업 입장에서 불리한 수요가 있는 경우에도 사용한다.

> 예 백화점 VIP 관리, 명품 의류 한정 판매 등

(5) 카운터마케팅(Counter marketing)

① 카운터마케팅은 유해식품이나 제품의 불건전한 수요를 줄이거나 제거하는 것을 목적으로 하는 마케팅 기법이다.

② '역마케팅', '대항마케팅'으로도 불린다.

> 예 금연 관련 마케팅, 마약근절 캠페인, 미성년자의 흡연 억제 등

3 마케팅의 목표

(1) 우수한 가치를 약속하여 신규 고객을 유치한다.

(2) 가치와 만족을 전달하여 기존 고객을 유지하고 성장시킨다.

4 마케팅의 과정

(1) 마케팅 과정 5단계

① 시장과 고객 욕구의 이해
  시장 조사, 고객 욕구 조사 등이 이뤄진다.

② 고객지향적 마케팅 전략 설계
  목표 고객 설정, 포지셔닝 결정 등이 이뤄진다.

③ 통합적 마케팅 프로그램 개발
  통합적 마케팅 프로그램 개발 시에는 마케팅믹스 도구를 사용한다.

④ 수익성 있는 고객 관계 구축
  고객 관계 관리를 통해 고객과의 유대를 강화한다.

⑤ 고객에게서 기업 가치 획득
  이전 단계에서 창출한 고객가치에 대한 대가로 기업가치를 되돌려받는 단계이다.

마케팅의 과정

시장과 고객 욕구의 이해 → 고객지향적 마케팅 전략 설계 → 통합적 마케팅 프로그램 개발 → 수익성 있는 고객 관계 구축 → 고객에게서 기업 가치 획득

개념체크OX

• 카운터마케팅은 유해 제품을 홍보하는 마케팅이다. ○ⅹ

• 기업은 마케팅으로 창출한 고객가치를 다시 기업가치로 돌려받고자 한다. ○ⅹ

ⅹ, ○

(2) 기업 가치

① **고객생애가치**

고객생애가치는 한 명의 고객이 기업과의 관계를 유지하는 동안 제공한 금전적 가치를 말한다.

② **고객점유율**

고객점유율은 같은 상품 카테고리 중 자사 제품 구매를 위해 한 명의 고객이 장기간에 걸쳐 지출하는 비용의 비율을 말한다.

③ **고객자산**

고객자산은 어떤 기업이 가진 고객생애가치의 총합을 말한다.

5 여러 가지 마케팅 기법

(1) 동시화 마케팅(Synchro marketing)

동시화 마케팅은 계절적·시간적 요인 등으로 규칙적이지 않은 수요를 평준화하기 위한 마케팅이다.

(2) 재마케팅(Remarketing)

재마케팅은 수요가 지속해서 감소할 때 고객들의 관심을 유발하기 위한 마케팅이다.

(3) 터보마케팅(Turbo marketing)

터보마케팅은 더 좋은 제품을 더 낮은 가격으로 더 빨리 제공함으로써 시간적 우위를 차지하고 경쟁력을 확보하는 마케팅이다.

(4) 전환적 마케팅(Conversion marketing)

전환적 마케팅은 부정적 수요상태를 긍정적 수요상태로 전환하고자 하는 마케팅이다.

(5) 자극적 마케팅(Stimulative marketing)

자극적 마케팅은 수요가 없는 상태에서 제품의 효익과 잠재고객들의 욕구를 연관하여 관심을 자극함으로써 긍정적 수요상태로 전환하기 위한 마케팅이다.

(6) 바이럴 마케팅(Viral marketing)

바이럴 마케팅은 소문을 퍼뜨리거나 여론을 조장하여 제품에 대한 정보가 소비자들 사이에 끊임없이 전파되도록 유도하는 입소문 마케팅이다.

(7) 니치 마케팅(Niche marketing)

니치(niche)란 틈새라는 뜻으로, 니치 마케팅은 말 그대로 틈새시장을 찾아 소규모 소비자를 공략하는 마케팅이다.

2) 마케팅 조사

1 마케팅 조사의 개요

(1) 마케팅 조사의 정의

마케팅 조사는 기업이 마케팅 의사결정에 필요한 정보를 얻기 위해 자료를 체계적으로 수집, 분석, 기록, 해석하는 과정이다.

(2) 마케팅 조사의 과정

① 문제의 인식과 정의

마케팅 조사 과정에서 가장 먼저 시행하는 단계로, 어떤 현상이 발생한 원인을 밝히는 것을 말한다. 문제를 명확히 정의해야 문제해결에 필요한 자료를 수집할 수 있다.

② 조사계획의 수립

정의된 문제를 해결하기 위해 조사 방법을 결정하는 단계로, 조사의 구체적인 진행 방향을 제시하는 청사진 역할을 한다.

③ 자료의 수집

선정된 표본 대상 자료를 수집하는 단계로, 실제 조사를 진행한다.

④ 자료의 분석 및 해석

입력된 자료들은 조사 목적과 수집된 자료의 특성에 맞는 분석기법으로 분석한다.

⑤ 조사결과의 보고

분석 및 해석된 정보를 바탕으로 의사결정에 활용할 수 있도록 보고서를 작성한다.

마케팅 조사의 과정

문제의 인식과 정의 ➡ 조사계획의 수립 ➡ 자료의 수집 ➡ 자료의 분석 및 해석 ➡ 조사결과의 보고

2 마케팅 조사의 종류

(1) 탐색적 조사

① 탐색적 조사의 정의

㉠ 조사설계를 확정하기 전이나 연구문제에 대한 사전지식이 부족할 경우에 예비적으로 실시하는 조사로, '예비조사'라고도 불린다.

㉡ 조사문제를 찾거나 분석대상에 대한 아이디어 및 가설을 도출하기 위해 사용된다.

② 탐색적 조사의 종류

㉠ 문헌조사

연구하고자 하는 내용이 실려 있는 문헌의 정보를 분석하는 조사방법이다.

개념체크OX

• 마케팅 조사의 첫 번째 단계는 문제 인식과 문제 정의이다. ☐O☐X

• 조사 대상에 대한 사전지식이 부족할 경우 예비조사를 하기도 한다. ☐O☐X

O, O

    ⒫ 전문가 면접
      조사하고자 하는 내용의 정보를 전문가로부터 얻는 조사방법이다.
    ⒬ 표적집단면접
      면접진행자가 7~8명의 면접 대상자들을 한 장소에 모이게 한 후 비
      체계적이고 자연스러운 분위기에서 조사목적과 관련된 토론을 함으
      로써 대상자들의 생각, 태도, 의향 등을 파악하는 조사방법이다.
    ⒭ 심층면접법
      조사자와 응답자 간의 직접 대화를 통해 자료를 수집하는 방법이다.

(2) 기술적 조사

 ① 기술적 조사의 개념
   기술적 조사는 어떤 현상을 정확하게 파악하여 기술하고 이를 토대로
   미래 상황을 예측하는 조사이다. 현상에 대해 단순히 기술하는 조사이므
   로 실태조사의 형태를 보인다.

 ② 기술적 조사의 목적
   기술적 조사는 현상의 특징이나 특정 변수 간의 연관성을 파악하기 위해
   실시된다.
    예 상품의 시장잠재력, 소비자의 자사상품 및 경쟁상품에 대한 태도, 인
     구 통계적 특성

 ③ 횡단조사와 종단조사
   ⒟ 횡단조사
     횡단조사는 조사 대상을 1회만 조사하는 방법이다.
   ⒠ 종단조사
     종단조사는 조사 대상을 시간 간격을 두고 2회 이상 조사하는 방법이다.

(3) 인과적 조사(설명적 조사)

 ① 인과적 조사는 사실의 인과관계를 규명하거나 미래를 예측하는 조사이다.
 ② 두 개 이상의 변수 간 인과관계에 대한 가설을 설계하고 인과관계를 규
  명하는 것이 목적인 조사이다.
   예 마케팅 현상의 원인 규명

3 자료의 종류

(1) 1차 자료(Primary sources)

 1차 자료는 조사목적을 달성하기 위해 조사자가 직접 수집한 자료이다. 즉,
 당장 필요한 자료를 수집하는 경우를 1차 자료라고 한다.

(2) 2차 자료(Secondary source)

 ① 2차 자료의 정의
   ⒟ 2차 자료는 다른 조사목적으로 이미 수집·정리되어 공개된 자료
    이다.
   ⒠ 수행 중인 조사목적에 도움을 줄 수 있는 기존의 자료로, 1차 자료를
    제외한 모든 자료를 말한다.

🔖 개념더하기

인과관계의 세 가지 조건
- 원인변수와 결과변수가 동반 발생해야 한다.
- 원인변수는 결과변수보다 먼저 발생해야 한다.
- 대체 가능한 설명이 없어야 한다.

개념체크OX
- 기업의 내부자료는 1차 자료에 해당한다. ⃞O⃞X
- 2차 자료 수집 시 신뢰성이 중요하게 작용한다. ⃞O⃞X

        X, O

② 2차 자료의 종류

  ㉠ 기업 내부자료

    기업경영과 관련하여 기업 내부에 지속해서 축적된 자료이다.

    예 주문-결제 데이터, POS 데이터, 고객 데이터베이스

  ㉡ 기업 외부자료

    외부기관으로부터 유·무상으로 입수할 수 있는 자료이다.

    예 정부 및 정부기관 발행물, 정기간행물 및 서적, 전문조사기관에
    의한 상업서비스 자료 등

③ 2차 자료 수집 시 주의사항

  ㉠ 조사목적과 부합하지 않으면 의미가 없으므로 2차 자료 수집 시에는
  조사목적에 적합한지, 시의적절한지, 정확한지 검토해야 한다.

  ㉡ 신뢰성이 낮은 자료를 활용하면 문제가 발생하기 때문에 국가기관과
  같은 신뢰성 있는 조직이나 연구자의 자료를 활용하는 것이 좋다.
  너무 오래된 자료는 변화하는 환경 등에 적합하지 않아 불필요할 수
  있다.

4 1차 자료의 수집 방법

(1) 관찰조사법

① 관찰조사법은 조사대상자가 하는 행동을 직접 관찰하거나 기계장치를
이용해 관찰한 뒤, 정리하여 자료화하는 방법이다.

② 대부분의 경우 조사자가 관찰대상에 전혀 개입하지 않아 관찰대상은 관
찰되고 있다는 사실을 인지하기 어려우므로 객관적 조사가 가능하다.

③ 관찰조사법의 장단점

장 점	단 점
• 조사 대상이 의사 표현에 어려움을 겪는 경우에도 조사가 가능하다. • 행동을 직접 관찰하므로 정확한 자료 수집이 가능하다. • 설문으로 물어볼 수 없는 행동까지 측정할 수 있다.	• 행동의 동기, 개념 등 내면적인 부분은 알 수 없다. • 비용 등의 문제로 표본이 적게 진행되므로 결과를 일반화하기 어렵다. • 관찰자에 따라 기록과 해석이 다를 수 있다. • 관찰과 기록 간 시차가 있어 정확성이 떨어질 수 있다.

(2) 서베이법

① 서베이법의 정의

  ㉠ 질문을 통해 다수의 응답자로부터 자료를 수집하는 방법으로, 설문
  지, 구두 또는 컴퓨터 등을 이용한다.

  ㉡ 서베이법은 표본이 많아 일반화가 가능하며 비용과 시간이 비교적
  적게 들어 마케팅 조사에서 가장 흔히 활용된다.

② 서베이법의 장단점

장 점	단 점
• 대규모 조사가 가능하다. • 표본의 수가 많아 조사결과를 일반화 할 수 있다. • 직접 관찰할 수 없는 내면의 동기 등을 측정할 수 있다. • 자료의 코딩 및 분석 등이 쉽다. • 계량적 방법으로 분석하므로 객관적으로 해석할 수 있다.	• 설문지 개발이 어렵다. • 깊이 있고 복잡한 질문을 하기 어렵다. • 응답률이 낮은 편이다. • 부정확하고 성의 없는 응답을 할 가능성이 있다.

③ 서베이법의 종류
   ㉠ 전화 인터뷰법
   ㉡ 우편조사법
   ㉢ 대인 인터뷰법
   ㉣ 전자 인터뷰법

(3) 실험법

실험법은 실험대상을 둘 혹은 몇 개의 집단으로 나눈 후, 인과관계의 원인이라고 추정되는 독립변수를 각 집단에 다르게 조작하여 그 결과가 종속변수 집단들 간에 어떠한 차이를 보이는지 알아보고 변수 간의 인과관계를 규명하는 방법으로, 인과조사를 위해 많이 이용된다.

예 실험조사법(CLT ; central location test)

(4) 투사법

투사법은 응답자에게 불명확한 상황이나 행동 등을 보여주고 이에 대한 해석을 요구하는 방법으로, 응답에 나타나는 응답자 내면의 동기, 생각, 감정 등을 파악한다. 조사의 목적 혹은 연구 주제에 대해 응답자가 모르게 간접적으로 조사한다는 특징이 있다.

5 실험의 타당성

(1) 내적 타당성

① 내적 타당성은 나타난 결과와 실험 간의 연관성 정도를 말한다.
② 내적 타당성을 높이기 위해서는 결과에 영향을 주는 외생변수를 통제해야 한다.
③ 실험 이외의 다른 요인들이 개입되었다면 실험이 실제로 어떤 차이를 만들었다고 볼 수 없다.

(2) 외적 타당성

① 외적 타당성은 실험에서 나온 결과를 여러 상황에 적용할 수 있는 정도를 나타낸다.
② 관찰한 결과로 밝혀진 독립변수의 효과가 다른 집단, 다른 시기, 다른 상황에서도 동일하게 나타나는가에 대한 것이다.
③ 일반화에 대한 가능성을 뜻한다.

6 실험설계의 유형

(1) 순수실험설계(진실험설계)

① 순수실험설계의 개념
 ㉠ 순수실험설계는 인과관계를 규명하는 전형적인 설계방법으로, 실험설계의 조건인 독립변수의 조작, 외생변수의 통제, 무작위 배정을 모두 충족해 내적 타당도는 높지만 외적 타당도는 낮아 일반화하기가 어려운 설계이다.
 ㉡ 통제집단이 구축되어 있어 역사적인 사건, 성숙 효과, 측정 도구, 통제적 회귀 통제가 가능하다.

② 순수실험설계의 종류
 ㉠ 통제집단 사전사후 검사설계
 • 인과관계 추정을 위한 가장 전형적인 설계이다. 연구대상을 실험집단과 통제집단에 무작위로 배정해 실험집단에만 독립변수를 투입한다. 아무런 조치도 취하지 않은 통제집단과 사전 점수와 사후 점수를 비교하여 독립변수 투입의 효과를 추정한다.
 • 내적 타당성을 저해하는 요인을 통제할 수 있어 내적 타당성이 높다. 그러나 사전검사가 사후검사에 영향을 미치는 효과(상호작용효과)를 제거할 수 없으므로 일반화의 한계가 존재한다.

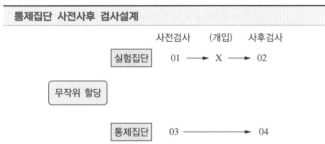

 ㉡ 통제집단 사후 검사설계(Posttest-only control group design)
 • '통제집단 사전사후 검사설계'에서 사전검사를 하지 않는 방법이다.
 • 사전검사가 없으므로 상호작용효과가 나타나지 않아 외적 타당성이 높다고 할 수 있다. 그러나 사전검사를 하지 않아 두 집단이 독립변수 투입 이전에 동질적이었는가를 확인할 수 없으며, 실험집단 변화의 정도를 확인할 수 없다.

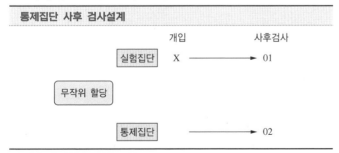

ⓒ 솔로몬 4집단설계(Solomon four group design)

'통제집단 사전사후 검사설계'와 '통제집단 사후 검사설계'를 합하여
상호작용효과를 제거한 완벽한 디자인이나, 4개의 집단을 갖추기는
현실적으로 어려우며 그에 따른 비용문제도 크다.

솔로몬 4집단설계

		사전검사	(개입)	사후검사
	집단A	01	X	02
무작위 할당	집단B	03		04
	집단C		X	05
	집단D			06

ⓓ 요인설계(Factorial design)

• 독립변수가 두 개 이상일 때 적용되는 설계로, 두 개 이상 독립변수
의 조합 수만큼 실험집단을 무작위로 배정하고 각 집단의 특성에
맞게 실험을 진행한다. 실험 후에 각 집단의 결과를 비교하는 방법
이다.

• 외적 타당성을 높일 수 있으며, 독립변수 간 상호작용의 영향을 알
수 있다. 통제집단을 설정하지 않는 것이 일반적이나, 비교를 위해
통제집단을 설정할 수도 있다.

요인설계의 예시 : 식사량에 따른 남녀의 외모 관심도

		식사량(독립변수 A)	
		소식(수준1)	대식(수준2)
성별 (독립변수 B)	남자 (수준1)	그룹1 (소식하는 남성)	그룹2 (대식하는 남성)
	여자 (수준2)	그룹3 (소식하는 여성)	그룹4 (대식하는 여성)

ⓔ 가실험 통제집단설계(Placebo control group design)

전형적인 '통제집단 사전사후 검사설계'나 '통제집단 사후 검사설계'
에 더해 플라시보 효과를 측정할 수 있는 한 개의 집단을 추가로 배치
한 설계이다.

(2) 유사실험설계(주실험설계)

① 유사실험설계의 개념

유사실험설계는 무작위 배정으로는 실험집단과 통제집단이 동등할 수
없을 때 사용하는 설계방법이다. 유사실험설계는 무작위 배정 대신 다른
방법을 사용하여 실험집단과 유사한 비교집단을 구성한다.

② 유사실험설계의 종류
  ㉠ 단순시계열설계
    • 독립변수를 투입하기 전후에 일정한 간격을 두고 정기적으로 몇 차례의 종속변수를 투입해 결과를 측정하는 방법이다.
    • 통제집단을 별도로 갖추지 않으며, 그 대신 실험의 효과 확인을 위해 동일집단 내 여러 번에 걸쳐 사전검사를 한다.
    • 비교적 높은 내적 타당성을 가지고 있지만 통제집단을 사용하지 않기 때문에 외생변수의 영향력을 배제하지 못한다. 반복된 검사 또한 내적 타당성의 저해 요인이다.

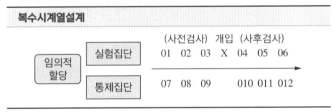

  ㉡ 복수시계열설계
    • 복수시계열설계는 단순시계열설계의 우연한 사건 등으로 야기되는 내적 타당성의 문제점을 개선하기 위해 단순시계열설계에 통제집단을 추가한 것이다.
    • 이 설계는 통제집단을 활용함으로써 내적 타당성 저해 요인을 많이 감소시킬 수 있으나, 무작위 할당이 이루어지지 않으므로 실험집단과 통제집단이 이질적일 가능성이 크다.

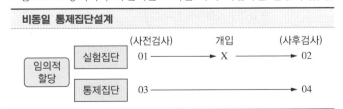

  ㉢ 비동일 통제집단설계(Nonequivalent control group design)
    • 실험조사설계의 '통제집단 사전사후 검사설계' 방법에서 무작위 배정을 제외한 것이다.
    • 임의적인 방법으로 두 집단을 선정하기 때문에 통제집단의 초기 상태가 실험집단과 유사하지 않을 가능성이 크다.
    • 이 설계는 실험집단과 통제집단이 모두 사용되었으므로 내적 타당성 저해요인은 통제할 수 있으나 외적 타당성이 저해될 수 있다.
    • 두 집단 간의 교류 등을 통제하지 못해 실험집단의 결과가 통제집단으로 모방되거나 확산되는 효과를 막기 어렵다는 단점이 있다.

비동일 통제집단설계

		(사전검사)	개입	(사후검사)
임의적 할당	실험집단	01 ────→	X ────→	02
	통제집단	03 ──────────────────→		04

개념체크OX
• 복수시계열설계는 단순시계열설계에 비해서 내적 타당성이 높다. ○Ⅹ
• 연구대상이 대규모 집단이라면 비동일 통제집단설계가 효과적이다. ○Ⅹ

○, Ⅹ

ㄹ 분리표본 사전사후 검사설계(Seperate-sample pretest-posttest design)
- 연구대상이 대규모 집단이거나, 한 집단에만 독립변수를 투입하기 어려운 상황에 적용하는 설계이다.
- 실험집단에 대해 사전검사 없이 독립변수를 투입한 후 사후검사를 하고, 통제집단에 대해서는 사전검사만 한다. 이후 실험집단의 사후조사와 통제집단의 사전검사를 비교하는 방법이다.
- 상호작용효과를 배제할 수 있으나, 사전검사와 사후조사의 시간 간격이 길어질수록 사건요인을 통제하기 어렵다.

(3) 전실험설계(Pre-experimental design)

① 전실험설계의 개념
  ㉠ 전실험설계는 무작위할당으로 연구대상을 나누지 않으며, 비교집단 간의 동질성이 없다.
  ㉡ 독립변수 투입에 따른 변화를 관찰하기 어려운 경우에 실시하는 설계유형으로, 엄격한 의미에서는 실험설계라고 볼 수 없다.
  ㉢ 인과적 추론이 어려워 내적 타당성과 외적 타당성을 거의 통제하지 못하는 실험설계이다.

② 전실험설계의 종류
  ㉠ 단일사례연구(One-shot case study)
  - 어떤 단일 집단에 독립변수를 투입하고 후에 그 집단의 종속변수 특성을 검사하여 결과를 평가하는 방법이다.
  - 비교관찰 없이 단 한 번으로 독립변수의 효과를 판단해야 하므로 인과관계를 추론하는 데 문제가 있다.
  - 탐색의 목적으로 수행되는 경우에는 유용할 수 있다.
  - '단일집단 사후설계'라고도 불린다.

단일사례연구

	개입	사후검사
단일집단	X ——————————→	01

  ㉡ 단일집단 사전사후 검사설계(One-group pretest-posttest design)
  - 단일집단에 대해 사전검사를 하고, 독립변수 투입 후 사후검사를 통해 인과관계를 추정하려는 연구이다.
  - 내적 타당성과 외적 타당성을 저해할 수 있기 때문에 인과관계를 추론하거나 다른 상황에까지 일반화하는 데는 많은 문제가 있다.

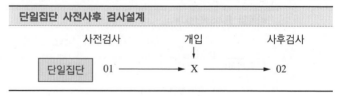

단일집단 사전사후 검사설계

	사전검사	개입	사후검사
단일집단	01 ——————→	X ——————→	02

ⓒ 정태적 집단비교설계(Static-group comparison design)
- 실험집단과 통제집단을 임의로 선정하고 실험집단에 독립변수를 투입한 후 사후검사한다. 통제집단에는 독립변수를 투입하지 않고 사후검사한다.
- 이 방법은 '통제집단 사후 검사설계' 방법에서 무작위 배정만 제외된 형태이다.
- 종속변수의 변화는 처음부터 다른 이질적인 두 집단의 특성 차이에 의한 것인지 아니면 실험 즉, 독립변수에 의한 것인지를 판단하기 어렵기 때문에 내적 타당성과 외적 타당성이 낮다.

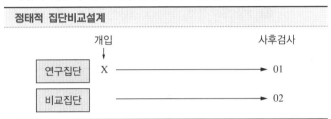

정태적 집단비교설계

(4) 비실험설계(Non-experimental design)
① 비실험설계의 개념
  ㉠ 실험적인 연구방법을 사용할 수 없는 상황 즉, 독립변수의 조작도 불가능하고 대상 선정도 불가능할 경우에 실시되는 설계이다.
  ㉡ 현실성과 용이성의 장점으로 사회과학 전반에 있어서 실제로 비실험 연구가 많이 이용되고 있으나 비실험연구는 독립변수를 조작할 수 없는 점, 연구대상을 무작위 배정할 수 없는 점, 부적절한 해석을 하게 될 위험성이 있는 점 등의 단점이 있다.

② 비실험설계의 종류
  ㉠ 일원적 설계(Univariate design)
     특정 사건이나 현상의 발생, 집단의 특성 등을 기술할 때 사용된다. 단 한 번의 관찰로 조사하여 관찰 값을 파악하는 데 이용된다.
  ㉡ 상관관계설계(Correlational design)
     - 독립변수로 간주할 수 있는 하나의 변수와 종속변수로 간주할 수 있는 하나의 변수 간의 속성을 분류하거나 교차시켜 통계적 기법으로 상관관계를 추정하려는 방법이다. 교차 분석적 설계라고도 한다.
     - 상관관계설계는 전후조사에 의한 비교나 무작위 배정이 없으므로 조사 결과에서 나타난 두 변수 간의 상관관계를 인과적 관계로 추정하는 것은 위험하다.

개념체크OX
- 비실험설계 연구는 비합리성으로 인해 연구에 거의 이용되지 않는다. ⃞O⃞X
- 상관관계설계로 인과관계 또한 추론할 수 있다. ⃞O⃞X

X, X

ⓒ 비실험적 요인설계(Non-experimental factorial design)
- 두 가지 이상의 독립변수와 하나의 종속변수의 관계, 독립변수 간의 상호작용 관계를 교차분석을 통해 추정한다.
- 독립변수의 독립적인 효과와 두 개 이상의 독립변수가 결합해서 생기는 상호작용효과를 동시에 알 수 있어 두 변수 간의 관계를 더 잘 알 수 있다.

ⓓ 종단적 실험연구설계(Longitudinal experimental research design)
위 세 가지는 한 시점을 관찰하는 횡단적 연구인 반면, 종단적 실험연구설계는 여러 시점에 걸쳐 관찰하는 연구설계이다.
例 경향연구 설계, 동년배 집단연구설계, 패널연구 설계

7 실험의 방해요인

(1) 역사적 오염
역사적 오염은 실험기간 동안 발생하는 외부 요인이 실험결과에 영향을 주는 것이다.

(2) 성숙효과
성숙효과는 종속변수의 변화 원인이 독립변수의 투입이 아닌, 시간 경과에 따라 자연스럽게 이뤄진 것을 말한다.

(3) 시험효과
① 시험효과의 정의
시험효과는 사전검사와 실험결과가 직접 관계되는 효과를 말한다.
② 시험효과의 종류
ⓐ 주시험효과
독립변수와 관계없이 사전검사가 사후검사에 미치는 영향을 말한다.
ⓑ 상호작용효과
실험조치를 가하기 전에 실시한 검사가 독립변수에 미치는 영향을 말한다.

(4) 측정의 편향
측정도구, 측정기법 등의 차이에 의한 편향을 뜻한다.

(5) 선택의 편향
① 선택의 편향은 조사대상이 모집단을 대표하지 못하는 편향이다.
② 실험집단과 통제집단이 독립변수 투입 이전에 종속변수와 관련하여 같지 않은 편향이다.

8 척 도

(1) 척도의 정의

① 척도는 관측 대상의 특성을 수량화하기 위해서 일정한 단위나 규칙을 부여한 것이다.

② 질적 자료를 양적 자료로 변환시키는 데 사용하는 도구를 가리킨다.

(2) 척도의 분류

① 질적 척도

　㉠ 명목척도(Nominal scale)

　　• 관찰하는 대상의 속성에 따라 그 값을 숫자로 나타내는 척도를 말한다.

　　• 연구대상을 구분하거나 분류할 목적으로 숫자를 사용하며, 숫자 자체가 가지고 있는 의미는 없다.

　　• 한 숫자에 해당하면 다른 숫자에 해당하지 않는 상호배타적인 특성을 갖는다.

　　　예 제품모델번호, 결혼상태, 성별

　㉡ 서열척도(Ordinal scale)

　　• 관찰하는 대상의 특성을 측정해서 그 값을 순위로 나타내는 척도를 말한다.

　　• 매겨진 숫자가 가지고 있는 의미가 있어 높은지 낮은지 대상끼리의 평가나 서열화는 가능하나, 얼마만큼의 차이인지 등은 알 수 없다.

　　　예 브랜드 선호 순위, 시장점유율 순위

② 양적 척도

　㉠ 등간척도(Interval scale)

　　관찰대상의 속성을 상대적 크기로 나타낸다. 순위를 부여할 뿐만 아니라 어느 정도 큰지 숫자 간의 의미가 있다.

　　　예 태도, 관여도

　㉡ 비율척도(Ratio scale)

　　절대적 기준이 있는 영점이 존재하고 모든 사칙연산이 가능하다. 연구대상을 분류할 수 있고, 차이를 비교할 수 있으며 순위를 만들거나 평균을 낼 수도 있다.

　　　예 매출액, 시장점유율

(3) 리커트 척도

① 특정 대상에 대한 개인의 태도 즉, 생각, 지각, 감정 등을 측정하는 데 사용되는 척도이다.

② 응답자는 측정대상에 대한 태도를 측정하는 것으로 간주되는 일련의 문항들에 대해 '강한 찬성, 찬성, 중간, 반대, 강한 반대' 등의 다섯 가지 눈금 중 하나에 자신의 견해를 표시한다.

개념체크OX

• 서열척도로는 사칙연산이 불가하다. ◯ ✕

• 등간척도는 상호배타적인 특성을 갖는다. ◯ ✕

◯, ✕

리커트 척도의 예시

	문 항	매우 비동의	비동의	보 통	동 의	매우 동의
1	나는 과일을 좋아한다.	①	②	③	④	⑤
2	나는 과일이 맛있다.	①	②	③	④	⑤
3	나는 과일을 먹을 때 행복감을 느낀다.	①	②	③	④	⑤
4	나는 과일을 먹을 때 기분이 좋다.	①	②	③	④	⑤
5	나는 과일을 싫어한다.	①	②	③	④	⑤

(4) 의미변별 척도(어의차이 척도)

① 의미변별 척도는 관심 대상 사물이나 현상을 염두에 두고 다양한 단어가 함축하는 의미를 평정하여 그 사물이나 현상의 특성을 측정하는 척도이다.

② 응답자들은 어떤 대상에 대한 태도를 '좋다–싫다' 또는 '어둡다–밝다' 등의 양극단 사이에서 답한다.

의미변별 척도의 예시

A 과일 가게의 종업원들은							
	7	6	5	4	3	2	1	
이타적								이기적
친 절								불친절
다 정								냉 정
헌 신								비헌신
필 요								불필요

(5) 등급척도

등급척도는 눈금체계를 제시하고 타인, 자신, 또는 사물에 대한 판단을 표시하기 위해서 하나의 눈금을 선택하도록 하는 검사 도구이다. 대상에 등급을 매긴다는 의미에서 등급척도라고 한다.

(6) 척도의 타당성과 신뢰성

① 척도의 오류
  ㉠ 체계적 오류
    척도 자체가 잘못된 오류이다.
  ㉡ 비체계적 오류
    측정자의 부주의로 인한 오류이다.

② 타당성과 신뢰성
  ㉠ 타당성(Validity)
    체계적 오류가 적을수록 타당성이 높다.
  ㉡ 신뢰성(Reliability)
    비체계적 오류가 적을수록 신뢰성이 높다.

9 표본조사

(1) 표본조사의 개요

① 전수조사

　㉠ 전수조사는 관심의 대상이 되는 집단 내 모든 단위를 조사하는 방법
　　이다.

　㉡ 인력과 예산이 비교적 많이 소요되고 현실적으로 집단 내 모든 단위
　　를 조사하는 것은 불가능한 경우가 많기 때문에 대부분의 통계조사
　　는 표본조사에 의해 이루어진다.

　　예 인구주택총조사

② 표본조사

　㉠ 관심의 대상이 되는 전체에서 일부 부분 집단을 선택한 후, 그 일부
　　집단을 조사한 자료를 분석하여 전체 집단의 특성을 추정하는 통계
　　조사 방법이다.

　㉡ 전수조사에 비해 비용이 낮고 조사결과가 신속하게 도출된다.

　㉢ 조사 규모가 크지 않아 심도 있는 조사가 가능하고 관리가 비교적
　　잘되며 정확성이 높다.

③ 표본조사의 한계

　표본은 전체 모집단의 대표성을 가져야만 한다. 또한, 표본을 조사하여
　얻은 결과로 단지 표본이 추출되는 추출프레임에 대해 일반화할 수 있을
　뿐, 모집단의 세부적인 특성을 알기는 어렵다.

④ 표본조사의 기본용어

　㉠ 기본단위

　　필요한 정보를 얻기 위해 조사할 때 조사의 대상이 되는 가장 최소의
　　요소이다.

　㉡ 모집단

　　관심의 대상인 모든 기본단위의 집합이다.

　㉢ 추출단위

　　모집단에서 표본을 추출하기 위해 설정한 기본단위들의 집합이다.

　㉣ 추출프레임

　　표본이 실제로 추출되는 추출단위의 목록이다.

　㉤ 추출율

　　모집단에서 표본이 선택된 비율이다.

　㉥ 모 수

　　조사변수에 대한 모집단 전체의 특성치이다.

(2) 표본추출의 개요

① 표본의 정의

　표본은 모집단을 대표하여 추출 도구로부터 뽑힌 추출단위들의 집합
　이다.

🐧 **개념더하기**

표본크기 결정 시 고려사항

• 문제의 중요성
• 조사의 성격
• 변수의 수
• 분석의 정교성
• 분석할 집단의 수
• 모집단의 분산 크기
• 사용 가능한 비용과 시간

② 표본추출단계
ㄱ 모집단의 결정
ㄴ 표본프레임의 결정
ㄷ 표본추출방법 결정
ㄹ 표본크기 결정
ㅁ 표본추출의 실행

(3) 표본추출법

① 확률추출법

확률추출법은 모집단에 속한 모든 단위가 표본으로 선택받을 확률을 동일하게 가지고 있는 경우의 추출법이다. 확률추출법은 무작위로 추출되어야만 한다.

② 비확률추출법

비확률추출법은 모집단에 속한 모든 단위가 표본으로 선택받을 확률이 정확하게 결정되지 않은 상황의 표집 기법이다. 따라서 이 방법은 표집 편향에 영향을 받을 수 있으며, 모집단을 일반화하기 어렵다.

(4) 확률추출법(Probability sampling)

① 단순무작위추출법(Simple random sampling)
ㄱ 통계조사에서 가장 기본이 되는 표본추출법으로 다른 여러 확률추출법의 기초가 된다.
ㄴ 난수표나 컴퓨터를 활용한 무작위 배정을 통해 표본을 추출한다.

② 계통추출법(Systematic sampling)
ㄱ 표본프레임에서 처음으로 추출하는 표본만 단순 무작위 표본추출법에 의해 뽑고 이후에 뽑게 될 표본은 매 k번째에 해당하는 표본을 추출하는 방법이다.
ㄴ k를 추출간격(Sampling interval)이라 하고, 계통추출법에 의해 뽑히는 표본의 크기는 전체 모집단의 크기가 N인 경우에 n = N/k이다. 즉, k개씩 n개의 구간으로 나누어 k번째 샘플을 선택한다.

계통추출법

③ 군집추출법(Cluster sampling)
ㄱ 모집단을 여러 집단으로 나누고 무작위로 선출된 집단에 대해 모든 개체를 측정하는 방식이다.
ㄴ 추출단위는 하나 이상의 기본단위들로 구성된 집단이며, 표본으로 추출된 집단 내의 조사단위에 대한 목록만 필요하다.
ㄷ 집단 내부는 이질적이고 집단 간은 동질적이다.
ㄹ '집락추출법'이라고도 한다.

군집추출법

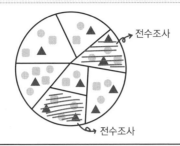

④ 층화추출법(Stratified random sampling)
  ㉠ 어떠한 기준에 따라 모집단을 층 나누듯 범주화하고 이를 여러 소집
    단으로 구성한 후에 집단에서 배정된 표본을 단순 무작위 추출법에
    따라 추출하는 방법이다.
  ㉡ 집단 내부는 동질적이지만 집단 간은 이질적인 특성을 갖는다.

층화추출법

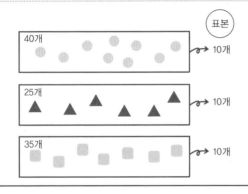

(5) 비확률추출법(Non-probability sampling)
  ① 편의표본추출법(Convenience sampling)
    ㉠ 조사자 입장에서 접근이 편리한 방법을 통해 모집단에서 표본을 추
      출하는 방식이다.
    ㉡ 측정 도구의 타당성을 확인하려는 목적의 예비조사에서 쉽게 사용될
      수 있다.
  ② 판단표본추출법(Judgement sampling)
    ㉠ 조사자의 주관에 따라 표본을 추출하는 방식으로, 목적표본추출법이
      라고도 불린다.
    ㉡ 표본은 모집단의 특성을 반영할 수 있게끔 구성해야 하고 이를 위해
      서 조사자의 주관적 견해가 중요한 기준으로 작용한다.
    ㉢ 적은 수의 표본만으로도 모집단의 특성을 대표할 수 있다.
  ③ 할당표본추출법(Quota sampling)
    ㉠ 할당표본추출법은 층화추출법과 같이 모집단이 상호 배타적인 집단
      으로 나누어져 있는 상태에서 집단을 선택한 후, 그 안에서 인위적으
      로 표본을 추출하는 방법이다.

🔖 **개념더하기**

**층화표본추출법과 할당표본추출
법의 차이점**
층화표본추출법은 무작위적으
로 표본이 추출되는 한편, 할당
표본추출법은 인위적으로 표본
이 추출된다는 점에서 차이를 보
인다.

ⓛ 얼마나 할당해서 추출할지는 비례할당 추출법과 반비례할당 추출법에 따라 진행한다.

④ 눈덩이표본추출법(Snowball sampling)

ⓐ 초기 연구에서 조사자의 대상을 쉽게 찾기 어려울 때 전문가 집단의 추천이나 권유를 통해 첫 표본만 소개를 받아 조사를 진행하고 그 후에는 그 표본과 유사한 표본들을 통해 눈덩이처럼 불어나듯이 표본을 추출하는 방법이다.

ⓑ 접근하기 어려운 모집단을 대상으로 조사를 진행하거나, 처음부터 표본프레임을 선정하기 어려운 경우에 유용하게 사용된다.

(6) 표본조사의 오류

① 표본오류(Sampling error)

표본오류는 모집단의 일부인 표본에서 얻은 자료를 통해 모집단 전체의 특성을 추론함으로써 발생하는 오류이다.

② 비표본오류(Non-sampling error)

비표본오류는 표본오류를 제외하고 조사 전체과정에서 발생할 수 있는 모든 오류이다.

10 통계분석방법

(1) 빈도분석

① 빈도분석은 설문지 분석에 많이 적용되는 방법으로, 각 문항에 대한 빈도를 계산하고 비교하는 방법이다.

② 각 변수의 빈도뿐만 아니라 도수분포표나 막대그래프를 이용해 측정된 변수가 가지는 분포의 특성을 알아볼 수도 있다.

③ 분포의 특성을 통해 자료가 어느 곳에 몰려 있으며, 어느 정도 퍼져 있는지, 혹은 분포의 모양이 어떠한지를 알 수 있다. 분포의 특성은 평균, 분산 등을 통해 확인할 수 있다.

(2) 교차분석

① 교차분석은 기술연구를 위한 설문조사에서 종종 사용되는 분석법으로, 두 변수 사이의 관계를 알아보고자 할 때 적용된다.

② 교차분석은 비모수 검정방법의 하나로 카이스퀘어(χ^2) 통계량을 통해 검정하기 때문에 '카이스퀘어 분석'이라고도 한다.

③ 명목변수로 측정된 변수 사이에 기대빈도와 실제 빈도를 비교해 적합성을 검정하기 때문에 '적합도 검정'이라고도 한다.

(3) 평균분석(T검정)

평균분석은 측정하여 얻은 데이터가 점수이고, 비교해야 할 집단이 두 개만 존재할 때 사용한다. 두 개 집단의 평균 등을 비교해 가설을 검증하는 방법이다.

(4) 변량분석(F검정)

변량분석은 측정하여 얻은 데이터가 점수이고, 3개 이상 집단을 비교할 때 사용한다. 가장 많이 사용되는 검증 방법으로써, 영어로는 'ANOVA(analysis of variance)'로 표현된다.

(5) 상관분석

① 두 변수 간 상관성을 분석하는 데 이용되며, 인과관계는 분석하지 않는다.

② 상관분석의 핵심은 상관계수(r)를 구하는 것이다. 상관계수는 −1에서 1사이의 값을 갖는다.

③ 상관계수의 절댓값이 1에 가까울수록 두 변수는 큰 관계성을 갖고 있다. 상관계수의 절댓값이 0에 가깝다면 관계성이 적다는 것이다.

(6) 회귀분석

① 회귀분석은 독립변수가 종속변수에 영향을 미치는지를 분석할 때 사용한다.

② 인과관계를 분석하는 데 사용되며, 관측된 사건들을 정량화해 여러 독립변수와 종속변수의 관계를 함수식으로 설명한다.

(7) 군집분석

① 모집단 또는 범주에 대한 사전정보가 없는 경우에 사용된다.

② 주어진 관측값들의 유사성을 기준으로 전체를 몇 개의 집단으로 나누고, 각 집단의 성격을 파악해 데이터를 분석하는 기법이다.

(8) 판별분석

판별분석은 두 개 이상의 모집단에서 추출된 표본들이 지니고 있는 정보를 이용해 해당 표본들이 어떤 모집단에서 추출된 것인지에 결정적인 기준을 찾는 분석법을 말한다.

(9) 요인분석

요인분석은 많은 변수의 상관성을 소수의 요인으로 추출하여 전체변수들의 공통요인을 찾아내 각 변수가 받는 영향의 정도와 그 집단의 특성을 규명하는 통계분석방법이다.

(10) 컨조인트 분석

① 컨조인트 분석은 제품의 각 속성에 고객이 부여하는 효용(Utility)을 추정하여 소비자의 효용 분석을 통해 고객이 선택할 제품을 예측하는 기법이다.

② 마케팅 분야에서 신제품 개발과 관련해 많이 활용된다.

③ 신제품을 구성하는 속성들의 수준을 인위적으로 변경하고 결합하여 결정된 가상의 후보 신제품들에 대해 소비자들의 선호도를 조사한다.

개념체크OX

• 회귀분석으로 독립변수가 종속변수에 미치는 영향을 분석한다. ☐☒

• 전체변수의 공통 요인이 각 변수에 미치는 영향과 그 특성을 알아내는 것은 컨조인트 분석이다. ☐☒

O, X

(11) **다차원 척도법(MDS ; Multidimensional Scaling)**

① 다차원 척도법은 객체 간 근접성을 시각화하는 통계기법이다.

② 개체들을 대상으로 특성을 조사한 후, 그 특성들을 이용해 개체들 사이에 유사성을 측정한 다음 이를 다차원 공간상에 점으로 표현하는 방법이다.

3 마케팅 전략

1 STP 전략

(1) **STP 전략의 개요**

① STP 전략은 시장세분화(Segmentation), 표적시장선정(Targeting), 포지셔닝(Positioning) 단계의 첫 글자를 딴 마케팅 전략법이다.

② 제품 범주와 소비자 욕구에 근거해 동질적인 여러 고객집단을 나누고 경쟁 상황과 여러 자원을 고려하여 가장 자신 있는 시장에서 선점한다는 것이 주요 내용이다.

(2) **시장세분화(Segmentation)**

① 시장세분화의 개념

㉠ 시장을 공통적인 수요와 구매행동을 가진 집단으로 나누는 것을 말한다.

㉡ 세분화의 기준에는 인구학적, 지역적, 사회적, 심리적 방법 등이 있다.

㉢ 세분화의 결과로는 세분시장 상호 간 이질성이 극대화돼야 하고, 세분시장 내에서는 동질성이 극대화되어야 바람직하다.

② 시장세분화의 요건 4가지

㉠ 측정 가능성

크기, 구매력, 세분시장의 특성 등 정보의 측정, 획득이 가능해야 한다.

㉡ 접근 가능성

고객들과 실제 효과적으로 접근할 수 있어 마케팅 전달이 가능해야 한다.

㉢ 시장의 크기

시장이 충분한 수익을 낼 수 있을 만큼 충분한 규모여야 한다.

㉣ 차별화 가능성

세분화된 시장의 내부는 동질적이며, 개별 세분 시장은 서로 이질적이어야 한다.

🔖 **개념더하기**

시장세분화의 기타 요건
• 실행가능성
세분시장을 공략하기 위한 효과적인 마케팅 프로그램을 개발할 수 있어야 한다.
• 일관성 및 지속성
시장의 특성에 따른 일관성과 일정 기간 지속가능성이 존재해야 한다.

③ 시장세분화의 기준

구 분		기 준
고객 행동 세분화 기준		• 추구 편익 • 사용 상황 • 사용량 및 사용경험 • 상표애호도 또는 태도 • 고객생애가치
고객 특성 세분화 기준	인구통계학적 기준	• 나이 · 성별 · 소득 · 직업 · 지역 • 가족생활주기 · 가족의 크기 • 교육수준 · 사회계층
	심리분석학적 기준	• 라이프스타일 • 성 격

④ 시장세분화의 예외적 경우
  ㉠ 혁신적인 신상품의 경우 시장세분화가 시기상조일 수 있다.
  ㉡ 지나친 세분시장 마케팅은 수익성을 악화시킬 수 있다.
  ㉢ 시장 도입기, 도전자의 경우 역세분화를 하는 것이 바람직할 수도
     있다.

(3) 표적시장선정(Targeting)
  ① 표적시장선정의 개념
     여러 세분시장 중 어느 곳에 집중할지 선택하는 단계이다. 경쟁우위를
     확보할 수 있다는 판단하에 선택할 수도 있지만, 시장 또는 집단에 대한
     평가로 표적시장을 선택해 경쟁우위를 개발할 수도 있다.
  ② 표적시장선정 전략
     ㉠ 비차별화 전략
       • 비차별적 단일 마케팅으로 전체 시장을 공략한다.
       • 대량생산 및 대량 유통 광고 등 규모의 경제를 통해 비용을 최소화
         하는 전략으로, 시장 도입기에 사용되는 경우가 많다.
       • 경쟁사가 다양한 제품으로 시장에 진출할 경우 위험이 있다.
     ㉡ 차별화 전략
       • 두 개 이상 시장에 동시에 진입하며, 세분화된 시장마다 차별적인
         마케팅을 진행한다.
       • 투입하는 비용이 많기 때문에 주로 자원이 풍부한 기업이 사용
         한다.
       • 전체 판매량, 소비자 만족도가 모두 높아 매출액과 이익도 증가
         한다.

개념더하기

역세분화
세분화된 시장을 통합해 모든 시장에 동시 어필할 수 있는 상품을 내놓는 것이다.

니치마켓

니치(niche)는 '틈새'를 뜻하며, 니치마켓은 말 그대로 틈새시장을 의미한다. 니치마켓은 시장점유율이 낮은 기업이나 후발 기업이 기존 시장으로 직접 진출을 피하면서 아직 선점되지 않은 분야를 공략해 자신의 입지를 넓히고자 할 때 선택된다. 전체 시장에서 특정한 제품이 집중하는 일부 시장을 말하기도 한다.

ⓒ 집중화 전략
- 단일제품으로 단일화된 세분 시장을 공략한다.
- 니치마켓(Niche market)에서 경쟁력을 가질 수 있는 창업기업에 적합하다.
- 자원이 한정적일 때 자원을 집중화하고 시장 안에서의 강력한 위치를 점유할 수 있다.
- 대기업 경쟁사 진입이 쉬우며, 위험이 분산되지 않을 경우 시장의 불확실성으로 높은 위험을 감수해야 한다.

(4) 포지셔닝(Positioning)

① 포지셔닝의 개념

고객에게 인식되고자 하는 이상적인 방향으로 기업의 제품과 이미지가 인식될 수 있게 설계하는 과정이다.

② 포지셔닝 절차

ㄱ 현재의 포지션 파악

ㄴ 포지션의 탐색 및 발견

ㄷ 포지션 내의 경쟁자 확인

ㄹ 자원의 파악 및 활용

ㅁ 포지션의 획득

ㅂ 포지션의 유지 및 강화

> 현재의 포지션 파악 → 포지션의 탐색 및 발견 → 포지션 내의 경쟁자 확인 → 자원의 파악 및 활용 → 포지션의 획득 → 포지션의 유지 및 강화

③ 포지셔닝의 유형

ㄱ 속성에 의한 포지셔닝

제품의 속성, 특징, 편익과 관련하여 경쟁적 우위를 갖는 포지셔닝이다.

ㄴ 이미지에 의한 포지셔닝

제품의 추상적 이미지를 강조한 포지셔닝이다.

ㄷ 사용 상황에 의한 포지셔닝

제품이 사용되거나 사용될 수 있는 상황묘사를 갖춘 포지셔닝이다.

ㄹ 사용자에 의한 포지셔닝

적절한 사용자 집단이나 계층에 대한 포지셔닝이다.

ㅁ 경쟁제품에 의한 포지셔닝

경쟁제품보다 강점이나 차별화된 이미지를 부각하는 포지셔닝이다.

ㅂ 재포지셔닝

소비자의 기호 변화 및 강력한 경쟁제품의 진입으로 포지션이 변화한 포지셔닝이다.

개념체크OX

- 포지셔닝의 마지막 단계는 현재 포지션을 확인하는 것이다. [O][X]
- 시장침투전략은 장기간 지속 성장에 유리하다. [O][X]

X, X

2 제품/시장 매트릭스(Product/Market matrix)

(1) 제품/시장 매트릭스의 개요

① 앤소프(Ansoff)가 제시한 것으로, 기존 제품과 신제품, 기존 시장과 신 시장의 요소를 조합한 매트릭스 모형을 통해 기업의 특성에 맞는 성장 전략 4가지를 제시했다.

② 기업이 성장전략을 세울 때 사용하는 대표적 모형이다.

③ '앤소프 성장 매트릭스'라고도 한다.

(2) 제품/시장 매트릭스의 성장 전략 4가지

① 시장침투전략

  ㉠ 가장 보수적인 성장전략으로, 기존 시장에서 기존 제품으로 매출액 을 늘리는 전략이다.

  ㉡ 매출액을 늘리려면 마케팅 비용을 많이 투입해야 하므로 광고나 프 로모션 비용이 증가한다.

  ㉢ 시장침투전략만으로는 장기간 지속적 성장 및 이윤 극대화가 힘 들다.

② 신제품개발전략

  ㉠ 기존 시장에서 신제품을 출시하는 전략이다.

  ㉡ 연구개발을 통해서 완전히 새로운 신제품을 내놓거나, 기존 제품을 개선해서 내놓거나, 새로운 수요를 재창출하는 것까지 모두 포함 한다.

  ㉢ 실행하기 위한 자체적인 연구개발 능력을 갖추고 있어야 한다.

③ 신시장개척전략

  ㉠ 기존 제품으로 새로운 시장에 진출하는 전략이다.

  ㉡ 판매지역을 해외로 확대해 수출하거나 고객층을 다양화해 잠재 고객 수요를 창출하는 것을 의미한다.

  ㉢ '시장다변화전략'이라고도 하며, 새로운 시장을 개척해 성장 잠재력 을 갖게 된다.

  ㉣ 한정된 자원을 분산함으로써 방대한 조직과 막대한 자금이 소요될 가능성이 존재한다.

④ 다각화전략

  ㉠ 새로운 시장에 신제품을 출시해 시장을 개척하는 전략이다.

  ㉡ 성장전략 중 가장 적극적인 성장 지향 전략이다.

  ㉢ 예시로 가전회사가 자동차사업에 진출하거나 건설회사가 백화점 사 업에 진출하는 경우가 있다.

  ㉣ 다각화전략은 가장 위험이 높은 성장전략이지만, 기업의 성장뿐만 아니라 위험을 분산시키는 효과를 볼 수도 있다.

  ㉤ 기업의 능력을 넘어선 과도한 다각화는 방만한 경영과 모든 제품의 경쟁력 약화로 이어질 수 있다.

(1) 시장매력도 평가

① 시장매력도의 정의

시장매력도는 어떤 시장에 진입한 기업이 시장에서 잠재적으로 창출할 수 있는 평균적 매출이나 이익의 크기를 말한다.

② 시장매력도 평가기준

구 분	요 인
외형적 요인	• 현재 시장규모 • 시장잠재력 • 성장률 • 제품 수명주기 단계 • 판매의 주기성 • 현재의 수익성
구조적 요인	• 현재 시장 내 경쟁 • 잠재적 진입자로부터의 위협 • 구매자의 교섭력 • 공급자의 교섭력 • 대체재의 위협
환경적 요인	• 인구통계적 환경 • 경제적 환경 • 사회적 환경 • 기술적 환경 • 법률적 환경

(2) 경쟁우위 평가

① 경쟁우위 평가의 개념

고객을 획득하고 유지하는 데 있어, 대체 불가능한 위치에 있는지 평가하는 것이다.

② 경쟁자 파악 방법

구 분	요 인
기업 중심적 방법	• 앤소프 성장 매트릭스(제품/시장 매트릭스) • 기술적 대체 가능성 • 표준산업분류
고객 중심적 방법	**고객지각에 기초한 방법** • 지각도 • 상품 제거 • 사용상황별 대체 **고객행동에 기초한 방법** • 상표전환 매트릭스 • 수요의 교차탄력성

(3) 적합성 평가

적합성 평가는 시장에 진입하는 것이 기업의 문화, 사명, 기준시장, 마케팅 믹스 등과 어울리는지를 평가하는 것이다.

01 다음 상황에서 사용된 마케팅 기법은?

> P브랜드는 자사 및 제품의 친환경성을 알리기 위해 블랙프라이데이 시즌에 "이 자켓을 사지 마세요(Don't buy this jacket)."라는 광고를 진행했다.

① 디마케팅(Demarketing)
② 동시화 마케팅(Synchro marketing)
③ 대항마케팅(Counter marketing)
④ 전환적 마케팅(Conversion marketing)

[해설] P브랜드는 수요가 집중되는 블랙프라이데이 시즌에 고객의 수요를 의도적으로 억제함으로써 자사의 환경적 실천을 보여 브랜드 가치를 높이고자 했다. 이는 디마케팅 기법을 활용한 예시에 해당한다.

02 수요가 공급을 초과할 때 수요를 감소시키는 것을 목적으로 하는 마케팅 관리기법은?

① 전환적 마케팅(Conversional Marketing)
② 동시화 마케팅(Synchro Marketing)
③ 자극적 마케팅(Stimulative Marketing)
④ 디마케팅(Demarketing)

[해설] 디마케팅은 수요가 공급보다 많은 경우 또는 기업 입장에서 불리한 수요가 있는 경우에도 사용한다.

03 마케팅조사에 대한 서술 중 가장 적절하지 않은 것은?

① 자료유형 중에서 1차 자료는 조사자가 특정 조사목적을 위해 직접 수집한 자료이다.
② 1차 자료의 수집 방법 중 하나인 서베이법은 계량적 분석 방법을 사용한다.
③ 편의표본추출법에서는 모집단을 구성하는 모든 측정치에 동일한 추출기회를 부여한다.
④ 명목척도는 측정대상이 속한 범주나 종류를 구분하기 위한 척도이다.

[해설] 편의표본추출법은 조사자 입장에서 접근이 쉽고 편리한 방법을 통해 모집단에서 표본을 추출하는 방식이다. 따라서 모집단을 구성하는 모든 측정치에 동일한 추출기회가 부여되지는 않는다.

04 마케팅 조사에서 표본추출과정의 순서로 옳은 것은? 한국공항공사

ㄱ. 표본추출방법 결정
ㄴ. 모집단의 결정
ㄷ. 표본추출의 실행
ㄹ. 표본프레임의 결정
ㅁ. 표본크기 결정

---

① ㄱ → ㄹ → ㅁ → ㄴ → ㄷ
② ㄴ → ㄹ → ㄱ → ㅁ → ㄷ
③ ㄴ → ㄱ → ㄹ → ㅁ → ㄷ
④ ㅁ → ㄹ → ㄱ → ㄴ → ㄷ

[해설] 표본추출과정은 모집단의 결정 → 표본프레임의 결정 → 표본추출방법 결정 → 표본크기 결정 → 표본추출의 실행의 순서로 이뤄진다.

05 마케팅 조사에 관한 설명으로 가장 적절하지 않은 것은? 한국철도공사

① 비표본오류에는 조사현장의 오류, 자료기록 및 처리의 오류, 무응답 오류가 포함된다.
② 군집표본추출은 확률표본추출이며 모집단을 서로 이질적인 소집단들로 나누고 이들 각 소집단으로부터 표본을 임의로 추출하는 방법이다.
③ 표본프레임은 모집단에 포함된 조사대상자들의 명단이 수록된 목록을 의미한다.
④ 할당표본추출법은 모집단이 이질적인 집단들로 구성되어 있어 층화표본추출법과 유사하다.

[해설] 군집표본추출법은 모집단이 하위집단으로 나누어져 있는 상태에서 하위집단을 선택한 후 그 안에서 무작위로 표본을 추출하는 방법이다. 이때 하위집단의 내부가 이질적이고, 하위집단끼리는 동질적이다.

06 마케팅조사에 관한 설명으로 적절한 항목만을 모두 선택한 것은? 한국도로공사

---

a. 표본의 수가 증가할수록 비표본오류는 작아지고 표본오류는 커진다.
b. 단일집단 사후실험설계는 순수실험설계 방법에 포함된다.
c. 할당표본추출(Quota sampling)은 비확률표본추출방법이다.

---

① a
② c
③ a, c
④ b, c

[해설] a. 표본의 수가 증가할수록 표본오류는 작아진다.
b. 단일집단 사후실험설계는 전실험설계방법이다.

264 • PART 5 마케팅

07 다음 중 확률적 표본추출법의 특징으로 옳은 것은? 　　　　　　　　　　　　　　　　대구도시철도공사

　　① 모집단에 속한 모든 단위가 표본으로 선택받을 확률을 동일하게 가지고 있다.
　　② 계통추출법, 군집추출법, 층화추출법, 할당표본추출법에 해당한다.
　　③ 작위적으로 추출될 수 있으며, 표집 편향의 영향을 받는다.
　　④ 표본추출 시 난수표나 컴퓨터를 활용할 수 없고, 조사자의 무작위성만을 기반으로 한다.

[해설] ② 할당표본추출법은 비확률추출법에 해당한다.
　　　③ 비확률추출법에 대한 설명이다. '무작위'와 '작위적'은 다른 뜻이다.
　　　④ 확률 추출법은 난수표 또는 컴퓨터를 활용한 무작위 배정으로 표본을 추출할 수 있다.

08 다음 중 통계분석방법에 대한 설명으로 옳은 것은? 　　　　　　　　　　　　　　　　부산시통합채용

　　① 빈도분석은 각 변수의 빈도만을 알 수 있는 방법이다.
　　② 변량분석은 2개 이상의 집단을 비교할 때 사용된다.
　　③ 카이스퀘어 분석은 비모수 검정방법이다.
　　④ 상관분석에서 상관계수의 값이 1에 가까울수록 관계성이 적다.

[해설] 카이스퀘어 분석은 교차분석의 다른 말로, 비모수 검정방법의 하나이다.

09 시장세분화를 위한 소비자의 행동분석적 요인에 해당하지 않는 것은? 　　　　　　　　한국산업단지공단

　　① 편 익
　　② 제품사용경험
　　③ 상표애호도
　　④ 가족생애주기

[해설] 가족생애주기는 고객 특성변수 중 인구통계적 변수에 해당한다.

10 다음 중 STP 전략에 관한 설명으로 가장 적절하지 않은 것은? 　　　　　　　　　　　정부출연연구기관

　　① 시장세분화 단계에서는 경쟁회사의 세분시장에 대응될 수 있도록 세분시장을 결정해야 한다.
　　② 시장의 적정 규모 및 성장가능성, 고객의 접근 가능성 등은 세분시장 평가에 고려되는 기준이다.
　　③ 세분화된 시장 간에는 이질성이 극대화되도록 해야 한다.
　　④ 비차별화 전략은 각 세분시장의 차이를 무시하고 단일 혹은 소수의 제품으로 전체시장에 접근하는 것이다.

[해설] 시장세분화는 공통적인 수요와 구매행동을 가진 집단으로 나누는 것을 말한다. 경쟁회사의 세분시장과 자사의 세분시장이 대응될 필요는 없다.

11 STP 전략에 관한 설명으로 옳지 않은 것은? 서울신용보증재단

① 세분시장이 너무 작아서는 안되며, 세분화된 시장 간에는 이질성이 극대화되도록 해야 한다.

② 시장세분화 기준 중 제품 사용 상황, 라이프스타일은 행동적 세분화 기준에 속한다.

③ 집중화 전략은 위험 분산이 불가능할 경우 리스크가 크다.

④ 포지셔닝의 절차 중 포지션 내의 경쟁자 확인 단계는 포지션의 탐색 이후이다.

[해설] 라이프스타일은 고객특성 세분화 기준중 심리분석학적 기준에 해당한다.

12 제품/시장매트릭스(Product/Market Matrix)에서 기존 제품을 가지고 신시장에 진출하는 성장전략은? 주택도시보증공사

① 다각화전략   ② 집중화 전략

③ 신시장개척전략   ④ 시장침투전략

[해설] 제품/시장매트릭스는 앤소프가 제시한 기업의 성장에 관한 매트릭스로, 제시된 4가지 성장전략 중 기존 제품을 가지고 신시장에 진출하는 전략은 신시장개척전략이다

13 다음 중 제품/시장매트릭스에 대한 설명으로 옳은 것의 개수는?

> ㄱ. 시장침투전략은 마케팅 비용이 가장 적은 전략이다.
> ㄴ. 시장침투전략만으로는 장기간 지속적 성장 및 이윤 극대화가 힘들다.
> ㄷ. 동일시장에서 새로운 수요를 재창출하는 것은 신제품개발전략이다.
> ㄹ. 과도한 다각화전략은 모든 제품의 경쟁력 약화로 이어질 수 있다.

① 1개   ② 2개
③ 3개   ④ 4개

[해설] ㄱ : 시장침투전략에서 매출액을 늘리려면 마케팅 비용을 많이 투입해야 하므로 광고나 프로모션 비용이 증가한다.

14 다음 중 시장에 진입한 기업들이 잠재적으로 얻을 수 있는 평균적인 이익의 크기를 나타내는 말로 적절한 것은? 한국수력원자력

① 잠재시장이익   ② 시장 크기
③ 시장점유율   ④ 시장매력도

[해설] 시장매력도는 기업이 시장에 진입했을 때 얻을 수 있는 잠재이익의 평균 규모를 말한다.

아이들이 답이 있는 질문을 하기 시작하면 그들이 성장하고 있음을 알 수 있다.

– 존 J. 플롬프 –

최신복원문제

🎸 키워드 마케팅믹스

다음 중 마케팅믹스 7P에 대하여 기존의 마케팅 4P에서 추가된 3P에 해당하지 않는 것은?

부산시통합채용

① 과정(Process)
② 사람(People)
③ 유통경로(Place)
④ 물리적 증거(Physical evidence)

──

해설 마케팅믹스 4P는 제품(Product), 가격(Price), 판매촉진(Promotion), 유통경로(Place)에 해당하고 이에 사람(People), 프로세스(Process), 물리적 증거(Physical evidence)가 추가된 것이 마케팅믹스 7P이다.

정답 ③

Chapter 02

제품(Product)

CHAPTER

02 제품(Product)

1 제품(Product)

1 마케팅믹스(Marketing mix)

(1) 마케팅믹스는 제품이나 서비스의 마케팅 프로세스를 구성하는 4가지 핵심 요소를 말한다.

(2) 핵심요소 4가지의 첫 글자가 모두 P로 시작해 마케팅믹스 4P라 부르며, 제품(Product), 가격(Price), 판매촉진(Promotion), 유통경로(Place)가 마케팅믹스에 해당한다.

(3) 기업은 판매하고자 하는 시장의 환경을 분석하고 STP 전략을 세운 뒤 마케팅믹스로 마케팅 전략을 세분화할 수 있다.

(4) 최근에는 마케팅믹스 개념이 7P로 확장되었는데, 기존의 4P에서 사람(People), 프로세스(Process), 물리적 증거(Physical evidence)가 추가되었다.

2 제품의 정의

제품은 소비자의 욕구를 충족시키는 재화나 서비스를 말한다.

3 제품의 차원

(1) **핵심제품(Core product)**

핵심제품은 소비자가 제품을 통해 얻고자 하는 편익을 뜻한다.
예 에어컨을 통한 시원함

(2) **유형제품(Tangible product)**

핵심제품을 물리적으로 제품화하기 위한 포장, 스타일과 디자인, 품질, 상표 등이 유형제품에 해당한다. 핵심제품은 유형제품을 통해 구체화되며, 유형제품은 실제 제품(Actual product)이라고도 불린다.
예 에어컨의 외형

(3) **확장제품(Augmented product)**

실제 제품 이외에 제공되는 부가적인 서비스 또는 사후 관리 등을 확장제품이라고 한다.
예 에어컨 배달, 설치, 보증, A/S 등

개념체크OX

• 마케팅믹스 4P는 제품, 가격, 판매촉진, 유통경로이다.
O|X

• 유형제품은 핵심제품을 통해 구체화된다.
O|X

O, X

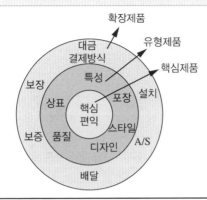

제품의 차원

확장제품
유형제품
핵심제품

대금
결제방식
특성
보장
상표 포장 설치
핵심
편익
보증 품질 스타일
디자인 A/S
배달

4 제품의 분류

(1) 물질적 형태에 따른 제품의 분류

① 재 화

② 서비스

(2) 구매목적에 따른 제품의 분류

① 소비재

ㄱ 편의품

편의품은 소비자가 큰 노력을 들이지 않고 쉽게 구매하는 제품을 말하며, 상대적으로 가격이 저렴하다.

ㄴ 선매품

선매품은 가구, 냉장고, TV 등 편의품보다 상대적으로 큰 노력을 들여 구매하는 제품을 말한다.

ㄷ 전문품

전문품은 명품시계, 고급향수, 스포츠카 등 고가의 제품으로, 소비자가 특별한 노력을 기울이는 제품을 말한다.

② 산업재

ㄱ 자재와 부품

자재와 부품은 완전한 제품을 생산하기 위해 제품의 한 부분으로 투입되는 부분품을 뜻한다. 자재는 가공 정도에 따라 원자재와 구성원자재로 구분한다.

ㄴ 자본재

자본재는 제품의 구성요소는 아니지만 제품의 생산을 원활히 하기 위해 투입되는 재화를 뜻한다.

ㄷ 소모품

소모품은 완제품 생산에 전혀 투입되지 않고 공장이나 회사의 운영을 위해 사용된다.

개념체크OX

• 편의품은 가격이 저렴하다.　○×

• 자본재는 제품 생산 마지막에 투입되는 재화이다.　○×

○, ×

(3) 구매 욕구에 따른 제품의 분류

① 기능적 제품

소비자는 주로 제품의 본원적 기능을 구매한다.

예 시계를 구매하는 이유는 시간을 알기 위함이다.

② 감각적 제품

소비자는 감각적 즐거움을 경험하기 위해 제품을 구매하기도 한다. 소비자의 오감에 소구하는 제품을 감각적 제품이라고 한다. '쾌락적 제품'이라고 불리기도 한다.

예 디자인이 세련된 신발, 겉표지가 예쁜 공책

③ 상징적 제품

소비자는 상징적 욕구를 충족하기 위해 제품을 구매하기도 한다. 상징적 욕구는 자신의 정체성이나 특정 집단에 대한 소속감을 표현하려는 욕구이다.

예 명품 가방, 고급 시계, 결혼반지, 학교 과 단체복

5 제품믹스

(1) 제품믹스 용어정리

- 제품믹스 = 제품구색 = Product mix → 제품계열의 집합
- 제품계열 = 제품라인 = Product line → 관련된 제품들의 집합
- 너비 = 폭 = 넓이 = Breadth = width → 제품계열의 수
- 길이 = Length → 제품의 수
- 깊이 = Depth → 품목(Version)의 수

(2) 제품믹스의 예시

제품믹스의 예시

	너비		
	제품계열1	제품계열2	제품계열3
	탄산음료	이온음료	커피&티
길이	코카콜라 코카콜라 제로 환타 스프라이트	파워에이드 토레타	조지아 태양의 마테차

제품품목
코카콜라 210ml
코카콜라 355ml
코카콜라 500L
코카콜라 1.5L

깊이

- 제품믹스의 너비 → 제품계열의 수 → 탄산음료, 이온음료, 커피&티 → 3
- 탄산음료 계열의 길이 → 제품의 수 → 코카콜라, 코카콜라 제로, 환타, 스프라이트 → 4
- 코카콜라 제품의 깊이 → 품목의 수 → 210ml, 355ml, 500ml, 1.5L → 4

(3) 제품믹스의 너비에 관한 의사결정

① 제품믹스 너비가 넓은 경우 기업의 매출과 시장점유율이 증가할 수 있지만, 많은 제품계열을 관리하므로 생산 비용, 마케팅 비용 등이 증가해 수익성은 악화한다.

② 제품믹스 너비가 좁은 경우 적은 제품계열을 관리하므로 상대적으로 고수익을 달성할 수는 있지만 매출액과 시장점유율이 감소한다.

(4) 제품믹스의 길이에 관한 의사결정

① 제품믹스 길이가 긴 경우 기업의 매출과 시장점유율은 증가할 수 있지만, 많은 수의 제품을 관리하므로 생산 비용, 마케팅 비용 등이 증가해 수익성은 악화한다.

② 제품믹스 길이가 짧은 경우 적은 수의 제품을 관리하므로 상대적으로 고수익을 달성할 수는 있지만, 매출액과 시장점유율이 감소한다.

(5) 제품믹스의 길이 확장에 대한 전략

① 하향확장전략(Downward stretch)

㉠ 하향확장전략은 초기에는 고품질, 고가의 제품을 출시시키고 이후에 제품믹스의 길이를 확장하면서 저가의 신제품을 추가시키는 전략이다.

㉡ 초기에 심은 고급 이미지를 저가 제품에 그대로 옮길 수 있다는 장점이 있다. 또한 중저가 시장에 진출함으로써 경쟁자의 진출을 막을 수 있다는 장점도 있다.

㉢ 기존의 고품격 브랜드 이미지에 부정적 영향을 미쳐 기존 고객이 이탈할 수 있다.

② 상향확장전략(Upward stretch)

㉠ 상향확장전략은 초기에는 중저가의 제품을 출시하고 이후에 제품믹스의 길이를 확장하면서 고가의 신제품을 추가하는 전략이다.

㉡ 고가의 제품을 출시함으로써 고품질의 기업 이미지를 구축하고 상대적으로 높은 이익률을 얻을 수 있다.

㉢ 기존 고품질 제품을 취급하는 기업들의 브랜드 충성도가 높기 때문에 경쟁이 힘들 수 있으며, 소비자들이 품질을 신뢰하지 않을 수도 있다.

③ 쌍방확장전략(Two-way stretch)

㉠ 쌍방확장전략은 초기에는 중간 수준의 품질, 가격의 제품을 출시하고 이후에 제품믹스의 길이를 확장하면서 고가와 저가 신제품을 모두 추가하는 전략이다.

㉡ 고소득 소비자와 저소득 소비자에게 모두 소구할 수 있어 매출과 시장점유율을 증가시킬 수 있다.

개념체크OX

• 초기에 심은 고급 이미지를 저가 제품으로 그대로 옮기는 전략은 상향확장전략이다.
　　　　　　　　　　　○ ✕

• 쌍방확장전략은 시장점유율 확장에 불리하다.　　○ ✕

✕, ✕

(6) 제품믹스의 깊이에 관한 의사결정

① 제품믹스 깊이에 관련된 전략으로 제품확충전략(Product filling)이 있다. 제품확충전략은 제품계열 내에 새로운 품목을 추가시킴으로써 제품믹스의 깊이를 확대하는 전략이다.

② 제품확충전략으로 기업은 잉여설비의 활용, 매출 증대, 여러 세분시장 침투 등의 이점을 얻을 수 있다.

③ 너무 많은 품목으로 소비자가 혼동할 수 있으며 비용 상승과 수익성 감소를 초래한다.

(7) 제품퇴진전략

① 수확전략(Harvesting)

수확전략은 기업이 자원을 더 투입하지 않고, 발생하는 이익을 회수하는 전략이다.

② 단순화전략(Line simplification)

단순화전략은 기업이 제공하는 다양한 제품의 수를 관리하기 쉬운 수준으로 감소시키는 전략이다.

③ 철수전략(Divestment)

철수전략은 제품계열 전체를 철수하는 전략이다.

6 제품브랜드 관리

(1) 브랜드의 개요

① 브랜드의 정의

브랜드는 기업, 제품, 서비스 등을 소비자에게 식별시키고 경쟁자들과 차별화되기 위해 사용되는 독특한 이름과 상징물들의 결합체를 뜻한다.

② 브랜드 용어 정리

㉠ 브랜드명(Brand name)

브랜드를 구성하는 요소 중 글자, 단어, 숫자 등 말로 표현할 수 있는 것들을 뜻한다.

㉡ 브랜드 마크(Brand mark)

브랜드를 구성하는 요소 중 로고, 디자인 등 말로 표현할 수 없는 것들을 뜻한다.

㉢ 등록상표(Trade mark)

브랜드를 특허청에 등록했다면 그것을 등록상표라고 부른다. 등록상표는 브랜드명일 수도 있고 브랜드 마크일 수도 있다. 또는 브랜드명과 브랜드 마크를 합친 것일 수도 있다. 등록상표는 '등록되었다(Registered)'는 뜻을 나타내는 'R'마크나 'TM(Trademark)'으로 표시된다.

개념체크OX

• 수확전략을 택한 기업은 자원 투입을 멈춘다. ⓞⓧ
• 로고는 브랜드 마크에 해당한다. ⓞⓧ

O, O

(2) 브랜드 의사결정

① 브랜드 주체 결정

ㄱ 제조업체 브랜드(Manufacturer's brand)

제조업체 브랜드는 제조업체가 소유한 브랜드로, 제조업자가 제품 생산 후 자사 브랜드를 부착하고 직접 통제한다.

ㄴ 유통업체 브랜드(Distributor brand)

유통업체 브랜드는 소·도매업체가 제조업체에 외주를 주어 제품을 생산하고 소·도매업체가 만든 브랜드명을 부착하는 것을 뜻한다.

ㄷ 무상표품(Generic brand)

무상표품은 브랜드를 부착하지 않고 제품의 정보만을 표시하는 것이다. 따라서 다른 제조업체 브랜드나 유통업체 브랜드보다 훨씬 저렴한 가격에 제품을 판매함으로써 경쟁력을 얻을 수 있다.

② 브랜드명 전략

ㄱ 개별 브랜드명 전략

- 개별 브랜드명 전략은 모든 제품에 다른 브랜드명을 부착하는 전략이다.
- 같은 제품군 내에서 개별 브랜드명을 사용한다면 이것은 복수 브랜드 전략이라고 부른다.
- 이 전략은 한 브랜드가 시장에서 실패해도 다른 브랜드에는 영향이 거의 없다는 장점이 있다.

  예 LG 생활건강의 테크, 샤프, 자연퐁

ㄴ 공동 브랜드명 전략

- 공동 브랜드명 전략은 같은 제품군 모든 제품에 동일한 브랜드명을 부착하는 전략이다.
- 제품들에 부착하는 브랜드명은 기업 브랜드명을 그대로 부착할 수도 있고, 하나의 공통된 제품 브랜드명을 부착할 수도 있다.
- 신제품 도입 시 마케팅 비용이 상대적으로 저렴하다는 장점이 있다.

  예 비비고 국·탕·찌개, 비비고 만두, 비비고 김치 등,

ㄷ 브랜드 확장 전략

브랜드 확장 전략은 공동 브랜드명 전략을 변형시킨 전략이다. 브랜드 확장 전략은 기존에 사용하던 브랜드명을 다른 제품군 시장의 신제품에도 사용하는 전략이다.

예 카카오톡, 카카오뱅크, 카카오택시, 카카오헤어샵 등

ㄹ 혼합 브랜드명 전략

혼합 브랜드명 전략은 개별 브랜드명과 공동 브랜드명을 모두 사용하는 전략으로, '제품계열별 공동 브랜드명 전략'과 '개별 브랜드명/공동 브랜드명 혼용 전략' 두 가지로 분류된다.

개념체크OX

- 개별 브랜드명 전략은 모든 제품에 다른 브랜드명을 사용하는 전략이다. ○X
- 브랜드 확장 전략은 같은 제품군 모든 제품에 동일한 브랜드명을 사용하는 전략이다. ○X

○, X

구 분	내 용
제품계열별 공동 브랜드명 전략	각 제품계열은 모두 다른 브랜드명을 부착하고 제품계열 내부의 제품들은 모두 같은 브랜드명을 사용하는 전략이다. 예 CJ 화장품 제품계열-식물나라(식물나라 비누, 식물나라 선크림, 식물나라 수분크림 등) CJ의 식자재 제품계열-백설(백설 설탕, 백설 밀가루, 백설 콩기름 등)
개별 브랜드명/공동 브랜드명 혼용 전략	소비자에게 이미 친숙한 기업명을 개별 브랜드명과 결합하는 전략이다. 예 농심 신라면, 농심 안성탕면, 농심 너구리, 농심 짜파게티 등

브랜드명 전략

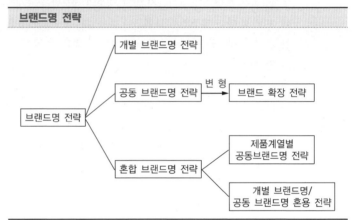

③ 브랜드명의 결정 시 유의사항
　㉠ 브랜드명은 제품과 잘 어울려야 한다.
　㉡ 브랜드명은 발음하기 쉽고 기억하기 쉬워야 한다.
　㉢ 브랜드명은 짧아야 한다.

7 서비스 마케팅

(1) 서비스의 특징
① 비유형성
② 가변성
③ 소멸성
④ 동시성

(2) 서비스 마케팅의 유형
① 내부 마케팅
내부 마케팅은 종업원인 내부 고객을 관리하는 마케팅을 뜻한다. 내부 고객인 종업원은 일선에서 고객을 마주하므로 종업원에게 질 좋은 서비스를 제공해야 자연스럽게 외부 고객에게까지 좋은 서비스 품질을 제공할 수 있다.

② 외부 마케팅

외부 마케팅은 우리가 흔히 말하는 서비스를 뜻한다. 기업이 고객에게 제공하는 서비스를 뜻한다.

③ 상호작용 마케팅

상호작용 마케팅은 종업원과 고객 간의 상호작용 품질을 높임으로써 서비스 품질을 높이려는 마케팅 노력이다.

(3) 서비스의 품질관리

① SERVQUAL모형(PZB모형)

㉠ 내 용
- 파라수라만(Parasuraman), 자이다믈(Zeithaml), 베리(Berry)의 연구에서 개발된 서비스 품질평가 모형이다.
- 서비스 품질은 서비스 자체의 특성으로 인해 객관적으로 측정하기 어려운 추상적인 개념이며, 기업이 서비스 품질을 평가하는 적절한 접근 방법은 소비자의 지각을 측정하는 것이라고 주장했다.
- 서비스 품질의 구성요인 즉, '고객의 기대수준'과 '성과(인지수준)'를 22개 문항, 5개 차원으로 측정했다. 기대와 성과의 차이가 크면 서비스 품질에 문제가 있는 것으로 판단한다.

㉡ 5개 차원

차 원	의 미	항목 수
유형성(Tangibles)	고객에 대한 배려나 개인적인 친밀감	4
신뢰성(Reliability)	물리적인 시설이나 장비, 인력 등과 같은 서비스 관련 물리적 환경	5
확신성(Assurance)	제공해 주기로 약속된 서비스를 정확하게 그리고 믿음직하게 수행할 수 있는 능력	4
반응성(Responsiveness)	고객을 돕겠다는 의지나 신속한 서비스를 제공하려고 하는 의지	4
공감성(Empathy)	종업원이 제공해 줄 것이라 믿는 확신과 신뢰, 종업원의 능력, 지식, 예의 등	5

㉢ SERVQUAL모형의 평가

기대수준이 규범적 기대수준이므로 SERVQUAL모형은 이상적 기준과 서비스 품질의 비교를 나타내는 것이지, 예견된 서비스와 제공된 서비스의 차이를 나타내는 것이 아니라고 평가받는다.

② SERVPERF모형

㉠ 크로닌(Cronin)과 테일러(Taylor)는 단순 성과만을 측정하는 모형과 성과 항목에 중요도를 적용하는 가중 모형을 개발하여, 기대수준을 제외하고 성과항목만으로 서비스 품질을 측정하는 것이 SERVQUAL모형보다 우수하다고 주장했다.

㉡ SERVQUAL모형에서 사용된 22개 문항의 5개 차원을 토대로 하되, 성과수준만으로 SERVPERF모형을 구성했다.

㉢ 두 모형을 비교하는 연구를 통해 성과에 대한 지각만으로 서비스 품질 측정하는 것이 더욱 타당함을 실증적으로 입증했다.

③ SERVQUAL모형과 SERVPERF모형 비교

구 분	SERVQUAL 모형 (PZB, 1988)	SERVPERF 모형 (Cronin and Taylor, 1992)
모형의 구성	기대수준 - 성과수준	성과수준
기대의 정의	제공해야 할 수준	기대수준 측정하지 않음
측정 차원	5개 차원 22개 항목(44문항)	5개 차원 22개 항목(22문항)

④ 카노모형

㉠ 내 용

노리아키 카노(Noriaki Kano)가 개발한 고객만족(만족-불만족)과 상품 개발(충족-미충족)에 관한 모형으로, '고객은 많이 받을수록 좋아한다'는 전통적인 관점에 대항하여 품질에 대한 고객의 지각을 새로운 관점으로 보았다.

㉡ 5가지 범주

• 매력적(Attractive) 품질속성
  충족되면 만족하고, 충족이 안되더라도 불만족 하지는 않는 속성이다.

• 일원적(One-dimensional) 품질속성
  충족되면 만족도가 향상하고, 충족이 안되면 불만족하는 속성이다.

• 당연적(Must-be) 품질속성
  반드시 있어야 할 필수 서비스 속성이다.

• 무관심(Indifferent) 품질속성
  만족, 불만족 사이에 품질 차이가 없는 속성이다.

• 역(Reverse) 품질속성
  충족되면 불만족하는 속성을 말한다.

8 신제품 개발

(1) 신제품 유형

① 제품 개선

㉠ 제품 개선은 가장 단순한 신제품 유형으로, 소비자와 기업 모두 참신성이 낮다고 생각하는 신제품이다.

㉡ 기업은 계속해서 기존 제품을 개선하지만 소비자는 느끼지 못하는 경우가 많다.

② 제품계열 추가 및 확장

제품계열 추가 및 확장은 기업의 입장에서는 참신한 신제품으로 취급되나 소비자 입장에서는 기존 제품을 모방한 제품으로 인식한다.

③ 재포지셔닝

재포지셔닝은 기업의 입장에서는 참신성이 떨어지는 신제품으로 취급되나 소비자 입장에서는 참신성이 높은 신제품으로 받아들여진다.

④ 혁신제품

혁신제품은 기업과 소비자 모두 참신성이 높다고 생각하는 신제품이다.

(2) 신제품의 실패 요인

① 소비자 욕구 충족 실패

② 잘못된 마케팅전략

③ 불충분한 촉진 · 유통 지원

④ 사내조직과 관련된 요인들

⑤ 출시타이밍 오류

⑥ 신제품 출시의 법적 · 정치적 제한

⑦ 신제품 출시 시점에 경쟁자의 강한 대응

(3) 신제품 개발과정

① 아이디어 창출

② 아이디어 평가

③ 제품개념 개발과 테스트

④ 마케팅전략 개발과 사업성 분석

⑤ 제품 개발

⑥ 시험마케팅

⑦ 상업화

신제품 개발과정

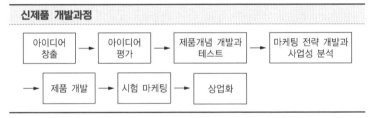

9 제품수명주기(Product life cycle)

(1) 도입기

① 신제품이 출시되면 도입기가 시작된다. 신제품은 인지도가 낮고, 소비자는 기존 제품에 익숙해 신제품에 대한 저항감이 있으므로 매출은 완만하게 증가한다.

② 마케팅 비용이 크므로 이익이 매우 낮거나, 손실을 볼 수 있다. 따라서 기업은 주로 특정한 소비자층을 표적으로 정하고 마케팅 커뮤니케이션을 진행한다.

③ 도입기에는 하나의 기본형 제품을 판매한다.

④ 신제품 개발비용을 회수하기 위해 가격을 높게 책정하는 것이 일반적이다. 주로 가격 결정방법은 원가에 일정 이윤을 더하는 방법이 사용된다.

개념체크OX

• 도입기에는 매출이 완만하게 증가한다. ☐O ☐X

• 도입기에는 낮은 가격으로 판매하는 것이 일반적이다. ☐O ☐X

O, X

(2) 성장기

① 성장기 특징

ⓐ 소비자들이 신제품을 인지하기 시작하고 기업이 제품으로 소비자를 만족시키면 판매가 급속하게 증가하는 성장기로 들어선다.

ⓑ 성장기에는 혁신소비자층과 조기 수용자(Early adapter)층의 호의적 구전이 시장 확대에 매우 중요하다.

② 성장기 전략

ⓐ 제품전략

제품의 품질을 높이고 새로운 속성을 부가하여 새로 진입하는 경쟁 제품에 대응한다. 모방을 방지한 제품의 차별화도 필요하며 여러 표적시장을 개발해 시장을 확대해야 한다.

ⓑ 가격전략

기존 가격을 유지하여 높은 이익을 실현할 수도 있고, 시장점유율을 더욱 확대하기 위해 저가격 정책을 도입할 수도 있다.

ⓒ 촉진전략

성장기에는 타사 제품 대비 소비자의 선호도를 높이기 위해 제품 선호형 광고를 한다. 판촉비용은 도입기와 같거나 약간 높은 수준으로 설정한다.

ⓓ 유통전략

성장기에는 단기적 이익을 실현할지, 아니면 높은 시장점유율을 달성할지 선택해야 한다. 만약 유통경로 구축에 높은 비용을 투자한다면 추후 높은 시장점유율을 가져갈 수 있지만 현재의 단기적인 높은 이익은 포기해야 한다.

(3) 성숙기

① 성숙기 특징

ⓐ 성숙기가 되면 가장 높은 매출을 실현한다.

ⓑ 곧 다수의 경쟁기업이 시장에 진입하여 가격을 인하하고 공격적인 촉진 활동을 하면서 어느 시점부터는 매출이 감소한다.

ⓒ 자사는 또 다른 신제품을 개발하기 위해 연구개발비용을 늘리기 시작해 순이익은 줄어든다.

ⓓ 성숙기에 경쟁력이 약한 제품은 시장에서 도태된다.

② 성숙기 전략

ⓐ 시장 개발

제품의 매출을 증가시키기 위해 새로운 소비자를 찾거나 제품의 새로운 용도를 개발하여 시장 개발을 할 수 있다.

ⓑ 제품 개선

제품의 품질, 특성, 스타일 등을 개선하여 새로운 소비자를 공략하거나 기존 소비자들의 사용빈도를 증가시킬 수 있다.

ⓒ 마케팅믹스의 수정

마케팅믹스를 재조정함으로써 매출을 증대시킬 수 있다. 신규 고객을 공략하기 위해 가격할인, 경품지급 등의 촉진활동을 할 수도 있다.

(4) 쇠퇴기

① 쇠퇴기 특징

ⓐ 시장수요의 포화, 신기술과 대체재의 출현, 고객욕구 변화 등의 원인으로 제품은 쇠퇴기에 들어선다.

ⓑ 쇠퇴기에 들어서면 매출과 이익이 줄어들기 때문에 기업은 경쟁력이 약한 제품을 제거하여 제품의 수를 축소하거나, 철수한다.

ⓒ 쇠퇴기에 들어선 제품을 무작정 보유하면 기업 평판에 부정적인 영향을 미치고 자원이 낭비될 수 있다.

② 쇠퇴기 전략

ⓐ 유지전략

자사 제품을 그대로 유지하는 전략이다. 만약 다른 경쟁기업들이 모두 철수한다면 독점적 이익을 실현할 수도 있다.

ⓑ 수확전략

비용 지출을 지속해서 줄이고 판매는 유지함으로써 단기적 현금흐름을 높이는 전략이다.

ⓒ 철수전략

쇠퇴기 제품을 다른 기업에 매각하거나 잔존가치로 감가상각함으로써 비활용하는 전략이다.

제품수명주기 그래프

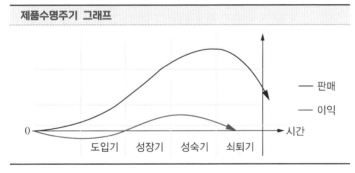

01 다음 중 마케팅믹스(Marketing mix)가 아닌 것은?   공무원연금공단

① 판매촉진(Promotion)

② 제품(Product)

③ 가격(Price)

④ 포지셔닝(Positioning)

해설 마케팅믹스는 마케팅 프로세스의 4가지 핵심요소를 뜻하며, 제품(Product), 가격(Price), 판매촉진(Promotion), 유통경로(Place)가 이에 해당한다.

02 다음 중 제품 구매에 따르는 부가적인 서비스를 나타내는 제품 차원으로 옳은 것은?   경기도통합채용

① 유형제품   ② 확장제품

③ 기능적 제품   ④ 니즈제품

해설 실제 제품 이외에 제공되는 부가적인 서비스 또는 사후 관리 등을 확장제품이라고 한다.

03 다음 중 제품의 분류와 그에 맞는 제품이 가장 옳게 짝지어진 것은?   한국전력공사

① 편의품 – 프로용 카메라

② 선매품 – 블루투스 스피커

③ 감각적 제품 – 호신용 스프레이

④ 상징적 제품 – 전자레인지

해설 선매품은 편의품보다 상대적으로 많은 노력을 들여 구매하는 제품으로, 블루투스 스피커는 선매품에 해당한다고 볼 수 있다. 다른 예시로는 가구, 냉장고, TV 등이 있다.

04 다음은 냉동식품에 대한 제품믹스이다. 제품믹스에 대한 설명으로 옳지 않은 것은? 부산교통공사

제품계열1		제품계열2		제품계열3	
냉동만두		냉동피자		냉동호빵	
김치만두	4개입 6개입 12개입 24개입	불고기피자	9인치 12인치	팥 호빵	1개입 6개입
고기만두		치즈피자		슈크림 호빵	
		쉬림프피자			
갈비만두		하프피자	14인치	야채 호빵	

① 제품믹스의 너비는 3이다.
② 냉동피자의 제품길이는 4이다.
③ 쉬림프피자의 제품깊이는 3이다.
④ 냉동호빵의 제품길이는 3이다.

[해설] 쉬림프피자의 경우 제품품목이 9인치, 12인치 2개이므로 제품깊이는 2이다.

05 다음 설명에 해당하는 제품믹스 길이 확장 전략은? 한국철도공사

> • 초기에 심은 고급 이미지를 저가 제품에 옮기는 전략
> • 제품믹스의 길이를 확장하면서 저가의 신제품을 추가시키는 전략

① 하향확장전략　　　　　　　　　② 상향확장전략
③ 초기확장전략　　　　　　　　　④ 단순화전략

[해설] 하향확장전략은 초기에는 고품질, 고가의 제품을 출시시키고 이후에 제품믹스의 길이를 확장하면서 저가의 신제품을 추가시키는 전략이다.

06 기존 브랜드명을 새로운 제품 범주의 신제품에 사용하는 것은? 인천국제공항공사

① 공동 브랜딩(Co-branding)
② 복수 브랜딩(Multi-branding)
③ 라인 확장(Line extension)
④ 브랜드 확장(Brand extension)

[해설] 브랜드 확장이란 기존에 잘 구축된 브랜드명을 새로운 제품 카테고리나 동일 카테고리 내 신제품이 나올 경우 그대로 사용하는 것을 말한다.

07 SERVQUAL모형(PZB모형)과 SERVPERF모형에 대한 설명으로 옳은 것은?   한국환경공단

① SERVQUAL모형은 고객의 기대수준과 성과(인지수준)를 24개 문항, 5개 차원으로 측정했다.

② SERVQUAL모형의 5가지 차원은 유형성, 신뢰성, 가격성, 청결성, 공감성으로 구성된다.

③ SERVPERF모형은 성과에 대한 지각만으로 서비스 품질을 측정하는 것이 보다 타당함을 실증적으로 입증했다.

④ SERVPERF모형은 기대수준을 측정하며, 22문항으로 구성되어 있다.

해설 ① SERVQUAL모형은 고객의 기대수준과 성과(인지수준)를 22개 문항, 5개 차원으로 측정했다.
② SERVQUAL모형의 5가지 차원은 유형성, 신뢰성, 확신성, 반응성, 공감성으로 구성된다.
④ SERVPERF모형은 기대수준을 측정하지 않는다.

08 제품수명주기에 대한 설명으로 옳지 않은 것은?   한국가스공사

① 제품수명주기는 크게 도입기, 성장기, 성숙기, 쇠퇴기로 구분할 수 있다.

② 쇠퇴기에 기업은 자사제품을 그대로 유지하는 전략을 선택할 수 있다.

③ 성숙기에 판매 극대점에 도달한다.

④ 성숙기보다 도입기에 경쟁수준이 높다.

해설 도입기보다 성숙기에 경쟁수준이 높다.

09 제품수명주기에 대한 설명으로 옳지 않은 것은?   정부출연연구기관

① 도입기 매출은 완만하게 증가한다.

② 성숙기 전략으로는 시장 개발, 제품 개선, 마케팅믹스 수정이 있다.

③ 성장기에는 혁신소비자층과 조기 수용자(Early adapter)층의 호의적 구전이 중요하다.

④ 쇠퇴기에는 매출과 이익이 줄어들기 때문에 기업은 반드시 제품을 철수해야만 한다.

해설 쇠퇴기 전략으로는 철수전략도 있지만, 판매를 유지하는 유지전략과 수확전략도 있다. 유지전략은 자사제품을 그대로 유지하는 전략으로, 만약 다른 경쟁기업들이 모두 철수한다면 독점적 이익을 실현할 수 있다. 수확전략은 비용 지출을 지속해서 줄이고 판매는 유지함으로써 단기적 현금흐름을 높이는 전략이다.

많이 보고 많이 겪고 많이 공부하는 것은 배움의 세 기둥이다.

– 벤자민 디즈라엘리 –

최신복원문제

🔑 **키워드** 메시지 소구

다음 중 구매를 억제할 목적으로 부정적 감정을 요구하는 방법으로 옳은 것은? 하남도시공사

① 이성적 소구

② 부정적 소구

③ 감성적 소구

④ 감정적 소구

[해설] 감성적 소구법은 구매를 억제하거나 유도할 목적으로 긍정적 또는 부정적인 감정을 유발하는 소구법이다.

정답 ③

Chapter 03

판매촉진(Promotion)

기출 키워드	중요도
☑ 바이럴 마케팅	★★
☑ 메시지 소구	★
☑ 촉진예산의 결정방법	★
☑ 촉진믹스	★★★
☑ CPM	★
☑ 푸시 전략과 풀 전략	★★
☑ 광 고	★
☑ 인적판매	★★
☑ 판매촉진	★
☑ PR	★

CHAPTER 03 판매촉진(Promotion)

1 판매촉진의 개요

1 판매촉진의 정의

(1) 판매촉진은 자사 제품의 단기 매출 증대를 유도하기 위해 소비자에게 추가로 인센티브를 제공하는 마케팅 활동을 말한다.

(2) 판매촉진의 가장 큰 목표는 제품이나 서비스를 소비자에게 널리 알리는 것이다.

(3) 판매촉진에는 광고, 홍보, 마케팅전략, 마케팅채널 등이 포함된다.

2 효과적 마케팅 커뮤니케이션 개발 단계

(1) 표적청중 파악

① 마케팅의 대상이 되는 표적청중을 명확하게 설정한다.

② 표적청중을 파악하는 데는 STP의 '표적시장 선택' 전략을 사용한다.

(2) 원하는 반응 결정

① 표적청중을 결정한 뒤에는 표적청중에게서 얻고자 하는 반응을 결정한다.

② 기업이 마케팅 커뮤니케이션을 하는 궁극적인 목표는 구매 유도이므로 소비자로부터 구매를 유도해야 한다.

③ 촉진 효과의 하이어라키 모형은 촉진 활동을 접한 소비자가 어떤 상태를 거쳐 구매하는지를 보여준다.

> **촉진 효과의 하이어라키 모형**
> 인지 → 지식 → 호감 → 선호 → 확신 → 구매

(3) 메시지 선택

① 메시지 소구

㉠ 이성적 소구

제품 구매로 인한 편익을 강조하는 소구법이다. 경제성, 가치, 특징, 성능 등의 내용을 담고 있다.

㉡ 감성적 소구

구매를 억제하거나 유도할 목적으로 긍정적 또는 부정적인 감정을 유발하는 소구법이다.

개념더하기

인센티브

어떤 행동을 하도록 사람을 부추기는 것을 목적으로 하는 자극을 뜻한다. 특히 종업원의 근로 의욕이나 소비자의 구매 의욕을 높이는 것을 말한다.

개념더하기

바이럴마케팅

바이럴(Viral)은 바이러스(Virus)의 형용사형으로, '감염시키는, 전이되는' 등의 의미가 있다. 바이러스가 전염되듯이 소비자들 사이에 물건에 대한 홍보성 정보가 끊임없이 오고 가는 것을 말한다.

ⓒ 도덕적 소구

도덕적 행동을 유도하는 소구법이다. 환경 보호, 인권, 동물권 등 사회적으로 요구되는 내용을 다루어 청중들에게 소구하는 방법이다.

② 메시지 구조

㉠ 메시지 결론 제시 여부
- 메시지의 결론을 먼저 제시할 것인지 청중들에게 결론의 결정권을 맡길 것인지 결정한다.
- 즉각적인 행동을 유도하고 싶다면 명확한 결론을 제시하는 게 효과적이며, 장기적으로 기억에 남게 하고 싶다면 스스로 결론을 도출하도록 하는 것이 효과적이다.

㉡ 일면적 · 양면적 주장 결정
- 제품의 장점만을 이야기하는 일면적 주장을 사용할지, 장점뿐만 아니라 단점도 언급하는 양면적 주장을 사용할지 결정한다.
- 대부분의 광고는 일면적 주장을 추구하지만, 때에 따라 양면적 주장이 높은 신뢰감을 주기도 한다.

㉢ 주장의 위치
- 주장을 어디에 제시할지 결정한다.
- 일반적으로 주장을 처음과 마지막에 제시하는 것이 효과적이라고 알려져 있다.

③ 메시지 형태

메시지를 어떤 형태로 전달할지 결정한다. 표적청중의 관심을 최대한 끌 수 있는 형태를 선택해야 한다.

(4) 매체 선택

① 인적 경로

㉠ 인적 경로는 소비자와 대면하여 직접 소통하는 방법이다. 직접적인 반응을 바로 얻을 수 있고 커뮤니케이션을 직접 통제할 수 있다.

㉡ 제품이 매우 고가이거나 전문적인 지식을 요구하는 경우 더욱 효과적일 수 있다.

㉢ 가족, 친구들을 통한 구전도 인적 경로에 속한다. 구전의 효과는 강력하므로 기업은 의견선도자에게 유리한 조건으로 제품을 제공하고 구전활동을 유도한다.

② 비인적 경로

㉠ 비인적 경로의 정의

비인적 경로는 개인적인 접촉이나 피드백 없이 메시지를 전달하는 방법이다. 비인적 경로를 통해서도 구전을 유도할 수 있다.

㉡ 비인적 경로의 종류
- 주된 매체
  인쇄 매체, 방송 매체, 전시 매체
- 분위기
- 이벤트

개념체크OX

- 메시지 구조 선택 시 제품의 장점만을 이야기해야 한다. ◯✕

- 인적 경로는 제품이 고가인 경우 효과적이다. ◯✕

✕, ◯

(5) 메시지 원천 선택

① 메시지 원천 선택의 의의

메시지의 정보 원천이 신뢰성이 높을 때 일반적으로 설득 효과 또한 높게 나타난다.

② 정보 원천의 신뢰성 요인

㉠ 전문성

전문성은 정보가 얼마나 전문적으로 권위 있는 사람에 의한 것인지에 따라 평가된다. 의사, 과학자, 교수 등이 전문성을 가진 정보 원천의 예이다.

㉡ 진실성

진실성은 정보 원천이 얼마나 정직해 보이는지에 따라 평가된다. 일반적으로 가족이나 친구들은 영업사원보다는 진실하다고 믿는다.

㉢ 매력도

매력도는 정보 원천이 소비자에게 얼마나 호감을 주는지에 따라 평가된다.

(6) 커뮤니케이션 효과 측정

촉진 메시지가 커뮤니케이션 목표를 달성했는지를 평가한다. 메시지 기억 여부, 노출 횟수, 회상 내용, 메시지에 대한 느낌 등의 조사가 대표적이며 제품을 구매한 소비자의 수, 점포를 방문한 소비자의 수 등의 행동적 반응도 이에 해당한다.

3 촉진예산의 결정방법

(1) 매출액 비율법(Percentage-of-sales method)

① 매출액 비율법의 개념

현재 또는 예상되는 매출액의 일정 비율을 촉진(광고)예산으로 사용하는 방법이다.

② 매출액 비율법의 장점

㉠ 촉진예산을 일률적으로 설정하는 것이 아니라 매출액에 따라 변화시킬 수 있다.

㉡ 촉진비용, 판매가격, 단위당 이익의 관계를 고려하여 촉진예산을 결정할 수 있다.

㉢ 대부분 기업이 이 방법을 사용하기 때문에 경쟁사들과의 촉진예산 비용 관계에 있어 안정성을 유지할 수 있다.

③ 매출액 비율법의 단점

광고비를 매출액의 원인으로 보는 것이 아니라 결과로 간주하는 오류가 있으며, 매출액이 감소하면 촉진비용도 감소한다.

(2) 가용예산 할당법(Affordable method)

① 가용예산 할당법의 개념

기업에서 돈이 필요한 곳에 모두 예산을 지급한 후 남은 돈을 촉진비용으로 책정하는 방법이다. 즉 회사에서 충당 가능한 수준을 촉진비용으로 이용한다.

② 가용예산 할당법의 장점

제한된 자금을 가진 기업의 경우 지나치게 많은 자금을 촉진에 사용하는 것을 방지할 수 있다.

③ 가용예산 할당법의 단점

㉠ 촉진 목표와는 무관하게 예산이 할당되어 촉진비용이 너무 많거나 적을 수 있다.

㉡ 촉진 목표와는 무관하게 매년 예산이 할당되기 때문에 장기적인 마케팅계획을 세우기 어렵다.

(3) 경쟁자 기준법(Competitive parity method)

① 경쟁자 기준법의 내용

촉진예산을 경쟁사들 기준에 맞추는 방법이다. 일반적으로 산업 평균에 근거하여 촉진예산을 책정한다.

② 경쟁자 기준법의 장점

㉠ 촉진예산 결정이 비교적 쉽다.

㉡ 경쟁사들의 촉진 수준에 대응할 수 있다.

③ 경쟁자 기준법의 단점

모든 기업의 상황이 다르기 때문에 비합리적인 촉진예산이 할당될 수 있다.

(4) 목표 및 과업 기준법(Objective and task method)

① 목표 및 과업 기준법의 개념

자사가 이루고자 하는 목표에 따라 예산을 책정하는 방법이다.

② 목표 및 과업 기준법의 장점

촉진예산 책정 방법 중 가장 논리적이다.

③ 목표 및 과업 기준법의 단점

현실적으로 촉진목표에 대한 촉진예산을 예측하기가 매우 어렵다.

4 촉진믹스의 결정

(1) 제품유형별 촉진믹스

제품유형	촉진믹스의 효용
소비재	광고 > 판매촉진 > 인적판매 > PR
산업재	인적판매 > 판매촉진 > 광고 > PR

(2) 효과계층모형에 따른 촉진믹스 결정

① 효과계층모형의 정의

소비자 효과계층모형(hierarchy-of-effects model)은 래비지(R. J. Lavidge)와 슈타이너(G. A. Steiner)가 제시한 위계모형으로, 제품에 대한 잠재적 소비자의 반응을 순차적인 6단계로 구분했다.

> 인지(awareness) → 지식(knowledge) → 호감(liking)
> → 선호(preference) → 확신(conviction) → 구매(purchase)

② 효과계층모형 단계별 촉진믹스 효과

효과계층단계	유효한 촉진믹스				
	광 고	PR	구 전	판매촉진	인적판매
인 지	○	○			
지 식	○	○	○		
호 감	○	○	○		
선 호	○	○	○		
확 신			○	○	○
구 매				○	○

(3) 푸시 전략과 풀 전략

① 푸시 전략(Push strategy)

푸시 전략은 생산자가 제품을 계속 유통업체에게 넘겨 유통경로를 따라 제품을 밀어내는(push) 전략을 말한다. 주로 충동구매 품목이거나 브랜드 충성도가 낮은 제품에 사용할 때 효과적이며, 인적판매와 중간상 판매촉진의 비중이 커진다.

② 풀 전략(Pull strategy)

풀 전략은 생산자가 제품을 유통업체에게 넘기지 않고 촉진을 통해 소비자들이 직접 제품을 찾도록 끌어당기는(pull) 전략을 말한다. 주로 브랜드 충성도가 높은 고관여 제품에 사용될 때 효과적이며, 광고와 소비자 판매촉진의 비중이 커진다.

③ 전략에 따른 촉진믹스 효과

구 분	광 고	PR	구 전	판매촉진		인적판매
				소비자 판촉	중간상 판촉	
푸시 전략		○			○	○
풀 전략	○	○	○	○		

5 통합적 마케팅 커뮤니케이션
(IMC ; Integrated Marketing Communication)

통합적 마케팅 커뮤니케이션은 광고, 판매촉진, PR 등의 다양한 커뮤니케이션 수단들의 일관성과 통일성을 높여 고객과의 모든 접점에서 마케팅 효과를 극대화하는 것을 의미한다.

6 광 고

(1) 광고의 개요

① 광고의 정의

광고는 광고주가 비용을 지불하고 비인적 매체를 통해 메시지를 광범위한 청중들에게 전달하는 설득 커뮤니케이션을 말한다.

② 광고의 특성

㉠ 공중제시성

광고는 표준적이고 합법적이라는 공공적 특성을 가져 광범위한 공중에게 전달된다.

㉡ 보급성

광고는 메시지를 반복적으로 전달하여 소비자들의 인식에 깊게 침투할 수 있다.

㉢ 증폭표현성

광고는 소리, 그림, 영상 등을 통해 제품을 다양하게 표현한다.

㉣ 비인성

광고는 소비자의 특성을 고려하지 않고 같은 메시지를 일방적으로 전달한다.

③ 광고의 장점

㉠ 광고주는 비용을 지불하여 본인이 원하는 시간, 원하는 지면에 메시지를 실을 수 있다.

㉡ 비용이 높지만 동시에 수많은 사람들에게 전달되므로 1,000명당 비용(CPM ; Cost per Mille)은 저렴하다.

㉢ 실제로 만날 수 없는 고객에게도 노출할 수 있다.

㉣ 광고를 반복적으로 노출하여 제품이나 브랜드를 소비자에게 각인시킬 수 있다.

㉤ 단기간에 광범위한 지역에 메시지를 전달할 수 있다.

④ 광고의 단점

㉠ 고객의 특성을 고려하지 않고 일방적으로 하나의 메시지만 전달하므로 효과가 떨어질 수 있다.

㉡ 반복광고의 비용이 많이 든다.

㉢ 소비자가 광고에 대해 부정적으로 인식할 수 있다.

㉣ 특정 매체는 광고를 허용하지 않는다.

㉤ 이미 다른 광고주가 선점한 특정 지면이나 시간대에는 광고할 수 없다.

(2) 광고의 과정

① 광고목표 설정

㉠ 정보전달

㉡ 설 득

㉢ 상기 및 강화

② 광고예산 결정
　　㉠ 제품수명주기
　　㉡ 시장점유율
　　㉢ 경 쟁
　　㉣ 광고 빈도
　　㉤ 제품의 차별성
③ 광고카피 작성
　　㉠ 카피 아이디어 창출
　　㉡ 카피 평가 및 선택
　　㉢ 카피 집행

카피의 특성	주의와 흥미를 유발하기 위한 카피 요소
• 카피는 의미 있는 내용이어야 한다. • 카피는 차별적이어야 한다. • 카피는 믿을 만한 내용이어야 한다.	• 카피 스타일 • 카피 톤 • 광고에 포함되는 삽화, 활자체 등의 광고 구성요소

📊 개념더하기

매체타이밍 결정
광고매체를 선정하면 해당 광고의 연간 계획을 세워야 한다. 광고를 일 년 내내 같은 수준으로 유지하는 전략을 지속전략이라고 하며, 기간에 따라 광고의 양을 늘렸다 줄였다 하는 전략을 맥박전략이라고 한다. 제품의 종류와 광고 목표 등을 고려하여 전략을 선택해야 한다.

④ 광고매체 선정
　　㉠ 도달 범위 · 빈도 · 영향력 결정
　　　• 도달 범위
　　　　특정 기간 동안 광고에 노출되는 소비자의 수를 말한다.
　　　• 빈 도
　　　　특정 기간 동안 개인이 광고에 노출된 횟수를 말한다.
　　　• 영향력
　　　　특정 매체를 통한 메시지 노출의 질적 가치로, 소비자의 변화 정도를 말한다.
　　㉡ 주된 매체 유형 선택
　　　• 표적소비자의 매체습관을 고려해야 한다.
　　　• 제품의 특성을 고려해야 한다.
　　　• 메시지의 형태를 고려해야 한다.
　　　• 비용을 고려해야 한다.
　　㉢ 특정 매체수단 선택
　　　• 매체수단의 주된 청중을 고려해야 한다.
　　　• 청중의 주의도를 고려해야 한다.
　　　• 매체수단의 편집에 대한 질을 고려해야 한다.
⑤ 광고 효과 측정
　　㉠ 커뮤니케이션 효과
　　　• 개 념
　　　　커뮤니케이션 효과는 광고의 커뮤니케이션 목표 달성 정도를 나타내는 것이다. 커뮤니케이션 효과 측정은 '카피 테스팅'이라고도 한다. 효과의 측정은 광고 진행 전후에 이루어질 수 있다.

- 사전 측정
  - 직접평가
    소비자 패널들에게 광고 시안을 보여주고 각 시안에 대해 평가
    하게 하는 방법이다.
  - 포트폴리오 테스트
    소비자들에게 몇 개의 광고로 구성된 광고 포트폴리오를 보게
    한 뒤 광고에 대한 기억을 시험하는 방법이다.
  - 실험실 테스트
    심장 박동 수, 혈압, 동공의 확대 정도, 땀나는 정도 등과 같이
    신체적 반응이나 뇌 반응을 측정하여 광고 효과를 측정하는 방
    법이다.
- 사후 측정
  - 회상테스트
    광고에 노출된 소비자들에게 광고에 대해 기억나는 모든 내용을
    다 이야기하게 하는 방법이다.
  - 재인테스트
    광고가 실린 잡지, 신문 등을 보여주고 전에 본 적이 있는지를
    물어보는 방법이다.

ⓛ 판매 효과
- 개 념
  판매효과는 여러 광고로 달성한 판매의 정도를 나타내는 것이다.
- 측정 방법
  - 통계기법
    과거 광고비 지출과 매출 간의 관계를 통계적인 모형을 통해 알
    아내는 방법이다.
  - 광고실험
    광고실험은 여러 형식으로 실시될 수 있다. 예를 들어 지역별로
    광고예산을 다르게 책정하여 광고를 실행한 후 매출의 변화를
    측정하거나 사이트 내 동일한 배너에 다른 종류의 광고를 삽입
    하여 어떤 광고가 더욱 접속을 유도했는지 알아볼 수 있다. 이러
    한 광고실험을 'A/B 테스트'라고도 한다.

7 PR(Public Relations)

(1) PR의 개요

① PR의 정의
  PR은 다양한 수단을 활용하여 제품과 브랜드를 소개하면서 공중과의
  관계를 우호적으로 만들기 위해 수행하는 일체의 커뮤니케이션 활동이다.

② PR의 장점
  ㉠ 비용이 저렴하다.
  ㉡ 뉴스나 기사 등의 매체를 통해 전달되어 신뢰성이 높다.

🔲 개념더하기

커뮤니케이션 효과와 판매 효과의 비교
판매는 광고 이외에 여러 외생변수의 영향을 받기 때문에 판매 효과 측정이 커뮤니케이션 효과 측정보다 어렵다.

🔲 개념더하기

PPL(Product Placement)
제품 간접 광고로, 주로 방송 프로그램의 소품으로 등장하는 상품을 말한다.

🔲 개념더하기

광고매체
광고매체로는 TV, 라디오, 인터넷, 스마트폰, 신문, 잡지, 옥외광고, 포스터, 박람회, 이벤트, 전시 등이 있다.

③ PR의 단점

　　㉠ 메시지의 전달 시점이나 내용을 직접 통제하기 어렵다.

　　㉡ 기업에게 불리한 내용이 전달될 수 있다.

　　㉢ 다른 촉진믹스와 혼용 가능하나 광고를 완전히 대체할 수 없다.

(2) PR의 수단

① 언론보도

② 회 견

③ 특별행사

④ 공공캠페인

(3) PR 관리

① PR 목표 설정

② PR 메시지 및 수단 선택

③ PR 계획 실행

④ PR 효과 측정

(4) 홍 보

① 홍보의 정의

　　홍보(publicity)란 기업이 제품이나 서비스, 혹은 기업 스스로에 대한 뉴스거리를 언론 매체에 실리도록 하는 것을 말한다.

② 광고와 홍보의 차이점

　　㉠ 광고는 매체비용을 지불하지만, 홍보는 비용을 지불하지 않는다.

　　㉡ 대중들이 광고보다는 언론의 기사나 뉴스를 더 신뢰하는 경향이 있기 때문에 일반적으로 홍보가 광고보다 효과가 좋다.

　　㉢ 광고는 내용이나 일정 등을 기업이 통제할 수 있지만 홍보는 통제할 수 없다.

8 판매촉진

(1) 판매촉진의 개요

① 판매촉진의 정의

　　판매촉진은 제품의 판매를 촉진하기 위한 단기적 동기부여 수단을 총칭하는 말로, 지금 시점에 곧바로 구매할 수 있도록 유도하는 촉진방법이다.

② 판매촉진의 장점

　　㉠ 소비자의 즉각적인 반응을 끌어내어 신속한 매출 증가를 가져온다.

　　㉡ 참여 고객들의 정보를 바탕으로 데이터베이스를 구축할 수 있다.

　　㉢ 신제품 사용을 효과적으로 유도할 수 있다.

③ 판매촉진의 단점

　　㉠ 경쟁기업들이 모방하기 쉬워 무모한 판촉 경쟁이 발생한다.

　　㉡ 제품이나 브랜드의 이미지가 악화될 수 있다.

　　㉢ 판매촉진 행사 종료 시 소비자의 구매 확률이 현저히 감소한다.

(2) 판매촉진 목표설정

기업이 판매촉진을 하는 목표는 단기적으로는 판매 증대, 장기적으로는 시장점유율 증대이다. 이에 따른 구체적인 목표로는 신제품 구매 유도, 경쟁 제품 구매 소비자의 자사 브랜드 소비자 전환, 충성 고객 유지 등이 있다.

(3) 판매촉진 수단 결정

① 소비자 판촉수단

소비자 판촉수단은 무료샘플, 쿠폰, 가격할인, 리베이트, 프리미엄, 광고용 판촉물, 충성도 제고프로그램, 시연회, 콘테스트, 경품추첨, 구매 시점 진열, 이벤트 마케팅, 이벤트 후원 등이 있다.

② 중간상 판촉수단

중간상 판촉수단은 판매 콘테스트, 프리미엄 제공, 가격할인, 무료 상품 제공, 지원금, 업종별 전시회 등이 있다.

(4) 판매촉진 프로그램 개발

판매촉진 시 고려해야 할 사항으로는 판매촉진의 규모, 판매촉진의 조건, 판매촉진 전개 방식, 판매촉진 기간, 판매촉진 예산이 있다.

(5) 판매촉진 프로그램 사전 테스팅

개발된 판매촉진 프로그램은 목표 달성에 효과적인지, 규모는 적절한지 등을 알아내기 위해 사전 테스팅 과정을 거쳐야 한다. 목표 소비자에게 판촉 프로그램을 평가하게 하거나 제한된 지역 내에 미리 판촉 프로그램을 진행해 사전 테스팅을 할 수 있다.

(6) 판매촉진 프로그램 효과 측정

판촉 프로그램 진행 이후 기업은 효과를 측정해야 한다. 효과 측정을 통해 추후 진행될 여러 판촉 프로그램에서 더 나은 의사결정을 할 수 있다. 판촉 프로그램 효과는 실시 전후 판매량을 비교하거나 소비자 조사를 통해 측정할 수 있다. 또한 가격할인 폭, 판촉 기간, 판촉 방법 등을 바꾸어가며 매출 변화를 측정하는 실험적인 방법을 통해서도 판촉 효과를 측정할 수 있다.

9 인적판매

(1) 인적판매의 개요

① 인적판매의 정의

인적판매는 판매원이 소비자에게 직접 접촉하여 쌍방향 의사소통을 통해 제품을 구매하도록 설득하는 일련의 커뮤니케이션 활동이다.

② 인적판매의 장점

㉠ 쌍방향 의사소통이므로 고객의 피드백을 즉시 확인할 수 있다.
㉡ 소비자와의 직접 대면을 통해 유연하고 효과적인 촉진 활동이 가능하다.
㉢ 구매행동을 직접 유도하기 때문에 낭비가 적다.

③ 인적판매의 단점
　　㉠ 일반적으로 1명 또는 소수의 고객을 대면하므로 광범위한 소비자 인식을 발생시키기 못한다.
　　㉡ 판매원을 이용하는 방법이므로 비용이 높다.
　　㉢ 소비자가 판매원에 대해 반감을 느낄 수 있다.

(2) 인적판매의 과정
① 고객예측
② 사전준비
③ 접 근
④ 제품소개
⑤ 의견조정
⑥ 구매권유
⑦ 사후관리

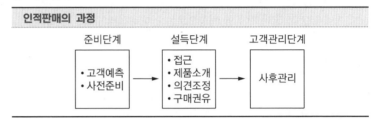

인적판매의 과정

(3) 영업관리
① 영업조직 구축
　　㉠ 지역별 조직
　　㉡ 제품별 조직
　　㉢ 고객별 조직
　　㉣ 복합 조직
② 영업사원 선발
　　㉠ 양적 고려
　　㉡ 질적 고려
③ 영업사원 훈련
　　㉠ 교육·훈련 목표 설정
　　　교육과 훈련의 목표는 판매목표에 부합하도록 설정해야 한다. 만약 판매활동의 목표가 시장침투라면 영업사원의 타사와 경쟁할 수 있는 능력이 중요하며, 판매활동의 목표가 시장방어라면 기존 고객을 장기적으로 유지할 수 있는 능력이 중요하다. 또한 교육 목표는 영업사원 개개인의 능력도 고려하여 설정해야 한다.
　　㉡ 교육프로그램 개발
　　　교육프로그램은 회사, 제품, 고객, 경쟁자, 화술, 현장판매 절차 등의 내용이 포함된다.

© 교육프로그램 관리

교육프로그램 관리는 교육 장소, 교육 담당자, 교육 방법, 교육 시기 관리 등이 포함된다.

② 교육 평가

기업은 교육프로그램 후 매출, 고객만족 등에서 긍정적인 효과를 가져왔는지 평가한다.

교육·훈련 목표설정 → 교육프로그램 개발 → 교육프로그램 관리 → 교육 평가

⑩ 영업사원 보상관리

• 고정봉급제

일정 기간 고정된 금액을 지급하는 방법이다. 보상금액의 계산과 관리가 편리하고, 장기적 전략수립이 가능하다는 장점이 있으나 동기부여가 되지 않는다는 단점이 있다.

• 성과급제

주어진 판매목표 달성 정도에 따라 차별적으로 보상을 지급하는 방법이다. 영업사원에게 동기부여가 잘 되지만, 성과에만 집중하여 보조업무에 소홀해질 수 있다.

• 혼합제

고정봉급과 성과급이 합쳐진 형태이다. 영업사원에게 동기부여도 되고, 심리적 안정도 줄 수 있다.

⑪ 영업사원 동기부여 관리

• 조직분위기
• 판매할당량
• 인센티브

10 구 전

(1) 구전의 정의

마케팅에서 구전은 소비자들이 말이나 글 등 언어를 통해 소비와 관련된 정보를 주고받는 행위를 말한다.

(2) 구전의 중요성

① 전통적인 마케팅 메시지보다 신뢰성이 높다.
② 인터넷과 모바일의 등장으로 구전의 양이 늘고, 속도는 빨라졌다.
③ 마케팅생산성이 높은 소통 수단이다.

(3) 구전의 종류

① 경험적 구전

㉠ 경험적 구전은 소비자들이 제품이나 서비스와 관련된 경험을 자발적으로 공유하는 것을 의미한다.

개념체크OX

• 구전은 마케팅 메시지보다 신뢰성이 높다. ○ X
• 입소문은 의도적 구전에 해당한다. ○ X

○, X

ⓒ 경험적 구전은 소비자 구전 활동의 대부분을 차지하며 다른 소비자에게 파급효과가 크다.

ⓒ 기업이 구전의 내용을 통제할 수는 없지만 경험적 구전에 빈번하게 참여하는 소비자 집단을 공략할 수 있다.

② 결과적 구전

㉠ 결과적 구전은 기업의 마케팅이 일으키는 구전을 의미한다.

ⓒ 결과적 구전은 기업의 마케팅 활동을 기반으로 하므로 소비자들의 구전 영향력이 상대적으로 약하고, 마케팅 자원을 투입해야 하므로 비용이 발생한다.

③ 의도적 구전

기업이 자원을 투입해 의도적으로 구전을 발생시키는 것을 말한다. 따라서 소비자들이 저항감을 가질 수 있다.

(4) STEPPS 법칙(구전의 확산원칙)

① 사회적 화폐(Social currency)

㉠ 사회적 화폐는 사람들이 자신의 이미지를 좋게 하고 더 강조하기 위해 타인에게 제공하는 정보나 대화 주제를 의미한다.

ⓒ 사회적 화폐는 그 내용이 비범할수록 쉽게 전파된다.

② 계기(Trigger)

사람들은 머릿속에 쉽게 떠오르는 콘텐츠를 공유하고 이야기할 가능성이 높다.

③ 감성(Emotion)

사람들은 마음을 움직이는 감성적 주제를 공유하기 좋아하며, 감성을 자극하는 콘텐츠는 파급력이 강하다.

④ 대중성(Public)

사람들은 눈에 잘 띄고 대중적인 것을 모방하고 공유한다.

⑤ 실용적 가치(Practical value)

사람들은 타인에게 도움이 될만한 유용하고 실용적인 가치가 담긴 정보를 공유한다.

⑥ 이야기성(Stories)

사람들은 흡입력이 강하고 흥미진진한 이야기 즉, 서사를 갖춘 정보를 공유한다.

11 직접마케팅(Direct marketing)

(1) 직접마케팅의 개요

① 직접마케팅의 정의

직접마케팅은 타겟팅된 개별 소비자와 중간단계를 거치지 않고 직접 소통하여 즉각적인 반응을 얻고 지속적인 고객 관계를 유지하는 촉진방법이다.

② 직접마케팅의 장점

    ㉠ 개인화된 메시지를 제공해 소비자들과의 장기적인 관계를 구축할 수 있다.

    ㉡ 촉진 활동의 효과를 비교적 정확하게 측정할 수 있다.

③ 직접마케팅의 단점

    관심 없는 제품에 대해 기업이 지속적으로 촉진할 경우 소비자의 저항감을 유발할 수 있다.

(2) 직접마케팅의 수단

직접마케팅의 수단으로는 직접우편, 텔레마케팅, 홈쇼핑 채널, 모바일 마케팅 등이 있다.

03 기출분석문제

01 다음 중 촉진예산 결정방법에 대한 설명으로 옳은 것은? 한국관광공사

① 가용예산 할당법(Affordable method)은 광고목표 달성을 위한 과업 수행에 소요되는 예산을 추정하여 광고예산을 책정하는 방법이다.

② 매출액 비율법(Percentage-of-sales method)은 현재 또는 앞으로 예상되는 매출액의 일정한 비율을 광고예산으로 책정하는 방법이다.

③ 매출액 비율법(Percentage-of-sales method)의 단점은 광고비를 매출액의 결과가 아니라 원인으로 보는 것이다.

④ 경쟁자 기준법(Competitive-parity method)은 기업의 상황에 맞는 합리적인 촉진예산이 할당될 수 있다.

[해설] ① 광고목표 달성을 위한 과업 수행에 소요되는 예산을 추정하여 광고예산을 책정하는 방법은 목표 및 과업 기준법이다.
③ 매출액 비율법의 단점은 광고비를 매출액의 원인이 아니라 결과로 보는 것이다.
④ 경쟁자 기준법은 개별 기업의 상황이 다르므로 비합리적인 촉진예산이 할당될 수 있다.

02 소비자 효과계층모형에서 소비자가 '호감(liking)' 단계에 있을 때 효과적인 촉진믹스를 모두 고른 것은? 코레일네트웍스

┌───┐
│ ㉠ 판매촉진   ㉡ 광 고   │
│ ㉢ 구 전   ㉣ 인적판매   │
│ ㉤ PR   │
└───┘

① ㉠, ㉡   ② ㉡, ㉣

③ ㉠, ㉢, ㉣   ④ ㉡, ㉢, ㉤

[해설] '호감' 단계의 소비자에게 효과적인 촉진믹스로는 광고, PR, 구전이 있다. 판매촉진과 인적판매는 '확신(conviction)'과 '구매(purchase)' 단계에서 효과적이다.

03 다음 중 푸시 전략과 풀 전략에 대한 설명으로 옳지 않은 것은? 한국철도공사

① 푸시 전략은 판매하려는 제품이 주로 충동구매 품목일 때 효과가 좋다.

② 풀 전략을 사용하면 소비자의 행동으로 인해 중간상의 행동이 유도된다.

③ 중간상 판매촉진은 풀 전략보다 푸시 전략을 사용할 때 더 효과가 좋다.

④ 광고와 인적판매는 푸시 전략보다 풀 전략을 사용할 때 더 효과가 좋다.

[해설] 푸시 전략의 주요한 촉진수단으로는 인적판매, 중간상 판매촉진 등이 있고 풀 전략의 주요한 촉진수단으로는 광고, 소비자 판매촉진 등이 있다. 인적판매는 풀 전략보다 푸시 전략을 사용할 때 더 효과가 좋다.

04 다음 중 소비자 판매촉진 수단이 아닌 것은?

한국마사회

① 리베이트
② 인센티브
③ 보상판매
④ 할인쿠폰

[해설] 인센티브는 중간상이 지정한 판매량을 달성했을 때 제조업체에서 주는 추가 보상으로, 중간상 판매촉진 수단에 해당한다.

05 광고와 PR의 차이에 대한 설명으로 옳지 않은 것은?

SR

① 광고는 기업이 광고 대금을 지급하지만, PR은 대금을 지급하지 않는다.
② 광고의 목적은 정보전달과 설득에 가깝지만, PR의 목적은 고객과의 관계 구축에 가깝다.
③ 광고의 수단으로는 신문, 박람회가 포함되며, PR의 수단은 언론보도, 회견, 캠페인이 있다.
④ 커뮤니케이션 효과는 광고 이외에 여러 외생변수의 영향으로 인해 판매 효과 측정보다 어렵다.

[해설] 커뮤니케이션 효과와 판매 효과를 비교했을 때, 판매는 광고 이외에 여러 외생변수의 영향을 받기 때문에 판매 효과 측정이 커뮤니케이션 효과 측정보다 어렵다.

06 다음 중 인적판매의 과정이 순서대로 나열된 것은?

강원랜드

ㄱ. 고객예측 및 사전준비	ㄴ. 의견조정
ㄷ. 접근 및 제품소개	ㄹ. 사후관리
ㅁ. 구매권유	

① ㄱ → ㄴ → ㄷ → ㅁ → ㄹ
② ㄱ → ㄷ → ㄴ → ㅁ → ㄹ
③ ㄷ → ㄱ → ㄴ → ㅁ → ㄹ
④ ㄷ → ㄴ → ㄱ → ㄹ → ㅁ

[해설] 인적판매는 고객예측 및 사전준비 → 접근 및 제품소개 → 의견조정 → 구매권유 → 사후관리의 순서로 진행된다.

07 다음 중 구전의 확산원칙인 STEPPS 법칙에 포함되지 않는 것은?

① 계기(Trigger)
② 감각(Sense)
③ 대중성(Public)
④ 이야기성(Strories)

[해설] STEPPS 법칙의 다섯 가지는 사회적 화폐(Social currency), 계기(Trigger), 감성(Emotion), 대중성(Public), 실용적 가치(Practical value), 이야기성(Stories)이 있다.

최신복원문제

🔑 키워드 수직적 마케팅 시스템(VMS)

다음 중 유통경로에 대한 설명으로 옳은 것은?   도로교통공단

① 독립적 유통경로 시스템의 경우, 구성원들 간의 조정이 유리하다.

② 정보 밀집성이 높을수록 수직적 유통경로를 선택하는 것이 유리하다.

③ 계약형 VMS는 어느 한 경로구성원의 권력에 의해 조정되는 경로 유형이다.

④ 수직적 마케팅 시스템은 동일 경로 단계에 있는 모든 기업이 함께 협력하는 것을 의미한다.

해설 정보 밀집성이 높으면, 수직적 유통경로의 단점인 초기 설계의 막대한 비용을 막을 수 있으므로 유리하다.

정답 ②

Chapter 04

유통경로(Place)

기출 키워드	중요도
☑ 유통경로의 길이	★
☑ 유통경로의 갈등	★
☑ 독립적 유통경로 시스템	★★
☑ 통합적 유통경로 시스템	★★
☑ 수직적 마케팅 시스템(VMS)	★★★
☑ 유통경로 설계과정	★
☑ 소매상의 유형	★★★

CHAPTER

04 유통경로(Place)

1 유통경로의 개요

1 유통의 정의

유통은 가치전달 네트워크상 공급업체를 제외한 생산업체부터 소비자에게까지 이어지는 과정을 말한다.

> **가치전달네트워크**
>
> 공급업체 → 생산업체 → 유통업체 → 소비자
> ⇓
> 유통

2 유통경로의 개요

(1) 유통경로의 정의

① 유통경로는 유통과정에 속한 모든 조직체 및 개인을 말한다.

② 생산자가 제품을 만들고 소비자에게 전달될 때까지 거치는 모든 회사 및 사람을 포함한다.

③ 유통경로는 제품을 어디에 판매할지에 대한 전략으로도 볼 수 있다.

(2) 유통경로 결정의 중요성

① 기업의 유통경로는 마케팅믹스의 다른 구성요소 의사결정에 직접적인 영향을 미친다.

② 유통경로는 다양한 경로구성원들과 장기적인 관계 형성을 수반한다.

③ 비효율적인 유통경로는 판매기회 상실 및 고객 불만을 발생시킨다.

(3) 중간상

① 중간상의 개념

중간상은 유통경로에서 생산업체와 소비자 사이에서 활동하는 조직이나 개인을 뜻한다. 즉 생산업체와 소비자를 제외한 모든 회사, 사람을 말한다.

② 중간상의 종류

ㄱ 도매상

주로 소매상이나 다른 도매상을 대상으로 하는 중간상이다.

ㄴ 소매상

주로 최종 소비자를 대상으로 하는 중간상이다.

개념체크OX

• 유통은 공급업체를 제외한다.
⬜❌

• 소비자는 중간상이 아니다.
⬜❌

O, O

③ 중간상의 필요성
　　㉠ 거래의 경제성 달성
　　　생산자는 중간상을 이용함으로써 소비자와 직접거래의 수고를 덜 수 있다. 기업은 정해놓은 몇몇 중간상에게 제품을 넘김으로써 유통보다 경영에 더욱 집중할 수 있다.

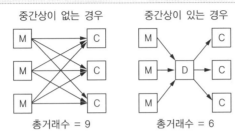

거래의 경제성과 중간상의 역할

중간상이 없는 경우 　　　중간상이 있는 경우

총거래수 = 9　　　　　　총거래수 = 6

M = 제조업체　　C = 소비자　　D = 중간상

　　㉡ 더 많은 효용을 제공
　　　• 시간 효용
　　　• 장소 효용
　　　• 소유 효용

(4) 유통경로의 구조

① 소비재 유통경로
　　㉠ 직접유통
　　　• 유형1
　　　　제조업자가 중간상을 거치지 않고 최종 소비자에게 직접 판매하는 형태이다. 이를 직접유통이라고 한다.
　　㉡ 간접유통
　　　• 유형2
　　　　제조업자와 소비자 사이에 소매상이 개입되는 형태이다. 제조업자와 소비자 사이에 중간상이 끼는 형태를 간접유통이라고 한다. 따라서 유형2뿐만 아니라 유형3과 유형4의 경우에도 간접유통이라고 부른다. 백화점이나 대형마트의 경우 유형2의 형태를 띤다.
　　　• 유형3
　　　　제조업자와 소비자 사이에 도매상과 소매상이 개입되는 형태이다. 유형3이 가장 전형적인 유통경로 형태이다.
　　　• 유형4
　　　　제조업자와 소비자 사이에 세 단계의 중간상이 개입되는 형태이다. 잡지, 레코드, 우유, 육류 등의 제품에서는 도매상과 소매상 사이에 중간도매상(Jobber)이 존재한다. 중간도매상은 대형 도매상들이 직접 공급하기 어려운 소규모 소매업자들에게 상품을 공급한다.

개념체크OX

• 중간상이 없는 유통은 직접유통이다. ◯✕
• 도매상과 소매상 사이의 상인을 중간상이라고 한다. ◯✕

◯, ✕

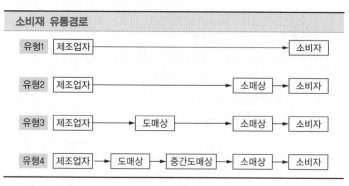

② 산업재 유통경로

산업재의 경우에는 대부분 직접유통(유형1)의 형태를 보인다. 그 이유는 고객들이 전국적으로 분포 되어있는 소비재와 달리 산업재는 고객들이 소수의 대규모 구매자들이고 지리적으로 집중되어있기 때문이다. 따라서 산업재 제조업자들이 중간상을 이용하여 얻게 되는 이점은 소비재 제조업자보다 낮다. 또한 산업재의 경우 대체로 제품이 복잡하고 비싸기 때문에 판매 시 전문적인 지식과 사후 관리가 요구된다. 이러한 이유로 산업재에서는 대체로 직접유통 형태를 띠게 된다.

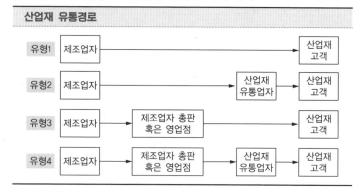

(5) 유통경로의 길이

① 짧은 유통경로

    ㉠ 짧은 유통경로를 선택하는 제품의 특성은 부패성이 있거나 표준화 되지 않은 제품이나 기술적으로 복잡한 전문품으로, 구매 단위가 크고 구매빈도수는 낮으며 비규칙적이다.

    ㉡ 이러한 제품을 공급하는 생산자의 수는 적고, 공급자의 시장진입과 탈퇴에는 제한이 있다.

    ㉢ 또한 지역 집중적으로 생산하며 유통비용 측면에 있어서 장기적으로는 불안정하다.

② 긴 유통경로

    ㉠ 긴 유통경로를 선택하는 제품의 특성은 부패성이 없고 표준화 되어 있는 제품이나 기술적으로 단순한 편의품으로, 구매단위는 작지만 구매빈도는 높고 규칙적이다.

ⓛ 이러한 제품을 공급하는 생산자의 수는 많으며, 공급자의 시장진입과 탈퇴에 아무런 제약이 없기 때문에 지역적으로 분산생산이 가능하고 유통비용구조면에서 장기적으로 안정적이다.

(6) 유통경로의 갈등

① 경로갈등의 종류

ⓐ 수평적 갈등

유통경로 과정 중 도매상과 도매상 등 동일한 단계의 구성원 사이에서 발생하는 갈등이다.

ⓑ 수직적 갈등

유통경로 과정 중 도매상·중간상과 소매상 등의 서로 다른 단계의 구성원과 구성원 사이에 발생하는 갈등이다.

② 경로갈등의 해소

ⓐ 각 단계 과정의 책임자 권한과 지도력을 강화한다.

ⓑ 각 경로구성원들 간의 공통적인 목표 제시로 협력을 증대한다.

ⓒ 구성원들 사이의 커뮤니케이션 강화와 중재 및 조정을 통하여 서로 이해하도록 한다.

③ 경로갈등의 원인

ⓐ 목표 불일치

구성원 간의 목표가 서로 다르고 이들 목표를 동시에 달성할 수 없는 경우이다.

ⓑ 역할 불일치(영역 불일치)

구성원 간 각자의 역할 영역에 대한 합의가 이루어지지 않는 경우이다.

ⓒ 지각 불일치

동일한 사실이나 실체에 대해 서로 다르게 지각하는 경우이다.

(7) 유통경로 커버리지

① 유통경로 커버리지의 정의

특정 지역에서 자사 상품을 취급하는 점포의 수를 말한다.

② 유통 커버리지 방법

ⓐ 집중적 유통

가능한 많은 점포가 자사 제품을 취급하도록 하는 방법으로, 편의점이나 일상적으로 자주 사용되는 원재료 제조업자가 자주 사용한다.

예 담배, 비누, 치약, 사탕, 세제 등

ⓑ 전속적 유통

제조업자가 자사의 제품을 취급하는 중간상의 수를 의도적으로 제한하는 방법이다. 일정 지역에서 한 점포가 자사 제품을 독점적으로 취급하도록 하는 방법이다.

예 자동차, 주요내구재, 가구 등

ⓒ 선택적 유통

특정 지역 내에서 자사상품을 적극적으로 취급하기를 원하는 중간상 중 일정 자격을 갖춘 소수의 중간상에게 자사 제품을 취급하도록 하는 방법으로, 집중적 유통과 전속적 유통의 중간 형태이다.

예 TV, 화장품, 의류, 소형가전제품 등

3 유통경로 시스템

(1) 독립적 유통경로 시스템(전통적 유통경로 시스템)

① 독립적 유통경로 시스템은 생산업체, 도매상, 소매상 등의 유통경로 구성원들이 독립적으로 활동하는 것을 의미한다.

② 경로구성원들의 결속력이 매우 약하며, 구성원들 간에 이해가 상충할 때 이를 조정하기가 어렵다.

③ 유통업체에 대한 통제력이 낮으나, 초기 고정비용을 절감할 수 있다.

④ 구성원들의 유통경로 진입과 철수가 비교적 쉽다.

(2) 통합적 유통경로 시스템

① 통합적 유통경로 시스템은 유통경로의 기능을 제조업체가 직접 수행하는 것을 말한다.

② 제조업자가 판매원들을 고용하고 점포를 빌리므로 통제 가능성이 높으나, 초기 투자비용이 많이 든다.

③ 이미 통합적 유통경로가 있는 제조업체의 경우, 유능한 중간상이 없는 경우, 영업비밀이 있는 경우, 높은 서비스 수준이 필요한 경우, 운반 보관절차가 복잡한 경우, 판매가 잦은 경우, 품질보증이 중요한 경우, 폭넓은 유통이 불필요한 경우, 원스톱 서비스가 중요하지 않은 경우에 유리하다.

🔵 개념더하기

원스톱 서비스
(OSS ; One-Stop-Service)
여러 과정에 걸쳐 처리해야 할 업무를 한 번에 처리하는 서비스를 뜻한다.

(3) 복수 유통경로 시스템

복수 유통경로 시스템은 세분시장마다 다른 유통경로를 사용하는 것을 의미한다. 과거에는 대부분 기업이 하나의 유통경로만을 이용했지만 최근 들어 시장세분화가 가속화되고 이에 따라 기업들은 각 세분시장을 효과적으로 공략하기 위해 복수 유통경로를 이용하고 있다. 복수 유통경로 시스템은 각 세분시장의 욕구에 맞는 유통경로를 갖지만, 통제가 상대적으로 어려워 경로 간 갈등이 발생한다.

(4) 수직적 마케팅 시스템(VMS ; Vertical Marketing System)

① 수직적 마케팅 시스템의 개념

수직적 마케팅 시스템은 운영상의 효율성과 시장에 대한 영향력을 얻기 위해 제품이 생산업체부터 소비자까지 흐르는 수직적 유통단계를 전문적으로 관리하는 것을 뜻한다. 수직적 마케팅 시스템은 전통적 유통경로 시스템과 달리 경로구성원에 대한 통제력이 증가한다는 장점이 있지만, 초기 유통망 설계 시 막대한 자본이 소요되고 유통환경 변화에 유연한 대응이 어렵다는 단점도 존재한다.

② 수직적 마케팅 시스템의 분류
  ㉠ 기업형 VMS
    • 기업형 VMS는 한 경로구성원이 다른 경로구성원들을 법적으로 소유, 관리하는 경로 유형이다. 기업형 VMS은 전방통합과 후방통합이 있다.
    • 전방통합은 제조회사가 도・소매업체를 소유하거나 도매업체가 소매업체를 소유하는 것을 의미한다.
    • 후방통합은 소매상이나 도매상이 제조업자를 소유하거나 제조업자가 공급업자를 소유하는 것을 의미한다.
  ㉡ 계약형 VMS
    • 계약형 VMS는 경로구성원들이 각자가 수행해야 할 마케팅 기능을 계약에 의해 합의함으로써 공식적 경로 관계를 형성하는 것을 의미한다.
    • 계약형 VMS의 종류로는 도매상 후원 자발적 연쇄점, 소매상 협동조합, 프랜차이즈 조직이 있다.
  ㉢ 관리형 VMS
    • 관리형 VMS는 경로구성원들 간에 소유권이나 계약에 의지하지 않고 어느 한 경로구성원의 권력에 의해 조정되는 경로 유형이다. 한마디로 힘(Power)이 센 경로 리더를 중심으로 비공식적으로 협력함으로써 공유된 경로 목표를 달성한다.
    • 관리형 VMS는 전통적 유통경로와 같이 개별적인 목표를 추구하는 독립적인 구성원으로 이루어져 있지만, 구성원들 간 최소한의 전체 경로 지향적인 성향을 가지고 있다.

수직적 마케팅 시스템의 분류

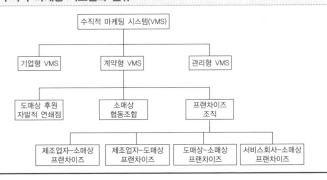

(5) **수평적 마케팅 시스템(HMS ; Horizontal Marketing System)**
  ① 수평적 마케팅 시스템은 동일 경로 단계에 있는 둘 이상의 기업들이 함께 협력하는 것을 의미한다. 수평적 마케팅 시스템은 공생적 마케팅이라고 부르기도 한다.
  ② 기업들은 업무제휴를 통해 자본, 생산능력, 마케팅자원을 공유해 시너지 효과를 유발한다.
  ③ 수평적 마케팅 시스템은 동일 경로 단계의 기업들이 협력함으로써 과도한 경쟁을 회피할 수 있다.

4 **유통경로 설계과정**

(1) 경로 서비스에 대한 고객 욕구 분석

　① 입지의 편의성

　　도·소매업체들이 시장 내에 분산되어있는 정도를 뜻한다. 시장 내 도
　　·소매업체들이 많이 분산되어 있을수록 고객의 이동 거리와 제품탐색
　　비용이 감소해 고객 만족이 증가한다.

　② 최소구매단위

　　고객 만족을 위해서 유통경로 구성원들은 소비자가 원하는 수준의 구매
　　단위로 만들어야 한다.

　③ 주문 후 대기시간

　　주문 후 대기시간이 짧을수록 고객 만족이 증가한다. 대기시간을 중요하
　　게 생각하는 소비자들을 상대하는 마케터는 더 많은 중간상을 이용해야
　　한다.

　④ 제품의 다양성

　　다양한 제품을 취급하는 유통경로에서 소비자들은 일괄구매가 가능해진
　　다. 소비자는 제품 탐색 노력과 교통비를 절감할 수 있고, 이는 고객
　　만족으로 연결된다.

(2) 경로대안 파악

　① 경로대안 파악의 개요

　　표적고객이 원하는 경로 서비스를 인지했다면 이를 충족시킬 수 있는
　　최적의 경로대안을 생각해야 한다. 최적의 경로대안을 결정하기 위해
　　기업은 경로 길이와 중간상의 수를 결정해야 한다.

　② 유통경로 길이 결정 시 고려 요인

　　㉠ 기업 특성

　　㉡ 제품 특성

　　㉢ 시장 특성

　　㉣ 중간상의 특성

　　㉤ 경쟁적 특성

　③ 중간상의 수 결정 전략

　　㉠ 집약적 유통

　　㉡ 전속적 유통

　　㉢ 선택적 유통

(3) 경로대안 평가 및 선택

　① 경로대안 평가 및 선택의 개요

　　몇 개의 경로대안을 파악했다면 각 경로대안의 매력도를 비교하여 경로
　　목표를 가장 잘 충족시킬 수 있는 대안을 선택해야 한다.

② 경로대안 평가 기준
  ㉠ 경제성
  ㉡ 통제력
  ㉢ 환경 적응성

(4) 경로구성원 선택 및 관리

① 경로구성원 선택

가장 바람직한 경로대안이 결정되면, 기업은 유통경로 구성원 즉, 중간 상을 선택해야 한다. 제조업자가 중간상을 선택하는데 고려하는 요인은 신용, 명성, 영업사원의 규모와 질, 판매능력, 취급하는 다른 제품들의 수와 특성, 기존고객, 수익성과 성장잠재력, 입지 등이 있다.

② 경로구성원 관리
  ㉠ 긍정적 동기부여
    예 높은 이윤, 특별 가격할인, 프리미엄 제공, 협동광고 지원금, 진 열 지원금
  ㉡ 부정적 동기부여
    예 이윤 삭감, 제품 인도 지체, 거래 관계 종식 등

(5) 경로구성원 성과 평가

기업은 정기적으로 경로구성원들의 성과를 평가해야 한다. 높은 성과를 보 인 구성원에게는 보상하고, 성과가 낮은 구성원에게는 지원책을 제공하거 나 새로운 경로구성원으로 대체한다.

---

2 소매상과 도매상의 유형

1 소매상의 유형

(1) 점포소매상

① 편의점
  ㉠ 편의점은 접근이 쉬운 장소에서 24시간 연중무휴 영업을 하며 재고 회전이 빠른 한정된 제품계열을 취급한다.
  ㉡ 편의점은 소용량, 소포장 상품을 취급하고, 접근이 쉬운 지역에 있기 때문에 1인 가구 소비자를 의미하는 '싱글슈머'가 늘어남에 따라 지 속해서 성장하고 있다.
  ㉢ 편의점은 ATM, 택배 서비스, 보조배터리 대여 등 다양한 서비스 기 능을 확대하고 있다.
    예 GS25, CU, 세븐일레븐, 이마트24 등

개념체크OX

• 유통경로 길이 결정 시 중간상 의 특성을 고려해야 한다.
  ◯|✕

• 경로대안을 평가하는 기준으로 는 경제성, 효율성, 효과성이 대표적이다.
  ◯|✕

  O, ✕

② 슈퍼마켓

슈퍼마켓은 식료품, 생활용품 등을 주로 취급하며, 낮은 이윤의 저가판매와 셀프서비스를 특징으로 하는 소매점이다.

> 예 롯데슈퍼, GS슈퍼마켓, 홈플러스 익스프레스, 농협 하나로마트, 파머스마켓, 이마트 에브리데이 등

③ 전문점

㉠ 전문점은 한정된 제품계열을 취급하지만 해당 제품계열 내에서는 매우 다양한 품목들을 취급한다.

㉡ 전문점은 주로 가전, 오디오, 의류, 운동용품, 가구, 서적 등의 제품계열에서 볼 수 있다.

㉢ 전문점의 경쟁력은 전문적 상품 구색과 높은 서비스 제공에 있다.

㉣ 다른 소매업태에 비해 하나의 점포가 포함할 수 있는 상권이 상당히 넓다.

> 예 삼성 디지털프라자, LG 베스트샵, 악기 전문점 등

④ 백화점

㉠ 백화점은 여러 상품을 부문별로 구성하고 소비자들의 일괄구매가 가능하도록 하는 대규모 소매점포를 말한다.

㉡ 백화점의 주요 부서는 여성의류, 남성의류, 아동의류, 악세서리, 화장품 등이 있다.

㉢ 백화점의 경쟁력은 다양한 제품 구색, 편리한 입지, 쾌적한 쇼핑공간, 높은 신뢰성, 사회적 지위 욕구 충족 등에 있다.

㉣ 최근 백화점들은 성장을 위해 점포 대형화와 복합몰 사업을 추진하고 있다.

⑤ 할인점

㉠ 할인점은 박리다매를 통해 유명 제조업체 브랜드를 일반 상점보다 항상 저렴한 가격으로 판매하는 소매업태를 말한다.

㉡ 할인점의 특징은 저렴한 가격, 유명브랜드 판매, 셀프서비스 등이 있다. 할인점은 일반적으로 다점포화를 통해 대량구매를 함으로써 비용을 절감한다.

㉢ 국내 여러 할인점은 저렴한 가격뿐만 아니라 문화센터, 헬스클럽, 미술갤러리 등의 고객서비스를 제공함으로써 경쟁력을 더욱 강화하고 있다.

㉣ 할인점은 취급하는 상품의 다양성 정도에 따라 제품 구색의 폭이 넓은 종합할인점과 특정 상품범주만을 취급하는 전문할인점으로 나눌 수 있다.

> 예 이마트, 홈플러스, 롯데마트 등

⑥ 회원제 도매클럽
  ㉠ 회원제 도매클럽은 일정한 회비를 낸 회원들에게 할인된 가격으로 제품을 판매하는 소매업태를 의미한다.
  ㉡ 회원제 도매클럽은 '창고형 할인점'이라고도 부른다. 매장은 거대한 창고형으로, 실내장식은 거의 없다. 또한 진열대에 상자를 통째로 쌓아두고 고객이 직접 고르게 하여 운영비를 최소화한다.
    예 코스트코, 이마트 트레이더스 등
⑦ 상설할인매장
  ㉠ 상설할인매장은 제조업자가 소유, 운영하는 저가매장으로 제조업자의 잉여상품, 단절상품, 기획재고상품을 주로 취급한다.
  ㉡ 이월상품 등을 할인된 가격으로 판매한다. 상설할인매장은 '아웃렛'이라고도 한다. 일반적으로 많은 의류업체가 효율적인 재고 처리를 위해 상설할인매장을 적극적으로 이용한다.
    예 세이브존, 롯데 아웃렛, 뉴코아 아웃렛 등
⑧ 드러그스토어
  드러그스토어는 화장품, 생활용품, 약품, 식품 등을 판매하는 잡화점을 의미한다. 국내 드러그스토어는 약국을 바탕으로 한 잡화상의 개념이 아닌 화장품 편집매장의 성격이 강하다.
    예 올리브영 등
⑨ 전문할인점
  전문할인점은 한 가지 혹은 한정된 상품군을 깊게 취급하여 할인점보다 훨씬 저렴한 가격으로 판매하는 소매업태를 의미한다. 전문할인점은 '카테고리 킬러'라고도 부른다.
    예 오피스 디포, 이케아 등

(2) 무점포 소매상
① 직접마케팅
  ㉠ 개 념
    직접마케팅은 중간상을 거치지 않고 최종소비자에게 직접 판매하는 것을 의미한다. 영어 약자로 DM(Direct Marketing)이라고 부르기도 한다.
  ㉡ 종 류
    • 통신판매
    • 텔레마케팅
    • 텔레비전마케팅
    • 온라인소매
② 방문판매
③ 자동판매기

개념더하기

상설할인매장의 종류
상설할인매장은 상설할인몰(Factoryoutlet malls)과 할인소매센터(Value-retail center)로 나뉜다. 상설할인몰은 제조업체 직영의 염가매장들로 구성되며, 할인소매센터는 제조업체 직영 염가매장뿐만이 아니라 염가소매점(Off-price retail stores)이나 백화점의 재고처분점들도 포함한다.

개념더하기

옴니채널
소비자가 온라인, 오프라인, 모바일 등 다양한 경로를 이용해 상품을 검색하고 구매할 수 있도록 한 서비스를 의미한다.

개념더하기

옴니채널과 관련한 구매패턴
• 쇼루밍(Showrooming)
  오프라인 매장에서 제품을 살펴보고 온라인으로 구매하는 것
• 역쇼루밍
  (Reverse-showrooming)
  쇼루밍과 반대되는 말로 온라인에서 제품을 살펴보고 오프라인 매장에서 구매하는 것
• 모루밍(Morooming)
  오프라인 매장에서 제품을 살펴보다가 곧바로 모바일로 구매하는 것

개념체크OX
• 전문점은 다양한 제품계열을 취급한다. ☐O☐X
• 할인점은 박리다매를 활용한다. ☐O☐X

X, O

2 도매상의 유형

(1) 제조업자 도매상

제조업자 도매상은 독립적인 도매상이 아닌 제조업자에 의해 소유, 운영되는 도매상을 말한다.

① 판매지점

판매지점은 창고시설을 갖추고 재고를 보유하는 형태의 제조업자 도매상을 말한다.

② 판매사무소

판매사무소는 재고를 보유하지 않는 제조업자 도매상을 말한다.

(2) 상인 도매상

① 완전서비스 도매상

㉠ 개 념

유통경로에서 촉진, 협상, 위험부담, 배달, 경영지도 등과 같은 종합적인 서비스를 제공하는 도매상을 말한다.

㉡ 종 류

• 도매상인

도매상인은 가장 전형적인 형태의 도매상이다. 소매상을 대상으로 거래하고 이들에게 종합적인 서비스를 제공한다.

• 산업재 유통업자

산업재 유통업자는 소매상이 아니라 제조업자들을 대상으로 상품을 판매하는 도매상을 뜻한다. 산업재 유통업자 또한 취급하는 상품의 다양성에 따라 분류될 수 있다.

② 한정서비스 도매상

㉠ 개 념

한정서비스 도매상은 거래고객들에게 한정된 서비스만을 제공하는 도매상이다.

㉡ 종 류

• 현금거래 도매상

재고 회전이 빠른 한정된 계열의 제품을 소규모 소매상에게 현금거래 조건으로 배달 없이 판매하는 형태를 뜻한다. 농수산물 도매상이 소매업자로부터 현금을 받고 소량의 농수산물을 판매하는 것이 대표적인 현금거래 도매상이다.

• 트럭 도매상

트럭 도매상은 소매상에게 직접 제품을 수송하는 역할을 한다. 트럭 도매상은 트럭 중개상이라고도 부른다. 주로 과일, 야채 등 부패성이 강한 식료품을 취급한다.

개념더하기

도매상인의 구분

• 종합 머천다이즈 도매상
  서로 관련되지 않은 다양한 상품을 취급한다.
• 한정상품 도매상
  서로 관련된 몇 개의 상품계열만을 취급한다.
• 전문품 도매상
  한 가지 제품계열 내에서 특정 품목만을 전문적으로 취급한다.

- 직송 도매상

  직송 도매상은 제조업자와 대량구매계약을 하고 구매한 제품을 제조업자 창고에 그대로 두는 형태를 의미한다. 제조업자는 구매자에게 직접 배달하고, 직송 도매상에게 대금을 지급한다. 직송 도매상은 주로 석탄, 목재 등 대용량 상품 시장에서 활동한다. 직송 도매상은 제품에 대한 소유권은 보유하고 있으므로 판매 활동에 소홀하다면 큰 손실을 얻을 수 있다.

- 진열 도매상

  소매상에게 매출의 비중이 높지 않은 상품들을 주로 공급하는 도매상을 의미한다. 소매 점포에서 쉽게 볼 수 있는 껌, 사탕 등이 예이다. 진열 도매상은 점포까지 직접 배달을 하고 상품진열, 재고관리 등의 서비스까지 제공한다. 진열 도매상은 진열된 제품에 대한 소유권을 지니고 있기 때문에 최종소비자에게 판매될 때 소매상으로부터 대금을 회수한다.

(3) 대리점

① 제조업자 대리점

제조업자 대리점은 제품계열이 서로 다른 여러 제조업체를 대표하는 대리점을 의미한다. 제조업자 대리점과 거래한 제조업자들은 대리점의 판매에 관한 여러 사항을 공식적으로 합의한다. 많은 판매원을 고용할 여력이 없는 소규모 제조업자나 접근하기 어려운 지역에 진출하기 위한 대규모 제조업자에 의해 고용된다.

② 판매 대리점

판매 대리점은 거래 제조업자의 전 품목을 판매하는 데 있어 계약상의 권한을 부여받은 대리점을 의미한다. 실질적으로 제조업체의 판매부서와 같은 역할을 하므로 가격 결정, 판매조건 등에 대해 상당한 영향력을 갖는다.

③ 구매 대리점

구매 대리점은 구매자를 대리하여 상품을 구매, 검사하여 구매자에게 전달하는 역할을 한다.

④ 수수료 상인

직판능력이 없거나 조합에 가입하지 않은 생산업자들과 수수료 계약을 맺고 소매고객과의 판매 협상을 대리하는 형태를 의미한다.

(4) 브로커

브로커도 대리점과 유사하게 제품에 대한 소유권은 보유하지 않고 단지 거래를 촉진하는 역할을 하며, 구매자 혹은 판매자 중 어느 한 편을 대표할 수 있다. 대리점은 거래당사자와 비교적 장기적인 거래 관계를 맺는 데 반하여 브로커는 거래당사자와 단 한 번의 거래로 끝나는 단기적인 관계이다.

01 생산업체, 도매상, 소매상 등이 개별로 활동하는 유통경로 시스템으로 옳은 것은? 　　　도로교통공단

　　① 독립적 유통경로　　　　　　　　　　② 산업재 유통경로
　　③ 소비재 유통경로　　　　　　　　　　④ 수평적 유통경로

해설 독립적 유통경로 시스템은 생산업체, 도매상, 소매상 등의 유통경로 구성원들이 독립적으로 활동하는 것을 의미한다.

02 수직적 마케팅 시스템(VMS)에 대한 설명으로 옳지 않은 것은? 　　　한국철도공사

　　① 기업형 VMS은 전방통합과 후방통합이 있다.
　　② 계약형 VMS의 종류로는 도매상 후원 자발적 연쇄점, 소매상 협동조합, 프랜차이즈 조직이 있다.
　　③ 관리형 VMS는 세분시장마다 다른 유통경로를 사용하는 것을 의미한다.
　　④ 유통환경 변화에 유연한 대응이 어렵다.

해설 세분시장마다 다른 유통경로를 사용하는 것은 복수 유통경로 시스템의 설명으로, 관리형 VMS는 경로구성원들 간 소유권이나 계약에 의한 것이 아닌, 어느 한 경로구성원의 권력에 의해 조정되는 경로유형이다.

03 다음 중 한 곳에서 독립적 유통경로 시스템에 비해 통합적 유통경로 시스템이 유리하다고 할 수 없는 상황은? 　　　한국철도공사

　　① 제조업체 내에 영업비밀이 있는 경우
　　② 유능한 중간상이 없는 경우
　　③ 폭넓은 유통이 필요한 경우
　　④ 품질보증이 중요한 경우

해설 통합적 유통경로 시스템은 폭넓은 유통이 불필요한 경우에 유리하다.

04 다음 중 유통경로에 대한 설명으로 옳지 않은 것은? 　　　경기도통합채용

　　① 긴 유통경로를 갖는 제품은 구매단위가 크고, 구매빈도수도 높아 장기적으로 안정적이다.
　　② 전속적 유통 커버리지 방법은 일정 지역 내 한 점포의 독점판매를 유도한다.
　　③ 복수 유통경로시스템은 각 세분시장의 욕구에 맞는 유통경로를 갖지만, 통제가 상대적으로 어렵다.
　　④ 유통경로 길이 결정 시 중간상의 특성을 고려해야 한다.

해설 긴 유통경로를 갖는 제품은 주로 편의품으로, 구매단위가 작고 구매빈도수가 높으며 규칙적이다.

05 유통관리에 관한 설명으로 가장 적절한 것은? 한국도로공사

① 수직적 마케팅 시스템(VMS)에서 소매상 협동조합은 관리형 VMS에 포함된다.

② 거래규모가 작고 거래가 드물게 발생하는 경우 제조업체가 기업형 VMS를 갖게 될 가능성이 높아진다.

③ 유통경로 갈등의 원인 중 영역 불일치는 동일한 사안을 놓고도 경로구성원들이 다르게 인식하는 것이다.

④ 제조업체 도매상은 독립적인 도매상이 아니며, 제조업체에 의해 직접 소유·운영된다.

해설 ① 수직적 마케팅 시스템(VMS)에서 소매상 협동조합은 계약형 VMS에 포함된다.
② 기업형 VMS는 거래규모가 크고 거래가 자주 발생하는 경우 제조업체가 갖게 될 가능성이 크다.
③ 영역 불일치가 아닌, 지각 불일치에 대한 설명이다.

06 수직적 마케팅 시스템(VMS ; Vertical Marketing System) 중 소유권의 정도와 통제력이 강한 유형에 해당하는 것은?

① 계약형 VMS   ② 기업형 VMS
③ 관리형 VMS   ④ 협력형 VMS

해설 수직적 마케팅 시스템의 유형에는 기업형 VMS, 계약형 VMS 및 관리형 VMS가 있는데, 그중 소유권의 정도와 통제력이 강한 유형에 해당하는 것은 기업형 VMS이다.

07 수직적 마케팅 시스템(VMS)과 수평적 마케팅(HMS)에 대한 설명으로 옳은 것은? 소상공인시장진흥공단

① 기업형VMS는 유통경로 파워가 센 경로 리더를 중심으로한 비공식적 협력체이다.

② 서비스회사-소매상 프렌차이즈 조직은 기업형VMS이다.

③ 수평적 마케팅 시스템은 동일 경로단계의 기업들이 협력함으로써 과도한 경쟁을 회피할 수 있다.

④ 수평적 마케팅 시스템은 경로구성원들이 각자가 수행해야 할 마케팅기능을 계약에 의해 합의함으로써 공식적 경로관계를 형성하는 것을 의미한다.

해설 ① 관리형 VMS에 대한 설명이다.
② · ④ 계약형 VMS에 해당한다.

08 다음 중 주로 소매상이나 도매상을 대상으로 판매하는 중간상으로 옳은 것은? 중소기업유통센터

① 슈퍼마켓
② 상설할인매장
③ 방문판매자
④ 산업재 유통업자

해설 주로 소매상이나 도매상을 대상으로 판매하는 중간상은 도매상이다. 도매상의 유형에 해당하는 것은 산업재 유통업자이다.

최신복원문제

🔑 **키워드** 단수가격

(주)컴팩트는 15,000원에 상당하는 샴푸의 가격을 14,990원으로 책정하였다. 이러한 가격결정 방법으로 옳은 것은?
경기도주택도시공사

① 단수가격
② 명성가격
③ 층화가격
④ 촉진가격

해설 단수가격은 상품의 가격을 미세하게 조정하여 단수를 붙임으로써 소비자의 심리적 부담을 줄이는 가격결정 방법이다.

정답 ①

Chapter 05

가격(Price)

기출 키워드	중요도
☑ 원가중심적 가격결정	★★
☑ 준거가격	★
☑ 유보가격	★★
☑ 단수가격	★★
☑ 초기고가전략(스키밍 가격전략)	★★★
☑ 시장침투 가격전략	★★
☑ 종속제품 가격전략	★

CHAPTER

05 가격(Price)

1 가격의 개요

1 가 격

(1) 가격의 정의

① 가격은 고객이 지불하는 금액을 의미한다.

② 제품의 실제 가치뿐 아니라 고객이 지불할 의사가 있는 가격 또한 의미한다.

③ 가격전략에는 다양한 방법이 있지만 대표적으로 제품의 경쟁력이나 독점을 위해서 가격을 올리는 전략 또는 소비자 접근성을 높이기 위해서 가격을 낮추는 전략이 있다.

(2) 가격의 특성

① 가격은 비교적 변경이 쉽다.

② 가격 이미지의 고착이 강하다.

③ 가격 변경은 즉각적으로 영향을 준다.

④ 가격경쟁을 피하는 것이 바람직하다.

2 가격결정요인

(1) 소비자

(2) 원 가

(3) 경쟁사

(4) 유통경로

(5) 정부의 규제

3 가격 목표

(1) 매출중심적 가격목표

① 매출중심적 가격목표는 기업이 매출액 증대나 시장점유율 확대를 목표로 가격을 결정하는 것이다.

② 일반적으로 시장침투 가격(Penetration pricing)을 채택한다. 시장침투 가격은 판매량을 늘리기 위해 낮게 설정한 제품의 가격을 뜻한다. 시장침투 가격은 표적소비자층이 가격에 민감한 경우, 대량생산을 통해 규모의 경제를 달성하는 경우에 효과적이다.

🍰 **개념더하기**

웨버의 법칙

자극의 변화를 느낄 수 있는 최소 변화량은 처음 자극의 세기에 비례한다.

예 밤에는 달이 보이지만 낮에는 태양 빛의 자극이 세기 때문에 달이 보이지 않는다.

---

(2) 이윤중심적 가격목표

① 이윤중심적 가격목표는 이윤극대화, 적정이윤, 투자이익률 확보 등을 목표로 가격을 책정하는 것이다.

② 일반적으로 초기고가전략(Skimming pricing)을 채택한다. 초기에 높은 가격을 설정하는 전략으로, 규모의 경제가 존재하지 않거나 브랜드 충성도, 차별화된 제품 등을 통해 시장경쟁을 어느 정도 억제할 수 있을 때 효과적이다.

(3) 현상유지적 가격목표

기업이 시장에서 만족스러운 위치를 차지하고 있어 변화를 원치 않는 경우 기업은 시장점유율 유지, 경쟁사 제품과의 가격균형유지, 가격 안정성 확보 등과 같이 현상유지를 목표로 가격을 결정한다.

(4) 기타 가격목표

기업의 생존을 목표로 가격을 결정할 수도 있다. 비영리단체나 공공기관의 경우에는 발생하는 비용 일부만을 보전하는 가격을 책정하기도 한다. 또한 이용자의 소득 수준을 기준으로 가격을 책정하는 공공가격(Social price)을 설정하는 경우도 있다.

4 가격결정 방법

(1) 원가중심적 가격결정(Cost based pricing)

① 원가중심적 가격결정의 내용

원가중심적 가격결정 방법은 제품의 생산과 판매에 들어가는 모든 원가를 충당하고 목표로 한 이익을 낼 수 있는 수준에서 가격을 결정하는 방법이다.

② 원가중심적 가격결정의 종류

㉠ 원가가산 가격결정(Cost-plus pricing)

• 총원가에 대하여 목표이익률을 실현할 수 있도록 가격을 결정하는 방법이다.

• 가격변화가 판매량에 큰 영향을 미치지 않거나 기업이 가격을 통제할 수 있는 경우 효과적이다.

• 적용 산업으로는 수공업, 선박제조, 중장비산업 등이 있다.

• 계산이 매우 편리하나 소비자의 실제 수요를 전혀 고려하지 않는다.

• 효율화를 통해 비용을 절감하려는 동기부여를 제공하지 못한다.

$$단위당\ 원가 = 단위당\ 변동원가 + \frac{고정원가}{예상\ 판매량}$$

$$가격 = \frac{총고정원가 + 총변동원가 + 목표이익}{총생산량} = \frac{단위당\ 원가}{1 - 목표이익률}$$

ⓛ 가산이익률식 가격결정(Mark-up pricing)
- 제품 한 단위당 원가를 계산한 후 원하는 가산이익률을 적용하여 가격을 결정하는 방법이다.
- 총비용에 남기고 싶은 마진율을 적용한다.
- 적용 산업으로는 건설회사, 도소매업자, 유통업자 등이 있다.
- 계산이 비교적 간편하고 가격 수정이 용이하다.
- 모든 기업이 동일한 가산이익률을 채택하면 무모한 가격경쟁이 줄어든다.
- 소비자의 수요, 지각된 제품가치, 경쟁상황을 고려하지 않는다.
- 단위비용을 계산 시 수요량에 따라 단위당 고정원가가 결정되기 때문에 수요예측이 실패하면 기업이 원하는 적절한 이익을 보장해 주지 못한다.

$$가격 = \frac{단위\ 비용}{(1\ -\ 가산이익률)}$$

ⓒ 목표투자이익률식 가격결정
- 기업이 목표로 하는 투자이익률을 달성할 수 있도록 가격을 설정하는 방법이다.
- 자동차 산업과 같은 자본 집약적인 산업이나 철도사업, 수도사업 등의 공공사업에서 주로 사용한다.
- 수요량을 정확히 예측하여 표준생산량을 설정했다면 기업이 원하는 투자이익률을 회수할 수 있다.
- 수요량 예측이 정확하지 않다면 표준생산량이 모두 판매되지 못해 투자이익률을 회수하기 위해 판매가격을 더욱 높여야 할 수도 있다.
- 자본투자 비중이 적은 기업의 경우 판매가격이 과소평가되어 책정될 수 있다.

$$가격 = \frac{투자비용 \times 목표투자이익률}{표준생산량} + 단위원가$$

ⓔ 손익분기점 분석식 가격결정
목표투자이익률에 따라 가격이 결정되었을 경우, 추정한 만큼의 매출이 달성되지 못했을 때 최소한 얼마만큼 판매해야 손실을 피할 수 있는지를 분석하는 방법이다.

$$\bullet 손익분기점\ 판매량 = \frac{총\ 고정원가}{가격 - 단위당\ 변동원가}$$

$$\bullet 손익분기점\ 매출액 = \frac{총\ 고정원가}{1 - \frac{단위당\ 변동원가}{가격}}$$

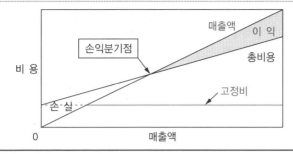

매출액, 총비용과 손익분기점의 관계

(2) 소비자 중심적 가격결정(Consumer based pricing)

① 소비자 중심적 가격설정의 내용

소비자 중심적 가격결정 방법은 제품에 대한 소비자들의 지각된 가치를 기준으로 가격을 결정하는 방법이다.

② 소비자 중심적 가격설정의 종류

㉠ 직접 가격 평가법
- 소비자들에게 제품을 보여주고 제품 가치를 화폐단위로 직접 물어 보는 방법으로, 매우 간단하기에 자주 활용된다.
- 소비자들이 자주 접하고 자주 구매하는 제품처럼 가격을 평가하기 쉬운 제품에 적합하다.

㉡ 직접 지각 가치 평가법
- 소비자가 제품을 보고 바로 상대적 중요도를 평가하는 방식이다.
- 소비자가 여러 제품을 보고 총합계가 100이 되도록 각 제품을 평가하면, 평가점수를 토대로 가격을 결정한다.

$$가격 = 평균가격 \times \frac{평가점수}{100} \times 총\ 평가제품의\ 수$$

㉢ 진단평가법
- 지각가치를 보다 정교하게 조사하기 위해 제품의 주요 속성을 파악하고, 각 속성에 대한 중요도와 성능평가를 하여 제품의 지각가치를 파악한다.
- 각 제품에 대한 소비자의 지각가치는 다음과 같이 구할 수 있다.

$$\bullet\ 가격 = 평균가격 \times \frac{지각가치}{100} \times 총\ 평가제품의\ 수$$

$$\bullet\ 각\ 제품의\ 지각가치 = \sum(속성평가점수 \times 중요도)$$

개념체크OX
- 직접 지각 가치 평가법은 소비자의 절대적 중요도를 평가한다. ⃞O⃞X
- 진단평가법은 제품의 속성을 파악해야 한다. ⃞O⃞X

X, O

(3) 경쟁중심적 가격결정(Competition based pricing)

① 경쟁중심적 가격결정의 내용

㉠ 경쟁중심적 가격결정은 경쟁사들의 가격이 제품 가격 결정의 기준이 되는 방법이다.

㉡ 간단하며, 과도한 가격경쟁을 줄여 적정이익을 보장할 수 있다.

㉢ 각 기업이 공략하는 표적시장이 전부 다르고 비용구조도 차이가 나기 때문에 가격 책정에 오류가 있을 수 있다.

② 경쟁중심적 가격결정의 종류

㉠ 시장가격에 따른 가격결정

• 시장가격에 따른 가격결정은 주된 경쟁자가 책정한 가격과 같거나 유사한 수준에서 가격을 결정하는 방법이다.

• 과점 형태에서 많이 나타나며, 원가 구조와 수요를 파악하기 어려운 경우 이 방법은 좋은 해결책이 될 수 있다.

㉡ 경쟁입찰에 따른 가격결정

• 2개 이상의 기업들이 독자적으로 특정 제품이나 서비스, 프로젝트 등에 대해 가격을 제시하는 방법이다.

• 조직이나 정부 등이 구매하는 제품의 경우 주로 경쟁입찰에 의해 가격이 결정된다.

• 입찰되기 위해서 경쟁자의 가격을 예측하는 것이 중요한데, 이때 기대이익이 중요하게 작용한다.

기대이익 = 이익금액 × 입찰성공확률

(4) 통합적 가격결정

① 통합적 가격결정은 원가중심적 가격결정, 소비자 중심적 가격결정, 경쟁중심적 가격결정을 모두 사용하는 것을 뜻한다.

② 원가중심적 가격결정은 제품가격의 하한선을 설정해주며, 소비자 중심적 가격결정은 제품가격의 상한선을 설정해준다. 경쟁중심적 가격결정법은 상한선과 하한선 사이에서 경쟁자를 고려한 적정 수준의 가격을 알려준다.

5 가격전략

(1) 심리적 가격전략(Psychological price strategy)

① 심리적 가격전략의 개념

심리적 가격전략은 상품 자체나 기업의 이미지에 대한 소비자의 심리적 요인 혹은 구매습관에 두고 결정되는 경우로 흔히 소매점에서 많이 이용되고 있다.

② 심리적 가격전략의 종류

　㉠ 명성가격(Prestige price)

　　명성가격은 가격이 높으면 품질이 우수하고 높은 지위를 상징한다고 판단하는 경향을 이용하여 가격을 높게 책정하는 것을 말한다. 이것은 가격-품질 연상이라고도 부른다. 품질에 대해 객관적으로 평가가 곤란한 경우 효과적이다.

　㉡ 관습가격(Customary price)

　　관습가격은 오랜 기간에 걸쳐 일정한 가격으로 유지되며, 일반적으로 사람들이 인정하는 가격을 의미한다. 가격 인상이 무척 힘들기 때문에 가격은 유지한 채로 수량이나 품질을 조정하여 가격 상승효과를 기대할 수 있다.

　㉢ 준거가격(Reference price)

　　준거가격은 소비자들이 제품 구매 시 적정하다고 생각하는 가격수준을 말한다. 따라서 소비자들이 상품가격의 높고 낮음을 평가할 때 비교기준으로 사용한다. 소비자들이 준거가격 자체를 높게 설정하도록 유도하고, 제품 가격을 준거가격보다 낮게 제시해 구매를 촉진할 수 있다.

　㉣ 유보가격(Reservation price)

　　유보가격은 소비자가 어떤 제품에 대해 지불할 의사가 있는 최고가격을 의미한다. 제품가격이 유보가격보다 높게 책정된다면 소비자는 구매를 유보한다. 따라서 가격결정 시 최소한 유보가격보다는 낮게 설정해야 한다.

　㉤ 최저수용가격(Lowest acceptable price)

　　최저수용가격은 소비자가 제품의 품질을 의심하지 않을 정도의 최소한의 가격을 의미한다. 너무 낮은 가격은 품질을 불신하게 하므로 가격 결정 시 최소한 최저수용가격보다는 높게 설정해야 한다.

　㉥ 단수가격(Odd price)

　　단수가격은 제품 가격의 끝자리를 단수로 표시하여 소비자들이 저렴하다고 인지하는 가격을 의미한다. 200,000원짜리 제품을 199,000원에 판매할 경우 가격은 단지 천 원 차이가 나지만 소비자들은 체감상 훨씬 싸다고 느껴 제품 구매 가능성을 높여준다.

(2) 신제품 가격전략

① 초기고가전략(스키밍 가격전략, Skimming pricing)

　초기고가전략은 신제품을 출시할 때 혁신층과 조기수용층을 상대로 가격을 높게 설정하는 전략이다. 초기고가전략을 사용하면 연구개발비 및 생산설비투자비를 초기에 회수하고 많은 이윤을 확보할 수 있다. 아직 경쟁기업이 없거나 수요의 가격탄력도가 낮은 경우에 적합한 전략이다.

개념체크OX

• 명성가격은 소비자가 품질을 의심하지 않을 정도의 가격을 뜻한다.　ⓞⓧ

• 초기고가전략은 신제품을 출시할 때 가격을 높게 설정하는 전략이다.　ⓞⓧ

ⓧ, ⓞ

② 시장침투 가격전략(Penetration pricing)

시장침투 가격전략은 신제품을 출시할 때 가격을 낮게 설정하는 전략이다. 시장침투 가격전략을 사용하면 단기간에 시장점유율을 확대할 수 있다. 규모의 경제가 존재하거나 대량판매를 통해 높은 이익을 확보할 수 있는 경우 적합하다.

(3) 가격할인과 공제

① 현금할인

현금할인은 현금으로 제품 대금을 지불할 경우의 가격할인을 말한다. 외상이나 어음결제로 인한 위험을 줄이고 현금흐름을 촉진하기 위해 사용된다.

② 수량할인

수량할인은 제품을 대량으로 구매하는 경우의 가격할인을 말한다.

③ 거래할인

거래할인은 중간상이 포함된 거래의 경우 이에 대한 보상의 할인을 말한다. 기능할인 또는 중간상할인이라고도 부른다.

④ 계절할인

계절이 지난 제품에 대해 가격을 할인해주는 것을 의미한다.

⑤ 공 제

공제는 신제품 구매 시 사용하던 기존 제품을 반납하는 경우 이를 판매가격에서 차감해주는 것을 의미한다.

(4) 가격차별화

가격차별화는 수요의 가격탄력성을 토대로 가격을 조정하는 것을 의미한다. 기업은 여러 세분시장 중에서 수요의 가격탄력성이 낮은 시장에서는 높은 가격으로 책정하고, 수요의 가격탄력성이 높은 시장에서는 낮은 가격으로 책정한다. 기업은 소비자, 제품, 구매시점, 장소에 따라 다른 가격을 제시할 수 있다. 가격차별화 전략은 탄력가격 전략이라고도 부른다.

(5) 제품믹스에 대한 가격책정

① 가격계열화

가격계열화는 품질이나 디자인 등의 차이별로 가격대를 설정하고 그 가격대 안에서 개별 제품에 대한 구체적인 가격을 결정하는 방법이다. 가격계열화는 '제품라인 가격전략'이라고도 부른다.

예 저가 정장은 5만원에서 15만원, 중가 정장은 15만원에서 30만원, 고가 정장은 30만원에서 60만원으로 정하고, 이 가격대 안에서 개별 제품의 구체적인 가격을 결정한다.

② 2부제 가격

서비스가격을 기본요금과 사용료의 합으로 결정하는 방법이다. 기업은 서비스구매를 유도하기 위해 기본요금은 저렴하게 책정하고 사용요금을 통해 많은 이익을 얻는다. '이중요율 가격전략'이라고도 부른다.

③ 부가제품 가격전략

부가제품 가격전략은 주력제품과 함께 여러 부가사양을 추가 판매함으로써 많은 이익을 남기는 전략이다. 부가제품 가격전략은 '사양제품 가격전략'이라고도 부른다.

예 자동차 구매 시 여러 옵션을 추가하는 것

④ 종속제품 가격전략(Captive product pricing)

종속제품 가격전략은 특정 제품과 반드시 함께 사용되는 제품에 대해 높은 가격을 부과하는 전략이다. 상호 보완재 제품의 경우 효과적이다.

예 면도기와 면도날, 프린터와 잉크

⑤ 묶음제품 가격전략

묶음제품 가격전략은 둘 이상의 재화나 서비스를 결합하여 할인된 가격으로 판매하는 전략이다. 이 경우 판매가 저조한 제품의 매출을 증가시킬 수 있다. 패키지 제품의 개별구매가 가능한 경우 혼합묶음이라고 부르며, 개별구매가 불가능한 경우 순수묶음이라고 부른다.

예 수영복과 수영모, 빵과 커피

05 기출분석문제

01 원가중심적 가격결정(Cost based pricing)에 대한 설명으로 옳지 않은 것은?

① 원가가산 가격결정은 소비자의 실제 수요를 전혀 고려하지 않는다.
② 가산이익률식 가격결정은 총비용에 남기고 싶은 마진율을 적용하는 방법이다.
③ 목표투자이익률식 가격결정은 철도사업, 수도사업 등의 공공사업에서 주로 사용한다.
④ 손익분기점 분석식 가격결정은 최대 이익을 얻을 수 있는 판매량과 매출액을 분석하는 방법이다.

[해설] 손익분기점 분석식 가격결정은 최소한 손실을 피할 수 있는 판매량과 매출액을 분석하는 방법이다.

02 소비자들이 제품 구매 시 가격이 싼지 비싼지를 판단하는 기준이 되는 가격에 해당하는 것은?

한국산업단지공단

① 명성가격
② 유보가격
③ 준거가격
④ 관습가격

[해설] 준거가격은 소비자들이 상품가격의 높고 낮음을 평가할 때 비교기준으로 사용하는 가격이다.

03 신제품 가격결정 방법 중 초기고가전략(Skimming pricing)을 채택하기 어려운 경우는?   부산시통합채용

① 수요의 가격탄력성이 높은 경우
② 생산 및 마케팅 비용이 높은 경우
③ 경쟁자의 시장진입이 어려운 경우
④ 제품의 혁신성이 큰 경우

[해설] 초기고가전략은 가격변화에 둔감한 경우, 즉 수요의 가격탄력성이 낮은 경우에 채택해야 한다.

04 가격관리에 관한 설명으로 가장 적절하지 않은 것은?

① 가격은 다른 마케팅믹스 요소들에 비해 상대적으로 변경이 어렵지만, 반응이 빠른 특성을 지니고 있다.

② 유보가격이 높은 집단에 높은 가격을 책정하는 것은 가격차별 중의 하나이다.

③ 가격변화의 지각은 변화 전 가격수준에 따라 달라질 수 있으며, 이것은 웨버의 법칙(Weber's law)에 의해 설명될 수 있다.

④ 가격결정 방법에서 경쟁기준법은 고객측면을 고려하지 않는다는 단점을 가지고 있다.

[해설] 가격은 비교적 변경이 쉬우며, 가격 변응은 고객 반응에 즉각적으로 영향을 주는 특성을 갖는다.

05 가격구조의 결정에 관한 설명으로 가장 적절한 것은?   한국산업단지공단

① 스키밍가격 전략은 주로 대량생산으로 인한 원가절감 효과가 클 때 선택된다.

② 침투가격은 시간의 흐름에 따른 가격 결정이며 잠재구매자들의 가격탄력도가 높은 경우에 효과적이다.

③ 종속제품가격은 고객별 가격결정이며 상품들이 상호 대체재인 경우에 효과적이다.

④ 묶음제품가격은 상품라인 가격결정이며 상품들이 상호 대체재인 경우에 효과적이다

[해설] ① 스키밍가격 전략은 초기고가전략으로도 불리는 데, 초기에 높은 가격을 설정하는 전략을 말한다. 대량생산으로 인한 원가 절감 효과가 클 때 적합한 전략은 시장침투 가격전략이다.

③ · ④ 종속제품가격과 묶음제품가격은 상호 대체재의 경우보다 상호 보완재의 경우에 효과적이다.

06 아래의 사례를 가장 적절하게 설명할 수 있는 가격결정 방법은?   국립항공박물관

> • 프린터를 싸게 판매한 이후에 토너는 비싼 가격에 판매함
> • 면도기를 싸게 판매한 다음에 면도날은 비싸게 판매함

① 순수 묶음제품 가격결정(Pure bundling pricing)

② 혼합 묶음제품 가격결정(Mixed bundling pricing)

③ 스키밍 가격결정(Market-skimming pricing)

④ 종속제품 가격결정(Captive product pricing)

[해설] 종속제품 가격전략은 특정 제품과 반드시 함께 사용되는 제품에 대해 높은 가격을 부과하는 전략이다.

최신복원문제

🎵 키워드 브랜드자산

다음 중 기업의 브랜드로 인해 발생한 마케팅 효과를 뜻하는 말로 옳은 것은? 한국관광공사

① 브랜드 효과
② 브랜드 성과
③ 브랜드자산
④ 브랜드인지도

해설 브랜드자산(Brand Equity)은 브랜드로 인한 어떤 제품이나 서비스의 마케팅 효과를 말한다.

정답 ③

Chapter 06

브랜드자산 · 고객자산 · 마케팅 성과관리

기출 키워드	중요도
☑ 브랜드자산	★
☑ 브랜드 확장	★★
☑ 소비자 지각	★
☑ 재 인	★★
☑ 회 상	★

CHAPTER

06 브랜드자산 · 고객자산 · 마케팅 성과관리

1 브랜드와 고객자산

1 브랜드자산(Brand equity)

브랜드자산은 브랜드로 인한 어떤 제품이나 서비스의 마케팅 효과를 말한다. 즉, 제품에 브랜드를 붙임으로써 추가되는 가치를 뜻한다. 브랜드가 부착된 제품은 고객의 선호도가 증가하며, 이에 따라서 기업은 높은 매출과 이익을 달성할 수 있다.

2 브랜드자산 관리

(1) 브랜드인지도 관리

① 브랜드인지도의 정의

브랜드인지도는 특정 브랜드가 소비자의 마음에 기억된 정도를 의미하는 지표이다.

② 브랜드자산 형성에 있어 브랜드인지도의 중요성

㉠ 높은 인지도를 가진 브랜드는 고려대상 제품군에 우선으로 포함된다.

㉡ 높은 인지도를 가진 브랜드는 브랜드 친숙함을 높여 선호도를 증가시킨다.

③ 브랜드인지도 증대 방법

㉠ 반복광고를 실행한다.

㉡ 시각적 정보를 이용한다.

㉢ 소리를 이용한다.

㉣ 구매시점에 자사 브랜드에 대한 단서를 제공한다.

(2) 브랜드연상 관리

① 브랜드연상이 갖추어야 할 특성

㉠ 호의적이어야 한다.

㉡ 강력해야 한다.

㉢ 독특해야 한다.

② 브랜드연상의 유형

㉠ 제품속성과 직접 관련된 연상

• 제품범주에 대한 연상

• 제품속성에 대한 연상

• 품질·가격에 대한 연상

ⓛ 제품속성과 직접 관련이 없는 연상
- 브랜드 퍼스널리티에 대한 연상
- 사용자에 대한 연상
- 제품 용도에 대한 연상
- 원산지에 대한 연상
ⓒ 기업 특성과 관련된 연상

3 브랜드 확장

(1) 브랜드 확장 유형

① 라인 확장 전략(Line extension strategy)

라인 확장 전략은 기존 제품범주 내에서 새로운 형태, 색상, 크기, 원료를 추가한 신제품을 출시하고 여기에 기존 브랜드명을 사용하는 것을 의미한다. '계열 확장 전략'이라고도 부른다.

예 하얀색과 검은색 휴대폰을 출시하고 이후에 빨간색, 파란색, 보라색 등을 추가하는 것

② 브랜드 확장 전략(Brand extension strategy)

브랜드 확장 전략은 전혀 다른 제품범주의 신제품에 기존 브랜드명을 사용하는 전략이다. 상표확장전략이라고도 부른다.

예 카카오톡, 카카오뱅크, 카카오택시, 카카오 헤어샵

(2) 기존 브랜드를 사용하는 이유

① 신규 브랜드 도입비용의 증가
② 낮은 신제품 성공률

(3) 브랜드 확장의 장점

① 신제품을 즉시 인지할 수 있다.
② 마케팅 비용을 절감할 수 있다.
③ 기존 브랜드의 이미지를 강화할 수 있다.

(4) 브랜드 확장의 단점

① 기존 브랜드 충성 고객들의 불만이 발생할 수 있다.
② 기존 브랜드의 이미지를 약화할 수 있다.

(5) 브랜드 확장 성공을 위한 가정

브랜드 확장이 성공하려면 소비자들이 기존 브랜드에 대해 호감이 있어야 하며, 기존 브랜드의 긍정적 연상이 확장 제품에 그대로 연결되어야 한다. 또한, 기존 브랜드의 부정적인 연상이 확장 제품으로 이전되지 않아야 한다. 이 세 가지 가정이 충족되어야 성공적으로 브랜드 확장을 할 수 있다.

개념체크OX

- 다른 제품 범주 신제품에 기존 브랜드명을 사용하는 것을 라인 확장 전략이라고 한다. ☐O☐X
- 브랜드 확장으로 마케팅 비용을 절감할 수 있다. ☐O☐X

×, O

4 고객자산

(1) 고객자산의 개요

① 고객생애가치(CLV ; Customer Lifetime Value)

고객생애가치는 고객과의 관계로부터 창출될 것으로 예상하는 미래현금 흐름의 순현재가치를 의미한다.

② 고객자산

고객자산은 기업 모든 고객의 고객생애가치를 합친 것이다.

③ 직접가치와 간접가치

직접가치는 고객들이 기업의 제품이나 서비스를 구매함으로써 발생하는 가치를 의미하며, 간접가치는 구매가 아닌 다른 방법으로 기업에 공헌하는 가치를 말한다. 간접가치는 긍정적인 구전 전파, 개선방안 의견 접수, 지인 추천 등 여러 가지 형태로 나타날 수 있다.

④ 동적 고객자산과 정적 고객자산

동적 고객자산은 미래에 획득이 예상되는 고객까지 모두 포함하여 계산한 고객자산을 말하며, 정적 고객자산은 현재 확보된 고객만을 대상으로 계산한 고객자산을 말한다.

(2) 고객자산의 중요성

① 브랜드나 상품 위주 시각의 한계

② 경쟁의 격화와 마케팅생산성 하락

③ 정보기술과 분석방법론 발전

④ 과거지향적 단기성과의 폐해

(3) 고객자산의 구성요소

① 객관적 가치

② 브랜드 가치

③ 관계 가치

(4) 고객과의 관계 형성 과정

① 고객 획득

② 고객 유지

③ 고객 향상

(5) 고객자산의 활용

① 시장세분화와 표적시장선정

② 마케팅 예산 할당

③ 마케팅생산성 측정

④ 투자자에게 정보제공

1 마케팅 성과

(1) 마케팅 성과 체인

① 마케팅 성과 체인의 개요

마케팅 활동의 결과는 마케팅 성과이다. 즉, 마케팅 활동에 투입한 마케팅 자원과 전략은 구체적인 마케팅 프로그램으로 실행되며 실행된 마케팅 활동은 여러 가지 성과로 나타난다. 이러한 성과들로 얻은 여러 자원은 다시 마케팅 활동에 투입된다.

② 마케팅 성과 체인의 단계

㉠ 마케팅 자원과 전략

할당된 광고 예산을 통해 STP 전략을 세운다.

㉡ 마케팅 프로그램 실행

마케팅 차원의 광고를 한다.

㉢ 소비자 지각

광고에 노출된 소비자가 제품의 성능이 좋다고 인지한다.

㉣ 소비자 행동

소비자가 제품을 구매한다.

㉤ 고객 성과

신규 소비자를 획득함으로써 고객생애가치가 높아진다.

㉥ 제품시장 성과

소비자들의 구매가 많아지면 시장점유율 등과 같은 제품시장 성과가 증가한다.

㉦ 회계 성과

판매량이 많으면 매출액, 당기순이익 등의 회계장부상의 성과가 증가한다.

㉧ 재무시장 성과

회계장부상의 성과는 시가총액에 영향을 미친다.

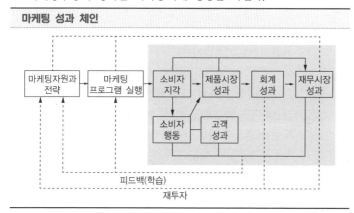

마케팅 성과 체인

(2) 마케팅 성과 지표 설계 유의점
① 구체적이고 실천 가능한 조작적 정의 설정
② 정기적이고 반복적인 측정
③ 관련된 변수들을 동시에 측정
④ 단기성과와 장기성과의 균형

(3) 마케팅 성과 지표의 종류
① 소비자 지각
　㉠ 인지도

최초 상기 (TOM ; Top Of Mind)	특정 제품범주 내에서 제일 먼저 해당 브랜드를 기억하는 단계
회 상 (Recall)	특정 제품범주 내에서 제시된 정보 없이 해당 브랜드를 말할 수 있는 단계
재 인 (Recognition)	특정 제품범주 내에 여러 브랜드명이 제시되었을 때 해당 브랜드를 인지할 수 있는 단계
무인지 (Unaware of the brand)	• 해당 브랜드에 대해 전혀 들어본 적 없는 단계 • 브랜드의 존재 자체를 모르는 단계

　㉡ 순추천지수
　순추천지수는 고객 만족도를 측정하는 지표이다. 해당 기업, 제품, 브랜드 등을 얼마나 추천하고자 하는지에 대한 질문에 0~10점의 점수로 평가한다. 각 평가 점수별 고객 분류는 다음과 같다.

비방고객(Detractor)	0~6점을 준 고객으로, 해당 기업, 제품, 브랜드에 대해 부정적인 인식을 갖고 있으며 부정적인 구전을 전파할 가능성이 큰 고객이다.
추천고객(Promoter)	9~10점을 준 고객으로, 해당 기업, 제품, 브랜드에 대한 충성도를 갖고 있으며 긍정적인 구전을 전파할 가능성이 큰 고객이다.
중립고객(Passive)	7~8점을 준 고객으로, 비방고객과 추천고객의 중간 행동을 보이는 고객이다.

> 순추천지수 = 추천고객 비율(%) − 비방고객 비율(%)

② 소비자 행동
　㉠ 가격민감도(가격탄력도)
　가격민감도는 가격이 변화할 때 수요가 얼마나 민감하게 변화하는지를 보여주는 지표이다. 브랜드 충성도가 높은 제품의 경우 가격이 상승한다고 하더라도 수요의 변화가 그렇게 크지 않다. 즉, 가격민감도는 브랜드 파워를 간접적으로 측정하는 지표로 사용되기도 한다.

$$\frac{수요 변화율(\%)}{가격 변화율(\%)}$$

ⓛ 클릭률(CTR ; Click Through Ratio)

클릭률은 광고의 노출 대비 클릭이 얼마나 발생했는지를 파악하는 지표이다.

$$\frac{\text{클릭 수}}{\text{노출 수}} \times 100$$

③ 고객성과

고객성과는 지갑점유율(SOW ; Share Of Wallet) 지표로 파악할 수 있다.

$$\frac{\text{특정 브랜드 지출 금액}}{\text{특정 상품군에 대한 고객의 총 지출}} \times 100$$

④ 제품시장 성과

ㄱ 유통침투율

• ACV침투율(ACV ; All Commodity Volume)

$$\frac{\text{해당 브랜드를 취급하는 유통업체의 총매출액}}{\text{모든 유통업체의 총매출액}} \times 100$$

• PCV침투율(PCV ; Product Category Volume)

$$\frac{\text{해당 브랜드를 취급하는 유통업체의 해당 상품군 매출액}}{\text{모든 유통업체의 해당 상품군 매출액}} \times 100$$

ⓛ 판촉증가율

$$\frac{\text{증가된 판매량 또는 매출액}}{\text{기본 판매량 또는 매출액}} \times 100$$

⑤ 회계 성과

매출수익률(ROS ; Return on Sales)

$$\frac{\text{순이익}}{\text{매출액}} \times 100$$

⑥ 재무시장 성과

시가총액

$$\text{주식가격} \times \text{발행주식수}$$

(4) 마케팅생산성(ROMI ; Return On Marketing Investment)

① 마케팅생산성 측정방법

㉠ 탄력성 개념을 이용한 마케팅생산성

$$\frac{마케팅성과지표값의\ 변화(\%)}{마케팅활동의\ 변화(\%)}$$

㉡ 재무적 가치를 이용한 마케팅생산성

$$\frac{마케팅\ 활동으로\ 증가된\ 재무적\ 가치 - 마케팅\ 비용}{마케팅\ 비용}$$

② 마케팅생산성 활용 시 유의사항

㉠ 인과관계를 기반으로 측정되어야 한다.

- 시간적 선후성

  원인이 결과보다 선행해야 한다는 의미이다. 마케팅 활동이 선행되어야 하고 그 결과로 마케팅 성과가 나타나야 한다.

- 공동변화

  원인이 변화하면 결과도 같이 변화해야 한다. 마케팅 활동이 변화하면 마케팅 성과도 변화해야 한다.

- 외생변수 통제

  원인변수 이외에 다른 변수들은 개입되지 않아야 한다.

㉡ 마케팅생산성 측정에 있어 어떤 성과변수를 활용할 것인지 주의해야 한다.

성과변수는 마케팅 성과 체인에서 살펴본 것과 같이 매우 다양하므로 기업이나 사업부 상황에 적합한 마케팅 성과 지표를 선택해야 한다.

㉢ 마케팅생산성 측정에 있어 기업 내부적인 핵심 성과 지표나 관리회계 기준과 조화로워야 한다.

마케팅생산성을 측정의 목표는 효율적인 마케팅 활동의 수행이다. 따라서 기업에서 고려하는 다른 관리 기준들과의 조화를 이룰 수 있도록 마케팅생산성 지표를 개발해야 한다.

㉣ 시스템 구축을 통해 마케팅생산성 측정 상시화가 필요하다.

불규칙적이고 일회성으로 마케팅생산성을 측정하는 것은 무의미하므로 시스템을 구축하여 마케팅생산성 측정이 상시화되도록 해야 한다.

01 다음 상황에서 쓰인 브랜드 전략으로 옳은 것은?　　　　　　　　　　　　　　　국민연금공단

> '샤랄라 섬유향수' 제품이 주력인 (주)샤랄라는 내달 2일부터 '샤랄라 샴푸', '샤랄라 스카프'등의 제품을 출시
> 한다.

① 라인 확장 전략
② 브랜드 확장 전략
③ 공동 브랜드명 전략
④ 혼합 브랜드명 전략

[해설] (주)샤랄라는 본래 섬유향수 제품계열에서 미용, 패션의류 등 전혀 다른 제품 범주의 신제품에 샤랄라 브랜드명을 사용했다. 기존에
사용하던 브랜드명을 다른 제품군 시장의 신제품에도 사용하는 전략은 브랜드 확장 전략이다.

02 소비자가 특정 제품범주 내, 어떠한 정보도 없이 해당 브랜드를 말할 수 있는 인지도 단계는?

한국보훈복지의료공단

① 최초 상기　　　　　　　　　　　　② 무인지
③ 재 인　　　　　　　　　　　　　　④ 회 상

[해설] 회상 단계에서는 제시된 정보 없이 해당 브랜드를 말할 수 있다.

03 다음 중 마케팅 성과 지표로 옳지 않은 것은?　　　　　　　　　　　　　　한국산업기술평가관리원

① 가격-품질 연상
② 소비자 지각
③ 소비자 행동
④ 재무시장 성과

[해설] 마케팅 성과 지표는 여러 가지가 될 수 있으며, 대표적으로는 소비자 지각, 소비자 행동, 고객성과, 제품시장 성과, 회계 성과,
재무시장 성과가 있다. 가격-품질 연상은 명성가격의 다른 이름으로, 가격이 높으면 품질이 우수하고 높은 지위를 상징한다고
판단하는 경향을 이용하여 가격을 높게 책정하는 심리적 가격전략을 말한다.

04 다음 상황에서 에이스 브랜드의 인지도는 어떤 단계인가? 한국해양교통안전공단

> 선우는 침대를 사려고한다. 헤스텐스, 시몬스, 템퍼, 에이스등의 브랜드를 둘러보다가 정확한 품질과 가격을 모르지만 에이스 침대의 광고를 어디선가 본 것 같아 에이스 침대를 선택했다.

① 최초 상기   ② 회 상
③ 재 인   ④ 무인지

해설 특정 제품범주 내에 여러 브랜드명이 제시되었을 때 해당 브랜드를 인지할 수 있는 단계는 재인에 해당한다.

05 다음 중 PCV침투율에 대한 식으로 옳은 것은?

① $\dfrac{\text{해당 브랜드를 취급하는 유통업체의 총 매출액}}{\text{모든 유통업체의 총 매출액}} \times 100$

② $\dfrac{\text{해당 브랜드의 광고를 클릭한 수}}{\text{해당 브랜드 광고의 노출 수}} \times 100$

③ $\dfrac{\text{증가된 판매량 또는 매출액}}{\text{기본 판매량 또는 매출액}} \times 100$

④ $\dfrac{\text{해당 브랜드를 취급하는 유통업체의 해당 상품군 매출액}}{\text{모든 유통업체의 해당 상품군 매출액}} \times 100$

해설 ① ACV침투율을 나타내는 식이다.
② 클릭률(CTR)을 나타내는 식이다.
③ 판촉증가율을 나타내는 식이다.

배우기만 하고 생각하지 않으면 얻는 것이 없고,
생각만 하고 배우지 않으면 위태롭다.

- 공자 -

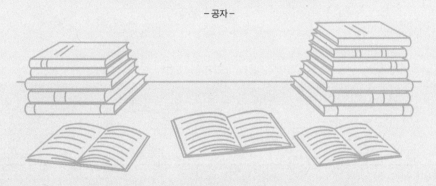

최신복원문제

🎵키워드 소비자 행동과 관여도

다음 중 소비자 관여도에 대한 것으로 가장 옳은 것은?　　　　　　　　한국도로공사

① 고관여도 제품은 비교적 구매주기가 짧다.
② 관여도는 특정 소비자가 주어진 상황에서 지각하는 관련성이나 중요성을 말한다.
③ 관여도가 낮으면 사회적 가시성은 높다.
④ 관여도는 상황에 따라 변하며, 지속적 관여도란 없다.

해설 ①·③ 고관여도 제품은 비교적 구매주기가 길며, 사회적 가시성이 높다.
　　　④ 관여도는 상황적 관여와 지속적 관여가 존재한다.

정답 ②

Chapter 07

소비자 행동

기출 키워드	중요도
☑ 소비자 행동과 관여도	★★★
☑ 소비자 구매 과정	★★★
☑ 공정성이론	★
☑ 소비자 정보처리 과정	★
☑ 식역하 지각	★
☑ 다속성태도모형	★★
☑ 피시바인 확장모형	★

CHAPTER

07 소비자 행동

1 소비자 행동의 개요

1 소비자 행동

(1) 소비자 행동의 정의

소비자 행동은 소비자가 자신의 욕구충족에 합당한 제품이나 서비스를 탐색, 구매, 사용, 평가, 처분하는 과정을 말한다.

(2) 소비자 행동의 의의

소비자 행동 연구를 통해 소비자가 왜, 어떻게 소비 결정을 내리는가를 이해할 수 있으며, 이를 바탕으로 더욱 효과적인 마케팅 전략을 수립할 수 있다.

2 소비자 행동과 관여도

(1) 관여도의 정의

① 관여도는 주어진 상황에서 특정 대상에 대한 소비자 개인의 중요성 지각 정도, 또는 관련성 지각 정도나 관심도를 말한다.

② 대상에 대한 관여도는 개인에 따라 다르며 또한, 어떤 대상에 대한 개인의 관여도는 상황에 따라 달라진다.

(2) 관여도의 구분

① 지속적 관여

지속적 관여는 오랜 기간 동안 지속해서 관심 가지는 대상으로, 개인적 관련성이 높은 경우의 관여도이다.

② 상황적 관여

상황적 관여는 어떤 대상에 대하여 일시적으로 높은 관심을 보이는 경우의 관여도이다.

(3) 관여도 상승 요인

① 제품의 중요도

② 제품의 감성 소구 정도

③ 제품에 대한 지속적 관심 정도

④ 제품 구매의 위험도

개념체크OX

• 관여도는 상황에 따라 달라질 수 있다.　　　　　 ○☒

• 제품 구매의 위험도는 관여도의 하락 요인이다.　　 ○☒

　　　　　　　 ○, ×

(4) 관여도와 수단–목적 사슬

① 수단–목적 사슬은 어떤 제품에 대해 소비자가 가지고 있는 지식의 구조를 속성, 결과, 가치 3단계로 파악하는 모형이다.

② 수단–목적 사슬을 통해 관여도를 파악할 수 있다. 어떤 제품 속성이 목적이나 가치와 관련된다고 지각하는 소비자의 관여도는 높고, 반대의 경우는 낮다.

③ 수단–목적 사슬의 구성

구 분		내 용
속 성	구체적 속성	직접 지각할 수 있는 제품의 물리적 특성에 대한 지식
	추상적 속성	구체적 속성에서 추론된 추상적 특성에 대한 지식
결 과	기능적 결과	제품 사용으로부터 기대되는 기능적이고 눈에 보이는 결과
	심리적 결과	제품 사용으로부터 기대되는 사회적·심리적 결과
가 치	도구적 가치	최종 가치에 도달하기 위해 개인이 선호하는 행동 양식
	최종 가치	제품 사용으로 도달하고자 노력하는 최종 존재 상태

> 구체적 속성 → 추상적 속성 → 기능적 결과
> → 심리적 결과 → 도구적 가치 → 최종 가치

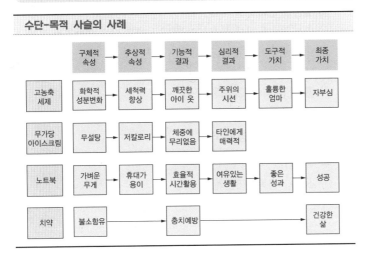

수단–목적 사슬의 사례

🔵 **개념더하기**

수단–목적 사슬의 특징
수단 목적 사슬은 다양한 형태를 가지므로 반드시 6단계의 속성을 갖추는 것은 아니다.

(5) 관여도와 브랜드 구매행동

① 복잡한 구매행동(Complex buying behavior)
고관여 상황에서 발생하며 새로운 제품을 구매하는 소비자의 구매행동이다. '포괄적 구매행동'이라고도 불린다. 브랜드 간 차이가 클 때 나타난다.

② 부조화 감소 구매행동(Dissonance–reducing buying behavior)
고관여 상황에서 발생하며 제품가격이 비싸고 평소 자주 구매하지 않으면서 구매 후 결과에 대한 위험부담이 있으나 각 브랜드 간 차이가 작을 때 발생한다.

③ 다양성 추구 구매행동(Variety-seeking buying behavior)

저관여 상황에서 발생하며 다양성을 추구하기 위해 상표를 전환하는 행동이다. 브랜드 간 차이가 클 때 발생한다.

④ 습관적 구매행동(Habitual buying behavior)

비교적 저관여를 보이며, 브랜드 간 차이가 작으므로 구매 시 평가단계를 거치지 않는다.

구 분	고관여 구매행동	저관여 구매행동
브랜드 간 차이가 큼	복잡한 구매행동	다양성 추구 구매행동
브랜드 간 차이가 작음	부조화 감소 구매행동	습관적 구매행동

(6) 관여도에 따른 문제해결 유형

① 포괄적 문제해결

최초구매이면서 정보탐색에 상당한 시간과 노력이 투입되는 방식이다.

예 아파트, 자동차, 디자이너 의류, 스테레오 시스템

② 제한적 문제해결

최초구매이면서 비교적 간단한 의사결정 문제이다. 제한된 범위의 정보를 탐색하며 어느 정도 경험과 정보를 보유하고 있다.

예 TV 구매, USB 구매

③ 일상적 문제해결

반복구매에 의해 복잡성의 정도가 매우 낮은 의사결정 문제로, 간단한 내적 탐색이 진행된다. 이때는 브랜드 충성도 또는 관성적 구매가 나타난다.

예 점심 식사, 소모품 구매

3 소비자 행동 모형과 과정

(1) 소비자 행동 모형

① 소비자 행동의 5단계

㉠ 문제인식

㉡ 정보탐색

㉢ 대안평가

㉣ 구매결정

㉤ 구매 후 행동

② 외적 요인

마케팅 요인으로, 제품, 가격, 유통, 촉진 등을 포함한다.

③ 내적 요인

문화적·사회적·개인적 요인과 심리적 요인을 말한다.

소비자 행동 모형

```
                        마케팅요인
                        제품, 가격
                        유통, 촉진
                            │
                            ▼
    ┌───────┬───────┬───────┬───────┬───────┐
    │ 문제인식 │ 정보탐색 │ 대안평가 │ 구매결정 │ 구매 후 행동 │
    └───────┴───────┴───────┴───────┴───────┘
        ▲       ▲       ▲       ▲       ▲
   ┌─────────────────────┐       ┌─────────────┐
   │ 문화적·사회적·개인적 요인 │       │   심리적 요인   │
   │ • 문 화              │       │ • 동 기       │
   │ • 사회계층            │       │ • 지 각       │
   │ • 준거집단            │       │ • 학 습       │
   │ • 가족, 라이프 스타일    │       │             │
   └─────────────────────┘       └─────────────┘
```

(2) 소비자 구매 과정

문제인식 → 정보탐색 → 대안평가 → 구매결정 → 구매 후 행동

① 문제인식

실제 상태와 바람직한 상태 간의 차이를 해소해줄 수단에 대한 욕구가 발생하는 단계이다.

문제인식 과정

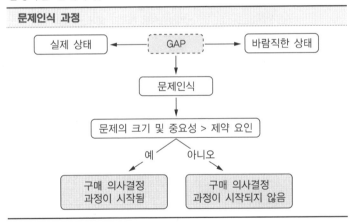

② 정보탐색

　㉠ 정보탐색의 개념

　　구매 의사결정을 위해 관련 정보를 탐색하는 단계이다.

　㉡ 정보탐색의 유형

　　• 내부탐색

　　　인식한 문제를 해결해 줄 수 있는 제품이나 서비스에 대한 정보를 기억으로부터 회상하는 것이다. 내부탐색의 결과물을 환기상표군이라고도 불린다.

🔺 개념더하기

문제인식 유발요인
• 내적 요인 : 소비자 내적 욕구
• 외적 요인 : 마케팅 자극

정보의 원천
- 개인적 정보원천
  가족, 친구, 이웃 등
- 상업적 정보원천
  광고, 판촉사원, 중간상, 포장, 진열 등
- 공공적 정보원천
  신문기사, 방송뉴스, 잡지 등
- 경험적 정보원천
  시험구매, 제품의 직접사용

- 외부탐색

  기억 속 정보가 충분하지 않아 외부로부터 추가적인 정보를 찾는 활동이다. 외부탐색으로 인해 추가되는 상표와 환기상표군을 합해서 고려상표군이라고 한다.

  > 고려상표군 = 내부탐색의 결과물(환기상표군) + 외부탐색의 결과물

③ 대안평가
  ㉠ 대안평가의 개념

  소비자는 평가 기준과 속성별 신념에 따라 각 대안에 대한 태도를 형성한다.
  ㉡ 대안평가 방식

구 분	내 용	종 류
보완적 방식	• 어떤 평가기준의 약점을 다른 평가기준의 강점에 의해 보완하여 전반적으로 평가하는 방식이다. • 고관여 상태 또는 소비자들의 교육수준이 높은 경우에 사용하게 된다.	다속성태도모형
비보완적 방식	• 한 평가기준에서의 약점이 다른 평가기준에서의 강점에 의해 보완이 되지 않는 평가방식이다. • 의사결정을 빠르고 쉽게 할 수 있다는 장점이 있지만 비교적 비합리적 판단을 할 가능성이 높다. • 저관여 상태에서 사용하게 된다.	• 결합 방식 • 분리 방식 • 사전편찬 방식 • 연속제거 방식(순차방식)
휴리스틱(Heuristic) 대안평가 방식	• 대안 선택 과정에서 고려해야 하는 수많은 요인을 동시에 고려하지 않고, 경험 또는 직관 등에 의해 문제해결 과정을 단순화한다. • 이성적·합리적인 객관적 판단기준을 배제하고, 비이성적·비합리적인 주관적 견해를 판단 기준으로 대안을 평가한다.	

④ 구매결정
  ㉠ 소비자의 구매행동 유형
  - 광범위한 의사결정(Extended decision making, 포괄적의사결정, 복잡한 의사결정)

    광범위한 의사결정은 고관여에서 일어나는 것으로, 그러한 결정에는 광범위한 내부 및 외부정보 탐색과 다수의 대안에 대한 복잡한 의사결정이 따르게 된다.

- 습관적 의사결정(Habitual decision making, 일상적 의사 결정)
  엄격한 의미에서는 의사결정이라고 할 수 없다. 문제가 인식되면 곧 내부탐색(장기기억)을 통해 단일의 해결안을 얻게 되고 당연히 어떤 상표를 구매하기 때문이다. 구매에 대한 관여 수준이 극히 낮고 반복적인 구매행동에서 일어난다.
- 제한적 의사결정(Limited decision making, 한정적인 의사결정)
  복잡한 의사결정과 습관적 의사결정의 중간단계이다. 반복 구매해 오던 상품에 싫증이 나거나, 새로움을 추구하는 의도에서 다른 상품으로 전환하는 구매행동이다. 최적자극화이론에 의하면 소비자는 적정 수준의 활성화를 계속 유지하기 위해 새로운 대안을 추구한다.
- 충동구매행동(Impulse buying behavior)
  저관여 상황에서 발생하며, 문제에 대한 인식과 구매 의도가 없던 상황에서 발생하는 구매행동이다. 구매시점관리(POP ; Point Of Purchase)의 영향을 많이 받는다. 일시적 감정 불균형을 해소할 수 있기에 발생하며, 구매 상황이 구매 의도보다 더 지배적 역할을 한다.

⑤ 구매 후 행동
  ㉠ 인지부조화
  소비자가 제품 구매 후 심리적 불편함을 느끼는 것을 말한다. 구매결정을 취소할 수 없을 때, 대안이 여러 개일 때, 선택한 제품이 갖지 못한 장점이 다른 상품에 있을 때, 관여도가 높을 때, 모든 의사결정을 독단적으로 했을 때 부조화가 발생한다.
  ㉡ 만족·불만족
  - 기대불일치모형
    올리버(Oliver)의 모형으로, 소비자의 만족·불만족은 구매 이전에 가졌던 기대와 제품 사용 후 지각된 성과가 일치하는가에 달려 있다고 본다. 기대보다 지각된 성과가 높은 긍정적 불일치와 반대인 부정적 불일치가 있다.
  - 귀인이론
    사람들은 특정한 행동이나 사건의 원인을 찾아내고 이를 규명하려 한다. 마찬가지로 소비자가 구매한 제품이나 서비스에 대해 불만족스러울 경우, 그 이유를 찾아내고 규명하려 한다. 안정성, 책임소재, 통제가능성을 확인한다.

구 분	내 용	상 황	귀 인
안정성	이 사건의 원인이 일시적인가 지속적인가	일시적	소비자(내부)
		지속적	기업(외부)
책임소재	이 상황을 소비자가 유발했는가 기업이 유발했는가	소비자 유발	소비자(내부)
		기업 유발	기업(외부)
통제가능성	이 상황은 소비자가 통제할 수 있는가 기업이 통제할 수 있는가	소비자 통제	소비자(내부)
		기업 통제	기업(외부)

개념체크OX

- 인지부조화는 소비자가 구매 결정을 취소할 수 없을 때 나타난다. ☐O☐X
- 기대불일치모형에 의하면 긍정적 불일치도 존재한다. ☐O☐X

O, O

- 공정성이론

  자신의 투입에 대한 결과와 기업의 투입자원이나 비교 대상의 투입에 비한 결과를 비교해 자신의 비율과 유사하거나 자신의 비율이 더 크면 만족한다. 대표적인 비교 대상의 예시는 거래 상대방이거나 같은 제품의 다른 구매자이다.

  © 불평행동

  - 만족은 긍정적 재구매의도를 불러일으키지만 불만족은 부정적 재구매의도와 불평행동을 수반한다. 소비자는 제품의 중요성이 클수록, 비용이 작거나 이익이 클수록, 학력이 높을수록, 여유가 많을수록, 외적 귀인을 할수록 강한 불평행동을 한다.
  - 불평행동의 유형은 다음과 같다.
    - 아무런 일도 하지 않는다(무행동).
    - 동일 상표나 동일 판매자를 회피한다(사적행동).
    - 친구나 지인에게 부정적 구전 활동을 한다(사적행동).
    - 판매자로부터 문제해결방안을 모색하게 한다(공적행동).
    - 외부 공공기관에 불만을 호소한다(공적행동).

  ② 제품 처분

  - 사용하지 않고 보관한다.
  - 일시적으로 처분한다.
  - 영구적으로 처분한다.

(3) 소비자 행동에 영향을 미치는 요인

① 문화적 요인

  ⑤ 문 화

  © 사회계층

② 사회적 요인

  ⑤ 준거집단

  © 가 족

  © 역할과 지위

③ 개인적 요인

  ⑤ 연령과 가족생활주기

  © 직업과 경제상황

  © 라이프스타일

④ 심리적 요인

  ⑤ 동 기

  © 지 각

  - 선 택
  - 조직화
  - 해 석

© 학 습
　　　　• 고전적 조건화
　　　　• 조작적 조건화
　　　　• 인지학습

(4) 소비자 정보처리 과정

① 노 출
　　㉠ 개 념
　　　　자극에 물리적으로 접근하여 자극을 받아들이려는 감각기관이 활성
　　　　화할 준비가 된 상태이다.
　　㉡ 유 형
　　　　• 우연적 노출
　　　　　소비자가 의도하지 않은 상태에서 정보에 노출되는 경우이다.
　　　　• 의도적 노출
　　　　　소비자가 당면한 문제해결을 위해 자신을 의도적으로 마케팅 정보
　　　　　에 노출하는 경우이다.
　　　　• 선택적 노출
　　　　　소비자가 필요하고 관심 있는 정보에만 자신을 노출하는 경우이다.

② 감각(감지)
　　㉠ 절대식역(Absolute threshold)
　　　　• 감각기관이 자극을 감지할 수 있기 위한 자극 에너지의 최소한의
　　　　　강도를 말한다.
　　　　• 자극 강도가 절대식역에 도달해야만 자극에 노출되었다고 할 수
　　　　　있다.
　　　　　　예 소리를 감지할 수 있는 최소한의 음량
　　㉡ 차이식역(J. N. D ; Just Noticeable Difference)
　　　　두 개의 자극이 지각적으로 구분될 수 있는 최소한의 차이를 말한다.
　　　　차이식역의 크기는 개인마다, 개인에게는 제품, 상황에 따라 다르다.
　　㉢ 식역하 지각(Subliminal perception)
　　　　자극의 강도가 절대식역 수준에 미치지 못하는 경우에도 소비자가
　　　　그 자극을 무의식 중에 지각하는 것이다.

③ 주 의
　　㉠ 개 념
　　　　마케팅 정보에 대해 정보처리 능력을 집중하는 것이자 수많은 자극
　　　　을 효과적으로 걸러 내는 작용이다.
　　㉡ 주의에 대한 개인적 요인의 영향
　　　　　• 관여도
　　　　　• 기존의 신념과 태도

개념더하기

웨버의 법칙
차이식역에 도달하기 위해 필요
한 자극의 최소 변화 정도는 초기
자극의 강도에 비례한다는 법칙
이다.

개념더하기

증식효과이론
(Incremental effects theory)
식역하 지각이 축적되어 절대식
역을 초과하는 현상이다.

④ 이해(지각)
  ㉠ 개 념
    • 유입된 정보의 내용을 조직화하고 그 정보의 의미를 해석하는 것
      이다. 자극은 이해(지각) 과정을 거쳐 개인에게 쓸모 있는 정보가
      된다.
    • 이해(지각)는 지각적 조직화와 지각적 해석, 두 단계로 분류된다.
    • 지각적 조직화는 소비자가 정보처리 대상의 여러 요소를 통합하는
      과정이고, 지각적 해석은 자극을 자신의 경험, 욕구 등에 따라 적절
      하게 재가공하는 과정이다.
  ㉡ 지각적 추론
    지각적 추론은 어떤 자극에 대해 평가할 때, 그 자극 자체를 가지고
    평가하기보다는 다른 단서들을 가지고 추리하는 방식이다.
  ㉢ 순서효과
    순서효과는 여러 개의 처치를 경험하므로 순서로 인해 유발된 효과
    를 의미한다. 최근효과와 초기효과가 대표적이다.

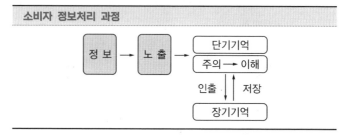

소비자 정보처리 과정

4 소비자 행동과 기억

(1) 기억의 개요
① 기억의 의의
  기업은 자기 회사제품의 상표, 특성 등을 소비자에게 기억시키기 위해
  다양한 방법을 동원한다.
② 기억구조 모형
  ㉠ 정보처리수준 모형
    기억장소가 하나이며 정보처리 용량이 제한되어 있어 정보처리의 수
    준에 따라 용량이 다르게 할당된다고 가정한다. 따라서 간단한 작업
    은 소량의 처리용량이 할당되어 기억이 짧다. 복잡한 작업은 대량의
    처리용량이 할당되어 기억이 오래간다.
  ㉡ 활성화 모형
    기억장소가 하나이며 네트워크 구조를 하고 있다고 가정한다. 유입
    된 정보를 처리하기 위해 일부분이 활성화되어 정보를 처리한다. 활
    성화는 일시적이기 때문에 이를 유지하기 위해서는 지속적인 노력이
    필요하다.

© 다중기억 모형

기억은 감각기억, 단기기억, 장기기억으로 구성되어 있으며 각각의 기능이 서로 다르다. 다른 모형을 포괄적으로 설명할 수 있기 때문에 가장 널리 사용된다.

(2) 다중기억 모형

① 감각기억

  ⊙ 감각기관은 유입정보가 절대식역 수준을 넘었을 때 그 정보를 감지하는 부분을 말한다.

  ⓒ 감각기억에 유입된 마케팅 자극을 아주 짧은 기간 동안 무의식 상태에서 분석한다.

  ⓒ 감각기관에 머무르고 있는 정보 중 관심을 끄는 정보만을 단기기억에 이전할 수 있도록 통제하는 기능을 한다.

② 단기기억

  ⊙ 단기기억의 정의

    정보처리가 이루어지는 동안 유입정보가 일시적으로 저장되는 장소이다.

  ⓒ 단기기억의 특성

    • 처리용량의 한계로 인해 한 번에 일정량만을 처리한다.

    • 정보 과부하 상황이 되면 이들 중 일부만 처리된다.

    • 처리된 정보를 단기기억에서 장기기억으로 옮기기 위해 마음속에서 반복적으로 되뇌거나 재처리하는 연습 과정인 '시연'이 실시된다.

    • 많이 시연할수록 단기기억 속에 오래 머물러 장기기억 속에 저장될 가능성이 높아진다.

유지 시연		정보처리가 단기기억 속에 계속 머물러 있도록 마음속으로 반복하는 것
정교화 시연		단기기억에 유입된 정보의 의미를 해석하는 것
처리 과정을 방해하는 시연	역행 방해	최근 학습 정보가 먼저 학습된 정보 인출을 방해하는 시연이다.
	순행 방해	과거 학습 정보가 최근 학습 정보 인출을 방해하는 시연이다.

ⓒ 단기기억 마케팅 전략
- 시각적 정보와 언어적 정보를 함께 제시한다.
- 단어의 리듬을 활용하고, 상표명과 관련 어구를 연결하는 기억 증대기법을 이용한다.
- 음악을 사용한다.
- 반복적으로 광고한다.

③ 장기기억

　ⓐ 장기기억의 정의
　　단기기억에서 처리된 정보가 영구적으로 저장되는 장소이다. 저장된 정보는 추후 단기기억에 인출되어 의사결정 시 사용되거나 새로운 정보를 처리하기 위해 사용된다.

　ⓑ 장기기억 내의 정보 유형
- 서술적 지식
  사건과 사실에 대한 기억으로 사건적 지식과 의미적 지식으로 나뉜다. 사건적 지식은 일상에서 경험하는 구체적 사건들에 대한 기억이다. 의미적 지식은 소비자가 경험하게 되는 사건이나 대상이 가진 의미에 대한 기억이다.
- 절차적 지식
  일의 수행절차와 관련된 지식으로 '과정지식'이라고도 한다.

　ⓒ 장기기억과 정보저장의 용이성
　　유입정보에 대한 관심이 높을수록, 정보처리에 용이하게 제품정보가 제시될수록 장기기억 속에 정보가 저장될 가능성이 높음

　ⓓ 정보인출을 유도하는 마케팅 전략
- 마케팅 자체의 특성
  - 현저성
  - 일관성
  - 호의성
  - 유사정보 제공
  - 대표성
- 소비자의 특성
  - 분위기
    긍정적 분위기의 소비자는 긍정적 제품 정보를, 부정적 분위기의 소비자는 부정적 제품을 더 잘 회상한다.
  - 전문성
    전문적 지식을 가진 소비자가 비교적 더 많은 제품 정보를 회상할 수 있다.

　ⓔ 정보인출 방법
- 회 상
  장기기억에서 사건을 재구성해내는 과정이다. 자유롭게 회상하는 자유회상과 순서대로 회상하는 순서회상이 있다.

- 재 인

   제시된 정보가 기억 속에 존재하는지 확인하는 과정이다.
- ⑪ 정보인출 과정
  - 명시적 기억

    특정 정보를 기억하고 있다는 개인의 의식이 있는 기억이다.
  - 암묵적 기억

    과거에 학습한 것에 대한 의식적인 지각은 없지만 현재 행동에 무의식적으로 영향을 주는 기억이다.
- ④ 망 각
  - ㉠ 정보의 망각
    - 장기기억에서 정보의 망각은 시간에 따라 초기에는 급속히 감소하다가 점차 속도가 줄어든다.
    - 에빙하우스의 망각곡선에 의하면 학습 후 10분 후부터 망각 시작, 1시간 뒤에는 50%, 하루 뒤에는 70%, 한 달 뒤에는 80%를 망각한다.
    - 망각으로부터 기억을 유지하는 효과적인 방법은 복습으로, 짧은 시간 여러 번의 반복보다는 긴 시간 동안 여러 번 반복하는 것이 기억력을 높인다.

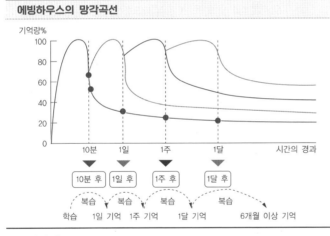

에빙하우스의 망각곡선

- ㉡ 망각설명이론
  - 쇠퇴이론

    장기기억 속의 정보를 사용하지 않고 있는 경우, 자극과 반응의 결속력이 점차 약해져 정보가 기억 속에서 사라진다.
  - 방해이론

    정보가 기억 속에서 사라져 버리는 일은 없으며, 새로운 정보가 유입되면서 기존 정보의 인출을 방해한다.

개념체크OX

- 재인은 정보가 제시되면 기억이 떠오르는 것을 말한다.

  O X
- 에빙하우스의 망각곡선에 따르면 사람은 학습 후 하루 뒤에 80%를 망각한다. O X

O, X

CHAPTER 07 소비자 행동 · 357

5 **소비자 태도와 행동**

(1) 소비자 태도

① 제품에 대한 주관적 의견이나 신념을 말한다.

② 어떤 대상에 대하여 일관되게 호의적 또는 비호의적으로 반응한다.

(2) 태도 구조에 대한 2가지 관점

① 3요소 태도 모형(전통적 이론)

태도가 감정(Affect), 행동(Behavior), 인지(Cognition) 세 부분으로 구성되어있다고 본다.

② 단일차원 견해(1차원 이론)

인지적 요소는 선행요인, 감정적 요소만이 태도, 행동적 요소는 결과요인이라고 본다.

(3) 효과계층모형

① 표준학습 위계모형(인지학습 태도 형성)

> 인지(신념) → 감정(태도) → 행동 ⇒ 인지적 정보 처리에 근거한 태도

② 저관여 효과계층모형(저관여 행동 태도 형성)

> 인지(신념) → 행동 → 감정(태도) ⇒ 행동적 학습 과정에 근거한 태도

③ 정서적 효과계층모형(감정 소비 태도 형성)

> 감정(태도) → 행동 → 인지(신념) ⇒ 쾌락적 소비에 근거한 태도

(4) 태도이론

① 다속성태도모형

㉠ 내 용

- 피시바인(Fishbein)이 제시한 모형으로, 어떤 대상에 대한 태도는 그 대상이 특정 속성을 갖는다는 신념의 강도와 특정 속성에 대한 평가에 의해 결정된다는 모형이다. 즉, 제품, 브랜드를 여러 속성으로 평가하여 태도가 형성된다.

- 태도 형성을 제품의 속성과 편익에 대한 소비자 신념의 함수로 설명한다. 이를 통해 태도 형성에 영향을 미친 속성들에 대한 소비자의 평가를 알 수 있다.

> **다속성태도모형의 수식**
>
> $$A_0 = \sum_{i=1}^{n} b_i e_i$$
>
> A_0 : 특정대상에 대한 소비자의 태도
> b_i : 특정대상이 속성 i를 얼마나 만족시키는가에 대한 신념의 강도
> e_i : 소비자가 속성 i에 부여하는 중요도
> n : 소비자가 중요하다고 생각하는 제품 속성의 수(부각적 속성의 수)

개념체크OX

• 망각설명이론 중 방해이론은 쇠퇴이론을 반박한다. ☐O☐X

• 다속성태도모형은 태도가 소비자가 지각한 대상의 특정 속성에서 기인한다고 보았다. ☐O☐X

O, O

e_i와 b_i의 예시

- 속성의 평가(e_i) : "조깅화를 구매할 때, 조깅화의 충격 흡수력은?"

  전혀 중요하지 않다　1　2　3　4　5　6　7　매우 중요하다

- 신념(b_i) : "나이키의 충격흡수력은 좋은가"

  전혀 그럴 것 같지 않다　1　2　3　4　5　6　7　매우 그럴 것 같다

다속성태도모형의 개념적 틀

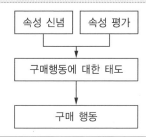

ⓒ 평 가
- 시사점

  소비자의 행동을 예측할 수 있으며, 풍부한 정보를 제공해주기 때문에 기업 입장에서는 여러 가지를 시도해볼 수 있다.
- 한계점

  제품의 속성만으로는 충분히 설명할 수 없는, 브랜드 이미지가 태도에 큰 영향을 미치는 상품들이 존재한다.

② 피시바인 확장모형

ⓐ 내 용

  피시바인은 다속성태도모형을 정립한 후 주관적 규범 개념을 도입하여 행동까지 설명할 수 있는 모형을 재구성했다.

ⓑ 주관적 규범(SN ; Subjective Norm)

  어떤 행동에 대한 타인의 의견을 지각하고 수용하는 정도이다. 규범적 신념과 순응 동기로 나뉜다.
- 규범적 신념(NB ; Normative Belief)

  준거집단이 자신의 행동을 저지할 것인지에 대한 개인의 생각이다.
- 순응 동기(MC ; Motivation to comply)

  그 준거집단의 의견을 수용하려는 정도이다.

피시바인 확장모형의 수식

$$B \sim BI = A_{act}(W_1) + SN(W_2)$$

$$SN = \sum_{j=1}^{m} NB_j MC_j$$

B : 구매행동
BI : 구매의도
A_{act} : 특정행동에 대한 소비자의 태도
W_1, W_2 : A_{act}와 SN요소가 구매의도에 미치는 상대적 영향력을 나타내는 가중치
n : 부각적 속성의 수
m : 중요한 준거인의 수
NB_j : 규범적 신념(준거인 j가 그 행동에 관해 저지할 것인가에 대한 개인적 신념)
MC_j : 순응동기(준거인 j의 뜻에 순응하려는 동기)

피시바인 확장모형의 개념적 틀

```
┌──────┐ ┌──────┐    ┌────────┐ ┌──────┐
│결과신념│ │결과평가│    │규범적 신념│ │순응동기│
└──────┘ └──────┘    └────────┘ └──────┘
     │                    │
┌──────────────┐    ┌──────────────┐
│구매행동에 대한 태도│    │  주관적 규범  │
└──────────────┘    └──────────────┘
            │
       ┌──────────┐
       │  구매 의도  │
       └──────────┘
            │
       ┌──────────┐
       │  구매 행동  │
       └──────────┘
```

③ 의도적 행동 모형(시도이론)

    ㉠ 바고지(Bagozzi)의 이론으로, 피시바인 확장모형의 구매의도와 구매행동은 별개로 나타나는 경우가 많다고 보았다. 따라서 행동과 태도 사이에 '시도'라는 요인을 추가해야 한다고 주장했다.

    ㉡ 과거의 기대와 빈도를 종합해 최근 상황을 기반으로 과연 시도해볼 수 있는가를 분석했으며, 신념과 평가요소 양극 항목으로만 구성되어있는 한계를 짚으며 평가와 태도를 혼동하여 사용할 여지가 많다고 주장했다. 바고지는 평가 요소 대신 '조건적 접근/회피반응'이라는 요소를 제시했다.

④ 정교화 가능성 모형(Elaboration likelihood model)

    ㉠ 내 용

       • 페티와 카치오포(Petty & Cacioppo)가 제안한 설득의 이중 경로 모형으로, 설득 메시지를 처리하는 경로를 중심 경로와 주변 경로로 구분하며 두 가지 경로 중 어떤 경로를 사용해 설득 메시지를 처리하느냐에 따라서 적합한 설득 메시지가 달라질 수 있다고 가정했다.

- 정교화 가능성 모형에서는 제시된 메시지를 얼마나 '정교하게 처리할 수 있는가', 즉 설득 메시지를 인지적으로 심사숙고해 처리하는 정도가 설득을 결정하는 데 가장 핵심 요인이 된다.
  - ⓛ 중심 경로와 주변 경로
    - 만약 제시된 설득 메시지가 수용자에게 중요한 문제인 경우, 즉 고관여 소비자의 경우에는 중심 경로를 이용하여 메시지가 처리된다.
    - 반면, 메시지에 대한 관여도가 낮은 소비자에게는 광고모델, 음악 등 주변 경로를 통해 메시지가 처리된다.

(5) 태도변화이론

① 균형이론

ⓐ 내 용

하이더(Heider)가 제시한 심리적 평형에 관한 이론 중 하나이다. 자신과 상대방, 그리고 두 사람에게 관련된 사물. 이 세 요소가 내부적으로 일치해 있는 것처럼 보이는 상태를 균형이라고 한다. 만약 한 개인이 가지고 있는 두 개의 인지요소인 타인과 사물이 조화를 이루지 못하면 이것이 부조화라는 긴장 상태를 일으키며 마음을 불편하게 해서 조화 관계를 회복하기 위한 동기를 활성화한다는 것이다.

ⓛ 인지부조화 해결 방법

- 서로 모순 관계에 있는 인지 중 일부 내용을 바꾸어 양립하게 한다.
- 서로 모순되는 인지를 연결할 수 있는 새로운 인지를 추가해 조화를 회복한다.
- 양립 불가능한 인지들의 가치를 달리 평가해 인지균형을 회복한다.

② 사회적 판단이론(Social judgement theory)

ⓐ 설득메시지를 받는 상황과 수용자들이 개인적으로 가지고 있는 태도를 기준으로 메시지의 수용여부가 결정된다고 보는 상대성 이론이다.

ⓛ 메시지가 수용영역에 속하면 설득이 이루어지고, 거부영역에 속하면 설득은 실패한다. 중립영역은 말 그대로 중립상태로 남는다.

ⓒ 이론에 따르면 수용영역과 거부영역의 크기는 개인의 관여도 수준에 따라 결정된다. 고관여 소비자일수록 수용영역이 좁고 거부영역이 넓으며, 저관여 소비자일수록 수용영역이 넓고 거부영역이 좁다.

6 산업재와 소비자 구매행동

(1) 산업재 시장의 특성

① 시장구조와 수요

ⓐ 소수의 대규모 소비자로 구성되어 있다.

ⓛ 지리적으로 집중되어 있다.

ⓒ 소비재 욕구의 파생수요이다.

ⓔ 비탄력적인 수요를 갖는다.

ⓜ 변동성이 큰 수요를 갖는다.

개념더하기

동화효과

수용영역 내에 설득 메시지가 속할 때 설득에 더욱 동화되는 효과이다.

개념더하기

대조효과

거부영역 내에 설득 메시지가 속할 때 더욱 대조적으로 받아들이는 효과이다.

개념체크OX

- 의도적 행동 모형은 시도라는 개념을 도입했다. ⃞⃞
- 균형이론은 인지균형이 불가능하다고 보았다. ⃞⃞

O, ×

② 구매조직의 성격

　㉠ 많은 의사결정 참여자가 존재하므로 복잡하다.

　㉡ 대형 또는 고가의 구매가 발생하며, 이때 공식화 수준은 높다.

　㉢ 공급기업과 고객 간의 상호의존적 관계를 갖는다.

③ 의사결정 형태와 의사결정 과정

(2) 산업재 구매행동의 특성

① 시스템 구매와 판매

많은 산업재 구매자는 하나의 판매기업으로부터 시스템상 일괄 구매하기를 원한다.

② 구매센터

　㉠ 사용자

　　제품 및 서비스의 사용자로, 구매 제안, 구매품목 결정을 지원한다.

　㉡ 영향력 행사자

　　제품품목 결정, 대안평가 필요정보를 제공한다. 주로 기술적 전문가로, 구매 의사결정에 영향을 준다.

　㉢ 구매자

　　공급업자 선택 및 협상, 구매조건의 공식적 권한을 갖는다.

　㉣ 의사결정자

　　최종 공급업자를 선택하고 승인한다.

　　예 일상적 구매의 경우 구매자, 중요한 구매의 경우 최고경영자

　㉤ 문지기(정보통제자)

　　구매 관련 정보 흐름 관리자이다.

　　예 기술자, 비서, 경비

01 저관여 관점에서 나타나는 소비자 의사결정의 요인이 아닌 것은? 부산시통합채용

① 태도변화는 빈번하나 일시적이다.
② 제품 및 상품의 정보탐색이 제한되어 있다
③ 구매후 부조화 현상이 적다,
④ 태도변화가 어렵고 드물다.

[해설] 저관여 관점에서는 태도변화가 쉽고 빈번하다.

02 다음 중 저관여 제품에 가장 가까운 것은? 한국보훈복지의료공단

① 조명시계   ② 소 파
③ 블루투스 오디오   ④ 욕실화

[해설] 관여도는 어떤 대상에 대해 소비자가 느끼는 중요도, 관심도를 의미한다. 따라서 저관여상품에 가장 가까운 것은 욕실화이다.

03 다음중 소비자 행동 5단계의 순서로 옳은 것은? 인천신용보증재단

① 문제인식 → 구매결정 → 대안평가 → 정보탐색 → 구매 후 행동
② 문제인식 → 대안평가 → 정보탐색 → 구매결정 → 구매 후 행동
③ 문제인식 → 정보탐색 → 구매결정 → 구매 후 행동 → 대안평가
④ 문제인식 → 정보탐색 → 대안평가 → 구매결정 → 구매 후 행동

[해설] 소비자들의 일반적인 구매 의사결정 과정은 문제인식 → 정보탐색 → 대안평가 → 구매결정 → 구매 후 행동의 순서로 이뤄진다.

04 다음 중 소비자의 구매행동 유형에 대한 설명으로 옳지 않은 것은? 경기도통합채용

① 포괄적 의사결정은 고관여 상황에서 발생한다.
② 습관적 의사결정은 단기기억을 통해 이뤄진다.
③ 충동구매행동은 구매시점관리의 영향을 받는다.
④ 제한적 의사결정은 새로움을 추구하는 의도에서 비롯된다.

[해설] 습관적 의사결정은 단기기억이 아닌 내부탐색 즉, 장기기억을 통해 이뤄진다.

05 제품구매에 대한 심리적 불편을 겪게 되는 인지부조화(Cognitive dissonance)에 관한 설명으로 옳은 것은?

중소기업유통센터

① 반품이나 환불이 쉽게 가능할 때 많이 발생한다.
② 구매 제품의 만족 수준에 정비례하여 발생한다.
③ 고관여 제품에서 많이 발생한다.
④ 제품 구매 전에 경험하는 긴장감과 걱정의 감정을 뜻한다.

[해설] 고관여 제품의 구매 시 인지부조화가 많이 발생하며, 소비자는 정보탐색 등의 활동으로 그 인지부조화를 극복하기 위해 노력한다.

06 다음 중 소비자 행동 유형과 그 사례가 옳지 않게 짝지어진 것은?

도로교통공단

① 인지부조화 : 가방 구매를 예약했으나, 취소할 수 없어 불편함을 느끼는 A씨
② 기대 불일치 : 새 조명이 예상했던 것보다 더 튼튼하다고 생각하는 B씨
③ 불만족 : 구매한지 얼마안된 전기밥솥의 A/S를 받고자 고객센터에 전화 하는 C씨
④ 불평행동 : 예전에 구입했던 신발을 일정 기간 보관하다가 중고거래 사이트에 올린 D씨

[해설] D씨의 행동은 불평행동이 아닌, 제품 처분 행동에 해당한다.

07 두 개의 자극이 지각적으로 구분될 수 있는 최소한의 차이에 도달하기 위해 필요한 자극의 최소 변화 정도는 초기자극의 강도에 비례한다는 이론에 해당하는 것은?

대구도시개발공사

① 증식효과이론   ② 웨버의 법칙
③ 관성의 법칙   ④ 왈라스의 법칙

[해설] 두 개의 자극이 지각적으로 구분될 수 있는 최소한의 차이는 차이식역에 대한 설명이다. 이러한 차이 식역에 도달하기 위해 필요한 자극의 최소 변화정도는 초기자극의 강도에 비례한다는 법칙은 웨버의 법칙이다.

08 대상에 대한 태도는 대상이 특정속성을 갖는다는 신념의 강도와 특정속성에 대한 평가에 의해 결정된다는 이론으로 옳은 것은?

국민연금공단

① 공정성이론   ② 귀인이론
③ 사회적 판단이론   ④ 다속성태도모형

[해설] 대상에 대한 태도는 대상이 특정속성을 갖는다는 신념의 강도와 특정속성에 대한 평가에 의해 결정된다는 모형은 피시바인(Fishbein)이 제시한 모형으로, 다속성태도모형이다.

PART 6

생산 · 운영관리

최신복원문제

🔑 키워드 설비배치의 유형

다음 괄호 안에 들어갈 설비배치의 유형으로 옳게 짝지어진 것은? 국민연금공단

> (㉠)는 필요한 작업장이나 부서를 찾아 이동하며, 다양한 제품이 소량으로 생산된다.
> (㉡)는 컨베이어 벨트를 이용하므로 고정된 이동통로 공간 활용이 가능하다.

	㉠	㉡
①	공정별 배치	제품별 배치
②	제품별 배치	공정별 배치
③	공정별 배치	고정위치 배치
④	혼합형 배치	제품별 배치

해설 공정별 배치는 가공요건에 따라 필요한 작업장을 찾아 이동하며, 다양한 종류의 제품이 적게 생산된다. 반면, 제품별 배치는 컨베이어 벨트같은 고정 통로용 자재운반장비를 이용하므로 재공품, 저장 공간의 소요 및 고정된 이동통로 공간 활용이 가능하다.

정답 ①

Chapter 01

생산시스템과 프로세스관리

기출 키워드	중요도
☑ 제조업과 서비스업	★★★
☑ 설비배치의 유형	★★★
☑ 공정별 배치	★★★
☑ 제품별 배치	★★★
☑ 경쟁우선순위	★★★
☑ 프로세스의 유형	★
☑ 셀 생산방식	★

CHAPTER

01 생산시스템과 프로세스관리

1 생산시스템

1 생산운영관리의 개요

(1) 생산운영관리의 정의

생산운영관리는 생산목표를 달성하기 위한 관리로, 생산을 보다 효과적으로 진행하기 위해 제품과 서비스를 만들어내는 모든 활동 프로세스를 조절하고 통제하는 것을 말한다.

(2) 생산운영관리의 구분

① 협의의 생산운영관리

㉠ 생산의 계획과 통제를 통해 생산목표를 효율적으로 달성하기 위한 관리이다.

㉡ 생산계획을 토대로 한 생산과정의 통제 활동이다.

㉢ 공정관리는 계획과 실적 차이 분석을 통해 문제점 및 원인분석과 대책을 마련하는 활동이다.

② 광의의 생산운영관리

㉠ 사업전략과 목표달성을 위한 생산활동의 투입물, 관리 프로세스, 산출(제품)물 전체를 최적화하기 위한 전략 입안과 계획, 통제기능을 말한다.

㉡ 성과 실현을 위한 조직, 제도, 시스템의 정비, 생애주기 관리를 말한다.

(3) 생산운영관리의 주요 활동

① 전략 계획 활동

② 조직설계 및 인력배치 활동

③ 생산시스템의 설계 활동

④ 생산운영 계획 활동

⑤ 생산운영 통제 활동

(4) 제조업과 서비스업

20세기 중반까지 생산관리는 제조업을 중심으로 발달했지만, 시대가 변화하면서 서비스업이 제조업을 넘어서면서 생산관리는 서비스업에도 적용되고 있다.

개념더하기

생산과 운영
- 생산(production)
  여러 투입요소의 변환과정을 거쳐 제품 또는 서비스라는 경제적 가치를 창출하는 과정
- 운영(operation)
  제품과 서비스의 생산을 다루는 분야

개념더하기

생산관리와 운영관리
생산관리는 전통적인 개념에서 시작된 개념으로 제조업에 집중하고 있다. 최근 서비스업의 빠른 성장으로, 이에 대한 관리까지 포괄하기 위한 용어로 생산관리를 대체하여 '운영관리' 또는 '생산운영관리'가 사용되고 있다.

제조업 성향	서비스업 성향
• 유형, 내구적 제품	• 무형, 보관 불가 제품
• 산출물 재고 축적 가능	• 산출물 재고 축적 불가능
• 고객 접촉이 적음	• 고객 접촉이 많음
• 긴 반응시간	• 짧은 반응시간
• 지역, 국내, 국제 시장	• 국지적 시장
• 대규모 설비	• 소규모 설비
• 자본 집약적	• 노동 집약적
• 품질 측정 용이	• 품질 측정 어려움

2 생산시스템

(1) 생산시스템의 정의

생산시스템은 생산목표를 달성하기 위해 여러 구성요소가 유기적으로 상호작용하여 제품이나 서비스가 만들어지는 체계를 의미한다. 기본적으로 투입물(Input)을 변환과정(Process)을 거쳐 산출물(Output)로 만드는 구조이다.

생산시스템의 구조

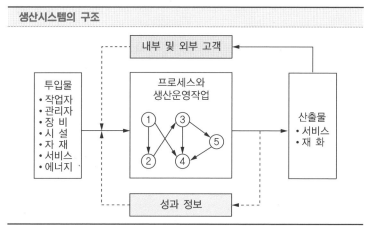

(2) 생산시스템의 주요관리 대상

① 생산용량(Capacity)

② 생산공정(Process)

③ 재고(Inventory)

④ 인력(Workforce)

⑤ 품질(Quality)

개념체크OX

• 제조업은 서비스에 비해 노동 집약적 성격을 보인다. ○×
• 생산시스템은 투입물, 변환과정, 산출물의 구조를 갖춘다.
　　　　　　　　　　　　○×

 ×, ○

3 생산시스템의 발전

(1) 영국의 산업혁명과 생산관리(18세기 후반~19세기 초)

① 18세기 후반

㉠ 방적기, 직조기의 발명과 제임스 와트(James Watt)의 증기기관 발명으로 산업혁명이 일어나고, 이어서 영국의 공장제 공업이 확립되었다.

㉡ 아담스미스가 그의 저서 '국부론'에서 분업화 개념을 소개했다.

㉢ 엘리 휘트니가 호환성 부품, 표준화를 소개했다.

② 19세기 초

찰스 배비지가 아담스미스의 분업 개념을 발전해 분업 효과를 더 높일 수 있는 방법인 '숙련제한의 원칙'을 제시했다.

(2) 과학적 관리법(1911년)

① 작업의 과학적 결정

1911년, 테일러(Taylor)의 저서 '과학적 관리법의 원리'를 통해 처음 소개된 것으로, 작업을 과학적으로 관찰·측정·분석하고 이에 대한 최선의 방법을 파악해 표준화하기를 제안했다. 테일러는 시간당 적정 과업량 및 적정 생산량을 계산하기 위해서 시간연구(Time study)를 진행해 작업 표준을 설정했다. 이를 통해 고임금·저노무비의 원칙이 실현되었다.

② 차별성과급제

또한 효율달성방법 중 하나로 차별성과급제를 제시했다. 차별성과급제는 높은 임률과 낮은 임률을 각각 설정한 후, 시간 연구에 따라 결정된 과업을 달성한 경우에는 높은 임률, 그렇지 못한 경우에는 낮은 임률을 제공하는 임금 제도이다. 단순 성과급 제도의 기능을 보완하기 위해 테일러가 고안하였다.

(3) 포드시스템(1913년)

① 3S 원칙(생산표준화)

㉠ 제품의 단순화(Simplification)

㉡ 부품의 규격화(Standardization)

㉢ 작업의 전문화(Specialization)

② 컨베이어 시스템

포드(Ford)는 재료나 반제품의 운반에 컨베이어 장치를 사용하는 합리적인 생산체계를 도입했다. 이를 통해 작업자들의 작업능률을 향상하였으며, 작업자와 컨베이어의 속도를 동시화하는 데 성공했다.

개념더하기

숙련제한의 원칙

분업의 효과를 극대화하기 위해서는 공정의 중요도에 따라 공정을 분리(중요한 공정과 중요도가 낮은 공정을 구분·차별화)하여 관리하여야만 숙련공의 기능을 극대화할 수 있다는 원칙이다.

4 생산전략

조직 수준에 따른 경영전략

(1) 기업전략

기업 전체적인 수준에서 기업의 목적과 목표의 설정, 사업의 선택 및 이를 위한 자원의 획득과 배분에 관한 전략이다.

(2) 사업전략

기업전략의 하위전략으로서 사업부 수준에서 사업영역의 정의, 목표의 설정, 경쟁우위의 성취방안에 관한 전략이다.

(3) 기능별전략

운영전략으로도 불리며, 사업전략의 하위전략으로서 각 기능부문 수준에서 목표의 설정과 경쟁력 제고방안에 관한 전략이다.

(4) 생산목표와 경쟁우선순위

① 생산목표

생산의 사명을 계량적이고도 측정 가능한 용어로 나타낸 것이다.

전형적인 생산의 목표

구 분	항 목	금 년	목표 (5년 뒤)
원 가	매출액에 대한 제조원가의 비율	55%	52%
	재고 회전율	4.1	5.2
품 질	고객만족도(제품 만족률)	85%	99%
	폐기물 및 재작업의 비율	3%	1%
	매출액에 대한 품질보증비용의 비율	1%	0.5%
납 품	재고로부터 충족된 주문의 비율	90%	95%
	재고 보충을 위한 리드타임	3주	1주
유연성	신제품 도입기간	10개월	6개월
	생산능력 20% 변경기간	4개월	3개월

② 경쟁우선순위

㉠ 정 의

생산의 목표는 기업이 경쟁우위를 달성하는 요인이자 수단이며, 사업전략에 따라 우선순위를 부여해야 하므로 경쟁우선순위라고도 한다.

개념체크OX

• 기업의 생산목표는 보통 측정이 가능하다. ◯ ✕
• 기업은 사업전략에 따라 우선순위를 부여해 생산목표를 결정해야 한다. ◯ ✕

◯, ◯

ⓒ 경쟁우선순위의 세분

원 가	① 낮은 원가
품 질	② 최고의 품질
	③ 일관된 품질
납 품	④ 납품 속도
	⑤ 적시 납품
유연성	⑥ 고객화
	⑦ 다양성(제품과 서비스)
	⑧ 수량 유연성
	⑨ 개발속도(신제품 및 신 서비스)

ⓒ 경쟁우선순위에 따른 제조전략

전 략	내 용	경쟁우선순위
재고생산전략 (MTS ; Make to stock)	대량생산에 의한 표준화 제품에 적용되는 전략으로, 수요예측에 근거한 계획생산을 통해 즉각적인 납품이 가능하도록 품목을 재고로 보유하는 방식이다.	• 낮은 원가 • 일관된 품질 • 적시 납품
주문조립제조전략 (ATO ; Assemble to order)	고객 수요를 예측할 수 없는 경우 부품, 조립품, 반제품들을 특정 단계까지 생산하여 재고로 보관하고 있다가 고객으로부터 주문을 받으면 나머지 공정을 진행해 제품을 완성하는 생산방식이다.	• 납품속도 • 고객화
주문생산전략 (MTO ; Make to order)	고객의 특정 주문과 요구에 따라 주문을 받은 후에 원자재 투입, 가공, 반제품 생산 및 완제품 조립 등이 이뤄지는 생산방식이다.	• 최고의 품질 • 고객화

ⓒ 경쟁우위에 따른 서비스전략

전 략	내 용	경쟁우선순위
표준 서비스전략	다양성이 적은 서비스를 대량으로 제공한다.	• 낮은 원가 • 일관된 품질 • 적시 납품
주문조립 서비스전략	표준 서비스전략과 고객화 서비스전략을 절충한 서비스전략이다.	• 납품 속도 • 고객화
고객화 서비스전략	고도로 개인화된 서비스를 소량으로 제공한다.	• 최고의 품질 • 고객화

2 프로세스 관리

1 프로세스의 개요

(1) 프로세스의 정의

프로세스는 하나 이상의 투입물을 이용하여 이를 변환시키는 과정으로 공정, 절차라고도 불린다.

(2) 프로세스의 주요 분야

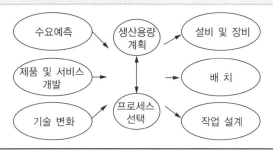

프로세스에 영향을 미치는 주요 분야

(3) 프로세스 전략의 핵심사항

① 자본 집약도
② 프로세스 유연성

2 프로세스의 유형

(1) 제품 흐름의 유형에 따른 분류

① 개별작업 프로세스(Job process)

제품마다 다른 공정이 요구되는 경우, 매우 다양한 제품이나 서비스를 고객 요구에 맞추어 유연하게 소량으로 생산하는 프로세스이다.

예 의사의 진찰, 수술, 인쇄소

② 배치 프로세스(Batch process)

일련의 공정 처리가 동일 장소에서 순차적으로 정해진 순서에 따라 실행되는 프로세스이다. 개별작업 프로세스와 유사하지만 산출량이 큰 경우에 적용된다.

예 제과점, 중장비, 전자부품, 특수화학제품

③ 라인 프로세스(Line process)

산출량이 많고 제품이 표준화되어, 자원을 제품 중심으로 표준화할 수 있는 프로세스이다. 생산이 조립라인의 통제하에 순차적으로 이루어진다.

예 연필, 크레용, 장난감, 자동차, 전자제품

개념체크OX

• 제과점은 주로 배치 프로세스를 적용하여 생산한다. ○×
• 라인 프로세스는 표준화된 제품에 적용된다. ○×

○, ○

④ 연속 프로세스(Continuous-flow process)

산출량이 많고 표준화된 제품을 장기간 중단 없이 생산하는 극단적인 대량생산 프로세스이다. 프로세스 최초 설비 비용이 많이 들고 재가동 비용이 많이 들어 보통 24시간 연속 가동된다.

에 정유회사, 가스생산, 철강 산업, 화학공장, 맥주공장

⑤ 단속 프로세스(Intermittent process)

비연속적 제품생산 프로세스이다. 한 작업 공간에서 각기 다른 방식으로 여러 종류의 제품을 생산하는 방식으로, 어느 정도의 산출량이 확보되는 제품 및 서비스를 다양하게 생산할 수 있는 유연성을 가지는 프로세스이다.

에 주문에 의한 금속공예, 병원의 응급실, 주문형 금고

(2) 주문 충족의 유형에 따른 분류

① 재고생산 프로세스(MTS ; Make To Stock process)

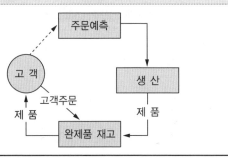

② 주문생산 프로세스(MTO ; Make To Order process)

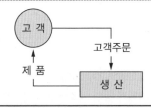

③ 주문조립생산 프로세스(ATO ; Assembly To Order process)

(1) 프로세스 특성 행렬(Process characteristics matrix)

[제품의 흐름] × [주문 충족의 유형]

프로세스 특성 행렬

	재고생산	주문생산/주문조립생산
연속 및 조립라인	I • 정유, 제분, 제당, 제지 • 각종 가전제품 조립 • 통조립 공장 • 카페테리아	II • 자동차조립 • 전화회사 • 전력회사
배치 및 잡숍	III • 기계제작소 • 와인공장 • 유리제품 공장 • 인조 장신구	IV • 기계 제작소 • 식 당 • 병 원 • 맞춤 보석상
프로젝트	V • 투기적 주택 건설 • 상업미술품	VI • 빌딩 건설 • 영화 제작 • 선박 건조

(2) 프로세스 선택에 영향을 주는 4가지 요인

① 시장 여건

② 소요 자본

③ 노동력

④ 기 술

(3) 제품–프로세스 행렬(제품–공정 행렬)

① 제품–프로세스 행렬의 구조

㉠ 행렬의 행 즉, 제품구조는 제품수명주기의 단계를 나타낸다.

㉡ 행렬의 열 즉, 프로세스 구조는 프로세스의 수명주기 단계를 나타낸다.

㉢ 열의 상단은 유연한 프로세스 구조이고 하단은 표준화된 프로세스 구조이다.

② 제품–프로세스 행렬의 이동

㉠ 기업들은 보통 제품–프로세스 행렬의 대각선상에 위치한다. 제품과 프로세스가 동시에 변화하는 경우는 드물며, 제품–프로세스 행렬에서 대각선을 수직 또는 수평으로 번갈아 벗어나면서 변화한다.

㉡ 동일 산업의 모든 기업이 제품–공정행렬의 대각선에서 같은 위치에 있지는 않다. 유연성과 품질을 강조하기 위해 행렬의 왼쪽 상단에 위치하는 기업도 있고, 대각선을 따라 아래로 이동하여 낮은 원가의 표준화된 제품을 강조하는 기업도 있다. 즉, 최적 제품–프로세스 전략은 그 기업의 차별적 능력이나 경쟁수단에 따라 선택되어야 한다.

제품 프로세스 행렬

제품구조
제품수명주기의 단계

	유일, 독특한 제품	소량 생산, 낮은 표준화	다품종 소량생산	소수의 주요 품목 대량생산	대량생산, 높은 표준화, 일용상품
프로젝트 공정	빌딩				없음
잡숍 공정		인쇄업			
배치 공정			중장비		
조립라인 공정				자동차 조립	
연속 공정	없음				제당

(세로축: 공정구조 공정수명주기의 단계)

(4) 집중화 생산

① 집중화 생산의 개념

각 공장이나 설비를 하나 또는 요건이 비슷한 두 개 정도의 특정 제품에 집중함으로써 생산 활동을 일련의 생산목표와 생산정책의 달성에 초점을 맞추어 수행하는 것이다. 집중화 공장의 개념은 공장 내 공장으로 구현된다.

② 공장 집중화의 기준

㉠ 제품 특성 및 요건

㉡ 프로세스 유형

㉢ 기술 유형

㉣ 수요의 크기 및 특성

㉤ 재고 생산과 주문생산

㉥ 신제품과 성숙한 제품

(5) 대량고객화

① 대량고객화의 개념

㉠ 고객화

고객별로 다른 제품이나 서비스를 만들어주는 것이다.

㉡ 대량고객화

맞춤화된 상품을 대량으로 제공하는 것이다. 대량고객화는 하나의 프로세스로부터 다양한 제품을 효율적으로 생산할 수 있는 능력인 '범위의 경제'에 기반한다.

② 대량고객화의 형태

㉠ 모듈러 생산과 주문조립생산

㉡ 신속한 제품 간 생산전환(주문 간의 제로 준비시간)

㉢ 선택사항(옵션)의 지연 전략

🌀 개념더하기

기술 관리 시 고려 사항
• 경쟁우위
• 경쟁우선순위와 적합성
• 선도기업의 이점
• 경제적 정당성
• 혁신적 기술

4 서비스 프로세스 매트릭스

슈메너(Schmenner)는 서비스의 산업의 공통적인 경영 문제를 보여주기 위해서 서비스 프로세스 매트릭스를 고안하였다.

슈메너의 서비스 프로세스 매트릭스

		고객과의 상호작용 및 고객화 정도	
		낮음	높음
노동 집약도	낮음	서비스 팩토리 • 운송업 • 호 텔 • 항공사 • 리조트	서비스 숍 • 병 원 • 수리 센터
	높음	대량 서비스 • 소매업 • 도매업 • 소매금융	전문 서비스 • 주치의 • 변호사 • 컨설턴트 • 회계사 • 건축사

5 설비배치

(1) 설비배치의 정의

설비배치는 공장 또는 서비스 시설 내에서 부서의 위치와 설비의 배열 결정을 말한다.

(2) 제조 프로세스 유형과 설비배치의 관계

라인 프로세스 ↔ 제품별 배치
단속 프로세스 ↔ 프로세스별 배치
프로젝트 프로세스 ↔ 고정위치 배치

(3) 설비배치 시 고려사항

① 제품의 유형
② 제조 프로세스의 유형
③ 생산량

(4) 설비배치의 유형

① 공정별 배치(Process layout)
  ㉠ 개 념
    • 유사한 기계설비나 기능을 한곳에 모아 배치한다.
    • 각 주문 작업은 가공요건에 따라 필요한 작업장이나 부서를 찾아 이동하므로 작업 흐름이 서로 다르고 혼잡하다.

- 공정별 배치는 단속 프로세스나 개별주문 프로세스와 같이 다양한 제품이 소량으로 생산되고 각 제품의 작업 흐름이 서로 다른 경우에 적합하다.
  - 예 기계의 주문 제작, 병원, 대학 등
- ⓒ 공정별 배치에 필요한 장비
  - 범용장비(General purpose equipment)
    공정별 배치에서 사용되는 장비는 여러 제품생산에 이용되는 장비이다.
  - 물자취급장비
    주문에 따라 절차가 다르기 때문에 필요한 작업장으로 이동시키는 지게차(Forklift)와 같은 운반장비가 필요하다.
- ⓒ 공정별 배치가 유리한 경우
  - 다양한 제품이나 서비스를 생산하여야 할 때
  - 부품이나 구성품 들을 표준화할 수 없을 때
  - 각각의 주문은 소량이고 주문의 종류는 다양할 때
- ② 장 점
  - 기계 고장으로 인한 생산중단이 적고 쉽게 극복할 수 있다.
  - 인적자원과 설비의 이용률이 높다.
  - 고도의 기술과 경험을 적용하므로 자긍심을 환기할 수 있다.
  - 일정하지 않은 작업속도와 작업 흐름에서의 상대적인 독립성 등에 의한 직무 만족으로 종업원에게 동기부여가 가능하다.
  - 범용장비로 비교적 저렴하고 정비가 쉽다.
- ⑩ 단 점
  - 주문마다 특별한 작업준비 및 프로세스 처리요건들이 필요해 단위당 원가가 높다.
  - 다양한 제품 형태, 크기 등에 따른 추가공간과 물량 이동에 필요한 통로, 범용운반장비가 필요하며 운반이 느리고 비효율적이다.
  - 생산 일정계획 및 통제가 복잡하다.
  - 비교적 긴 프로세스처리 시간이 걸리며, 설비이용률이 낮다.

② 제품별 배치(Product layout)
- ⓐ 개 념
  제품별로 제품이 만들어지는 작업순서에 따라 기계설비나 작업장이 배치된다. 작업 흐름은 직선적이거나 미리 정해진 패턴을 따라가며, 각 작업장은 고도로 전문화된 하나의 작업만을 수행한다. 제품별 배치는 하나 또는 소수의 표준화된 제품을 대량으로 반복 생산하는 라인 프로세스에 적합하다.
  - 예 자동차 조립라인, 전자제품 생산라인, 카페테리아 라인

ⓛ 배치 방법
- 제품이나 제공되는 서비스의 각 단위를 완성하는데 필요한 작업절차와 동일하게 설비 및 장비를 배치한다.
- 컨베이어 벨트와 같은 고정 통로용 자재 운반장비가 필요하다. 특정 제품생산에만 사용되는 전용장비를 이용하기도 한다.
- 제품혼합은 소수의 기본적 유형에만 가능하다.
- 표준화된 부품들로 생산된 품목들의 제품설계가 안정적이다.
- 수요의 변동이 한정적인 대량생산이다.

ⓒ 장 점
- 산출률이 높고 단위당 원가가 낮다.
- 기계화 및 자동화로 자재 취급시간 및 비용이 절감된다.
- 원활하고 신속한 이동으로 프로세스 내 재고량이 감소한다.
- 재공품, 저장 공간과 고정된 이동통로 등 공간 활용이 가능하다.
- 생산 일정계획 및 통제가 단순하다.

ⓔ 단 점
- 제품 및 프로세스 특성의 변경이 곤란해 유연하지 못하다.
- 전용장비 이용으로 고액의 설비투자가 필요하다.
- 생산라인의 한 기계가 고장 나면, 전체 프로세스의 유휴로 지연과 높은 정비비용 등이 수반된다.
- 단순화되고 반복적인 과업과 빠른 생산속도로 종업원의 사기 저하, 높은 결근율과 이직률 등이 발생한다.

③ 고정위치 배치(Fixed position layout)
ⓠ 개 념
- 고정위치 배치는 제품의 크기, 무게 및 기타 특성 때문에 제품 이동이 곤란한 경우에 생기는 배치 형태이다.
- 고정위치 배치에서는 제품은 한 장소에 고정되어 있고, 자재, 공구, 장비 및 작업자가 제품이 있는 장소로 이동해 와서 작업을 수행한다.
  예 조선소, 비행기 제작 등 대형 제품의 생산, 각종 건설공사

ⓛ 장 점
- 이동으로 인한 제품에 대한 손상 또는 제품의 이동비용이 없다.
- 한 작업장에서의 노동 인력이 계속해서 작업하므로 인력 재계획 및 교육이 필요하지 않다.

ⓒ 단 점
- 제조현장까지 자재와 기계설비를 옮기는데 많은 시간·노력·비용이 소요된다.
- 기계설비의 이용률이 낮다.
- 고도의 숙련을 요구하는 작업이 많다.

개념체크OX
- 고정위치 배치는 제품이 이동하고 작업자가 고정위치를 갖는다. ○×
- 여러 배치 유형이 혼합될 수 있다. ○×

×, ○

④ 혼합형 배치(Hybrid layout)

설비배치의 세 가지 기본 유형이 혼합된 형태이다. 공장 전체로는 제작, 중간조립, 최종조립의 순으로 제품별 배치를 취하더라도 제작 프로세스는 프로세스별 배치를, 조립 프로세스는 제품별 배치를 각각 취할 수 있다. 전자제품공장의 경우, 최종 조립라인은 제품별 배치, 하위 공정은 프로세스별 배치를 택한다.

⑤ 셀룰러 배치(Cellular layout)

㉠ 개 념
- 제조 셀을 이용한 제조를 셀룰러 제조라고 한다.
- 셀룰러 배치에서는 기계 간에 부품의 이동거리와 대기 시간이 짧기 때문에 생산소요시간이 단축되고 재공품 재고가 감소한다.
- 셀룰러 배치는 다양한 부품을 중·소량으로 생산하는 기업에 제품별 배치의 혜택을 제공한다.

㉡ 셀 생산방식(Cellular manufacturing)
- 최초프로세스에서 최종프로세스까지를 한 사람 또는 소수의 작업자가 담당하여 완제품을 만들어내는 자기 완결형 생산방식이다.
- 숙련된 작업자가 전체 프로세스를 담당하는 자율 생산방식으로, 각 셀이 서로 다른 기종이나 모델을 생산할 수 있어 다양한 고객의 욕구 충족에 적합하다.
- 단위(낱개)생산 중심의 주문생산(Build to order) 체제의 실현이다.
- 1인 셀 생산방식에서는 작업자 개인 간 능력 차이에 따른 능력 활용상의 손실이 없다.
- 자기 완결형 생산특성으로 인해 작업자의 성취감이나 만족감 고취, 이에 따른 품질 및 생산성 향상을 기대할 수 있다.

01 공정별 배치에 대한 특징으로 옳은 것은? 한국가스공사

① 제품의 수정, 수요변동, 작업순서의 변경에 신축적 대응이 가능하다.
② 작업자가 작업 수행 시 동기부여 되기가 힘들다.
③ 범용설비를 이용하므로 진부화 위험 또는 유지 및 보수비용이 많다.
④ 소량 제조 시 제품별 배치보다 원가 면에서 불리하다.

해설 ② 공정별 배치하에서 작업 수행 시 작업자는 상대적으로 독립성을 가지므로 동기부여가 가능하다.
③ 공정별 배치는 범용설비를 이용하므로 진부화 위험 또는 유지 및 보수비용이 적다.
④ 공정별 배치하에서 소량 제조 시 제품별 배치보다 원가 면에서 유리하다.

02 각 기능부문 수준에서 목표의 설정과 경쟁력 제고방안에 관한 전략으로 옳은 것은?

① 기업전략 ② 사업전략
③ 실행전략 ④ 운영전략

해설 지문은 기능별 전략에 대한 설명으로, 이는 운영전략이라고도 불린다.

03 다음 중 고객화를 경쟁우선순위로 생각하는 제조업체의 특징으로 옳지 않은 것은? 경기도통합채용

① 생산라인 자동화를 위한 투자가 비교적 많이 이루어진다.
② 작업자들이 다양한 일에 능숙할 수 있게 훈련한다.
③ 원스톱 서비스(One-stop service) 방식을 추구한다.
④ 다품종 소량생산체제를 갖고 있다.

해설 생산라인의 자동화는 소품종 대량생산 체제에 가까우며, 이는 낮은 원가를 경쟁우선순위로 하는 기업에 더욱 적합한 특징이라고 할 수 있다.

04 다음 중 유연성에 해당하는 경쟁우선순위를 모두 고른 것은? 서울농수산식품공사

> ㄱ. 개발속도
> ㄴ. 최고의 품질
> ㄷ. 고객화
> ㄹ. 적시 납품
> ㅁ. 납품 속도
> ㅂ. 낮은 원가

① ㄱ, ㄴ   ② ㄱ, ㄷ
③ ㄷ, ㄹ, ㅁ   ④ ㄴ, ㄷ, ㅁ, ㅂ

[해설] 유연성에 해당하는 경쟁우선순위는 고객화, 다양성, 수량 유연성, 개발속도가 있다.

05 다음 중 배치 프로세스(Batch process)가 사용되는 생산제품의 예시로 옳은 것은?

① 의사의 진찰
② 전자제품
③ 가스생산
④ 전자부품

[해설] 배치 프로세스는 일련의 공정 처리가 동일 장소에서 순차적으로 정해진 순서에 따라 실행되는 프로세스이다. 개별작업 프로세스와 유사하지만 산출량이 큰 경우에 적용된다. 사용되는 제품의 예시로는 제과점, 중장비, 전자부품, 특수화학제품 등이 있다.

우리가 해야할 일은 끊임없이 호기심을 갖고
새로운 생각을 시험해보고 새로운 인상을 받는 것이다.

- 월터 페이터 -

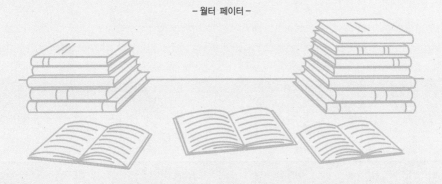

최신복원문제

🔑 키워드 품질비용

다음 중 품질비용에 해당하지 않는 것은?

부산교통공사

① 평가비용
② 예방비용
③ 재고비용
④ 실패비용

해설 품질비용은 크게 통제비용과 실패비용으로 나뉘며, 통제비용은 다시 예방비용과 평가 비용, 실패비용은 내부실패비용
과 외부실패비용으로 나뉜다.

정답 ③

Chapter 02

품질 경영

기출 키워드	중요도
☑ 품질비용	★
☑ 국제 품질 표준	★★★
☑ 파레토 분석	★
☑ 서비스 품질	★
☑ 전사적 품질경영(TQM)	★★
☑ 식스시그마	★
☑ DMAIC	★★★
☑ 통계적 품질관리(SQC)	★

CHAPTER

02 품질 경영

1 품 질

1 품질의 개요

(1) 품질의 정의

① 사용자 관점 정의

사용자 관점에서는 품질을 사용 적합성으로 정의하며, 제품과 서비스에 대한 고객의 만족 정도를 말한다.

② 생산자 관점 정의

생산자 관점에서는 품질을 규격 일치성으로 정의하며, 제품과 서비스가 설계 명세와 일치하는 정도를 말한다.

(2) 품질의 4가지 차원

① 설계 품질

시장 조사, 설계 개념, 설계 명세에 의해 결정된다.

② 적합 품질

제품이 설계 명세에 부합하는 정도이다.

③ 가용성

제품이 사용 가능한 상태에 있는 비율이다. 신뢰성과 보전성이 가용성을 결정한다.

㉠ 신뢰성

특정 기간 동안 제품이 고장 나지 않을 확률로, 고장 간격 시간으로 측정한다.

㉡ 보전성

제품이 고장났을 때 얼마나 빨리 복원될 수 있느냐를 의미하며, 평균 수리 시간으로 측정한다.

④ 현장 서비스

제품 판매 후의 보증, 수리, 교체를 의미한다. 신속성, 능숙도, 완전성 등으로 현장 서비스를 측정한다.

2 품질비용

(1) 품질비용(Cost of quality)

① 품질비용의 정의

품질비용은 품질을 관리하고 통제하는 데 발생하는 모든 비용을 말한다.

개념체크OX

• 사용자는 품질을 사용 적합성으로 정의한다. ☐O☐X

• 현장 서비스는 품질의 차원 중 하나이다. ☐O☐X

O, O

- 품질비용 = 통제비용 + 실패비용
- 통제비용 = 예방비용 + 평가비용
- 실패비용 = 내부실패비용 + 외부실패비용

(2) 통제비용(Control cost)

① 통제비용의 정의

통제비용은 생산 흐름으로부터 불량을 제거하기 위한 활동에 관련된 비용이다.

② 통제비용의 종류

㉠ 예방비용(Prevention cost)

불량이 발생하기 전에 불량을 사전에 예방하기 위한 활동에 소요되는 비용이다.

㉡ 평가비용(Appraisal cost)

불량을 가려내기 위한 평가 및 검사에 소요되는 비용이다.

(3) 실패비용(Failure cost)

① 실패비용의 정의

실패비용은 완성된 제품의 품질이 일정한 수준에 미달해 발생하는 비용이다.

② 실패비용의 종류

㉠ 내부 실패비용(Internal failure cost)

완성된 제품이 고객에게 인도되기 전에 품질 요건을 충족시키지 못해 발생하는 비용이다.

㉡ 외부 실패비용(External failure cost)

제품이 고객에게 인도된 후 품질 결함으로 만족스럽게 기능하지 못할 때 발생하는 비용이다.

3 국제 품질 표준

(1) ISO 9000 품질 경영시스템

ISO 9000 품질 경영시스템은 국제표준기구(ISO ; International organization for standardization)가 1987년에 채택한 국제 품질 표준으로, 기업이 고객 및 기타 이해관계자의 욕구를 충족시키면서 제품 또는 서비스와 관련된 법규 및 규제 사항을 이행할 수 있도록 표준을 명시하여 지원한다.

(2) ISO 14000 환경 경영시스템

ISO에서 제정한 환경 경영시스템에 대한 국제 표준으로, 기업이 환경 보호 및 환경 관리 개선을 이행할 수 있도록 이에 대한 표준을 명시하여 지원한다.

🐾 **개념더하기**

품질이 재무 성과에 미치는 영향

- 부적합비용
  (Cost of nonconformance)
  나쁜 품질로 인한 비용으로, 평가비용, 내부 실패비용, 외부 실패비용이 해당된다.
- 예방활동
  교육훈련, 프로세스 계획, 신제품 검토 등을 통해 부적합비용을 감소하고 품질을 향상할 수 있다.

4 서비스 품질

구 분	SERVQUAL모형 (PZB, 1988)	SERVPERF모형 (Cronin and Taylor, 1992)
모형의 구성	기대수준-성과수준	성과수준
기대의 정의	제공해야 할 수준	기대수준 측정하지 않음
측정 차원	5개 차원 22개 항목(44문항)	5개 차원 22개 항목(22문항)

5 제조물 책임

(1) 제조물 책임은 제조물의 결함으로 생명, 신체 또는 재산에 손해를 입은 자에게 제조업자가 그 손해를 배상해야 하는 책임을 말한다.

(2) 제조물의 결함으로는 제조상의 결함, 설계상의 결함, 표시상의 결함 등이 있다.

---

2 품질관리

1 전사적 품질경영

(1) 전사적 품질경영의 정의

전사적 품질경영(TQM ; Total Quality Management)은 품질관리 개념을 제품 자체에서 조직시스템과 경영의 차원으로 전환해 기업활동의 전반적인 품질을 높여 고객만족을 위해 지속적으로 노력하는 경영방식을 말한다.

(2) 전사적 품질경영의 3가지 원칙

① 고객만족

고객의 품질요구를 파악하여 제품설계, 품질 결정에 반영한다.

② 종업원 참여

㉠ 종업원 권한 부여

지속적인 품질개선을 위한 강력한 동기가 된다.

㉡ 종업원 교육

품질관리 교육을 통해 종업원의 품질개선 의욕을 고조한다.

㉢ 내부고객

종업원은 내부고객이므로 종업원의 품질의식을 강화하고, 종업원의 복지후생을 지원한다.

㉣ 원천적 품질관리

종업원이 불량을 원천부터 발견하고 시정할 수 있도록 한다.

㉤ 팀 활동

팀 활동은 종업원을 품질과 프로세스 개선에 참여시키기 위한 방법중 하나이다. 주로 문제해결팀, 특수목적팀, 자기관리팀으로 나뉜다.

③ 지속적 개선

　㉠ 정 의

　　지속적 개선(CI ; Continuous Improvement)은 제품이나 프로세스를 조금씩 지속해서 개선해 나가는 경영 철학으로, 일본에서는 이를 '카이젠(改善)'이라고 한다.

　㉡ 지속적 개선을 위한 도구

　　• 통계적 프로세스 관리 기법(SPC)

　　• 제안제도

　　• PDCA사이클

　㉢ PDCA사이클(P-D-C-A Cycle)

　　• 계획(Plan)

　　　문제를 발견하고 개선계획을 수립한다.

　　• 실행(Do)

　　　계획을 시험적으로 실행한다.

　　• 검토(Check)

　　　실험결과를 확인하고 검토한다.

　　• 조치(Act)

　　　개선결과를 정착화한다. 사이클을 반복한다.

개념더하기

통계적 프로세스 관리기법(SPC)
품질을 측정하고 관리하는 데 통계적 방법 및 기술을 이용하는 것을 말한다.

PDCA사이클

TQM수레바퀴

(3) 지속적 개선을 위한 벤치마킹

① 벤치마킹의 개요

벤치마킹은 자사의 제품, 서비스, 프로세스, 업무수행과정 등에 대해 동일 산업 내의 경쟁기업 또는 타 산업 분야의 우수한 기업들의 사례를 분석·활용함으로써 개선을 꾀하는 지속적이고도 체계적인 절차이다.

② 벤치마킹의 4가지 기본 단계

ⓐ 계 획

ⓑ 분 석

ⓒ 통 합

ⓓ 실 행

③ 벤치마킹의 유형

ⓐ 경쟁적 벤치마킹

동일산업 내의 경쟁자와 비교하여 벤치마킹하는 방법이다.

ⓑ 기능적 벤치마킹

관리, 고객 서비스, 영업활동 등과 같은 분야를 모든 산업 분야에서 우수한 기업과 비교하여 벤치마킹하는 방법이다.

ⓒ 내부 벤치마킹

기업이 여러 개의 사업단위나 사업본부를 가지고 있는 경우, 우수한 사업단위를 나머지 사업단위가 벤치마킹하는 방법이다.

(4) 품질 불량품 확인을 위한 도구

① 체크리스트

검정 종류	시 간								합 계
	9~10	10~11	11~12	12~13	13~14	14~15	15~16	16~17	
A	/	//		/		///		/	8
B	//		/	/	/		//		7
C		/	//	//			/		6
합 계	3	3	3	4	1	3	3	1	

② 히스토그램과 막대그림

개념더하기

히스토그램

표로 되어 있는 도수 분포를 정보 그림으로 나타낸 것이다. 즉, 도수분포표를 그래프로 나타낸 것이다.

③ 파레토 분석

파레토 분석은 소수의 불량항목이 전체 불량의 대부분을 차지한다는 파레토의 법칙에 근거하여 여러 가지 불량유형에 대해 자료를 수집한 다음, 이를 빈도 순으로 나열한 도표로 나타냄으로써 우선으로 해결할 중요한 불량항목을 찾아내는 기법이다.

파레토 분석의 예시

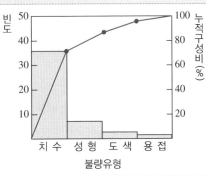

 개념더하기

파레토 법칙
80:20 법칙이라고도 불리는데, 80%의 결과가 20%의 원인에 의해 발생한다는 것이다.

④ 런차트

런차트는 특수 원인이 공정에 영향을 미치고 있는지 여부를 표시하는 그래프이다. 런 차트에서는 데이터의 추세, 진동, 혼합 및 군집화로 인한 비랜덤 변동에 대한 정보를 제공하는 랜덤성 검정도 제공한다. 이런 패턴은 관측된 변동이 특수 원인 변동에 기인함을 나타낸다.

런차트의 예시

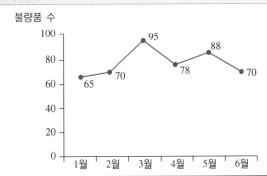

⑤ 인과분석도(특성요인도)

인과분석도는 한 불량 항목에 대한 여러 가지 잠재적 원인을 생선 뼈와 같은 가지로 표시한 다음, 자료를 수집하여 이들 잠재 원인들을 하나하나 분석함으로써 진정한 불량원인을 찾아내는 기법이다. 때문에 '어골도'라고도 불린다.

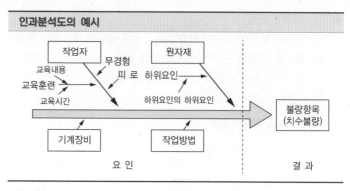

⑥ 산포도

산포도에서는 품질문제에 영향을 미치는 것으로 생각되는 요인을 독립 변수로 설정하고, 품질특성치를 종속변수로 놓은 후 두 변수의 대응 값 을 점으로 찍는다. 이 점들의 모양을 보고 두 변수 간에 상관관계가 있는 지를 검토한다.

산포도의 예시

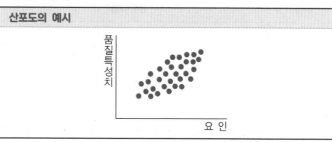

2 식스시그마(6σ)

(1) 식스시그마의 의의

① 식스시그마는 기업에서 전략적으로 완벽에 가까운 제품이나 서비스를 개발하고 제공하려는 목적으로 정립된 품질경영 기법 또는 철학으로, 프로세스 내 불량이나 변동성을 최소화하여 이를 유지·관리하는 경영 기법이다.

② 시그마는 표준편차를 말하며 품질수준이 식스시그마에 도달했다는 것은 불량 발생확률이 3.4PPM(Part Per Million)정도로 아주 작아 높은 품 질수준을 갖추고 있다고 볼 수 있다.

식스시그마 그래프

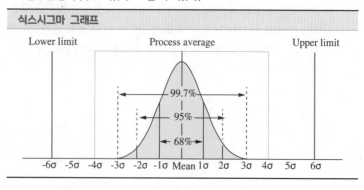

(2) 식스시그마 프로세스(DMAIC)

① DMAIC의 개요

식스시그마의 기법의 과정은 DMAIC로 대표된다. DMAIC는 정의(Define), 측정(Measure), 분석(Analyze), 개선(Improve), 관리(Control)를 거쳐 최종적으로 식스시그마에 도달하게 되는 것을 의미한다.

② DMAIC의 구성

ㄱ 정의(Define)

소비자 욕구를 바탕으로 품질에 결정적 영향을 끼치는 핵심품질특성(CTQ ; Critical To Quality)과 관련 내부 프로세스를 정의한다.

ㄴ 측정(Measure)

제품의 불량수준을 계량적으로 측정한다.

ㄷ 분석(Analyze)

불량의 원인을 분석하는데, 이때 인과분석도를 활용할 수 있다. 한정된 자원이 낭비되지 않도록 소수의 핵심 인자를 추출하는 것이 중요하다.

ㄹ 개선(Improve)

문제의 근본 원인을 제거하고 프로세스 개선에 최적인 조건을 탐색해 실행한다.

ㅁ 관리(Control)

추후 불량 발생을 막기 위해 체계적인 품질관리를 한다.

(3) 시그마 벨트 제도

① 시그마 벨트 제도의 개요

ㄱ 식스시그마 활동을 주도하는 그룹은 '벨트(Belt)'로 불리는 품질 자격증 보유자들이다.

ㄴ 벨트 제도는 모든 종업원의 참여를 유도하고, 과학적 문제 해결 능력을 갖춘 인재들에게 수여하는 일종의 승급 체계를 말한다.

ㄷ 일반적으로 챔피언, 마스터 블랙벨트, 블랙벨트, 그린벨트 등으로 구분한다.

② 벨트의 종류

ㄱ 챔피언(Champion)

- 식스시그마 경영의 전략수립과 실행을 책임지는 임원급에게 주어지는 역할로, 일반적으로 각 사업부의 책임자들이 이 역할을 한다.
- 챔피언이 되기 위해서는 짧게는 2일, 길게는 5일 정도의 교육을 이수해야 하는데, 교육 내용은 식스시그마 활동을 위한 챔피언의 역할, 프로젝트의 선정 방법, 블랙벨트 및 그린벨트 선정 방법, 그리고 기초적인 식스시그마 기법들이다.
- 이들은 식스시그마 활동에 대한 확고한 신념을 갖춰야 하며, 타사의 식스시그마 성공사례를 익힌 후 이를 통해 기업 내에서 식스시그마 활동을 지휘하는 역할을 한다.

📌 **개념더하기**

시그마 벨트 명칭의 유래
블랙벨트, 그린벨트 등의 명칭은 태권도나 유도의 띠 제도에서 따온 것이다.

- 챔피언은 식스시그마 활동에 대한 주기적인 점검과 블랙벨트 및 그린벨트의 프로젝트 진행을 지원하며, 프로젝트 추진상의 장애물을 제거해주는 역할을 하게 된다.
- ⓛ 마스터 블랙벨트(MBB ; Master Black Belt)
  - 식스시그마 활동의 최고 전문가로서, 한 기업의 식스시그마 활동을 실무적으로 이끄는 역할을 한다.
  - 블랙벨트 및 그린벨트들을 지도하고, 그들이 프로젝트 진행 과정에서 부딪치는 이론적 또는 실무적인 어려움을 풀어주는 해결사 역할도 하게 된다.
  - 해박한 이론적 지식을 갖춰야 함은 물론이고, 하위 벨트의 인력 양성을 위한 강의 및 지도 능력도 갖춰야 한다.
  - 블랙벨트보다 한 등급 위의 계급 체계를 말하며, 일반적으로 마스터 블랙벨트 교육과정을 이수하고 인증을 받은 사람에게 자격증이 부여된다.
  - 마스터 블랙벨트는 블랙벨트와 더불어 승진 시 보너스 점수가 부여되며, GE는 마스터 블랙벨트에 40%의 스톡옵션을 받을 수 있는 혜택까지 주고 있다.
- ⓒ 블랙벨트(BB ; Black Belt)
  - 식스시그마 프로젝트를 진행하는 문제해결 전문가이다.
  - 본인의 현업 없이 단지 프로젝트 및 문제해결 전문가로서 활동한다.
  - 자신의 프로젝트 진행과 함께, 블랙벨트 1명당 10명 정도의 그린벨트 프로젝트에 대한 지원 역할을 한다. 그린벨트 교육프로그램에도 참여한다.
  - 식스시그마 활동에 필요한 통계 지식을 갖추고 있거나, 적어도 그러한 내용에 흥미를 갖는 사람을 선정하는 것이 적합하다.
- ⓔ 그린벨트(GB ; Green Belt)
  - 해당 업무의 실무자로서 그린벨트 교육과정을 이수하고 인증을 받은 사람이며, 과학적 기법을 활용해 문제를 해결할 수 있는 능력을 갖춘 사람이다.
  - 이들은 블랙벨트가 주도하는 프로젝트에서 팀워크를 형성하여 일하지만, 전담하여 식스시그마 활동을 하는 것은 아니다.
  - 그린벨트들은 일반적으로 5~10일 정도의 교육만을 이수하며, 프로젝트는 블랙벨트의 도움을 받아 진행한다.
  - 교육 이수 후 한 가지 프로젝트를 성공적으로 완수하면 그린벨트 자격을 주는데, 이들은 매년 하나 이상의 프로젝트를 수행하게 된다.
- ⓜ 옐로우벨트(YB ; Yellow Belt) 또는 화이트벨트(WB ; White Belt)
  - 3일 이내의 교육만으로 자격을 부여하는데, 일반적으로 모든 임직원이 자격을 받아야 한다.
  - 기업의 식스시그마 활동을 이해하고, 블랙벨트나 그린벨트의 식스시그마 프로젝트 진행 시 원활한 협조체제를 유지한다.

주요 벨트	역 할

챔피언
(Champion)
	• 식스시그마 활동의 목표를 설정하고 필요자원을 할당
	  한다.
	• 프로젝트 선정 및 진행 상태를 확인한다.
	• 블랙벨트 및 그린벨트를 선정하고 프로젝트의 성공적
	  수행을 독려한다.
	• 각 부서원들의 원활한 협조체제를 구축한다.
	• 프로젝트 추진상의 장애물을 제거한다.
	• 성과에 따른 보상을 한다.

마스터 블랙벨트 (MBB ; Master Black Belt)	• 블랙벨트의 프로젝트 수행에 대해 지도하고 돕는다. • 문제해결 과정에서 발생하는 각종 문제 사항을 해결하 고 지원한다. • 인력양성을 위해 교육자료를 개발한다. • 새로운 문제 해결기법들에 대하여 소개한다.
블랙벨트 (BB ; Black Belt)	• 프로젝트의 리더로 활동한다. • 그린벨트 교육 및 프로젝트를 지도한다.
그린벨트 (GB ; Green Belt)	• 블랙벨트의 프로젝트에 파트타임으로 참여한다. • 비교적 작은 규모의 프로젝트를 수행한다.

3 통계적 품질관리(SQC ; Statistical Quality Control)

(1) 표본검사법

① 계수형 표본검사법

㉠ 1회 표본검사법(샘플링 검사)

주어진 로트(lot)에서 일정한 크기의 표본을 1회 무작위 추출하여 불량품의 수를 검사한다. 그리고 이를 허용 불량개수와 비교하여 로트의 합격 여부를 정하는 방법이다.

> • n = 표본의 크기 ($n \leq N$)
> • c = 허용불량개수(acceptance number)
> • x = 표본에서 발견되는 불량품의 수
> • $x \leq c$: 합격
> • $x > c$: 불합격

㉡ 1회 표본검사법의 오류

• 제1종 오류(생산자 위험 : α)

합격되어야 할 좋은 품질을 갖는 로트 즉, 합격품질수준(AQL ; Acceptance Quality Level)이 표본검사에서 불합격할 확률을 말한다. 다른말로 '생산자 위험'이라고도 한다. 제1종 오류가 커질수록 생산자 부담이 커진다. 보통 제1종 오류는 5%로 설정된다.

• 제2종 오류(소비자 위험 : β)

불합격되어야 할 나쁜 품질수준 즉, 로트허용불량률(LTPD ; Lot Tolerance Percent Defective)의 로트가 표본검사에서 합격할 확률을 말한다. 다른 말로 '소비자 위험'이라고도 한다. 제2종 오류가 커질수록 소비자 부담이 커진다. 보통 제2종 오류는 10%로 설정된다.

개념더하기

계수적 속성과 계량적 속성

• 계수적 속성
불량품의 개수, 하루에 걸려오는 항의 전화 등 셀 수 있는 것으로, 이항분포, 포아송분포로 나타낼 수 있다.

• 계량적 속성
무게, 길이, 부피, 시간 등 연속 척도로 측정할 수 있는 것으로, 정규분포로 나타낼 수 있다.

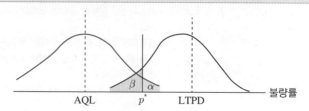

제1종 오류와 제2종 오류

※ p^* : 1회 표본검사법의 합격 임계점

ⓒ 2회 표본검사법 및 다회 표본검사법
  • 2회 표본검사법과 다회 표본검사법은 비교적 적은 표본의 수로 수행된다.
  • 첫 번째 표본을 통해 로트의 합·불을 결정할 수 있으며, 이 경우 한 번의 표본검사로 완료된다.
  • 합·불 판정을 내릴 수 없는 표본의 경우, 여러 번 표본을 추출할 수 있다.

② 계량형 표본검사법
  ㉠ OC곡선(Operating characteristic Curve)을 이용하는 검사법이다. y축을 합격확률, x축을 불량률로 설정한 뒤, 그래프의 경사도를 보고 불량도를 판별한다.
  ㉡ 표본의 크기 n값이 커질수록 기울기는 가팔라진다. 같은 불량률이라고 하더라도, OC곡선이 가파른 경우 더욱 합격률이 증가한다.
  ㉢ 허용불량개수 c값이 커지면 기울기는 완만해진다. 허용불량개수 c는 유지하되 표본의 크기 n만 커지면 불합격 판정위험이 커지므로 생산자 위험이 증가하고, 소비자 위험은 감소한다.
  ㉣ 전수검사의 경우, OC곡선은 가장 가파르고 판별력도 높다.

전형적인 OC곡선

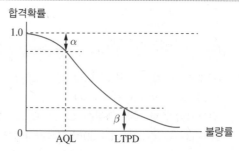

합격품질수준(AQL)에서의 불합격확률 : α
로트허용불량률(LTPD)에서의 합격확률 : β

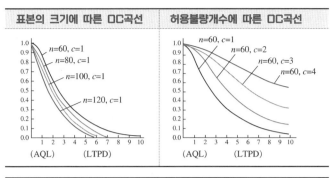

표본의 크기에 따른 OC곡선	허용불량개수에 따른 OC곡선

전수검사의 OC곡선

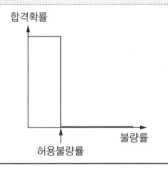

(2) 관리도

① 관리도의 정의

생산하는 제품의 품질특성이 적합한지 아닌지를 결정하기 위해 표본으로부터 품질특성 값을 측정하여 시간순으로 표시하는 도표이다.

② 변동의 종류

ㄱ 우연 변동

작업자의 숙련도 차이, 원자재의 특성 차이, 종업원의 사기 저하 등 식별되지 않을 정도의 미세한 차이로 인해 발생하는 변동으로, 통제할 수 없는 변동을 말한다.

ㄴ 이상 변동

작업 방법의 변화 제품 원료의 불량, 생산공정의 관리 미흡, 마모된 공구, 기계장비의 불량 등 생산 능력 자체에 발생하는 변동으로, 통제할 수 있는 변동을 말한다.

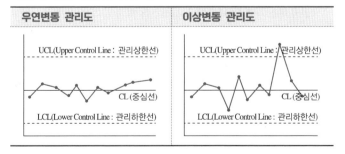

우연변동 관리도	이상변동 관리도

개념더하기

관리도의 중심선과 상한선·하한선 결정방법

• 중심선(CL) : 총표본평균

• 상한선·하한선(UCL, LCL)

: $CL \pm (3 \times \dfrac{\sigma}{\sqrt{n}})$

※ $\dfrac{\sigma}{\sqrt{n}}$: 표준편차

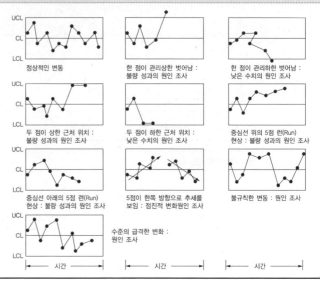

여러 가지 관리도

정상적인 변동

한 점이 관리상한 벗어남 :
불량 성과의 원인 조사

한 점이 관리하한 벗어남 :
낮은 수치의 원인 조사

두 점이 상한 근처 위치 :
불량 성과의 원인 조사

두 점이 하한 근처 위치 :
낮은 수치의 원인 조사

중심선 위의 5점 런(Run)
현상 : 불량 성과의 원인 조사

중심선 아래의 5점 런(Run)
현상 : 불량 성과의 원인 조사

5점이 한쪽 방향으로 추세를
보임 : 점진적 변화원인 조사

불규칙한 변동 : 원인 조사

수준의 급격한 변화 :
원인 조사

③ 계수형 관리도

　㉠ p-관리도

　　제품의 불량률을 기록하는 관리도이다.

　㉡ c-관리도

　　제품 결함의 수를 기록하는 관리도이다.

④ 계량형 관리도

　㉠ $\overline{X}$-관리도

　　$\overline{X}$ 관리도는 평균의 차이를 나타내 평균을 통제하는 데 사용된다.

　㉡ R-관리도

　　R-관리도는 분산의 차이를 나타내 분산을 통제하는 데 사용된다.

　㉢ $\overline{X}$- R관리도

　　$\overline{X}$-관리도와 R-관리도를 함께 사용하는 관리도이다.

개념더하기

$\overline{X}$와 R의 의미

• $\overline{X}$
표본평균

• R
범위(Range)

4 프로세스 능력(Process capability)

(1) 프로세스 능력의 정의

프로세스 능력은 제품이나 서비스를 설계 규격에 맞게 생산할 수 있는 프로세스의 능력을 말한다.

(2) 프로세스 능력 비율(C_P ; Process capability ratio)

프로세스 범위와 설계규격 범위의 비율을 나타낸다. 이 값은 최소한 1.0 이상이어야 하고, 오늘날 프로세스 능력 비율의 목표를 최소 1.33으로 설정하고 있다. 프로세스 분포는 규격 하한과 규격 상한 사이에 위치해야 한다. 이 의미는 프로세스가 설계규격 내에서 생산 가능하다는 의미이다.

$$C_P = \frac{설계규격의\ 범위}{프로세스의\ 범위} = \frac{규격상한 - 규격하한}{6\sigma}$$

(3) 프로세스 능력 지수(C_{PB} ; Process capability index)

프로세스 능력지수는 프로세스가 중앙에 있는지, 변동성에 대해 수용 가능한지를 평가하는 지수이다.

$$C_{pk} = 최소값\left[\frac{규격상한 - 프로세스\ 평균}{3\sigma}, \frac{프로세스\ 평균 - 규격하한}{3\sigma}\right]$$

📌 **개념더하기**

시그마 수준과 프로세스 능력
시그마 수준이 높을수록 프로세스 능력도 높으며, 시그마 수준이 낮으면 프로세스 능력도 낮다.

5 기타 품질관리

(1) 데밍 상(Deming prize)

① 데밍 상은 제2차 세계대전 후 일본 산업계에 품질관리를 전파한 미국의 통계학자인 데밍(Deming)의 이름을 따서 1951년 일본에서 제정되어 수여하는 상이다.

② 데밍 상의 3가지 대상분야

ㄱ 통계적 품질관리의 이론과 응용에 탁월한 공헌을 한 일본에 체류하는 개인

ㄴ 품질관리를 통해 뛰어난 성과향상을 이룩한 일본 내 기업

ㄷ 일본기업과 동일한 기준을 충족한 외국기업

(2) 말콤 볼드리지 상(Malcolm baldrige national quality award)

① 말콤 볼드리지 상은 미국기업의 TQM 확산을 위하여 1987년에 제정되었다.

② 말콤 볼드리지 상은 대규모 제조기업, 대규모 서비스기업, 종업원 500명 미만의 중소(제조 또는 서비스)기업의 3개 부문의 각각에 대해 최대 2개 기업씩 수상한다.

(3) 싱고시스템(Shingo system)

① 싱고시스템의 내용

ㄱ 시게오 싱고(Shigeo Shingo)는 통계적 품질관리(SQC)가 항상 사후적으로 나타나는 정보이기 때문에 제품의 결함을 예방할 수 없다고 주장했다.

ㄴ 작업 완성 시에 문제가 발견되지 않기 위해서 과정 안에서 품질이 관리되어야 한다고 보았다.

ㄷ 작업자의 오류로 인해 결함이 생겨난다고 보았으므로 결론적으로 싱고시스템은 작업자의 오류를 막기 위한 작업 과정에서의 통제라고 할 수 있다.

ㄹ 피드백과 조치를 위한 검사의 방식으로는 포카요케가 있으며, 검사 후에는 후공정 작업자에 의한 통제, 자가통제, 불량원인 통제 중의 하나의 피드백 방식을 선택하게 된다.

② 포카요케(ポカヨケ, poka-yoke)

포카요케는 '실수를 피하는'이라는 일본어로, 품질관리의 측면에서 행동을 제한하거나 정확하게 동작하도록 강제하는 여러 가지 제한점을 만들어 실수를 방지하도록 하는 방법을 말하는 용어로 쓰인다.

(4) 품질분임조(QC서클)

품질, 생산성, 원가 등과 관련하여 문제를 해결하기 위해 모이는 작업자 집단이다. 작업자가 능동적으로 자료를 구해 공동으로 문제를 해결하고자 한다.

(5) ZD프로그램

상대적으로 작업자의 동기부여를 강조하는 프로그램으로, 품질관리의 예방을 강조한다. 처음부터 결함 없이 완벽한 품질의 제품을 생산하고자 한다.

01 다음 중 불량이 발생하기 전에 소요되는 비용을 뜻하는 말로 옳은 것은? 한국보훈복지공단

① 통제비용
② 예방비용
③ 암묵비용
④ 부적합비용

(해설) 불량이 발생하기 전에 불량을 사전에 예방하고자 활동에 소요되는 비용을 예방비용이라고 한다.

02 기업이 환경 보호 및 환경 관리 개선을 이행할 수 있도록 이에 대한 표준을 명시하고 있는 국제 품질 표준으로 옳은 것은? 한국지역난방공사

① ISO 9000
② ISO 14000
③ ISO 22000
④ ISO 26000

(해설) ISO 14000은 기업의 환경 경영시스템에 관한 표준이다.

03 전사적 품질경영의 3가지 원칙이 아닌 것은? 한국법무보호복지공단

① 고객만족
② 종업원 참여
③ 지속적 개선
④ 품질 개선

(해설) 전사적 품질경영의 3가지 원칙은 고객만족, 종업원 참여, 지속적 개선이다.

04 식스시그마의 해결기법 과정인 DMAIC에 해당하지 않는 것은?

한국환경공단

① 정 의

② 측 정

③ 통 제

④ 관 리

해설 식스시그마의 프로세스 개선 5단계는 정의, 측정, 분석, 개선, 관리로 진행된다.

05 식스시그마에 대한 설명으로 옳지 않은 것은?

한국도로공사

① 완벽에 가까운 제품이나 서비스를 개발 목적의 철학이다.

② 품질수준이 식스시그마라는 것은 불량 발생확률이 거의 없음을 뜻한다.

③ 블랙벨트는 본인의 현업 없이 프로젝트 전문가로서 활동한다.

④ 그린벨트는 일반적으로 각 사업부의 최고계층이 역할을 수행한다.

해설 일반적으로 각 사업부의 최고계층이 역할을 수행하는 벨트의 종류는 챔피언이다.

06 분산의 차이를 나타내 분산을 통제하는 데 사용되며, 표본으로부터 품질특성 값을 측정하여 시간순으로 표시하는 도표는?

① OC곡선

② R-관리도

③ p-관리도

④ 어골도

해설 관리도는 생산하는 제품의 품질특성이 적합한지 아닌지를 결정하기 위해 표본으로부터 품질특성 값을 측정하여 시간순으로 표시하는 도표를 뜻한다. 그중에서도 R-관리도는 분산의 차이를 나타내 분산을 통제하는 데 사용된다.

인생이란 결코 공평하지 않다. 이 사실에 익숙해져라.

- 빌 게이츠 -

최신복원문제

🎵 키워드 생산능력효율과 생산능력이용률

다음에서 설명하는 것은?   서울주택공사

> • 설계생산능력에서 작업자의 개인시간 등의 공제량을 차감해 구한다.
> • 제약요인의 발생 시 최대 생산능력이다.
> • 설계생산능력보다 항상 작다.

① 실제산출률   ② 생산능력효율
③ 유효생산능력   ④ 여유생산능력

해설 │ 유효생산능력은 설계생산 능력에서 작업자의 개인시간, 장비 유지 관리 등으로 인한 공제량을 뺀 용량이다. 또한 품질문제, 납기지연, 장비관리 등의 제약요인(constraint)이 발생했을 때의 최대 생산능력에 해당한다. 또한, 유효생산 능력은 설계생산능력을 초과할 수 없다.

정답 ③

Chapter 03

생산능력관리

기출 키워드	중요도
☑ 생산능력효율과 생산능력이용률	★
☑ 제약이론	★★★
☑ 라인밸런싱	★

CHAPTER

03 생산능력관리

1 생산능력관리의 개요

1 생산능력관리의 구분

생산능력관리	생산능력계획 (장기)	• 규모의 경제 및 비경제 • 생산능력의 시기 및 규모전략 • 생산능력 결정에 대한 체계적 접근법
	제약관리 (단기)	• 제약이론 • 병목의 규명 및 관리 • 병목을 활용한 제품믹스 결정 • 라인 프로세스에서 제약 관리

2 생산능력

(1) 최대생산능력(설계생산능력)

최대생산능력은 한 작업단계, 공정 또는 시설의 최대 산출률 혹은 최대 서비스 용량이다.

(2) 유효생산능력

유효생산능력은 설계생산 능력에서 작업자의 개인시간, 장비 유지 관리 등을 고려한 용량이다. 즉, 품질문제, 납기지연, 장비관리 등의 제약요인 (Constraint)이 발생했을 때의 최대 생산능력이다. 유효생산능력은 설계생산능력을 초과할 수 없다.

> 설계생산능력 ≥ 유효생산능력 ≥ 실제산출률

(3) 생산능력효율과 생산능력이용률

> • 생산능력효율 $= \dfrac{\text{실제산출률}}{\text{유효생산능력}} \times 100\%$
>
> • 생산능력이용률 $= \dfrac{\text{실제산출률}}{\text{설계생산능력}} \times 100\%$

> 설계생산효율 ≥ 생산능력이용률

개념더하기

최대생산능력 계산 방법
종업원 수 × 시간 당 최대생산량 × 조업시간 × 조업일수

2) 생산능력계획

1 규모의 경제

규모의 경제는 생산량을 증가시켜 단위당 원가가 감소하는 것을 말한다. 고정비의 분산, 건설비용의 감소, 구매비용의 절감, 프로세스상의 이점 등이 있다.

2 규모의 비경제

과도하게 생산량을 증가시키는 경우, 설비의 규모가 커서 평균단가가 증가하고 규모의 비경제가 발생한다.

3 여유생산능력(Capacity cushion)

(1) 여유생산능력의 개념

수요의 불확실성(수요 급증, 생산용량의 감소 등)을 고려하여 예상 수요보다 많게 생산용량을 계획하는 것을 여유생산능력이라고 한다. 평균가동률을 100%에서 차감한 정도의 생산용량에 해당한다. 자본집약적 산업에서는 여유생산능력을 10% 이하로, 서비스업에서는 30~40%로 유지하는 것이 바람직하다.

> 여유생산능력 = (100% − 평균가동률)

(2) 생산능력의 확장전략

① 확장주의전략(Expansionist strategy)
  ㉠ 여유생산능력을 유지하는 비용보다 재고부족(품절)의 손실이 상당히 높을 때, 보통 고성장 산업에서 채택되는 전략이다.
  ㉡ 수요에 앞서가므로 규모의 경제와 학습효과가 강하며 능력 부족으로 인한 판매기회 상실을 줄일 수 있다.
  ㉢ 확장주의전략을 사용하는 기업은 능력이 한정된 경쟁업체들로부터 시장점유율을 잠재적으로 확보할 수 있다.

② 관망전략(Reactive capacity strategy)
  ㉠ 여유생산능력의 유지비용이 품절비용을 초과할 때 채택되는 전략으로 수요를 관망하다가 증설하는 보수 전략이다.
  ㉡ 생산능력이용률은 높지만 시장 위치가 불안한 기업에서 채택한다.
  ㉢ 투자 위험을 줄일 수 있으나 수요를 따라가기 때문에 생산능력 부족을 메우기 위해 잔업, 임시 고용, 하청 등의 단기적인 대안에 의존하는 경우가 많고, 지나치게 낙관적으로 수요를 예측할 경우 과잉확장, 기술의 진부화 등의 위험이 있다.
  ㉣ 경쟁업체도 동시에 생산능력이 증대되어 많은 잉여 능력을 유발하며 경쟁은 더욱 치열해진다.

개념체크OX

• 여유생산능력의 유지비용보다 재고부족손실이 높으면 확장주의전략을 채택한다. ⃞O⃞X

• 관망전략은 수요에 앞서간다. ⃞O⃞X

O, ×

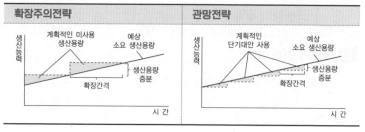

③ 기대가치유지전략(Expected capacity strategy)

확장주의전략과 관망전략을 절충한 접근 방식으로 가급적 기대 수요에 근접한 능력을 유지하려는 전략이다.

3) 제약 관리

1 제약 관리의 개요

(1) 제약의 정의

제약은 시스템의 성과와 산출을 제한하는 요인으로, 생산능력과 대조되는 개념이다. 따라서 생산시스템에 제약이 존재하면 생산능력에 불균형이 발생한다.

(2) 병목(Bottleneck)

병목은 말 그대로 병의 목으로, 병의 목 부분처럼 원활한 흐름이 이뤄지지 않는 구간을 말한다.

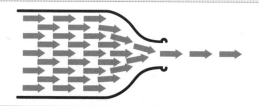

(3) 유휴시간(Idle time)

한 단위 조립마다 각 작업장이 낭비하는 시간의 합을 말한다.

> 작업장의 수 × 주기시간 − 단위당 총 조립시간

2 제약이론(TOC ; Theory Of Constraint)

(1) 제약이론의 개요

① 골드랫(Goldratt)의 이론으로, 병목작업의 해소에 초점을 맞추면 생산능력과 관련된 복잡성의 많은 부분을 피해갈 수 있다는 이론이다.

② 생산성을 위해 병목작업의 유휴시간이 최소화되어야 한다며, 병목작업이 효과적으로 관리되기만 하면 비병목 공정의 유휴시간은 중요 제약요인이 아니라고 주장했다.

(2) TOC 개선 단계

① 병목을 찾아낸다.

병목이 산출량의 크기를 결정하는 요인이며, 나아가서는 기업의 목적인 이익 증대의 결정적 요인이라는 TOC의 기본적인 원칙을 바탕으로 병목 즉, 제약조건을 찾아내는 것이 우선된다.

② 병목을 활용한다.

병목 공정에 감춰져 있는 생산능력을 찾아내어 산출량을 최대로 설정하여 활용한다.

③ 병목 이외의 것은 병목에 종속시킨다.

비병목 공정은 병목 공정의 생산을 지원하고, 병목 공정의 처리량 이상으로 생산하지 않는다. 앞 공정으로부터 재공품을 전달받으면 가동하고, 그렇지 않으면 가동하지 않는다. 개별 공정이 각각의 능률에 따라 독립적으로 운영돼 개별 공정의 능률 차이가 크다면 완제품이 아닌 재공품이 늘어나 전체의 산출량에 더 악영향을 미칠 가능성이 있기 때문이다.

④ 병목의 능력을 향상시킨다.

이 단계는 설비투자를 하여 비용이 들더라도, 병목 공정의 능력을 강화하는 것을 말한다. 이 단계는 병목 공정을 철저히 활용한 후, 필요 시 투자를 통해 그 능력을 강화하는 단계이다.

⑤ 1단계로 돌아간다.

병목 공정이 다른 공정으로 바뀌는지 주의해가며 첫 단계부터 반복하는 것이다. 병목 공정의 능력이 어떤 다른 공정보다 높아진다면, 다른 공정이 병목 공정으로 변모할 가능성이 충분하기 때문이다. 병목이 바뀜에 따라 개선 활동의 내용도 대폭 달라져야 한다.

(3) DBR시스템(Drum-Buffer-Rope)

① DBR시스템의 개요

DBR시스템은 제약이론을 기반으로한 계획 및 통제 시스템을 말한다. 산출량을 증가시키기 위해 병목 자원의 활용을 높이는 데 그 목적이 있다.

② DBR시스템의 구성요소

㉠ 드럼(생산리듬)

병목이 생기는 시점으로, 이 시점은 시장수요와 연결되어 있고 전체 공장의 처리량을 결정한다. 마치 드럼이 행진의 시작을 알리는 것처럼 생산의 신호 역할을 한다.

㉡ 버퍼(안전재고)

병목 앞 공정의 문제로 병목 공정 작업이 끊어지지 않도록 병목 공정 앞에 완충제 역할을 하는 버퍼를 둔다. 버퍼는 병목 공정 앞의 재공품을 말하며, 이를 안전재고라고 한다.

© 로프(통제)

병목의 속도에 맞추어 공장 전체의 산출량을 통제하는데, 로프를 연결해 놓은 것처럼 드럼 속도 즉, 병목 공정의 작업 속도에 맞추어 나머지 작업이 진행되도록 한다.

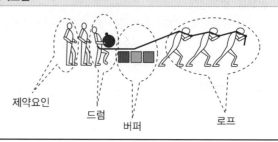

DBR시스템

제약요인   드럼   버퍼   로프

(4) 제약이론의 효과 평가척도

① 재무적 측정기준

㉠ 순이익–화폐가치를 통한 절대적기준

㉡ 투자수익률–투자규모를 고려한 상대적기준

㉢ 현금흐름–생존가능성 기준

② 운영적 기준

㉠ 산출(Throughput)

㉡ 재고(Inventory)

㉢ 운영비용(Operating expenses)

3 라인밸런싱

(1) 라인밸런싱의 개요

라인밸런싱은 라인 프로세스의 제약관리 차원에서 생산라인의 능력, 공정의 소요시간이 균형되도록 작업장이나 작업순서를 배열하는 것을 말한다.

(2) 주기시간(C)

주기시간은 각 작업장에서 한 단위 생산에 허락된 최대시간이다.

$$C = \frac{1\text{시간}}{r} = \frac{3,600\text{초}}{r}$$

C : 주기시간(시간), r : 산출률(단위/시간)

(3) 이론적 최소치(TM ; Theoretical Minimum)

라인밸런싱은 작업장의 수를 최소화할 수 있도록 작업을 할당하기 때문에 작업장의 수 n이 최소가 되어야 한다. 각 작업장에 배정된 작업요소시간의 합이 주기시간과 같으면 균형을 이룬다. 이를 이론적 최소치라고 부른다.

$$TM = \frac{\sum t}{c}$$

TM : 이론적 최소치, $\sum t$: 총조립시간, c : 주기시간

(4) 총유휴시간

총유휴시간은 한 단위 조립마다 각 작업장의 유휴시간의 합이다.

$$\text{총유휴시간} = nc - \sum t$$

n : 작업장의 수
c : 주기시간
$\sum t$: 총조립시간

(5) 밸런스 효율

밸런스 효율은 전체시간 중 생산적인 시간의 비율이다.

$$\text{밸런스 효율} = \frac{\sum t}{nc}(100)$$

n : 작업장의 수
c : 주기시간
$\sum t$: 총조립시간

(6) 밸런스 지체

밸런스 지체는 유휴시간과 비슷한 개념으로, 라인불균형으로 인해 생긴 유휴시간을 말한다.

$$\text{밸런스 지체} = 100\% - \text{효율}$$

(7) 리틀의 법칙(Little's law)

작업처리비율과 처리시간, 재공품 재고량들의 관계를 나타내는 법칙이다. 작업처리비율은 시스템이 단위시간 당 생산할 수 있는 능력에 해당한다.

$$\text{처리시간}(T) = \frac{\text{재공품}(I)}{\text{작업처리비율}(R)}$$

개념더하기

유휴시간과 밸런스 효율, 밸런스 지체 간의 관계
유휴시간↓ ⇒ 밸런스 효율↑ ⇒ 밸런스 지체↓

03 기출분석문제

01 생산량을 증가시켜 단위당 원가가 감소하는 것을 지칭하는 말은? 서울주택도시공사

① 규모의 경제
② 범위의 경제
③ 생산능력효율
④ 웨버의 법칙

해설 생산량을 증가시킴에따라서 생산한 제품의 단위당 원가가 감소하는 것을 규모의 경제라고 한다.

02 (주)컴팩트 공장은 한 작업자가 1시간에 20개의 제품을 생산하도록 설계되어 있다. 이번달 가동률은 80%이며, 생산량은 12,000개였다. 작업자가 5명이고, 하루 8시간, 한달에 25일 작업한다고 할 때 이 공장의 생산효율은?

① 45%   ② 55%
③ 75%   ④ 85%

해설
• 생산효율 = 산출량/최대생산능력
• 이번달 생산량 12,000개
• 최대 생산능력 = 5(명) × 8(시간) × 25(일) × 20(개) × 80% = 16,000개
• 생산효율 = 12,000/16,000 = 75%

03 다음 중 생산능력 확장전략에 대한 설명으로 옳지 않은 것은? 한국도로공사

① 확장주의전략은 고성장 산업에서 자주 채택되는 전략이다.
② 확장주의전략은 수요에 앞서가므로 기술의 진부화 위험이 있다.
③ 관망전략은 수요를 따라가기 때문에 수요 예측의 위험이 있다.
④ 관망전략은 여유 능력의 유지비용이 품절비용을 초과할 때 채택되는 전략이다.

해설 확장주의전략은 수요에 앞서가므로 규모의 경제와 학습효과가 강하며, 능력부족으로 인한 판매기회의 상실을 줄일 수 있고 기술의 진부화와는 거리가 멀다.

04 생산에 있어 원활한 흐름이 이뤄지지 않는 구간을 뜻하는 말로 옳은 것은? 서대문구도시관리공단

① 라인밸런싱　　　　　　　　　　② 유휴시간
③ 확장간격　　　　　　　　　　　④ 병 목

[해설] 병목은 말그대로 병의 목으로, 병의 목 부분처럼 원활한 흐름이 이뤄지지 않는 구간을 말한다.

05 골드랫(Goldratt)의 제약이론(TOC)에 대한 서술 중 가장 적절한 것은? 주택도시보증공사

① 가장 우선되는 것은 병목작업의 해소에 초점을 맞추어 유휴시간을 최소화하는 것이다.
② 제약자원에 대한 파악과 능력개선은 필요한 경우에만 실시해야 한다.
③ 서로 다른 제약자원들이 동시에 존재하는 시스템에서는 투자수익률에 근거하여 우선적인 개선대상을 결정한다.
④ 기업의 궁극적인 목표는 고객만족과 사회적 책임 등을 포괄하는 다차원적인 것으로 파악되어야 한다.

[해설] 제약이론(TOC)에 따르면 병목작업의 해소에 초점을 맞추면, 생산능력과 관련된 복잡성의 많은 부분을 피해갈 수 있다. 이를 위해 병목작업의 유휴시간이 최소화되어야 한다.

06 다음과 같이 a, b, c, d 네 개의 순차적인 과업을 통해 제품이 완성되는 조립라인이 있다. 라인밸런싱을 고려하였을 때 가장 적절하지 않은 설명은? 한국도로공사

과 업	a	b	c	d
수행시간	10초	20초	15초	10초

① 최소주기시간은 20초이다.
② 주기시간을 20초로 결정한다면, 4개의 작업장이 필요하다.
③ 주기시간을 20초로 결정한다면, 총유휴시간은 25초이다.
④ 주기시간을 20초로 결정한다면, 8시간 동안 총 1,500개의 수요를 충족시키는데 문제가 없다.

[해설] ① 주기시간은 각 작업장에서 한단위 생산에 허락된 최대시간에 해당하므로 가장 긴 20초에 해당한다.
② 주기시간을 20초로 결정한다면, 작업장의 이론적 최소치는 (10 + 20 + 15 + 10)/20 = 2.75로 3개에 해당하지만, 직접 a과업과 b과업을 합치면 30초, b와 c를 합치면 35초, c와 d를 합치면 25초이므로 주기시간 20초를 초과하기 때문에 3개의 작업장이 아닌 4개의 작업장이 필요하다.
③ 총유휴시간은 $nc - \sum t$이므로, $20 \times 4 - 55 = 25$(초)이다.
④ 주기시간이 20초이면, 60초에 3개를 만들 수 있으므로 8시간 동안 1,440개(3개/분 $\times$ 60 $\times$ 8시간)를 생산할 수 있으므로 1,500개 생산은 무리이다.

최신복원문제

🔑**키워드** 공급사슬관리(SCM)

다음 괄호 안에 들어갈 말은? 한국산업기술관리원

> (　　　　)는 물류의 흐름을 하나의 가치사슬 관점에서 파악하고 필요한 정보가 원활히 흐르도록 지원
> 하는 시스템이다.

① 유통경로관리
② 전사적 품질경영
③ 식스시그마
④ 공급사슬관리

[해설] 공급사슬관리는 부품 제공업자로부터 생산자, 인도자, 고객에 이르는 물류의 흐름을 하나의 가치사슬 관점에서
파악하고 필요한 정보가 원활히 흐르도록 지원하는 시스템을 말한다.

정답 ④

Chapter 04

공급사슬관리

기출 키워드	중요도
☑ 공급사슬관리(SCM)	★
☑ 채찍효과	★★★
☑ 크로스도킹(Cross-docking)	★
☑ 대량고객화	★★★
☑ 모듈러 생산	★
☑ RFID	★★
☑ 불확실성 프레임워크	★
☑ 동시공학	★
☑ 품질기능전개(QFD)	★★
☑ 로버스트 설계	★
☑ 입지선정	★

04 공급사슬관리

1 공급사슬관리의 개요

1 공급사슬의 정의

공급사슬은 부품 제공업자로부터 생산자의 변환 프로세스를 거쳐 완성된 산출물을 고객에게 인도하기까지 상호 연결된 관계망을 말한다. 공급망, 제조 공장, 물류 센터·창고, 도매점, 소매점 및 고객으로 구성될 수 있다.

2 공급사슬관리(SCM ; Supply Chain Management)

공급사슬관리는 부품 제공업자로부터 생산자, 인도자, 고객에 이르는 물류의 흐름을 하나의 가치사슬 관점에서 파악하고 필요한 정보가 원활히 흐르도록 지원하는 시스템을 말한다.

3 채찍효과

(1) 채찍효과의 개념

① 공급사슬상 최종소비자의 작은 수요변동이 공급사슬 상류 기업 즉, 제조업자에게 전달될 때, 미래 수요에 대해 서로 다른 예측을 함에 따라 정보에 왜곡이 생기는 현상이다.

② 공급사슬상 최종소비자로부터 멀어질수록 수요와 재고의 불안정성이 확대된다.

③ 채찍효과로 제조업체는 제조 수량을 과도하게 늘려 재고가 증가하거나 반대로 재고가 부족한 상황이 오기도 한다.

④ 공급사슬 상호성이 매우 크기 때문에 이러한 수요와 재고의 불안정성은 추가적 작업과 마케팅 비용, 공간관리 물류 관리를 필요로 하므로 재무적 악영향을 미친다.

⑤ 공급사슬에는 채찍효과가 흔하게 나타난다.

> **개념더하기**
>
> **가치사슬(value chain)**
> 기업이 제품 및 서비스를 생산해서 부가가치를 생성하는 모든 과정을 말한다.

채찍효과 그래프

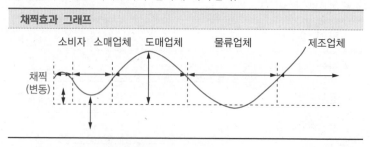

(2) 채찍효과의 원인

① 수요 예측 문제
② 일괄 주문처리
③ 가격 변동
④ 품절 예방 경쟁
⑤ 긴 리드타임
⑥ 공급사슬의 층화

(3) 채찍효과의 대응방안

① 불확실성 제거
　예 전자데이터교환(EDI)
② 변동폭 감소
　예 가격판촉 자제
③ 리드타임 단축
　예 크로스도킹(Cross-docking)
④ 거래선과 전략적 파트너십 강화
　예 협력적 파트너십, 전략적 제휴
⑤ 시장 다변화 및 다각화

4 공급사슬의 통합단계

(1) 독립적 공급사슬

(2) 내부통합

(3) 공급사슬 통합

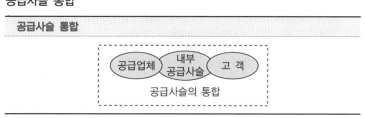

🔖 개념더하기

리드타임
제품이나 서비스의 발주 시점부터 주문한 것을 받는 시점

🔖 개념더하기

전자데이터교환(EDI)
기업간에 데이터를 효율적으로 교환하기 위해 지정한 데이터와 문서의 표준화 시스템이다.

🔖 개념더하기

크로스도킹(Cross-docking)
창고나 물류 센터로 입고되는 상품을 창고에 보관하는 것이 아니라, 분류 또는 재포장의 과정을 거쳐 곧바로 다시 배송하는 물류 시스템이다.

2 공급사슬의 설계

1 SCOR모델

(1) SCOR모델의 개념

① SCC(Supply Chain Council)에서 개발하여 보급하고 있는 공급 사슬 프로세스 분석 및 설계 모델이다.

② 해당 기업의 공급업체로부터 고객에 이르기까지 계획, 조달, 생산, 배송 (혹은 인도, 납품), 회수 등이 이루어지는 공급 사슬을 통합적으로 분석하고 설계하는 모형이다.

(2) SCOR모델의 특징

① 개별 기업의 공급 사슬 프로세스가 계획(Plan), 조달(Source), 생산 (Make), 배송(Deliver), 회수(Return)의 5가지 프로세스로 구성된다고 정의한다.

② 조달 프로세스는 공급자의 배송 프로세스와 연결, 배송 프로세스는 고객의 조달 프로세스와 연결된다.

③ 기업의 공급 사슬 전략에 따라 공급 사슬의 범위가 달라지며 경우에 따라 공급자의 공급자, 고객의 고객까지, 혹은 그 이상까지 공급 사슬의 범위가 확대될 수 있다.

SCOR모델

2 대량고객화를 위한 공급사슬 설계방식

(1) 주문조립생산

주문조립생산은 고객 수요를 예측할 수 없는 경우 부품, 조립품, 반제품 들을 특정 단계까지 생산하여 재고로 보관하고 있다가 고객으로부터 주문을 받으면 나머지 공정을 진행해 제품을 완성하는 생산방식이다.

(2) 모듈화 설계

모듈화 설계는 다른 제품 조립에 널리 이용될 수 있는 모듈을 구성해 제품 설계를 표준화하는 방식이다.

(3) 연 기

연기는 주문 접수까지 생산 활동 일부를 연기하는 방식이다. 이렇게 함으로써 특정고객화가 되기 전에 표준화된 모듈을 최대한 활용하는 것이 가능하다. 고객화가 언어 차이나 기술적 요구조건과 같은 지역적 논리를 가지고 있을 때 특히 유용하다.

3) 불확실성 프레임워크

1 불확실성 프레임워크의 개요

불확실성 프레임워크는 하우 리(Hau Lee)가 소개한 것으로, 수요의 불확실성과 공급의 불확실성을 두 축으로 하여 공급사슬을 분류한다.

2 불확실성 프레임워크의 공급사슬 분류

(1) 효율적 공급사슬

긴 제품수명주기와 안정적이고 예측 가능한 수요를 갖는 제품의 경우 효율적 운영을 강조하는 공급사슬을 설계해야 한다. 효율적 공급사슬을 통해 비부가가치 활동을 제거하고 규모의 경제를 추구한다.

(2) 반응적 공급사슬

제품수명주기가 짧고 고객의 취향이 비교적 빠르게 변하는 패션 제품과 같은 경우 신제품의 도입과 시장수요의 변화에 민감하게 반응하도록 공급사슬을 설계해야 한다. 고객의 유동적이고 다양한 욕구에 반응하기 위해 주문생산과 대량고객화 프로세스를 사용한다.

(3) 위험회피 공급사슬

공급의 단절로 인한 위험을 막기 위해 내부 자원을 공유하는 공급사슬이다. 공급사슬 내의 생산 자원을 공유한다. 더불어 주요 부품에 대한 안전재고 수준을 증가시키는 등의 방법을 사용한다.

(4) 민첩 공급사슬

반응적 공급사슬과 위험회피의 공급사슬을 합친 것으로, 고객의 다양한 욕구에 유연하게 반응하는 것을 목표로 하는 동시에 공급 부족이나 공급 체계의 문제를 막기 위해 공급사슬 내 여러 생산 자원을 공유한다.

구 분		수요의 불확실성	
		낮음(기능적 제품)	높음(혁신적 제품)
공급의 불확실성	낮음(안정적 프로세스)	식료품, 연료, 가스 (효율적 공급사슬)	패션제품, 컴퓨터, 대중음악 (반응적 공급사슬)
	높음(진화적 프로세스)	수력발전 (위험회피 공급사슬)	정보통신, 반도체 (민첩 공급사슬)

4 신규서비스 및 제품개발 프로세스

1 동시공학

(1) 동시공학의 정의

① 동시공학은 신규서비스나 제품을 개발할 때 다양한 제조과정들이 순차적이 아니라 동시에 진행되는 것을 의미한다.

② 설계 담당자, 생산 전문가, 마케팅 전문가, 품질 전문가들이 공동작업을 통해 제품과 서비스, 생산공정을 설계한다.

③ 제품개발시간과 상품화시간을 단축하며, 비용을 절감시키고 개선된 생산성을 가져다준다.

④ 이러한 동시공학을 실행하기 위해서는 품질기능전개(QFD), 제조용이성 설계(DFM), 모듈화, 설계, 실험설계 등이 필요하다

(2) 품질기능전개(QFD ; Quality Function Deployment)

고객 욕구 혹은 요구사항 등을 모든 면에 반영하여 제품이나 서비스 특성으로 전환하는 매우 구조화된 양식이다. 이러한 과정을 통해 '품질의 집'이라는 매트릭스를 도출한다.

품질의 집

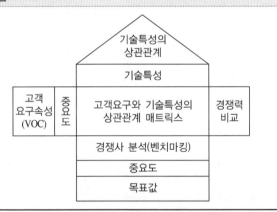

최종적 품질의 집

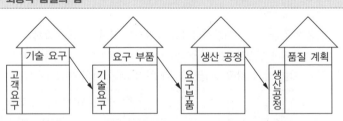

(3) 제조용이성 설계(DFM ; Design For Manufacturability)

제조용이성 설계는 제품의 생산이 용이하고 경제적으로 이루어질 수 있도록 하는 제품설계로 제조의 단순화, 표준화, 모듈화를 통해 가능하다.

(4) 조립용이성 설계(DFA ; Design For Assembly)

조립용이성 설계는 부품 조립공정을 가능하게 하거나 줄이는 디자인 방법이다. 즉, 초점을 부품 수 감축과 조립방법 및 순서에 두는 것이다. 제조용이성 설계의 연관 개념으로, 조립공정에서의 효율화 달성을 위한 제품설계법이다.

(5) 분해용이성 설계(DFD ; Design For Disassembly)

부품 수를 줄이고 자재를 적게 쓰도록 하며, 나사 또는 볼트너트 대신 간단한 스냅핏 사용을 선호한다.

(6) 재활용 용이성 설계(DFR ; Design For Recycling)

재활용 가능한 부품의 회수를 위해 제품 사용 후 분해용이성을 고려한 설계를 말한다.

(7) 물류를 고려한 설계(DFL ; Design For Logistics)

제품설계 단계에서부터 자재조달과 유통비용을 포함하여 설계하는 것이다.

(8) 모듈화 설계(Modular design)

시스템을 모듈이라고 하는 부품으로 더 작게 나누거나 세분화하는 것을 모듈화 설계라고 한다. 모듈 부품은 다른 시스템의 모듈 부품과 독립적으로 창조, 수정, 교체될 수 있다. 부품 자체를 모듈화하고 이 모듈을 여러 종류 준비해서 다양한 고객의 욕구에 맞추는 것이다

(9) 가치분석 & 가치공학(Value analysis & Value engineering)

① 가치분석은 제품의 품질, 신뢰도는 유지하면서 불필요한 비용을 제거하거나 기능을 발전시킴으로써 완제품의 가치 상승을 추구하는 것이다.
② 가치분석은 생산되고 있는 제품에 원가절감을 하고, 가치공학은 생산단계 이전에 원가회피방법으로 사용된다.
③ 하지만 실질적으로 둘은 연결되어 있고 차이가 없다. 한마디로 원가 대비 기능의 비율을 개선하려 노력하는 것이다.

(10) 로버스트 디자인(Robust design)

제품이나 공정을 처음부터 환경변화에 영향을 덜 받도록 설계하는 것이다. 따라서 변동원인을 제거하는 것이 아니고, 변동원인에 무감각하도록 설계하는 것이다.

개념체크OX

• 조립용이성 설계를 채택하면 부품 수는 감소한다. ☐O☐X
• 분해용이성 설계와 부품의 수는 관련이 없다. ☐O☐X

O, X

5 공급자 관계 프로세스

1 조 달

(1) 공급자 선정(Choosing suppliers)

조달의 첫단계로, 보통 공급자 선정은 제품 가격, 제품 품질, 납품 방식, 3가지 기준을 통해 이뤄진다.

(2) 공급자 인증(Supplier certification)

공급자가 구매기업이 요구하는 자재나 서비스를 제공할 수 있는 능력을 갖추고 있음을 인증하는 단계이다. 인증을 받은 공급자에 대해서는 일정 기간 경과 후, 또는 그 기간 내라도 성과가 좋지 못하면 재인증한다.

(3) 공급자 평가 및 감사

선정된 공급자의 성과에 대해 평가하고 감사 등을 통해 공급자 유지 여부를 판단할 수 있다.

2 설계 협력

(1) 공급자 조기 참여

제품이나 서비스의 설계단계부터 공급자를 참여시키는 것이다.

(2) 사전 소싱

공급자의 조기 참여가 더 높은 수준으로 이뤄지고, 일부 부품 및 시스템 설계에 있어 큰 책임을 공급자가 맡게 되는 것을 뜻한다.

3 협 상

(1) 경쟁 지향

공급자와의 관계를 경쟁 관계로 보는 것이다. 즉, 구매자와 공급자의 협상을 제로섬 게임으로 인식하며 장기적 이익을 우선한다.

(2) 협력 지향

공급자와의 관계를 협력관계로 보는 것이다. 구매자와 공급자 협상 시에 많은 정보를 상호 공유하여 미래수요를 잘 예측할 수 있게 한다.

4 구 매

공급자 관계 프로세스에서 구매는 전자자료교환(EDI)을 통해 이뤄진다.

개념더하기

공급자 관계 프로세스(과정) 요약
조달 → 설계 협력 → 협상 → 구매 → 정보 교환

---

5 정보교환

(1) RFID(Radio Frequency Identification)

RFID는 제품에 부착된 태그에 저장된 데이터를 무선주파수를 이용하여 비접촉으로 제품을 식별하는 기법이다.

(2) 공급자 재고관리

공급자가 고객의 재고 정보에 접근 권한을 가지는 대신 고객 위치에 보유된 재고 수준을 유지할 책임을 갖는 시스템이다. 공급자가 직접 수요자의 실제 수요정보, 재고 정보를 알 수 있으므로 구매자의 재고 발주비용이 사라지고 리드타임이 감소해 재고관리 효율성이 향상된다.

6 입지선정

1 요인평가법(Factor rating method)

정량적 요인과 정성적 요인을 포함하여 입지를 평가하는데 사용하는 일반적인 방법

예 가중치, 가중평균평점

2 수송비용에 의한 입지선정

(1) 직각거리

직각거리는 도시 블럭을 따라 이동하듯 두 지점 사이를 90도로 회전하면 닿는 거리이다. 직각거리를 고려해 입지선정을 할 수 있다.

(2) 유클리드 거리

유클리드 거리는 두 지점 사이의 직선거리 또는 가능한 가장 짧은 거리이다. 유클리드 거리를 고려해 입지선정을 할 수 있다.

(3) 손익분기점 분석(Break-even analysis)

손익분기점 분석은 비용을 고정비와 변동비로 구분하여 분석하는 기법이다.

(4) 수송모형(Transportation model)

수송모형은 복수시설의 입지선정 문제를 풀 수 있는 계량적 접근방법이다.

(5) 무게중심법(Center of gravity method)

무게중심법은 운송비용을 최소화하는 물류센터의 위치를 결정하는 방법이다.

04 기출분석문제

01 채찍효과에 대한 설명으로 옳지 않은 것은?   부산환경공단

① 채찍효과는 공급사슬상 제조업체의 작은 공급변동이 최종소비자에 수요에 큰 영향을 주는 것을 말한다.
② 공급사슬의 상호의존도가 높아 수요와 재고의 불안정성은 재무적으로 부정적 영향을 미친다.
③ 공급사슬상 최종소비자로부터 멀어질수록 수요와 재고의 불안정성이 확대된다.
④ 채찍효과는 공급사슬에서 매우 흔하게 나타난다.

[해설] 채찍효과는 공급사슬상 최종소비자의 작은 수요변동이 공급사슬 상류 기업 즉, 제조업자에게 전달될 때, 미래 수요에 대해 서로 다른 예측을 함에 따라 정보에 왜곡이 생기는 현상이다.

02 다음 중 채찍효과의 원인으로 옳은 것은?

① 개별 주문처리
② 가격 동결
③ 긴 리드타임
④ 공급 예측 문제

[해설] 채찍효과의 원인으로는 수요 예측 문제, 일괄 주문 처리, 가격 변동, 품절 예방 경쟁, 긴 리드타임 등이 있다.

03 다음은 무엇에 대한 설명인가?

> • 채찍효과의 대응방안이다.
> • 리드타임을 단축한다.
> • 물류센터로 입고된 상품을 재포장해 다시 배송한다.

① EDI
② 로버스트 설계
③ 크로스도킹
④ 수평적 마케팅 시스템

[해설] 크로스도킹은 창고나 물류 센터로 입고되는 상품을 창고에 보관하는 것이 아니라, 분류 또는 재포장의 과정을 거쳐 곧바로 다시 배송하는 물류 시스템이다.

04 다음 중 대량고객화를 위한 공급사슬 설계에 대한 설명으로 옳지 않은 것은?

코레일유통

① 다양한 제품에 쉽게 적용되는 모듈을 구성해 제품 설계를 표준화한다.

② 언어적 지역적 조건의 차이가 있는 고객 대상 주문 접수까지 생산활동의 일부를 연기한다.

③ 대량고객화는 하나의 프로세스로 다양한 제품을 생산할 수 있는 규모의 경제에 기반한다.

④ 대량고객화는 맞춤화된 상품을 대량으로 제공하는 방법이며 이를 위한 공급 사슬 설계방식은 주문조립생산, 모듈화 설계, 연기가 있다.

해설 대량고객화는 하나의 프로세스로부터 다양한 제품을 효율적으로 생산할 수 있는 능력인 범위의 경제에 기반한다.

05 주어진 표의 빈칸에 들어갈 공급사슬을 알맞게 나열한 것은?

한국철도공사

구 분		수요의 불확실성	
		낮음(기능적 제품)	높음(혁신적 제품)
공급의 불확실성	낮음(안정적 프로세스)	(ㄱ)	(ㄴ)
	높음(진화적 프로세스)	(ㄷ)	(ㄹ)

	(ㄱ)	(ㄴ)	(ㄷ)	(ㄹ)
①	효율적 공급사슬	반응적 공급사슬	위험회피 공급사슬	민첩 공급사슬
②	반응적 공급사슬	민첩 공급사슬	위험회피 공급사슬	효율적 공급사슬
③	민첩 공급사슬	반응적 공급사슬	위험회피 공급사슬	효율적 공급사슬
④	효율적 공급사슬	위험회피 공급사슬	반응적 공급사슬	민첩 공급사슬

해설 ㄱ은 효율적 공급사슬, ㄴ은 반응적 공급사슬, ㄷ은 위험회피 공급사슬, ㄹ은 민첩 공급사슬에 해당한다.

06 고객니즈 혹은 요구사항 등을 모든 면에 반영하여 제품이나 서비스 특성으로 전환하는 매우 구조화된 양식을 뜻하는 말로 옳은 것은?

인천교통공사

① EDI

② DFR

③ DFA

④ QFD

해설 설명은 품질기능전개에 대한 설명이다. 품질기능전개는 Quality Function Deployment의 약자인 QFD로 쓰인다.

07 제품이나 공정을 설치할 때부터 환경변화에 무감각하도록 설계하는 것은? 한국중부발전

① 모듈화 설계

② 로버스트 디자인

③ 재활용 용이성 설계

④ 가치공학

해설 로버스트 디자인은 제품이나 공정을 처음부터 환경변화에 영향을 덜 받도록 설계하는 것이다. 따라서 변동원인을 제거하는 것이 아니고, 변동원인에 무감각하도록 설계하는 것이다.

08 다음 중 입지선정에 대한 설명으로 옳은 것은? 한국전력공사

① 직각거리는 두 지점 사이의 가능한 가장 짧은 거리를 뜻한다.

② 수송모형은 입지선정 문제를 정성적으로 접근하는 방법이다.

③ 무게중심법은 운송비용을 최소화할 수 있도록 물류센터 위치를 결정하는 방법이다.

④ 손익분기점 분석은 비용을 판관비와 영업비용으로 구분해 분석하는 방법이다.

해설
- 직각거리
  도시 블럭을 따라 이동하듯 두 지점 사이를 90도로 회전하면서 닿는 거리이다.
- 유클리드 거리
  두 지점 사이의 직선거리 또는 가능한 가장 짧은 거리이다.
- 손익분기점 분석(break-even analysis)
  비용을 고정비와 변동비로 구분하여 분석하는 기법이다.
- 수송모형(transportation model)
  복수시설의 입지선정 문제를 풀 수 있는 계량적 접근방법이다.

우리는 삶의 모든 측면에서 항상 '내가 가치있는 사람일까?' '내가 무슨 가치가 있을까?'라는
질문을 끊임없이 던지곤 합니다. 하지만 저는 우리가 날 때부터 가치있다 생각합니다.

- 오프라 윈프리 -

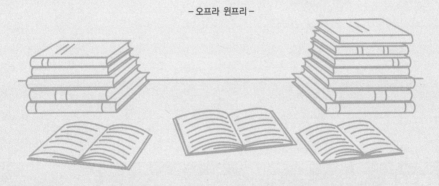

최신복원문제

🔑 키워드 ABC재고관리

재고품목을 가치나 상대적 중요도에 따라 차별화하여 관리하는 ABC재고관리에 관한 설명으로 옳은 것은?

국민건강보험공단

① A등급 품목은 로트 크기를 크게 유지한다.

② C등급 품목은 재고유지비가 높다.

③ ABC등급 분석을 위해 롱테일(Long tail)법칙을 활용한다.

④ ABC 분석은 취급상품의 종류가 다품종인 경우에 적용한다.

해설 ① A등급 품목은 로트 크기를 작게 유지한다.
② C등급 품목은 재고유지비가 낮다.
③ ABC등급 분석과 롱테일 법칙은 무관하다.

정답 ④

Chapter 05

재고관리

기출 키워드	중요도
☑ 재고관련 비용	★★
☑ ABC재고관리	★★★
☑ 고정주문량 모형(Q-모형)	★
☑ 정기주문 모형(P-모형)	★
☑ 재주문점	★
☑ 경제적 주문량 모형(EOQ모형)	★★★
☑ 경제적 생산량 모형(EPQ)	★
☑ 리드타임	★

05 재고관리

1 재고관리의 개요

1 재고와 재고관리

(1) 재고의 정의

재고는 생산시스템이 생산을 위해 또는 고객의 수요를 충족시키기 위해 보유하고 있는 물품이나 자원으로, 완제품, 재공품, 원자재, 부품, 필요물자에 해당한다.

(2) 재고관리의 정의

재고관리는 재고수준을 감시하고, 적정 재고수준, 주문의 시기 및 주문량의 크기를 결정하는 정책 및 통제수단을 뜻한다.

2 재고의 목적

(1) 불확실성에 대처하기 위한 안전재고

(2) 경제적 생산과 구매를 위한 주기재고

(3) 예상되는 수요나 공급의 변화에 대처하기 위한 예상재고

(4) 운송을 위한 운송재고

3 재고관련 비용

(1) 품목비용

품목비용은 재고 품목의 구매비용 또는 생산비용을 말한다. 단위당 원가에 구매수량 또는 생산수량을 곱하여 계산한다.

(2) 주문비용

주문비용은 필요한 물품을 주문해서 입수될 때까지의 모든 비용을 말한다. 여기에는 통신료와 같은 발주비용, 재료의 운송에 관계되는 취급비용 등이 포함되며 경제적 주문량을 결정하는 변수의 하나이다. 일반적으로 주문비용은 주문회수에 비례한다고 보는 것이 보통이다.

(3) 유지비용

유지비용은 재고 품목 한 단위를 일정 기간 유지하는 데 드는 비용이다. 재고에 묶인 자본의 기회비용, 취급비용, 저장시설에 대한 비용, 진부화, 보험료, 파손, 도난, 세금 등 재고 유지와 관련된 모든 비용 항목을 말한다. 이 중 가장 큰 비중을 차지하는 것은 재고에 묶인 자본의 기회비용이다.

(4) 재고부족비용

재고부족비용은 말 그대로 재고의 부족으로 인해 발생하는 여러 가지 비용을 말한다. 재고가 없어 수요가 취소되는 품절비용, 그리고 인도의 지연으로 인한 미납품 재고비용 두 가지로 분류된다. 미납품 재고비용에는 인도 지연으로 인한 벌과금, 생산독촉비용, 신용상실 등의 비용이 포함된다.

4 완제품 재고의 배치

(1) 집중배치

완제품 재고를 공장에 중앙집중적으로 두는 배치 방법이다. 집중배치는 완제품에 대한 수요의 지역별 변동성이 높아 재고를 공동 사용함으로써 전체적으로 재고수준을 줄일 수 있는 경우에 유용하다. 운송비용은 증가할 수 있으나 재고는 줄어들고 품절도 막을 수 있다.

(2) 전방배치

완제품 재고를 고객에게 비교적 근접하도록 창고나 배급센터 또는 도매상이나 소매상에 두는 배치 방법이다. 신속한 납품과 수송비용의 절감 장점이 있다. 재고생산을 하는 기업은 대게 전방배치를 채택한다.

5 ABC재고관리

(1) ABC재고관리의 개념

ABC재고관리의 기법은 자재의 품목별 사용금액을 기준으로 자재를 A, B, C등급을 분류하고, 그 중요도에 따라 적절한 자재 관리 방식을 도입해 자재의 효율적인 관리를 도모하고자 하는 것이다.

(2) ABC재고관리의 내용

예를 들어, A품목의 품목 수는 약 20%이지만 금전적 가치는 전체의 65%에 이르고, B품목의 품목수는 약 30%이고 금전적 가치는 20%이다. C품목은 품목수는 약 50%에 이르지만 금전적가치는 5%에 지나지 않는다. ABC재고관리에서는 A품목을 위주로 재고 관리와 주문 주기가 결정된다. 연간 사용금액이 많은 A품목은 매주 주문하고, B품목은 격주로, 연간 사용금액이 극히 적은 C품목의 경우는 매달 혹은 매년으로 주문한다.

ABC분석의 예시

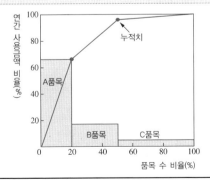

1 독립수요

(1) 독립수요의 정의

독립수요는 다른 품목과 관계없이 기업 외부의 시장조건에 따라 결정되는 수요이다.

예 완제품, 예비부품, AS용 부품

(2) 독립수요의 특징

독립수요는 어떤 시계열 패턴을 가지고 계속해서 발생하므로 수요 예측이 필요하다. 독립수요품목의 재고관리에서는 보충의 개념이 사용된다. 재고가 줄어들면 고객의 수요에 대비하여 다시 재고를 보충한다.

2 종속수요

(1) 종속수요의 정의

① 종속수요는 최종제품의 생산에 소요되는 모품목의 수요에 종속되어 있는 품목의 수요를 말한다.

② 자동차회사의 경우 자동차 타이어, 핸들, 바퀴, 엔진 등과 같은 각종 부품 및 구성품이 종속수요에 해당한다.

예 원자재, 부품, 구성품 등

(2) 종속수요의 특징

종속수요는 독립수요품목의 생산계획에 따라 결정되며, 산발적이고 일괄적으로 발생한다. 종속수요품목의 재고관리에서는 소요의 개념이 사용된다. 즉, 종속수요품목은 상위단계의 품목 또는 최종품목의 필요에 의해서만 주문된다. 종속수요품목의 재고관리로는 MRP시스템이 있다.

개념더하기

MRP시스템(자재소요계획)

제조 생산을 계획하도록 설계된 시스템으로, 수요 충족 및 전체 생산성 개선을 목표로 필요한 자재, 부품, 중간조립품을 파악하고 수량을 추정하며 생산 일정을 맞추기 위해 주문량과 주문시기를 관리하는 것이다.

독립수요와 종속수요의 수요패턴

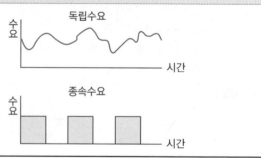

3 재고시스템

1 재고관리모형의 분류

(1) 확정적 모형

① 고정주문량 모형

② 정기주문 모형

(2) 확률적 모형

① 고정주문량 모형

② 정기주문 모형

재고관리모형의 분류

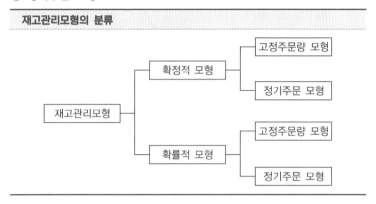

2 고정주문량 모형과 정기주문 모형

(1) 고정주문량 모형(Q시스템)

① 재고수준이 미리 정해진 수량, 재주문점 R에 도달하면 일정한 양 Q만큼 주문한다.

② 주문 간격은 일정하지 않고 재주문점에 도달했는지 알기 위해 계속해서 재고 수준을 확인하므로 '계속재고검토시스템' 또는 '연속관찰시스템'이라고도 한다.

③ 주문량이 매번 Q로 일정하기 때문에 Q시스템이라고도 불린다. 고정 주문량 모형에서는 재고 관련 총비용이 최소가 되도록 재주문 점 R과 1회 주문량 Q의 최적값을 결정한다.

고정주문량 모형의 재고패턴

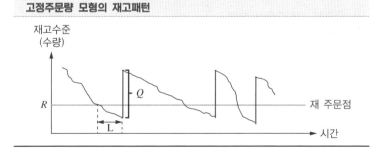

개념체크OX

• 고정주문량 모형에서 주문량은 일정하다.　　〇✕

• 정기주문 모형에서는 목표재고 수준과 실제재고의 차이만큼을 주문한다.　　〇✕

〇, 〇

(2) 정기주문 모형(P시스템)

① 정해진 일정 시간마다 주문하는 모형이다. 예를 들어 매주 말이나 매월 말에 주문을 하는 방식이다.

② 보통은 목표재고수준 또는 재고보충수준을 미리 정해놓고 주문시점 재고수준과 목표재고수준의 차이만큼을 주문한다. 따라서 수요변화에 따라 주문량은 매번 변한다.

③ 정기주문 모형에서는 재고관련 비용이 최소가 되도록 주문주기 T와 목표재고수준 M의 최적값을 결정한다.

④ P시스템은 재고의 보충이 사전에 정기적으로 계획되고 재고기록이 덜 요구된다는 이점을 갖고 있지만, P시스템은 Q시스템보다 더 많은 안전재고를 요구한다.

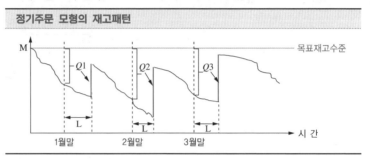

정기주문 모형의 재고패턴

(3) 고정주문량 모형과 정기주문량 모형의 비교

유 형	주문 시기	주문량	재고수준의 검토
고정주문량 모형 (Q시스템)	재고수준이 재주문점에 도달할 때 주문한다.	일정하다.	계속해서 검토한다.
정기주문 모형 (P시스템)	미리 정해진 주문주기의 말에 주문한다.	변한다.	주문주기의 말에만 검토한다.

(4) Ss시스템

고정주문량 모형과 정기주문 모형의 혼합형태이다. 정기적으로 재고를 검토하되, 만약 검토시점의 재고수준이 사전에 결정된 주문점(s)으로 감소하면 최대재고수준(S)까지 부족량만큼 주문하는 방식이다.

3 확정적 모형

(1) 확정적 고정주문량 모형

① 경제적 주문량 모형(EOQ모형)

㉠ 가 정

- 수요는 알려져 있고 일정하며 균일하게 발생한다.
- 리드타임은 알려져 있고 일정하다.
- 제품의 구입 단가는 일정하다.
- 주문비용 또는 준비비용은 고정비로 일정하다.
- 다른 품목과 독립적으로 의사결정 한다.

- 로트 크기에 제한이 없다.
- 수량할인은 적용하지 않는다.
ⓛ 재고패턴

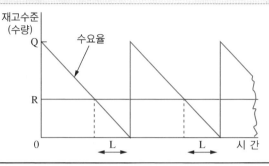

경제적 주문량 모형의 재고패턴

ⓒ 재주문점과 수량의 결정

EOQ모형에서는 재고수준이 재주문점 R에 도달할 때까지 일정한 양 Q만큼 주문한다. 총 관련 비용이 최소가 되도록 R과 Q의 값을 결정한다. 최적 재주문점은 리드타임 중의 수요량에 해당하는 재고 수준에서 결정된다.

ⓔ EOQ의 계산

- 연간 주문비용

연간 주문비용 = 연간주문횟수 × 주문비용

$$= \frac{\text{연간 수요}}{\text{1회 주문량}} \times \text{주문비용}$$

$$= \frac{D}{Q} \times S$$

(Q : 1회 주문량, D : 연간 수요량, S : 단위당 주문비용)

- 연간 유지비용

연간 유지비용 = 평균주기재고 × 단위당 유지비용

$$= \frac{Q}{2} \times H$$

(Q : 1회 주문량, H : 단위당 연간 유지비용)

- 연간 총비용(TC)

연간 총비용 = 연간 주문비용 + 연간 재고유지비용

$$= TC = \left(\frac{D}{Q} \times S\right) + \left(\frac{Q}{2} \times H\right)$$

(Q : 1회 주문량, D : 연간 수요량, S : 단위당 주문비용, H : 단위당 연간 유지비용)

💬 **개념더하기**

EOQ모형의 평균주기재고

EOQ모형의 가정이 성립하면 재고량이 Q에서 0으로 균일하게 줄어들기 때문에 평균주기재고는 Q/2이다.

• 주문량과 비용 간의 관계

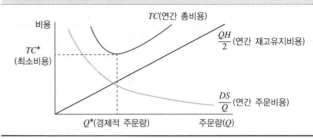

ㅁ 경제적 주문량(EOQ)

- $EOQ = Q = \sqrt{\dfrac{2DS}{H}}$

- EOQ의 유도

방법 1	방법 2
총비용함수의 도함수를 0이라 두고 Q 값을 구한다.	'연간 주문비용 = 연간 재고유지비용'을 통해 Q값을 구한다.
$\dfrac{dTC}{dQ} = -\dfrac{DS}{Q^2} + \dfrac{H}{2} = 0$ $\dfrac{H}{2} - \dfrac{DS}{Q^2} = 0$ $Q^2 = \dfrac{2DS}{H}$ $\therefore\ Q = \sqrt{\dfrac{2DS}{H}}$	$\dfrac{DS}{Q} = \dfrac{QH}{2}$ $Q^2 H = 2DS,\ \ Q^2 = \dfrac{2DS}{H}$ $\therefore\ Q = \sqrt{\dfrac{2DS}{H}}$

ㅂ 주문간격

$$T = \dfrac{EOQ}{D} \times (12월/년)$$

(T : 주문간격, D : 연간 수요량, EOQ : 경제적 주문량)

ㅅ 재주문점

$$R = d \times L$$

(R : 재주문점, d : 하루수요, L : 리드타임)

② 경제적 생산량 모형(EPQ모형)

ㄱ 가 정

- 단지 하나의 품목만을 대상으로 한다.
- 수요는 알려져 있고 일정하며 균일하게 발생한다.
- 생산은 주기적으로 발생한다.
- 리드타임은 알려져 있고 일정하다.
- 생산율은 일정하다.
- 수량할인은 없다.

ⓛ 재고패턴

경제적 생산량 모형의 재고패턴

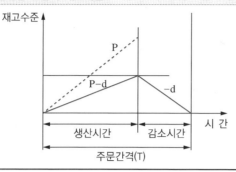

ⓒ 최대주기재고($I_{\max}$)

생산율 p가 수요율 d보다 클 때, 로트크기 즉, 1회 주문량이 Q이고 1일 생산량이 p개 이므로 $\dfrac{Q}{p}$일 동안 하루 $p-d$개씩 축적된다. 이로써 최대 주기재고는 다음과 같게 된다.

$$I_{\max} = \frac{Q}{p}(p-d) = Q(\frac{p-d}{p})$$

($I_{\max}$: 최대주기재고, p : 생산율, d : 수요율, Q : 1회 주문량)

ⓓ 연간 총비용(TC)

연간총비용 = 연간 준비비용 + 연간 재고유지비용

$$= TC = \frac{I_{\max}}{2} \times H + \frac{D}{Q} \times S$$

$$= \frac{Q}{2}(\frac{p-d}{p}) \times H + \frac{D}{Q} \times S$$

(TC : 연간총비용, $I_{\max}$: 최대주기재고, H : 단위당 연간 유지비용, D : 연간 수요량, S : 단위당 주문비용, p : 생산율, d : 수요율, Q : 1회 주문량)

ⓜ 경제적 생산량(EPQ)

$$\frac{dTC}{dQ} = -\frac{DS}{Q^2} + \frac{(p-d)H}{2p} = 0$$

$$H(p-d)Q^2 = 2DSp$$

$$Q^2 = \frac{2DSp}{H(p-d)}$$

$$\therefore \ EPQ = Q^* = \sqrt{\frac{2DS}{H}(\frac{p}{p-d})}$$

(TC : 연간총비용, $I_{\max}$: 최대주기재고, H : 단위당 연간 유지비용, D : 연간 수요량, S : 단위당 주문비용, p : 생산율, d : 수요율, Q : 1회 주문량)

👉 **개념더하기**

EOQ와 EPQ 평균주기재고

EOQ의 평균주기재고 : $\dfrac{Q}{2}$

EPQ의 평균주기재고 : $\dfrac{I_{\max}}{2}$

(2) 확정적 정기주문 모형

① 연간 총비용

$$TC = \frac{S}{T} + \frac{DTH}{2}$$

(TC : 연간총비용, T : 주문간격, H : 단위당 연간 유지비용, D : 연간 수요량,
S : 단위당 주문비용)

② 최적 주문주기

$$\frac{dTC}{dT} = -\frac{S}{T^2} + \frac{DH}{2} = 0$$

$$T^2 = \frac{2S}{DH}$$

$$\therefore \quad T = \sqrt{\frac{2S}{DH}}$$

※ $T \geq 0$

(TC : 연간총비용, T : 주문간격, H : 단위당 연간 유지비용, D : 연간 수요량,
S : 단위당 주문비용)

③ 최적 목표재고수준

$$Q = D \times T = D \times \sqrt{\frac{2S}{DH}} = \sqrt{\frac{2DS}{H}}$$

$$M = Q + d \times L = \sqrt{\frac{2DS}{H}} + d \times L$$

(TC : 연간총비용, T : 주문간격, H : 단위당 연간 유지비용, D : 연간 수요량,
S : 단위당 주문비용, d : 수요율)

④ 재고패턴

확정적 정기주문 모형의 재고패턴

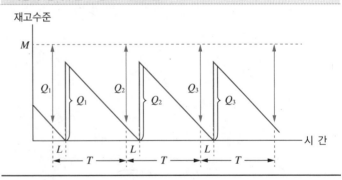

4 확률적 모형

(1) 확률적 고정주문량 모형

① 최적 주문량의 근사치

$$Q = \sqrt{\frac{2\overline{D}S}{H}}$$

(Q : 1회 주문량, H : 단위당 연간 유지비용, S : 단위당 주문비용, $\overline{D}$: 연간 평균수요)

🟠 **개념더하기**

서비스 수준

리드타임 동안 발생한 수요가 재고로부터 바로 충족되는 확률

② 재주문점

$$R = \mu + s$$

(R : 재주문점, μ : 리드타임의 평균수요, s : 안전재고)

🟠 **개념더하기**

서비스 수준과 재고부족의 관계

서비스 수준 = 100% − 재고부족 위험

확률적 고정주문량 모형의 재고패턴

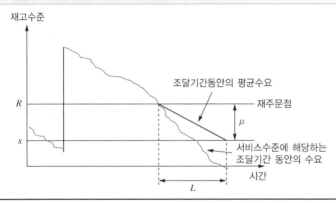

③ 리드타임 수요가 정규분포일 때

리드타임 동안의 정규분포

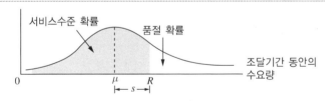

μ : 평균수요(기대수요)

R : 재주문점

s : 안전재고

㉠ 수요만 변동할 때

$$R = \mu + s$$
$$R = \overline{d}L + z\sigma_d\sqrt{L}$$

(R : 재주문점, μ : 리드타임의 평균수요(기대수요), $s = z\sigma$: 안전재고, $\overline{d}$: 하루 평균수요, z : 표준편차의 배수, σ_d : 리드타임 동안의 수요의 표준편차, L : 리드타임)

ⓛ 리드타임만 변동할 때

$$R = \mu + s$$
$$R = d\overline{L} + z d \sigma_L$$

(R : 재주문점, μ : 리드타임의 평균수요(기대수요), $s = z\sigma$: 안전재고, z : 표준편차의 배수, d : 하루 수요, $\overline{L}$: 평균 리드타임, σ_L : 리드타임의 표준편차)

ⓒ 수요와 리드타임 모두 변동할 때

$$R = \mu + s$$
$$R = \overline{d}\,\overline{L} + z\sqrt{\sigma_d^2 \overline{L} + \sigma_L^2 \overline{d}^2}$$

(R : 재주문점, μ : 리드타임의 평균수요(기대수요), $s = z\sigma$: 안전재고, z : 표준편차의 배수, d : 하루 수요, $\overline{L}$: 평균 리드타임, σ_d : 리드타임 동안의 수요의 표준편차, σ_L : 리드타임의 표준편차)

(2) 확률적 정기주문 모형

① 주문주기의 근사값

$$T = \sqrt{\frac{2S}{\overline{D}H}}$$

(T : 주문가격, $\overline{D}$: 연간 평균수요, H : 단위당 연간 유지비용, S : 단위당 주문비용)

② 목표재고수준의 값

여기서 목표재고수준 M은 재주문점이며, $T + L$기간 동안 특정 서비스 수준을 달성하는 재고수준에 해당한다. $T + L$기간 동안 평균수요에 $T + L$기간 동안 안전재고를 더해서 구한다. $T + L$기간은 '방지기간'이라고도 불린다.

$$M = \mu' + s'$$
$$M = \mu' + z\sigma_d'$$

(M : 재주문점, μ' : 방지기간 동안의 평균수요, σ_d' : 방지기간 동안의 수요의 표준편차, s' : 안전재고, z : 특정 서비스 수준을 달성하기 위한 표준편차의 배수)

③ 수요만 변동할 때 목표 재고수준의 결정

수요가 불확실하고 리드타임이 일정한 경우에 해당한다.

$$M = \mu' + s'$$
$$M = \mu' + z\sigma_d'$$

(M : 재주문점, μ' : $T + L$기간 동안의 평균수요, σ_d' : $T + L$기간 동안의 수요의 표준편차, s' : 안전재고, z : 특정 서비스 수준을 달성하기 위한 표준편차의 배수)

개념체크OX

• 확률적 정기주문 모형에서 목표재고수준은 방지기간 동안의 평균수요와 방지기간 동안의 안전재고의 합과 같다. ☐O ☐X

• 이중상자시스템은 P시스템과 유사하다. ☐O ☐X

O, X

5 혼합 재고시스템

(1) 이중상자 시스템(Two bin system)

① 두 개의 상자에 재고를 보관하고 한 상자에서 우선 사용하고, 그 상자가 비게 되면 주문 후 남은 상자의 재고를 사용하는 시스템이다.

② 이 시스템은 Q시스템의 개념을 시각화한 것으로 Q시스템과 유사하게 운영되는데, 빈 첫 번째 상자 혹은 두 번째 상자의 정상 재고수준이 재주문점 R의 역할을 한다. 보통 저가품목에 적용된다.

(2) 단일상자 시스템

P시스템의 개념을 시각화한 것으로 주기적으로 종업원이 눈으로 확인하여 최대 재고 수준에 모자라는 만큼 채운다. 주유소의 휘발유 탱크 및 공장의 부품 상자에 적용된다.

(3) 조건부 보충 시스템

기본적으로 P시스템과 유사하다. 그러나 재고 조사 시 사전에 설정한 최고 재고수준 이하로 재고가 떨어지지 않으면 주문하지 않는다. 연속조사를 하지 않기 때문에 주로 조사비용과 주문비용이 모두 클 때 적용된다.

(4) 기본재고 시스템

재고가 인출될 때마다 인출량만큼 보충한다. 항상 기본재고수준을 유지할 수 있으며 기본재고량이 재주문점 R의 역할을 한다. 초고가 품목에 적용된다.

(5) 단일기간 재고시스템

① 단일기간 재고시스템의 개념

　㉠ 단일기간 재고 통제모형(신문팔이모형)은 재고잉여비용과 재고부족비용의 합을 최소화하는 주문량을 결정하는 시스템이다.

　㉡ 단일기간 재고시스템은 부패성 제품 또는 제품수명주기가 아주 짧거나 수요가 극도로 계절적인 품목들을 주문하기 위한 모형이다.

　㉢ 주어진 기간에 판매하지 못하면 잔여품목을 헐값으로 폐기해야 할 때, 구매가 일회성이고 재고 기간이 짧을 때 적용된다. 대표적으로는 신문, 호텔 객실, 비행기 좌석, 계절상품 등이 있다.

② 재고비용

　㉠ 재고잉여비용(Excess cost)

　재고를 너무 많이 보유함으로써 발생하는 기말의 잔여품목 한 단위당 발생하는 비용이다.

$$C_e = 단위당\ 가격 - 단위당\ 잔존가치$$

(C_e : 재고잉여비용)

ⓛ 재고부족비용(Shortage cost)

재고를 너무 적게 보유함으로써 결과는 미충족시킨 수요 한 단위당 발생하는 비용이다.

$$C_s = \text{단위당 가격} - \text{단위당 원가}$$

(C_s : 재고부족비용)

③ 연속수요 경우의 재고수준

연속수요라는 것은 수요가 균등분포를 이룬다는 것이다. 이때 최적재고수준은 아래 균형점과 유사하다.

서비스수준 : $z = \dfrac{C_s}{C_s + C_e}$

최적재고량 : $Q = \overline{d} + z \times \sigma_d$

(C_s : 재고부족비용, C_e : 재고잉여비용, Q : 최적재고량, $\overline{d}$: 평균수요량, z : 일정 서비스 수준달성을 위한 표준정규분포계수, σ_d : 수요의 표준편차)

01 ABC재고관리와 관련한 다음의 설명 중 가장 적절하지 않은 것은?　　　　　국민연금공단

① A품목, B품목, C품목 중 총가치 대비 비중이 가장 큰 품목군이 A품목이다.
② A, B, C품목 중 C품목의 주문주기가 가장 짧다.
③ C품목군은 정기주문 시스템인 P시스템 주문모형에 적합하다.
④ ABC재고관리의 목적 및 개념상 3개 이상의 품목으로 분류하는 것도 가능하다

[해설] 연간 사용금액이 많은 A품목의 주문주기가 가장 짧다.

02 다음 그래프에 대한 설명으로 가장 적절한 것은?　　　　　국민건강보험

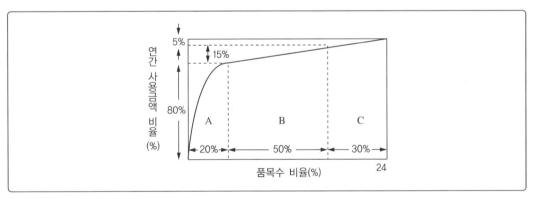

① B품목의 금전적 가치는 95%이다.
② A품목은 가능한 철저한 통제를 위해 1회 주문량은 늘리고 주문횟수는 줄이는 것이 일반적이다.
③ C품목은 품목 수가 가장 많고 금전적 가치는 가장 작으므로 주문주기가 길다.
④ B품목보다 A품목에 재고관리를 집중하는 것이 가장 효율적이다.

[해설] ④ A품목의 품목수는 약 20%이지만, 금전적 가치는 80%에 달하므로 A품목에 재고관리를 집중하는 것이 가장 효율적이다.
　　　① B품목의 금전적 가치는 15%이다.
　　　② A품목은 금전적 가치가 80%에 달하므로 주문량과 주문횟수를 모두 늘려야 한다.
　　　③ 금전적 가치가 가장 작은 것은 C품목이지만, 품목 수가 가장 많은 것은 B품목이다.

03 최종제품의 생산에 소요되는 각종 부품 및 구성품의 수요를 뜻하는 말은? 　　　　　　도로교통공단

① 부품수요

② 파생수요

③ 종속수요

④ 소요수요

[해설] 최종제품의 생산에 소요되는 모품목의 수요에 종속되어 있는 품목의 수요이다. 자동차회사의 경우 자동차 타이어, 핸들, 바퀴, 엔진 등과 같은 각종 부품 및 구성품이 종속수요에 해당한다.

04 다음 중 고정주문량 모형에 대한 설명으로 옳은 것은? 　　　　　　강원랜드

① 재고수준이 재주문점에 도달할 때 주문한다.

② 재고수준을 주문주기에 맞추어 검토한다.

③ 사전에 결정된 주문점으로 감소하면 부족량을 주문한다.

④ 다른 주문시스템에 비해 더 많은 안전재고를 요구한다

[해설] ② · ④ 정기 주문모형(P시스템)에 대한 설명이다.
③ Ss시스템에 대한 설명이다.

05 P시스템이 Q시스템보다 선호되는 경우로 옳지 않은 것은? 　　　　　　부산교통공사

① 주문이나 납품이 특정 기간마다 이루어지는 경우

② 동일한 공급자에게 여러 품목을 함께 주문하여 납품받는 경우

③ 계속적으로 재고기록을 하지 않는 값싼 품목의 경우

④ 고객 요구에 맞춰 즉각적인 제품 제공이 필요한 경우

[해설] 고객 요구에 맞춰 즉각적인 제품 제공이 필요한 경우에는 주문간격이 일정하지 않고 재주문점에 도달했는지 알기 위해 계속적으로 재고 수준을 확인하는 Q시스템이 선호된다.

06 EOQ(경제적 주문량)모형의 가정으로 옳은 것은? 한국가스공사

① 단일품목만을 대상으로 한다.
② 조달기간은 분기단위로 변동한다.
③ 수량할인이 적용된다.
④ 연간수요량은 알 수 없다.
⑤ 주문비용은 주문량에 정비례한다.

[해설] EOQ모형의 기본가정에 따르면, 단일품목만을 대상으로 하고, 리드타임은 일정하며, 수량할인은 적용하지 않고, 연간 수요량은 일정하고 알려져 있으며, 주문비용은 일정하다.

07 (주)컴팩트의 A부품에 대한 연간수요는 5,000개이며, A부품 구입가격은 단위당 10,000원이다. 1회당 주문비용은 1,000원이고, 단위당 연간 재고유지비용은 구입가격의 10%일 때 A부품의 경제적 주문량(EOQ)은? 한국자산관리공사

① 100개   ② 200개
③ 300개   ④ 400개

[해설] 경제적 주문량은 주문비용과 재고유지비용의 합이 최소가 되는 최적의 주문량을 말하는데, 문제의 조건을 경제적 주문량의 공식에 대입하면 다음과 같다.

$$EOQ = \sqrt{\frac{2 \times 연간수요량 \times 1회당\ 주문비용}{재고유지비용}} = \sqrt{\frac{2 \times 5,000 \times 1,000}{10,000 \times 0.1}} = \sqrt{10,000}\ 개 = 100개$$

08 반짝 조명가게의 연간 조명 판매수량은 4,000개이고, 한 번 주문할 때 소요되는 주문비용은 4만원이다. 자전거 한 대의 구입가격은 8만원이며, 재고유지를 위해 매년 부담하는 비용은 1개당 8천원이다. 반짝 조명가게의 경제적 주문량(EOQ)과 최적주문횟수는 각각 얼마인가? 국민연금공단

① 50개, 10회   ② 100개, 10회
③ 200개, 20회   ④ 400개, 20회

[해설] $$EOQ = \sqrt{\frac{2 \times 연간수요량 \times 1회당\ 주문비용}{재고유지비용}} = \sqrt{\frac{2 \times 4,000 \times 40,000}{8,000}} = 200$$
경제적 주문량이 200개이므로, 최적주문횟수 = (연간 수요량/EOQ) = 4,000/200 = 20회이다.

최신복원문제

🔑키워드 총괄생산계획

다음 중 총괄생산계획에 대한 설명으로 옳지 않은 것은?   경기도통합채용

① 단기계획은 주생산계획의 영역이다.

② 고용수준, 재고수준, 미납수준은 중기계획이다.

③ 총괄생산계획 이후에 주생산계획이 행해진다.

④ 장기계획은 총괄생산계획의 영역이다.

해설 총괄생산계획의 영역은 장기계획이 아닌, 기업의 전반적인 생산수준, 고용수준, 재고수준, 하도급수준 등을 결정하는 중기계획이다.

정답 ④

Chapter 06

운영계획과 자원계획

기출 키워드	중요도
☑ 총괄생산계획	★★★
☑ 휴리스틱 기법	★★★
☑ 주생산계획(MPS)	★
☑ 자재소요계획(MRP)	★★★
☑ ERP	★★
☑ 자재명세서	★★
☑ 간트차트	★★★
☑ 긴급률 규칙	★
☑ 존슨의 규칙	★

CHAPTER

06 운영계획과 자원계획

1 총괄생산계획(APP ; Aggregate Production Planning)

1 총괄생산계획 개요

(1) 총괄생산계획의 영역

기업조직은 장기, 중기, 단기 세 가지 수준에서 생산용량 의사결정을 수행한다.

개념더하기

생산계획 간 순서
총괄생산계획(APP) → 주생산계획(MPS) → 자재소요계획(MRP)

장기계획	중기계획	단기계획
• 장기생산능력 • 입지선정 • 설비배치 • 제품설계 • 작업시스템 설계	• 고용수준 • 산출량 • 재고수준 • 미납수준 • 하도급	• 설비작업량 • 작업할당 • 작업순서 • 생산로트 크기 • 주문량 • 작업일정
	총괄생산계획의 영역	주생산계획의 영역

(2) 총괄생산계획의 개념

향후 1년에 걸친 계획기간 동안 변화하는 수요를 가장 경제적으로 충족시킬 수 있도록 월별로 기업의 전반적인 생산수준, 고용수준, 재고수준, 하도급 수준 등을 결정하는 중기계획이다.

(3) 총괄생산계획의 특징

① 수요를 충족시킨다.
② 중기에 사실상 생산설비의 생산능력 범위는 고정되어 있다.
③ 기업정책에 부합한다.
④ 관련 비용이 최소가 되도록 수립한다.

2 총괄생산단위

(1) 총괄생산단위의 개념

총괄생산단위는 기업이 생산하는 여러 제품을 총괄할 수 있는 공통의 산출 단위를 말한다. 석유산업의 배럴(Barrel), 철강산업의 톤(Ton) 등의 다양한 산출단위를 하나의 총괄생산단위로 표시하는 것이 대표적이다. 생산량이나 매출량을 공통의 측정단위로 나타낼 수 없는 경우에는 금액단위, 노동단위, 기계 시간 등을 총괄단위로 사용한다.

(2) 총괄생산단위의 효과

총괄생산단위를 사용하면 수요예측을 더욱 쉽고 정확하게 할 수 있으며, 계획수립과정을 보다 단순화할 수 있다.

(3) 총괄생산계획에서의 생산량 조정

총괄생산계획에서의 생산량 조정은 쉽지만 생산설비 능력의 변경이나 고용 수준의 변경 등은 시간과 비용이 많이 소요된다. 따라서 하도급 계약과 재고 수준 조정이 우선적으로 선택되어야 한다.

3 수요와 생산용량

(1) 수요와 생산용량의 관계

총괄계획 수립 시, 계획기간의 총 기대수요가 가용 생산용량과 크게 다르다면 생산용량, 수요 혹은 모두를 변경함으로써 균형을 달성해야 한다. 한편, 생산용량과 수요가 전체적으로 동등하더라도 수요가 안정적인가에 대한 문제를 다루어야 한다.

> 수요 ≒ 생산용량

(2) 고르지 않은 수요에 대한 생산용량 대안들

① 반응적 대안
  ㉠ 인력을 조정한다.
  ㉡ 예상 재고를 축적하였다가 성수기에 사용한다.
  ㉢ 인력을 활용한다.
    예 초과근무, 단축근무
  ㉣ 비수기에 최소인원만을 남기고 회사의 조업을 중단하는 휴가계획을 세운다.
  ㉤ 성수기에 단기적 생산능력 부족을 해결하기 위해 하청업체를 이용한다.

② 공격적 대안
  ㉠ 보완적 제품을 생산한다.
  ㉡ 수요를 창출하는 가격으로 판매를 촉진한다.
    예 여름의 겨울옷 가격 인하, 비수기 항공권 가격 인하
  ㉢ 주문 적체를 활용한다.

4 총괄계획 전략

(1) 추종전략(Chase strategy)

① 각 총괄생산계획 기간마다 그 기간 중의 수요에 맞추어 노동력의 규모를 조정해 나가는 전략이다.

② 노동력 이용률의 조정전략도 이에 해당하며 노동력 규모는 일정하게 유지하되 이용률을 조정하여 수요의 변동에 대비하는 전략이다.

📖 **개념더하기**

주문 적체
미래에 납품하겠다고 약속한 고객 주문의 누적분

(2) 평준화 전략(Level strategy)

① 수요의 변동을 극복하기 위해 완제품의 재고를 유지하는 전략이다.

② 하청을 통한 조정전략도 이에 해당하며 완제품, 중간조립품, 부품 등의 공급을 다른 기업에 의뢰하는 전략이다.

(3) 혼합전략

노동력 규모의 조정과 재고수준의 조정을 모두 사용하는 전략이다. 현실에서 더 많이 사용된다.

5 총괄생산계획 비용

(1) 채용비용과 해고비용

① 채용비용

모집비용, 선발비용, 교육훈련비용과 같이 채용에 필요한 비용이다.

② 해고비용

퇴직수당과 같이 해고와 관련된 제반 비용이다.

(2) 정규시간비용과 초과근무비용

① 정규시간비용

정규시간비용은 종업원들에게 지급하는 정규시간 보수와 더불어 건강보험, 사회보장, 퇴직연금, 유급휴가 등에 대한 비용이다.

② 초과근무비용

초과근무비용은 정규작업시간을 초과하여 작업할 때 정규임금 이상으로 지급하는 급여이다. 일반적으로 정규시간 보수의 150%이다.

(3) 재고유지비용

재고유지비용은 재고에 묶여 있는 자본에 대한 기회비용이다.

예 보관비용, 보험료, 보관 중의 손실, 진부화 비용 등

(4) 재고부족비용

① 품절비용

품절비용은 이익 상실 기회비용과 신용 상실로 인한 미래 손실의 합이다.

② 추후납품비용

추후납품비용은 생산독촉비용, 가격할인, 신용상실비용 등 납품의 지연으로 인한 비용이다.

(5) 하청비용

하청비용은 외부에 생산이나 공급을 하청하는 데 소요되는 비용이다.

(6) 유휴시간비용

유휴시간비용은 정규작업시간 이하로 공장을 가동할 때 발생하는 유휴시간에 대해 지급된 임금이다.

6 총괄생산계획 기법의 종류

(1) 도시법

① 도시법은 도표를 이용하여 총괄계획의 여러 가지 대안을 개발한 다음, 이들의 총비용을 계산·비교하여 비용적인 측면에서 최선의 대안을 선택하는 기법이다.

② 이해가 쉽고 간편하지만 정확성의 문제가 있으므로 복잡한 계획기법의 보조용으로 쓰인다.

③ 해법 절차로는 시행착오기법이 적용된다.

(2) 수리적 최적화 기법(Mathematical optimization method)

① 선형계획법

선형계획법은 선형관계를 가정하여 최적해를 구하는 기법이다.

② 선형의사결정 규칙

최적 생산율과 노동력의 크기를 결정하기 위한 것으로, 고용수준 및 조업도 등의 결정 문제를 계량화해 2차 비용함수로 유도한 모델을 제시하고 최적해를 구한다.

(3) 휴리스틱 기법(Heuristic techniques)

① 휴리스틱 기법의 개념

㉠ 최적해를 찾는 것이 아니라 만족할만한 수준의 해법을 경험에 기반하여 찾아내는 간편 추론 방법이다.

㉡ 불충분한 시간이나 정보로 인하여 합리적인 판단을 할 수 없거나, 체계적이면서 합리적인 판단이 굳이 필요하지 않은 상황에서 빠르게 사용할 수 있다.

㉢ 과거 데이터로 장래에 대한 결정 규칙을 도출할 수 있다. 회기분석이나 시뮬레이션에 의해 근사치를 제시한다.

② 휴리스틱 기법의 종류

㉠ 경영계수 모델

경영자들의 작업자 수 및 생산율에 대한 과거의 결정을 이용한 다중회귀분석으로, 과거의 결정에서 결정규칙을 찾는다.

㉡ 매개변수에 의한 생산계획

매개변수를 이용하여 생산계획을 수립한다.

㉢ 지식기반 전문가 시스템

특정 영역의 문제를 해결하기 위해 전문가들의 축적된 지식을 이용하는 것으로, 컴퓨터 프로그램이다.

㉣ 탐색 결정 규칙

비용함수의 형태와 무관하게 계획 기간 중 최소의 비용을 가져오는 작업자 수 및 생산율을 체계적으로 탐색해 나가는 기법이다.

개념체크OX

• 휴리스틱 기법은 최적해를 찾는 기법이다. ⬜X

• 휴리스틱 기법은 빠른 의사결정에 도움이 된다. ⬜X

X, O

2 주생산계획

주생산계획(MPS ; Master Production Schedule)은 앞선 총괄생산계획을 세분화된 계획으로 전환하는 것을 말한다. 즉, 총괄생산계획을 제품 또는 작업장 단위의 생산계획으로 세분화하는 것이다.

3 자재소요계획(MRP)

1 MRP의 개요

(1) MRP의 개념

① 자재소요계획(MRP ; Material Requirements Planning)은 제조 생산을 계획하도록 설계된 시스템으로, 수요 충족 및 전체 생산성 개선을 목표로 필요한 자재, 부품, 중간조립품을 파악하고 수량을 추정하며 생산 일정을 맞추기 위해 주문량과 주문시기를 관리하는 것이다.

② MRP는 하위 품목을 필요에 의해만 조달하는 것을 목적으로 하고 있다. 따라서 새로운 주문의 발생 혹은 취소, 생산일정의 변경에도 유연하게 계획을 수정할 수 있다.

③ 제조시스템 내의 종속수요 품목의 재고를 관리하기 위한 계획이다.

④ MRP는 컴퓨터에 기초한 재고관리기법으로, 최종제품의 수와 이에 종속되는 하위품목의 수가 다양한 경우, 컴퓨터 프로그램을 활용한다.

2 MRP의 기본구조

(1) 입력자료

① 주생산계획

② 자재명세서

③ 재고기록

(2) MRP

(3) 출력자료

개념더하기

자재명세서

(BOM ; Bill Of Materials)
자재명세서는 최종제품 제조에 소요된 모든 부품사용량을 기록한 것이다.

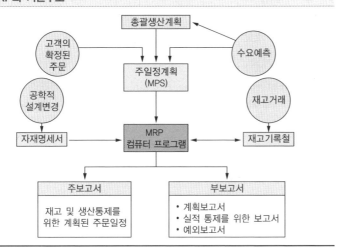

MRP의 기본구조

```
                        총괄생산계획
        고객의                              수요예측
        확정된
        주문          주일정계획
                        (MPS)
        공학적                              재고거래
        설계변경
                         MRP
        자재명세서  →  컴퓨터 프로그램  ←  재고기록철

                주보고서              부보고서
            재고 및 생산통제를      • 계획보고서
            위한 계획된 주문일정    • 실적 통제를 위한 보고서
                                    • 예외보고서
```

3 MRP 실시 절차

(1) 수요 예측

(2) 대일정계획표(MPS) 작성

(3) 제품구조분석도(자재명세서, BOM) 작성

(4) 자재의 품목별 재고기록철(IRF)과 조달기간의 파악

(5) 자재소요계획표(MRP) 작성 → 자재의 소요량, 주문량, 주문일자가 표기됨

4 MRP 프로그램의 분류

(1) 재생시스템(Regenerative system)

정해진 시간에 정기적으로 발생한 변동사항을 입력하여, 시스템 내의 모든 기록을 변화에 맞게 완전히 재조정하고 새로운 계획을 수립하는 주기적 자료입력 및 관리 시스템이다. 실제 데이터와의 시간 간격(Time lag)이 존재하며 정보처리 비용이 낮다.

(2) 순변경시스템(Net-change system)

MRP에 영향을 미치는 변화가 발생할 때마다 변동사항을 입력하여 변화에 의해 영향을 받는 시스템 내의 모든 구성요소를 재조정하는 지속적 자료입력 및 관리 시스템이다. 시간 간격 없이 정보를 업데이트하므로 정보처리 비용이 높다.

5 MRPⅡ(Manufacturing Resources Planning)

MRPⅡ는 특정 공장에서 제품을 생산하는데 프로세스를 전산으로 관리될 수 있도록 시스템화해놓은 것이다. MRP도 생산하는데 필요한 사항이므로 MRPⅡ는 MRP를 포함하고 있다.

🔖 **개념더하기**

재고기록

(IR ; Inventory Records)
재고품목에 대한 리드타임, 로트 크기 등에 대한 정보와 기간별 소요량, 수취량, 발주량, 주문진전 상황, 지체에 대한 조치 등의 내용이 기재되고 재고의 보충과 인출이 정리·갱신되어 현 재고에 대한 상태가 제시된다.

🔖 **개념더하기**

MRPⅡ

MRPⅡ는 MRP를 대체하는 것이 아닌 MRP의 기본 구조 범주에 생산능력소요계획(CRP)을 포함시키고 그에 더하여 계획 수립 과정에서 마케팅과 재무기능을 포함하도록 확대된 것이다.

1 ERP의 개요

(1) ERP의 개념

ERP(Enterprise Resources Planning)는 전사적 자원관리 시스템으로, 회사 운영에 사용되는 모든 프로세스를 한 곳으로 모아 관리하는 프로그램을 말한다. ERP는 MRP는 물론 MRPⅡ를 포함한다.

(2) ERP의 특징

① 통합자원관리
② 표준화된 프로세스 적용
③ 비즈니스 프로세스 리엔지니어링
④ 타 시스템 연동 기능
⑤ 파라미터 방식의 개발
⑥ 확장성 및 연계성, 의사결정을 위한 다양한 정보를 제공

---

5 일정계획

1 일정계획의 개요

(1) 일정계획의 개념

일정계획은 조직에서 설비와 인적자원의 활용 시점을 결정하는 계획이다.

(2) 일정계획의 목적

일정계획은 생산 목표를 달성할 수 있도록 자원을 최적으로 사용한다.

(3) 일정계획의 계층

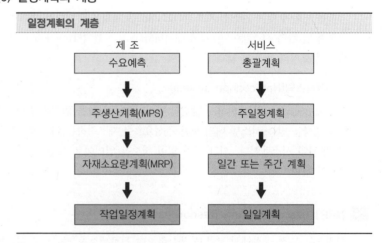

일정계획의 계층

제 조	서비스
수요예측	총괄계획
주생산계획(MPS)	주일정계획
자재소요량계획(MRP)	일간 또는 주간 계획
작업일정계획	일일계획

개념체크OX

• MRPⅡ는 MRP를 포함하고 있다.
　　　　　　　　　　　　　OⓍ
• ERP는 MRP는 포함하지만,
　MRPⅡ는 포함하지 않는다.
　　　　　　　　　　　　　OⓍ

　　　　　　　　　　　　O, Ⓧ

2 작업 일정계획의 수립

(1) 생산 유형 별 일정계획

① 대량생산 시스템의 일정 계획

대량생산 시스템의 매우 반복적인 특징 때문에 작업 부하 할당과 이후 작업순서 결정이 가장 중요하며, 라인밸런싱을 중요시한다.

② 중량생산 시스템의 일정계획

표준화된 제품을 생산하지만 생산량이 연속생산을 할 만큼 크지 않으므로 간헐적으로 생산하는 것이 경제적이다. 중량생산 시스템의 세 가지 중점은 1회 생산량, 작업시기, 작업순서의 결정이다. 작업의 1회 생산량 결정은 보통 경제적 생산량 모형(EPQ)에 의해 결정된다.

③ 소량생산 시스템의 일정계획

작업부하 할당과 작업순서 결정이 중요하게 여겨진다. 작업부하 할당 시 관리자의 목적은 작업 및 작업준비비용의 최소화, 작업장들의 유휴시간 최소화, 작업 완료 시간의 최소화이다.

(2) 작업의 할당

① 간트차트

㉠ 간트차트는 미국의 헨리 간트(H. L. Gant)가 창안한 관리 도표로 작업계획과 현재까지의 작업 실적을 비교해 작업 진행률을 확인함과 동시에 향후의 일정을 관리 및 통제하는 데 이용된다.

㉡ 간트차트는 한 축에 시간의 흐름을 표시하고 다른 한 축에 생산 사이클에서 요구되는 과업 등을 표시하여, 전체 작업 공정의 일정 계획을 수립할 수 있고 핵심 과업이나 지체 작업의 현황을 손쉽게 파악할 수 있는 형태의 차트이다.

간트차트의 예시

	시 간				
작업장	월	화	수	목	금
1	Job3	일 감		Job4	
2		Job3	Job7		✕
3	Job1	✕		Job6	Job7
4	Job10				

자원 ↓

☐ 작업중

✕ 사용불가 작업장(예 유지보수 중)

---

② 부하차트

㉠ 개 념

기계들이나 부서에 대한 할당이나 유휴시간을 보여주는 간트차트의 일종이다.

ⓛ 종 류
- 무한부하할당
  작업자의 생산용량과 관계없이 작업장에 작업이 할당 되는 것으로, 작업 재배치 하청, 생산용량 증대 등의 과부하 작업장에 대한 조치가 필요하다.
- 유한부하할당
  작업장의 생산용량이나 작업 소요시간을 고려해서 작업장에 작업이 할당 되는 것으로 작업장 생산용량이 고정되어 있다.

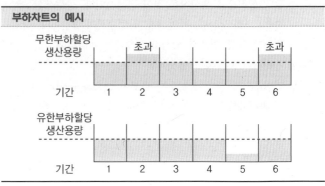

부하차트의 예시

③ 할당모형
  작업이나 자원의 최적 할당을 위한 선형계획 모형이다. 비용, 이익, 효율성, 작업 성과 등의 기준을 사용하여 작업과 자원의 최적 결합을 도출하는 것이다. 이때 헝가리법이 사용되는데 최소비용을 달성하기 위해 작업과 기계를 1:1로 할당하는 방법이다.

④ 일정계획을 위한 일반적인 접근법
  ㉠ 전진 일정계획
    어떤 시점으로부터 앞으로 나가면서 일정계획을 수립하는 것을 말한다.
  ㉡ 후진 일정계획
    납기로부터 시작해서 뒤로 가면서 일정계획을 수립하는 것을 말한다.

(3) 작업순서 결정

① 우선순위 규칙
  ㉠ 개 요
    작업이 수행되는 규칙을 결정하는 데 사용되는 간단한 기법이다.
  ㉡ 종 류
    - 선착순
      작업장에 가장 먼저 도착한 작업에 우선권을 준다.
    - 최단작업시간
      작업장에서의 처리시간이 가장 짧은 작업을 다음에 처리한다.
    - 최소납기일
      납기가 가장 촉박한 작업을 우선 처리한다.

- 최소여유시간

  여유시간이 가장 짧은 작업을 우선 처리한다.

  > 여유시간 = 납기까지 남은 시간 - 잔여처리시간

- 잔여 작업당 여유시간

  잔여 작업당 여유시간이 가장 짧은 작업부터 우선 처리한다.

  $$잔여작업당\ 여유시간 = \frac{납기까지\ 남은\ 시간 - 잔여\ 처리시간}{잔여\ 작업의\ 수}$$

  $$= \frac{여유시간}{잔여\ 작업의\ 수}$$

- 긴급률

  긴급률이 가장 작은 것부터 우선 처리한다.

  $$긴급률 = \frac{납기까지\ 남은\ 시간}{잔여\ 처리시간}$$

(4) 작업순서의 평가 기준

① 총완료시간

② 평균완료시간

③ 작업장 내 평균 작업 수

④ 평균 납기지연 시간

⑤ 유휴시간

개념더하기

존슨의 법칙

두 개의 작업장을 거치는 작업 순서를 결정할 때 사용되는 법칙으로, 총 완료시간이 최소가 되도록 순서를 결정하는 법칙이다. 첫째, 각 작업장에서의 작업들의 처리시간을 책정한다. 둘째, 작업장과 상관없이 처리시간이 가장 짧은 작업을 앞 순서로 결정한다. 셋째, 결정된 작업을 제외하고 이 과정을 반복한다.

01 총괄생산계획의 특징으로 옳지 않은 것은? 코레일

① 기업정책에 부합한다.
② 수요를 충족시킨다.
③ 중기생산설비의 생산능력은 유동적이다.
④ 관련 비용이 최소가 되도록 수립한다.

[해설] 중기에 사실상 생산설비의 생산능력 범위는 고정되어 있다.

02 총괄생산계획에 대한 설명으로 옳지 않은 것은? 인천관광공사

① 입지선정, 설비배치, 제품설계, 작업시스템 설계는 장기계획이다.
② 생산로트크기의 결정은 총괄생산계획의 영역이 아니다.
③ 총괄생산계획에서 생산량 조정은 불가능하다.
④ 총괄생산단위는 다양한 산출단위를 총괄하는 단위이다.

[해설] 총괄생산계획에서의 생산량 조정은 용이하나, 생산설비 능력의 변경이나 고용수준의 변경 등은 비용과 시간이 많이 소요된다. 따라서 하도급 계약과 재고수준 조정이 우선으로 선택돼야 한다.

03 총괄생산계획 기법 중 생산계획의 문제를 경험적 · 탐색적 방법으로 해결하는 기법은? 대구교통공사

① 휴리스틱 기법
② 선형계획법
③ 도시법
④ 시뮬레이션 기법

[해설] 휴리스틱 기법은 최적해를 찾는 것이 아니라 만족할만한 수준의 해법을 경험에 기반하여 찾아내는 간편 추론 방법이다.

04 최종품목 또는 완제품의 주생산계획(MPS)을 기반으로 제품생산에 필요한 각종 원자재, 부품, 중간조립품의 주문량과 주문시기를 결정하는 재고관리방법은? 남양주도시공사

① 자재소요계획(MRP)
② 적시(JIT)생산시스템
③ 린(Lean)생산
④ 공급사슬관리(SCM)

[해설] 주생산계획(MPS) 다음에 행해지는 재고관리법이며, 원자재, 부품, 중간조립품의 납품을 관리하는 계획은 자재소요계획(MRP)이다.

05 자재소요계획(MRP)에 대한 설명으로 옳지 않은 것은? 한국국토정보공사

① 생산일정의 변경에도 유연하게 계획을 수정할 수 있다.
② 최종제품에 종속되는 제품의 수가 다양한 경우 컴퓨터 프로그램을 활용한다.
③ 주생산계획은 MRP의 입력자료에 해당한다.
④ 재고기록은 MRP의 출력자료에 해당한다.

[해설] 재고기록은 MRP의 입력자료에 해당한다.

06 자재소요계획(MRP)에 관한 설명 중 틀린 것은? 한국자산관리공사

① 제조시스템 내부 독립수요 품목의 재고 관리용이다.
② 자재소요계획(MRP)이 진행되기 위해서는 자재명세서가 필요하다
③ 총괄생산계획(APP)이 실시된 이후에 실시한다.
④ 하위 품목을 고정적으로 조달하는 것을 목적으로 한다.

[해설] 자재소요계획(MRP)은 하위 품목을 필요에 의해만 조달하는 것을 목적으로 하고 있다.

07 회사 운영에 사용되는 모든 프로세스를 한 곳으로 모아 관리하는 프로그램을 뜻하는 말로 가장 적절한 것은?

① 전사적 품질 경영
② 전사적 자원관리 시스템
③ MRPⅡ
④ 총괄생산계획

[해설] ERP(Enterprise Resources Planning)는 전사적 자원관리 시스템으로, 회사 운영에 사용되는 모든 프로세스를 한 곳으로 모아 관리하는 프로그램을 말한다. ERP는 MRP는 물론 MRPⅡ를 포함한다.

08 다음의 도표는 어떤 도표인가?

업 무		4/23	4/24	4/25	4/26
관 리	장소결정		▓▓▓		
	예산결정	▓			
	시간계획 확정	▓▓			
오 락	진행자 섭외			▓	
	프로그램 결정		▓		
	선물 · 경품 결정			▓▓	
	장비 임대			▓	
식 사	도시락 메뉴 결정		▓▓		
	음식 · 음료수 구입				▓
	도시락 업체 결정		▓▓		

① 부하차트
② 할당모형
③ 간트차트
④ 파레토도

[해설] 주어진 그림에서 한 축에는 시간의 흐름을 표시하고, 다른 한 축에는 요구되는 과업 등을 표시하였다. 이는 간트차트의 형태로, 전체 작업 공정의 일정 계획을 수립할 수 있고 핵심 과업이나 지체 작업의 현황을 손쉽게 파악할 수 있는 형태의 차트이다.

09 다음의 과정을 거쳐 작업순서를 결정하는 방식으로 옳은 것은?

> 1단계 : 각 작업장에서의 작업들의 처리시간을 책정한다.
> 2단계 : 작업장에 관계없이 처리시간이 가장 짧은 작업을 앞 순서로 결정한다.
> 3단계 : 결정된 작업을 제외하고 이 과정을 반복한다.

① 재생시스템
② 중량생산 시스템
③ 무한부하할당
④ 존슨의 법칙

[해설] 주어진 과정에 따른 작업 순서의 결정 방식은 존슨의 법칙으로, 두 개의 작업장을 거치는 작업 순서를 결정할 때 사용된다. 총 완료시간이 최소가 되도록 순서를 결정하는 법칙이다.

작은 기회로부터 종종 위대한 업적이 시작된다.

– 데모스테네스 –

최신복원문제

🎸 키워드 린시스템

다음 괄호 안에 들어갈 말이자 기업의 모든 활동에서 낭비와 지연을 제거하여 부가가치를 극대화하는 운영시스템은?

주택금융공사

> 토순양말 기업은 (   )을 적용하고자 기존 설비중 1/3을 처분하였다. 결과적으로 토순양말의 창고에는 매우 적은 재고만이 남게 되었다.

① 풀방식
② 지도카
③ 지속적 개선
④ 린시스템

[해설] 린시스템은 기업의 모든 활동에서 낭비와 지연을 제거하여 부가가치를 극대화하는 운영시스템이다. 린생산은 과거의 대량생산에 비해 훨씬 적은 노동력, 공간, 공구, 엔지니어링, 재고를 추구한다.

정답 ④

Chapter 07

린시스템

기출 키워드	중요도
✔ 린시스템	★★
✔ JIT철학	★★★
✔ 소규모로트	★★
✔ 풀방식	★★★
✔ 그룹 테크놀러지	★
✔ 칸반시스템	★★

CHAPTER

07 린시스템

1 린시스템의 개요

1 린시스템의 개념

(1) 린시스템(Lean system)은 기업의 모든 활동에서 낭비와 지연을 제거하여 부가가치를 극대화하는 운영시스템이다.

(2) 린(Lean)의 뜻은 '여윈', '마른', 또는 '기름이 없고 살코기만의' 라는 뜻을 지니고 있다. 이렇게 린생산은 아주 간결하고 최소한도의 필요한 자원만을 이용해 생산하는 시스템이다.

(3) 린생산은 동일한 생산량을 달성하는 데 과거의 대량생산보다 훨씬 적은 양의 자원, 노동력, 공간, 엔지니어링, 재고 등을 필요로 한다.

2 JIT(Just-In-Time, 적시생산시스템)

(1) JIT의 개념

JIT철학은 불필요한 재고를 없애고 부가가치가 없는 활동을 중단해 낭비를 제거하려는 시스템 차원의 철학을 말한다.

(2) JIT에서의 낭비

① 과잉생산

과잉생산은 필요하지도 않은 제품을 미리 생산하여, 재고를 남기고 긴 리드타임을 초래한다.

② 과잉처리

단순설비로도 충분하지만 고가의 정밀 장비를 사용한다.

③ 대 기

제품이 이동하거나 처리되지 않아 시간이 낭비된다.

④ 운 반

프로세스 사이의 지나치게 빈번한 물자이동이 일어난다.

⑤ 동 작

실제 작업과는 관련 없는 동작이 존재한다.

⑥ 재 고

작업현장의 문제를 숨기며 공간을 차지하고 리드타임을 늘린다.

⑦ 불량품

재작업 및 폐기 비용을 초래한다.

개념체크OX

• 린시스템의 과거의 대량생산의 연장선이다. ☐O☐X

• JIT철학에서는 재고를 낭비로 본다. ☐O☐X

X, O

⑧ 종업원 활용의 부족

　종업원의 지식과 창의성 활용이 불가하면 낭비가 지속된다.

3 지속적 개선(CI ; Continuous Improvement)

(1) 지속적 개선은 제품이나 프로세스를 조금씩 지속해서 개선해 나가는 경영 철학으로, 일본에서는 이를 '카이젠(改善)'이라고 한다.

(2) 지속적 개선 즉, 카이젠의 핵심은 재고가 문제를 숨긴다는 사실을 이해하는 데 있다. 따라서 재고를 줄임으로써 문제를 드러내고 그 해결방법에 대해 논의해야 한다.

4 토요타의 집

　린시스템은 토요타 자동차 회사에서 시작된 생산 시스템이다. 토요타 경영자는 토요타 생산시스템을 종업원들과 공급자들에게 설명하기 위해 '토요타의 집' 그림을 사용하였다.

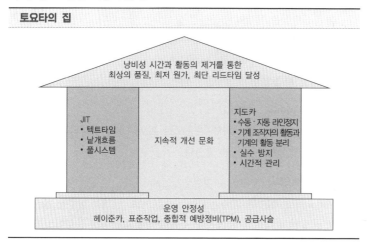

토요타의 집

2 린시스템과 공급사슬

1 공급자와의 긴밀한 유대관계

(1) 공급사슬 전반에 걸쳐서 재고를 최소화하고 공급의 효율을 향상하는 것이 중요하다.

(2) 공급의 리드타임이 짧아야 하고, 적은 재고 품질이 높은 부품을 공급받아야 하므로 공급자와의 긴밀한 유대관계를 맺어야 한다.

(3) 지리적으로 가까운 곳에 적은 공급자를 갖고 파트너십을 강화하여 물자 흐름을 빠르고 원활하게 해야 한다.

개념체크OX
• 카이젠의 핵심은 재고 감소에 있다. ○ X
• 토요타의 집에서 두 기둥을 이루는 것은 JIT와 포카요케이다. ○ X

○, X

2 소규모 로트의 장점

(1) 재고수준이 낮아져 자재 대기시간이 짧아진다.

(2) 생산주기가 짧아진다.

(3) 시스템의 균일한 작업부하가 이뤄진다.

(4) 과잉생산을 최소화한다.

(5) 불량 발견 시에 처리시간이 최소화된다.

(6) 일정계획 수립과 조정이 용이하다.

3 린시스템과 프로세스

1 풀 생산방식 업무 채택

풀 생산방식은 고객이 주문하면 생산하는 방식이다. 고객의 주문에 의해서 필요한 부품의 제작과 자재의 수급이 이끌어진다.

● **개념더하기**

푸시 생산방식
수립해 놓은 생산계획에 나타난 공정의 순서대로 첫 공정에서부터 마지막 공정까지 순차적으로 밀어내는 식의 생산방식이다.

2 원천적 품질확보

(1) **지도카(Jidoka, 自働化)**

지도카는 문제가 발생하면 자동으로 프로세스가 정지되고 현장에서 즉각 문제를 해결하는 제도를 말한다.

(2) **포카요케(Poka-yoke, ポカヨケ)**

포카요케는 '실수를 피하는'이라는 일본어로, 필연적 실수를 방지하기 위해서 품질관리 측면에서 행동을 제한하거나 정확하게 동작하도록 강제하는 여러 가지 제한점을 만드는 것을 말한다.

(3) **안돈(Andon, 行燈)**

현장의 작업자가 품질 등에 문제가 있다고 여길 시 조사 후 라인을 중지하는 것을 말한다.

3 작업장 부하 균일화

(1) 개별 작업장의 일일 부하가 비교적 균등해야 최상으로 작동한다.

(2) 소비 속도나 판매 속도에 맞추는 데 필요한 주기 시간을 기준으로 생산한다.

(3) **헤이준카(Heijunka, 平準化)**

물량조절과 제품 혼합을 사용하여 생산 부하를 평준화하는 방법이다. 고객들 주문에 즉각 제품을 생산하는 것이 아니라 일정 기간 모든 주문을 취합한 뒤 평준화하여 매일 동일 제품을 생산한다.

4 부품 및 작업방법의 표준화

제조업에서 부품을 표준화하는 것과 서비스업에서 작업방법을 표준화하는 것은 린시스템의 목표인 생산성의 향상과 재고의 감축이라는 목적을 달성하는 데에 효과적이다.

5 유연한 노동력(다기능화)

다기능을 가진 노동자는 여러 작업을 수행할 수 있기 때문에 병목 현상이 일어나도 재고에 의존하지 않고 문제를 해결할 수 있다.

6 생산의 자동화

생산을 자동화하면 제조원가를 절감할 수 있고, 제조원가의 절감은 합리적 투자의사결정의 근거가 된다.

7 종합적 예방정비

종합적 예방정비(TPM ; Total Preventive Maintenance)는 기계의 고장으로 인한 업무 흐름 혼란이나 안전재고 부족 등의 문제를 사전에 방지하기 위해 미리 계획된 정비 시간에 기계의 부품교체를 실시하는 것이다.

4 린시스템 배치

1 1인 다기계 셀

1인 다기계(OWMM ; One-Worker, Multiple-machines) 셀은 한 작업자가 라인흐름 방식으로 복수의 기계를 혼자 다루면서 일하는 셀을 말한다. 1인 다기계 셀 작업방식을 도입하면 소요 노동력이 감소하며, 자재가 운반 순서를 기다리지 않고 작업으로 곧바로 이동하기 때문에 재고 또한 감소한다.

2 그룹테크놀로지

(1) 그룹테크놀로지의 내용

소량 생산에서 라인 흐름 배치를 달성하는 방안으로, 셀을 만들어 수행할 일을 별도로 정하되 그 안에서 일하는 작업자는 반드시 한 사람으로 제한하지 않는다. 부품의 흐름 경로를 단순화함으로써 작업물이 작업장에 머무는 시간을 줄인다.

(2) 그룹테크놀로지의 과정

① 유사한 특성을 가진 제품이나 부품을 하나의 부품 군을 만든다.
② 이 군에 속하는 제품이나 부품들에 필요한 작업을 수행하는 기계를 배정하여 셀을 만든다.

③ 이들 부품에 기본적인 프로세스를 수행하는 데 필요한 기계 장치들을 별도의 셀들에 배치한다.

5 칸반시스템

1 칸반시스템의 개요

(1) 칸반의 정의

① 칸반은 사전적으로는 '간판'을 말하며, 생산시스템의 생산흐름을 통제하기 위하여 사용되는 마분지 카드를 의미한다.

② 칸반에는 작업이나 운반에 대한 정보가 기록되어 있어 이를 제공하거나 물품 관리 기능을 수행한다.

③ 칸반은 물품 인수 시 사용되는 인수 칸반과 생산 지시용인 생산 칸반이 있다.

(2) 칸반시스템의 정의

① 칸반시스템은 도요타 자동차의 생산시스템에서 유래된 용어로서 JIT(Just-In-Time) 시스템의 생산통제수단이다.

② '칸반'이라는 눈으로 보는 관리 방식을 통해 낭비를 제거하고 필요한 때에 필요한 물건을 필요한 양만큼만 만들어서 보다 빨리, 더욱 싸게 생산하기 위한 목적으로 활용된다.

2 칸반시스템의 원리

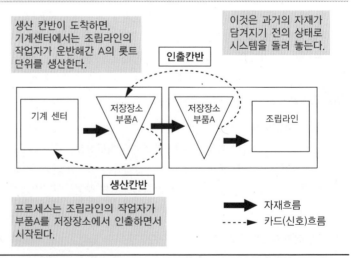

칸반시스템의 원리

생산 칸반이 도착하면, 기계센터에서는 조립라인의 작업자가 운반해간 A의 롯트 단위를 생산한다.

이것은 과거의 자재가 담겨지기 전의 상태로 시스템을 돌려 놓는다.

인출칸반

기계 센터 → 저장장소 부품A → 저장장소 부품A → 조립라인

생산칸반

프로세스는 조립라인의 작업자가 부품A를 저장장소에서 인출하면서 시작된다.

➡ 자재흐름
----> 카드(신호)흐름

3 칸반(컨테이너) 수의 결정

$$n = \frac{DT}{C}$$

(n : 컨테이너 총수 , D : 생산된 부품을 사용하는 후속 작업장의 수요율, C : 컨테이너의 크기 , T : 컨테이너 1대가 한번 순환하는 데 걸리는 시간)

4 최대 재고의 결정

$$최대재고 = 컨테이너\ 총수 \times 컨테이너의\ 크기$$
$$= nC$$
$$= DT$$

(n : 컨테이너 총수 , D : 생산된 부품을 사용하는 후속 작업장의 수요율, C : 컨테이너의 크기 , T : 컨테이너 1대가 한번 순환하는 데 걸리는 시간)

개념더하기

칸반시스템 용어 설명
• 컨테이너 : 칸반
• 컨테이너의 크기 : 컨테이너 하나에 담을 수 있는 부품 수
• 컨테이너의 순환 : 컨테이너에 하나에 부품을 채우고 대기하고 사용되고 다시 돌아오는 과정

01 JIT에서 낭비가 될 수 있는 것으로 옳지 않은 것은?   서울주택도시공사

① 동 작   ② 재 고

③ 운 반   ④ 과소생산

[해설] JIT에서 낭비로 분류하고 있는 것은 과소생산이 아닌, 과잉생산이다. 과잉생산은 불필요한 제품을 생산하여 재고를 남기고, 긴 리드타임을 초래한다.

02 다음 중 소규모 로트에 대한 설명으로 옳지 않은 것은?   부산시통합채용

① 재고수준이 높아져 자재 대기시간이 짧아진다.

② 생산주기가 짧아진다.

③ 시스템의 균일한 작업부하가 이뤄진다.

④ 불량 발견 시에 처리시간이 최소화된다.

[해설] 소규모 로트를 생산할 경우, 재고수준은 낮아진다.

03 다음 중 고객이 주문을 하면 생산을 시작하는 방식은?   경기도통합채용

① JIT   ② 풀방식

③ 푸시 방식   ④ 칸반시스템

[해설] 풀방식은 고객의 주문에 의해서 제품생산이 시작되는 방식을 말한다.

04 다음 예시 상황과 유사한 원천적 품질확보 방식으로 옳은 것은?   한국철도공사

> 자동차에서 기어를 'P'로 놓지 않으면 시동이 걸리지 않도록 만들어, 급작스러운 출발이나 엔진과열같이 운전자가 자동차를 안전하지 않은 상태로 놔두고 나가는 것을 방지하도록 한다.

① 지도카   ② 안돈

③ 포카요케   ④ 헤이준카

[해설] 실수를 방지하기 위해 자동차의 기어의 제한점을 이용해 정확하게 동작하도록 강제하였으므로 이는 포카요케에 대한 예시이다.

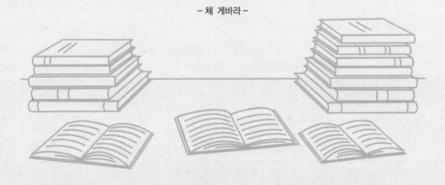

무언가를 위해 목숨을 버릴 각오가 되어 있지 않는 한
그것이 삶의 목표라는 어떤 확신도 가질 수 없다.

- 체 게바라 -

최신복원문제

🔑키워드 선형계획법

다음 중 의사결정변수, 목적함수, 제약조건, 부호제약으로 구성되어 있으며, 최적해를 구하는 이론 또는 모형으로 옳은 것은?

한국고용정보원

① 헝가리법
② 수송모형
③ 선형계획법
④ 최소자승법

해설 목적함수에 제약조건을 적용해 최적해를 구하는 방법은 선형계획법이다.

정답 ③

Chapter 08

경영 과학

기출 키워드	중요도
☑ 선형계획법	★
☑ 수송모형	★
☑ 간트차트	★★
☑ PERT/CPM	★
☑ 주경로	★★
☑ 작업활동 소요시간	★★
☑ 완전정보의 기대치	★
☑ 비확률적 의사결정	★
☑ 예 측	★★★
☑ 회귀분석	★
☑ 시계열분석	★★
☑ 단순이동평균법	★
☑ 가중이동평균법	★
☑ 지수평활법	★★★
☑ 예측오차	★

08 경영 과학

1 선형계획법

1 선형계획법의 개념

선형계획법은 제약조건이 연립일차부등식 또는 연립일차방정식으로 나타나고, 알고자 하는 값을 나타내는 목적 함수의 최댓값 또는 최솟값을 구하는 방법에 관한 이론이다.

2 선형계획법의 구조

(1) 의사결정변수(Decision variable)

의사결정변수는 의사결정자가 결정해야 할 대상을 뜻한다. 즉, 의사결정변수는 아직 값은 모르지만 우리가 최적화를 통해 알고자 하는 변수를 뜻한다. 선형계획법에서 의사결정변수는 정수의 값이 아니라 실수를 가진다고 가정한다(정수로 가정하는 경우 '정수계획법'이라고 부른다). 만약 장난감회사에서 생산하는 버스와 기차 장난감을 얼마나 생산할지 결정해야 한다면 의사결정 변수는 다음과 같다.

> x_1 : 일주일에 생산해야 하는 버스 장난감의 수
> x_2 : 일주일에 생산해야 하는 기차 장난감의 수

(2) 목적함수

목적함수는 의사결정자가 이루고자 하는 목표를 수리적으로 표현한 것이다. 목적함수는 최대화(매출, 이익 등) 또는 최소화(비용 등)의 대상이 된다. 즉, 최대화 또는 최소화하고자 하는 함수를 목적함수라고 정의하게 된다. 예를 들어 장난감회사는 버스 장난감을 판매하면 3원의 이익이 있고, 기차 장난감을 판매하면 2원의 이익이 있다고 가정하면 이익을 최대화하기 위한 목적함수는 아래와 같다.

$$\max = 3x_1 + 2x_2$$

(3) 제약조건

제약조건은 목적 달성에 제한을 주는 조건을 뜻한다. 현실적인 제약조건이 없다면 목적함수의 값은 한없이 커지거나 줄어들 수 있다. 예를 들어, 장난감 회사는 버스 장난감 또는 기차 장난감을 생산하는데 총 100시간을 소요할 수 있고, 버스 장난감을 생산하는 데는 2시간, 기차 장난감을 생산하는

데는 1시간이 소요된다. 또한 장난감을 포장하는데 소요되는 시간은 80시간을 초과할 수 없고 버스 장난감, 기차 장난감 각각 포장시간은 1시간씩 소요된다. 마지막으로 버스 장난감은 일주일에 최대 40개만 생산된다. 이러한 제약들을 제약식으로 표현하면 아래와 같다.

$$2x_1 + x_2 \leq 100(생산시간 \ 제약)$$
$$x_1 + x_2 \leq 80(포장시간 \ 제약)$$
$$x_1 \leq 40(생산 \ 수 \ 제약)$$

(4) 부호제약

부호제약은 의사결정 변수가 가질 수 있는 값의 범위이다. 주로 양수 조건, 음수 조건 등을 가지게 된다. 장난감회사는 버스 장난감이나 기차 장난감을 음수로 생산할 수 없으므로 의사결정의 부호제약은 아래와 같다.

$$x_1 \geq 0$$
$$x_2 \geq 0$$

3 최적해

위의 식들을 종합하여 실행 가능 영역을 찾아낸 뒤, 최댓값 혹은 최솟값을 찾아낼 수 있고, 그때의 값이 최적해가 된다. $x_1 = 20$, $x_2 = 60$인 점에서 $3x_1 + 2x_2 = 220$으로 최댓값을 갖는다.

🔵 **개념더하기**

민감도 분석

목적함수의 계수, 제약 값의 상수 등을 매개변수라 하는데, 이러한 매개변수의 변화가 최적해에 미치는 영향을 분석하는 것을 말한다.

선형계획법의 최적해 예시

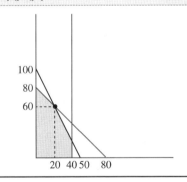

$$x_1 = 20, \ x_2 = 60$$

4 할당모형

(1) 할당모형의 개요

① 작업이나 자원의 최적 할당을 위한 선형계획 모형이다. 비용, 이익, 효율성, 작업 성과 등의 기준을 사용하여 작업과 자원의 최적 결합을 도출하는 것이다.

② 할당모형에서는 헝가리법이 사용되는데 최소비용을 달성하기 위해 작업과 기계를 1:1로 할당하는 방법이다.
③ 행과 열의 개수가 같을 때 사용한다.

(2) 헝가리법

단계 1. 각 행(row)에서 최솟값을 구한 후 빼준다.
단계 2. 각 열(column)에서 최솟값을 구한 후 빼준다.
단계 3. 0을 가장 많이 포함하는 행 또는 열을 최소 개수로 찾아준다.
단계 4.
  • 만약 찾은 직선의 개수가 n개라면, 단계 6으로 간다.
  • 만약 찾은 직선의 개수가 n보다 적다면, 단계 5로 간다.
단계 5.
  5-1) 단계 3에서 찾은 직선으로 커버 되지 않은 요소 중 최솟값을 찾는다.
  5-2) 커버되지 않은 행에서 최솟값을 빼준다.
  5-3) 중복 커버된 열에는 최솟값을 더해줘서, 마이너스 부분을 다시 0으로 바꿔준다.
  5-4) 단계 3으로 간다.
단계 6.
  6-1) 각 행과 열에서 하나의 0만 가지는 조합을 찾는다.
  6-2) 찾은 최적 조합의 위치를 본래 행렬에서 적용한다.

(3) 할당모형의 예시

작업 \ 설비	A	B	C	D
1	4	5	6	2
2	3	5	7	1
3	5	6	2	2
4	4	3	7	5

작업 \ 설비	A	B	C	D
1	2	3	4	0
2	2	4	6	0
3	3	4	0	0
4	1	0	4	2

작업 \ 설비	A	B	C	D
1	1	3	4	0
2	1	4	6	0
3	2	4	0	0
4	0	0	4	2

작업 \ 설비	A	B	C	D
1	1	3	4	~~0~~
2	1	4	6	~~0~~
3	~~2~~	~~4~~	~~0~~	~~0~~
4	~~0~~	~~0~~	~~4~~	~~2~~

작업 \ 설비	A	B	C	D
1	~~0~~	2	3	~~0~~
2	~~0~~	3	5	~~0~~
3	~~2~~	~~4~~	~~0~~	1
4	~~0~~	~~0~~	~~4~~	~~3~~

작업 \ 설비	A	B	C	D
1	0	2	3	0
2	0	3	5	0
3	2	4	0	1
4	0	0	4	3

할 당	비 용
1-A	4
2-D	1
3-C	2
4-B	3
총 합	10

5 수송모형

(1) 수송모형의 개요

① 수송문제(Transportation problem)는 다수의 공급지로부터 다수의 수요지까지 총 수송비용을 최소화하면서 상품을 수송하는 의사결정 문제의 해법의 다루는 방법이다.

② 수송문제는 특수한 형태의 선형계획모형으로 볼 수 있으므로 선형계획법으로 해를 구할 수도 있으나 번거로운 반복절차를 거쳐야 하므로 매우 비효율적이다.

③ 수송모형은 수송문제를 선형계획법을 이용하는 경우보다 계산시간을 크게 단축한다.

(2) 균형 모형의 종류

공장 A, B, C로부터 가, 나, 다 각 지역으로의 단위당 수송비를 나타낸 예시이다.

공 장 ＼ 지 역	가	나	다	공급량
A	7	5	2	13
B	2	4	8	17
C	5	9	4	20
수요량	15	18	17	50

① 북서코너법

㉠ 계산과정
- 단계 1

  북서쪽 첫 번째 칸에 수요량과 공급량의 범위 내에서 가능한 많은 양을 할당한다.
- 단계 2

  수요 또는 공급이 충족된 행 또는 열은 제외한다.
- 단계 3

  모든 수요 또는 공급이 충족될 때까지 위 과정을 반복한다.

공 장 ＼ 지 역	가	나	다	공급량
A	7 13	5	2	13
B	2 2	4 15	8	17
C	5	9 3	4 17	20
수요량	15	18	17	50

㉡ 수송비

$(7 \times 13) + (2 \times 2) + (4 \times 15) + (9 \times 3) + (4 \times 17) = 250$

㉢ 북서코너법의 평가

수송문제의 목적은 총수송비를 최소화하는 것임에도 북서계획법은 비용을 전혀 고려하지 않고 있다.

② 최소비용법

㉠ 최소비용법의 개념

최소비용법은 단위당 수송비가 가장 적은 조건에 최대한 많은 수송량을 할당하는 해법이다.

㉡ 계산과정
- 단계 1 : 단위당 수송비가 가장 적은 조건에 공급량과 수요량의 범위 내에서 가능한 많은 양을 할당한다.
- 단계 2 : 수요 또는 공급이 충족된 열 또는 행은 제외한다.
- 단계 3 : 모든 수요 또는 공급이 충족될 때까지 위 과정을 반복한다. 수송비용이 같을 경우 더 많은 양을 할당할 수 있는 칸에 우선으로 할당한다.

공장 \ 지역	가	나	다	공급량
A	7	5	2 13	13
B	2 15	4 2	8	17
C	5	9 16	4 4	20
수요량	15	18	17	50

ⓒ 수송비

$(2 \times 13) + (2 \times 15) + (4 \times 2) + (9 \times 16) + (4 \times 4) = 224$

③ 보겔 추정법

ⓐ 보겔 추정법의 개념

기회비용 또는 페널티비용을 최소화하는 합리성에 근거하여 수송량을 할당하는 기법이다.

ⓑ 계산과정

• 단계 1

각 행과 열에서 가장 적은 수송비와 다음으로 적은 수송비와의 차이를 나타내는 페널티비용을 계산하여 페널티비용이 가장 큰 행 또는 열을 선택한다.

• 단계 2

선택된 행 또는 열 중에서 최소의 단위당 수송비를 가지는 칸에 공급량과 수송량의 범위 내에서 최대한 많은 수송량을 할당한다.

• 단계 3

수요 또는 공급이 충족된 행 또는 열은 제외한다.

• 단계 4

(검토된 페널티는 리셋하고) 모든 수요 또는 공급이 충족될 때까지 위의 과정을 반복한다. 만일 두 개 이상의 칸에서 페널티비용이 같을 경우에는 더 많은 양을 할당할 수 있는 칸에 우선으로 할당한다.

공장 \ 지역	가	나	다	공급량	
A	7	5	2	13	3
B	2 15	4	8	17	2
C	5	9	4	20	1
수요량	15	18	17	50	
	3*	1	2		

공장 \ 지역	가	나	다	공급량	
A	7	5 13	2	13	3
B	2 15	4 2	8	17	4
C	5	9 3	4 17	20	5*
수요량	15	18	17	50	
		1	2		

ⓒ 수송비

$(5 \times 13) + (2 \times 15) + (4 \times 2) + (9 \times 3) + (4 \times 17) = 198$

6 특수한 선형계획법

(1) 정수계획법

일반적 선형계획법에 정수 제약조건을 추가하여 최적해가 정수가 되도록 하는 기법이다.

(2) 목표계획법

하나 이상의 목적함수를 가진 선형계획법의 변형 형태이다.

2 프로젝트 관리

1 간트차트

(1) 간트차트의 개요

① 간트차트는 미국의 헨리 간트(H. L. Gant)가 창안한 관리 도표로 작업 계획과 현재까지의 작업 실적을 비교해 작업진행률을 확인함과 동시에 향후의 일정을 관리 및 통제하는 데 이용된다.

② 간트차트는 한 축에 시간의 흐름을 표시하고 다른 한 축에 생산 사이클에서 요구되는 과업 등을 표시하여, 전체 작업 공정의 일정 계획을 수립할 수 있고 핵심 과업이나 지체 작업의 현황을 손쉽게 파악할 수 있는 형태의 차트이다.

(2) 간트차트의 예시

	시 간				
작업장	월	화	수	목	금
1	Job3	일 감		Job4	
2		Job3	Job7		✕
3	Job1	✕		Job6	Job7
4	Job10				

자원 ▼

▭ 작업중
✕ 사용불가 작업장(예 유지보수 중)

2 PERT/CPM

(1) PERT/CPM의 개요

① PERT(Program Evaluation and Review Technique)는 불확실한 프로젝트의 일정, 비용 등을 합리적으로 계획하고 관리하는 기법이다.

② 확률적인 추정치를 이용하여 단계 중심의 확률적 모델을 전개한다. 최단 기간에 목표를 달성하는 것이 목적이다.

③ CPM(Critical Path Method)은 과거 실적이나 경험 등의 확정적 결과의 값을 이용하여 활동 중심의 확정적 모델을 전개한다.

④ 목표기일 단축과 비용 최소화를 달성하는 것이 목적이나 이 둘 간의 차이는 불확실성 측면을 제외하고는 동일한 구조를 가지며 최근 유사성이 더욱 커지고 있다.

⑤ PERT와 CPM 모두 프로젝트를 원과 화살표를 이용해 도형화하는 것이 주요 특징이다.

(2) PERT/CPM 계획공정도(네트워크)의 작성

① 구성요소

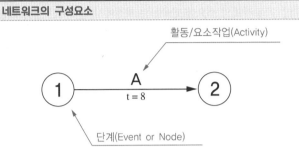

네트워크의 구성요소

활동 A가 단계 1에서 시작하여 단계 2에서 완료되며 소요예정시간은 8단위시간이다.

② 작성절차

ㄱ 프로젝트 목표를 설정하고 필요한 작업(Activity)을 선정한다.

ㄴ 작업 목록표(Activity list)를 작성한다.

ㄷ 활동과 단계를 연결한 네트워크를 만들고, 활동 및 단계의 명칭을 기입한다.

(3) 작업활동 소요시간(PERT time)

① PERT는 작업시간이 불확실한 프로젝트의 계획이므로 작업활동 소요시간이 베타분포를 그린다고 가정한다.

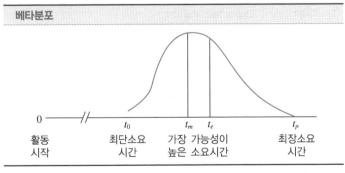

베타분포

② 작업활동 소요시간은 세 개의 추정치를 가중평균하여 기대 시간을 구한다.

ㄱ 최단 소요시간 : t_0

ㄴ 최장 소요시간 : t_p

ㄷ 최가능 소요시간 : t_m

$$기대시간(t_e) = \frac{t_0 + 4t_m + t_p}{6}$$

③ 주경로(Critical path)
　　㉠ 주경로는 모든 경로 중 소요시간이 가장 긴 경로를 의미하며, 하나 이상의 경로가 주경로가 될 수 있다.
　　㉡ 여유시간(총여유시간, 자유여유시간)이 0 또는 거의 없는 공정들을 연결한 경로이다.
　　㉢ 프로젝트의 소요를 단축하는 과정에서 단축시간 대비 비용효과가 가장 큰 활동을 선택하기 위해 주경로상 활동들을 우선으로 단축해야 한다.

④ 활동 여유시간
　　㉠ ES(Earliest Start time) : 활동을 가장 빨리 시작할 수 있는 시간
　　㉡ EF(Earliest Finish time) : 활동을 가장 빨리 완료할 수 있는 시간
　　㉢ LS(Latest Start time) : 활동을 가장 늦게 시작할 수 있는 시간
　　㉣ LF(Latest Finish time) : 활동을 가장 늦게 완료할 수 있는 시간

(4) 프로젝트 소요시간 단축을 위한 정보
① 각 활동에 대한 정규시간과 단축된 시간에 대한 추정
② 각 활동에 대한 정규 비용과 단축되었을 경우 원가에 대한 추정
③ 주경로상에 있는 활동들의 리스트

개념더하기

총여유시간

전체 일정에 영향을 주지 않으면서 지연될 수 있는 시작시간

개념더하기

자유여유시간

해당 활동이 빨리 시작될 때 이용 가능한 여유시간

3 의사결정

1 확률적 의사결정

(1) 기대치(EV ; Expected Value)
가능한 상황이 발생할 확률을 추정한 후, 각각의 성과액에 해당 확률을 곱하여 계산한다.

(2) 기대 기회손실(EOL ; Expected Opportunity Loss)
각 의사결정에 대한 기회손실의 기대치를 말한다.

(3) 완전정보의 기대치(EVPI ; Expected Value of Perfect Information)
더욱 나은 의사결정을 내리기 위해 미래 상황에 대한 정보의 대가로 지불할 용의가 있는 최대 금액을 말한다.

완전정보의 기대치 = 완전정보하의 기대치 - 기존정보하의 기대치

2 비확률적 의사결정

(1) MAXIMAX 기준

가장 좋은 성과 중에서 가장 좋은 결과를 선택하는 의사결정 기준이다(낙관적).

(2) MAXIMIN 기준

최소의 성과액 중 최대치를 선택하는 의사결정 기준이다(비관적).

(3) MINIMAX 기준

최대 기회손실을 최소화하는 의사결정 기준이다.

(4) 후르비츠 기준

MAXIMAX 기준과 MAXIMIN 기준의 절충안이다.

(5) 라플라스(Laplace) 기준

발생 가능한 각 상황의 확률을 동일한 비중으로 계산하는 기준이다.

4 CVP분석

1 CVP분석의 정의

생산판매량(조업도), 원가, 이익의 관계를 수식화하여 손익분기점 등을 분석하는 기법이다.

2 CVP분석의 내용

(1) 손실을 보지 않기 위해서 달성하여야 하는 판매량 및 매출액

(2) 목표이익을 얻기 위해서 달성하여야 하는 판매량 및 매출액

(3) 특정판매량을 통해서 얻을 수 있는 이익

(4) 판매량이나 원가가 변동 시 이익에 미치는 영향

3 공헌이익(CM ; Contribution Margin)

공헌이익은 재무회계의 매출총이익과 같이 순이익 산출과정의 중간이익 개념으로서 고정원가를 회수하고 순이익 창출에 공헌하는 이익이라고 정의할 수 있다.

> 공헌이익 = 매출액 − 변동원가

4 손익분기점(BEP ; Break-Even Point)

(1) 손익분기점의 정의

손익분기점은 매출액이 총원가와 동일한 지점으로 이익이 0이 되는 매출액
수준을 말한다.

$$PX = a + bX + TI$$
$$(P-b)X = a + TI$$
$$X = \frac{a + TI}{P - b}$$
$$PX = (\frac{a + TI}{P - b}), \ P = \frac{\frac{a + TI}{P - b}}{P}$$

BEP매출수량 $= \dfrac{a}{P - b}$

BEP매출액 $= \dfrac{a}{\frac{P-b}{P}} = \dfrac{aP}{P-b}$

(X : 매출 수량, P : 판매가격, TI : 목표이익, a : 고정원가, b : 변동원가)

(2) 손익분기점과 손익 발생

구 분	공헌이익과 고정원가 관계	손 익
손익분기점 이하	공헌이익 < 고정원가	손 실
손익분기점 이상	공헌이익 > 고정원가	이 익

---

5 예 측

1 예측의 분류

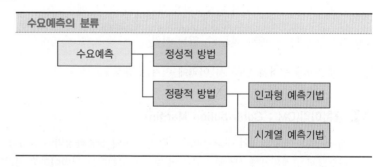

2 정성적 방법

(1) 시장조사법

① 대상시장에 대하여 설문지, 전화, 또는 개별 방문을 통하여 자료를 수집
하고 이에 기초하여 예측하거나 가설을 설정하고 검정한다.

② 통계적 분석방법을 위시한 정량적 방법들이 활용되기도 하여 정성적 예측기법 중 가장 정량적이며 시간과 비용이 많이 소요된다.

(2) 델파이기법

① 미래 상황에 대하여 전문가나 담당자로 구성된 위원회를 구성하여 개별적 질의를 통해 의견을 수집하여 이를 종합, 분석, 정리하고 의견이 일치될 때까지 개별적 질의과정을 되풀이하는 방법이다.

② 분석, 정리된 질의결과는 다음 질의 시 응답자에게 제시되어야 한다.

(3) 패널조사법

전문가, 담당자, 소비자 등으로 위원회를 구성하여 자유롭게 의견을 개진함으로써 결론을 유도하는 방법으로, 델파이기법이 비공개적임에 반하여 패널조사법은 공개적으로 진행된다.

(4) 판매원 추정법

고객과 가장 가까이 있는 판매원들에게 수요를 추정하게 하여 이를 근거로 예측하는 방법이다.

(5) 경영자 판단법

경영자 집단의 의견, 경험, 기술적 지식 등을 통해 예측하는 방법이다.

3 인과형 예측기법

(1) 인과형 예측기법의 종류

구 분	내 용
회귀분석	둘 이상의 변수의 관계를 통계적 방법으로 분석하여 수요를 예측하는 방법이다.
계량경제모형	복잡한 경제현상을 일련의 변수들간 상호관계 즉, 회귀방정식을 통해 이론적으로 규명하고 수식화, 통계적 검정을 통해 예측하는 방법이다.
투입산출모형	도시 내 혹은 도시 간에 있어 산업부문간 재화 및 용역의 이동상태, 산업부문간 상호의존도 파악을 통해 수요를 예측하는 방법이다.
선도지표법	예측 대상의 선도지표를 통해 수요를 예측하는 방법이다.
시뮬레이션 모형	내생변수와 외생변수를 설정한 후 컴퓨터 프로그램으로 구현되어 실행되는 개념 모델이다.

(2) 회귀분석

① 회귀분석의 개요

ⓐ 회귀분석은 수요에 영향을 주는 요인들은 독립변수, 수요는 종속변수로 설정한 뒤 독립변수에 대한 함수로 수요를 통계적 모형화한 것이다.

ⓑ 모형화된 함수를 회귀방정식이라 하며 독립변수들의 값이 주어지면 회귀방정식을 통해 수요의 값을 예측할 수 있다. 이때 독립변수들에 대한 수요반응은 선형으로 모형화가 가능하다.

개념더하기

선도지표(선행지표)
경기의 동향을 나타내는 각종 경제지표 중 경기의 움직임보다 앞서 움직이는 지표

개념체크OX

• 델파이기법은 전문가가 필요한 예측법이다. ◯ⓧ

• 패널조사법은 비공개적으로 이뤄진다. ◯ⓧ

◯, ⓧ

ⓒ 독립변수가 하나면 단순 회귀분석, 둘 이상이면 다중 회귀분석이라
한다. 독립변수에 대한 수요의 반응이 비선형으로 모형화되는 경우
에는 비선형 회귀분석이라 한다.

② 회귀방정식

단순 회귀분석의 회귀방정식은 다음과 같다. 독립변수 x값이 주어지면
종속변수 $\hat{y}$값 즉, 수요의 예측치가 결정된다.

$$\hat{y} = a + bx$$

(x : 독립변수(수요에 영향을 미치는 요인), $\hat{y}$: 수요, a : $\hat{y}$의 절편, b : 기울기)

③ 최소자승법

ⓒ 회귀분석은 주어진 요인 x에 대한 수요의 확률적 변화를 잘 반영하
도록 회귀방정식을 결정하는 절차가 필요하다. 이는 수요와 요인들
의 값에 대한 과거의 자료로부터 유도되고, 최소자승법에 의해 유도
할 수 있다.

ⓒ 최소자승법에서는 자료의 수요값들과 회귀방정식에 의한 수요값들
의 차의 제곱이 최소가 되도록 회귀방정식을 결정한다. 여기에서 자
료의 수요값과 회귀방정식에 의한 수요값의 차를 오차라 한다. 오차
의 자승의 합을 SSE(Sum of Square Errors)라고 한다.

$$SSE = \sum_{i=1}^{n} (y_i - \hat{y_i})^2$$
$$= \sum_{i=1}^{n} [y_i - (a + bx_i)]^2$$

SSE가 최소가 되도록 a와 b를 결정한다.

$$\frac{d}{da} SSE = 0$$

$$\frac{d}{db} SSE = 0$$

$$a = \frac{\sum_{i=1}^{n} y_i - b \sum_{i=1}^{n} x_i}{n}$$

$$b = \frac{n \sum_{i=1}^{n} x_i y_i - \sum_{i=1}^{n} x_i \sum_{i=1}^{n} y_i}{n \sum_{i=1}^{n} x_i^2 - (\sum_{i=1}^{n} x_i)^2}$$

($(x_1,\ y_1),\ (x_2,\ y_2),\ \cdots,\ (x_n,\ y_n)$: 특정 요인과 실제 수요에 대한 n개의 자료,
$\hat{y_i}\ (i=1,\ \cdots n)$: 회귀방정식으로부터 산정된 수요,

$\dfrac{\sum_{i=1}^{n} x_i}{n}$: x자료의 평균, $\dfrac{\sum_{i=1}^{n} y_i}{n}$: y자료의 평균)

4 시계열 예측기법

(1) 시계열 예측기법의 개요

① 시계열이란 변수의 순차적 배열을 의미한다. 즉, 시간의 흐름에 따른 변수를 일정 시간의 간격으로 정리하여 놓은 것이다.

② 시계열 예측기법은 과거의 수요패턴의 연장선에서 미래의 수요를 예측하는 방법이다.

③ 과거의 수요에 대한 자료만이 필요하며 자료를 얻는 데 필요한 노력이 여타의 예측기법에 비하여 매우 간단하고 쉽게 적용할 수 있다.

④ 수요패턴에 변화가 예상되는 경우나 장기간의 예측에는 부적절하다.

(2) 시계열 예측 변동의 종류

① 경향변동

수요의 장기적 변화의 전반적 경향으로 증가하거나 감소하는 전반적 추세를 나타낸다.

② 순환변동

경기변동과 같이 정치, 경제, 사회적 요인에 의한 변화로서 장기적인 수요의 순환적인 변화 현상을 의미한다.

③ 계절적변동

계절에 따른 수요의 변화로, 1년 단위로 되풀이된다.

④ 우연변동

설명될 수 없는 요인 또는 돌발적인 요인에 의하여 일어나는 변화를 의미한다.

시계열 변동의 종류

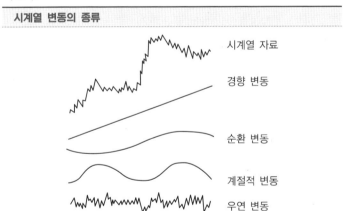

(3) 시계열 예측기법의 종류

① 이동평균법

㉠ 단순이동평균법

• 이동평균법은 시계열 예측기법 중 가장 쉽게 적용될 수 있는 방법으로, 시계열 자료에 추세, 순환 변동, 계절적 변동 등의 급격한 변화가 없고 우연 변동만 존재하는 경우 수요예측에 유용하게 적용될 수 있다.

- 시계열 변동요인이 존재하는 경우에는 추세나 계절지수를 산정하는 데도 이용되며, 시계열에서 가장 최근의 일정기간의 자료를 단순평균하여 예측치를 산정한다.
- 단순이동평균법은 일정기간의 실제 수요를 단순이동평균하여 미래 수요를 예측하고 이동평균 기간 동안 각 분기의 수요가 동일한 가중치로 수요예측치에 반영한다.

$$F_t = \frac{D_{t-1} + D_{t-2} + \cdots + D_{t-n}}{n}$$

(F_t : t기간에 대한 수요 예측치, D_t : t기간의 시계열 값, n : 이동평균기간)

ⓒ 가중이동평균법
- 가중이동평균법은 이동평균기간을 구성하는 각 단위 기간의 수요를 가중 평균하여 미래 수요를 예측하는 방법이다.
- 가중이동평균법의 경우에는 이동평균기간의 각 단위기간에 가중치가 부여되며, 최근의 자료에 더 큰 가중치를 부여함으로써 단순이동평균법보다 수요의 변화를 모형에 더 반영하고자 하는 예측기법이다.

$$F_t = w_{t-1}D_{t-1} + w_{t-2}D_{t-2} + \cdots + w_{t-n}D_{t-n}$$

(w_t : t기간에 부여된 가중치)

② 추세분석법
ⓐ 추세분석법은 그 접근 방법이 근본적으로 회귀분석과 같으며, 시간에 따른 시계열 자료의 추세선을 유도함으로써 그 추세선에서 미래의 수요를 예측하는 방법이다.
ⓑ 단순 회귀분석에서 특정한 요인을 독립변수로 고려하는 반면, 추세분석법은 시간을 독립변수로 놓고 회귀방정식, 즉 추세선을 구하는 방법이다.
ⓒ 주어진 시계열 자료가 시간의 흐름에 있어서 선형관계를 가지면 단순 회귀분석을, 비선형관계이면 비선형 회귀분석을 실시하게 된다.
③ 시계열분해법
ⓐ 시계열분해법은 시계열 자료로부터 추세, 순환 변동, 계절적 변동을 확인하여 분해함으로써 좀 더 정확한 예측을 시도하는 예측기법이다.
ⓑ 시계열분해법을 적용하기 위해서는 시간의 흐름에 따라 수요에 관한 최신 자료를 정기적으로 분석에 포함해 이동평균 단위 기간 수요를 계산하고 이에 따라 조정된 계절지수를 갱신해 새로운 추세식을 유도해야 한다.
ⓒ 특별한 불규칙한 변동이 없는 한 장기간의 자료에 의한 분석이 더 적절하다고 할 수 있다.

④ 지수평활법

　　㉠ 지수평활법은 최소의 자료로 단기예측에 유용하게 활용할 수 있는 예측기법으로, 추세, 순환 변동, 계절적 변동이 크게 작용하지 않고 비교적 안정적인 시계열 자료의 경우에 적합하다.

　　㉡ 특히 이러한 시계열 자료의 요인들을 직접 모형에 반영하는 경우에는 추세조정 지수평활법이나 계절적 변동조정 지수평활법 등의 요인조정 지수평활법을 적용할 수 있다.

　　㉢ 시계열 자료의 요인이 직접 모형에 반영되지 않는 모형을 단순 지수평활법이라 한다. 단순 지수평활법은 다음과 같이 간단히 모형화될 수 있다.

$$F_{t+1} = \alpha(\text{이번기 수요}) + (1-\alpha)(\text{전기에 계산된 예측치})$$
$$F_{t+1} = \alpha D_t + (1-\alpha)F_t$$
$$= F_t + \alpha(D_t - F_t)$$

(F_t: 기간 t에서의 시계열 예측치, D_t: 기간 t의 시계열 자료 실측치, α: 평활상수로서 $0 \le \alpha \le 1$, $D_t - F_t$: 예측오차)

(4) 휴리스틱 기법(Heuristic techniques)

① 최적해를 찾는 것이 아니라 만족할만한 수준의 해법을 경험에 기반하여 찾아내는 간편 추론 방법이다.

② 불충분한 시간이나 정보로 인하여 합리적인 판단을 할 수 없거나, 체계적이면서 합리적인 판단이 굳이 필요하지 않은 상황에서 사람들이 빠르게 사용할 수 있다. 과거 데이터로 장래에 대한 결정 규칙을 도출할 수 있다.

③ 회귀분석이나 시뮬레이션에 의해 근사치를 제시한다. 종류로는 경영계수 모델, 매개변수에 의한 생산계획, 지식기반 전문가 시스템, 탐색 결정 규칙이 있다.

5 예측오차

(1) 예측오차의 척도

① 복잡성과 동태성을 특징으로 하는 예측환경에서 정확한 예측은 매우 어려운 일이다.

② 효율적인 예측을 위해서는 예측치가 실제 수요를 어느 정도 반영하는가를 측정할 수 있는 척도가 필요하다.

③ 예측오차 척도는 예측기법의 신뢰도를 제시할 뿐만 아니라 적절한 예측기법을 선택하는 데도 활용될 수 있다.

(2) 예측오차 척도의 종류

① 누적예측 오차(CFE ; Cumulative sum of Forecast Error)
누적예측 오차는 예측오차의 합을 말한다.

개념더하기

평활효과(smoothing effect)
그래프를 부드럽게(smooth out) 하는 효과를 말한다. 지수평활법에서 평활상수는 예측치와 실제치의 차이에 반응하는 속도를 결정하는데, 이 값이 클수록 평활효과가 작아져 그래프가 급격하게 꺾이는 형태로 나타난다. 반대로 평활상수가 작을수록 평활효과는 커지고 그래프는 부드러운 형태로 나타난다.

개념더하기

기타 예측기법
• 조합예측
　상이한 기법, 상이한 데이터 혹은 둘다를 사용해서 개별 예측치를 평균화하는 것
• 초점 예측
　여러 가지 예측치에서 가장 낮은 예측오차를 산출한 방법을 사용하는 것

$$CFE = \sum E_t$$

$(E_t : t$기간의 예측오차$)$

② 평균오차(ME ; Mean Errors)
  ㉠ 평균오차는 예측오차의 평균을 말한다. 양의 오차와 음의 오차가 상쇄된다는 단점이 있지만, 예측치의 편차(Bias) 측정에 유용하다.
  ㉡ 평균오차가 0이면 편차가 없으므로 과잉·과소 예측하지 않았음을 나타내지만, 완벽한 예측이라고 단정짓기는 어렵다.

$$ME = \frac{\sum E_t}{n}$$

$(E_t : t$기간의 예측오차, n : 표본개수$)$

③ 평균제곱오차(MSE ; Mean Squared Error)
  ㉠ 평균제곱오차는 예측오차의 산포도를 나타내는 것으로, 부호는 무시된다.
  ㉡ 평균제곱오차가 0의 값을 가지면, 예측오차가 존재하지 않고 완벽함을 의미한다.

$$MSE = \frac{\sum E_t^2}{n}$$

$(E_t : t$기간의 예측오차, n : 표본개수$)$

④ 평균절대오차(MAD ; Mean Absolute Deviation)
  ㉠ 평균절대오차 또한 예측오차의 산포도를 나타내는 것으로, 부호는 무시된다.
  ㉡ 평균절대오차가 0의 값을 가지면, 예측오차가 존재하지 않고 완벽함을 의미한다.

$$MAD = \frac{\sum |E_t|}{n}$$

$(E_t : t$기간의 예측오차, n : 표본개수$)$

⑤ 평균절대비율오차(MAPE ; Mean Absolute Percent Error)
  ㉠ 평균절대비율오차는 수요의 크기에 대한 상대적 예측오차를 측정하는 방법이다.
  ㉡ 평균절대비율오차가 적을수록 상대오차가 적다.

$$MAPE = \frac{\sum \frac{|D_t - F_t|}{D_t} \times 100}{n}$$

$(F_t$: 기간 t에서의 시계열 예측치, D_t : 기간 t의 시계열 자료 실측치, $D_t - F_t$: 예측오차, n : 표본개수$)$

⑥ 추적지표(TS ; Tracking Signal)

　㉠ 누적예측오차(CFE)를 평균절대오차(MAD)로 나눈 값으로, 어떠한 예측기법에 의해서 예측치가 실측치를 잘 반영하고 있는지를 판단하는 방법이다.

　㉡ 추적지표는 매기간 재계산되며 예측치가 실측치를 잘 반영하고 있다면 0에 가까워진다.

$$TS = \frac{CFE}{MAD}$$

01 다음 중 수송모형에 대한 설명으로 옳은 것은? 한국철도공사

① 수송문제는 소수의 공급지로부터 다수의 수요지까지의 수송에 관한 것이다.
② 수송문제는 특수한 형태를 갖는 선형계획모형으로 볼 수 없다.
③ 수송모형은 수송문제에 있어 선형계획법을 이용하는 경우보다 계산이 빠르다.
④ 수송모형에서는 헝가리법이 사용된다.

[해설] 수송문제는 선형계획법으로 해를 구할 수도 있으나 번거로운 반복절차를 거쳐야 하므로 매우 비효율적이다. 수송문제에 있어 수송모형을 이용하는 것이 선형계획법을 이용하는 경우보다 계산시간을 크게 단축시킬 수 있는 방법이다.

02 작업계획과 현재 작업 실적을 비교해 작업진행률을 확인함과 동시에 향후의 일정을 통제하기 위해 고안된 관리 도표로 옳은 것은? 국민체육진흥공단

① 간트차트
② PERT/CPM
③ 계획공정도
④ 북서코너법

[해설] 간트차트는 한 축에 시간의 흐름을 표시하고 다른 한 축에 생산 사이클에서 요구되는 과업 등을 표시하여, 전체 작업 공정의 일정 계획을 수립할 수 있고 핵심 과업이나 지체 작업의 현황을 손쉽게 파악할 수 있는 형태의 차트이다. 작업계획과 현재까지의 작업 실적을 비교해 작업진행률을 확인함과 동시에 향후의 일정을 관리 및 통제하는데 이용된다.

03 아래의 도구 중 프로젝트의 완료시간을 계산하는 데 사용되는 적절한 도구만을 모두 선택한 것은? 인천관광공사

> a. PERT/CPM
> b. 간트차트(Gantt Chart)
> c. 이시가와 다이어그램(Ishikawa Diagram)
> d. 파레토차트(Pareto Chart

① a   ② a, b
③ a. c   ④ a, b, c, d

[해설] 프로젝트 관리 방법 중 과업과 관련하여 시간을 측정하는 것은 PERT/CPM과 간트차트에 해당한다.

04 PERT/CPM에 대한 설명으로 옳지 않은 것은?

한국환경공단

① 주경로는 가장 짧은 소요시간을 나타내는 경로이다.
② 주경로상의 활동들을 우선적으로 단축해야 한다.
③ 하나 이상의 주경로가 존재할 수 있다.
④ 활동 여유시간중 ES는 가장 빨리 활동을 시작할 수 있는 시간이다.

[해설] 주경로는 모든 경로들 중 소요시간이 가장 긴 경로를 의미한다.

05 다음 주어진 CPM에서 주경로의 개수와 소요시간으로 옳은 것은?

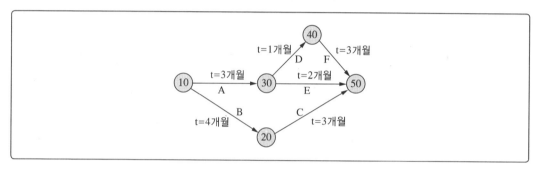

① 1개, 5개월
② 2개, 5개월
③ 1개, 7개월
④ 2개, 7개월

[해설] 주경로는 A → D → F와 B → C 총 2개로 두 경로 모두 7개월이 소요된다.

06 단위당 판매가격 300,000원, 단위당 변동비 150,000원, 총고정비 45,000,000원인 제품의 손익분기점 매출량은?

한전KPS

① 100단위
② 200단위
③ 300단위
④ 400단위

[해설] 손익분기점 매출액 $= \dfrac{\text{고정비}}{\text{가격} - \text{변동비}} = \dfrac{45,000,000}{300,000 - 150,000} = \dfrac{45,000,000}{150,000} = 300$

07 두 개 이상의 변수 간 관계를 통계적 방법으로 분석하는 예측방법은? 새마을금고중앙회

① 시계열분석법
② 회귀분석
③ 인과모형
④ 델파이기법

해설 회귀분석에 대한 설명이다. 회귀분석은 수요에 영향을 주는 요인들은 독립변수, 수요는 종속변수로 설정 한 뒤 독립변수에 대한 함수로 수요를 통계적 모형화한 것이다.

08 다음 중 단순 지수평활법의 수식으로 옳은 것은?(단, F_t는 기간 t에서의 시계열 예측치, D_t는 기간 t의 시계열 자료 실측치, α는 평활 상수 $0 \le \alpha \le 1$, $D_t - F_t$는 예측오차이다) 도로교통공단

① $F_{t+1} = D_t + \alpha F_t$
② $F_{t+1} = \alpha D_{t-1} + (1-\alpha)F_{t-1}$
③ $F_{t+1} = \alpha D_t + (1-\alpha)F_t$
④ $F_{t+1} = \alpha D_{t-1} + (D_t - F_t)F_{t-1}$

해설 단순지수평활법은 $F_{t+1} = \alpha D_t + (1-\alpha)F_t$로 모형화할 수 있다.

09 다음 중 예측오차에 대한 설명으로 옳은 것은? 한국감정원

① 평균오차가 0이면 편차가 없으므로 예측이 불가능하다.
② 평균절대오차에 있어서 부호는 예측에 있어 중요하다.
③ 평균절대비율오차가 적을수록 상대오차가 적다.
④ 추적지표는 누적예측오차를 평균제곱오차로 나눈 값이다.

해설 평균절대비율오차는 수요의 크기에 대한 상대적 예측오차를 측정하는 방법이다. 평균절대비율오차가 적을수록 상대오차가 적다.

남에게 이기는 방법의 하나는 예의범절로 이기는 것이다.

-조쉬 빌링스-

최신복원문제

🔑 키워드 정보시스템

다음 중 정보시스템에 대한 설명으로 옳지 않은 것은?
주택도시보증공사

① 데이터를 수집, 저장, 가공, 배분하는 시스템이다.

② 정보시스템의 구성요소는 기업, 하드웨어, 랜섬웨어, 데이터베이스이다.

③ 사원 간의 의사소통이나 협력증진, 혹은 통제의 목적으로도 사용된다.

④ 기업의 내적정보보다는 외적정보에 활용하는 것이 효과적이다.

해설 기업의 내적정보와 외적정보 모두에 활용되며, 외적정보만 활용한다고해서 효과적이라고 하기는 어렵다.

정답 ④

Chapter 09

경영정보시스템

기출 키워드	중요도
☑ 정보의 특성	★★★
☑ 경영정보시스템의 종류	★★
☑ 거래처리 시스템(TPS)	★★
☑ 임원정보시스템(EIS)	★
☑ 전사적자원관리(ERP)	★★★
☑ 정보전략계획(ISP)	★
☑ DBMS	★★
☑ 데이터웨어하우스	★★
☑ 클라우드컴퓨팅	★
☑ 그리드컴퓨팅	★★
☑ 빅데이터	★★
☑ 데이터 마이닝	★
☑ 애자일 소프트웨어 개발	★
☑ 소셜커머스(전자상거래)	★★
☑ 롱테일 효과	★
☑ 해 킹	★

CHAPTER

09 경영정보시스템

1 정보

1 자료와 정보

(1) 자 료

① 자료의 정의

어떠한 현상이 일어난 사건, 사실 등을 있는 그대로 기록한 가공되지 않은 것으로, 주로 기호 · 숫자 · 음성 · 문자 · 그림 · 비디오 등의 형태로 표현한다.

② 자료의 구분

㉠ 1차 자료

조사자가 현재 수행 중인 조사목적을 달성하기 위해 조사자가 직접 수집한 자료이다.

㉡ 2차 자료

현재의 조사목적에 도움을 줄 수 있는 기존의 모든 자료이다.

(2) 정 보

① 정보의 정의

개인 또는 조직이 효과적인 의사결정을 하는 데 있어 의미가 있으면서 유용한 형태로 처리된 자료를 말한다.

② 정보의 특성

㉠ 정확성

실수 및 오류가 개입되지 않은 정도를 말한다.

㉡ 적시성

필요한 시간대에 사용자에게 전달되지 않으면 가치를 상실하는 것을 말한다.

㉢ 형태성

의사결정자의 요구에 정보가 얼마나 부합하는 형태로 제공되는지에 대한 정도를 말한다.

㉣ 적합성

관리자의 의사결정 상황에 제공되는 정보가 의사결정 내용에 적절한지, 연관되는지 정도를 말한다.

개념체크OX

• 2차 자료는 1차 자료를 제외한 모든 자료에 해당한다. ○×
• 정보는 적시성을 갖는다. ○×

O, O

3 **정보시스템**

(1) 정보시스템의 정의

① 정보시스템은 데이터를 입력받아 처리하여 정보를 산출하는 시스템이다.

② 기업환경에서 업무처리나 경영 의사결정에 필요한 데이터를 수집, 저장, 가공, 배분하는 시스템이다.

③ 정보시스템은 업무처리나 의사결정 외에도 사원 간의 의사소통이나 협력증진, 혹은 통제의 목적으로도 사용된다.

(2) 정보시스템의 구성요소

① 사 람

② 하드웨어

③ 소프트웨어

④ 데이터베이스

개념더하기

정보시스템의 기능
기업의 내적정보와 외적정보는 양이 거대하므로 이를 정보시스템에 투입하여 활용하면, 기업 경쟁력이 상승할 수 있다.

2 경영정보시스템

1 **경영정보시스템(MIS ; Management Information System)**

(1) 정보시스템과 경영정보시스템

정보시스템은 경영관리층에서 필요로 하는 정보를 제공하는 일종의 정보보고시스템에 가깝다. 정보시스템보다 경영정보시스템이 좀 더 넓은 의미의 정보시스템이라고 할 수 있다. 근래에는 경영활동이 이루어지는 현장에 구축된 정보기술을 기반으로 하는 시스템 혹은 컴퓨터 기반의 정보시스템의 의미인 경영정보시스템이 더 쓰이고 있다.

(2) 경영정보시스템의 구분

① 조직 계층에 따른 정보시스템과 정보의 특성

조직 계층	정보시스템	정보의 특성			
		원 천	범 위	정확성	집중도
최고경영층	전략계획 시스템(SPC)	외 부	넓 다	낮 다	통합적
중간경영층	관리통제 시스템	약간 외부	약간 넓다	약간 낮다	약간 통합적
현장경영층	운영통제시스템	약간 내부	약간 좁다	약간 높다	약간 세분화
일선종업원	거래처리 시스템	내 부	좁 다	높 다	세분화

㉠ 전략계획시스템

미래지향적인 자료분석, 조직 외부와 관련된 정보를 통해 전략계획을 수립하도록 하는 시스템을 말한다.

ⓛ 관리통제시스템

계획과 성과를 비교하여 문제점을 분석하고, 통제방법 등을 모색하는데 도움을 주는 시스템을 말한다.

ⓒ 운영통제시스템

조직의 말단부에서 이루어지는 거래처리 업무가 효율적이고 효과적으로 수행될 수 있도록 통제한다.

ⓔ 거래처리시스템(TPS ; Transactional Processing System)

조직의 최하위 부서에서 이루어지는 일상적인 업무처리를 돕는 정보시스템을 말한다.

② 경영정보시스템의 종류

ㄱ 거래처리시스템(TPS ; Transactional Processing System)

조직의 최하위 부서에서 이루어지는 일상적인 업무처리를 돕는 정보시스템을 말한다.

ㄴ 정보보고시스템(IRS ; Information Reporting System)

거래처리시스템이나 현장에서 발생한 데이터를 관리자에게 요약된 형태로 제공해 관리통제에 도움을 주는 시스템이다.

ㄷ 의사결정지원시스템(DSS ; Decision Support System)

중간관리층의 비일상적 의사결정을 지원하며, 문제해결에 대한 정보가 충분하지 않은 문제들에 집중한다. 데이터베이스 시스템, 모델베이스 시스템, 사용자, 사용자 인터페이스 기관 네 가지로 구성된다.

ㄹ 임원정보시스템(EIS ; Executive Information System)

고위관리층의 전략적 의사결정에 도움이 되는 정보를 제공하는 시스템이다.

2 기업연계시스템

(1) 전사적자원관리(ERP ; Enterprise Resource Planning)

(2) 공급사슬관리(SCM ; Supply Chain Management)

(3) 고객관계관리(CRM ; Customer Relationship Management)

(4) 지식관리시스템(KMS ; Knowledge Management System)

3 경쟁우위 달성을 위한 정보시스템 활용

(1) 전략정보시스템(SIS ; Strategic Information System)

전략정보시스템은 기업의 목표에 직접 영향을 줄 수 있는 시장 점유율, 매출 신장, 신상품 전략, 경영 전략 등 전략 계획을 지원하기 위한 정보시스템을 말한다.

개념더하기

지식관리시스템(KMS ; Knowledge Management System)
조직 내의 지식을 체계적으로 관리하여 기업의 생산성을 향상시키는 모든 종류의 정보시스템을 뜻한다.

(2) 정보전략계획(ISP ; Information Strategy Planning)

정보전략계획은 비즈니스의 중장기 경영 비전 및 전략을 효과적으로 지원하기 위해 전사적 관점에서 정보시스템, 정보관리 체계의 비전 및 전략계획을 수립하는 활동으로, 조직의 경영목표 및 전략의 효과적 지원을 위한 정보화 전략과 비전을 정의하고 IT사업 도출과 로드맵을 수립한다.

4 정보시스템 성장단계

(1) 정보기술 성장단계 모형(놀란)

① 정보기술 성장단계 모형의 개요

1974년 놀란(Nolan)에 의해 소개된 것으로 기업의 정보시스템이 도입, 발전하는 흐름의 모형이다. 놀란은 기업의 정보시스템이 S모양의 곡선을 그리며 성장을 이룬다고 주장했다.

② 정보기술 성장단계

㉠ 착 수

시스템 도입을 적극 홍보하지만 아직 익숙하지 않은 단계로, 사용자들에게 교육을 통해 기술을 전달하는데 초점을 맞춘다.

㉡ 확 장

'전파'라고도 불리는 이 단계는 빠른 정상을 보이는 단계로, 질적으로나 양적으로나 팽창한다. 장비와 인력을 전폭적으로 지원하며 의욕도 성장하고 실력도 성장하고 시장도 성장한다.

㉢ 통 제

이익과 비용을 저울질하며 통제에 들어가는 단계이다. 이 시기부터 예산이 줄어들고 계획, 통제, 문서화된 작업들이 강조된다.

㉣ 통 합

관리 경험이 쌓이면서 거시적으로 보는 시각이 생겨나 기존 시스템을 새로운 기술을 이용하여 통합, 개선하는 시도를 한다.

정보기술 성장단계 모형

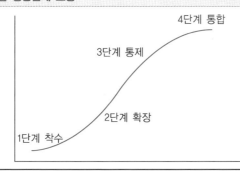

개념체크OX

• 놀란은 기업의 정보시스템이 S모양의 곡선을 그리며 성장을 이룬다고 주장했다. ☐O☐X

• 정보기술 성장단계 모형의 첫 단계는 통제이다. ☐O☐X

O, X

3 정보 기술

1 전문가 시스템(ES ; Expert System)

(1) 전문가 시스템의 정의

전문가시스템은 협소한 무제의 영역에서 전문가가 지닌 전문 지식과 경험, 노하우 등의 암묵지를 컴퓨터에 축적하여 전문가와 동일하거나 더욱 향상된 문제 해결 능력을 가질 수 있도록 만들어진 시스템이다.

(2) 전문가 시스템의 구성요소

① 기반지식(Knowledge base, 지식베이스)

문제 해결에 필요한 특정 분야에 관한 지식이다. 지식을 규칙 집합으로 표현한다. 각각의 규칙은 관계, 추천, 지시, 전략, 휴리스틱을 명시하고 IF-THEN의 구조를 갖는다.

② 추론엔진(Explanation facilities)

어떻게 특정 결론에 이르렀는지, 왜 특정 사실이 필요한지 설명한다.

③ 사용자 인터페이스(User interface)

사용자와 전문가 시스템 간의 통신 수단이다.

(3) 전문가 시스템의 특성

① 고품질의 성능

㉠ 전문가 시스템의 가장 중요한 특성이다. 시스템의 문제해결 속도를 위해 결과의 정확도가 떨어져서도, 정확도를 위해 문제해결 속도가 떨어져서도 안된다.

㉡ 전문가 시스템은 실제 전문가가 문제를 해결하는 방법을 모방한다. 전문가는 문제를 해결하기 위해 어림짐작이나 휴리스틱 기법을 사용하는데, 시스템 또한 추론을 잘 이끌어내도록 휴리스틱 기법을 적용하여 해의 탐색영역을 줄인다.

② 해설능력

㉠ 전문가 시스템은 자신의 추론을 재검토하고 결론을 설명한다.

㉡ 전문가 시스템은 좁고 전문화된 분야에서 전문가 수준으로 작동하도록 설계되었기 때문에 전문가 수준의 신뢰성을 갖는다.

㉢ 잘못된 결정을 내렸을 때 손실이 매우 크기 때문에 해설능력이 중요하다.

③ 심벌추론

전문가 시스템은 심벌추론을 통해 불확실하고 모호한 데이터를 다룰 수 있는 형태로 만든다. 수치 데이터를 처리하는 기존 프로그램과 달리 전문가 시스템은 정확하지 않은 추론을 허용하고 불완전하고 불확실하며 모호한 데이터를 통해 답을 구해야 하기 때문이다.

🔖 개념더하기

휴리스틱 기법
(Heuristic techniques)
최적해를 찾는 것이 아니라 만족할만한 수준의 해법을 경험에 기반하여 찾아내는 간편 추론 방법이다.

④ 실수가능성

전문가 시스템은 실수할 수 있다. 이것은 시스템이 다루는 데이터가 불확실하고 모호하므로 데이터를 통해 추론된 해답은 불확실하다는 의미이다.

⑤ 지식과 처리과정의 분리

지식과 처리과정이 분리되어 있으므로 전문가 시스템을 만들고 유지하는 작업을 더 간단하게 만든다.

2 TCP/IP 모형

(1) TCP/IP 모형의 개념

① TCP와 IP는 인터넷으로 통신하는 데 있어 기반이 되는 프로토콜로, 실제 대다수 프로그램은 TCP와 IP로 통신하고 있다.

② 인터넷 프로토콜 그 자체를 표현하는 용어이기도 했고, 다양한 프로토콜이 개발된 현재에도 사실상 인터넷 프로토콜을 대표하는 용어로 사용한다.

③ TCP/IP를 이용해서 컴퓨터를 연결하는 체계를 이더넷(Ethernet)이라고 부른다.

④ 보통 하나로 표현하긴 하나 TCP와 IP는 별개이다. 네트워크의 경우 계층이 정의되어 있고 각 계층이 하는 역할과 책임지는 영역이 나누어져 있기 때문에 묶어서 표현한다는 것뿐이지 역할에는 많은 차이가 있다.

(2) TCP/IP의 4계층

> 🔵 **개념더하기**
>
> **프로토콜(Protocol)**
> 복수의 컴퓨터 사이나 중앙 컴퓨터와 단말기 사이에서 데이터 통신을 원활하게 하기 위해 필요한 통신 규약이다.

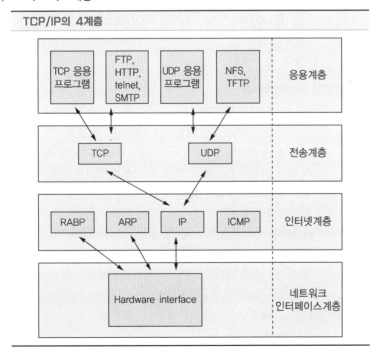

3 데이터베이스(DB ; Data Base)

(1) 전통적 파일환경의 문제점

① 데이터 중복 및 불일치

② 프로그램-데이터 의존성

③ 유연성 부족

④ 부실한 보안성

⑤ 데이터 공유 및 가용성 결여

(2) 데이터베이스 관리시스템(DBMS ; Database Management System)

① DBMS의 기능

조직이 데이터를 중앙 집중화하고, 효율적인 관리를 할 수 있게 한다. 또한, DBMS는 응용프로그램과 물리적 데이터 파일 간의 인터페이스 역할을 한다.

② DBMS의 활용

㉠ 데이터 웨어하우스(Data warehouse)

데이터 웨어하우스는 사용자의 의사 결정에 도움을 주기 위하여 기간시스템의 데이터베이스에 축적된 데이터를 공통의 형식으로 변환해서 관리하는 데이터베이스를 말한다.

㉡ 비즈니스 인텔리전스(BI ; Business Intelligence)

• 비즈니스 인텔리전스는 데이터를 통합, 분석하여 기업활동에 연관된 의사결정을 돕는 프로세스를 말한다.

• 비즈니스 인텔리전스를 지원하는 소프트웨어를 'BI 도구'라고 한다. BI 도구는 기업의 생산성 증가, 원가절감, 고객 만족도 향상 등 기업활동의 다양한 분야에서 의사결정을 지원하고 문제를 해결하는 데 사용되고 있다.

(3) 관계형 데이터베이스

① 관계형 데이터베이스의 개념

㉠ 관계형 데이터베이스는 데이터가 하나 이상의 열과 행의 테이블(또는 관계)에 저장되어 서로 다른 데이터 구조가 어떻게 관련되어 있는지 쉽게 파악하고 이해할 수 있도록 사전 정의된 관계로 데이터를 구성하는 정보 모음이다.

㉡ 행과 열로 이루어진 각각의 테이블의 고유값, 주키(Primary key)을 참조하여 서로 종속되는 관계를 표현하는 데이터베이스 구조를 관계형 데이터베이스라고 한다.

㉢ '관계'는 이러한 테이블 간의 상호작용을 기반으로 설정되는 여러 테이블 간의 논리적 연결을 말한다.

② 관계형 데이터베이스의 구조

㉠ 튜플(Tuple)

• 테이블의 행(Row)을 말한다.

• 하나의 항목을 대표하는 데이터이다.

- 연관된 몇 개의 속성으로 구성되어있다.
- 개념 정보의 단위이다.
ⓒ 속성(Attribute)
- 튜플의 이름 요소이다.
- 테이블의 열(Column)을 말한다,
- 자료의 이름을 가진 최소 논리적 단위로 객체의 성질이나 상태를 기술한다.
- 속성의 이름은 모두 달라야 한다.
ⓒ 관계(Relationship)
- 같은 속성을 공유하는 튜플의 모임이다.
- 모든 개체(Entry)는 단일 값을 가진다.
- 각 열(Column)은 유일한 이름을 가지며 순서는 무의미하다.
- 테이블의 모든 행(Row)은 동일하지 않으며 순서는 무의미하다.
ⓔ 도메인(Domain)
- 각 속성이 가질 수 있도록 허용된 값들의 집합이다.
- 속성 이름과 도메인 이름이 반드시 동일할 필요는 없다.

관계형 데이터베이스의 구조

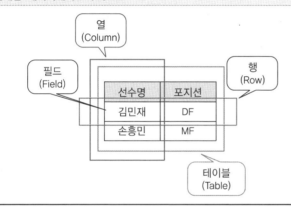

③ 키(Key)
㉠ 주키(Primary key)
- 후보키 중에서 특별히 선정된 키로 중복된 값을 가질 수 없다.
- 유일성과 최소성을 가지며 튜플을 유일하게 식별하기 위해 반드시 필요하다.
- 사용하는 그룹의 대표성을 띄어야 한다.
㉡ 외래키(Foreign key)
- 다른 릴레이션의 기본키를 참조하는 속성 또는 속성들의 집합이다.
- 외래키는 참조 릴레이션의 기본키와 동일한 키 속성을 가진다.
㉢ 보조키(Alternate Key)
대체키라고도 부르며 후보키 중에서 기본키로 지정되지 않은 열을 말한다.

개념체크OX

- 관계형 데이터베이스에서 속성은 테이블의 행을 말한다. ○×

- 속성 이름과 도메인 이름은 같지 않아도 된다. ○×

X, O

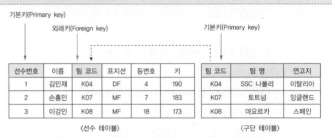

<table>
</table>

개념더하기

기타 키
- 수퍼 키(Super key)
  한 튜플을 유일하게 식별할 수 있는 속성 또는 속성의 집합
- 후보 키(Candidate key)
  최소한의 수퍼키, 유일성과 최소성을 모두 만족하는 키
- 대체 키(Alternate key)
  후보키 중에서 선정된 기본키를 제외한 나머지의 후보키

ⓔ 복합키
- 여러 열을 조합하여 기본키 역할을 할 수 있게 만든 키이다.
- 하나의 열만으로 행을 식별하는 것이 불가능할 때 두 개 이상의 열값을 함께 사용하는 경우에 해당한다.

관계형 데이터베이스의 키

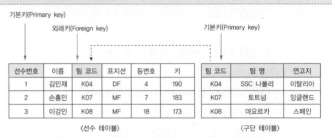

선수번호	이름	팀 코드	포지션	등번호	키
1	김민재	K04	DF	4	190
2	손흥민	K07	MF	7	183
3	이강인	K08	MF	18	173

〈선수 테이블〉

팀 코드	팀 명	연고지
K04	SSC 나폴리	이탈리아
K07	토트넘	잉글랜드
K08	마요르카	스페인

〈구단 테이블〉

④ 데이터베이스의 설계
ⓐ 정규화

정규화는 관계형 모델의 필수적인 부분으로 단순하지 않은 도메인(비원자성 값)과 데이터 중복을 제거하기 위해 시행되며, 데이터 조작의 변칙과 데이터 무결성의 손실을 예방한다. 정규화되지 않은 관계는 반복적인 그룹들을 포함한다. 정규화를 통해 더 작은 관계들로 분할된다.

ⓑ 참조무결성

참조무결성은 테이블 한쪽의 외래키는 반드시 일치하는 주키를 가져야 한다는 규칙이다.

정규화되지 않은 테이블

정규화된 테이블

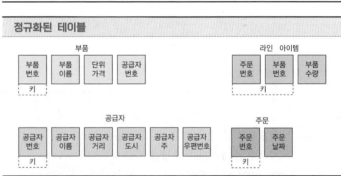

(4) 객체지향 데이터베이스

객체지향 데이터베이스는 객체지향 프로그래밍에 쓰이는 것으로, 정보를 객체의 형태로 표현하는 데이터베이스 모델이다. 오브젝트 데이터베이스라고도 부른다.

4 클라우드 컴퓨팅(Cloud computing)

(1) 클라우드 컴퓨팅의 개념

① 인터넷상의 서버를 통하여 데이터 저장, 네트워크, 콘텐츠 사용 등 IT 관련 서비스를 한 번에 사용할 수 있는 컴퓨팅 환경으로, 사용자의 직접적인 관리 없이 컴퓨터 시스템 리소스를 필요 시 바로 제공하는 것을 말한다.

② 일반적으로는 인터넷 기반 컴퓨팅의 일종으로 정보를 자신의 컴퓨터가 아닌 클라우드에 연결된 다른 컴퓨터로 처리하는 기술을 의미한다. 공유 컴퓨터 처리 자원과 데이터를 컴퓨터와 다른 장치들에 요청 시 제공해준다.

③ 즉, 구성 가능한 컴퓨팅 자원에 대해 어디서나 접근할 수 있는, 주문형 접근(On-demand availability of computer system resources)을 가능하게 하는 모델이다.

(2) 클라우드 컴퓨팅의 특징

① 주문형 셀프서비스
② 다양한 네트워크 접근
③ 자원의 공유
④ 신속한 탄력성
⑤ 측정 가능한 서비스

(3) 클라우드 컴퓨팅의 장점

① 단기간 필요한 서비스
② 규모 및 부하의 변화가 큰 서비스
③ 비전략적·범용 어플리케이션

5 그리드 컴퓨팅(Grid computing)

(1) 그리드 컴퓨팅의 개념

① 그리드 컴퓨팅은 컴퓨터의 처리능력을 한곳으로 모아 가장 중요한 업무에 집중적으로 계산능력을 극대화한 디지털 신경망 서비스이다.

② 컴퓨터 자원을 초고속 인터넷망을 통해 격자구조로 연결한다는 의미에서 그리드 컴퓨팅으로 불린다.

③ 일반적으로 그리드 컴퓨팅은 PC나 서버, PDA 등 모든 컴퓨팅 기기를 하나의 네트워크로 연결해 정보처리 능력을 슈퍼컴퓨터 혹은 이상 수준으로 극대화하는 것이다. 즉, 분산된 컴퓨팅 자원을 초고속 네트워크로 모아 활용하는 개념이다.

(2) 그리드 컴퓨팅의 효과

① 비용절감
② 계산속도 증가
③ 민첩성

개념체크OX

• 클라우드 컴퓨팅은 주문형 셀프서비스 특징을 갖는다.

O X

• 그리드 컴퓨팅은 디자인 능력을 극대화한 서비스이다.

O X

O, X

6 빅데이터

(1) 빅데이터의 개념

빅데이터는 기존 데이터베이스 관리 도구의 능력을 넘어서는 대량의 정형 또는 심지어 데이터베이스 형태가 아닌 비정형의 데이터 집합조차 포함한 데이터로부터 가치를 추출하고 결과를 분석하는 기술이다. 보통 빅데이터의 특징을 3V로 나타낸다.

(2) 빅데이터 3V

① 거대한 규모(Volume)

② 빠른 속도(Velocity)

③ 높은 다양성(Variety)

(3) 빅데이터 고객분석

기업은 가지고 있는 빅데이터를 활용해 고객을 분석한다. 이렇게 분석된 고객데이터를 바탕으로 마케팅 활동을 더욱 심층적으로 실시할 수 있다. 이를 통해 소비자가 원하는 서비스를 원하는 시기에 적절한 장소에서 제공할 수 있는 시스템적 기반을 갖추게 되었다.

(4) 빅데이터로 인한 변화

구 분	빅데이터 이전	빅데이터 이후
데이터	정형화된 수치 자료 중심	• 비정형의 다양한 데이터 • 문자 데이터(SMS, 검색어) • 영상 데이터(CCTV, 동영상) • 위치 데이터
하드웨어	• 고가의 저장장치 • 데이터베이스 • 데이터 웨어하우스	클라우드 컴퓨팅
소프트웨어	• 관계형 데이터베이스 • 통계패키지 • 데이터 마이닝 • 머신러닝	• 오픈소스 형태의 무료 소프트웨어 • 오픈소스 통계 솔루션 • 온라인 버즈 분석 • 감성 분석 • 텍스트 마이닝 • Hadoop, NoSQL

7 개 발

(1) 폭포수 모델(Waterfall model)

폭포수 모델은 분석, 설계, 디자인, 코딩, 개발 순으로 흐름이 마치 폭포수처럼 순차적으로 이어지는 개발 방식을 말한다.

폭포수 모델

(2) 애자일 소프트웨어 개발(Agile software development)

① 애자일 소프트웨어 개발의 개념

애자일은 신속한 반복 작업을 통해 실제 작동 가능한 소프트웨어를 개발하여 지속해서 제공하기 위한 소프트웨어 개발 방식이다.

② 애자일 선언문

㉠ 공정(프로세스)과 도구보다 개인과 상호작용에 더 큰 가치를 둔다.

㉡ 포괄적인 문서보다 작동하는 소프트웨어에 더 큰 가치를 둔다.

㉢ 계약 협상보다 고객과의 협력에 더 큰 가치를 둔다.

㉣ 계획을 따르기보다 변화에 대응하기에 더 큰 가치를 둔다.

8 IT

(1) 무어의 법칙

반도체칩 기술의 발전속도에 관한 것으로, 반도체칩에 집적할 수 있는 트랜지스터의 숫자가 18개월마다 두 배씩 증가한다는 법칙 인텔의 공동 설립자인 고든 무어가 1965년에 소개한 것이다.

(2) 소셜 커머스(Social commerce)

소셜 커머스는 우리가 흔히 알고 있는 SNS같은 소셜 미디어를 통해서 전자상거래 활동을 하는 것을 말한다.

(3) 증강현실

증강현실은 가상현실의 한 분야로 실제로 존재하는 환경에 가상의 사물이나 정보를 합성하여 마치 원래의 환경에 존재하는 사물처럼 보이도록 하는 컴퓨터 그래픽 기법이다. 디지털 미디어에서 빈번하게 사용된다.

(4) 크라우드소싱

크라우드소싱은 대중(Crowd)과 아웃소싱(Outsourcing)의 합성어로 언제 어디서나 온라인 플랫폼을 통해 데이터 수집, 정제, 가공, 품질관리 등에 누구나 쉽게 참여할 수 있는 방식을 뜻한다.

개념체크OX

• 애자일 선언문에 의하면 변화보다는 계획을 따르는 것을 중요시한다. ☐O☐X

• 무어의 법칙에 의하면 반도체칩에 집적가능한 트랜지스터의 수가 12개월마다 두 배씩 증가한다. ☐O☐X

X, X

(5) 지능형 에이전트

가상공간 환경에 위치하여 특별한 응용 프로그램을 다루는 사용자를 도울 목적으로 반복적인 작업들을 자동화시켜 주는 컴퓨터 프로그램을 소프트웨어 에이전트(Software agent) 또는 지능형 에이전트(Intelligent agent)라 부른다.

(6) 롱테일 효과

① 롱테일효과는 Wired의 편집장인 크리스 앤더슨이 발견한 현상으로, 주목받지 못하는 다수가 핵심적인 소수보다 더 큰 가치를 창출하는 현상이다. '역파레토 법칙'이라고 부르기도 한다.

② 파레토 법칙에서 하위 80%에 해당하는 다수의 비인기 상품을 긴 꼬리에 비유한 용어다.

③ 온라인 서점 '아마존' 등장 이후 오프라인 서점에서 진열되지도 못했을 비인기 도서가 차지하는 매출 비중의 합이 인기도서의 매출을 추월하며 전체 매출의 절반 이상을 차지하게 된 것이 롱테일 법칙의 대표적 사례다.

🔵 **개념더하기**

파레토 법칙

상위 20%의 인구가 전체 부의 80%를 차지한다는 의미로 쓰인다. 마케팅 분야에서는 상위 20% 상품이 매출이 전체 매출의 80%를 차지한다는 뜻으로 사용된다. 80:20의 법칙이라고도 불린다. 매출 극대화를 위해 잘 팔리는 상품에 집중하기를 제안한다.

> **롱테일 현상**

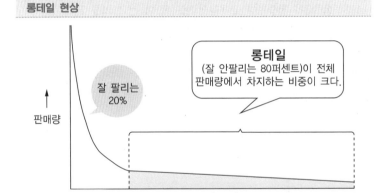

롱테일
(잘 안팔리는 80퍼센트)이 전체 판매량에서 차지하는 비중이 크다.

잘 팔리는 20%

판매량

판매량이 많은 상품부터 적은 상품 순으로 배열 ⟶

9 해 킹

(1) 랜섬웨어(Ransomware)

랜섬웨어는 몸값(Ransom)과 소프트웨어(Software)의 합성어로, 파일을 암호화하거나 사용자가 돈(랜섬)을 지불하고 잠금을 해제할 때까지 컴퓨터 사용을 중지하는 악성 프로그램이다.

(2) 스푸핑(Spoofing)

스푸핑은 눈속임(Spoof)에서 파생된 IT 용어로, 직접 시스템에 침입을 시도하지 않고 공격자의 악의적인 시도에 의한 잘못된 정보, 혹은 연결을 피해자가 신뢰하게끔 만드는 일련의 기법들을 의미한다.

(3) 스니핑(Sniffing)

스니핑은 네트워크상에서 자신이 아닌 다른 상대방들의 패킷 교환을 엿듣는 것을 의미한다. 사전적인 의미로 'Sniffing'이란 '코를 킁킁거리다', '냄새를 맡다' 등의 뜻이 있다.

(4) 서비스 거부 공격(Dos ; Denial Of Service attack)

서비스 거부 공격은 'Denial-Of-Service attack'의 약자로 DoS attack 또는 디오에스 공격, 도스 공격이라고 불린다.
시스템을 악의적으로 공격해 해당 시스템에 과부하를 일으켜 정보시스템의 자원을 부족하게 하여 원래 의도된 용도로 사용하지 못하게 하는 공격이다.

(5) 신원도용

신분 위장 절도(Identity theft)는 다른 누군가로 가장하기 위해 그 사람의 주민등록번호, 운전면허증 번호, 신용 카드번호 등 개인 핵심정보를 빼내는 범죄를 말한다.

(6) 피싱(Phishing)

피싱은 '개인정보(Private data)를 낚는다(Fishing)'는 의미의 합성어로, 전화·문자·메신저·가짜사이트 등 전기통신수단을 이용한 비대면거래를 통해 피해자를 기망·공갈함으로써 이용자의 개인정보나 금융정보를 빼낸 후, 타인의 재산을 갈취하는 사기 수법을 말한다.

(7) 파밍(Pharming)

파밍은 새로운 피싱 기법으로, 사용자가 자신의 웹 브라우저에서 정확한 웹 페이지 주소를 입력해도 가짜 웹 페이지에 접속하게 하여 개인정보를 훔치는 것을 말한다.

🔖 개념더하기

패킷(packet)
네트워크를 통해 전송하기 쉽도록 자른 데이터의 전송 단위이다. 본래는 소포를 뜻하는 용어로, 소화물을 뜻하는 패키지(package)와 덩어리를 뜻하는 버킷(bucket)의 합성어이다.

01 다음 중 정보의 특성이 아닌 것은?

① 정확성　　　　　　　　　　② 적시성
③ 반응성　　　　　　　　　　④ 형태성

해설　정보의 특성은 정확성, 적시성, 형태성, 적합성이다.

02 경영정보시스템(MIS) 중 거래처리시스템(TPS)에 대한 설명으로 옳은 것은?　　　한국고용정보원

① 조직의 최하위 부서에서 이루어지는 일상적인 업무처리를 지원한다.
② 데이터를 관리자에게 요약된 형태로 제공해 관리통제를 지원한다.
③ 중간관리층의 비일상적 의사결정을 지원한다.
④ 고위관리층의 전략적 의사결정에 도움이 되는 정보를 제공한다.

해설　② 정보보고시스템(IRS)에 대한 설명이다.
　　　③ 의사결정지원시스템(DSS)에 대한 설명이다.
　　　④ 임원정보시스템(EIS)에 대한 설명이다.

03 다음 중 괄호에 들어갈 말로 가장 적절한 것은?　　　한국전력공사

> 인터넷으로 통신하는데 있어 가장 기반이 되는 프로토콜로, 실제 대다수 프로그램은 (　　)로 통신하고 있다.

① 와이파이　　　　　　　　　② TCP/IP
③ DB　　　　　　　　　　　④ 셀룰러

해설　인터넷 통신의 기반이 되는 프로토콜은 TCP와 IP이다.

04 다음 중 클라우드 컴퓨팅의 특징이 아닌 것은?　　　소상공인시장진흥공사

① 주문형 셀프 서비스
② 다양한 네트워크 접근
③ 자원의 공유
④ 방대한 서비스

해설　클라우드 컴퓨팅의 특징으로는 주문형 셀프 서비스, 다양한 네트워크 접근, 자원의 공유, 신속한 탄력성, 측정 가능한 서비스 등이 있다.

05 다음 중 빅데이터 이후의 하드웨어로 옳은 것은?

한국전력공사

① 클라우드 컴퓨팅
② 데이터 웨어하우스
③ 텍스트 마이닝
④ NoSQL

[해설] 빅데이터 이후에는 클라우드 컴퓨팅의 하드웨어가 적용된다.

06 다음 중 애자일 선언문으로 옳지 않은 것은?

기술보증기금

① 공정과 도구보다 개인과 상호작용에 더 큰 가치를 둔다.
② 포괄적인 문서보다 작동하는 소프트웨어에 더 큰 가치를 둔다.
③ 계약 협상보다 고객과의 협력에 더 큰 가치를 둔다.
④ 계획을 따르며 변화의 최소화에 더 큰 가치를 둔다.

[해설] '계획을 따르기보다 변화에 대응하기를'이 옳은 선언문이다.

07 다음 그림에서 활용된 IT기술로 가장 적절한 것은?

농협은행

① 소셜 커머스
② 증강현실
③ 크라우드 소싱
④ 지능형 에이전트

[해설] 실제 존재하는 환경에 가상의 사물이나 정보를 합성해 마치 원래의 환경에 존재하는 사물처럼 보이도록 하는 컴퓨터 그래픽 기법은 증강현실이다.

08 전문가 시스템에 대한 설명으로 옳은 것은?

① 전문가의 지식과 이를 처리하는 과정이 통합되어 있다.

② 전문적인 지식을 축적해 놓은 완전한 시스템으로, 실수나 오판의 가능성이 없다.

③ 고도의 확정적인 시스템이기 때문에 개발 이후에는 유지 및 보수가 거의 필요없다.

④ 실제 전문가의 문제 해결 방식을 시스템화했기 때문에 전문가 수준의 신뢰성을 함께 갖는다.

해설 ① 전문가 시스템은 지식과 처리과정이 분리되어 있다.

② 전문가 시스템은 불확실한 데이터를 다루기 때문에 그로부터 추론된 해답 또한 불확실성을 가지고 있어 실수나 오판의 가능성이 존재한다.

③ 전문가 시스템은 현장에서 사용하면서 끊임없는 유지 및 보수를 통해 개선해 나가야 한다.

09 다음 기사에서 사용된 해킹 기법으로 옳은 것은?

> **사기범에게 속아**
> **계좌번호·체크카드·비밀번호 넘겨…**
>
> 김지혜(가명) 씨는 2015년 5월 말 경 부업전단지를 보고 기재돼 있는 전화번호로 전화를 걸었다. 전화를 받은 사기범은 "고급 천에 스티커를 붙이는 부업"이라며 "일을 시작하면 물건을 보내줘야 하는데 물건에 대한 보증금으로 계좌와 연결된 체크카드가 필요하고, 체크카드를 등록해야 물건을 보내 줄 수 있다"고 김씨를 속였다. 김씨는 이후 계좌를 새로 개설하고 체크카드도 만들어 택배를 통해 사기범에게 체크카드를 보낸 후 체크카드의 비밀번호도 알려줬다. 비슷한 시기에 전동우(가명) 씨도 전화 하나를 받았다. 사기범으로부터 "연 5%의 이율로 300만원을 대출해 줄 테니 담보목적으로 체크카드를 보내달라"는 내용이었다. 전씨도 김씨와 마찬가지로 계좌를 새로 개설하고 체크카드를 보낸 후 비밀번호를 알려줬다.
> 출처 : M이코노미뉴스 최종윤 기자 2016.09.13

① 피 싱 　　　　　　　　　　② 파 밍

③ 스푸핑 　　　　　　　　　　④ 스니핑

해설 파밍은 사용자가 자신의 웹 브라우저에서 정확한 웹 페이지 주소를 입력해도 가짜 웹 페이지에 접속하게 하여 개인정보를 훔치는 것을 말한다.

PART 7

회 계

최신복원문제

🔑 키워드 재무상태표

다음 중 대변에 부채의 증가로 기록되는 거래 상황은?　　　　　　　　　한국산업기술시험원

① 은행에서 대출받은 장기차입금을 상환했다.
② 상품을 매입하고 대금을 외상으로 처리했다.
③ 영업 목적으로 쓸 차량을 현금으로 구입했다.
④ 사무실을 임대하고 임대료를 현금으로 받았다.

해설 ① 장기차입금의 상환은 차변에 부채의 감소(장기차입금), 대변에 자산의 감소(현금)로 기록한다.
　　② 외상처리는 미지급금으로 처리하며, 이는 차변에 자산의 증가(상품), 대변에 부채의 증가(미지급금)로 기록한다.
　　③ 유형자산의 매입은 차변에 자산의 증가(차량운반구), 대변에 자산의 감소(현금)로 기록한다.
　　④ 임대료수익의 발생은 차변에 자산의 증가(현금), 대변에 수익의 발생(임대료수익)으로 기록한다.

정답 ②

Chapter 01

회 계

기출 키워드	중요도
☑ 회계상의 거래	★★★
☑ 회계의 구분	★★
☑ 회계의 질적 특성	★★★
☑ 재무제표	★★
☑ 재무제표의 구성 요소	★★★

CHAPTER

01 회 계

1 회계의 정의

회계는 정보이용자가 합리적인 판단이나 의사결정을 할 수 있도록 기업 실체에 대한 유용한 경제적 정보를 식별하고 측정하여 전달하는 과정이다.

2 회계의 기본가정

(1) 회계의 기본가정 개념

회계의 기본가정은 기업실체를 둘러싼 환경으로부터 도출한 회계이론 전개의 기초가 되는 사실을 말하며, 회계공준 또는 환경적 가정이라고도 한다.

(2) 계속기업의 가정

재무제표는 일반적으로 기업이 계속기업이며 예상 가능한 기간 내에 영업을 계속할 것이라는 가정하에 작성된다. 즉 기업실체가 청산, 사업축소 등을 하지 않고 설립 목적을 수행하기에 충분할 정도로 장기간 존속할 것을 가정한다는 의미이다. 계속기업의 가정은 역사적 원가 평가의 근거가 된다.

3 회계상의 거래

(1) 회계상의 거래 개요

기업의 경영활동 결과 자산·부채·자본·수익·비용의 변화를 일으키는 모든 사실을 회계상의 거래라 하며, 이는 화폐 금액으로 표시할 수 있어야 한다.

(2) 회계상의 거래 구분

회계상의 거래는 일상생활에서 이루어지는 거래당사자 간의 일반적인 합의를 의미하는 경제상의 거래와 구별된다. 일상생활에서는 거래로 간주하지 않는 일방적인 손실 혹은 이득에 대해서도 회계상으로는 거래로 인식되어 재무제표에 반영되는 경우가 있다.

📗 개념더하기

역사적 원가

재무제표에 표시되는 자산·부채의 금액을 발생 시점의 공정가치로 기록하는 것을 의미한다. 취득 후 자산이나 부채의 가치가 변동되더라도 재무제표에는 취득 당시의 금액으로 계속 기록한다.

개념체크OX

• 회계는 기업실체가 영업기간 내에 존속할 것을 가정한다.
　　　　　　　　　　 O X

• 화재로 인한 공장 건물과 기계의 손실은 회계상의 거래이다.
　　　　　　　　　　 O X

　　　　　　　　 O, O

회계상의 거래인 것	회계상의 거래가 아닌 것
• 현금의 수입과 지출 • 상품의 매매거래 • 채권·채무 및 손익의 발생 • 자산(건물 등)의 사용에 따른 가치 감소 • 유가증권(주식, 채권 등)의 구입과 처분 • 화재나 도난에 의한 자산의 소멸 • 기부금의 수수, 현금분실 또는 도난	• 상품의 주문 • 건물 임대차 계약, 매매 계약 • 직원의 채용 • 약속, 의뢰, 보관, 위탁 • 전기, 수도료 등의 고지서 수취

4 회계의 구분

(1) 재무회계(financial accounting)

재무회계는 투자자, 금융기관, 소비자, 정부기관 등의 외부정보이용자들에게 기업의 재무상태와 경영성과를 표시한 회계정보를 제공하는 것이 목적인 외부보고용 회계이다.

(2) 관리회계(managerial accounting)

경영자가 경영활동에 필요로 하는 회계정보를 생산하고 이를 분석하는 것이 목적인 내부보고용 회계이다.

구 분	재무회계	관리회계
보고대상	외부정보이용자	내부정보이용자
보고시기	정기보고	수시보고
기 준	GAAP	원가계산시스템
형 식	일정한 형식 존재	형식 없음
보고내용	주로 재무제표와 부속자료	제한 없음 (주로 원가, 예산, 기타 분석 자료)

(3) 세무회계(tax accounting)

기업이 법인세, 부가가치세, 관세 등의 세금에 대해 세무신고를 할 때 필요한 회계이다.

5 회계정보의 질적 특성

(1) 회계정보의 질적 특성 개념

회계정보의 질적 특성은 재무제표가 제공하는 정보가 정보이용자의 의사결정에 유용하게 활용되기 위하여 갖추어야 할 주요 속성을 말하며, 회계정보의 유용성의 판단 기준이 된다. 회계정보의 질적 특성으로는 목적적합성과 신뢰성 등이 있다.

(2) 회계정보의 질적 특성 구성요소

① 목적적합성

ㄱ. 목적적합성 있는 정보

회계정보는 의사결정의 목적과 관련이 있어야 한다. 즉 목적적합성 있는 정보는 정보이용자가 어떤 사건의 결과에 대해 예측하거나 결과에 대한 당초 기대치를 확인 또는 수정할 수 있도록 하여 의사결정에 차이를 가져올 수 있는 정보를 말한다. 목적적합성은 회계정보가 의사결정 시점에 적절하게 제공될 때 유효하게 확보할 수 있다.

ㄴ. 예측가치

예측가치는 정보이용자가 기업실체의 미래 재무상태나 경영성과 등을 예측하는 데에 회계정보가 활용될 수 있는 능력을 말한다.

ㄷ. 피드백가치

피드백가치는 정보이용자가 기업실체의 재무상태나 경영성과 등에 대한 당초 기대치를 확인 또는 수정하게 하여 의사결정에 영향을 줄수 있는 능력을 말한다.

ㄹ. 적시성

적시성은 정보이용자가 회계정보를 의사결정에 활용하기 위해 정보가 적절한 시점에 제공되어야 함을 말한다. 적시에 제공되지 않은 정보는 의사결정에 활용할 수 없어 목적적합성을 상실한다.

② 신뢰성

ㄱ. 신뢰성 있는 정보

회계정보가 정보이용자의 의사결정에 활용되기 위해서는 신뢰할 수 있는 정보여야 한다. 회계정보는 정보가 나타내고자 하는 대상을 충실히 표현해야 하고, 객관적으로 검증할 수 있으며, 중립적인 내용을 담고 있어야 신뢰성을 확보할 수 있다.

ㄴ. 표현의 충실성

표현의 충실성은 정보가 명시하려 하는 기업실체의 자산과 부채, 자본과 이들의 변동을 불러오는 거래 등을 충실하게 표현하는 것을 말한다. 표현의 충실성을 확보하기 위해서는 경제적 실질에 따른 회계처리 및 보고가 중요하다.

ㄷ. 검증가능성

검증가능성은 여러 측정자가 같은 경제적 사건이나 거래에 대해 같은 측정방법을 적용했을 때 언제나 유사한 결론에 도달할 수 있어야 한다는 것을 말한다.

ㄹ. 중립성

중립성은 회계정보를 이용해 의도적으로 어떠한 결과를 유도하려 하거나 정보이용자의 의사결정에 영향을 미치려고 해서는 안 된다는 것을 말한다.

③ 비교가능성

비교가능성은 유사한 거래나 사건의 영향을 측정하고 보고함에 있어 일관된 회계처리방법을 적용하여야 한다는 것을 말한다. 기업실체의 재무상태나 경영성과 등의 추세 분석과 기업실체 간의 상대적인 평가를 위해 회계정보가 가져야 하는 특성이다.

(3) 회계정보의 질적 특성 분류

① 근본적 질적 특성

근본적 질적 특성은 재무제표의 유용성에 대한 근본적인 특성을 나타내며, 목적적합성과 표현의 충실성이 이에 해당한다.

② 보강적 질적 특성

보강적 질적 특성은 근본적 질적 특성을 충족한 정보의 유용성을 보강하는 특성이며, 비교가능성, 검증가능성, 적시성 등이 이에 해당한다.

(4) 질적 특성 간의 상충

목적적합성과 신뢰성은 서로 상충할 수 있다. 예를 들어 유형자산을 역사적 원가로 평가할 경우 검증가능성이 높아져 신뢰성은 제고되지만 목적적합성은 저하될 수 있다. 또한 회계정보를 적시에 제공하기 위해 거래나 사건의 내용이 확정되기 전에 보고할 경우 목적적합성은 제고되나 신뢰성은 저하될 수 있다. 따라서 질적 특성의 선택은 재무보고의 목적을 최대한 달성될 수 있는 방향으로 이루어져야 한다.

(5) 회계정보의 제약요인

질적 특성을 갖춘 회계정보라고 하더라도 정보의 제공 및 활용에 필요한 사회적 비용이 해당 정보에 따른 사회적 효용을 초과한다면 회계정보 제공은 정당화될 수 없다. 또한 회계항목의 성격 및 크기의 중요성도 회계정보 제공에 대한 추가적인 제약요인으로 작용한다.

2 재무제표

1 재무제표의 개요

(1) 재무제표의 정의

재무제표는 외부정보이용자에게 기업실체에 관한 재무적 정보를 전달하는 핵심 재무보고 수단이다. 재무제표는 특정 시점의 상태를 표시한 재무상태표와 특정 기간의 변동을 표시한 포괄손익계산서, 자본변동표, 현금흐름표로 구분된다.

특정 시점의 상태	특정 기간의 변동
재무상태표	포괄손익계산서, 자본변동표, 현금흐름표

개념체크OX

• 재무상태표는 특정 기간의 자산 변동을 표시한다. ○×
• 재무제표는 원칙적으로 현금기준 회계를 사용한다. ○×

×, ×

CHAPTER 01 회 계 · **521**

(2) 재무제표 작성의 일반사항

① **공정한 표시와 한국채택국제회계기준의 준수**

한국채택국제회계기준에 따라 작성된 재무제표는 공정하게 표시된 재무제표로 본다. 한국채택국제회계기준의 요구사항을 모두 충족한 경우가 아니라면 해당 재무제표가 한국채택국제회계기준을 준수하여 작성되었다고 기재해서는 안 된다.

② **계속기업**

경영진이 기업 청산이나 경영활동의 중단에 대한 의도가 있는 경우 또는 다른 현실적 대안이 없어 그러한 방법을 선택해야만 하는 경우를 제외하면 기업실체는 계속기업을 전제로 재무제표를 작성한다.

③ **발생주의 회계**

발생주의 회계는 발생기준에 따라 수익과 비용을 인식하는 것을 말한다. 발생기준은 기업실체의 경제적 거래나 사건에 대한 수익 및 비용을 당해 거래나 사건이 발생한 기간에 인식하는 것을 말한다. 기업은 현금주의 회계기준을 사용하는 현금흐름 정보를 제외한 모든 회계정보에 대해 발생주의 회계기준을 사용하여 재무제표를 작성한다.

④ **중요성과 통합표시**

유사한 항목은 중요성 분류에 따라 재무제표에 구분하여 표시한다. 중요하지 않은 항목은 성격이나 기능이 유사한 항목과 통합하여 표시할 수 있다.

⑤ **상 계**

자산과 부채, 그리고 수익과 비용은 상계하지 않는다. 단, 유사한 거래의 집합에서 발생하는 차익과 차손은 합쳐서 순액으로 표시한다. 평가충당금을 차감하여 관련 자산을 순액으로 측정하는 것은 상계표시에 해당하지 않는다.

⑥ **보고빈도**

전체 재무제표는 적어도 1년마다 작성한다.

⑦ **비교정보**

당기 재무제표에 보고되는 모든 금액에 대해 전기 비교정보를 공시하며, 재무제표를 이해하는 데 목적 적합하다면 서술형 정보에도 비교정보를 포함한다.

⑧ **표시의 계속성**

다른 표시나 분류방법이 더 적절한 것이 명백한 경우, 또는 한국채택국제회계기준에서 표시방법의 변경을 요구하는 경우 두 가지를 제외하고는 매기 동일한 방법으로 재무제표 항목을 표시하고 분류해야 한다.

🔖 **개념더하기**

중간재무제표

중간재무제표는 일반적인 회계연도(보통 1년)보다 짧은 기간을 대상으로 작성하는 재무제표를 말한다. 중간재무제표는 회계정보의 적시성을 제고하는 데 중요한 역할을 하며, 일반적인 재무제표와 마찬가지로 재무상태표, 손익계산서, 자본변동표, 현금흐름표와 주석을 포함한다.

2 재무제표의 구성요소

(1) 재무상태표

① 재무상태표의 정의

재무상태표는 일정 시점에 기업이 보유하고 있는 경제적 자원인 자산과 경제적 의무인 부채, 그리고 자본에 대한 정보를 제공하는 재무보고서로, 대차대조표라고도 한다.

② 재무상태표의 작성원리

재무상태표는 복식부기에 의해 작성된 회계정보를 통합하여 만들어지기 때문에 차변의 자산 총액과 대변의 부채, 자본 총액이 일치하도록 작성되며, 이러한 원리를 대차평균의 원리라고 한다.

> 자산 = 부채 + 자본

③ 재무상태표의 구성요소

㉠ 자산(assets)

자산은 기업이 거래를 통해 취득했고, 현재 기업이 소유권을 갖고 있으며, 미래에 현금유입 가능성이 존재하는 것을 말한다. 1년 이내에 현금화할 수 있는 자산을 유동자산, 1년 이상의 장기간에 걸쳐 현금화할 수 있는 자산을 비유동자산으로 분류한다.

유동자산	당좌자산	• 판매과정을 거치지 않고 신속히 현금화할 수 있는 자산 • 현금및현금성자산, 매출채권, 단기투자자산 등
	재고자산	• 정상적인 기업활동에서 판매를 위해 보유 중이거나 제조 과정 중에 있는 자산, 생산과정이나 서비스 제공과정에 투입될 원재료 또는 소모품 형태의 자산 • 상품, 제품, 반제품, 재공품, 원재료, 저장품 등
비유동자산	투자자산	• 장기간에 걸쳐 투자이익을 얻을 목적으로 보유 중인 자산 • 지분증권, 영업활동에 사용되지 않는 투자부동산, 설비확장 목적으로 보유하고 있는 특정목적예금 등
	유형자산	• 실물이 구체적이고 물리적인 형태로 존재하는 자산 • 토지, 건물, 기계장치 등
	무형자산	• 구체적·물리적 형태는 존재하지 않지만 식별할 수 있고 기업이 통제하고 있으며 미래에 경제적 효익이 예상되는 비화폐성 자산 • 영업권, 산업재산권, 광업권, 개발비 등
	기타 비유동자산	• 투자자산, 유형자산, 무형자산에 속하지 않는 비유동자산 • 임차보증금, 이연법인세자산 등

ⓛ 부채(liabilities)

부채는 과거 발생한 사건의 결과로 현재 기업이 부담하고 있는 경제적 의무를 총칭하는 말이다. 상환 만기일이 1년 이내에 도래하는 부채를 유동부채, 상환 만기일이 1년 이후에 도래하는 부채를 비유동부채로 분류한다.

유동부채	• 상환 만기일이 1년 이내에 도래하는 부채 • 단기금융부채(매입채무, 단기차입금, 미지급금), 선수금, 예수금, 미지급비용, 미지급법인세, 선수수익 등
비유동부채	• 상환 만기일이 1년 이후에 도래하는 부채 • 사채, 장기차입금, 장기제품보증충당부채, 장기매입채무, 퇴직급여충당부채, 이연법인세부채, 장기미지급금 등

ⓒ 자본(capital)

자본은 주주에게 귀속될 잔여지분을 말하며, 자산에서 부채를 차감하여 계산한다.

자본금	• 주주가 기업에 출자한 금액 • 보통주자본금, 우선주자본금
자본 잉여금	• 증자나 감자 등 주주와의 거래에서 발생하여 자본을 증가시키는 잉여금 • 주식발행초과금, 감자차익, 자기주식처분이익 등
자본 조정	• 당해 항목의 특성상 소유주지분에서 가감되어야 하는 경우 또는 아직 최종결과가 확정되지 않아 자본의 구성항목 중 어느 것에 가감해야 하는지 알 수 없는 경우 사용하는 항목 • 주식할인발행차금, 자기주식, 감자차손, 자기주식처분손실, 배당건설이자, 미교부주식배당금 등
기타 포괄 손익 누계액	• 자본의 변동 중 주주와의 거래에서 생긴 자본의 변동을 제외한 모든 변동인 포괄손익에서 당기항목을 제외한 금액 • 매도가능증권평가손익, 해외사업환산손익, 위험회피 파생상품평가손익 등
이익 잉여금	• 손익계산서에 보고된 손익과 다른 자본 항목에서 이입된 금액의 합계액에서 주주에 대한 배당, 자본금으로의 전입 및 자본조정 항목의 상각 등으로 처분된 금액을 차감한 잔액 • 법정적립금, 임의적립금 및 미처분이익잉여금(또는 미처리결손금) 등

(2) 포괄손익계산서

① 포괄손익계산서의 정의

포괄손익계산서는 일정 기간 동안 기업이 거둔 재무성과에 대한 정보를 제공하는 재무보고서로 미래현금흐름, 수익 창출 능력 등의 성과 예측에 유용한 정보를 제공한다.

$$당기순이익 = 수익 - 비용$$
$$포괄손익 = 당기순이익 + 기타포괄손익$$

② 포괄손익계산서의 분류

　　㉠ 성격별 분류법

　　　성격별 분류법에서는 당기손익에 포함된 비용을 그 성격별로 통합하며, 기능별로 재배분하지 않는다. 비용을 성격별로 분류한다는 것은 각 항목을 유형별로 구분, 표시한다는 것이며 세부분류항목으로는 감가상각비, 운송비, 광고비 등이 있다. 비용의 성격별 분류는 미래 현금흐름을 예측할 때 유용하다.

　　㉡ 기능별 포괄손익계산서

　　　기능별 분류법은 비용을 매출원가, 물류원가, 관리활동원가 등과 같이 기능별로 분류하는 방법으로 매출원가법이라고도 한다. 이 방법에서는 매출원가를 반드시 다른 비용과 분리하여 공시한다. 기능별 포괄손익계산서를 사용하는 때에도 성격별 포괄손익계산서의 추가 공시가 필요하다.

성격별 포괄손익계산서		기능별 포괄손익계산서	
수익	×××	수익	×××
기타수익	×××	매출원가	(×××)
총비용		매출총이익	×××
제품과 재공품의 변동		기타수익	×××
원재료와 소모품의 사용액		물류원가	(×××)
종업원급여비용		관리비	(×××)
감가상각비와 기타상각비		기타비용	(×××)
기타비용	(×××)	금융원가	(×××)
법인세비용차감전순이익	×××	법인세비용차감전순이익	×××
법인세비용	(×××)	법인세비용	(×××)
당기순이익	×××	당기순이익	×××
기타포괄이익	×××	기타포괄이익	×××
총포괄이익	×××	총포괄이익	×××

③ 손익계산서의 구성요소

　　㉠ 수익(revenue)

　　　수익은 기업이 일정 기간 동안 고객에게 재화나 용역을 제공하고 받은 경제적 효익의 유입액을 말한다.

매출액	• 영업활동을 통해 얻은 총 수익 • 기업의 주된 영업활동을 통해 고객에게 판매한 재화 또는 서비스의 판매액
영업외수익	• 기업의 주된 영업활동 외의 부수적인 활동의 결과로 발생한 수익이나 비정상적인 사건의 결과로 발생한 차익 • 이자수익, 배당금수익, 임대료, 단기투자자산처분이익 등

🔖 개념더하기

영업외손익

부수적이거나 비정상적인 영업 외 활동의 결과로 나타나는 이익과 손실을 영업외손익이라고 한다. 재무활동, 투자활동이 대표적인 영업 외 활동이며, 이러한 활동의 결과로 나온 이자수익·비용, 유형자산처분이익·손실 등은 단기적이고 일시적인 경향을 보인다.

ⓛ 비용(expense)

비용은 수익을 얻기 위해 유출되거나 소비된 경제적 효익을 말한다.

매출 원가	• 매출액에 대응되는 원가 • 판매된 제품이나 상품 등에 대한 제조원가, 매입원가
판매비와 일반관리비	• 재화나 서비스의 판매와 기업경영을 위해 지출되는 판매에 관련된 비용과 일반관리비에 관련된 비용 • 상품의 매입이나 제품의 제조활동과 직접 관련이 없음 • 광고비, 접대비, 사무실 관리비, 여비 및 교통비, 통신비, 종업원 급여 등
영업외비용	• 기업의 주된 영업활동 외의 부수적인 활동의 결과로 발생한 비용이나 비정상적인 사건의 결과로 발생한 차손 • 이자비용, 매출할인, 기부금, 이연자산상각비, 유가증권처분손실 등
법인세비용	회계기간 중 납부해야 하는 법인세액

(3) 자본변동표

자본변동표는 기업의 경영에 따라 자본이 변동되는 흐름을 파악하기 위해 일정 기간 동안의 자본의 크기 및 변동에 대한 정보를 제공하는 재무보고서이다. 자본변동표에는 자본금, 자본잉여금, 자본조정, 기타포괄손익누계액, 이익잉여금의 기초잔액과 기말잔액, 변동사항이 표시된다.

(4) 현금흐름표

① 현금흐름표의 정의

현금흐름표는 일정 기간 동안의 기업의 현금유입 및 유출을 나타내는 재무보고서로, 기업의 현금및현금성자산 창출능력과 기업의 현금흐름 사용 필요성에 대한 평가의 기초를 재무제표 이용자에게 제공한다.

② 현금흐름표의 구성요소

ⓙ 영업활동 현금흐름

영업활동 현금흐름은 제품의 생산과 상품 및 용역의 구매·판매 활동과 관련된 현금흐름을 말한다.

> 예 재화 및 서비스의 판매에 따른 현금유입, 원재료와 상품의 구입에 따른 현금유출 종업원에 대한 지출·법인세·이자비용 지출에 따른 현금유출 등

ⓛ 투자활동 현금흐름

투자활동 현금흐름은 현금의 대여 및 회수, 유가증권·투자자산·유형자산·무형자산의 취득과 처분활동 등에서 발생한 현금흐름을 말한다.

> 예 유가증권 및 토지의 매입·매각에 따른 현금유입·유출, 대여금의 회수에 따른 현금유입 등

ⓒ 재무활동 현금흐름

재무활동 현금흐름은 현금의 차입 및 상환과 같은 부채나 자본계정에 영향을 미치는 거래에서 발생한 현금흐름을 말한다.

예 단기·장기차입금의 차입에 따른 현금유입, 주식·어음·사채의 발행에 따른 현금유입, 배당금 지급·차입금 상환에 따른 현금유출 등

(5) 주 석

① 주석의 정의

주석은 재무제표상의 해당 과목 또는 금액에 기호를 붙이고 난외 또는 별지에 관련 정보를 간결하게 적는 것을 말한다. 주석은 재무상태표, 포괄손익계산서, 자본변동표 및 현금흐름표에 표시된 개별 항목과 관련된 양적·질적인 정보를 제공한다.

② 주석에 표시되는 정보

ⓐ 재무제표 작성 근거와 구체적인 회계처리에 적용한 회계정책

ⓑ 한국채택국제회계기준에서 요구하는 정보이지만 재무제표 어느 곳에도 표시되지 않는 정보

ⓒ 재무제표 어느 곳에도 표시되지 않지만, 재무제표를 이해하는 데 목적적합한 정보

3 분 개

(1) 분개의 정의

분개는 기업에서 매일 발생하는 거래를 식별하여 금액과 계정과목을 결정하고 해당 계정의 차변 또는 대변에 기록하는 절차를 말한다.

(2) 분개의 절차

① 회계기록의 대상이 될 거래 식별

② 거래를 기록할 계정과목 결정

③ 계정에 기록할 금액 결정

④ 계정의 기록 위치 결정(차변 또는 대변)

(3) 거래의 이중성

회계상의 거래는 어떤 거래든지 차변과 대변에 동일한 금액 변동을 가져온다는 거래의 특성을 거래의 이중성이라고 한다.

(4) 복식부기의 원리

거래의 이중성에 따라 장부에는 차변과 대변에 같은 금액을 두 번 기록하게 되는데, 이러한 회계기록 방법을 복식부기라고 한다. 복식부기의 원리에 따르면 차변에 기록된 금액의 합과 대변에 기록된 금액의 합은 항상 같다.

(5) 거래의 결합관계

거래의 결합관계란 거래의 8가지 요소가 독립적으로 나타나지 않고 동시에 결합하여 나타나는 것을 말한다.

차 변	대 변
자산의 증가	자산의 감소
부채의 감소	부채의 증가
자본의 감소	자본의 증가
비용의 발생	수익의 발생

4 회계추정의 변경

(1) 회계추정의 변경 개념

회계추정의 변경은 재무제표 구성요소의 현재 상태 또는 미래 효익 및 의무를 평가한 결과에 따라 장부금액이나 기간별 자산의 소비액을 조정하는 것을 말한다. 상황의 변화에 따라 사용하던 회계적 추정치를 변경하는 것이므로 단순 오류 수정에는 해당하지 않으며, 지난 사건에 대해서 소급 적용하지 않는다.

(2) 회계추정의 변경 시 회계처리

회계추정의 변경 효과는 변경이 발생한 회계연도 이후의 회계기간에 적용한다. 단, 변경이 발생한 회계연도에만 영향을 미치는 경우 변경이 해당 회계연도에 적용한다.

(3) 회계추정 필요 항목

대손, 재고자산의 진부화, 금융자산 또는 금융부채의 공정가치, 감가상각자산의 내용연수, 충당부채의 평가 등은 회계적 추정치를 사용하며, 회계추정의 변경 대상이 된다.

3) 회계기준

1 회계기준의 개요

(1) 회계기준의 정의

회계기준(Accounting standards)은 회계담당자가 회계행위를 수행할 때 반드시 준수해야 할 이론적인 규범 또는 행위의 지침을 말한다.

개념체크OX

• 복식부기의 원리로 작성된 회계장부의 차변과 대변에 기록된 금액의 합은 항상 같다.
○ ✕

• 회계추정의 변경이 발생한 경우 지난 사건에 대해서도 소급 적용한다.
○ ✕

○, ✕

(2) 일반적으로 인정된 회계원칙(GAAP ; Generally Accepted Accounting Principles)

① GAAP의 정의

일반적으로 인정된 회계원칙 또는 기업회계기준은 기업의 재무상태나 경영성과 등에 대해 재무보고를 할 때 신뢰성과 비교가능성을 제고하기 위해 재무보고서 작성 시 따라야 할 기준이나 원칙을 말한다.

② GAAP의 의미

'일반적으로 인정된'이란 말은 특정 회계처리의 관습이 실무에서 오랜 기간에 걸쳐 사용된 결과 하나의 원칙으로 굳어졌다는 것을 의미한다. 즉 '일반적으로 인정된 회계원칙'이란 '다수의 인정을 받은 권위 있는 회계원칙'을 뜻한다.

2 국제회계기준 체계

(1) 국제회계기준(IFRS ; International Financial Reporting Standards)

국제회계기준은 국제회계기준위원회가 기업의 회계처리 및 재무제표 작성에 대한 국제적 통일성을 제고하기 위해 제정하고 공표하는 회계기준을 말한다. 대한민국은 2011년부터 국제회계기준을 도입하여 국내 모든 상장기업에 의무적으로 적용하기 시작했다.

(2) 우리나라의 회계기준 체계

① 한국채택국제회계기준(K-IFRS)

회계기준위원회에서 국제회계기준(IFRS)를 근거로 개정하여 제정한 회계기준이다. 상장기업의 경우 의무적으로 K-IFRS를 적용하여 회계처리를 해야하며, 비상장기업 및 공공기관, 중소기업은 선택적으로 적용할 수 있다.

② 일반기업회계기준

회계기준위원회에서 제정한 회계기준으로서, 「주식회사 등의 외부감사에 관한 법률」의 대상이 되는 기업 중 K-IFRS를 채택하지 않는 기업이 적용해야 하는 회계기준이며, 국제회계기준(IFRS)을 도입하기 전 보편적인 회계원칙으로 사용되었다.

③ 중소기업회계기준

「상법」 시행령 제15조 제3호에 따라 외부감사 대상 이외의 기업의 회계처리에 적용해야 하는 회계기준이다. 구체적 적용기준이 존재하지 않은 항목에 대해서는 일반기업회계기준을 적용한다.

개념체크OX

• 국내 모든 상장기업은 한국채택국제회계기준을 따라야 한다.
ㅇⅩ

• 중소기업은 한국채택국제회계기준을 적용할 수 없다.
ㅇⅩ

ㅇ, Ⅹ

01 기출분석문제

01 다음 중 회계상의 거래가 아닌 것은? 한국관광공사

① 채무자의 파산으로 외상매출금 회수가 불가능해졌다.
② 매입한 차량을 2년 동안 사용했다.
③ 화재로 인하여 창고에 있던 상품 일부가 소실되었다.
④ 거래처와 신상품 공급 계약을 체결하였다.

해설 단순 계약은 회계상의 거래에 포함되지 않는다.

02 다음 중 회계정보의 질적 특성에 대한 설명으로 옳지 않은 것은? 한국석유공사

① 적시성을 갖지 못한 회계정보는 목적적합성을 상실한 정보이다.
② 회계정보는 특정한 의도를 가지고 조작되지 않는 중립성을 가져야 한다.
③ 회계정보의 질적 특성은 상호보완적이기 때문에 언제나 완벽하게 충족할 수 있다.
④ 회계정보 활용에 드는 비용이 정보 활용에 따른 효용을 넘어선다면 회계정보 활용은 부적절하다.

해설 목적적합성과 신뢰성은 상충할 수 있다. 회계정보의 신뢰성을 높이면 목적적합성이 저하되거나 목적적합성을 높이면 신뢰성이 저하될 수 있다.

03 재무제표에 관한 설명으로 옳지 않은 것은? 공무원연금공단

① 현금흐름 정보 외의 모든 회계정보는 발생기준 회계를 이용하여 재무제표를 작성한다.
② 부채를 유동부채와 비유동부채로 구분하는 기준은 기업이 지급해야 할 금액의 크기이다.
③ 주석은 재무제표의 개별 항목과 관련된 정보를 제공하며, 난외 또는 별지에 표시한다.
④ 재무상태표는 일정 시점의 기업이 보유 중인 자산, 부채, 자본의 구성상태를 표시하는 회계보고서이다.

해설 부채는 지급금액의 크기와 상관없이 지급기한이 1년 이내에 도래하면 유동부채, 지급기한이 1년 이후에 도래하면 비유동부채로 분류한다.

04 다음 중 재무상태표에 대한 설명으로 옳지 않은 것은?

① 매입채무, 미지급금, 장기차입금은 부채 항목에 표시한다.
② 유동자산이란 단기간에 현금으로 전환될 수 있는 자산을 말한다.
③ 차변에 표시된 자산의 합계액과 대변에 표시된 부채와 자본의 합계액은 같다.
④ 자본 항목에는 일정 시점의 자본 구성상태와 자본의 변동에 대한 포괄적인 정보가 표시된다.

[해설] 자본의 변동은 재무상태표가 아닌 자본변동표에 표시된다.

05 다음 중 포괄손익계산서에 표시되는 수익과 비용에 대한 설명으로 옳지 않은 것은?   도로교통공단

① 영업이익은 매출액에서 매출원가를 차감한 금액이다.
② 매출원가는 성격별 포괄손익계산서에 표시되지 않는다.
③ 광고비는 판매비와 일반관리비로 처리되어 포괄손익계산서에 표시된다.
④ 당기순이익은 법인세비용차감전순이익에서 법인세를 차감한 금액이다.

[해설] 매출액에서 매출원가를 차감한 것은 매출총이익으로 표시된다. 영업이익은 매출총이익에서 판매비와 일반관리비를 차감한 금액으로 표시된다.

06 다음은 A 기업의 포괄손익계산서 자료의 일부이다. 자료를 이용하여 계산한 A 기업의 당기순이익은?

한국동서발전

총수익	2,100,000원	상품구입액	700,000원
종업원급여	200,000원	감가상각비	300,000원
차량임차료	50,000원	기타비용	20,000원
법인세비용	70,000원	기타포괄이익	30,000원

① 830,000원
② 790,000원
③ 760,000원
④ 730,000원

[해설] 총비용 = 상품구입액 700,000원 + 종업원급여 200,000원 + 감가상각비 300,000원 + 차량임차료 50,000원 + 기타비용 20,000원
= 1,270,000원
법인세비용차감전순이익 = 총수익 2,100,000원 − 총비용 1,270,000원 = 830,000원
당기순이익 = 법인세비용차감전순이익 830,000원 − 법인세비용 70,000원 = 760,000원

07 다음 중 현금흐름의 분류에 대한 설명으로 옳지 않은 것은?
한국수자원공사

① 예금에 따른 현금유출은 투자활동을 통한 현금흐름에 해당한다.

② 차입금의 상환에 따른 현금유출은 재무활동을 통한 현금흐름에 해당한다.

③ 토지 매각에 따른 현금유입은 영업활동을 통한 현금흐름에 해당한다.

④ 재화와 용역의 판매에 따른 현금유입은 영업활동을 통한 현금흐름에 해당한다.

[해설] 토지나 유가증권의 매각에 따른 현금의 유입은 투자활동을 통한 현금흐름에 해당한다.

08 다음 중 자본변동표에 표시되지 않는 항목은?
한국가스공사

① 감자차익

② 임의적립금

③ 해외사업환산손익

④ 만기보유증권

[해설] 자본변동표에는 자본 항목만 표시되며, 만기보유증권은 장기금융자산으로 분류되어 투자자산 항목에 표시된다. 감자차익은 자본잉여금, 임의적립금은 이익잉여금, 해외산업환산손익은 기타포괄손익누계액으로 자본변동표에 표시된다.

09 다음 중 거래를 분개할 때의 결합관계가 옳지 않은 것은?
서울교통공사

	차 변	대 변
①	자본의 증가	부채의 증가
②	자산의 증가	자산의 감소
③	부채의 감소	수익의 발생
④	비용의 발생	자산의 감소

[해설] 분개 시 자본의 증가는 대변에, 자본의 감소는 차변에 기입해야 한다.

성공한 사람은 대개 지난번 성취한 것 보다 다소 높게, 그러나 과하지 않게
다음 목표를 세운다. 이렇게 꾸준히 자신의 포부를 키워간다.

-커트 르윈-

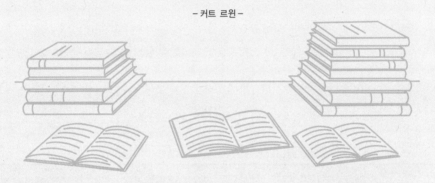

최신복원문제

🔑 키워드 CVP 분석

어느 제품의 단위당 변동비가 5,000원이고, 단위당 판매가격은 8,000원이다. 총고정비가 24,000,000원이라면 이 제품의 손익분기점 매출액은?

한국마사회

① 50,000,000원

② 56,000,000원

③ 60,000,000원

④ 64,000,000원

[해설] • 단위공헌이익 = 단위판매가격 8,000원 − 단위변동비 5,000원 = 3,000원
• 손익분기점 매출수량 = 고정비 24,000,000원 ÷ 단위공헌이익 3,000원 = 8,000개
• 손익분기점 매출액 = 손익분기점 매출수량 8,000개 × 단위판매가격 8,000원 = 64,000,000원

정답 ④

Chapter 02

회계처리와 회계분석

기출 키워드	중요도
☑ 자산의 회계처리	★★★
☑ 재고자산	★★★
☑ 유형자산	★★★
☑ CVP 분석	★★★
☑ 단위공헌이익 계산	★★★
☑ 손익분기점 계산	★★

CHAPTER

02 회계처리와 회계분석

1 상품의 매입·매출

1 상품매입거래의 회계

(1) 상품의 매입

상품의 매입은 자산의 증가이므로 차변에 기록하며, 주로 매입계정에 기입한다.

> 순매입액 = 총매입액 − (매입환출 + 매입에누리 + 매입할인)

(2) 매입환출

매입환출은 매입상품을 검사하는 과정에서 상품에 문제가 있거나 주문한 품목과 일치하지 않아 상품을 반환하고 매입거래를 취소하는 것을 말한다. 매입환출은 매입의 차감으로 기록한다.

(3) 매입에누리

매입에누리는 매입한 상품에 하자가 있어 매입대금에 대한 할인을 받는 것을 말한다. 매입에누리는 매입의 차감으로 기록한다.

(4) 매입할인

매입할인은 외상으로 상품을 매입한 후 조기에 대금을 상환하는 경우 계약에 따라 매입금액에 대해 할인을 받는 것을 말한다. 매입할인은 매입의 차감으로 기록한다.

2 상품매출거래의 회계

(1) 상품의 매출

상품의 매출은 자산의 감소이므로 대변에 기록하며, 주로 매출계정에 기입한다.

> 순매출액 = 총매출액 − (매출환입 + 매출에누리 + 매출할인)

(2) 매출환입

매출환입은 상품의 품목·품질·규격 등에 이상에 있거나 운반 도중 파손 등의 이유로 매입자가 상품을 반환하는 것을 말한다. 매출환입은 매출의 차감으로 기록한다.

개념체크OX
- 매입에누리와 매입할인은 매출의 차감으로 기록한다. ☐O☐X
- 매출총이익은 매출액에서 매출원가를 차감하여 계산한다. ☐O☐X

X, O

(3) 매출에누리

매출에누리는 판매한 상품에 하자가 있어 판매가격에 대해 할인을 제공하는 것을 말한다. 매출에누리는 매출의 차감으로 기록한다.

(4) 매출할인

매출할인은 상품을 외상으로 판매한 후 대금을 매입자가 조기에 상환하는 경우 계약에 따라 할인을 제공하는 것을 말한다. 매출할인은 매출의 차감으로 기록한다.

3 매출총이익 계산

- 매출총이익 = 매출액 − 매출원가
- 매출액 = 총매출액 − (매출환입 + 매출에누리 + 매출할인)
- 매출원가 = (기초상품재고액 + 당기상품순매입액) − 기말상품재고액
- 당기상품순매입액 = 총매입액 − (매입환출 + 매입에누리 + 매입할인)

2   계정과목별 회계처리

1 재고자산

(1) 재고자산의 정의

재고자산은 판매를 위하여 보유 중인 자산, 생산과정에 있는 자산, 그리고 생산과정 또는 서비스 제공과정에서 투입될 원재료나 소모품의 형태로 존재하는 자산을 말한다. 용역 제공기업의 재고자산에는 관련된 수익이 아직 인식되지 않은 용역원가가 포함된다.

재고자산 흐름

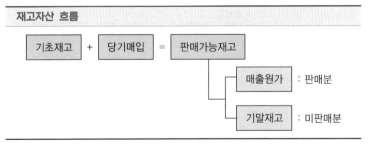

(2) 기말재고자산에 포함되는 항목

구 분		인식 여부	기말재고 포함 여부
미착상품 (판매자의 입장)	도착지인도조건	매출로 인식하지 않음	포 함
	선적지인도조건	매출로 인식함	제 외
적송품 (위탁자의 입장)	수탁자 보관분	매출로 인식하지 않음	포 함
	수탁자 미보관분	매출로 인식함	제 외
저당권이 실행되지 않은 저당상품		매출로 인식하지 않음	포 함
반품권이 부여된 재고자산	반품가능성 예측 가능	매출로 인식함	제 외
	반품가능성 예측 불가능	매출로 인식하지 않음	포 함
할부판매상품 (장단기 포함)		매출로 인식함	제 외

(3) 재고자산 기록방법

① 실지재고조사법(실사법)

실지재고조사법은 상품 매입 시에만 장부에 매번 기록하고, 상품 매출 시에는 매출원가를 기록하지 않다가 기말 실사를 통해 기말재고와 매출 원가를 한 번에 파악하는 방법을 말한다. 매출원가를 기말에 일괄적으로 계산하기 때문에 간편하다는 장점이 있지만, 재고자산의 정확한 감모량 을 파악하기는 어렵다는 단점이 있다.

상품 매입	차변의 매입계정(비용)에 임시 기록함
상품 매출	대변의 매출계정(수익)에 기록하지만, 매출원가는 기록하지 않음
기말 결산	기초재고와 당기매입액은 차변의 매출원가계정으로 대체하고, 기말실사를 통해 파악된 기말재고는 대변의 매출원가계정으로 대체함

② 계속기록법

계속기록법은 재고자산의 매입과 매출이 발생할 때마다 장부에 기록한 후 매출액과 매출원가를 계산하는 방법을 말한다. 매출의 발생 시점에 수익과 비용을 분개하기 때문에 기말에 재고자산이 자연스럽게 계산된 다는 장점이 있지만, 상품의 단가가 계속 변하거나 매입과 매출이 많은 품목에는 적용하기 어렵다는 단점이 있다.

상품 매입	차변의 상품계정에 기록함
상품 매출	대변의 매출계정에 판매대금을 기록하고, 차변의 매출원가계정 에 판매 상품의 원가 기록함
기말 결산	별도의 분개 시행하지 않음

③ 재고자산감모손실

재고자산감모손실은 계속기록법을 적용할 때 당기에 발생한 재고자산 손실로 인해 생긴 실제 재고자산금액과 장부금액 간의 차이를 말한다. 감모손실은 영업활동 중 재고자산의 특성으로 인해 발생한 정상감모손실과 영업활동과 관련 없이 특별한 사유로 인해 발생한 비정상감모손실로 나누어 회계처리한다.

정상감모손실	차변의 매출원가계정에 가산함
비정상감모손실	차변의 영업외비용 계정에 기록함

(4) 재고자산 평가방법

① 개별법

각각의 상품 또는 제품에 대하여 개별적인 원가를 계산하는 방법이다. 상호 교환될 수 없는 재고자산 항목의 원가나 특정 프로젝트별로 생산되고 분리되는 재화 및 용역의 원가는 개별법을 사용하여 결정한다.

장 점	• 실제원가와 실제수익이 대응되므로 대응원칙에 가장 충실하다. • 소량이거나 고가인 재고자산에 적용이 용이하다.
단 점	• 재고자산의 종류, 수량이 많은 경우 적용이 어렵다. • 원가를 실무자가 임의로 조정하여 당기손익을 조작할 수 있다. • 여러 재고자산에 공통으로 소모되는 부대비용을 임의로 배분하여 원가를 조작할 수 있다.

② 가중평균법

기초 재고자산과 회계기간 내 매입 또는 생산된 재고자산의 원가를 가중평균하여 재고 항목의 단위원가를 결정하는 방법이다. 가중평균법은 실사법에서의 가중평균법인 총평균법과 계속기록법에서의 가중평균법인 이동평균법으로 분류된다.

장 점	• 실무적 적용이 편리하며 이익조작의 가능성이 작다. • 실제 물량흐름을 개별적으로 파악하는 것은 어렵기 때문에 평균원가 사용이 더 적절할 수 있다.
단 점	• 수익과 비용의 적절한 대응이 어렵다. • 기초재고의 원가가 평균단가에 합산되어 기말재고의 금액에 영향을 미칠 수 있다.

③ 선입선출법(FIFO ; First-In First-Out method)

물량의 실제 흐름과는 관계없이 먼저 매입 또는 생산한 항목이 먼저 판매 또는 사용된 것으로 가정하여 기말재고액을 결정하는 방법이다.

장 점	• 실제 물량흐름과 유사하며 계산이 간결하다. • 체계적이고 객관적이므로 이익조작의 가능성이 작다. • 기말재고자산이 최근의 원가를 반영한다.
단 점	• 현행수익에 과거원가를 대응시키므로 대응원칙에 충실하지 못하다. • 물가가 상승하는 경우 과거의 취득원가가 현행 매출수익에 대응되므로 당기순이익이 과다계상된다.

개념더하기

비정상감모손실

비정상감모손실은 영업활동 외의 비정상적인 활동으로 나타난 손실로, 창고에 발생한 화재로 인한 재고자산의 영구적 손실이나 누군가의 도난 및 분실로 인한 재고자산 수량 부족 등이 대표적인 비정상감모손실이다.

개념체크OX

• 개별법은 대량생산 품목의 재고자산에 사용하기 적합하다.

• 선입선출법을 사용하면 이익조작의 가능성을 낮출 수 있다.

CHAPTER 02 회계처리와 회계분석 • **539**

🍰 개념더하기

후입선출청산현상
후입선출법을 사용하면 재고가 최근 시점에 출고된 것을 기준으로 삼는다. 이를 이용해 특정 해의 재고 매입량을 감소시켜 의도적으로 기말재고를 먼저 소진하게 되면 상대적으로 낮은 단가의 기말재고에 높은 판매가격이 적용되어 순이익이 증가하는데, 이를 후입선출청산현상이라고 한다.

④ 후입선출법(LIFO ; Last-In First-Out method)

나중에 구매 또는 생산한 항목이 먼저 판매 또는 사용된 것으로 가정하고 재고자산을 평가하는 방법이다. 기업회계기준에서는 후입선출법을 사용할 수 없도록 규정하고 있다.

장 점	• 현행원가가 현행수익에 대응되므로 대응원칙에 충실하다. • 제품의 가격정책을 결정할 때 유용하다. • 당기순이익이 적게 계상되어 세금납부를 이연할 수 있으므로 현금흐름이 일시적으로 좋아진다.
단 점	• 기말재고자산이 과거취득원가로 기록된다. • 판매량이 급증하면 과거 가격으로 평가된 재고층이 매출원가로 계상되어 당기순이익이 증가하는 후입선출청산현상이 발생한다. • 후입선출청산을 회피하기 위해 불필요한 재고자산을 구입하거나, 당기순이익을 증가시키기 위해 재고자산을 구입하지 않고 고갈시키는 불건전한 구매관습을 이용하여 당기순이익을 조작할 수 있다. • 당기순이익이 적게 계상된다. • 실제 물량흐름과 불일치한다.

⑤ 재고자산 평가방법의 비교

구 분	크기비교	비 고
기말 재고자산	선입선출법>이동평균법>총평균법>후입선출법	제 외
매출원가	선입선출법<이동평균법<총평균법<후입선출법	
당기 순이익	선입선출법>이동평균법>총평균법>후입선출법	
법인세	선입선출법>이동평균법>총평균법>후입선출법	과세소득 충분
현금흐름	선입선출법<이동평균법<총평균법<후입선출법	법인세효과

2 유형자산

(1) 유형자산의 개념

① 유형자산의 정의

유형자산은 물리적인 형태가 있으며 1년 이상 사용 가능한 자산을 말한다. 토지를 제외한 모든 유형자산은 상각자산이다.

② 유형자산의 특징

㉠ 유형자산은 장기간 사용하는 자산이다.

㉡ 유형자산은 영업에 사용하기 위해 보유하는 자산이다.

㉢ 유형자산을 영업에 사용한다는 것은 유형자산이 수익을 창출하는데 사용된다는 것을 의미한다.

㉣ 유형자산은 토지나 건물, 기계장치 등과 같은 물리적 실체를 가진 내구성 자산이다.

(2) 유형자산의 감가상각

① 감가상각의 정의

감가상각은 자산의 취득가액을 내용연수 동안 비용으로 나누는 원가의 배분과정이다. 각 사업연도의 손익계산을 정확하고 공정하게 하고, 상품과 제품의 원가계산을 적절하게 하는 것이 목적이다.

② 감가상각의 원인

⊙ 사용에 의한 소모

ⓛ 시간의 경과에 따르는 퇴화

ⓒ 기능적 감가

물질 자체로는 사용가치가 있으나 경제적 이용가치가 상실되는 것을 의미한다. 유행의 변천이나 새로운 발명에 의한 구식화 등이 대표적인 예시이다.

ⓔ 우발적 감가

천재지변 등의 자연적 원인이나 도난·노동쟁의 등의 사회적 원인으로 인한 감가이다.

③ 감가상각의 요소

⊙ 내용연수

내용연수는 자산이 영업활동에 예상 사용 기간, 즉 수명을 말하며 이는 자산이 사용불능이 되어 폐기할 때까지의 추정연수를 말한다. 일반적으로 기간으로 표시되지만, 생산량이나 활동능력으로 표시되기도 한다.

ⓛ 잔존가치

잔존가치는 자산의 내용연수가 만료되는 시점에 남아있는 자산적 가치를 말한다. 잔존가치는 자산의 처분으로 얻게 될 예상 금액에서 처분부대원가를 차감한 금액을 추정하여 계산한다.

ⓒ 감가상각대상금액

감가상각대상금액은 해당 자산의 내용연수 동안 상각될 금액을 말하며, 자산의 취득원가에서 잔존가치를 차감한 금액으로 계산한다.

> 감가상각대상금액 = 취득원가 − 잔존가치

④ 유형자산의 감가상각 방법

⊙ 정액법

자산의 생산성과 수선유지비가 내용연수 동안 매년 동일하다고 가정하고, 감가상각대상금액을 추정내용연수로 나눈 금액을 각 연도의 감가상각비로 계산하는 방법이다. 계산이 간단하다는 장점이 있지만, 유형자산은 일반적으로 내용연수 후기로 갈수록 생산성이 감소하고 수선유지비가 상승한다는 사실을 잘 반영하지 못한다는 단점이 있다.

$$상각률 = \frac{1}{추정내용연수}$$

$$감가상각비 = (취득원가 − 잔존가치) \times 상각률$$

개념더하기

감가상각비의 회계처리

• 직접법

직접법은 감가상각비를 대변의 해당 자산 계정에 기록하여 직접 자산가액을 감액하는 방법이다.

• 간접법

간접법은 해당 자산의 계정은 그대로 둔 채 대변에 감가상각누계액이라는 특수계정을 설정하고 따로 감가상각비를 기록하는 방법이다.

ⓛ 정률법

매 회계연도 초의 유형자산 장부가액에 취득원가와 잔존가치를 고려한 상각률을 곱하여 감가상각비를 산출하는 방법이다.

$$상각률 = 1 - \sqrt[n]{\frac{잔존가치}{취득원가}} \ (n = 내용연수)$$

$$감가상각비 = (취득원가 - 상각전감가상각누계액) \times 상각률$$

ⓒ 연수합계법

내용연수의 합계와 잔존내용연수의 비율을 이용해 감가상각비를 산출하는 방법으로, 초기에 많은 금액을 상각하지만 내용연수의 경과에 따라 상각비가 점차 감소한다는 특징이 있다.

$$상각률 = \frac{잔존내용연수}{내용연수의 \ 합계}$$

$$감가상각비 = (취득원가 - 잔존가치) \times 상각률$$

ⓔ 이중체감법

정률법과 동일하게 회계연도 초 장부금액에 상각률을 곱하여 감가상각비를 계산하지만, 상각률은 정액법 상각률의 2배를 이용하는 방법이다.

$$상각률 = \frac{1}{내용연수} \times 2$$

$$감가상각비 = (취득원가 - 상각전감가상각누계액) \times 상각률$$

ⓜ 생산량비례법

보유 중인 자산의 감가가 단순히 시간의 경과에 따라 나타나는 것이 아닌 생산량에 비례하여 나타난다는 것을 전제로 하여 감가상각비를 계산하는 방법이다. 주로 광산, 유전, 산림 등과 같은 소모성 또는 고갈성 자산의 채취산업에서 많이 활용된다.

$$감가상각비 = (취득원가 - 잔존가치) \times \frac{당기 \ 실제생산량}{추정 \ 총생산량}$$

3 무형자산

(1) 무형자산의 개념

① 무형자산의 정의

무형자산은 식별은 가능하나 물리적인 실체는 없는 비화폐성 자산을 말한다.

② 무형자산의 특징

㉠ 무형자산은 식별 가능하며 매각, 임대 등의 방법으로 개별적으로 처분이 가능한 자산이다.

㉡ 무형자산은 법적 권리에 의해 통제권이 확보된 자산이다.

ⓒ 무형자산은 유형자산에 비해 미래에 경제적 효익을 창출할 가능성이 불확실한 자산이다.

(2) 무형자산의 회계처리

① 연구비와 개발비

ⓐ 연구비의 정의

연구단계에서는 미래 경제적 효익을 창출할 무형자산이 존재한다는 사실을 입증할 수 없으므로 이 단계에서 발생하는 지출은 발생 기간의 비용으로 인식한다. 연구비와 개발비를 구분할 수 없는 경우에는 모두 연구비로 인식한다.

ⓑ 개발비의 정의

무형자산의 인식기준을 모두 제시할 수 있는 개발 관련 지출은 자산으로 인식한다.

ⓒ 연구·개발 프로젝트의 무형자산 인식기준

- 무형자산을 완성할 수 있는 기술적 실현가능성
- 무형자산을 완성하여 사용하거나 판매하려는 기업의 의도
- 무형자산을 사용하거나 판매할 수 있는 기업의 능력
- 무형자산이 미래 경제적 효익을 창출하는 방법
- 무형자산의 개발 완료와 판매, 사용에 필요한 기술적·재정적 자원의 입수가능성
- 무형자산 관련 지출을 신뢰성 있게 측정할 수 있는 기업의 능력

② 영업권

ⓐ 영업권의 정의

영업권은 동종 산업을 행하는 다른 기업에 비해 더 많은 이익을 낼 수 있을 때 그 초과이익을 말하며, 사업 결합 시 매수기업이 지불한 대가가 피매수기업의 순자산 공정가치보다 클 때의 초과액으로 계산할 수 있다.

ⓑ 영업권의 회계처리

총괄 평가법	• 피매수기업의 순자산 공정가치 = 자산공정가치 − 부채공정가치 • 영업권 = 피매수기업의 순자산공정가치 − 이전가치
초과 이익 할인법	• 정상이익 = 피매수기업 순자산 공정가치 × 동종 산업 정상이익률 • 예상이익 = 피매수기업이 미래 달성할 것으로 예상되는 이익 • 초과이익=예상이익−정상이익 • 영업권 = 초과이익 × 자본화계수

③ 특허권

ⓐ 특허권의 정의

특허권은 특허법에 따른 법률상의 권리를 말하며, 발명 특허를 얻은 경우 특허 취득에 소요된 비용을 자본화하여 회계처리한다.

ⓑ 특허권의 회계처리

- 특허권의 취득원가 = 매입가액 + 부대비용
- 특허권 소송 발생 시 승소한 경우 소송비용을 특허권의 장부금액에 가산, 패소한 경우 소송비용을 비용처리

- 특허권의 가치가 감소 또는 소멸한 경우 특허권 가액을 감액하거나 제거함

(3) 무형자산의 감가상각

① 유형자산 상각과의 차이
유형자산을 감가상각하는 경우 감가상각누계액이 자산의 차감계정으로 표시되지만, 무형자산을 감가상각하는 경우 취득원가에서 상각누계액을 직접 차감하므로 상각누계액이 별도로 표시되지 않는다.

② 내용연수
㉠ 무형자산의 상각 여부
내용연수가 비한정되어 있는 무형자산은 상각하지 않고, 내용연수가 한정된 무형자산은 감가상각처리한다.

㉡ 무형자산의 내용연수 설정

무형자산	내용연수
영업권, 디자인권, 실용신안권, 상표권, 소프트웨어(내부개발, 외부구입)	5년
특허권	7년
어업권, 유료도로관리권, 수리권, 수도시설·전기가스공급시설·공업용수도시설·열공급시설이용권, 「해저광물자원 개발법」에 따른 채취권	10년
광업권, 전신전화전용시설이용권, 전용측선이용권, 수도시설관리권, 하수도종말처리장시설관리권	20년
댐사용권	50년

③ 잔존가치
무형자산의 잔존가치는 0원으로 한다. 단, 내용연수 종료시점에 제3자가 무형자산을 구입하기로 한 약정이 존재하거나, 무형자산의 잔존가치를 활성시장에 기초하여 추정할 수 있는 경우 그 추정치를 잔존가치로 한다.

④ 감가상각 방법
무형자산의 경제적 효익이 소비되는 형태를 반영하여 정액법, 정률법, 연수합계법, 이중체감법, 생산량비례법 등으로 감가상각한다. 소비형태를 신뢰성 있게 결정할 수 없는 경우 정액법을 사용한다.

4 현금및현금성자산

(1) 현금의 개념
현금은 기업이 보유하고 있는 자산 중 가장 유동성이 높은 자산을 말한다. 회계상의 현금은 지폐, 주화 등의 통화와 타인발행수표 등의 통화대용증권, 보통예금, 그리고 당좌예금 등의 요구불예금으로 분류된다.

(2) 현금성자산의 개념

현금성자산은 현금수요를 충족하기 위해 보유하는 것으로 현금과 거의 유사한 환금성을 갖는 자산을 말한다. 기업회계기준서는 현금성자산을 '유동성이 매우 높은 단기 투자자산으로서 확정된 금액의 현금으로 전환이 용이하고 가치변동의 위험이 경미한 자산'으로 정의하고 있다.

(3) 금융상품의 개념

금융상품은 금융기관이 취급하는 정기예금·정기적금·사용이 제한된 예금 및 기타 정형화된 상품을 말한다. 금융상품은 단기적 자금 운용 목적으로 소유한 자산과 기한이 1년 이내에 도래하는 단기금융상품, 그리고 단기금융상품에 속하지 아니하는 정기예금 등의 장기금융상품으로 구분된다.

(4) 현금및현금성자산과 금융상품의 분류

구 분	분류항목		계정분류
현금및 현금성자산	통화 및 타인발행수표, 보통예금·당좌예금 등 요구불예금, 우편환증서, 송금환, 기일도래 공사채이자표, 배당금지급통지표, 공장·지점전도금, 현금성자산		
금융 상품	정기예금·정기적금 사용이 제한된 예금 환매채(RP)·양도성예 금증서(CD) 등 금융상품	취득일로부터 3개월 이내 만기도래	현금성자산
		보고기간말로부터 1년이내 만기도래	단기금융상품
		보고기간말로부터 1년이후 만기도래	장기금융상품
기타 항목	선일자수표(매출채권 또는 미수금), 직원가불금 및 차용증서(단기대여금), 우표 및 수입인지(선급비용 또는 소모품), 당좌개설보증금(장기금융상품), 당좌차월(단기차입금)		

🔵 **개념**더하기

환매조건부채권

(RP ; Repurchase Agreements)

환매조건부채권은 일정 기간 후에 금리에 따른 이자를 붙여 다시 매입할 것을 전제로 판매하는 채권을 말하며, 환매채라고도 한다. 금융기관이 보유한 국공채나 특수채 등을 담보로 발행하기 때문에 환금성이 보장된다는 특징이 있으며 대부분의 나라에서 중앙은행과 예금은행 간 유동성을 조절하는 수단으로 활용되고 있다.

🔵 **개념**더하기

양도성예금증서

(CD ; certificate of deposit)

양도성예금증서는 제3자에게 양도가 가능한 정기예금증서를 말한다. 주로 고객에게는 은행이 직접 발행하거나 중개기관인 증권사, 종합금융회사 등을 통해 발행하며, 은행간 거래를 통해 타 은행에 직접 발행하기도 한다.

3 CVP 분석

1 CVP 분석의 개요

(1) CVP 분석의 정의

CVP(Cost-Volume-Profit) 분석은 조업도(Volume)와 원가(Cost)의 변화가 이익(Profit)에 미치는 영향을 분석하는 기법을 말한다.

(2) 분석내용

① 손실을 보지 않기 위해서 달성해야 하는 판매량 및 매출액

② 목표이익을 얻기 위해서 달성해야 하는 판매량 및 매출액

③ 특정판매량을 통해서 얻을 수 있는 이익

④ 판매량이나 원가의 변동이 있을 시 이익에 미치는 영향

2 CVP 분석의 기본 개념

(1) CVP 분석의 기본 공식

> 이익 = 매출액 − 총비용
>   = 매출액 − (총변동비 + 총고정비)
>   = (매출액 − 총변동비) − 총고정비
>   = 공헌이익 − 총고정비

(2) 공헌이익(CM ; contribution margin)

① 공헌이익의 정의

공헌이익은 순이익 산출과정에서의 중간이익 개념으로서 고정원가를 회수하고 순이익 창출에 공헌하는 이익을 말한다. 공헌이익은 매출액에서 변동비를 차감한 것이며, 공헌이익에서 다시 고정비를 차감하면 순이익을 산출할 수 있다.

② 공헌이익과 공헌이익률

㉠ 공헌이익 계산

> 매출액 = 고정비 + 변동비 + 순이익
> 공헌이익 = 매출액 − 변동비 = 고정비 + 순이익

㉡ 단위공헌이익 계산

$$단위공헌이익 = \frac{공헌이익}{판매량} = \frac{매출액 − 변동비}{판매량}$$

$$= 단위판매가격 − 단위변동비$$

$$\frac{매출액}{판매량} = 단위판매가격, \quad \frac{변동비}{판매량} = 단위변동비$$

㉢ 공헌이익률 계산

$$공헌이익률 = \frac{공헌이익}{매출액} = \frac{단위공헌이익}{단위판매가격}$$

㉣ 매출수량·매출액 계산

매출수량을 X, 단위판매가격을 P, 고정비를 a, 단위변동비를 b, 목표이익을 TI라고 두었을 때, 다음과 같은 식이 성립한다.

> 매출액 = 단위판매가격 × 판매량 = 고정비 + 변동비 + 순이익
> $P \times X = a + bX + TI$
> $(P − b)X = a + TI$
>
> $X = \dfrac{a + TI}{P − b}, \quad \therefore 판매량 = \dfrac{고정비 + 목표이익}{단위공헌이익}$
>
> $P \times X = (\dfrac{a + TI}{P − b})P = \dfrac{a + TI}{\dfrac{P − b}{P}}, \quad \therefore 판매량 = \dfrac{고정비 + 목표이익}{공헌이익률}$

(3) 손익분기점(BEP ; Break-Even Point)

① 손익분기점의 정의
매출액이 총원가와 같은 지점이 되는 판매량과 매출액 수준으로, 목표이익이 0이 되는 지점을 말한다.

② 손익분기점 계산

$$BEP\,판매량 = \frac{고정비}{단위공헌이익}$$

$$BEP\,매출액 = \frac{고정비}{공헌이익률} = BEP\,판매량 \times 판매가격$$

③ 손익분기점과 손익 발생

구 분	공헌이익과 고정원가 간 관계	손 익
손익분기점 이하	공헌이익 < 고정원가	손 실
손익분기점 이상	공헌이익 > 고정원가	이 익

(4) CVP 분석의 한계
① 원가요소 중 변동비와 고정비를 구분하기 어려운 것이 있다.
② 판매수량이 오를수록 판매단위는 고정되어 있지 않다.
③ 매출액선과 총비용선이 직선이라는 가정은 비현실적이다.

개념체크OX

• 공헌이익은 고정원가를 회수하고 순이익 창출에 공헌하는 이익이다. ☐O☐X
• 손익분기점은 목표이익이 0이 되는 지점을 말한다. ☐O☐X

O, O

02 기출분석문제

01 다음 자료를 이용하여 계산한 B 기업의 2022년 매출원가는?

〈B 기업 2022년 자료〉

당기매입액	700,000원	기초상품재고액	90,000원
기말상품재고액	40,000원	매입할인	20,000원
매입에누리	50,000원	매입환출	30,000원

① 650,000원
② 690,000원
③ 710,000원
④ 730,000원

해설 당기상품순매입액 = 당기매입액 − (매입할인 + 매입에누리 + 매입환출)
→ 당기상품순매입액 = 700,000 − (20,000 + 50,000 + 30,000) = 600,000원
매출원가 = (기초상품재고액 + 당기상품순매입액) − 기말상품재고액
→ 매출원가 = (90,000 + 600,000) − 40,000 = 650,000원

02 다음 중 기말재고자산에 포함되지 않는 항목을 모두 고른 것은?

ⓐ 반품권이 부여된 재고자산(반품가능성을 예측할 수 있음)
ⓑ 판매처리되어 현재 운송 중인 상품(도착지인도조건)
ⓒ 판매를 위탁받아 보관하고 있는 수탁상품
ⓓ 저당권이 아직 실행되지 않은 저당상품

① ㉠, ㉡
② ㉠, ㉢
③ ㉡, ㉣
④ ㉢, ㉣

해설 ㉠ 반품가능성을 예측할 수 있는 재고자산은 매출로 인식하여 기말재고자산에 포함하지 않는다.
㉡ 도착지인도조건인 운송 중 상품은 아직 매입자에게 소유권이 인도되지 않았으므로 매출로 인식하지 않고 기말재고자산에 포함한다.
㉢ 수탁자의 입장에서 수탁상품은 제3자에게 판매하기 전까지 매출로 인식하지 않고 기말재고자산에도 포함하지 않는다.
㉣ 저당권이 실행되지 않은 저당상품은 매출로 인식하지 않고 기말재고자산에 포함한다.

03 A 기업은 계속기록법으로 재고자산을 기록한다고 한다. 다음 A 기업의 상황을 올바르게 회계처리한 것은?

한국주택금융공사

> 지난 14일, 농수산물 가공업체인 A 기업의 ××시 창고에서 화재가 발생하였다. 다행히 인명피해는 없었으나 해당 창고에 보관되어 있던 재고에 불이 붙어 소실되는 바람에 3,000,000원만큼의 재산 손실이 발생했다.

	차 변			대 변	
①	현금	3,000,000원	상품	3,000,000원	
②	매출원가	3,000,000원	상품	3,000,000원	
③	영업외비용	3,000,000원	상품	3,000,000원	
④	분개 없음		분개 없음		

[해설] 화재로 인한 재고자산 소실은 재고자산감모손실 중 비정상감모손실에 해당한다. 비정상감모손실은 매출원가가 아닌 영업외비용으로 처리한다.

04 다음 재고자산을 선입선출법으로 평가할 경우 기말재고자산 금액은?

한국석유공사

구 분	수 량	단 가	금 액
전기 이월	200개	3,000원	600,000원
2월 4일 매입	300개	2,100원	630,000원
8월 8일 매출	250개		
10월 27일 매입	50개	2,700원	135,000원
기말	300개		

① 570,000원

② 660,000원

③ 700,000원

④ 750,000원

[해설] 50개(10월 27일 매입분) × 2,700원 + 250개(2월 4일 매입분) × 2,100원 = 660,000원

05 다음 중 유형자산의 감가상각에 대한 설명으로 옳지 않은 것은?

한국방송광고진흥공사

① 감가상각은 유형자산 취득원가의 배분과정이다.

② 정액법은 계산이 간단하다는 장점이 있다.

③ 정률법은 매 회계연도 초의 장부금액을 감가상각대상금액으로 한다.

④ 이중체감법은 정액법과 같은 상각률을 이용하여 상각하는 방법이다.

[해설] 이중체감법은 정액법 상각률의 2배를 상각률로 이용하는 감가상각 방법이다.

06 다음 자료에 따라 계산한 C 기업의 2011년 감가상각액은? 한국석유공사

> C 기업은 2010년 초에 영업용으로 사용할 화물차 1대를 7,000만원에 구입하였다. 이 화물차의 내용연수는 4년이고, 잔존가치는 2,000만원이라고 한다. C 기업은 이 화물차를 연수합계법을 이용해 상각했다.

① 500만원

② 1,000만원

③ 1,500만원

④ 2,000만원

해설 연수합계법의 감가상각비 = (취득원가 − 잔존가치) × $\dfrac{\text{잔존내용연수}}{\text{내용연수의 합계}}$

= (7,000만원 − 2,000만원) × $\dfrac{3}{1+2+3+4}$ = 5,000만원 × $\dfrac{3}{10}$ = 1,500만원

07 다음 중 무형자산에 대한 설명으로 옳지 않은 것은? 한국원자력환경공단

① 무형자산은 물리적 실체는 없지만 식별할 수 있는 자산이다.

② 무형자산의 상각누계액은 자산의 차감계정으로 회계처리한다.

③ 내용연수가 정해지지 않은 무형자산은 감가상각할 수 없다.

④ 무형자산의 잔존가치는 원칙적으로 0원으로 계산한다.

해설 무형자산의 상각누계액은 취득원가에서 직접 차감하므로 별도로 표시되지 않는다. 상각누계액이 자산의 차감계정으로 표시되는 자산은 유형자산이다.

08 다음 자료를 바탕으로 계산한 현금및현금성자산의 합계액은? 도로교통공단

> • 당좌수표 35,000원
> • 당좌차월 7,000원
> • 우편환증서 12,000원
> • 선일자수표(발행일 30일 이내) 17,500원
> • 2014년 12월 1일에 취득한 환매채(만기 2015년 1월 31일) 26,500원

① 38,500원

② 68,500원

③ 73,500원

④ 76,000원

해설 해당 자료에서 현금및현금성자산으로 분류되는 것은 당좌수표, 우편환증서, 취득일로부터 3개월 이내에 만기가 도래하는 환매채이다.
당좌수표 35,000원 + 우편환증서 12,000원 + 환매채 26,500원 = 73,500원

09 어느 기업이 생산하는 제품의 단위당 변동비용은 2,000원이고, 가격은 5,000원이라 한다. 이 기업의 총고정 비용이 500만원이라면, 이 제품의 공헌이익률은?

① 0.2

② 0.6

③ 0.8

④ 0.9

[해설] 단위공헌이익 = 단위판매가격 − 단위변동비 = 5,000 − 2,000 = 3,000
공헌이익률 = 단위공헌이익 ÷ 단위가격 = 3,000 ÷ 5,000 = 0.6

모든 전사 중 가장 강한 전사는 이 두 가지, 시간과 인내다.

– 레프 톨스토이 –

PART 8

재무관리

최신복원문제

🔑 키워드 옵션거래

다음 중 옵션거래 전략에 대한 설명으로 옳지 않은 것은?

주택도시보증공사

① 보호적 풋 전략을 사용하면 총손실을 일정 기준 이하로 제한할 수 있다.

② 커버드 콜 전략은 주가가 가파르게 상승하는 상황에서 효과적으로 활용된다.

③ 약세 스프레드 전략은 행사가격이 높은 옵션은 매수하고 낮은 옵션은 판매한다.

④ 스트랭글 전략에서 사용하는 옵션은 서로 다른 행사가격을 갖는다.

해설 커버드 콜 전략은 주가가 횡보하거나 완만하게 하강할 때 효과적이다.

정답 ①

Chapter 01

재무관리와 위험

기출 키워드	중요도
☑ 재무관리의 목표	★★
☑ 투자안의 현금흐름 추정	★★★
☑ 투자안 분석	★★
☑ 포트폴리오 이론	★★★
☑ 자본자산가격결정모형	★★★
☑ 파생상품	★★★
☑ 옵션거래	★★★

CHAPTER

01 재무관리와 위험

1 재무관리의 개요

(1) 재무관리의 정의

재무관리는 조직에 필요한 자금의 조달 및 운용 전반을 관리하기 위한 모든 의사결정 행위를 말한다.

(2) 재무관리의 목표

① 이익의 극대화

이익의 극대화는 개념이 모호하고, 화폐의 시간가치와 미래의 불확실성을 무시하며, 이익이 회계처리 방법에 따라 달라질 수 있다는 문제점이 존재하므로 적절하지 못하다.

② 기업가치의 극대화

기업가치는 기업이 보유 중인 자산으로부터 얻게 될 미래의 현금흐름을 위험이 반영된 적절한 할인율로 할인하여 현재가치로 환산한 값을 말한다. 현대의 재무관리는 기업가치의 극대화를 바람직한 목표로 설정하고 있다.

③ 자기자본가치의 극대화

기업가치는 부채가치와 자기자본가치의 합과 같으므로, 부채가치가 기업가치와 관계없이 일정하다면 기업가치가 증가하는 만큼 자기자본가치도 증가한다. 즉 자기자본가치의 극대화를 목표로 하는 것은 기업가치의 극대화를 목표로 하는 것과 같다.

(3) 화폐의 시간가치 계산

① 단일현금흐름의 미래가치(FV ; Future Value)

현재의 금액을 미래 특정 시점의 가치로 환산한 것을 말한다.

$$FV_n = PV(1+r)^n$$

FV_n : n년 후 시점의 미래가치, PV : 현재가치, r : 이자율

② 단일현금흐름의 현재가치(PV ; Present Value)

미래의 금액을 현재 시점의 가치로 환산한 것을 말한다.

$$PV = \frac{FV_n}{(1+r)^n}$$

개념체크OX

• 바람직한 기업의 목표는 이익의 극대화이다.　ＯＸ

• 단일현금흐름의 현재가치는 미래의 일정 금액을 이자율로 할인하여 계산한다.　ＯＸ

Ｘ, Ｏ

③ 다기간 현금흐름의 시간가치

각 현금흐름을 개별적으로 미래가치 또는 현재가치로 환산한 다음 이를
모두 합하여 계산한다.

$$FV_n = C_1(1+r)^{n-1} + C_2(1+r)^{n-2} + \cdots + C_{n-1}(1+r) + C_n$$

$$PV = \frac{C_1}{(1+r)} + \frac{C_2}{(1+r)^2} + \cdots + \frac{C_{n-1}}{(1+r)^{n-1}} + \frac{C_n}{(1+r)^n}$$

$$= \sum_{t=1}^{n} \frac{C_t}{(1+r)^t}$$

2 자본예산(capital budgeting)

(1) 자본예산의 정의

자본예산은 장기간에 걸쳐 현금흐름이 나타나는 자산에 대한 투자 결정 계
획 및 평가과정을 말한다.

> 투자안의 개발 → 투자안의 현금흐름 추정
> → 투자안의 경제성 분석 → 투자안의 재평가

(2) 투자안의 현금흐름 추정

① 법인세 추정

법인세는 현금유출에 해당하기 때문에 현금흐름 추정 시 반드시 고려해
야 한다.

② 증분현금흐름

㉠ 부수적 효과

새로운 투자로 인하여 기존 투자안의 현금흐름이 증가하는 효과로,
새로운 투자안의 현금유입으로 포함해야 한다.

㉡ 잠식비용

새로운 투자로 인하여 기존 투자안의 현금흐름이 감소하는 효과로,
새로운 투자안의 현금유출로 포함해야 한다.

㉢ 기회비용

보유 중인 자원을 한 투자안에 사용할 때 포기해야 하는 다른 투자안
의 기회비용은 투자안의 현금유출에 포함해야 한다.

㉣ 매몰비용

과거 의사결정에 이미 발생한 비용이므로 투자안의 현금흐름에 포함
하지 않는다.

③ 금융비용

이자비용이나 배당금 등의 금융비용은 할인율을 통해 투자안의 가치에
반영되기 때문에 현금유출로 처리하지 않는다.

④ 감가상각비

감가상각비는 현금유출을 수반하지 않으므로 현금흐름에 포함하지 않는다.

🗩 개념더하기

증분현금흐름
투자안에 투자할 경우 예상되는
기업현금흐름과 투자하지 않을
경우 예상되는 기업현금흐름 간
의 차액을 말한다.

개념체크OX

• 기회비용은 새로운 투자안의 현
금유출로 포함하지 않는다.
○ ✕

• 인플레이션으로 인한 영향은 투
자안의 현금흐름에 반영하지
않는다. ○ ✕

✕, ✕

⑤ 인플레이션

인플레이션의 영향은 현금흐름과 할인율에 일관성 있게 반영해야 한다.

(3) 투자안의 경제성 분석

① 경제성 분석기법의 개념

투자안으로부터 예상되는 현금흐름을 추정한 후에는 해당 투자안의 경제성을 분석해야 한다. 투자안의 경제성을 분석하는 방법은 화폐의 시간가치를 고려하지 않는 비할인현금흐름법과 화폐의 시간가치를 고려하는 할인현금흐름법으로 나뉜다.

경제성 분석기법

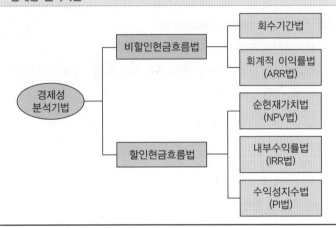

② 투자안의 분류

㉠ 독립적 투자안

한 투자안의 채택 여부가 다른 투자안의 채택 여부에 영향을 주지 않는다. 각 투자안이 경제성 분석기법의 기준에 따라 개별적으로 평가되기 때문에 여러 투자안이 선택될 수 있다.

㉡ 상호배타적 투자안

한 투자안이 선택되면 다른 투자안은 기각된다. 경제성 분석기법의 기준에 따라 여러 투자안 중 가장 좋은 투자안 하나만이 선택된다.

③ 경제성 분석기법의 분류

㉠ 회수기간법(payback period)

회수기간은 투자안에서 발생하는 현금유입액으로 투입한 원금을 회수하는 데까지 걸리는 시간을 말한다.

결정 기준	독립적 투자안	투자안이 회수기간이 목표회수기간보다 짧으면 채택한다.
	배타적 투자안	회수기간이 가장 짧은 투자안을 선택한다.
장점		• 회수기간은 투자안의 위험을 나타내는 지표로도 활용할 수 있다. • 회수기간이 짧은 투자안은 유동성 측면에서 유리하다. • 방법이 간단하여 시간과 비용이 적게 든다.

단 점	• 회수기간 이후에 발생하는 현금흐름은 무시하며, 화폐의 시간가치를 고려하지 않는다. • 목표회수기간의 설정이 자의적이다.	

© 회계적 이익률법(ARR ; Accounting Rate of Return)

회계적 이익률은 투자안으로부터 얻게 될 연평균 순이익을 연평균 투자액으로 나눈 값으로, 평균이익률이라고도 한다.

$$회계적\ 이익률 = \frac{연평균\ 순이익}{연평균\ 투자액}$$

결정 기준	독립적 투자안	투자안의 회계적 이익률이 목표이익률보다 크면 채택한다.
	배타적 투자안	회계적 이익률이 가장 큰 투자안을 선택한다.
장 점		• 추정 재무제표를 사용하여 간단하다. • 이해가 쉽고 자료수집이 용이하다.
단 점		• 현금흐름에 기초한 것이 아닌 회계적 이익에 기초하는 방법이다. • 화폐의 시간가치를 고려하지 않는다. • 목표이익률의 설정이 자의적이다.

© 순현재가치법(NPV ; Net Present Value)

순현재가치는 투자로부터 얻게 될 현금유입액의 현재가치에서 현금유출액의 현재가치를 뺀 값이다.

$$NPV = 현금유입액의\ 현재가치 - 현금유출액의\ 현재가치$$
$$= \sum_{t=1}^{n} \frac{C_t}{(1+k)^t} - C_0$$

C_t : t시점의 현금유입액, C_0 : 0시점의 현금유출액(투자원금)

k = 현금흐름 위험이 반영된 할인율(자본비용)

결정 기준	독립적 투자안	투자안의 NPV가 0보다 크면 채택한다.
	배타적 투자안	NPV가 가장 큰 투자안을 선택한다.
장 점		• 내용연수 동안의 모든 현금흐름을 고려한다. • 화폐의 시간가치를 고려한 방법이다. • 가치가산의 원리가 성립한다. • 평가기준이 객관적이다.
단 점		실무적으로 적절한 할인율(k)을 구하기가 어렵다.

② 내부수익률법(IRR ; Internal Rate of Return)

내부수익률은 투자안으로부터 얻게 될 현금유입액의 현재가치가 현금유출액의 현재가치와 같게 해주는 할인율이다.

$$\sum_{t=1}^{n} \frac{C_t}{(1+IRR)^t} = C_0$$

🔵 **개념더하기**

가치자산의 원리

여러 투자안을 복합적으로 평가하여 산출된 가치의 값이 각 투자안을 따로 평가하여 산출된 가치들의 합과 같다는 원리이다. 이에 따라 여러 투자안에 동시에 투자할 경우 투자안들의 순현재가치 합은 각 투자안의 순현재가치의 합과 같다.

개념체크OX

• 순현재가치법은 객관적인 평가기준을 사용한다. [O][X]
• 내부수익률법은 가치가산의 원리가 성립하지 않는다. [O][X]

O, O

결정 기준	독립적 투자안	투자안의 IRR이 자본비용보다 크면 채택한다.
	배타적 투자안	IRR이 가장 큰 투자안을 선택한다.
장 점		• 내용연수 동안의 모든 현금흐름을 고려한다. • 화폐의 시간가치를 고려한 방법이다.

단 점		• 계산이 어렵고 투자기간 동안 자본비용이 변하는 경
		  우에는 적용할 수 없다.
		• 기업가치를 극대화하지 않는 선택을 하게 될 가능성
		  이 있다.
		• 가치가산의 원리가 성립하지 않는다.
		• 평가기준이 현금흐름의 형태에 따라 달라진다.

ⓜ 수익성지수법(PI ; Profitability Index)

수익성지수는 현금유입액의 현재가치를 현금유출액의 현재가치로 나눈 값이다.

$$\Pi = \frac{\displaystyle\sum_{t=1}^{n} \frac{C_t}{(1+k)^t}}{C_0}$$

결정기준	독립적 투자안	투자안의 PI가 1보다 크면 채택한다.
	배타적 투자안	PI가 가장 큰 투자안을 선택한다.
장 점		• 내용연수 동안의 모든 현금흐름을 고려한다. • 화폐의 시간가치를 고려한 방법이다.
단 점		• 기업가치를 극대화하지 않는 선택을 하게 될 가능성 이 있다. • 가치가산의 원리가 성립하지 않는다.

④ 피셔의 수익률(Fisher's Rate of Return)

ⓐ 순현재가치법과 내부수익률법을 이용하여 두 개의 배타적 투자안을 평가할 때 각 투자안의 투자규모, 투자수명 등의 요소에 따라 각 분석기법이 선택한 투자안이 다를 수 있다.

ⓑ 이때 두 투자안의 순현재가치(NPV)를 같게 하는 할인율을 피셔의 수익률 또는 교차율이라고 한다.

ⓒ 자본비용이 피셔의 수익률보다 크다면 배타적 투자안을 평가할 때 각 분석기법의 선택 결과가 일치한다.

ⓓ 자본비용이 피셔의 수익률보다 작다면 배타적 투자안을 평가할 때 각 분석기법의 선택 결과가 상반된다.

2 위험과 수익률

1 위 험

(1) 위험요소

① 불확실성

불확실성은 미래 수익을 현재 시점에서 확실하게 알 수 없고, 단지 확률분포의 형태로만 예측할 수 있는 상황을 말한다.

② 위험(risk)

위험은 미래에 실제로 실현될 성과가 기대성과와 다를 가능성을 말하며, 분산이나 표준편차를 이용해 측정할 수 있다.

(2) 수익률

① 투자수익률

투자수익률은 한 기간의 투자수익(투자안의 기말가치 − 기초투자액)을 기초투자액으로 나눈 값으로 계산한다.

② 기대수익률

기대수익률은 미래에 평균적으로 예상되는 수익률을 말하며, 특정 상황이 발생할 확률에 해당 상황에 따라 발생할 수익률을 곱한 값을 모두 합산하여 계산한다.

(3) 평균−분산 기준(mean−variance criterion)

① 평균−분산 기준의 개념

평균−분산 기준은 평균(기댓값)과 분산(표준편차)을 이용하여 기대효용을 극대화하는 선택을 할 수 있게 하는 선택기준이다. 무차별곡선이 우상향곡선을 그리는 위험회피형 투자자는 평균−분산 기준을 이용하여 최적의 선택을 할 수 있다.

② 평균−분산 기준에 의한 최적선택

㉠ 두 대안의 평균이 같고 표준편차가 다르다면 표준편차가 작은 대안이 더 가치 있다. 즉, 투자자들은 두 투자안의 기대수익률이 같다면 위험이 더 작은 투자안을 선택한다.

㉡ 두 대안의 표준편차가 같고 평균이 다르다면 평균이 큰 대안이 더 가치 있다. 즉, 투자자들은 두 투자안의 위험이 같다면 기대수익률이 높은 투자안을 선택한다.

2 포트폴리오 이론

(1) 포트폴리오 이론의 개념

마코위츠(H. Markowitz)가 주장한 이론으로, 투자자금을 여러 위험자산에 나누어 투자할 때의 최적선택을 설명하는 이론이다.

(2) 포트폴리오 이론의 가정

① 모든 투자자는 위험회피형이며, 기대효용을 극대화하도록 투자한다.

② 모든 투자자는 평균-분산 기준에 따라 투자한다.

③ 모든 투자자의 투자기간은 단일기간이다.

④ 모든 투자자는 자산의 미래 수익률분포에 대해 동질적으로 기대한다.

(3) 기대수익률

포트폴리오의 기대수익률은 각 주식의 투자비율을 가중치로 두고 개별주식의 기대수익률을 가중평균한 값으로 정의된다.

$$E(R_P) = w_1 E(R_1) + w_2 E(R_2)$$

w_1 : 주식 R_1의 구성비율, w_2 : 주식 R_2의 구성비율

(4) 상관계수(correlation coefficient)

① 상관계수의 개념

상관계수는 자산의 기대수익률 간의 공분산을 기대수익률 간 표준편차의 곱으로 나눈 값을 말하며, -1과 +1 사이의 값을 가진다.

② 상관계수와 위험분산효과

다른 조건이 동일한 경우 각 주식의 수익률 간 상관계수가 작을수록 포트폴리오의 위험도 작아진다. 즉, 상관계수가 작은 주식들로 포트폴리오를 구성할 경우 위험분산효과가 크게 나타난다.

③ 상관계수에 따른 위험분산효과

㉠ 상관계수가 양수인 경우

상관계수가 양수의 값을 가진다는 것은 개별주식의 기대수익률이 동일한 방향으로 움직인다는 것을 의미하며, 이 경우 위험분산효과가 작게 나타난다.

㉡ 상관계수가 1인 경우

상관계수가 1이라는 것은 개별주식의 기대수익률이 완전히 동일한 방향과 크기로 움직인다는 것을 의미하며, 위험분산효과가 전혀 나타나지 않아 위험을 줄일 수 없다.

㉢ 상관계수가 음수인 경우

상관계수가 음수의 값을 가진다는 것은 개별주식의 기대수익률이 서로 반대 방향으로 움직인다는 것을 의미하며, 이 경우 위험분산효과가 크게 나타난다.

㉣ 상관계수가 -1인 경우

상관계수가 -1이라는 것은 개별주식의 기대수익률이 완전히 반대 방향으로 움직인다는 것을 의미하며, 포트폴리오의 표준편차가 0이 되어 위험분산효과가 극대화된다.

(5) 포트폴리오의 위험

① 체계적 위험

체계적 위험은 경제성장률, 이자율, 인플레이션, 환율, 국제유가 등 경

개념더하기

위험분산효과
한 자산의 위험이 다른 자산의 위험과 일부 상쇄되어 전체 포트폴리오의 위험은 감소하는 효과를 말한다. 위험분산효과는 포트폴리오에 포함되는 주식의 수와 개별주식의 수익률 간의 상관계수에 영향을 받는다.

개념더하기

상관계수가 0인 포트폴리오
상관계수가 0인 경우 개별주식이 완전히 독립된 방향으로 움직인다. 즉 개별주식 간 상관관계가 가장 낮다.

개념체크OX

• 평균-분산 기준에 따르면 표준편차가 같은 두 대안 중 평균이 작은 대안이 더 가치가 있다.
ОХ

• 포트폴리오 이론은 단일 투자기간을 가정한다.
ОХ

×, ○

제 전반에 영향을 미치는 요인들의 변동에 따른 위험이다. 모든 주식에 일괄적으로 영향을 미치기 때문에 여러 주식으로 포트폴리오를 구성해도 완전히 제거할 수 없다.

② 비체계적 위험

비체계적 위험은 기업의 경영성과, 경영진 교체, 신제품 개발의 성패 등 그 기업에만 영향을 미치는 요인들로 인한 위험이다. 주식의 수를 충분히 늘려 투자하면 완전히 제거할 수 있다.

(6) 최적포트폴리오 선택

① 평균-분산 기준상 기대수익률이 같은 포트폴리오 중 가장 위험이 작고, 위험이 같은 포트폴리오 중 가장 기대수익률이 큰 포트폴리오를 모두 이은 곡선을 효율적 투자선이라고 한다.

② 투자자들은 효율적 투자선과 각자의 무차별곡선이 접하는 점의 포트폴리오 구성을 최적포트폴리오로 선택하여 기대효용을 극대화하려 한다.

3 자본자산가격결정모형(CAPM ; Capital Asset Pricing Model)

(1) 자본자산가격결정모형의 개념

자산의 균형가격을 결정하는 방법에 대한 모형으로, 자본시장이 균형상태일 때 성립하는 위험과 기대수익률 사이의 관계를 설명한다.

(2) 자본자산가격결정모형의 가정

① 기존 포트폴리오 이론의 네 가지 가정에 두 가지 가정을 더 추가한다.

② 수익률의 표준편차가 0인 무위험자산이 존재하며 모든 투자자는 이를 무위험이자율로 제한 없이 차입, 대출하는 것이 가능하다.

③ 세금, 거래비용 등의 마찰적 요인이 없는 완전자본시장을 가정한다.

(3) 자본시장선(CML ; Capital Market Line)

① 자본시장선의 개념

자본시장선은 무위험자산이 존재할 때의 효율적인 투자선을 말한다. 자본시장선상의 포트폴리오는 모두 완전분산투자된 포트폴리오이며, 선상에 위치하는 효율적 포트폴리오에 대해서만 자본시장선이 성립하기 때문에 비효율적 포트폴리오나 개별자산에 대해서는 성립하지 않는다.

② 자본시장선의 균형식

$$E(R_P) = R_f + [\frac{E(R_M) - R_f}{\sigma_M}]\sigma_P$$

R_f : 무위험자산의 수익률, $E(R_M)$: 시장포트폴리오의 기대수익률

$\frac{E(R_M) - R_f}{\sigma_M}$: 위험 1단위당 시장대가, σ_P : 위험(표준편차)의 크기

🔖 개념더하기

투자자의 무차별곡선

무차별곡선의 기울기는 투자자의 위험회피도(risk aversion)에 따라 달라진다. 위험회피성향이 강한 투자자의 무차별곡선은 기울기가 가파르게, 위험회피성향이 약한 투자자의 무차별곡선은 기울기가 완만하게 나타난다. 이에 따라 각 무차별곡선이 효율적 투자선과 접하는 점이 달라지며, 각각의 투자자들이 선택하는 최적포트폴리오도 달라진다.

🔖 개념더하기

**제로베타 포트폴리오
(zero-beta portfolio)**

자본자산가격결정모형의 가정 중 현실적으로 완벽한 무위험자산은 존재하지 않는다. 따라서 시장포트폴리오와 공분산이 0인 가상의 포트폴리오를 무위험자산으로 설정하여 자본자산가격결정모형을 유도하는데, 이때 가상의 포트폴리오를 제로베타 포트폴리오라고 한다.

개념체크OX

• 상관계수가 -1인 주식으로 포트폴리오를 구성하면 위험분산 효과가 나타나지 않는다.
　　　　　　　　　　　□X

• 비체계적 위험은 주식의 수를 늘려도 완전히 제거할 수 없는 위험이다.
　　　　　　　　　　　□X

　　　　　　　　　×, ×

③ 시장포트폴리오
무위험자산으로부터 효율적 투자선에 접선을 그었을 때 접점에 해당하는 포트폴리오 구성을 시장포트폴리오라고 한다. 투자자들은 효율적 투자선상에 있는 포트폴리오 중 시장포트폴리오를 최적포트폴리오로 선택하게 된다.

(4) 증권시장선(SML ; Security Market Line)
① 증권시장선의 개념
증권시장선은 자본시장이 균형인 상태에서 나타나는 자산의 기대수익률과 체계적 위험 간의 선형관계를 설명하는 곡선이다. 증권시장선은 효율적 포트폴리오뿐만 아니라 비효율적 포트폴리오나 개별자산에도 성립하기 때문에 모든 자산의 위험과 기대수익률 간 관계를 설명할 수 있다.
② 증권시장선의 균형식

$$E(R_i) = R_f + [E(R_M) - R_f]\beta_i$$

$E(R_M) - R_f$: 체계적 위험 1단위당 시장 대가
β_i : 체계적 위험의 크기

③ 자본시장선과 증권시장선
자본시장선은 효율적 포트폴리오가 가지는 총 위험의 크기와 기대수익률 간의 선형관계를 나타내지만, 증권시장선은 비체계적 위험을 배제하고 포트폴리오가 가지는 체계적 위험과 기대수익률 간의 선형관계를 나타낸다.
④ 체계적 위험의 크기(β)
체계적 위험의 크기가 1이면 $E(R_i) = E(R_M)$이므로 포트폴리오의 기대수익률은 시장포트폴리오의 기대수익률과 같다. 체계적 위험의 크기가 0이면 $E(R_i) = R_f$이므로 포트폴리오의 기대수익률은 무위험자산의 기대수익률과 같다.
⑤ 증권시장선과 균형시장
증권시장선을 이탈한 증권이 존재하는 불균형 상태가 발생하더라도 완전자본시장에서는 투자자들의 가격조정 활동으로 불균형 상태가 해소된다. 따라서 균형시장에서 모든 증권의 기대수익률은 증권시장선상에 존재한다.

4 차익거래가격결정모형(APT ; Arbitrage Pricing Theory)

(1) 차익거래가격결정모형의 개념
자본자산가격결정모형에서의 이론적 시장포트폴리오가 아닌 현실적으로 관찰 가능하며 충분히 분산투자된 포트폴리오를 구성하여 균형가격결정의 원리를 설명하고자 하는 모형이다.

(2) 차익거래가격결정모형의 균형식

증권의 기대수익률은 다수의 공통요인과의 선형함수로 표시되며, 보다 일반화된 시장균형모형으로 나타낼 수 있다.

$$E(R_i) = R_f + [E(R_{F1}) - R_f]\beta_{i1} + [E(R_{F2}) - R_f]\beta_{i2}$$
$$+ \cdots + [E(R_{Fk}) - R_f]\beta_{ik}$$
$$E(R_i) = R_f + \lambda_1\beta_{i1} + \lambda_2\beta_{i2} + \cdots + \lambda_k\beta_{ik}$$
$$\lambda_k = [E(R_{Fk}) - R_f] = (자산\ i에\ 대한)\ 요인\ k의\ 위험프리미엄$$

(3) CAPM과 APT의 비교

구 분	자본자산가격결정모형 (CAPM)	차익거래가격결정모형 (APT)
요 인	단일요인 (시장포트폴리오 수익률)	다요인
기간 가정	단일기간 가정	다기간 가정 가능
수익률 계산법	무위험자산과 시장포트폴리오 이용하여 수익률 계산	임의의 자산집합만으로 수익률 계산 가능

---

3 파생상품

1 파생상품의 개요

(1) 파생상품의 정의

파생상품은 기초자산 상품에서 파생된 상품으로, 주식·채권·통화와 같은 기초자산의 가치변동에 따라 가격이 결정되는 금융상품을 말한다. 환율·금리 등의 변동에 따른 손실 위험을 줄이기 위해 미래의 일정 시점에 거래하는 특징이 있다.

(2) 파생상품의 종류

① 선도계약

선도계약(forwards)은 미래 일정 시점에 기초자산을 정해진 가격에 거래하기로 약정하는 표준화되지 않은 계약이다. 선도계약의 기초자산 가격은 만기일 당시의 현물 가격 기대값에 따라 결정된다.

② 선 물

선물(futures)은 조직화된 거래소 내에서 품질이나 가격, 수량 등이 표준화된 상품을 현재 시점에 약정한 가격으로 미래의 일정 시점에 매입·매도하기로 약정하는 거래이다. 즉 선물은 물건을 거래하겠다는 계약을 현재 미리 약정하는 것이다.

> 📖 개념더하기
>
> **현물거래**
>
> 현물거래는 증권 거래소, 외환시장 등의 모든 금융시장에서 이루어지는 거래로, 우리가 일반적으로 하는 모든 거래 관계를 말한다. 미래의 시장 가치에 따라 손익이 결정되는 선물거래와는 달리 현재의 시장 가치에 따라 손익이 결정되고 즉시 거래할 수 있다.

③ 옵 션

옵션(option)은 미래 일정 시점에 기초자산을 정해진 가격으로 거래할 수 있는 권리가 부여된 상품을 말한다. 옵션은 기초자산을 행사가격에 매입할 수 있는 콜옵션과 행사가격에 매도할 수 있는 풋옵션으로 나뉜다.

④ 스 왑

스왑(swap)은 둘 이상의 거래당사자가 미래에 현금흐름을 교환하기로 약정하는 장외계약을 말한다. 스왑거래에는 외환스왑(FX swap), 통화스왑(currency swap), 금리스왑(IRS ; interest rate swap) 등이 있다.

(3) 파생상품의 비교

① 선도계약과 선물 비교

구 분	선도계약	선 물
시장형태	비조직적 시장	조직화된 거래소
거래방법	당사자 간 직접 계약	공개호가
거래조건	당사자 간의 합의	표준화
가격형성	계약 시 한 번 결정됨	매일 새로운 가격이 형성됨
이행보증	거래당사자의 신용도에 좌우	청산소가 거래의 이행을 보증
실물인도	만기일에 실물을 인수도	대부분 반대매매를 통하여 청산
결제방식	만기일에 한 번 결제	일일정산

② 선물과 옵션 비교

구 분	선 물	옵 션
권리와 의무 관계	매입자와 매도자 모두 계약 이행에 대한 의무를 부담	매입자는 권리만 갖고 매도자는 의무만 부담
대가의 수금	매입자와 매도자 모두 증거금을 납부할 뿐 주고받는 대가는 없음	매입자는 매도자에게 옵션의 대가를 지급하고 매도자는 증거금을 납부
위험의 범위	매입자와 매도자 모두 반드시 계약을 이행해야 하는 의무를 부담하므로 위험의 한계가 없음	매입자는 불리할 경우 권리 행사를 포기하여 위험을 한정시킬 수 있음

2 옵 션

(1) 옵션의 의의

① 옵션의 정의

옵션은 미리 정해진 기간에 정해진 가격으로 특정 자산을 사거나 팔 수 있는 권리가 부여된 증권을 말한다.

② 옵션 관련 용어

㉠ 만 기

권리를 행사할 수 있는 마지막 날을 만기일, 만기일까지 남아있는 기간을 만기라고 한다. 만기일이 지나면 옵션에 부여된 권리는 소멸한다.

ⓛ 행사가격

행사가격은 권리를 행사하여 기초자산을 사거나 팔 때 적용하는 가격을 말한다.

ⓒ 옵션 매입자

옵션 매입자는 옵션을 매입한 사람으로, 옵션에 부여된 권리를 갖는다. 옵션 매입자는 권리를 행사할 때 옵션 매도자에게 대가를 지급해야 한다.

ⓔ 옵션 매도자

옵션 매도자는 옵션 매입자가 권리를 행사할 때 거래에 응해야 하는 의무를 지는 사람을 말한다.

ⓜ 옵션프리미엄

옵션프리미엄은 옵션 매입자가 옵션 매도자에게 지급해야 하는 대가를 가리키는 말이다. 옵션을 행사하면 손해를 보는 상황에서 옵션 매입자는 권리 행사를 포기하면서 옵션프리미엄으로 손실을 제한할 수 있다.

③ 옵션의 종류

㉠ 콜옵션(Call option)

정해진 가격으로 기초자산을 살 수 있는 권리가 부여된 옵션을 말한다.

㉡ 풋옵션(Put option)

정해진 가격으로 기초자산을 팔 수 있는 권리가 부여된 옵션을 말한다.

(2) 옵션가격의 결정

① 옵션가격의 종류

㉠ 내가격(ITM ; in the money)

내가격 상태는 옵션의 권리를 행사하면 이익을 얻는 상태를 말한다. 옵션 매입자는 일반적으로 내가격 상태일 때 옵션의 권리를 행사한다.

㉡ 등가격(ATM ; at the money)

등가격 상태는 옵션의 권리를 행사해도 이익이나 손해를 보지 않는 상태를 말한다.

㉢ 외가격(OTM ; out of the money)

외가격 상태는 옵션의 권리를 행사하면 손해를 보는 상태를 말한다. 옵션 매입자는 옵션프리미엄 이상의 손해를 볼 수 있는 외가격 상태에서도 권리를 포기하고 옵션프리미엄만큼으로 손해를 제한할 수 있다.

종 류	콜옵션	풋옵션
내가격 (ITM)	행사가격(E) < 기초자산가격(S)	행사가격(E) > 기초자산가격(S)
등가격 (ATM)	행사가격(E) = 기초자산가격(S)	행사가격(E) = 기초자산가격(S)
외가격 (OTM)	행사가격(E) > 기초자산가격(S)	행사가격(E) < 기초자산가격(S)

개념더하기

옵션의 델타
옵션의 델타(Delta)는 기초자산의 가격 변화에 대한 옵션가격의 변화를 말한다. 예를 들어 콜옵션의 델타가 0.5라면 주식의 가격이 1달러 상승했을 때 콜옵션의 가격은 0.5달러만큼 상승한다. 옵션의 델타는 옵션의 가격을 기초자산 가격의 함수로 나타내는 곡선의 기울기와도 같다.

개념더하기

미국형 옵션과 유럽형 옵션
미국형 옵션은 만기 전 언제든지 권리를 행사할 수 있는 옵션을 말한다. 반대로 유럽형 옵션은 만기 전까지는 권리를 행사할 수 없고 만기일이 도래해야만 권리를 행사할 수 있는 옵션을 말한다.

② 옵션가격의 변동
  ㉠ 기초자산의 가격이 행사가격의 현재가치보다 높아질 가능성이 클수록 콜옵션의 가격은 상승한다.
  ㉡ 기초자산의 가격이 행사가격의 현재가치보다 낮아질 가능성이 클수록 풋옵션의 가격은 상승한다.
  ㉢ 기초자산의 가격이 행사가격의 현재가치보다 낮으면 콜옵션 매입자는 손해를 보게 되므로 권리 행사를 포기한다.
  ㉣ 기초자산의 가격이 행사가격의 현재가치보다 높으면 풋옵션 매입자는 손해를 보게 되므로 권리 행사를 포기한다.

③ 옵션가격의 결정요인
  ㉠ 기초자산의 가격
    기초자산 가격의 변화는 콜옵션과 풋옵션으로 얻을 수 있는 이익에 직접적으로 영향을 미치며, 옵션의 가격을 변화시킨다.

결정요인		콜옵션	풋옵션
기초자산 가격	상 승	가격 상승	가격 하락
	하 락	가격 하락	가격 상승
기초자산 가격과의 상관관계		+	−

  ㉡ 행사가격
    행사가격 현재가치의 변화는 콜옵션과 풋옵션으로 얻을 수 있는 이익에 직접적으로 영향을 미치며, 옵션의 가격을 변화시킨다.

결정요인		콜옵션	풋옵션
행사가격 현재가치	상 승	가격 하락	가격 상승
	하 락	가격 상승	가격 하락
행사가격 현재가치와의 상관관계		−	+

  ㉢ 만 기
    • 미국형 옵션의 경우 만기가 길수록 옵션 매입자가 만기일 이전에 선택적으로 이익을 취할 수 있어 옵션의 가치가 상승하고, 이에 따라 콜옵션과 풋옵션 모두 가격이 상승한다.
    • 반면 유럽형 옵션의 경우 만기가 길면 만기일에 주가가 취할 수 있는 가격 범위가 확대되어 옵션의 가치가 상승하고, 동시에 만기가 길수록 행사가격의 현재가치는 감소하여 콜옵션의 가치는 상승하고 풋옵션의 가치는 하락한다. 이 때문에 만기일이 길수록 콜옵션의 가격은 상승하지만, 풋옵션의 가격은 상충하는 두 효과로 인해 알 수 없다.

결정요인		미국형 콜옵션	미국형 풋옵션	유럽형 콜옵션	유럽형 풋옵션
만기일까지의 기간	긴 만기	가격 상승	가격 상승	가격 상승	예측 불가
	짧은 만기	가격 하락	가격 하락	가격 하락	예측 불가
만기와의 상관관계		+	+	+	?

ⓔ 기초자산의 변동성(기초자산가격의 분산)

기초자산의 변동성이 크다는 것은 기초자산가격의 등락 폭이 크다는 의미이다. 이 경우 옵션을 통해 이익을 보는 상황에서는 더 큰 이익을, 손해를 보는 상황에서는 손해를 옵션프리미엄만큼으로 제한할 수 있기 때문에 옵션의 가치는 상승한다.

결정요인		콜옵션	풋옵션
기초자산 변동성	큼	가격 상승	가격 상승
	작음	가격 하락	가격 하락
기초자산 변동성과의 상관관계		+	+

ⓜ 무위험이자율

무위험이자율의 상승은 행사가격의 현재가치를 하락시킨다.

결정요인		콜옵션	풋옵션
무위험이자율	상승	가격 상승	가격 하락
	하락	가격 하락	가격 상승
무위험이자율과의 상관관계		+	−

ⓗ 배당금

배당금의 지급은 기초자산의 가격을 배당금만큼 하락시키며, 배당금이 많을수록 기초자산의 가격도 그만큼 하락한다.

결정요인		콜옵션	풋옵션
배당금 지급액	상승	가격 하락	가격 상승
	하락	가격 상승	가격 하락
배당금 지급액과의 상관관계		−	+

ⓢ 옵션가격 결정요인과 옵션가격의 상관관계

요인	콜옵션 가격	풋옵션 가격
기초자산의 가격	+	−
행사가격	−	+
만기	+	?
기초자산의 변동성	+	+
무위험이자율	+	−
배당금	−	+

(3) 옵션거래 전략

① 보호적 풋 전략

보호적 풋(Protective Put)은 주가의 폭락이 예상될 때 보유 중인 주식의 위험을 방어하기 위해 해당 주식을 기초자산으로 하는 풋옵션을 매수하는 전략을 말한다. 풋옵션을 매수할 경우 주가가 폭락하더라도 풋옵션으로 얻은 이익을 통해 총손실을 일정 수준 이내로 한정시킬 수 있다.

② 커버드 콜 전략

커버드 콜(Covered Call)은 기초자산인 주식을 매수하거나 보유함과 동시에 해당 주식을 기초자산으로 하는 콜옵션을 매도하여 수익을 창출하는 전략을 말한다. 일반적으로 주가가 변동하지 않거나 완만하게 하락하는 상황에서 사용하며, 옵션프리미엄만큼의 이익을 안정적으로 얻을 수 있다.

③ 스프레드 전략

㉠ 스프레드(Spread) 전략은 동일한 만기일에 다른 행사가격을 갖는 옵션을 거래하는 수직적 스프레드 전략과 동일한 행사가격에 다른 만기일을 갖는 옵션을 거래하는 수평적 스프레드 전략으로 나뉜다.

㉡ 수직적 스프레드 전략은 주가가 상승세일 때 행사가격이 낮은 옵션을 매수함과 동시에 같은 수량만큼 행사가격이 높은 옵션을 매도하는 강세 스프레드 전략과 반대로 주가가 하락세일 때 행사가격이 높은 옵션을 매수함과 동시에 같은 수량만큼 행사가격이 낮은 옵션을 매도하는 약세 스프레드 전략으로 나뉜다.

④ 스트래들·스트랭글 전략

㉠ 스트랭글(Strangle)은 행사가격이 서로 다른 콜옵션과 풋옵션을 동시에 거래하는 전략을 말한다. 두 옵션을 매수하는 경우 롱 스트랭글 전략, 매도하는 경우 숏 스트랭글 전략이라고 한다.

㉡ 스트래들(Straddle)은 만기일과 행사가격이 같은 콜옵션과 풋옵션을 동시에 거래하는 전략을 말한다. 두 옵션을 매수하는 경우 롱 스트래들 전략, 매도하는 경우 숏 스트래들 전략이라고 한다.

구 분		옵션 조합	주가 상황	사용 목적
보호적 풋		주식 보유 +풋옵션 매수	주가 하락	주식의 위험 방어
커버드 콜		주식 보유 또는 매수 +콜옵션 매도	주가 횡보 또는 완만히 하락	안정적인 수익 창출
스프레드	수평적 스프레드	옵션 매수, 매도 병행 (만기 다름, 행사가격 같음)	주가와 관련 없음	시간가치 차이로 인한 이익
	강세 스프레드	행사가격 낮은 옵션 매수 행사가격 높은 옵션 매도	주가 상승	강세 상황에서 수익 발생

개념더하기

풋–콜 등가(put–call parity)
풋–콜 등가는 동일한 행사가격과 만기를 가진 유럽형 콜옵션과 유럽형 풋옵션 사이의 관계를 나타내는 식을 말한다. 풋–콜 등가는 '주식 1주(S)를 매입하면서 해당 주식을 기초자산으로 하는 콜옵션(C)를 매도하고, 동시에 해당 주식을 기초자산으로 하는 풋옵션(P)을 매입하면 만기일에 옵션의 행사가격(E)의 현재가치만큼의 이익을 얻을 수 있다.'에서 도출된 식이다. 보호적 풋 전략은 풋–콜 등가식을 활용한 전략이다.

$S + P - C = PV(E)$

$\rightarrow C + PV(E) = S + P$

개념체크OX

• 옵션 보유자는 옵션에 부여된 권리를 행사하거나 포기할 수 있다. ☐O ☐X

• 옵션이 내가격 상태일 때 옵션을 행사하면 이익을 얻을 수 있다. ☐O ☐X

O, O

	약세 스프레드	행사가격 높은 옵 션 매수 행사가격 낮은 옵 션 매도	주가 하락	약세 상황에서 손실 제한
스트래들		옵션 매수(롱), 매 도(숏) (만기, 행사가격 같음)	주가변동 큼(롱) 주가변동 작음(숏)	주가변동 예측 어려울 때 활용
스트랭글		옵션 매수(롱), 매 도(숏) (만기 같음, 행사 가격 다름)	주가변동 큼(롱) 주가변동 작음(숏)	

(4) 옵션부사채의 종류

① 옵션부사채의 정의

옵션부사채는 콜옵션과 풋옵션이 부여된 기업의 사채를 말한다. 사채에 부여된 콜옵션은 발행사가 만기 전 매입소각할 수 있는 권리를 말하며, 사채에 부여된 풋옵션은 사채권자가 만기 전 중도상환을 청구할 수 있는 권리를 말한다.

② 옵션부사채의 종류

㉠ 신주인수권부사채

신주인수권부사채(BW ; Bond with Warrants)는 발행사의 주식을 정해진 기간에 정해진 가격으로 매입할 수 있는 신주인수권(콜옵션)이 부여된 사채를 말한다.

㉡ 전환사채

전환사채(CB ; Convertible Bond)는 사채권자의 의사에 따라 사채를 보통주로 전환할 수 있는 전환권(콜옵션)이 부여된 사채를 말한다.

㉢ 수의상환사채

수의상환사채(callable bond)는 사채 발행자인 기업이 만기 이전에 언제든지 사채를 상환할 수 있는 권리인 수의상환권(콜옵션)이 부여된 사채를 말한다. 다른 옵션부사채와 달리 사채권자가 아닌 사채 발행자가 콜옵션을 보유하는 형식의 사채이다.

㉣ 상환청구권부사채

상환청구권부사채(puttable bond)는 사채권자가 만기 이전에 언제든지 사채의 상환을 청구할 수 있는 권리인 상환청구권(풋옵션)이 부여된 사채를 말한다.

개념체크OX

• 커버드 콜 전략을 활용하면 옵션프리미엄만큼의 이익을 안정적으로 얻을 수 있다. ○×

• 전환사채는 풋옵션이 부여된 사채이다. ○×

○, ×

01 기출분석문제

01 현대의 재무관리 목표에 대한 설명으로 옳은 것만을 모두 고른 것은? 한국가스공사

> ㉠ 기업가치는 기업이 보유하고 있는 자산의 가치를 의미한다.
> ㉡ 부채가치가 0인 기업에서는 기업가치가 곧 자기자본가치가 된다.
> ㉢ 이익의 극대화 목표는 미래에 예상되는 기대이익의 크기와 실현가능성을 고려한다.

① ㉠
② ㉡
③ ㉠, ㉡
④ ㉡, ㉢

[해설] ㉢ 이익의 극대화 목표는 미래에 예상되는 기대이익의 크기만 고려하고 실현가능성은 고려하지 않는다.

02 다음 중 투자안의 현금흐름 추정 시 현금흐름에 포함되지 않는 비용은? 공무원연금공단

① 잠식비용
② 기회비용
③ 법인세비용
④ 감가상각비용

[해설] 감가상각비용은 현금유출을 수반하지 않는 비용이다. 따라서 현금흐름에 포함되지 않는다.

03 다음 중 투자안의 경제성 분석기법에 대한 설명으로 옳지 않은 것은? 한국수자원공사

① 순현재가치법은 화폐의 시간가치를 고려하는 분석기법이다.
② 회계적 이익률법에 비해 내부수익률법은 계산이 복잡하고 어렵다.
③ 회수기간법과 회계적 이익률법은 평가의 기준이 주관적이라는 단점이 있다.
④ 수익성지수법에서의 수익성지수는 현금유입액의 현재가치에서 현금유출액의 현재가치를 뺀 값이다.

[해설] 수익성지수법에서의 수익성지수(PI)는 현금유입액의 현재가치를 현금유출액의 현재가치로 나눈 값이다. 현금유입액의 현재가치에서 현금유출액의 현재가치를 뺀 값은 순현재가치이다.

04 다음 중 순현재가치법(NPV)과 내부수익률법(IRR)에 대한 설명으로 옳지 않은 것은? 한국수력원자력

① 두 분석기법 모두 기업가치를 극대화하는 투자안을 항상 선택한다.
② 내부수익률법과 달리 순현재가치법에서는 가치가산의 원리가 성립한다.
③ 순현재가치법과 달리 내부수익률법의 평가기준은 객관적이지 않고 가변적이다.
④ 피셔의 수익률이 자본비용보다 낮으면 배타적 투자안에 대해 두 분석기법이 서로 다른 투자안을 선택할 수도 있다.

[해설] 내부수익률법은 기업가치를 극대화하지 않는 선택을 할 수 있다.

05 다음 중 포트폴리오 이론에 관한 설명으로 옳은 것은? 한국장학재단

① 포트폴리오 이론은 모든 투자자가 위험중립적이라고 가정한다.
② 개별주식의 수익률 간 상관계수는 포트폴리오의 표준편차에 영향을 미친다.
③ 비체계적 위험이란 주식을 늘리는 방법으로도 제거할 수 없는 위험을 말한다.
④ 위험회피성향이 다르더라도 투자자들이 선택하는 최적포트폴리오는 항상 같다.

[해설] ① 포트폴리오 이론은 모든 투자자가 위험회피적이라고 가정한다.
③ 비체계적 위험은 주식의 수를 늘려 제거할 수 있는 위험을 말한다. 어떠한 방법으로도 제거할 수 없는 위험은 체계적 위험이다.
④ 투자자들은 위험회피성향에 따라 각기 다른 최적포트폴리오를 선택한다.

06 다음 중 자본자산가격결정모형(CAPM)에 대한 설명으로 옳은 것은? 한국석유공사

① 자본자산가격결정모형은 세금 등을 고려한 현실적인 자본시장을 가정한다.
② 자본시장선을 이용하여 개별자산의 균형가격을 산출할 수 있다.
③ 자본시장선상의 포트폴리오는 모두 완전분산투자된 포트폴리오이다.
④ 증권시장선을 이용하여 포트폴리오에 포함된 체계적 위험의 크기(β)를 0으로 만들 수 있다.

[해설] ① 자본자산가격결정모형은 세금과 거래비용 등의 마찰적 요인이 없는 완전자본시장을 가정한다.
② 개별자산과 비효율적 포트폴리오에 대해서는 자본시장선이 성립하지 않는다.
④ 체계적 위험은 완전히 제거할 수 없는 위험이다.

07 어느 포트폴리오의 증권시장선(SML)에 의한 균형수익률은 15%이고 시장포트폴리오의 기대수익률은 8%라고 한다. 무위험자산의 수익률이 3%라면, 이 포트폴리오의 체계적 위험의 크기(β)는? 한국자산관리공사

① 1.5

② 1.8

③ 2.1

④ 2.4

[해설] $E(R_i) = R_f + [E(R_M) - R_f]\beta$, $E(R_i) = 0.15$, $E(R_M) = 0.08$, $R_f = 0.03$
$0.15 = 0.03 + (0.08 - 0.03)\beta$, $0.12 = 0.05\beta$ $\therefore \beta = 2.4$

08 옵션과 선물에 대한 설명으로 옳지 않은 것은? 한국수자원공사

① 옵션의 만기일이 지나면 옵션에 부여된 권리는 자동으로 소멸한다.

② 옵션은 선물과 달리 매도자만 증거금을 납부하고 매입자는 매도자에게 옵션의 대가를 지급한다.

③ 선물은 조직화된 거래소에서 표준화된 상품을 미래 일정 시점에 매입 또는 매도하기로 약정하는 거래이다.

④ 선물은 옵션과 달리 거래 시 매입자와 매도자가 모두 계약 이행에 대한 의무를 부담하기 때문에 위험을 어느 정도 한정시킬 수 있다.

[해설] 선물은 매입자와 매도자가 모두 계약 이행에 대한 의무를 진다. 이 때문에 위험을 한정시킬 수 있는 옵션과 달리 선물은 위험의 한계가 없다.

09 현재 A 주식의 가격과 이를 기초자산으로 하는 콜옵션의 행사가격이 10,000원으로 동일하다고 한다. 다음 중 해당 콜옵션을 행사하여 이득을 볼 수 있는 상황은? 서울교통공사

① A 주식의 가격이 하락한다.

② 콜옵션의 행사가격이 하락한다.

③ A 주식의 가격과 콜옵션의 행사가격이 같은 비율로 상승한다.

④ A 주식의 발행사가 지급하던 배당금이 상승한다.

[해설] 콜옵션으로 이득을 보기 위해서는 기초자산(주식)의 가격이 옵션의 행사가격보다 높아야 한다.
② 콜옵션의 행사가격이 하락하면 기초자산의 가격이 행사가격보다 높아져 이익을 얻을 수 있다.

10 다음 중 콜옵션의 가격이 상승하는 요인을 모두 고른 것은? 한국자산관리공사

> ㉠ 무위험이자율 상승
> ㉡ 행사가격 하락
> ㉢ 기초자산의 가격 하락
> ㉣ 배당금 지급액 상승

① ㉠, ㉡
② ㉠, ㉢
③ ㉡, ㉢
④ ㉡, ㉣

해설 ㉠ 무위험이자율이 상승하면 콜옵션의 가격도 상승한다.
　　 ㉡ 행사가격이 하락하면 콜옵션의 가격은 상승한다.
　　 ㉢ 기초자산의 가격이 하락하면 콜옵션의 가격도 하락한다.
　　 ㉣ 배당금 지급액이 상승하면 콜옵션의 가격은 하락한다.

최신복원문제

🔑 **키워드** 재무비율

토빈의 Q에 대한 설명으로 옳지 않은 것은?   한국교통안전공단

① 외부에서 기업의 가치를 평가할 때 이용하는 지표이다.

② 기업의 부채 및 자기자본의 시장가치를 실물자본의 대체비용으로 나눈 비율이다.

③ 기업의 자본조달 수단으로서 주식시장의 역할은 제한적이기에 현실적이지 못한 이론이다.

④ 토빈의 Q가 1보다 크면 기업의 시장가치가 주식시장에서 과대평가되었다는 뜻이므로 기업은 투자를 축소해야 한다.

──

해설 토빈의 Q가 1보다 클 경우 주식시장에서 기업의 시장가치가 높이 평가받고 있다는 뜻이므로 기업은 투자를 적극적으로 늘려야 한다.

정답 ④

Chapter 02

자본시장평가와 기업평가

기출 키워드	중요도
☑ 고든의 항상성장평가모형	★★
☑ 주가수익비율(PER)	★★★
☑ 가중평균자본비율(WACC)	★★★
☑ 레버리지와 자본비용	★★★
☑ 자본구조이론	★★
☑ 재무비율	★★★

02 자본시장평가와 기업평가

1 자본시장평가

1 자본시장과 주식평가

(1) 금융시장의 분류

① 직접금융시장

직접금융시장은 중개기관을 거치지 않고 자금의 최종수요자와 공급자가 직접증권 등의 거래를 통해 자금을 수급하는 시장을 말한다. 직접증권은 기업이 발행하는 주식, 회사채, 또는 정부가 발행하는 국공채 등을 포함한다.

② 간접금융시장

간접금융시장은 자금의 최종수요자와 공급자 사이에 은행, 보험회사 등의 중개기관이 개입하여 자금의 수급이 이루어지는 시장을 말한다.

(2) 주식의 가치평가

① 배당평가모형

미래에 예상되는 배당금을 적절한 할인율로 할인한 현재가치를 주식의 가치로 평가하는 모형이다.

$$P_0 = \frac{d_1}{(1+k_e)} + \frac{d_2}{(1+k_e)^2} + \cdots + \frac{d_\infty}{(1+k_e)^\infty} = \sum_{t=1}^{\infty} \frac{d_t}{(1+k_e)^t}$$

d_t : t시점의 배당금, k_e : 자기자본비용(주주의 요구수익률)

② 단순배당평가모형

㉠ 무성장 모형(zero growth model)

배당금의 성장이 없다고 가정하고 매년 일정한 금액(D_1)을 지급하는 모형으로, 영구연금의 현재가치 계산식을 이용하여 계산할 수 있다.

$$P_0 = \frac{D_1}{(1+r)} + \frac{D_1}{(1+r)^2} + \frac{D_1}{(1+r)^3} + \cdots = \frac{D_1}{r}$$

r : 기대수익률

㉡ 고든의 항상성장모형(constant growth valuation model)

배당금이 매년 일정한 비율(g)만큼 성장한다고 가정하는 모형이다.

$$P_0 = \frac{D_1}{(1+r)} + \frac{D_1(1+g)}{(1+r)^2} + \frac{D_1(1+g)^2}{(1+r)^3} + \cdots = \frac{D_1}{r-g} \ (r > g)$$

개념체크OX

• 고든의 항상성장모형에서는 매년 배당금이 일정 비율만큼 상승한다고 가정한다. ◯✕

• 주가수익비율은 현재의 주식가격을 미래의 주식가격으로 나눈 값이다. ◯✕

◯, ✕

③ 주가수익비율과 주가배수모형

  ㉠ 주가수익비율(PER ; Price Earning Ratio)

    현재의 주식가격을 기대 주당순이익으로 나눈 값이다. 기업의 투자자들이 이익 1단위당 얼마만큼의 대가를 지불하고 있는지를 나타낸다.

$$PER = \frac{\text{현재의 주가}}{\text{주당순이익}} = \frac{P_0}{EPS}$$

  ㉡ 주가배수모형

    주가수익비율(PER)과 주당순이익(EPS ; Earning Per Share)을 곱하면 현재의 주가를 계산할 수 있다. 이를 위해 적절한 PER의 값을 추정해야 하며, 적정 PER 값으로는 해당 기업의 과거 평균 PER, 해당 산업의 평균 PER 등을 이용할 수 있다.

$$P_0 = PER \times EPS_1$$

  ㉢ PER의 장단점

장 점	단 점
• 성장성과 위험 등 기업의 여러 특성을 나타내는 지표가 될 수 있다. • 주식 대부분에 적용하여 간단하게 계산할 수 있다. • 자료를 쉽게 구할 수 있어 주식간 비교가 쉽다.	• 순이익이 0보다 작으면 음수가 되어 의미가 없다. • 순이익의 변동성이 크면 기간에 따라 크게 변할 수 있다. • 순이익의 회계처리 방법에 따라 달라질 수 있다.

④ 성장기회평가모형

  주식의 내재가치를 성장기회의 순현재가치와 무성장 주식 가치의 합으로 평가하는 모형이다. 주식의 내재가치는 항상성장모형을, 무성장 주식의 가치는 무성장 모형을 이용하여 계산한다.

주식의 내재가치 $= NPVGO +$ 무성장 주식의 가치
$NPVGO =$ 주식의 내재가치 $-$ 무성장 주식의 가치

$$= \frac{d_1}{k_e - g} - \frac{EPS_1}{k_e}$$

2 채권

(1) 채권의 개요

① 채권의 정의

  채권은 채무자가 채권자에게 정해진 조건에 따라 이자와 원금을 상환하겠다는 것을 약속하기 위하여 발행해주는 증서를 말한다. 채권에는 만기일, 액면가, 표면이자율이 기재된다.

② 채권 관련 용어

  ㉠ 만기일

    원금을 상환하기로 약속한 날을 말한다.

🔖 **개념**더하기

NPVGO(Net Present Value of Growth Opportunity)

NPVGO는 미래 성장 기회에 대한 순현재가치를 말하며, 미래의 투자안에서 발생할 순현재가치를 현재가치로 할인한 값의 합 또는 할인율에서 배당금 성장률을 뺀 값으로 유보율을 나눈 값으로 계산한다.

$$NPVGO = \frac{\text{유보율}}{\text{할인율} - \text{성장률}}$$

$$= \frac{\text{유보율}}{r - g}$$

ⓛ 액면가

만기일에 상환하기로 약속한 원금을 말한다.

ⓒ 표면이자율

만기까지 매기 지급하기로 약속한 이자율을 말하며, 액면이자율이라고도 한다. 매기 지급하는 이자는 액면가에 표면이자율을 곱한 값이다.

② 채권의 종류

㉠ 이표채(coupon bond)

이표채는 만기와 표면이자율이 정해져 있는 채권으로 만기일까지 매기 약속한 이자를 지급해주고 만기일에 원금을 상환해준다.

$$P_0 = \frac{F}{(1+r)^n} + \sum_{t=1}^{n} \frac{I}{(1+r)^t}$$

P : 채권의 현재가치, n : 만기까지의 기간
I : 이자, F : 액면가, r : 할인율

ⓛ 무이표채(zero coupon bond)

표면이자율이 0인 채권으로 이자는 지급하지 않고 만기일에 원금만 상환해준다.

$$P_0 = \frac{F}{(1+r)^n}$$

ⓒ 영구채(perpetual bond)

만기가 무한대인 채권으로 원금상환은 없고 매기 말에 정해진 이자만 영구히 지급해준다.

$$P_0 = \sum_{t=1}^{\infty} \frac{I}{(1+r)^t} = \frac{I}{r}$$

(2) 시장이자율과 채권가격의 관계(말킬의 정리)

① 시장이자율과 채권가격

㉠ 시장이자율이 하락하면 채권가격은 상승하고, 시장이자율이 상승하면 채권가격은 하락한다. 즉, 채권가격은 시장이자율과 역의 관계이다.

ⓛ 만기가 정해진 상태에서 이자율이 같은 비율만큼 변동한다면 이자율의 하락으로 인한 채권가격 상승폭이 이자율의 상승으로 인한 채권가격 하락폭보다 크다.

② 만기와 채권가격

㉠ 만기가 길어질수록 일정한 이자율 변동에 따른 채권가격 변동폭은 커진다.

ⓛ 만기의 한 단위 증가에 따른 채권가격의 변동폭은 만기가 길어질수록 작아진다.

③ 표면이자율과 채권가격

표면이자율이 낮아질수록 이자율 변동에 따른 채권가격 변동률은 커진다.

(3) 채권의 듀레이션

① 듀레이션의 정의

채권의 듀레이션은 채권투자로부터 발생하는 현금흐름을 회수하는데 걸리는 평균 기간을 말한다. 듀레이션은 각 시점에서 발생하는 현금흐름의 현재가치가 전체 현금흐름의 현재가치(채권의 시장가치)에서 차지하는 비중을 가중치로 두고, 각 현금흐름이 발생하기까지의 기간을 평균한 값으로 계산한다.

$$D = 1 \times \frac{\dfrac{P_1}{(1+r)}}{P_0} + 2 \times \frac{\dfrac{P_2}{(1+r)^2}}{P_0} + \cdots + n \times \frac{\dfrac{P_n}{(1+r)^n}}{P_0}$$

P_n : n 시점에 발생하는 현금흐름의 가치

② 듀레이션의 특징

㉠ 만기가 길수록 듀레이션은 길어진다.
㉡ 표면이자율이 높을수록 듀레이션은 짧아진다.
㉢ 만기수익률이 높을수록 듀레이션은 짧아진다.
㉣ 이자 지급빈도가 증가할수록 듀레이션은 짧아진다.

---

2 자본비용평가

3 레버리지와 자본비용

(1) 레버리지(leverage)

① 개 요

고정영업비용(영업레버리지)와 고정재무비용(재무레버리지)의 비율을 지렛대 삼아 영업이익과 주당순이익을 높은 비율로 변화시킬 수 있다는 원리이다.

② 영업레버리지

영업레버리지는 기업이 고정영업비용을 발생시키는 비유동자산을 보유하는 것을 말한다. 영업레버리지에 의해 매출액 대비 영업이익의 변화율이 커지며, 이를 영업레버리지효과라고 한다. 영업레버리지효과는 영업레버리지도(DOL ; degree of operating leverage)로 측정할 수 있다.

$$DOL = \frac{\text{영업이익의 변화율}}{\text{매출액의 변화율}} = \frac{\triangle EBIT / EBIT}{\triangle R / R}$$

$EBIT$: 영업이익, R : 매출액

③ 재무레버리지

재무레버리지는 고정재무비용이 발생하는 부채를 이용하는 것을 말하며, 총비용 중 고정재무비용이 차지하는 비중으로 측정한다. 재무레버리지에 의해 영업이익 대비 주당순이익의 변화율이 커지며, 이를 재무레버리지효과라고 한다. 재무레버리지효과는 재무레버리지도(DFL ; degree of financial leverage)로 측정할 수 있다.

$$DFL = \frac{주당순이익의\ 변화율}{영업이익의\ 변화율} = \frac{\triangle EPS/EPS}{\triangle EBIT/EBIT}$$

EPS : 주당순이익

④ 결합레버리지

결합레버리지는 영업레버리지와 재무레버리지가 동시에 존재하는 것을 말한다. 결합레버리지에 의해 매출액 대비 주당순이익의 변화율이 커지며, 이를 결합레버리지효과라고 한다. 결합레버리지효과는 결합레버리지도(DCL ; degree of combined leverage)로 측정할 수 있다.

$$DCL = \frac{주당순이익의\ 변화율}{매출액의\ 변화율} = \frac{\triangle EPS/EPS}{\triangle R/R} = DOL \times DFL$$

(2) 자본비용

① 보통주 자본비용

CAPM으로 계산한 주식의 기대수익률은 보통주의 자본비용이 된다. 주식의 체계적 위험의 크기(β_s)를 알고 있는 경우, 증권시장선(SML)을 이용하여 보통주의 자본비용(r_s)을 구할 수 있다.

$$r_s = r_f + [E(R_m) - r_f]\beta_s$$

r_f : 무위험이자율, $E(R_m)$: 시장의 기대수익률

② 타인자본비용

타인자본비용은 부채로 자금을 조달할 때 부담하는 자본비용을 말하며, 일반적으로 기업이 발행한 사채의 만기수익률을 부채의 자본비용으로 이용한다.

③ 가중평균자본비용(WACC ; Weighted Average Cost of Capital)

기업 전체에 대한 자본비용 또는 요구수익률을 말하며, 다양한 자본조달 원천에서 발생한 원천별 자본비용을 가중평균한 것이다.

$$WACC$$
$$= (\frac{S}{S+P+B})r_S + (\frac{P}{S+P+B})r_P + (\frac{B}{S+P+B})r_B(1-t)$$

S : 보통주의 현재가치, P : 우선주의 현재가치
B : 부채의 현재가치, t : 법인세율

개념체크OX

• 결합레버리지도는 영업레버리지도와 재무레버리지도를 더한 값이다. ⃞O⃞X

• 가중평균자본비용은 우선주의 가치를 고려하지 않는다. ⃞O⃞X

✕, ✕

(3) 레버리지와 기업위험

① 기업위험의 정의

기업은 자체적으로 부담할 수 있는 적절한 위험 수준을 미리 설정하고 그 범위 내에서 수익을 높일 수 있는 정책결정을 해야 한다.

> 기업위험 = 영업위험 + 재무위험

② 기업위험의 분류

㉠ 영업위험

기업이 하는 사업이 가진 위험을 말하며, 경영위험이라고도 한다. 영업위험은 투자결정과 관련된 위험이며, 부채의 사용 정도와는 무관하다.

㉡ 재무위험

재무위험이란 이자비용을 발생시키는 부채의 사용으로 인해 발생하는 미래 주주현금흐름의 변동성을 말한다.

③ 위험과 레버리지

㉠ 영업위험과 영업레버리지

기업이 고정영업비용의 상승을 위해 비유동자산을 보유할 경우 기업의 영업위험은 올라가지만 동시에 영업레버리지효과에 의해 매출액 대비 영업이익의 변화율이 커진다. 즉 영업레버리지에 관련한 기업의 위험은 영업위험으로 나타난다.

㉡ 재무위험과 재무레버리지

기업의 부채가 증가하여 고정재무비용이 발생할 경우 기업의 재무위험은 올라가지만 동시에 재무레버리지효과에 의해 영업이익 대비 주당순이익의 변화율이 커진다. 즉 재무레버리지에 관련한 기업의 위험은 재무위험으로 나타난다.

---

3 자본구조

1 자본구조와 자본구조이론

(1) 자본구조의 개념

자본구조란 자기자본과 타인자본의 구성상태를 말하며, 자본구조이론은 현금흐름과 영업위험이 정해진 상태에서 자본구조가 기업가치에 미치는 영향을 분석하는 이론이다. 자본구조이론의 목적은 가중평균자본비용을 극소화하여 기업가치를 극대화하는 최적의 자본구조를 찾는 것이다.

(2) 기업가치

기업가치(V)는 기업이 벌어들일 미래의 현금흐름(C_t)을 기업의 가중평균 자본비용(k_0)으로 할인한 현재가치이다.

$$V = \sum_{t=1}^{\infty} \frac{C_t}{(1+k_0)^t}$$

(3) 최적자본구조의 결정

① 타인자본비용의 저렴효과

부채를 사용하면 상대적으로 자본비용이 저렴한 타인자본비용에 대한 가중치가 증가하여 가중평균자본비용이 하락하고 기업가치는 상승한다.

② 자기자본비용의 상승효과

부채 사용이 늘어나면 주주가 부담하는 재무위험이 증가하여 주주들의 요구수익률이 높아지는데, 이에 따라 가중평균자본비용이 상승하고 기업가치는 하락한다.

③ 최적자본구조

최적자본구조는 부채의 사용으로 인해 나타나는 상충적인 두 효과를 고려하여 가중평균자본비용이 최소가 되거나 기업가치가 최대가 되는 자본구조를 말한다.

2 MM의 자본구조이론

(1) MM의 무관련이론

① 무관련이론의 개요

모딜리아니(F. Modigliani)와 밀러(M. H. Miller)가 주장한 이론으로, 법인세가 없는 완전자본시장에서 기업가치는 자본구조와 무관하게 결정 된다는 이론이다.

② 무관련이론의 명제

㉠ 제1명제

기업가치는 기대영업이익[$E(NOI)$]과 영업위험(ρ)에 의하여 결정 될 뿐 자본구조와는 무관하다.

$$V_U = V_L = \frac{E(NOI)}{\rho}$$

V_U : 무부채기업의 가치, V_L : 부채사용기업의 가치, NOI : 순영업이익
V_L = 자기자본가치 + 타인자본가치(부채가치) = $S + B$

㉡ 제2명제

부채의 사용이 증가할수록 자기자본비용(k_e)이 상승하며, 자기자본비용의 상승효과는 타인자본비용의 저렴효과를 완전히 상쇄하기 때문에 가중평균자본비용(k_0)은 자본구조와 관계없이 일정하다.

$$k_e = \rho + (\rho - k_e)\frac{B}{S}$$

V_L = 자기자본가치 + 타인자본가치(부채가치) = $S + B$

$\dfrac{B}{S}$ = 부채비율

ⓒ 제3명제

신규투자안에 대한 거부율은 그 투자안의 영업위험(ρ)과 같으며, 이는 투자자금의 조달방법과는 무관하게 결정된다.

$$k_0 = \rho$$

(2) MM의 수정이론

① 수정이론의 개요

무관련이론은 세금과 거래비용 등이 없는 완전자본시장을 전제로 하고 있으나 현실에서는 시장을 불완전하게 만드는 요인이 많이 존재한다. 이 중 법인세를 고려한 이론이 MM의 수정이론이다.

② 수정이론의 명제

㉠ 제1명제

부채기업의 기업가치는 부채를 사용함으로써 얻게 되는 이자비용의 법인세 절감효과의 현재가치, 즉 레버리지이득만큼 상승한다. 따라서 부채의 사용이 증가할수록 기업가치도 증가한다.

$$V_L = V_U + B \times t$$

t : 법인세율

㉡ 제2명제

자기자본비용(k_e)의 상승효과는 타인자본비용(k_d)의 저렴효과를 완전히 상쇄하지 못한다. 따라서 부채의 사용이 증가할수록 가중평균자본비용(k_0)은 하락한다.

$$k_e = \rho + (\rho - k_d)(1-t)\frac{B}{S}$$

㉢ 제3명제

부채의 사용이 증가할수록 신규투자안에 대한 거부율은 하락한다.

$$k_0 = \rho(1 - t\frac{B}{V_L})$$

> **개념더하기**
>
> **이자비용의 법인세 절감효과**
>
> 기업의 법인세는 법인세차감전순이익을 기준으로 과세되고 법인세차감전순이익은 영업이익에서 이자비용을 차감하여 계산한다. 이자비용이 상승하면 법인세차감전순이익은 감소하고, 이에 따라 기업이 납부하는 법인세도 감소한다. 결과적으로 기업은 부채를 사용함으로써 법인세 절세효과를 보게 되는데 이를 이자비용의 법인세 절감효과라고 한다.

1 재무비율 분석

(1) 재무비율 분석의 개념

재무비율 분석은 재무제표의 자료를 기초로 하여 계산한 재무비율을 이용해 기업의 재무상태와 경영성과를 평가하는 것을 말한다.

(2) 재무비율 분석의 장점

재무제표의 자료를 활용하여 재무비율을 계산하면 간단하게 기업의 재무상태를 파악할 수 있다.

(3) 재무비율 분석의 한계

① 과거의 자료에 의존할 수밖에 없다.

② 일정 시점이나 기간의 자료를 이용하기 때문에 정보가 한정적이다.

③ 절대적 기준치나 표준비율이 없어 평가기준 선정에 어려움이 있다.

④ 비율이 상호독립적이므로 종합적인 결론을 얻기 힘들다.

2 유동성비율

(1) 유동성비율의 정의

유동성은 기업이 채무를 상환하기 위해 현금을 동원할 수 있는 능력을 말한다. 유동성비율은 유동성을 측정하기 위한 비율로, 재무상태표에서 유동자산과 유동부채를 비교하여 기업의 단기채무 변제능력을 측정하는 지표이다.

(2) 유동성비율의 종류

① 유동비율

유동비율은 기업의 지급능력과 신용도를 판단하기 위하여 활용되며 기업의 단기채무 상환능력을 나타내는 지표이다. 유동비율이 높다는 것은 곧 기업의 현금 동원력이 좋다는 것을 의미한다. 주로 투자자들이나 은행이 해당 기업의 대출상환능력을 판단하기 위해 사용한다. 일반적으로 유동비율이 200% 이상이면 양호한 것으로 평가되며 이를 2:1의 원칙이라고도 한다.

$$유동비율 = \frac{유동자산}{유동부채}$$

② 당좌비율

당좌자산은 유동자산에서 재고자산을 제외한 자산, 즉 가장 빠르게 현금화할 수 있는 자산을 말한다. 따라서 유동부채에 대한 당좌자산의 비율을 측정하는 당좌비율은 단기채무 상환능력 측정의 더욱 직접적인 지표라고 할 수 있다. 일반적으로 유동비율이 200%를 넘고 동시에 당좌비율이 100%를 웃돌면 유동성이 양호하다고 평가한다.

개념체크OX

• 재무비율은 재무제표의 자료를 기초로 하여 계산한다. ☐O☐X

• 유동비율은 유동부채에 대한 유동자산의 비율을 나타낸다. ☐O☐X

O, O

$$당좌비율 = \frac{당좌자산}{유동부채}$$

3 안정성비율

(1) 안정성비율의 정의

안정성비율은 기업의 장기지급능력을 측정하는데 사용되는 비율을 말한다. 재무상태표 간 항목들의 관계를 설명하는 정태비율로, 장기채무의 원금과 이자에 대한 기업의 지급능력을 평가하는 지표이다.

(2) 안정성비율의 종류

① 부채비율

부채비율은 기업이 보유한 자산 중 부채, 즉 타인자본에 대한 의존도를 나타내는 비율이다. 부채비율이 낮으면 채권 회수의 안정성이 높아지고 기업이 도산할 위험도 낮아지기에 채권자는 부채비율이 낮은 상태를 선호한다. 일반적으로 부채비율은 100% 이하를 표준비율로 본다.

$$부채비율 = \frac{부채(타인자본)}{자기자본}$$

② 고정비율

고정비율은 기업자산의 고정화 위험을 측정하는 비율로 운용 기간이 장기에 속하는 고정자산, 즉 비유동자산을 자기자본으로 얼마나 충당하였는가를 나타낸다. 비유동자산은 환금이 불가능하며 감가상각의 기간이 길다는 특징을 가지고 있기에 자기자본으로 조달하는 것이 바람직하다. 고정비율이 낮다는 것은 기업의 장기적인 안정성이 높다는 것을 의미하지만, 기업의 잠재적 생산능력이 낮다는 것을 의미하기도 한다. 고정비율은 보통 100%를 최저 안전한계로 본다.

$$고정비율 = \frac{비유동자산}{자기자본}$$

③ 자기자본비율

자기자본비율은 총자산 중 자기자본이 차지하는 비중을 나타내는 대표적인 재무구조 지표이다. 자기자본은 직접적인 금융비용을 부담하지 않고 기업을 장기적으로 운용할 수 있는 안정된 자본이기 때문에, 자기자본비율은 기업 재무구조의 건전성을 측정하는 중요한 척도로 평가된다. 자기자본비율이 높다는 것은 장기채무의 원금 및 이자 상환에 대한 안전도가 높다는 것을 의미하므로 자기자본비율은 높을수록 좋다.

$$자기자본비율 = \frac{자기자본}{총자산}$$

개념더하기

기업의 부채 활용

채권자들은 부채비율이 낮은 안정적인 상태를 선호하지만, 자본이익률이 이자율을 상회하는 상황이 오면 기업은 부채비율을 늘려 정(+)의 레버리지효과를 노려 자기자본수익률을 극대화하려는 전략을 취하기도 한다.

④ 유보율

유보율은 잉여금을 합한 금액을 납입자본금으로 나눈 비율로 사내유보율, 내부유보율이라고도 한다. 주로 기업이 동원할 수 있는 자금량을 측정하는 지표로 쓰이며 설비확장이나 재무구조의 안정을 위해 사내유보가 얼마나 되어있는지를 나타낸다. 높은 유보율은 과거의 경영성과를 기반으로 구축된 튼튼한 재무구조와 불황에 대한 높은 적응력을 나타내는 표지가 된다.

$$유보율 = \frac{잉여금}{납입자본금}$$

단, 잉여금 = 자본잉여금 + 이익잉여금

⑤ 이자보상비율

이자보상비율은 기업의 채무상환능력을 나타내는 지표로, 기업이 영업이익으로 이자비용을 얼마나 감당할 수 있는지를 보여준다. 즉 회사가 영업이익으로 이자를 감당할 수 있는지, 이자를 감당하고 나서 얼마나 여유가 있는지를 확인할 수 있는 지표이다. 이자보상비율이 높으면 안정성이 높다고 평가받으며, 일반적으로 1.5배 이상이면 이자지급 능력이 충분하다고 본다.

$$이자보상비율 = \frac{영업이익}{이자비용}$$

4 수익성비율

(1) 수익성비율의 정의

수익성비율은 기업이 어느 정도의 경영성과를 거두었는가를 나타내는 종합적인 지표이다. 일정 기간 동안 이루어진 기업활동의 최종적인 성과, 즉 손익의 상태를 측정하고 성과의 원인을 분석·검토하는 수익성분석을 통해 산출한 수익성비율은 재무제표를 이용하는 내부 및 외부이용자들의 합리적인 의사결정을 돕는 정보를 제공한다.

(2) 수익성비율의 종류

① 매출액순이익률

매출액순이익률은 매출액과 순이익의 관계를 나타내는 비율로 기업활동의 총체적인 능률을 평가하는 지표이자 기업의 최종 수익성을 표시하는 자료이다. 매출액 대비 실현된 순이익의 비율을 나타내는 지표로, 순이익의 비율이 높을수록 기업의 경영성과가 양호하다는 것을 의미한다.

$$매출액순이익률 = \frac{순이익}{매출액}$$

② 매출액영업이익률

매출액영업이익률은 영업외손익을 제외한 순수한 영업이익만을 매출액으로 나눈 것으로, 그 자체로 판매마진을 나타낸다고 볼 수 있다. 따라서 영업 외 활동인 재무활동 등의 영향을 받지 않고 순수히 영업활동만의 성과를 나타내는 중요한 지표로 평가된다.

$$매출액영업이익률 = \frac{영업이익}{매출액}$$

③ 총자산이익률

총자산이익률(ROA ; Return On Assets)은 총자산을 얼마나 효율적으로 운용했는가를 나타내는 지표로, 기업이 이용 가능한 총자산으로 얼마만큼의 이익을 창출했는지를 직접적으로 보여준다. 시설이나 설비에 많이 투자한 회계연도에는 창출한 이익에 비해 총자산이익률이 낮게 계산될 수 있어 장기적인 관점에서 해당 지표를 해석할 필요가 있다.

$$총자산이익률 = \frac{당기순이익}{총자산}$$

④ 자기자본순이익률

자기자본순이익률(ROE ; Return On Equity)은 투입한 자기자본이 얼마만큼의 이익을 냈는지를 나타내는 대표적인 수익성 지표이다. 이는 경영효율성, 즉 기업이 주주들의 자본을 활용하여 1년간 얼마를 벌어들였는가를 가장 잘 드러낸다. 일반적으로 자기자본순이익률이 회사채수익률보다 높으면 경영효율성이 양호한 것으로 평가되며, 적어도 정기예금 금리보다는 높아야 적절하다고 평가받는다.

$$자기자본순이익률 = \frac{순이익}{자기자본}$$

⑤ 주당순이익

주당순이익(EPS ; Earning Per Share)은 1주당 이익을 얼마나 창출하였는지를 나타내는 지표로 그 회사가 1년간 올린 수익에 대한 주주의 몫을 나타낸다. 주당순이익이 높다는 것은 경영실적이 양호하다는 것을 의미하며, 이는 곧 배당 여력이 많다는 사실과도 연결되어 투자가치가 높다고 평가받고 주가에도 긍정적인 영향을 미친다.

$$주당순이익 = \frac{당기순이익}{발행주식수}$$

⑥ 배당성향

배당성향은 당기순이익 중 현금으로 지급된 배당금 총액의 비율로, 배당지급률 또는 사외분배율이라고도 한다.

$$배당성향 = \frac{배당금}{당기순이익}$$

5 성장성비율

(1) 성장성비율의 정의

전기에 비해 당기 기업활동의 성과가 얼마나 성장하였는지, 경영 규모는 얼마나 확대되었는지를 보여주는 지표이다. 성장성비율은 기업의 성장성을 판단하고 예측한 비율들을 비교·분석하여 기업의 미래가치를 평가하는 데에 도움을 준다.

(2) 성장성비율의 종류

① 매출액증가율

기준연도 매출액에 대한 비교연도 매출액의 증가율로 측정되며 기업이 일정 기간 동안 얼마나 성장했는가를 나타낸다. 매출액은 정상적인 영업활동에서 계속해서 발생하는 영업수익이므로 매출액증가율은 기업의 성장성을 판단하는 대표적인 지표로 활용된다.

$$\text{매출액증가율} = \frac{\text{당기매출액} - \text{전기매출액}}{\text{전기매출액}}$$

② 총자산증가율

총자산증가율은 기업에 투하되어 운용되고 있는 총자산이 기준연도에 비해 얼마나 증가했는지를 나타내는 비율로, 기업의 성장 규모를 측정하는 지표이다.

$$\text{총자산증가율} = \frac{\text{당기총자산증가액}}{\text{전기말총자산}}$$

③ 순이익증가율

순이익증가율은 순이익의 증가 정도를 나타내는 비율로, 매출액증가율과 더불어 기업의 성장성을 판단하기 위한 주요 지표 중 하나로 활용된다.

$$\text{순이익증가율} = \frac{\text{당기순이익증가액}}{\text{전기순이익}}$$

④ 납입자본증가율

납입자본증가율은 회사의 납입자본 증가액을 파악하기 위한 비율로 한 회사의 성장성을 판단하기 위해 활용되는 지표이다.

$$\text{납입자본증가율} = \frac{\text{당기납입자본증가액}}{\text{전기말납입자본금}}$$

6 활동성비율

(1) 활동성비율의 정의

기업이 소유하고 있는 자산들이 얼마나 효율적으로 이용되고 있는가를 추정하는 비율로, 일정 기간(보통 1년) 동안의 매출액을 각종 주요자산으로 나누어 산출한다. 활동성비율은 기업의 활동을 가장 잘 나타내는 지표인 매출액과 주요자산의 비율을 통해 자산의 활용도를 나타낸다. 여타 비율과는 달리 재무상태표의 항목과 포괄손익계산서의 항목을 비교하는 구조로 이루어져 있다.

(2) 활동성비율의 종류

① 총자본(총자산)회전율

총자본이 1년 동안 몇 번 회전했는가를 나타내는 비율로 기업이 총자본을 얼마나 능률적으로 활용했는지 파악할 수 있다. 매출액순이익률이 일정하다면 총자본회전율이 높을수록 총자본순이익률(총자산이익률)이 양호하게 나타난다.

$$총자본회전율 = \frac{매출액}{총자본}$$

② 납입자본회전율

납입자본과 매출액의 비율로 납입자본의 회전속도, 즉 납입자본이 일정 기간 내에 몇 번 회전했는지를 나타내는 지표이다. 납입자본의 능률을 측정하는 비율로 투자자본의 효율성과 장래의 경영계획 및 정책 검토에 활용된다.

$$납입자본회전율 = \frac{매출액}{납입자본}$$

③ 재고자산회전율

재고자산회전율은 재고자산이 당좌자산으로 변화하는 속도를 나타낸다. 재고자산 보유수준의 과부족을 판단하는데 가장 적합한 지표로, 재고자산의 판매효율을 파악할 수 있다.

$$재고자산회전율 = \frac{매출액}{재고자산}$$

④ 고정자산회전율

고정자산의 회전속도, 즉 고정자산이 일정 기간 내에 몇 번 회전했는가를 표시하는 비율로 기업자본의 이용도를 파악할 수 있다. 현재 보유하고 있는 고정자산 잔액의 상대적인 과부족을 판단하는 자료가 되며, 새로운 설비투자를 할 때 투자의 적합성 여부를 판단하는 척도로도 활용된다.

$$고정자산회전율 = \frac{매출액}{고정자산}$$

개념체크OX

• 성장성비율은 전기와 비교해 기업 성과가 얼마나 성장하였는지 나타내는 지표이다.
　　　　　　　　　　○⊠

• 활동성비율은 포괄손익계산서의 항목을 비교하는 지표이다.
　　　　　　　　　　○⊠

○, ○

(1) 시장가치비율의 정의

기업이 경영활동을 통해 나타난 경영성과를 실행하는 과정 중 시장에서 평가된 주식의 가치를 측정하는 지표이다. 증권시장에서 기업의 주식가격을 주당이익이나 장부가치 등 주식과 관련된 각종 비율로 나타내어 투자자나 전문가가 해당 기업의 가치를 어떻게 평가하는지를 보여주는 근거로 활용된다.

(2) 시장가치비율의 종류

① 주가수익비율

주가수익비율(PER ; Price Earning Ratio)은 주가가 그 회사의 1주당 수익의 몇 배나 되는가를 나타내는 지표이다. 특정 기업이 얻은 순이익 1원을 증권시장이 얼마의 가격으로 평가하고 있는가를 나타내는 수치로, 투자자들은 이 수치를 바탕으로 하여 서로 다른 주식의 상대적 가격을 파악한다. 업종별로 차이가 있고 절대적인 기준은 없지만 일반적으로 PER이 10 이하일 경우 저PER주로 분류된다.

$$주가수익비율 = \frac{주\ 가}{주당순이익(EPS)}$$

② 주가순자산비율

주가순자산비율(PBR ; Price Bookvalue Ratio)은 주식이 1주당 순자산가치의 몇 배로 매매되고 있는가를 표시하는 지표로 주가의 상대적인 수준을 나타낸다. 회사의 동적 상태를 나타내는 주가수익비율(PER)과 회사의 정적 상태를 나타내는 주가순자산비율(PBR)은 상호보완관계이다.

$$주가순자산비율 = \frac{주\ 가}{주당순자산가치}$$

③ 토빈의 Q비율

㉠ 정 의

토빈의 Q는 설비투자의 동향을 설명하거나 기업의 가치평가에 이용되는 지표이다. 토빈의 Q비율이 1보다 크면 기업은 적은 비용을 들여 높은 가치를 만들어낼 수 있기에 투자가 확대하지만, 반대로 1보다 작으면 기업투자는 위축된다.

$$토빈의\ Q비율 = \frac{기업의\ 시장가치}{기업실물자본의\ 대체비용}$$

㉡ 토빈의 Q이론의 한계

- 주식시장은 불완전하며 주가의 변화는 투기적 요인에 의해 많은 영향을 받는다.
- 투자는 장기적 의사결정인 데 반해 주식시장은 단기 변동성이 크다.
- 기업의 자금조달 수단으로서의 주식시장의 역할은 제한적이다.

8 경제적 부가가치

(1) 경제적 부가가치의 개념

경제적 부가가치(EVA ; economic value added)는 알프레드 마샬(Alfred Marshall)이 주장한 개념으로, 회계상 기록된 비용뿐만 아니라 투자된 자본에 대한 기회비용까지 고려하여 계산한 기업의 경제적 이익을 말한다.

(2) 경제적 부가가치의 계산

경제적 부가가치는 기업이 영업활동을 통해 얻은 이익에서 자본비용을 차감한 금액으로 계산할 수 있다.

$$EVA = IC \times (ROIC - WACC) = NOPLAT - IC \times WACC$$

IC : 투하자본, $ROIC$: 투하자본수익률($NOPLAT/IC$)
$NOPLAT$: 세후 영업이익, 즉 $EBIT \times (1 - $ 법인세율$)$

01 다음 중 주식의 평가모형에 대한 설명으로 옳지 않은 것은? 서울교통공사

① 배당평가모형은 미래의 예상 배당금을 할인한 현재가치를 주식의 가치로 본다.

② 고든의 항상성장모형은 주식의 배당금이 매년 일정한 비율로 성장한다고 가정한다.

③ 무성장모형은 성장이 없는 배당금을 가정하므로 미래 배당금의 현재가치는 매년 같다.

④ 주가배수모형은 주가를 주당순이익(EPS)으로 나눈 값을 이용하여 주식을 평가하는 모형이다.

[해설] 무성장모형에서는 배당금의 성장률이 0이므로 매년 같은 크기의 배당금을 가정한다. 하지만 미래 t 시점의 배당금의 현재가치는 미래의 일정한 배당금을 $(1+r)^t$로 할인하여 계산하기 때문에 해가 지날수록 점차 감소하는 형태로 나타난다.

02 어느 무이표채의 액면가는 1,500,000원이고 액면이자율은 5%이며, 만기는 3년이라고 한다. 할인율이 연 10%일 때 이 채권의 현재가치는?(단, 이자는 연 1회 지급된다고 한다.) 한국도로공사

① 약 1,000,000원

② 약 1,127,000원

③ 약 1,240,000원

④ 약 1,364,000원

[해설] 만기가 3년인 무이표채의 현재가치 $P_0 = \dfrac{F}{(1+r)^3} = \dfrac{1,500,000}{(1+0.1)^3} = 1,127,000$

03 다음 4개의 채권 액면가가 모두 동일하다고 한다면, 듀레이션이 가장 짧은 채권은? 건강보험심사평가원

채 권	만기(년)	표면이자율(%)	만기수익률(%)
A	2	11	9
B	4	10	9
C	3	10	7
D	4	9	7

① A

② B

③ C

④ D

[해설] 만기가 짧을수록, 채권의 표면이자율과 만기수익률이 높을수록 채권의 듀레이션은 짧아진다. 따라서 4개의 채권 중 만기가 가장 짧고 표면이자율과 만기수익률이 가장 높은 채권 A의 듀레이션이 가장 짧다.

04 어느 기업의 영업레버리지도가 6이고 결합레버리지도는 24라고 한다. 이 기업의 순이익이 48% 증가했을 때의 영업이익 증가율은? 한국수자원공사

① 8%   ② 12%

③ 16%   ④ 24%

> **해설**
> 결합레버리지도 = $\dfrac{\text{순이익의 변화율}}{\text{매출액의 변화율}}$ = $\dfrac{0.48}{\text{매출액의 변화율}}$ = 24, ∴ 매출액의 변화율 = 0.02
>
> 영업레버리지도 = $\dfrac{\text{영업이익의 변화율}}{\text{매출액의 변화율}}$ = $\dfrac{\text{영업이익의 변화율}}{0.02}$ = 6
>
> ∴ 영업이익의 증가율 = 0.12

05 다음 자료를 활용하여 계산한 가중평균자본비용(WACC)은? 기술보증기금

- 보통주의 현재가치 : 2억원, 보통주의 자본비용 : 18%
- 우선주는 존재하지 않음
- 채권의 현재가치 : 1억원, 만기수익률 : 10%
- 법인세율 : 40%

① 10%   ② 14%

③ 18%   ④ 28%

> **해설** 보통주의 현재가치(S) = 2억원, 채권의 현재가치(B) = 1억원
>
> 보통주 자본비용(r_S) = 0.18, 채권의 만기수익률 = 채권의 자본비용(r_B) = 0.1
>
> $$WACC = \left(\frac{S}{S+P+B}\right)r_S + \left(\frac{P}{S+P+B}\right)r_P + \left(\frac{B}{S+P+B}\right)r_B(1-t)$$
>
> $$= \left(\frac{2}{2+1}\right) \times 0.18 + \left(\frac{1}{2+1}\right) \times 0.1 \times (1-0.4) = 0.12 + 0.02 = 0.14$$

06 다음 중 자본구조이론에 대한 설명으로 옳지 않은 것은? 도로교통공단

① 자본구조의 변동에 따른 현금흐름과 기업가치의 변동을 분석하는 이론이다.

② 최적 자본구조란 가중평균자본비용을 최소화하는 자본의 구성상태를 말한다.

③ 기업가치는 미래의 현금흐름을 가중평균자본비용으로 할인한 현재가치와 같다.

④ 부채의 사용을 늘리면 기업가치가 상승하는 효과와 하락하는 효과가 동시에 나타난다.

> **해설** 자본구조이론은 자본구조가 기업가치에 미치는 영향을 분석하는 이론이며, 현금흐름과 영업위험은 정해진 상태라고 가정한다.

07 다음 중 MM의 자본구조이론에 대한 설명으로 옳지 않은 것은?   한국가스공사

   ① 무관련이론에 따르면 자기자본비용은 영업위험과 부채비율에 의해 결정된다.
   ② 무관련이론에 따르면 가중평균자본비용과 기업가치는 자본구조와는 무관하게 결정된다.
   ③ 수정이론은 완전자본시장이 아닌 법인세를 고려한 현실의 불완전한 시장을 가정한 이론이다.
   ④ 수정이론에 따르면 부채의 사용이 증가할수록 자기자본비용으로 인한 상승효과가 더욱 커져 가중평균자본
      비용이 상승한다.

[해설] 부채의 사용이 증가하면 자기자본비용의 상승효과보다 타인자본비용의 저렴효과가 더 강하게 나타난다. 따라서 부채의 사용이 증가함에 따라 가중평균자본비용은 하락한다.

08 어느 기업의 유동비율은 250%, 당좌비율은 125%이고, 현재 이 기업의 유동부채는 80억원이라고 한다. 이 기업의 자산 또는 부채의 증감으로 인한 유동성비율의 변화에 대한 설명으로 옳지 않은 것은?
          한국보훈복지의료공단

   ① 당좌자산이 40억원 증가하면 유동비율은 300%로 상승한다.
   ② 재고자산이 20억원 감소하면 당좌비율은 100%로 하락한다.
   ③ 유동부채가 20억원 증가하면 유동비율은 200%로 하락한다.
   ④ 비유동부채가 40억원 증가해도 당좌비율에는 변화가 없다.

[해설] 유동부채가 80억원이고 유동비율이 250%, 당좌비율이 125%이므로 현재 유동자산과 당좌자산은 각각 200억원, 100억원이다. 당좌비율은 당좌자산을 유동부채로 나눈 비율이므로 재고자산과는 관련이 없다. 따라서 재고자산이 20억원 감소하면 당좌비율에는 변화가 없으며, 유동자산은 180억원으로 감소하고 유동비율이 225%로 하락한다.

09 다음 중 재무비율에 대한 설명으로 옳지 않은 것은?   공무원연금공단

   ① 안정성비율에는 고정비율, 유보율, 이자보상비율 등이 포함되어 있다.
   ② 활동성비율은 재무상태표의 항목과 포괄손익계산서의 항목을 비교·분석하는 지표이다.
   ③ 유동성비율은 유동부채에 대한 당좌자산과 유형자산의 비율을 나타내는 지표이다.
   ④ 수익성비율은 기업의 경영성과와 직접적으로 관련된 지표로, 손익의 상태를 측정·중점분석한다.

[해설] 유동성비율에는 유동부채에 대한 유동자산의 비율을 나타내는 유동비율과 유동부채에 대한 당좌자산의 비율을 나타내는 당좌비율이 있다. 유형자산은 비유동자산이므로 유동성비율과는 관련이 없다.

하프모의고사

제1회 하프모의고사

맞은 개수 : _____ / 20분

01 다음 중 페이욜의 경영관리 5요소에 해당하지 않는 것은?

① 지 휘   ② 조 직
③ 계 획   ④ 방 임

02 다음 중 업무재설계(BPR)의 특징으로 적절하지 않은 것은?

① 해머(M. Hammer)가 제시한 방법으로, 작업공정을 검토한 후 필요 없는 부분을 제거한다.
② 현재의 업무절차를 근본적으로 다시 생각하고 완전히 새롭게 설계하는 방법이다.
③ 부서 내 업무보다는 부서 간 업무의 합리화에 초점을 맞춘다.
④ 품질, 비용, 속도, 서비스와 같은 업무성과의 점진적 개선을 목표로 한다.

03 다음 중 적대적 M&A 시도에 대한 방어전략을 모두 고른 것은?

㉠ 그린메일	㉡ 황금 낙하산
㉢ 황금주	㉣ 공개매수
㉤ 백기사	㉥ 토요일 밤의 기습

① ㉠, ㉡, ㉢   ② ㉠, ㉣, ㉥
③ ㉡, ㉢, ㉤   ④ ㉢, ㉤, ㉥

04 다음 중 주식회사의 특징이 아닌 것은?

① 주주의 유한책임
② 소유권 이전의 어려움
③ 대규모 자본조달 가능
④ 소유와 경영의 분리 가능

05 다음 리더십이론 중 상황이론에 속하지 않는 것은?

① 상황적 리더십이론
② 리더참여모형
③ 관리격자이론
④ 경로-목표이론

06 다음 중 사업부 조직에 대한 설명으로 옳지 않은 것은?

① 사업부 조직의 각 사업부는 제품의 생산과 판매에 대한 결정 권한을 갖는다.
② 제품별 사업부 조직은 시장 특성에 따른 대응을 통해 소비자 만족을 증대할 수 있다.
③ 사업부 간 연구개발, 회계, 제조 등의 활동이 통합되어 불필요한 비용이 줄어든다.
④ 조직 내 사업부 간 지나친 경쟁이 전체 조직에 악영향을 줄 수 있다.

07 다음 표의 (㉠)에 들어갈 직무평가 방법은?

평가 기준	직무 전반	구체적 요소
기준 없음		
기준 있음	(㉠)	

① 점수법　　　　② 결합법
③ 서열법　　　　④ 분류법

08 다음 중 직무현장훈련(OJT)에 대한 설명으로 옳지 않은 것은?

① 업무현장훈련, 인턴, 비즈니스 게임 등이 포함된다.
② 현장에서 실제로 직무를 수행하면서 이루어지는 현직 훈련이다.
③ 훈련의 전이정도가 높고 실제 업무와 훈련내용이 직결되어 경제적이다.
④ 훈련방식의 역사가 오래되었고, 생산직에서 보편화된 교육방식이다.

09 다음 중 SWOT 분석을 바탕으로 한 WT 전략에 해당하지 않은 것은?

① 비관련 다각화　　② 전략적 제휴
③ 벤치마킹　　　　④ 핵심역량개발

10 다음 중 포터(M. Porter)의 산업구조분석에 대한 설명으로 옳지 않은 것은?

① 잠재적 진입자의 위협은 현재 경쟁 중인 기업에서 나타나는 위협을 말한다.
② 대체재의 위협은 경쟁사가 대체재의 가격경쟁력을 확보할 때 나타날 수 있다.
③ 원자재 가격 조절은 공급자의 교섭력으로 나타나며 기업의 위험요인 중 하나이다.
④ 소비자의 가격 인하 요구는 기업의 위험이면서 동시에 이윤 창출의 기회로 작용한다.

11 다음 중 마케팅에 대한 설명으로 옳은 것은?

① 수익을 올리기 위해 기업이 고객을 대상으로 행하는 모든 활동을 말한다.
② 카운터마케팅은 기업에 불리한 수요가 발생한 경우 사용하는 마케팅 기법이다.
③ 마케팅 조사자료에는 조사자가 사전에 공개된 1차 자료와 직접 수집한 2차 자료가 있다.
④ STP 전략의 P는 판매촉진(Promotion) 전략을 가리킨다.

12 다음 중 소비재에 해당하지 않는 제품의 분류는?

① 전문품　　　　② 부분품
③ 편의품　　　　④ 선매품

13 다음 중 광고에 대한 설명으로 옳지 않은 것은?

① 광고의 판매 효과는 통계적 모형이나 실험을 통해 측정할 수 있다.
② 광고매체를 선정할 때에는 광고의 도달 범위와 노출빈도뿐만 아니라 소비자에게 미칠 영향력까지 고려해야 한다.
③ 광고는 비인성 매체를 통해 넓은 지역에 퍼진 소비자들에게도 효과적으로 메시지를 전달할 수 있다.
④ 광고의 커뮤니케이션 효과는 광고의 판매 효과보다 측정하기 어렵다.

14 다음 설명에 해당하는 가격결정 방법은?

> 자본집약적 사업이나 공공사업에서 주로 쓰이는 방법으로, 예측수요량을 바탕으로 표준생산량과 가격을 설정한다.

① 가산이익률식 가격결정
② 목표투자이익률식 가격결정
③ 시장가격에 따른 가격결정
④ 직접 지각가치 평가법

15 다음 중 라인밸런싱에 대한 설명으로 적절하지 않은 것은?

① 밸런스 효율과 밸런스 지체를 합하면 항상 0이 된다.
② 작업장의 수를 최소화할 수 있도록 작업을 각 작업장에 할당한다.
③ 작업장 수를 고정하면 주기시간을 줄일수록 밸런스 효율은 향상된다.
④ 작업처리비율은 재공품 재고량을 처리시간으로 나누어 산출할 수 있다.

16 다음 중 경제적 주문량 모형(EOQ)의 기본가정이 아닌 것은?

① 하나의 품목을 대상으로 한다.
② 리드타임과 생산율이 일정하다.
③ 수요가 일정하며 균일하게 발생한다.
④ 재고자산의 단위당 구입원가가 일정하다.

17 다음 중 전사적 자원관리(ERP) 시스템의 특징이 아닌 것은?

① 통합적 자원관리 시스템
② 표준화된 프로세스 적용
③ 리엔지니어링 수단으로의 활용 기대
④ 타 시스템과 연동 불가능

18 다음 중 재무제표에 대한 설명으로 옳지 않은 것은?

① 모든 재무제표는 현금기준 회계에 따라 작성된다.
② 대차평균의 원리에 따라 재무상태표에 자산, 자본, 부채를 작성한다.
③ 포괄손익계산서는 특정 기간의 수익과 비용의 변동을 나타내는 재무제표이다.
④ 제품의 판매나 토지 매각 등으로 인한 현금유입 상황은 현금흐름표에 표시한다.

19 다음 자료를 참고하여 계산한 A 기업의 매출총이익은?

〈A 기업 매출입 관련 자료〉	
기초상품재고	700,000원
기말상품재고	400,000원
총매출	1,200,000원
총매입	850,000원
매출환입	200,000원
매출할인	100,000원
매입환출	300,000원
매입할인	150,000원

① 400,000원   ② 300,000원
③ 250,000원   ④ 200,000원

20 다음 중 투자안의 경제성 분석기법에 대한 설명으로 옳지 않은 것은?

① 회계적 이익률은 세후 평균순이익을 평균 투자액으로 나눈 값이다.
② 회수기간법은 객관적이고 체계적인 기준점을 두고 투자안을 평가한다.
③ 순현재가치법은 순현재가치가 0보다 큰 독립적인 투자안을 채택할 것이다.
④ 내부수익률법은 여러 배타적인 투자안 중 내부수익률이 가장 큰 투자안을 선택할 것이다.

01 다음 중 테일러(F. W. Taylor)의 과학적 관리법에 대한 설명으로 옳지 않은 것은?

① 시간과 동작 연구를 통해 일일 표준작업량을 산출하였다.
② 종업원 개인의 업무성과 차이에 따라 임금을 차등 지급하였다.
③ 분업의 원리를 적용하여 업무를 세분화하고 종업원들이 하나의 직무에 전문성을 갖도록 하였다.
④ 조직의 관리과정을 계획, 조직, 충원, 지휘, 통제로 구분하여 분석하였다.

02 다음 중 균형성과표에서 기업의 성과 측정을 위해 사용하는 관점에 해당하지 않는 것은?

① 회계적 관점
② 내부프로세스 관점
③ 고객 관점
④ 학습과 성장 관점

03 다음 중 맥그리거(D. McGregor)의 XY이론에 대한 설명으로 옳은 것은?

① Y이론에 따르면 종업원에 대한 조직의 감시, 감독 및 통제는 반드시 필요하다.
② X이론에 따르면 종업원은 강압이 없어도 스스로 일을 즐긴다.
③ X이론을 가진 경영자는 하급자와의 쌍방향 의사소통을 중시한다.
④ Y이론을 가진 경영자는 종업원의 개인적 목표와 조직의 목표를 일치시켜 그들을 동기부여한다.

04 다음 설명에 해당하는 리더십은?

종업원들에게 장기적 비전을 제시한 후 비전의 달성을 위해서 함께 정진할 것을 독려하는 리더십이다. 리더는 부하에게 비전 성취에 대한 자신감을 불어넣으며, 조직에 대한 몰입을 강조하고 성장을 유도한다.

① 거래적 리더십
② 전략적 리더십
③ 변혁적 리더십
④ 서번트 리더십

05 다음 기계적 조직과 유기적 조직을 비교한 표에서 틀린 것은?

구 분	기 준	기계적 조직	유기적 조직
①	공식화 정도	낮 음	높 음
②	경영관리 위계	수직적	수평적
③	직무 전문화	높 음	낮 음
④	의사결정 권한	집중화	분권화

06 다음 중 임금체계에 대한 설명으로 옳지 않은 것은?

① 직능급은 직무의 표준화 정도가 낮은 기업에서의 적용이 어렵다.
② 직무급은 세분화된 직무 등급에 따라 임금을 결정하는 방식이다.
③ 직무급은 직능급과 연공급을 적절히 합친 임금 결정 방식이다.
④ 연공급에서는 근속연수에 따라 정기승급과 임금산정이 이루어진다.

07 다음 설명에 해당하는 성과배분제도는?

> 단위당 소요되는 표준작업시간과 실제작업시간을 비교하여 절약한 작업시간에 따른 생산성 이득을 노사가 각각 50:50 비율로 나누어 갖는 배분제도이다.

① 임프로쉐어플랜
② 스캔론플랜
③ 럭커플랜
④ 테일러식 차별성과급

08 다음 중 숍제도에 대한 설명으로 옳은 것은?

① 오픈숍은 노동조합에 가입한 종업원만을 채용하는 제도이다.
② 클로즈드숍은 노동조합 가입 여부와 상관없이 채용을 진행할 수 있는 제도이다.
③ 유니언숍은 종업원이 노동조합에 가입하지 않으면 해고 등의 강제적 수단을 동원하는 제도이다.
④ 에이전시숍은 종업원을 조합에 가입하도록 한 후 가입자들에게서만 조합비를 징수하는 제도이다.

09 다음 중 마이클 포터(M. Porter)가 제시한 가치사슬모형에서 본원적 활동에 해당하지 않는 것은?

① 생산활동
② R&D 활동
③ 마케팅 및 판매활동
④ 물류활동

10 다음 설명에 해당하는 마케팅 조사방법은?

> 응답자들을 한 장소에 모은 후 자유로운 분위기 속에서 조사목적과 관련된 토론을 하도록 하여, 응답자들의 생각이나 태도 등의 자료를 수집하는 방법이다.

① 심층면접법
② 표적집단면접법
③ 서베이법
④ 투사법

11 다음 중 광고와 홍보의 차이점으로 적절하지 않은 것은?

① 광고는 명확한 광고주가 존재하지만, 홍보는 특정한 광고주가 존재하지 않는다.
② 광고는 광고주가 게재 여부를 결정하지만, 홍보는 매체 편집진이 결정한다.
③ 일반적으로 광고에 비해 홍보의 메시지 전달 효과가 뛰어나다.
④ 광고는 인성 매체를 이용하고, 홍보는 비인성 매체를 이용한다.

12 다음 중 제품의 특성과 그에 따른 가격 결정방법이 적절히 연결되지 않은 것은?

① 경쟁이 심한 제품 – 가격 유지
② 지역별 수요가 다른 제품 – 가격 차별화
③ 생필품 등의 편의품 – 시장침투 가격전략
④ 수요의 가격탄력성이 높은 제품 – 초기 고가 전략

13 다음 중 심리적 가격전략에 대한 설명으로 옳지 않은 것은?

① 관습가격이 존재하는 제품은 가격의 조정이 어렵다.
② 준거가격은 소비자들이 제품을 구매할 때 사용하는 하나의 기준이다.
③ 명성가격이 적용된 제품의 가격을 인하하면 매출이 급격하게 상승한다.
④ 유보가격은 소비자가 생각하는 제품 구매 가격의 상한선을 의미한다.

14 다음 중 소비자 행동과 관여도에 대한 설명으로 옳지 않은 것은?

① 개인의 가치관이나 태도는 관여도에 영향을 미친다.
② 제품 구매에 지각된 위험이 존재하는 경우 관여도가 하락한다.
③ 고관여 제품의 브랜드 간 차이가 크면 소비자는 복잡한 구매행동을 보인다.
④ 저관여 제품의 브랜드 간 차이가 작으면 소비자는 습관적 구매행동을 보인다.

15 다음 중 재고자산 관리에 대한 설명으로 옳지 않은 것은?

① 재고보유량이 가장 적은 재고자산 관리기법은 JIT시스템이다.
② ABC재고관리법은 부피를 기준으로 재고자산을 구분하여 관리하는 기법이다.
③ EOQ모형과 EPQ모형은 재고관련비용의 최소화를 목적으로 하는 고정주문량 모형이다.
④ MRP기법은 생산성 개선을 목표로 종속수요품의 재고를 관리 및 통제하기 위한 기법이다.

16 다음 중 적시생산시스템(JIT)에서의 낭비요인에 해당하지 않는 것은?

① 설비의 과잉확충
② 간소화된 물자 이동
③ 작업과 관련 없는 동작
④ 제조과정 중 발생하는 불량품

17 다음 중 회계상의 거래가 아닌 것은?

① 기부금 수수
② 위탁상품의 수탁
③ 주식의 처분
④ 도난으로 인한 현금손실

18 어느 기업의 포괄손익계산서 상 총포괄이익이 920,000원, 법인세비용이 60,000원, 기타포괄이익이 120,000원일 때, 이 기업의 당기순이익은?

① 740,000원
② 800,000원
③ 860,000원
④ 980,000원

19 증권시장선(SML)을 이용하여 계산한 A주식의 균형기대수익률은?

> 무위험이자율 : 3%
> 시장포트폴리오 기대수익률 : 10%
> A주식의 베타(β) : 1.2

① 8.4%

② 9.6%

③ 11.4%

④ 15.6%

20 다음 자료를 참고하여 빈칸에 들어갈 값을 바르게 짝지은 것은?

> A 기업이 20××년에 기록한 매출액은 40억원이고, 이 중 영업이익은 8억원, 순이익은 4억원이다. 현재 A 기업이 보유한 유동자산은 100억원, 당좌자산은 60억원, 유동부채는 50억원이라고 한다. 이를 바탕으로 계산한 20××년 말 A 기업의 당좌비율은 (㉠), 매출액순이익률은 (㉡), 재고자산회전율은 (㉢)이다.

	(㉠)	(㉡)	(㉢)
①	80%	20%	100%
②	80%	10%	50%
③	120%	20%	50%
④	120%	10%	100%

맞은 개수 : _____ / 20분

01 다음 기업의 형태 중 무한책임사원만으로 구성된 회사는?

① 합자회사
② 합명회사
③ 유한회사
④ 주식회사

02 다음 중 동기부여이론에 대한 설명으로 옳지 않은 것은?

① 조직의 관점에서 동기부여는 목표 달성을 위한 종업원의 지속적인 노력을 효과적으로 유도하는 것을 말한다.
② 허쯔버그의 2요인이론에 따르면 임금수준이 높아질 때 직무에 대한 만족도 또한 높아진다.
③ 브룸의 기대이론에 따르면 성과에 대한 기대감, 성과의 보상에 대한 믿음, 성과의 보상에 대한 개인 가치에 따라 동기부여가 다르게 발생한다.
④ 아담스의 공정성이론에 따르면 개인은 다른 개인이나 조직과의 교환관계에 대한 공정성 존재 여부를 판단한다.

03 다음의 과정을 거치는 집단 의사결정 기법은?

> ⅰ. 문제가 제시된 후 참가자들 간 대화를 차단한다.
> ⅱ. 참가자들은 자신의 생각과 해결안을 서면으로 기록하여 익명으로 제출한다.
> ⅲ. 참가자들은 돌아가면서 제출된 아이디어들을 주제로 토론하고 평가한다.
> ⅳ. 토론이 끝나면 제시된 아이디어들의 우선순위를 묻는 비밀투표를 진행하고, 최종적으로 해결안을 선택한다.

① 델파이 기법
② 명목집단 기법
③ 변증법적 토론법
④ 브레인스토밍

04 다음 설명에 해당하는 권력은?

> 업무 활동에 대한 공식적 권한으로부터 나오는 권력을 말한다. 개인의 권한 범위와 연결되는 권력이며, 조직 내 상급자와 하급자 관계 유지의 기초가 된다.

① 보상적 권력
② 강압적 권력
③ 합법적 권력
④ 전문적 권력

05 다음 중 직무기술서에는 작성하지 않으나 직무
명세서에만 작성하는 항목을 모두 고른 것은?

> ㉠ 직무의 소속 직군
> ㉡ 직무수행자의 교육수준
> ㉢ 직무수행 절차
> ㉣ 직무수행에 필요한 지식

① ㉠, ㉢
② ㉠, ㉣
③ ㉡, ㉢
④ ㉡, ㉣

06 다음 중 후방통합에 대한 정의로 옳은 것은?

① 제조 기업이 원재료의 공급업자를 인수·합
병하는 것이다.
② 제조 기업이 제품의 유통을 담당하는 기업을
인수·합병하는 것이다.
③ 기업이 같거나 비슷한 업종의 경쟁사를 인수
하는 것이다.
④ 기업이 기존 사업과 관련이 없는 신사업으로
진출하는 것이다.

07 다음 중 BCG 매트릭스에 대한 설명으로 옳지 않
은 것은?

① 별 사업부는 미래에 캐시카우 사업부가 될 가
능성이 있다.
② 캐시카우 사업부는 시장 트렌드를 선도하고
많은 이익을 창출한다.
③ 물음표 사업부는 상대적으로 시장점유율이
낮으므로 무조건 철수하는 것이 좋다.
④ 개 사업부는 시장점유율이 낮아 사업 활동으
로부터 얻는 이익이 매우 적고 시장성장률도
낮다.

08 다음 설명에 해당하는 마케팅 기법은?

> 특정 행사나 기업의 공식적인 후원사가 아니
> 지만, 제재를 교묘하게 피해 공식 후원사인 것
> 처럼 그럴듯하게 포장하여 소비자의 이목을
> 끄는 마케팅 수법이다.

① 스텔스 마케팅
② 앰부시 마케팅
③ 카운터 마케팅
④ 바이럴 마케팅

09 다음 중 제품/시장 매트릭스의 전략에 대한 설명
으로 옳은 것은?

① 시장침투전략은 새로운 시장에서 기존 제품
을 이용해 사업을 확장하는 전략이다.
② 신제품개발전략을 실행하기 위해서는 기업
의 자체적인 기술 연구개발 능력이 필요하다.
③ 신시장개척전략은 한정된 자원을 분산시켜
비용을 최소화시킬 수 있는 전략이다.
④ 다각화전략은 가장 낮은 위험 수준으로 가장
적극적인 성장을 노리는 전략이다.

10 제품수명주기 중 다음 시기에 사용할 수 있는 전략은?

> • 대다수의 잠재구매자가 이미 제품을 구매하여 판매성장이 둔화된다.
> • 회사 간 경쟁이 심화되어 이익이 정체되거나 하락한다.

① 수익성이 없는 제품을 시장에서 철수하거나 수익성 있는 제품을 다른 기업에 매각하여 전체 제품의 수를 줄인다.
② 대중적인 시장에서 제품인지를 끌어올리기 위해 제품 차별화 전략이나 저가격 정책을 시행하여 소비자의 이목을 끈다.
③ 시장에 대거 진입한 경쟁자들을 견제하기 위해 시장전략이나 마케팅믹스를 수정하여 새로운 소비자층을 확보한다.
④ 개발비용을 회수하기 위한 높은 가격전략을 사용하는 한편 조기 수용자층의 제품인지 확대를 노린다.

11 다음 중 수직적 마케팅 시스템에 대한 설명으로 옳지 않은 것은?

① 기업 간 업무제휴를 통해 시너지 효과를 기대할 수 있다.
② 경로 구성원에 대한 통제력이 강하다.
③ 유통환경 변화에 대응하기 어렵다.
④ 초기 유통망 설계 시 많은 자금이 투입된다.

12 다음 중 초기 고가전략(Skimming pricing)을 적용하기 적합한 시장은?

① 신제품에 대한 규모의 경제 실현이 가능한 시장
② 신제품에 대한 극심한 경쟁이 예상되는 시장
③ 신제품을 출시할만한 대규모 수요가 존재하는 시장
④ 신제품의 특성에 큰 관심을 보이는 소비자가 존재하는 시장

13 다음 설명에 해당하는 설비배치 방법은?

> 기계설비나 작업장을 제품 제조작업 순서에 따라 배치하는 형태를 말한다. 소품종 대량생산 품목에 적합한 배치이다.

① 셀룰러 배치　　② 공정별 배치
③ 고정위치 배치　④ 제품별 배치

14 다음 설명에 해당하는 품질경영 기법은?

> 생산품의 결함발생률을 100만개 중 3~4개 수준으로 낮추는 목적을 두고 정의-측정-분석-개선-관리(DMAIC)의 과정을 통해 문제를 찾아 개선하는 품질경영 기법이다.

① 식스시그마(6σ)
② ISO 9000
③ 전사적 품질경영(TQM)
④ 통계적 품질관리(SQC)

15 다음 중 수요예측기법에 대한 설명으로 옳지 않은 것은?

① 지수평활법은 비교적 안정적인 시계열 자료에 적합한 예측기법이다.

② 회귀분석법에서의 오차는 자료의 실제치와 회귀방정식의 추정치 간 차이를 말한다.

③ 가중이동평균법은 과거의 자료보다 최근의 자료에 더 큰 가중치를 부여하여 수요를 예측한다.

④ 단순이동평균법은 추세상의 급격한 변동이 있는 시계열 자료에도 유용하게 적용할 수 있다.

16 다음 중 경영정보시스템(MIS)에 대한 설명으로 옳지 않은 것은?

① 거래처리시스템은 조직의 최하위부서가 처리하는 업무를 보조하는 시스템이다.

② 운영통제시스템이 관리하는 정보는 거래처리 시스템이 관리하는 정보보다 정확성이 떨어진다.

③ 관리통제시스템은 최고경영층의 의사결정과 관련된 정보를 제공한다.

④ 전략계획시스템은 아주 넓은 범위의 정보를 통제하고 관리한다.

17 다음 재고자산을 각각 선입선출법과 후입선출법을 이용하여 평가했을 때의 5월 말 기말재고자산 금액은?

구 분	단 가(원)	수 량(개)
전기 이월	1,200	100
05/04 매입	1,100	400
05/06 매입	1,300	500
05/15 매출		600
05/20 매입	1,250	400
05/23 매출		200
기말재고		600

	선입선출법	후입선출법
①	770,000원	690,000원
②	770,000원	670,000원
③	760,000원	690,000원
④	760,000원	670,000원

18 다음 자료에서 B 기업이 회계처리할 2025년의 차량운반구 감가상각비는?

B 기업은 2022년 초에 영업용으로 쓸 차량 1대를 4,000만원에 구입했다. 이 차량의 내용연수는 5년이고, 5년 후의 잔존가치는 1,000만원이다. 한편, B 기업은 모든 유형자산의 감가상각을 연수합계법으로 회계처리한다.

① 800만원

② 600만원

③ 400만원

④ 200만원

19 다음 중 옵션에 대한 설명으로 옳은 것은?

① 풋옵션의 가격은 무위험이자율에 반비례한다.

② 기업의 배당금 지급은 행사가격의 현재가치를 떨어뜨려 콜옵션의 가격 상승을 초래한다.

③ 미국형 옵션은 만기 전까지 권리를 행사할 수 없지만, 유럽형 옵션은 언제든지 권리를 행사할 수 있다.

④ 기초자산 가격의 변동 폭이 크면 옵션 보유자의 불확실성이 커지기 때문에 옵션의 가격은 옵션의 종류와 관계없이 하락한다.

20 다음 중 MM의 자본구조이론에 대한 설명으로 옳지 않은 것은?

① 무관련이론에 따르면 부채의 사용은 기업가치에 영향을 주지 못한다.

② 수정이론에 따르면 법인세율이 상승할 때 자기자본비용 또한 상승한다.

③ 무관련이론에 따르면 부채의 사용에 따른 가중평균자본비용 변화율은 항상 0이다.

④ 수정이론에 따르면 부채의 사용은 레버리지 이득을 발생시키고 기업가치를 상승시킨다.

정답 및 해설

제1회 하프모의고사

🔎 빠른정답

01	02	03	04	05	06	07	08	09	10
④	④	③	②	③	③	④	①	①	①

11	12	13	14	15	16	17	18	19	20
①	②	④	②	①	④	④	①	④	②

01
정답 ④

페이욜이 제시한 경영관리 5요소는 계획, 조직, 지휘, 조정, 통제이다.

02
정답 ④

업무재설계(BPR ; Business Process Reengineering)는 해머(M. Hammer)에 의해 제창된 기법으로, 기존의 업무처리 방식을 근본적으로 재고려하여 과감하게 비즈니스 시스템 전체를 재구성하는 것이다. 업무, 조직, 기업문화에 이르는 기업의 전방위적인 부분을 쇄신하여 성과를 대폭 향상하는 것을 목적으로 한다.

03
정답 ③

적대적 M&A에 대한 방어전략으로는 황금 낙하산, 황금주, 백기사, 독소증권 발행 등이 있다.

➕ **더알아보기**

> **토요일 밤의 기습(Saturday Night Special)**
> 토요일 밤의 기습은 토요일 저녁 황금시간대에 매수자가 TV를 통해 공개매수를 선언하여 대상기업이 방어할 틈을 주지 않는 적대적 M&A의 공격전략 중 하나이다.

04
정답 ②

주식회사의 투자는 모두 균일한 주권으로 분할되어 발행 주식에 표시된다. 주식은 유가증권으로 매매할 수 있으므로 주식회사는 소유권의 이전이 용이하다.

05
정답 ③

리더십 상황이론에는 피들러의 상황이론, 허쉬와 블랜차드의 상황적 리더십 이론, 하우스의 경로–목표이론, 리더참여모형 등이 있다. 관리격자 이론은 리더십 행동이론에 속한다.

06

정답 ③

사업부 조직은 연구개발, 회계, 제조 등의 활동이 사업부마다 분리되어 있어 불필요한 비용이 발생할 수 있다.

07

정답 ④

기준이 존재하는 직무평가 방법 중 비계량적인 방법은 분류법이다.

➕ 더알아보기

직무평가 방법

구 분	직무 전반	구체적 직무요소
직무와 직무 비교	서열법	요소비교법
직무와 기준 비교	분류법	점수법

08

정답 ①

직무현장훈련(OJT)은 업무와 훈련을 겸하는 교육훈련 방법을 말한다. 비즈니스 게임은 직무현장훈련이 아닌 직무외훈련(Off-JT)에 해당한다.

09

정답 ①

다각화는 성장전략(공격적 전략)으로, SO전략 또는 ST전략에 해당한다.

➕ 더알아보기

직무평가 방법

요 인	기회(Opportunity)	위협(Threat)
강점(Strength)	기회 활용을 위한 강점 활용 전략 (인수합병, 내부개발 등)	위협 극복을 위한 강점 활용 전략 (안정적 성장 전략)
약점(Weakness)	기회 활용을 위한 약점 보완 전략 (합작투자, 비관련 다각화 등)	위협 극복을 위한 약점 보완 전략 (철수, 벤치마킹, 구조조정 등)

10

정답 ①

잠재적 진입자의 위협은 현재는 경쟁 상태에 있지 않지만 향후 경쟁에 뛰어들 가능성이 있는 기업의 위협을 말한다.

11

정답 ①

② 기업에 불리한 수요가 발생한 경우 사용하는 마케팅은 디마케팅이다.
③ 1차 자료는 조사자가 직접 수집한 자료를, 2차 자료는 이전에 수집하여 정리된 자료를 말한다.
④ STP 전략에서의 P는 포지셔닝(Positioning)을 말한다.

12

소비재는 편의품, 선매품, 전문품으로 분류한다.

13

제품의 판매 정도는 광고 외에도 여러 변수의 영향을 받아 나타난 결과이므로 판매 효과의 측정은 커뮤니케이션 효과의 측정보다 어렵다.

14

목표투자이익률식 가격결정은 기업의 목표 투자이익률 달성을 위해 가격을 설정하는 방법으로, 정확한 수요량 예측을 바탕으로 표준생산량과 가격을 설정하여 원하는 투자이익률을 회수하는 것이 목적이다.

15

밸런스 지체는 100%에서 밸런스 효율을 뺀 값으로 계산하므로, 밸런스 효율과 밸런스 지체를 합하면 항상 100%가 된다.

③ 밸런스 효율 $= \dfrac{\text{작업소요시간의 총합}}{\text{주기시간} \times \text{작업장의 수}} \times 100$ 이므로 작업장 수가 고정된 경우 주기시간이 감소할수록 밸런스 효율은 향상된다.

④ 리틀의 법칙에 따르면 처리시간 $= \dfrac{\text{재공품}}{\text{작업처리비율}}$ 이므로 작업처리비율 $= \dfrac{\text{재공품}}{\text{처리시간}}$ 이다.

16

재고자산 단위당 구입원가는 기업이 통제할 수 없는 변수이다.

17

ERP 시스템은 다른 시스템과 연동하여 활용할 수 있다.

18

현금기준 회계를 따르는 현금흐름표를 제외한 다른 모든 재무제표는 발생기준 회계를 따른다.

19

정답 ④

매출액 = 1,200,000 − (200,000 + 100,000) = 900,000원
당기상품순매입액 = 850,000 − (300,000 + 150,000) = 400,000원
매출원가 = (700,000 + 400,000) − 400,000 = 700,000원
매출총이익 = 900,000 − 700,000 = 200,000원

 더알아보기

매출총이익 계산

매출액 = 총매출액 − (매출환입 + 매출할인)
당기상품순매입액 = 총매입액 − (매입환출 + 매입할인)
매출원가 = (기초상품재고액 + 당기상품순매입액) − (기말상품재고액)
매출총이익 = 매출액 − 매출원가

20

정답 ②

회수기간법은 기준으로 삼는 목표회수기간을 평가자가 자의적으로 설정할 수 있기 때문에 평가방법이 객관적이지 못하다는 단점이 있다.

정답 및 해설

제2회 하프모의고사

🔍 빠른정답

01	02	03	04	05	06	07	08	09	10
④	①	④	③	①	③	①	③	②	②
11	**12**	**13**	**14**	**15**	**16**	**17**	**18**	**19**	**20**
④	④	③	②	②	②	②	②	③	④

01   정답 ④

조직의 관리과정을 계획, 조직, 충원, 지휘, 통제로 구분한 것은 쿤츠와 오도넬의 관리방법에 해당한다.

➕ 더알아보기

쿤츠(H. Koontz)와 오도넬(C. O'Donnell)의 프로젝트 관리기능 과정적 구조

계획(Planning)	장기·단기계획, 전략·운영계획 등 목표나 방침을 수립하는 단계
조직(Organizing)	직무를 분담하고 책임과 권한을 정의하는 단계
충원(Staffing)	유능한 인재를 선발하고 교육하며 배치하는 단계
지휘(Directing)	업무의 원활한 수행을 위해 의사소통하고 동기를 부여하는 단계
통제(Controlling)	사전에 정해진 기준과 실제 성과를 비교하고 평가하는 단계

02   정답 ①

균형성과표는 재무적 관점, 고객 관점, 내부프로세스 관점, 학습과 성장 관점으로 나누어 성과를 측정한다.

03   정답 ④

① 조직의 감시, 감독 및 통제가 필요하다고 주장하는 것은 X이론이다.
② 종업원이 강압 없이도 스스로 일을 즐긴다고 주장하는 것은 Y이론이다.
③ 하급자와의 쌍방향 의사소통을 강조하는 것은 Y이론이다.

04   정답 ③

변혁적 리더십은 구성원들이 조직을 위해 행동하도록 유도하기 위해 그들에게 동기를 부여하고 지적 자극을 주는 것을 말한다.

05   정답 ①

기계적 조직은 공식화 정도가 높고, 유기적 조직은 공식화 정도가 낮다.

06

정답 ③

직무급과 연공급을 적절히 융합한 임금체계가 직능급이다.

07

정답 ①

임프로쉐어플랜에 대한 설명이다.
④ 테일러식 차별성과급은 근로자의 하루 표준 작업량을 시간연구 및 동작연구에 의해 과학적으로 설정하고 이를 기준으로 하여 고임금률 또는 저임금률을 적용하는 제도이다.

08

정답 ③

① 오픈숍은 노동조합 가입 여부와 상관없이 채용을 진행하는 제도이다.
② 클로즈드숍은 노동조합에 가입하는 것을 채용 조건으로 하는 제도이다.
④ 에이전시숍은 조합에 가입하지 않은 종업원들로부터 조합비를 징수하는 제도이다.

09

정답 ②

가치사슬모형은 기업활동에서 부가가치라 생성되는 과정을 말하며, 본원적 활동과 지원 활동으로 나뉜다. 본원적 활동은 제품생산·운송·마케팅·판매·물류 등과 같은 부가가치를 직접 창출하는 활동이며, 지원 활동은 구매·연구개발(R&D)·인사·재무·기획 등 현장 활동을 지원하여 부가가치를 간접적으로 창출하는 활동이다. R&D 활동은 지원 활동에 속한다.

10

정답 ②

표적집단면접법은 면접 진행자가 응답자들을 한 장소에 모은 후 자연스러운 분위기를 조성하여 그 속에서 응답자들이 조사목적과 관련된 토론을 하도록 유도하는 방법이다.

11

정답 ④

광고와 홍보는 모두 비인성 형식의 커뮤니케이션 매체를 이용한다.

12

정답 ④

수요의 가격탄력성이 높은 제품에는 시장침투 가격전략이 효과적이다.

13

정답 ③

명성가격은 지위나 권위를 중시하는 소비자를 대상으로 한 제품의 가격을 높게 설정하는 것으로, 높은 제품 가격이 높은 품질과 연결된다고 믿는 소비자의 심리를 이용하는 전략이다. 명성가격이 적용된 제품의 가격이 하락하면 초기 매출은 잠깐 증가할 수 있지만 시간에 경과에 따라 품질에 의구심을 가진 소비자들이 제품을 선택하지 않게 되어 결과적으로 매출이 감소한다.

14

정답 ②

제품 구매에 따른 위험성은 관여도 상승 요인 중 하나이다.

15

정답 ②

ABC재고관리법은 재고금액과 중요도에 따라 재고를 구분하고 차등적으로 관리하는 기법이다.

16

정답 ②

적시생산시스템의 낭비는 과잉생산으로 인한 재고 발생, 설비의 과잉처리, 제품의 대기시간 등으로 발생한다. 이 중 물자 이동이 지나치게 빈번하게 발생하여 운반 시간이 과다하게 발생하는 것 또한 낭비요인의 하나이다.

17

정답 ②

단순한 상품의 위탁은 회계상의 거래로 보지 않는다.

18

정답 ②

당기순이익 = 총포괄이익 − 기타포괄이익 = 920,000원 − 120,000원 = 800,000원

19

정답 ③

기대수익률 = 무위험이자율 + (시장포트폴리오 기대수익률 − 무위험이자율) $\times \beta$
0.03 + (0.1 − 0.03) $\times$ 1.2 = 0.03 + 0.084 = 0.114

20

정답 ④

재고자산 = 유동자산 − 당좌자산 = 100억원 − 60억원 = 40억원

㉠ 당좌비율 = $\dfrac{당좌자산}{유동부채} \times 100 = \dfrac{60억원}{50억원} \times 100 = 120\%$

㉡ 매출액순이익률 = $\dfrac{순이익}{매출액} \times 100 = \dfrac{4억원}{40억원} \times 100 = 10\%$

㉢ 재고자산회전율 = $\dfrac{매출액}{재고자산} \times 100 = \dfrac{40억원}{40억원} \times 100 = 100\%$

정답 및 해설

제3회 하프모의고사

01	02	03	04	05	06	07	08	09	10
②	②	②	③	④	①	③	②	②	③
11	**12**	**13**	**14**	**15**	**16**	**17**	**18**	**19**	**20**
①	④	④	①	④	③	③	③	①	②

01
정답 ②

합명회사는 무한책임사원만으로 구성된다.
① 합자회사는 유한책임사원과 무한책임사원으로 구성된다.
③ 유한회사는 유한책임사원만으로 구성된다.
④ 주식회사는 주주가 출자한 금액만큼의 간접적 책임을 지는 유한책임제도하에 운영된다.

02
정답 ②

2요인이론에 따르면 임금수준은 위생요인에 해당하며 직무에 대한 만족은 동기요인에 해당한다. 그러나 위생요인과 동기요인은 각각 다른 차원에 존재하므로 위생요인의 충족은 동기요인의 충족과 연결되지 않는다.

03
정답 ②

명목집단 기법은 참가자들 간의 대화가 제한된 상태에서 서면을 통해 아이디어를 모은 후, 집단 전체가 해당 아이디어들을 주제로 토론하고 비밀투표를 통해 최종안을 선택하는 의사결정 방법이다.

04
정답 ③

합법적 권력에 대한 설명이다.

➕ **더알아보기**

프렌치와 레이븐의 권력 원천

보상적 권력	상급자가 하급자에게 보상을 줄 능력이 있을 때 발생한다.
강압적 권력	무력·위협·감봉 등의 부정적 보상을 피하려는 심리에서 발생한다.
합법적 권력	직위·직급 등 개인의 공식적인 권한 범위에서 발생한다.
전문적 권력	전문적인 지식이나 기술을 소유하는 것에서 발생한다.
준거적 권력	타인에 대한 존경 등 인간적 특성이나 자원으로 인해 발생한다.

05

㉠ : 직무의 소속 직군은 직무기술서와 직무명세서 모두에 작성하는 항목이다.
㉢ : 직무수행 절차는 직무기술서에 작성하는 항목이다.

06

기업의 수직적 통합 중 후방통합은 기업이 현재 실행하는 기업활동으로부터 원재료 쪽 방향의 활동을 기업 영역 안으로 끌어들여 통합하는 것을 말한다.
② 전방통합에 대한 설명이다.
③ 수평적 통합에 대한 설명이다.
④ 다각화에 대한 설명이다.

07

물음표 사업부는 새로운 시장에 처음 제품을 출시한 사업부와 같이 시장점유율은 낮지만 시장성장률이 높은 사업부로, 안정적으로 수익을 창출하는 사업부로 성장하기 위해 많은 자금이 필요하다. 기업은 물음표 사업부에 자금 투입을 확대하여 사업부를 성장시키는 전략이나 물음표 사업부를 시장에서 철수시키는 전략 중 하나를 선택할 수 있다.

08

앰부시 마케팅은 기업이나 행사의 공식적인 후원을 하지 않으면서 마치 공식적인 후원사인 것처럼 꾸며 소비자들의 시선을 끄는 마케팅 전략을 말한다.

09

① 시장침투전략은 기존 시장에서 기존 제품을 이용해 이윤을 창출하는 전략이다.
③ 신시장개척전략은 한정된 자원을 분산시키기 때문에 막대한 비용이 소모될 가능성이 있다.
④ 다각화전략은 가장 위험성이 높지만 동시에 가장 적극적인 성장을 노리는 전략이다.

10

제품수명주기 중 성숙기에 해당하는 설명이다. 성숙기에는 경쟁기업이 시장에 다수 진입하기 때문에 시장 내의 제품이 도태되지 않도록 기존의 전략을 수정하여 새로운 소비자를 끌어들이거나 기존 소비자층의 사용빈도 증가를 유도하는 것이 바람직하다.
① 쇠퇴기에 사용하기 적합한 전략이다.
② 성장기에 사용하기 적합한 전략이다.
④ 도입기에 사용하기 적합한 전략이다.

11

기업 간 업무제휴를 통해 자원을 공유하고 시너지 효과를 유도하는 것은 수평적 마케팅 시스템이다.

12

신제품이 소비자가 원하는 특성을 가져 그들의 관심을 끌어낼 수 있는 경우 초기 고가전략이 유효하다.
①, ③ 규모의 경제를 실현할 수 있거나 대규모 수요가 존재하는 시장에는 시장침투 가격전략이 유효하다.

13

정답 ④

제품별 배치는 전문화된 작업 하나만을 수행하는 설비나 작업장을 제품의 작업순서에 따라 배치하는 것을 말한다. 주로 소품종 대량생산 제품의 라인 프로세스에 적합하다.

14

정답 ①

식스시그마는 기업의 완벽에 가까운 제품생산이나 서비스 제공 목표 달성을 돕기 위해 고안된 것으로, 프로세스 내 불량 및 변동성을 최소화하고 이를 유지·관리하는 품질경영 기법이다.

15

정답 ④

단순이동평균법은 급격한 변동이 없고 우연 변동만 존재하는 시계열 자료에 효과적으로 적용할 수 있다.

16

정답 ③

관리통제시스템은 중간관리층의 관리 및 통제에 도움을 주는 정보를 제공한다. 최고경영층의 의사결정에 도움을 주는 정보를 제공하는 것은 전략계획시스템이다.

17

정답 ③

선입선출법을 적용하면 기말재고 600개 중 400개는 5월 20일 매입분으로, 200개는 5월 6일 매입분으로 계산한다.
→ 400 × 1,250 + 200 × 1,300 = 500,000 + 260,000 = 760,000원
후입선출법을 적용하면 기말재고 600개 중 100개는 전기 이월분으로, 400개는 5월 4일 매입분으로, 100개는 5월 6일 매입분으로 계산한다.
→ 100 × 1,200 + 400 × 1,100 + 100 × 1,300 = 120,000 + 440,000 + 130,000 = 690,000원

18

정답 ③

연수합계법의 감가상각비는 감가상각비 = (취득원가 − 잔존가치) × $\dfrac{잔존내용연수}{내용연수의\ 합계}$ 이므로

2025년 감가상각비 = (4,000 − 1,000) × $\dfrac{2}{1 + 2 + 3 + 4 + 5}$ = 3,000 × $\dfrac{2}{15}$ = 400만원

19

정답 ①

② 기업의 배당금 지급은 행사가격이 아닌 기초자산의 가격을 하락시키고, 이에 따라 콜옵션의 가격은 하락한다.
③ 미국형 옵션은 언제든지 권리를 행사할 수 있고, 유럽형 옵션은 만기에만 권리를 행사할 수 있다.
④ 기초자산의 가격이 변동성이 크면 옵션으로 더 많은 이익을 얻을 가능성이 커진다는 뜻이다. 이에 따라 미국형 콜옵션과 풋옵션, 유럽형 콜옵션의 가격은 상승한다.

20

정답 ②

수정이론의 제2명제 $k_e = \rho + (\rho - k_d)(1 - t)\dfrac{B}{S}$ 에 따르면 법인세율이 상승할 때 자기자본비용(k_e)은 하락한다.

2025 시대에듀 COMPACT 공기업 전공필기 기출적중 경영학

개정1판1쇄 발행	2025년 01월 03일 (인쇄 2024년 10월 04일)
초 판 발 행	2023년 03월 06일 (인쇄 2023년 02월 07일)
발 행 인	박영일
책 임 편 집	이해욱
편 저	시대전공필기연구소
편 집 진 행	김준일 · 이경민
표지디자인	박종우
편집디자인	하한우 · 김기화
발 행 처	(주)시대고시기획
출 판 등 록	제10-1521호
주 소	서울시 마포구 큰우물로 75 [도화동 538 성지 B/D] 9F
전 화	1600-3600
팩 스	02-701-8823
홈 페 이 지	www.sdedu.co.kr

I S B N	979-11-383-7882-6 (13320)
정 가	25,000원

공기업 전공필기 분야의 독보적인

COMPACT 시리즈

공기업 전공필기 시리즈로 공부하고 합격하자!

COMPACT 공기업 전공필기
기출적중 경제학

COMPACT 공기업 전공필기
기출적중 경영학

COMPACT 공기업 전공필기
기출적중 행정학

※ 도서의 이미지 및 구성은 변동될 수 있습니다.

공기업 전공시험의 최적대비서

[핵심이론]
확실한 기본기를 잡아주는 핵심이론 수록

+

[기출분석문제]
최신 기출경향을 빠르게 파악할 수 있는 기출분석문제 수록

+

[하프모의고사]
완벽한 최종점검과 실전경험을 위한 하프모의고사 수록

신문으로 공부하는
말랑말랑 시사상식 시리즈

어려운 상식 키워드를 쉬운 설명과 출제 기사로 말랑말랑하게 공부하자!

시사상식 종합편
- 각 분야 155개 키워드를 쉽고 재밌게 정리
- 읽으면서 정리하는 신문 공부법 노하우 전수

시사상식 청소년
- 사고를 넓히는 시사상식 으로 대입·토론 최적화
- 선생님도 훔쳐보는 시사 상식의 모든 것

시사상식 경제·경영
- 시사 경제·경영 상식을 자연스레 암기
- 경제 키워드와 기초 경제 학 이론까지 함께 공부

시사상식 과학·IT
- 과학 시사상식을 신문으 로 재미나게!
- 과학·IT 상식을 손쉽게 쌓을 수 있는 방법!

센스 있는 지성인이 되고 싶다면?

빈틈없이 상식을 채워주는 필수 잇템으로 상식 마스터!

뇌가 섹시해지는 꿀잼 상식퀴즈
- 청소년부터 직장인까지 누구에 게나 유용한 상식 퀴즈!
- 평소 찾기 힘들지만 알아두면 도움 이 되는 문제를 분야별로 수록!
- 각종 퀴즈대회를 섭렵할 수 있는 절호의 기회

하루 30개씩 한 달 PLAN 하루상식
- 하루하루 쌓아 한 달이면 상식 완전 정복!
- 취업 및 각종 시험에 필요한 상식 핵심 공략!
- 최신 이슈, '핫이슈 시사상식' 수록

※ 도서의 이미지 및 구성은 변동될 수 있습니다.

금융투자협회	펀드투자권유대행인 한권으로 끝내기	18,000원
	펀드투자권유대행인 핵심유형 총정리	24,000원
	펀드투자권유대행인 출제동형 100문항 + 모의고사 3회분 + 특별부록 PASSCODE	18,000원
	증권투자권유대행인 한권으로 끝내기	18,000원
	증권투자권유대행인 출제동형 100문항 + 모의고사 3회분 + 특별부록 PASSCODE	18,000원
	펀드투자권유자문인력 한권으로 끝내기	30,000원
	펀드투자권유자문인력 실제유형 모의고사 4회분 + 특별부록 PASSCODE	21,000원
	증권투자권유자문인력 한권으로 끝내기	30,000원
	증권투자권유자문인력 실제유형 모의고사 3회분 + 특별부록 PASSCODE	21,000원
	파생상품투자권유자문인력 한권으로 끝내기	30,000원
	투자자산운용사 한권으로 끝내기(전2권)	38,000원
	투자자산운용사 실제유형 모의고사 + 특별부록 PASSCODE	55,000원
금융연수원	신용분석사 1부 한권으로 끝내기 + 무료동영상	24,000원
	신용분석사 2부 한권으로 끝내기 + 무료동영상	24,000원
	은행FP 자산관리사 1부 [개념정리 + 적중문제] 한권으로 끝내기	20,000원
	은행FP 자산관리사 1부 출제동형 100문항 + 모의고사 3회분 + 특별부록 PASSCODE	17,000원
	은행FP 자산관리사 2부 [개념정리 + 적중문제] 한권으로 끝내기	20,000원
	은행FP 자산관리사 2부 출제동형 100문항 + 모의고사 3회분 + 특별부록 PASSCODE	17,000원
	은행텔러 한권으로 끝내기	23,000원
	한승연의 외환전문역 Ⅰ종 한권으로 끝내기 + 무료동영상	25,000원
	한승연의 외환전문역 Ⅰ종 실제유형 모의고사 4회분 PASSCODE	20,000원
	한승연의 외환전문역 Ⅱ종 한권으로 끝내기 + 무료동영상	25,000원
기술보증기금	기술신용평가사 3급 한권으로 끝내기	31,000원
	기술신용평가사 3급 최종모의고사 4회분	15,000원
매일경제신문사	매경TEST 단기완성 필수이론 + 출제예상문제 + 히든노트	30,000원
	매경TEST 600점 뛰어넘기	23,000원
한국경제신문사	TESAT(테셋) 한권으로 끝내기	28,000원
	TESAT(테셋) 초단기완성	23,000원
신용회복위원회	신용상담사 한권으로 끝내기	27,000원
생명보험협회	변액보험판매관리사 한권으로 끝내기	18,000원
한국정보통신진흥협회	SNS광고마케터 1급 7일 단기완성	19,000원
	검색광고마케터 1급 7일 단기완성	20,000원

※ 도서의 제목 및 가격은 변동될 수 있습니다.